U0954710

本书为北京外国语大学中华文化国际传播研究院所主持的北京外国语大学“双一流”建设重大标志性项目“文明互鉴：中国文化与世界”（2021SYLZD020）研究成果。

主编
张西平

副主编
陈茜

中波交流使者卜弥格研究论集

學苑出版社

图书在版编目（CIP）数据

中波交流使者卜弥格研究论集 / 张西平主编 . — 北京 : 学苑出版社 , 2022.9

ISBN 978-7-5077-6503-8

Ⅰ . ①中… Ⅱ . ①张… Ⅲ . ①卜弥格 (Boym, Michael 1612–1659) —人物研究—文集 Ⅳ . ① B979.951.3–53

中国版本图书馆 CIP 数据核字（2022）第 184863 号

责任编辑：王见霞　李　媛
出版发行：学苑出版社
社　　址：北京市丰台区南方庄 2 号院 1 号楼
邮政编码：100079
网　　址：www.book001.com
电子信箱：xueyuanpress@163.com
联系电话：010–67601101（销售部）、010–67603091（总编室）
印 刷 厂：北京建宏印刷有限公司
开本尺寸：787 × 1092　1/16
印　　张：31.25
字　　数：620 千字
版　　次：2022 年 10 月第 1 版
印　　次：2022 年 10 月第 1 次印刷
定　　价：198.00 元

代序

卜弥格与欧洲专业汉学的兴起
——简论卜弥格与雷慕沙的学术连接

张西平

我认为西方汉学的发展历史，大体经历了“游记汉学”“传教士汉学”“专业汉学”三个阶段，[1] “游记汉学”的代表人物是马可波罗（Marco Polo，1254—1324），“传教士汉学”的开启者是罗明坚（Michele Ruggieri，1543—1607）和利玛窦（Matteo Ricci，1552—1610）。

传教士汉学和游记汉学的分水岭在于：来华的耶稣会士们开始学习汉语，开始研读和翻译中国的重要文献和典籍。会不会汉语是游记汉学和传教士汉学最重要的区别。

传教士汉学和专业汉学的区别在于：后者已经正式进入了西方的东方学体系之中，在研究上开始走出传教学研究的框架，按照近代西方所形成的人文学科的方法研究中国。这个转折点是1814年法国在法兰西学院正式设立“满、鞑靼、汉语言教授”讲席，代表性人物是雷慕沙（Jean-Pierre Abel-Rémusat，1788—1832），他是西方专业汉学第一人。

但传教士汉学和专业汉学之间的学术连接点在哪里呢？学术界以往研究得还不够清楚。现在，我们通过对卜弥格和雷慕沙的研究，可以清楚地看到，这个学术连接点就是卜弥格（Michel Boym，1612—1659）。正是卜弥格对中国的研究，直接催生了雷慕沙迈开了他汉学研究的第一步，由此，西方汉学拉开了它新的一幕。

在雷慕沙走向汉学研究的道路上，波兰来华耶稣会士卜弥格的汉学研究对雷慕沙的学术发展起到了重要作用，本文将从卜弥格和雷慕沙的学术关联，来探讨欧洲专业汉学的兴起。

---

[1] 张西平：《罗明坚：西方汉学的奠基人》，《历史研究》2001年第2期。

一、卜弥格其人

卜弥格出身望族，父亲是波兰国王的御医，他家学很好，对医学有很好的研究。他1643年离开里斯本前往东方——当时来华的传教士，都必须从里斯本出发，因为当时的东方护教权是由葡萄牙负责的，而去大西洋、往美洲是由西班牙负责的。1644年，卜弥格来到澳门，学习了汉语，1647年到海南岛传教。

1644年，北京的明朝政权覆亡之后，南方又拥立了一个小朝廷——南明王朝，它的最后一个皇帝是永历皇帝。当时局势十分危险，1651年，永历皇帝决定派遣卜弥格作为南明王朝的特使返回欧洲，向罗马教廷求救。当时罗马教廷仍然是欧洲很重要的一支力量。现在看起来这是一件非常可笑的事，南明王朝危机了，跑到几万里之外的罗马去搬救兵——但正是这么一件事，促成了中国与欧洲的第一次正式的外交接触。很多人说中国与西方世界第一次正式的接触是康熙年间的尼布楚条约，实际上并非如此，在这之前就有卜弥格出使罗马。

卜弥格回到罗马，非常不受重视，因为明清鼎革的局势很复杂，耶稣会对中国的政治判断也非常狡猾。当时中国有三个政权——清朝，南明王朝，张献忠的部队也还没有完全被打败。张献忠地盘上有两个传教士，安文思（Gabriel de Magalhães）和利类思（Ludovic Bugli）；清军进关以后在北京留下的有传教士汤若望（Johann Adam Schall von Bell）；随着南明王朝南迁的两个传教士，是瞿纱微（André-Xavier Koffler，后为清兵所杀）和卜弥格。耶稣会派了卫匡国回到欧洲告诉梵蒂冈教廷，说卜弥格代表的南明王朝基本上完了，所以梵蒂冈一直不接见卜弥格，拖了他整整三年多。他穿着明朝的衣服几次要求觐见，最后教廷还是礼节性地见了他，把他打发走了。当时他带回西方的一些材料，全部放在罗马的耶稣会档案馆。

图1　卜弥格自画像

卜弥格1656年离开了欧洲，带着当时的教宗给永历皇帝的嫡母王太后和太监庞天寿的信回中国。1658年他到了澳门，当时清军已经完全占领了广州，澳门当局害怕接待这位南明特使，怕清兵对澳门不利，就拒绝他进入澳门。他没办法只好又返回安南（现在的越南），希望从陆路回到中国。他一路劳顿，终于病倒，最终病死在当时的越南和广西的边界。他的一生都在为南明王朝服务。他走的时候带了两个小修士，其中一个叫陈安德，一直跟着他，最后把他草草地埋在了当时的中越边界。

二、卜弥格与雷慕沙：中国文字的西传

到过中国的葡萄牙多明我修士加斯帕·达·克路士（Gaspar da Cruz) 在1569年出版了《中国志》（*Tracdo em que scecōtam muito por estao as causas da China*)，这是16世纪欧洲人所能看到的关于中国的全面报道和观察。他在书中介绍和描述了中国的语言和文字特点，他说：“中国人的书写没有字母，他们写的都是字，用字组成词，因此他们有大量的字，以一个字表示一件事物，以致只用一个字表示‘天’，另一个表示‘地’，另一个表示‘人’，以此类推。”在谈到汉字在东亚的作用时，他说，汉字在东亚被广泛使用，“他们的文字跟中国的一样，语言各异，他们互通文字，但彼此不懂对方的话。不要认为我在骗人，中国因语言有多种，以致很多人彼此不懂对方的话，却认得对方的文字，日本岛的居民也一样，他们认识文字，语言则不同”[1]。

图2　巴尔塔萨·加戈神父1555年的信

第一次出现汉字的欧洲印刷出版物，是日本传教的耶稣会士巴尔塔萨·加戈（Balthasar Gago，1515—1583）神父1555年9月23日从平户［Firando（Hirado）］所写的一封信，信中有6个中、日文字的样本。加戈神父的这封信在欧洲出版，从而成为“在欧洲获得出版的第一批中文和日文书写的

[1]　参阅[葡]克路士《中国志》，载博克舍编、何高济译：《十六世纪中国南部行纪》（C. R. Boxer ed., *South China in the Sixteenth Century*, London: Printed for the Hakluyt Society, 1953）；中华书局1990年，第111—112、52页。

样字”[1]。

汉字在欧洲真正较系统地出现，是在基歇尔的《中国图说》之中。阿塔纳修斯·基歇尔（Athanasius Kircher，1602—1680）是欧洲17世纪著名的学者、耶稣会士。他于1667年在阿姆斯特丹所出版的《中国图说》是其一生中最有影响的著作之一。《中国图说》拉丁文版的原书名为*China monumentis, qua sacris qua profanis, Nec non variis Naturae & Artis Spectaculis, Aliarumque rerum memorabilium Argumentis illustrata.*，中文为《中国宗教、世俗和各种自然、技术奇观及其有价值的实物材料汇编》，简称《中国图说》即*China Illustrata*。

图3　《中国图说》原版图书扉页

图4　《中国图说》原版书插页

这部书共分六部分，第一部分介绍在西安出土的大秦景教碑，共有六章，分别从字音、字义、解读三个方面全面介绍了大秦景教碑，并公布了一幅在西安出土的大秦景教碑的手抄临摹本。在17世纪欧洲出版物中，这是第一次公布这么多的汉字，这个碑文的汉字和拼音在欧洲早期汉学史上产生了重要的影响。

基歇尔的《中国图说》于1667年在阿姆斯特丹出版后，在欧洲引起了很大的反

[1]　《欧洲形成中的亚洲》第一卷，《发现的世纪》，第二册，第220页。这两组字也出现在16世纪其他文集中，进一步的资料见：O. Nachod, “ Die ersten Kenntnisse chincsischer Schriftzeichen im Abendlande,” *Asia Major.* I (1923), pp.235-273.

响，一时洛阳纸贵，第二年就出了荷兰文版，[1]1670年出版了法文版，[2]1669年出版了英文版，它的内容后来被许多书籍广泛采用。[3]

由于卜弥格在罗马学习时是基歇尔的学生，先后返回欧洲的卫匡国（Martin Martini，1614—1661）、白乃心（Jean Grueber，1623—1680）也都是基歇尔的学生，所以，《中国图说》中关于中国的文献和材料基本上是卜弥格、卫匡国、白乃心三人提供的。[4]

基歇尔在《中国图说》中公布了卜弥格所做的碑文汉字和注音，这是第一次在西方公布大秦景教碑的全部中文内容，并第一次将碑文全部用拉丁字母注音。

在卜弥格到达罗马之前，虽然卫匡国已经将碑文的拓本带到了罗马，但在出版物中从未公布过碑文的中文全文。正是在卜弥格到罗马后，他将手写的大秦景教碑的碑文给了基歇尔，基歇尔随后在《中国图说》中全文发表。

当时，在欧洲这是第一次发表这样长的中文文献。这些中文文字对当时欧洲对中文的了解和认识产生了长期的影响。

对大秦景教碑碑文进行注音工作，完全是卜弥格和他的助手陈安德做的。[5]卜弥格的做法是将碑文的中文全文从左到右一共分为29行，每一行从上到下按字的顺序标出序号，每行中有45—60个不等的汉字。碑文全部共有1561个汉字。这样碑文中的中文就全部都有了具体的位置（行数）和具体的编号（在每行中的从上至下的编号）。在完成这些分行和编号以后，卜弥格用三种方法对景教碑文做了研究。

卜弥格对碑文的语言学研究分为三个部分：其一是对碑文逐字注音；其二是对碑文逐字释义；其三是对碑文在逐字释义的基础上的内容进行解释。在书中，对碑文的逐字注音和逐字释义是将碑文的中文和拉丁文的注音、释义分开来做的，它们之间完全靠编号来一一对应。这很可能是在欧洲公开发表的第一部关于中文的字典，尽管该字典的排列将中文和拉丁文分开了。这既是卜弥格对欧洲汉学的贡献，也是基歇尔的《中国图说》对欧洲汉学的贡献。

而且，他在碑文的解释中所注的纪年具有重要的学术意义。因为，当时欧洲没有一个人知道中国的历史纪年，卜弥格第一次介绍了中国的纪年。这在后来的入华

---

[1] *Toonneel Van China, Door Veel, zo Geestelijke als Weereltlijke Geheugteekenen, verscheide vertoningen van de Natuur en Kunst.*

[2] *La Chine D'Athanase Kirchere De La Compagnie de J esus, illustrée de plusieurs Monuments.*

[3] 参阅Johannes Nienhof, *An Embassy from The East India Company of The United Provinces; To the Grand Tartar cham Emperourr of china*, London,1669.

[4] 参阅冯承钧译：《西域南海史地考证译丛》第三卷，商务印书馆1999年，第132页。

[5] 参阅[德]基歇尔（Athanasius Kircher）：《中国图说》（*China Illustrata*），Amstelodami, 1667; Charles Van Tuyl英译本*China Illustrata with Sacred and Secular Monuments, Various Spectacles of Nature and Art and Other Memorabilia*, Oklahoma, 1986, p. 6.

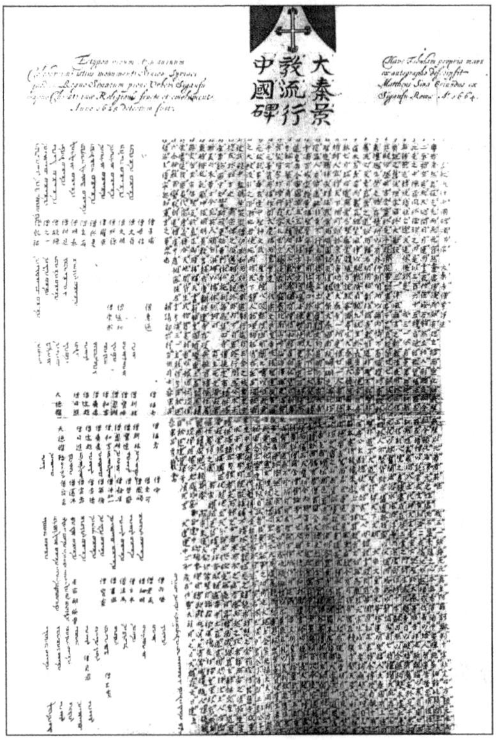

图5　在《中国图说》中所发表的《大秦景教流行中国碑》原件

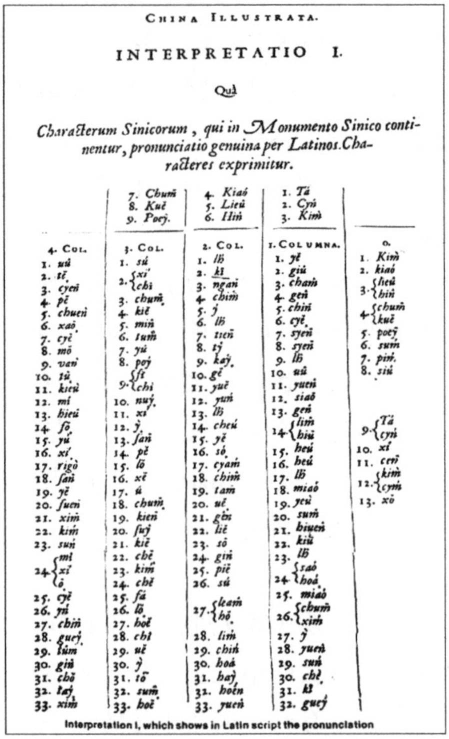

CHINA ILLUSTRATA.

INTERPRETATIO I.

Quâ

Characterum Sinicorum, qui in Monumento Sinico continentur, pronunciatio genuina per Latinos. Characteres exprimitur.

	7. Chum 8. Kuĕ 9. Poej.	4. Kiaó 5. Lieû 6. Hin	1. Tá 2. Cyn 3. Kim	
4. Col.	3. Col.	2. Col.	1. Columna.	o.
1. uû	1. sú	1. lĭ	1. yĕ	1. Kim
2. tĕ	2. {xí / chi}	2. kĭ	2. giú	2. kiaó
3. cyen	3. chum	3. ngan	3. cham	3. {lieû / hin}
4. pĕ	4. kiĕ	4. chim	4. gen	4. {chum / kuĕ}
5. chuen	5. min	5. ĵ	5. chin	5. poej
6. xaó	6. sum	6. lĭ	6. cyĕ	6. sum
7. cyĕ	7. yú	7. tien	7. syen	7. pin.
8. mŏ	8. poj	8. tj	8. syen	8. siú
9. van	9. {ſĕ / chi}	9. kaj	9. lĭ	9. {Tá / cyn}
10. tú	10. nuj	10. gĕ	10. uû	10. xí
11. kieû	11. xí	11. yuĕ	11. yuen	11. cen
12. mí	12. ĵ	12. yun	12. siaó	12. {kim / cym}
13. hieû	13. ſan	13. lĭ	13. gen	13. xŏ
14. ſŏ	14. pĕ	14. cheú	14. {lim / hiû}	
15. yú	15. lŏ	15. yĕ	15. heú	
16. xí	16. xĕ	16. sŏ	16. heú	
17. rigò	17. ú	17. cyam	17. lĭ	
18. ſan	18. chum	18. chim	18. miaó	
19. yĕ	19. kien	19. tam	19. yeù	
20. ſuen	20. ſuj	20. uĕ	20. sum	
21. xim	21. kiĕ	21. gĕn	21. hiuen	
22. kim	22. chĕ	22. liĕ	22. kiû	
23. sun	23. kim	23. sŏ	23. lĭ	
24. {mi / xĭ / ŏ}	24. chĕ	24. gin	24. {saó / hoá}	
25. cyĕ	25. fá	25. piĕ	25. miaó	
26. yn	26. lŏ	26. sú	26. {chum / xim}	
27. chin	27. hoĕ	27. {leam / hŏ}	27. ĵ	
28. guej	28. chĭ	28. lim	28. yuen	
29. ûum	29. uĕ	29. chin	29. sun	
30. gin	30. ĵ	30. hoá	30. chĕ	
31. chŏ	31. tŏ	31. haj	31. kĕ	
32. taj	32. sum	32. hoén	32. guej	
33. xim	33. hoĕ	33. yuen		

Interpretation I, which shows in Latin script the pronunciation

图6　《中国图说》中发表的《大秦景教流行中国碑》的逐字拼音的一部分

耶稣会士的汉学著作中成为一个重要的问题，并对欧洲文化和思想史产生了重要的影响。

沙不烈（Robert Chabrié）认为："惟卜弥格汉学肤浅，而其同伴华人，学识亦甚疏陋，所以，其译文不及1719年刘应神甫注释之文远甚。"[1]这个批评有合理之处，因刘应（Claude de Visdelou，1656—1737）的汉学水平比较高[2]，而且，其又在卜弥格之后，吸取了前人的成果，可以做得更加完善。但卜弥格的独特贡献在于：他对大秦景教碑的解释，进一步促进了欧洲对中国的认识，特别是他对汉字的逐字注音对欧洲汉学是一个重要的贡献，这在欧洲毕竟是第一次。虽然，罗明坚和利玛窦最早编制了中文和欧洲文字的词典《葡汉辞典》，[3]但在欧洲并未公开发表。卜弥格的这个词典应该是最早在欧洲发表的中文和拉丁文对照注音和释义的词典。由此，在欧洲的汉学家可以根据这个注音表来研究中文的发音特点。正如波兰汉学家爱德华·卡伊丹

[1]　冯承钧译：《西域南海史地考证译丛》第三卷，商务印书馆1999年，第159页。

[2]　参阅[法]费赖之著，冯承钧译：《在华耶稣会士列传及书目》上卷，中华书局1995年，第453—459页。

[3]　[德]魏若望（John W. Witek, S.J.）编：《葡汉辞典》，澳门，2001年。

斯基（Edward Kajdański）所说："后来的汉学家（如门采尔或米勒，今天看来，他们还是最早的汉学家）根据这些汉字的编号，便可将它们编成按字母顺序查阅的词典。"[1]

如果非说不足，那不足就在卜弥格所做的第二部分：逐字的释义。从语言学的角度来看，用一两个拉丁词来解释一个中文字，这几乎是不可能的，而且，大秦景教碑的中文本身并不是一部字典，中文的每个字的字义是作为一句话中的字而显示出其字义的，单独抽出的一个字，用拉丁文加以释义是很难的。从语言学的角度来看，这样的做法本身就是有问题的。[2]第三部分对整个碑文的意译，现在来看，虽然理解上问题不少，但从解释学的角度是可以理解的。

1670年，《中国图说》出版了法文版，法文版中增加了拉丁文版所没有的两项内容，一是法汉对照词典，一是汉文教理书《天主约要》。1670年法文版的《中国图说》中的汉法字典的作者是谁？它是如何被编入《中国图说》法文版的？这两个根本问题都未得到解答。

雷慕沙说他既看到了卜弥格最早介绍大秦景教碑的文章，也看到了《中国图说》中的汉字。他在《卜弥格》一文中说："卜弥格还写过一篇文章介绍1625年于西安府发现的大秦景教流行中国碑。这本书的最早版本包含一张图版，上面印有此碑的上半部分、一个十字架以及'大秦景教流行中国碑'九个汉字。不过特维诺选集中并未收入这张图版。""基歇尔的《中国图说》和里奇奥尼（Giovanni Riccioli）的《地理改革》（*Geographia reformata*）皆收录了卜弥格神父的其他短文。《中国图说》收入的最重要的莫过于著名的'大秦景教流行中国碑'最早的翻译，同时附有大秦景教碑的图片字迹已经模糊不清。"[3]雷慕沙认为，基歇尔所公布的卜弥格的这个碑文全文"迄于今兹，是为欧洲刊行的最长汉文文字，非深通汉文者不足以辨之"[4]。这说明卜弥格在《中国图说》中公布的这些汉字受到了雷慕沙的重视，成为他学习汉语的重要材料。

三、卜弥格与雷慕沙：中国植物的西传

卜弥格的大部分著作在欧洲都没有出版，他留下的大都是手稿，且大都被人剽窃了。在17—18世纪的欧洲，关于中国的知识又神奇又稀少，因此传教士的关于中国的著作

[1] [波]爱德华·卡伊丹斯基著，张振辉译：《中国的使臣——卜弥格》，大象出版社2001年，第234页。

[2] 正是基于这样的理解，我们在从英文版翻译成中文版时，这一部分无法翻译，我们只能将原来的拉丁文解释和后来的英文解释原文照录，使读者知道在欧洲第一次遇到汉文时，他们的反应和处理的方法。

[3] [法]雷慕沙：《新亚洲杂纂》第二卷，舒伯特和海德洛夫出版社1829年，第226—227页。（Abel-Rémusat, *Michel Boym, Missionnaire en Chine,* Nouveaux mélanges asiatiques, ou Recueil de morceaux de critique et de mémoires, Tome II, Schubart et Heideloff, Paris, 1829, pp.226-227）

[4] 冯承钧译：《西域南海史地考证译丛》第三卷，商务印书馆1999年，第159页。

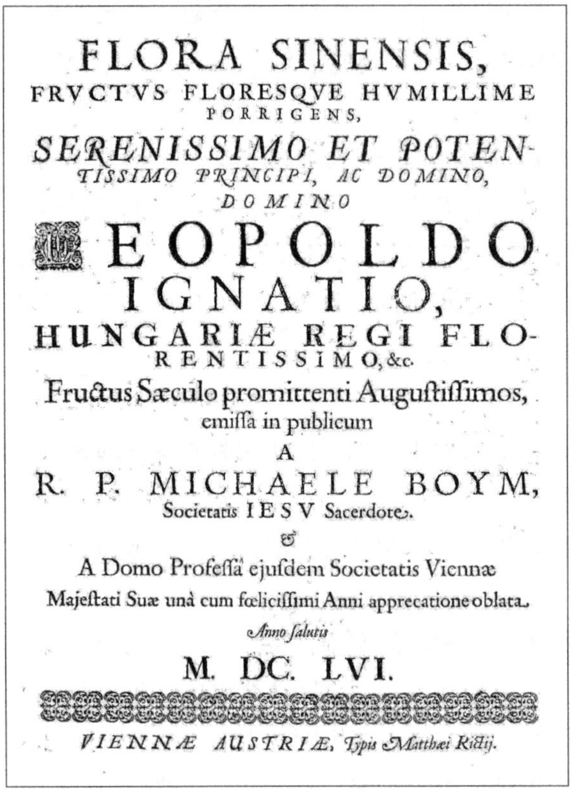
FLORA SINENSIS,
FRVCTVS FLORESQVE HVMILLIME PORRIGENS,
SERENISSIMO ET POTENTISSIMO PRINCIPI, AC DOMINO, DOMINO
LEOPOLDO IGNATIO,
HUNGARIÆ REGI FLORENTISSIMO, &c.
Fructus Sæculo promittenti Augustissimos, emissa in publicum
A
R. P. MICHAELE BOYM,
Societatis IESV Sacerdote.
&
A Domo Professâ ejusdem Societatis Viennæ
Majestati Suæ unà cum fœlicissimi Anni apprecatione oblata.
Anno salutis
M. DC. LVI.
VIENNÆ AUSTRIÆ, Typis Matthæi Rictij.

图7　卜弥格的《中国植物志》一书封面

就反复被转抄出版。卜弥格自己只留下一本署名的著作，就是《中国植物志》（*Flora Sinensis*），在维也纳出版。

卜弥格在海南岛生活过一段时间。海南岛是中国植物品种较多的一个省份，他自己也对这个很感兴趣，出了一本书。他对植物及其用途、入药的加工方法都做了很详细的介绍，在此之前没有人这样介绍过中国的植物。

这部著作虽然比较单薄，但对于欧洲来说是第一本介绍中国动植物的书籍。这本书于1656年12月在维也纳出版。卜弥格在这本书中一共介绍了21种中国或亚洲的植物和9种中国的动物。卜弥格在这本书中充分发挥了他的绘画才能，为每一种植物和动物都绘了图，使这本书图文并茂，十分生动。

这本书受到了雷慕沙的关注，他说卜弥格“曾出版过一本75页的小册子，名曰《中国植物志》（对开本，由Rictius先生负责，1656年在维也纳出版），书中介绍了二十多种有趣的中国植物以及一些珍奇的中国动物”[1]。

例如，卜弥格在介绍到中国的植物“大黄”时，他首先绘一幅大黄的图，然后用文字介绍说：

> 大黄虽然生长在整个中国，但最常见于四川、陕西省和靠近长城的肃州，……那些生长着大黄的土地颜色是红的，因为得到了许多泉水和河流的灌溉，显得很肥沃。这种植物的叶子很大，它比两个手掌还长。它的背面发皱，表面光滑，边上有一层绒毛。它成熟后，就会萎谢，变得枯黄，最后便掉在地上。大黄的茎杆长到一个手掌那么高后，它的中部便长出一根柔嫩的枝桠，枝

[1]　[法]雷慕沙：《新亚洲杂纂》第二卷，舒伯特和海德洛夫出版社1829年，第226—228页。

桠上开满了花（像大的紫罗兰花），从这种花中能够挤出一种像蓝色的牛奶样的液汁。大黄有一种刺鼻的气味，不好闻，它的根部或尾部都埋在地里，有一个、两个，有时候三个手掌那么长，呈灰色，不太好看。它所有的根丝都很细，向四面伸展。如果把这种根切成一块块的，里面就露出了黄色的瓤，瓤中带有红色的纹路，还会流出一种黄色的或者略带红色富于黏性的液汁。如果将这些块状的瓤加以干燥的处理，经验告诉我们，其中的液汁马上就会挥发掉。在这种情况下，根虽然是很纯粹的根，但完全失去了它的药性。因此，行家们总是把这种成块状的新鲜的大黄放在一些长板凳上，将它们从各个方面不断地翻来翻去，这样，那些液汁便可留在瓤中。四天之后，再把这些块状的东西和其中已经凝固了的液汁用绳子系起来，挂在阴暗通风的地方，避免阳光的烤晒。冬天是把这种根刨出来的最好的时候。在这之前，根上还会长出绿色的叶子，这大概在5月初，也就是根中的液汁开始凝聚和药性最大的时候。如果我们在夏天，也就是在根上刚刚长出绿色的叶子，还没有成熟的时候，把它刨了出来，那么它里面的液汁便是黄的，它的表面会有红色的纹路，呈海绵状，很光滑。只有在冬天采集的大黄才是最好的大黄，满满一车新鲜的大黄值一个半埃斯库托，干燥后它会失去很多重量。七磅新鲜的大黄干了之后，就只有一磅多一点了。新鲜和呈绿色的大黄很苦，味道很不好。中国人称它大黄，就是很黄的意思。[1]

这里不仅仅是介绍了大黄的植物特点，也介绍了对大黄的加工过程，当时，中国的大黄是欧洲急需进口的药物。卜弥格的记载大大促进了欧洲对大黄的认识。

雷慕沙对这本书的配图和文字很感兴趣，他说：“首先值得一提的便是中国凤凰。书中所配的二十三张图并不算完美，但作者标注的中文名称颇有价值且足够精准，尽管这些名称在刻印的时候遭到了印刷工的篡改。”[2]

这是一种栖息在中国的非常漂亮的鸟。它如果被一个普通人见到了，就有可能发生不利于皇家的事情。这种鸟雄性的叫凤，雌性的叫凰。……它的头很像孔雀的头。中国人认为，它能预知未来，它的翅膀象征品德或正义，胯部（脚）象征顺从，整个身躯象征忠诚。这种鸟性情温和，可是它的身子的前半部像犀牛，后半部像鹿。它的头像龙的头，翅膀像乌龟壳，尾部像公鸡的尾。

[1] [波]卜弥格著，[波]爱德华·卡伊丹斯基（波兰文翻译），张振辉、张西平（中文翻译）：《卜弥格文集——中西文化交流与中医西传》，华东师范大学出版社2013年，第337页。

[2] [法]雷慕沙：《新亚洲杂纂》第二卷，舒伯特和海德洛夫出版社1829年，第226—228页。

雄性的有五种非常漂亮的、闪闪发亮的颜色。这种鸟被认为是一种象征，在一些最大的官的官服上，用金线缝制了它的图像，但是这些图像不大于两个手掌。

对雷慕沙来说，《中国植物志》图文并茂，这对于他学习汉字很有帮助。

从西方汉学史的角度来考察，卜弥格的这本书的价值是不言而喻的。首先，他是来华传教士中第一本关于中国的植物志。在此以前的传教士汉学著作中，曾德昭（Alvare de Semedo，1582—1658）的《大中国史》（*The History of That Great and Renowned Monarchy of China*）、利玛窦的《中国札记》中也多少有对中国植物的介绍，但都过于简单。19世纪俄罗斯的植物学家，汉学家埃米尔·瓦西里耶维奇·布列特施耐德（Emil Vasilyevich Bretschneider）写了《欧人在华植物发现史》（*History of European Botanical Discoveries in China, London, Sampson Low and Marston,* 1898, 2 vols.），在书中，他给予了卜弥格高度的评价，认为卜弥格开启了来华传教士中国植物研究之先河，对后来入华的法国耶稣会士产生了重要的影响，这样才会有后来的李明（L. Le Comte，1655—1728）、杜德美（P. Jartoux，1668—1720）、冯秉正（J. De Mailla，1669—1748）、巴多明（D. Parennin，1665—1741）、宋君荣（A. Gaubil，1689—1759）、汤执中（P. D'Incarville，1706—1757）、韩国英（M. Cibot，1727—1780）等人对中国植物的关注和收集，并开始将中国的植物标本、花卉种苗送往欧洲。

可以说，卜弥格的《中国植物志》开启了传教士汉学研究的新方向，并为以后的法国来华耶稣会士对中国自然状况的调查和研究奠定了基础。

其次，从欧洲对中国植物的认识史来说，卜弥格的著作也是奠基性的。虽然这本书比较单薄，但它是欧洲第一本关于中国植物的研究和记载，正如爱德华先生所说："在欧洲，不论在17世纪还是在18世纪，都没有一个植物学家能够像卜弥格那样，根据自己在中国的实地考察和经验，撰写和发表过什么东西。"卜弥格的这本书在欧洲产生了较大的影响，17—18世纪关于植物学的著作中很多引用了卜弥格的成果，以后真正根据中国材料所写出的《中国植物志》（*Botanicon Sinicum*，1881—1895）的俄罗斯驻华使馆的大夫埃米尔·瓦西里耶维奇·布列特施耐德在书中也引用了卜弥格的材料。

可以这样说，在中国植物知识的西传上，卜弥格是开拓者，无论是从来华传教士汉学的角度，还是从欧洲对中国植物认识史的角度，卜弥格都是成绩卓著的。瑞典植物学家林奈（Carolus Linnaeus）于1753年发表的《植物种志》（*Species Plantarum*）一书，共收集了5938种植物，其中提到中国植物的名称只有37种，而卜弥格凭一人之力在近百年之前就已经记载了22种中国或亚洲的植物，这说明他的研究是多么的超前。同时，这本书也成为雷慕沙了解中国的重要渠道，对于他积累关于中国的知识起到了作用。

四、卜弥格与雷慕沙：中医西传

卜弥格出生在一个医生世家，他的父亲原是利沃夫的一位著名的医生，还曾担任过波兰国王的宫中御医的职务。他的父亲曾在意大利的帕多瓦（Padova）一所著名的大学里完成了自己医学专业的学习。这所大学当时号称“学者的制造厂”，像新时期的解剖学的创立者维萨里（Andreas Vesalius，1514—1564）、欧洲流行病学的先驱古罗拉马·弗兰卡斯特罗（Girolamo Francastro，1478—1553），还有具有世界声誉的自然科学家和天文学家哥白尼都在这里学习过。卜弥格的父亲有篇很著名的遗嘱，他在这篇遗嘱中曾表示要他的儿子和孙子们都去意大利学医。

卜弥格本人虽然选择了神学专业，但他对欧洲的医学一直很感兴趣，读过不少当时西方医学的重要著作，这点在他自己所写的《医学的钥匙》（*Clavis medica*）和《中医处方大全》（*Receptarum sinensium liber*）两本书的前言可以看出。因此，卜弥格来中国后对中国医学感兴趣绝不是偶然的。

卜弥格是欧洲第一位对中国医学做深入研究的人，但这个名誉到很晚的时候才被欧洲学术界所承认。在关于中国知识的问题上，欧洲的17—18世纪，是一个盛行剽窃的时代，由于关于中国的知识既神奇又稀少，因而，关于中国的书，尤其是来华耶稣会士的汉学著作常被反复地转抄、改写和盗名出版。卜弥格也避免不了这个命运。卜弥格在返回罗马后所写的反映中国传教情况的报告中，提到了他的中国医学著作。这份报告的题目是《中国王室皈依略记》（“Breve relazione della Cina, edella memorabile conversione di persone regali di quella corte alle religione Christiana”）。1654年，这份报告又在巴黎出版过法文译本，名叫“Briefve Relation de la Notable Conversion des Personnes Royales et de l’estat de la Religion Chrestienne en La Chine. Faicte par le tres R.P. Michel Boym de la Compagnie de Iesus”。在报告中，他说他将要出版一本关于中国医学的著作。中国的医学，也就是一种通过脉诊来预见疾病以后病情的发展和它的后果的特殊的技艺。这种技艺的产生具有悠久的历史，在公元前许多世纪以前就有了。它产生于中国，是值得赞扬的，和欧洲的不一样。

返回欧洲后，1656年他在维也纳出版了《中国植物志》，“这本书中，卜弥格介绍了一系列用于中医的动植物，如生姜、中国根、桂皮、胡椒、槟榔、蒟酱、大黄、麝香、蛇胆和蛇毒。在某些情况下，卜弥格还说明了这些药物的味道和药性（是温性还是寒性）和在欧洲人看来它们能治什么病”[1]。波兰汉学家爱德华教授认为，卜弥格在《中国植物志》中所绘的植物并不都是他在中国看到的植物，也包括他在印度看到的植物。这本书也许是卜弥格本人生前唯一看到的自己正式出版的关于中国医学的著作。

卜弥格在他的《中国王室皈依略记》的结尾处曾提到，他写有《中国医术》（*Medicus Sinicus*）这本书，基歇尔在《中国图说》中说卜弥格有一部医学书，伯希和认为这部书就是《医学的钥匙》（*Clavis medica*）。[2]

在他从罗马返回中国时，他的关于中医的著作基本已经完成了。但历史跟他开一个很大的玩笑，此时的中国已是清朝的天下，他所效忠的永历南明王朝早已被清朝所灭。为了保护中国的整体利益，澳门的葡萄牙人禁止他从澳门返回中国。这样他只好将自己对中医研究著作的手稿交给了同会的柏应理（Philippe Couplet，1624—1692），自此，卜弥格关于中国医学的著作便开始了艰难的旅行。

柏应理并没有将卜弥格的手稿寄回欧洲出版，而是转交给了“一个荷兰的商人约翰·范里克（Jan van Ryck）。这个商人又把它寄到了印度尼西亚的巴塔维亚，在那里被荷兰东印度的总督约翰·梅耶特瑟伊克（John Maetsuyker）征用，他认为这部著作对他的医生和药剂师们来说，是用得着的”[3]。这个药剂师就是在巴塔维亚的荷兰人安德列亚斯·克莱耶尔（Andreas Cleyer），他是在巴塔维亚的首席大夫。1682年他将他的《中医指南》（*Specimen Medicinae Sinicae*）手稿交给了德国早期的汉学家门采尔（Christian Menzel，1622—1701），在门采尔的帮助下，这本书在法兰克福出版，作者成了安德列亚斯·克莱耶尔，卜弥格的名字不见了。实际上，在马林斯（Malines）城滞留期间，柏应理曾托在暹罗的荷兰商馆的经理约翰·范里克将他的一封信和信札转寄巴塔维亚的总督约翰 ·梅耶特瑟伊克，其中就有《关于中国人按脉诊病的方法》的小册子，伯希和认为这是柏应理在暹罗空闲时从卜弥格的书中抄写的，这份小册子上，没有署卜弥格的名字。

安德列亚斯·克莱耶尔所出版的《中医指南》第一编有分册，附有木版图29幅，铜版图一幅；第二、第三编是一个欧洲考据家的论述；第四编是“择录这位考据家发自广州的几封信”。[4]

[1] [波]卜弥格著，[波]爱德华·卡伊丹斯基（波兰文翻译），张振辉、张西平（中文翻译）：《卜弥格文集——中西文化交流与中医西传》，华东师范大学出版社2013年，第27页。

[2] [法]伯希和：《卜弥格补正》，载阅冯承钧译《西域南海史地考证译丛》第三卷，商务印书馆1999年，第234页。

[3] [波]卜弥格著，[波]爱德华·卡伊丹斯基（波兰文翻译），张振辉、张西平（中文翻译）：《卜弥格文集——中西文化交流与中医西传》，华东师范大学出版社2013年，第27页。

[4] [法]伯希和：《卜弥格补正》，载阅冯承钧译《西域南海史地考证译丛》第三卷，商务印书馆1999年，第238页。

第一个剽窃卜弥格医学著作的就是安德列亚斯·克莱耶尔。在此以前，1671年在法国出版过一部译成了法文的名叫《中医的秘密》的著作，这部著作的全名是“*Les Secrets de la Medicine des Chinois. Consistant en la parfaite connaissance du Pouls. Envoyez de la Chine par un Francois, Homme de grand merite*”[中医的秘密，其中包含着一种完美的脉诊诊断学，是由一个立了大功的法国人从中国带来的，格勒诺布尔（Grenoble），1671年]。伯希和说，这个在广州的法国人就是安德列亚斯·莱耶尔所出版的《中医指南》第二、三编的那个欧洲考据家，但这个在广州的传教士是何人，伯希和无法证明。而波兰汉学家爱德华·卡伊丹斯基认为：“《中医的秘密》毫无疑问是卜弥格的医学著作的一部分。”

在克莱耶尔出版《中医指南》后4年，门采尔在德国也出版了关于中医的书。1686年他在纽伦堡科学年鉴上发表了《医学的钥匙》，并明确指出这本书的真正作者是卜弥格，这本书中的全名是：《耶稣会在中国的传教士卜弥格了解中国脉搏理论的一把医学的钥匙》（*Clavis medica ad Chinarum Doctrinam de Pulsibus Autore R. P. Michaele Boymo, e Soc. Jesu et in China Missionario*）。

雷慕沙对于卜弥格在欧洲出版的关于中医的著作，十分关注，对卜弥格中医著作的转抄和剽窃也很清楚，他说：

> 卜弥格神父所译的书和四卷本比起来，就显得不值一提了。这四卷书都是关于脉搏的。《通过舌头的颜色和外部状况诊断疾病》（*Signes des maladies par les couleurs de la langue*）以及《单味药》（*Exposition des médicaments simples*）均为卜弥格神父参考中国医书后所作，总共包括二百八十九篇文章。剽窃者还在书中加入了一些译自中文的文章，可能是选自卜弥格神父1669和1670年从广州寄出的作品。在这部书中，还可找到一百四十三张木刻的画以及三十张铜版画。然而，这本书却给人一种印象，就是中国人不甚了解解剖学。然而在卜弥格神父的原著中，其实有许多展现中国人解剖学知识的文章。
>
> 此外，克莱耶在1680年还出版过其他的作品，一部名为《中医处方大全》（*Herbarium parvum Sinicis vocabulis indici insertis constans*），另一部是四开本的《医学的钥匙》（*Clavis medica ad Chinarum doctrinam de pulsibus*），1680年于法兰克福出版，似乎第二部只是第一部的摘要。[1]

[1] [法]雷慕沙：《新亚洲杂纂》第二卷，舒伯特和海德洛夫出版社1829年，第227—228页。

雷慕沙读到了卜弥格的这些文章，促使他开始写关于中医的博士论文。他的论文题目是《舌症状研究：即关于从舌头看出的病症，尤其是中国人的相关理论》（“Dissertatio de Glossosemeiotice, Sivedesignismorborum que è linguá sumuntur, presertim apud Sinenses”）。

他在论文中，对中国医学给出了高度的评价，他说：“在中国或许没有一个学科像医学这样先进，世界上没有一个医生可以与中国医生相比。他们从帝国诞生起就开始研究医学，那些至今为止还受到人们极大尊敬的古代皇帝被认为是医学的发明者和推动者。”[1]当时在法国很难读到关于中国医学的书，雷慕沙明确地说：“比较好懂的是卜弥格从汉语书翻译成拉丁文的，后来被克莱耶剽窃、编纂并以自己的名字出版的一部著作。”[2]他的博士论文实际上相当一部分是对卜弥格关于舌苔治疗的一种翻译和介绍，并将卜弥格所介绍的中医治疗舌苔病症的方法和西方的治疗方法加之对比研究。

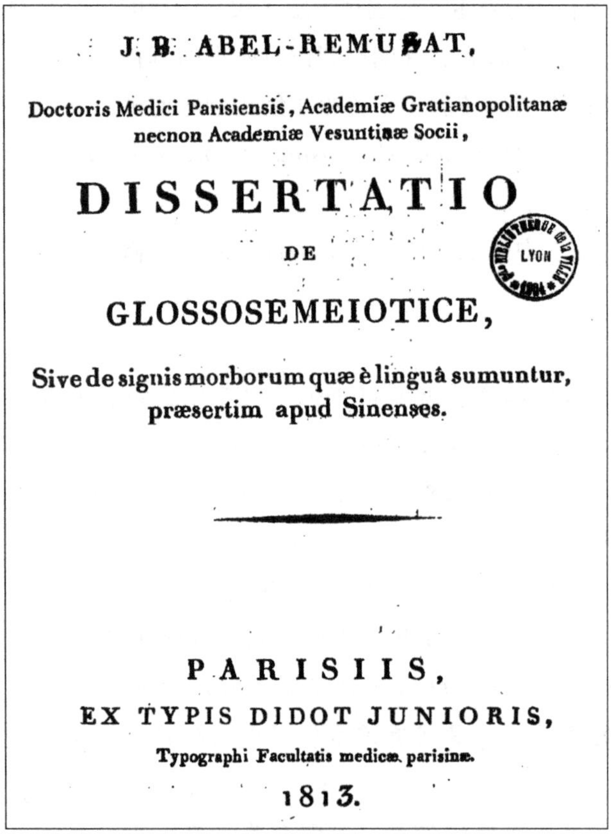
J. B. ABEL-REMUSAT,

Doctoris Medici Parisiensis, Academiæ Gratianopolitanæ necnon Academiæ Vesuntinæ Socii,

DISSERTATIO

DE

GLOSSOSEMEIOTICE,

Sive de signis morborum quæ è linguâ sumuntur, præsertim apud Sinenses.

PARISIIS,

EX TYPIS DIDOT JUNIORIS,

Typographi Facultatis medicæ parisinæ.

1813.

图8　雷慕沙博士论文《舌症状研究：即关于从舌头看出的病症，尤其是中国人的相关理论》

卜弥格在《舌诊》中说：“照中国医生们的看法，人体五个器官和五行有五种颜色。舌头反映心的状况，心主管整个人体，心的颜色是红的，肺的颜色是白的，肝的颜色是青的，胃的颜色是黄的，肾的颜色是黑的。”[3]然后，卜弥格对舌苔的五种颜色所代表的疾病做了介绍，雷慕沙基本上把卜弥格所介绍的五种颜色的病情写在了自己的论文中。

第一种，卜弥格介绍了中医

[1]　Abel-Rémusat, “Dissertatio de Glossosemeiotice, Sive de signis morborum quae è linguâ sumuntur, praesertim apud Sinenses”, 15, *Parisiis, Ex Typis Didot Junioris, Typographi Facultatis Medicae parisinae*, 1813.这篇拉丁文是我的学生李慧翻译成中文，由此，我方可以展开这个研究。在此表示感谢她的辛劳与帮助。

[2]　这本书就是克莱耶剽窃卜弥格的书《通过舌头的颜色和外部状况诊断疾病》(*De indiciis morborum ex linguae Caloribus et Affectionibus*)。

[3]　[波]卜弥格著，[波]爱德华·卡伊丹斯基（波兰文翻译），张振辉、张西平（中文翻译）：《卜弥格文集——中西文化交流与中医西传》，华东师范大学出版社2013年，第365页。

舌苔是白色的病状：

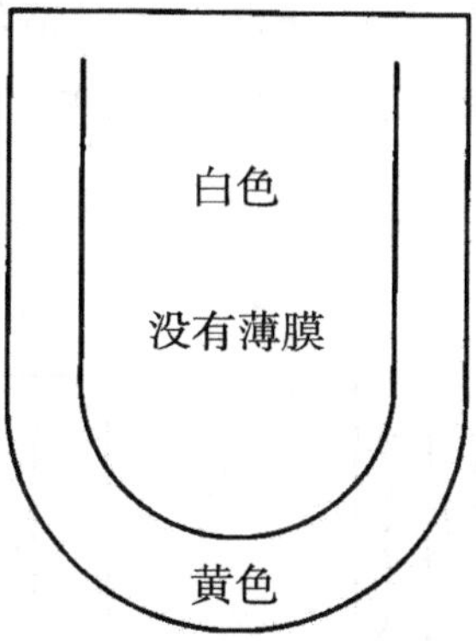

图9　卜弥格《舌诊》图之一

白色的舌头，上面没有薄膜，最后它又变黄了，反映了胃和脾中有病，肠子消化食物要很长的时间，然后才能恢复以前的活力。[1]

雷慕沙在博士论文中说：

如果舌头是白色的，并且带有粘物，在尖部变黄，中医认为，“这是胃衰弱的症状，经常出现肠子消化很频繁且时间很长，恢复肠子以前的能力需要吃合适的食物。”[2]

第二种，卜弥格介绍了中医舌苔是黑色的病状：

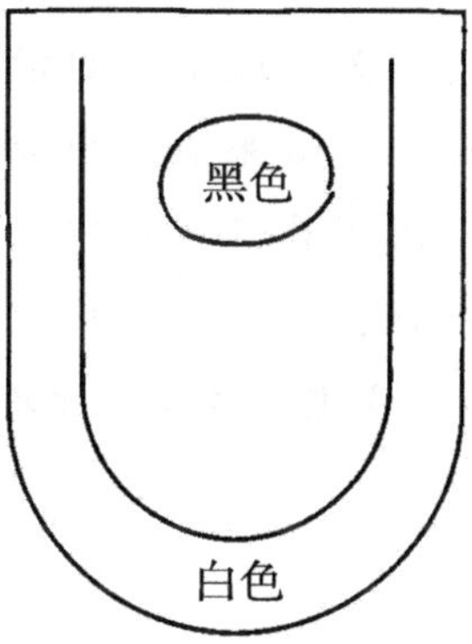

图10　卜弥格《舌诊》图之二

[1]　[波]卜弥格著，[波]爱德华·卡伊丹斯基（波兰文翻译），张振辉、张西平（中文翻译）：《卜弥格文集——中西文化交流与中医西传》，华东师范大学出版社2013年，第366页。

[2]　Abel-Rémusat, “Dissertatio de Glossosemeiotice, Sive de signis morborum quae è linguâ sumuntur, praesertim apud Sinenses”, 15, *Parisiis, Ex Typis Didot Junioris, Typographi Facultatis Medicae parisinae*, 1813.

舌头的中心部分如果变黑了，说明有很多水。阴阳不分，它们都混在一起了，病在深处，很危险。如果是浮脉，这种病还可以治好。如果是沉脉和洪脉，就要吃泻药。如果是沉脉、浮脉，又是洪脉，不必用药。[1]

舌苔出现黑色有多种情况：

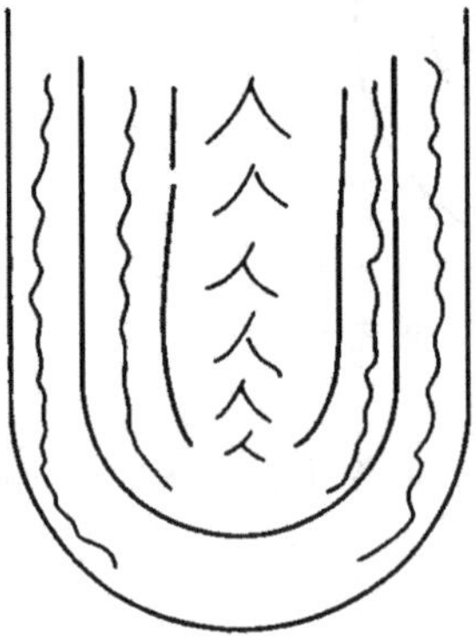

图11　卜弥格《舌诊》图之三

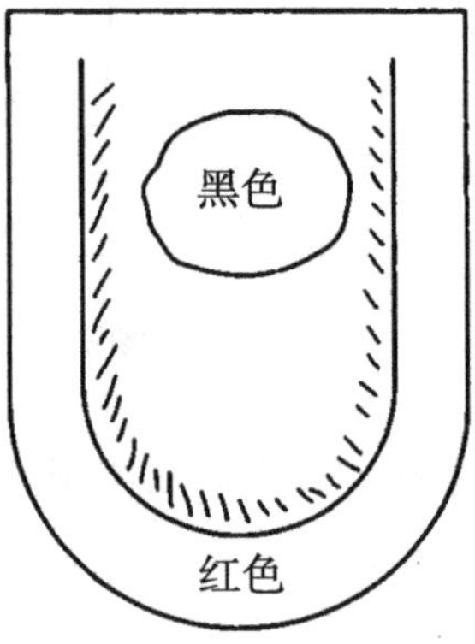

图12　卜弥格《舌诊》图之四

舌上有一条条的黑线，说明阴的旧病复发。嘴唇大约有七天是红的。人体的第四部分手和脚发冷，阴使它们感到疲劳，肠子里面是空的，在第二和第三个位置上诊断的脉是软脉和缓脉。[2]

雷慕沙在博士论文中说：

在中国人看来，黑色的舌头是最不幸的标志，或者覆盖了整个舌头的表面，或者是只覆盖了一部分："如果舌头中间变黑，那么疾病很深而且很危险；如果脉搏浮且轻，应该通过出汗来治愈；如果脉搏深且实，应该清理肠胃；如果脉搏深，细，很微弱，那么没有任何治愈的希望；如果舌头上有黑线，差不多第七天的时候嘴唇变黑，脚和手发冷，脉搏特别细和慢。"[3]

[1]　[波]卜弥格著，[波]爱德华·卡伊丹斯基（波兰文翻译），张振辉、张西平（中文翻译）：《卜弥格文集——中西文化交流与中医西传》，华东师范大学出版社2013年，第367页。

[2]　[波]卜弥格著，[波]爱德华·卡伊丹斯基（波兰文翻译），张振辉、张西平（中文翻译）：《卜弥格文集——中西文化交流与中医西传》，华东师范大学出版社2013年，第368页。

[3]　Abel-Rémusat, "Dissertatio de Glossosemeiotice, Sive de signis morborum quae è linguâ sumuntur, praesertim apud Sinenses", 15, *Parisiis, Ex Typis Didot Junioris, Typographi Facultatis Medicae parisinae*, 1813.

第三种，卜弥格介绍了中医舌苔是红色的病状：

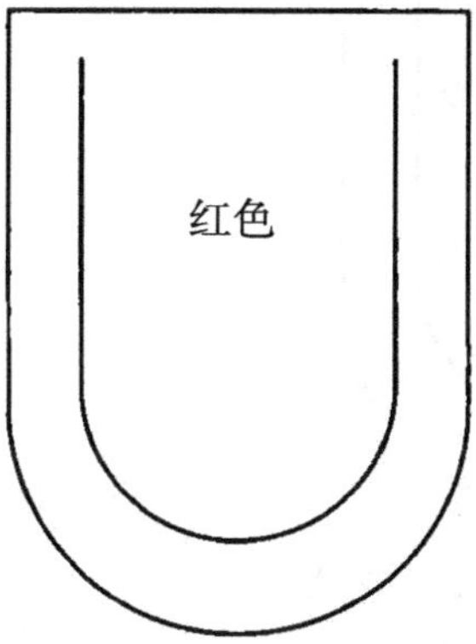

图13　卜弥格《舌诊》图之五

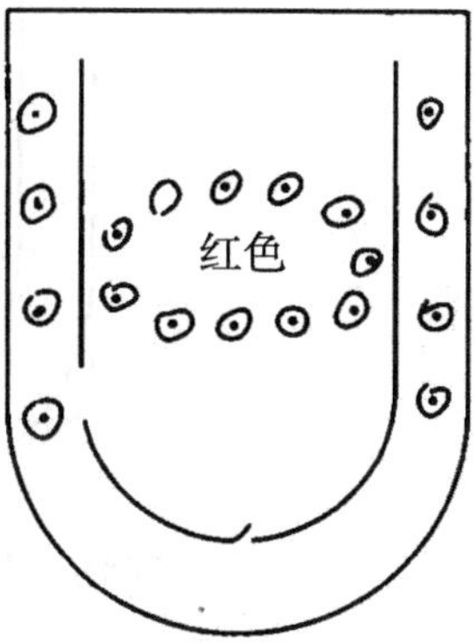

图14　卜弥格《舌诊》图之六

舌头全是红的，说明病在太阳经。全身疼痛，脑子里感觉一片混乱，眼前天旋地转，嘴里发热，舌头干燥。尿是红的，发出难闻的气味。去了寒后，就来了温。如果是洪脉，病自体内，如果像浮脉，温自体外。

舌头是红的，带有气泡和斑块，说明病人患的是热病，发高烧，阴和阳都混在一起。病人身上发冷，头疼，他的脉是沉脉和伏脉。[1]

雷慕沙在博士论文中说：

舌头红，根据中医理论，“是由正在生发的热引起的病，病人浑身疼痛，头晕，目眩，口苦，舌干，身体内有大热，小便赤，困难。有时胸闷、胀，夜间烦躁，脉搏急促，嘴和舌头发红，发肿，嗓子疼痛。如果舌头变得更加红，伴有高烧，患者怕冷，头痛，脉象沉。”[2]

第四种，卜弥格介绍了中医舌苔是黄色的病状：

[1]　[波]卜弥格著，[波]爱德华·卡伊丹斯基（波兰文翻译），张振辉、张西平（中文翻译）：《卜弥格文集——中西文化交流与中医西传》，华东师范大学出版社2013年，第368页。

[2]　Abel-Rémusat, “Dissertatio de Glossosemeiotice, Sive de signis morborum quae è linguâ sumuntur, praesertim apud Sinenses”, 15, *Parisiis, Ex Typis Didot Junioris, Typographi Facultatis Medicae parisinae*, 1813.

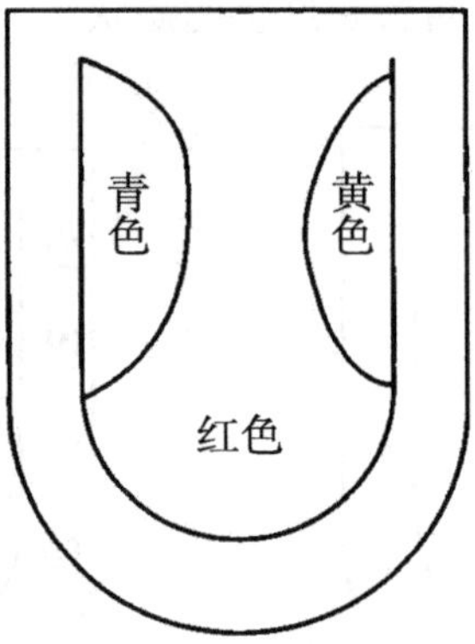

图15　卜弥格《舌诊》图之七

舌头部分发青，它的两边部分呈黄色，说明阳和阴不平衡。病人第一天感到头疼，全身发热、感到沉重，口渴，骨头好像被折断了似的。第二天，火进了鼻孔，第三天话也说不清楚了。[1]

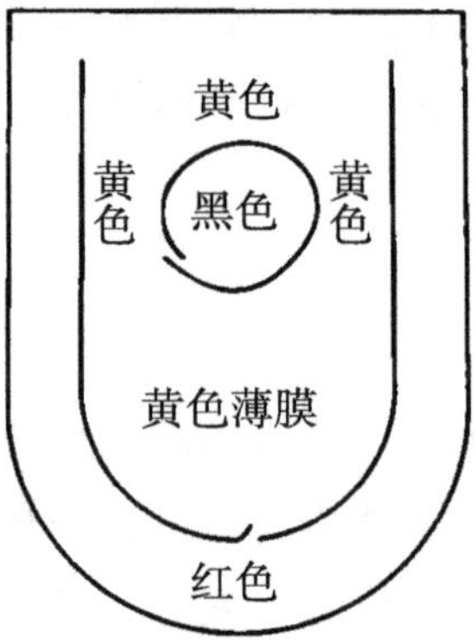

图16　卜弥格《舌诊》图之八

舌上有一层黄色的薄膜，中间有黑色的线条，像图画一样，说明病人中了毒，他的胸部发烧，毒侵入到了肠里，因此他日夜都感到难受，腹中排出的粪便部分呈白色，部分呈红色。[2]

---

[1]　[波]卜弥格著，[波]爱德华·卡伊丹斯基（波兰文翻译），张振辉、张西平（中文翻译）：《卜弥格文集——中西文化交流与中医西传》，华东师范大学出版社2013年，第370页。

[2]　[波]卜弥格著，[波]爱德华·卡伊丹斯基（波兰文翻译），张振辉、张西平（中文翻译）：《卜弥格文集——中西文化交流与中医西传》，华东师范大学出版社2013年，第371页。

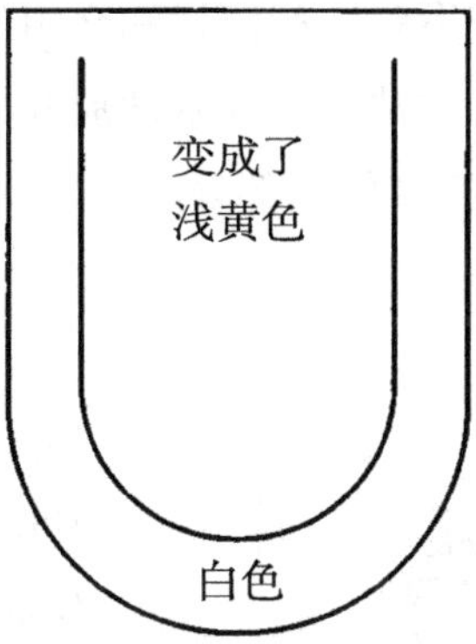

图17　卜弥格《舌诊》图之九

舌头呈浅黄色，说明胃里塞满了东西，胃变硬了，通往胃里的管道被堵塞。大肠干燥，尿带红色，有黏性，是外感的病，但不知道是什么病。[1]

雷慕沙在博士论文中写道：

舌头变黄的现象也被中国人罗列出来了："如果整个舌头变黄，或者程浅黄舌，胃坚硬，腹部不畅通，肠干燥，小便赤色或不畅。有时患者说话特别多，不出汗。"如果舌头是黄色的而舌尖是红色斑点，像珍珠一样，说明肠里有热：这时病人发高烧；病人说话声音不和谐；全身疼痛；头好像被挤压了一样；心里被厌恶的事情填满。如果舌头中间呈黄色而周边是白色，病人经常呕吐，咳嗽；头沉重，肾疼痛等等。[2]

通过这种介绍，雷慕沙说："中国医生的天才和研究通过从舌头的不同颜色来诊病就已经可见一斑。"他在论文中并不是简单地介绍和翻译中医的舌诊方法和理论，他同时将中医的这套方法和欧洲的医学之父希波克拉底（Hippokrates of Kos，约前460—前377）作比较，最后他得出的结论是："我清晰地对中国人从舌头的状态诊病及其与欧洲医学理论的契合进行了介绍。其内容丰富、翔实，显示出他们出色的智慧。"[3]

---

[1]　[波]卜弥格著，[波]爱德华·卡伊丹斯基（波兰文翻译），张振辉、张西平（中文翻译）：《卜弥格文集——中西文化交流与中医西传》，华东师范大学出版社2013年，第372页。

[2]　Abel Renisat, "Dissertatio de Glossosemeiotice, Sivedesignismorborum que è linguá sumuntur, presertim apud Sinenses", 16, Parisiis Ex Typis Didot Junioris, Typographi Facultatis Medice parisine 1813

[3]　Abel Renisat, "Dissertatio de Glossosemeiotice, Sivedesignismorborum que è linguá sumuntur, presertim apud Sinenses", 19, Parisiis Ex Typis Didot Junioris, Typographi Facultatis Medice parisine 1813

这样，我们可以清楚地看到卜弥格所翻译和介绍的中医理论，特别是所介绍的中医关于舌苔病症的诊断和治疗的方法，为雷慕沙展开中医与西医的对比提供了基本的材料，成为他的博士论文的一个重要组成部分。

结语

咸豐丁巳年鐫

阿伯兒輯

漢文啟蒙

巴理城

ÉLÉMENS

DE LA

GRAMMAIRE CHINOISE

PRINCIPES GÉNÉRAUX

KOU-WEN

KOUAN-HOA,

PAR ABEL-RÉMUSAT

图18　雷慕沙的代表性著作《汉文启蒙》

欧洲汉学到18世纪末19世纪初发生了较大的变化，传教士汉学转变为“专业汉学”。法国汉学经过弗雷烈（Nicolas Freret）、傅尔蒙（foummont，1683—1745）、黄嘉略这样的传承，到19世纪初，专业汉学诞生。在法国东方学中开始有了一个新的学科：汉学。如戴密微（Paul Demiéville，1894—1979）所说：“1814年11月11日，法兰西学院汉语教授席位的创立使汉学研究的面貌大为改观。这不仅是对法国汉学，而且对整个欧洲汉学都是一个关键性的日子。对中国的研究列为大学学科，这在西方世界还是第一次（在俄国直到1851年，在大不列颠直到1876年才进入大学学科，在欧洲其他国家那就更晚了，美国是最后）。”[1]担任第一个汉学教授的是当时年仅27岁的阿贝尔—雷慕沙。戴密微说他最初是攻读医学，1813年进行中国医学论文答辩，1811年由于他对“鞑靼”语言以及1813年对中国语言文学的研究引起了人们的注意，最终成为法兰西学院的第一位汉学教授，也成为欧洲第一位专业汉学家。

[1]　[法]戴密微：《法国汉学研究史概述》，《中国文化研究》1994年春之卷（总第3期）。

图19　雷慕沙画像，他是法兰西学院的第一位关于汉学研究的教授

图20　法兰西学院实景图（张西平拍摄）

考察这段历史，我们可以看出“传教士汉学”奠定了“专业汉学”的基础，正是在卜弥格成果的基础上，雷慕沙完成了他的博士论文。西方汉学的三个发展阶段是环环相扣、逐步发展的历史过程。

目　录

一、卜弥格传

二、卜弥格文献

三、卜弥格与南明王朝

四、卜弥格与中医西传

五、卜弥格《中国地图》研究

六、卜弥格与大秦景教碑西传

七、卜弥格与中国博物学西传

八、卜弥格与西方专业汉学的兴起

一、卜弥格传

明末奉使罗马教廷耶稣会士卜弥格传*

［法］沙不烈 撰　冯承钧 译**

序

余有志搜辑卜致远（卜弥格）司铎事迹久矣，惟记载此类事迹之西书，十九皆为国内罕见之本，费赖之司铎《入华耶稣会士传》，五年前尚未能一检，遑论其他。二十三年夏在《通报》中获读伯希和教授评文，知沙不烈氏新撰有此传，时未见原书，仅将评文移译，收入《西域南海史地考证译丛三编》，题曰《卜弥格传补正》。次年胡适之先生在北京饭店购得此本，而以见贻，略一翻阅，知著者于汉学较疏，其书尚待改正，姑置之案头。今春《入华耶稣会士传》译竣，复取阅之，此书汉学考证虽陋，然所引西籍多有世人罕见之档卷；爰取而译之，采其所长，正其所短，于原书微有删削，并补辑王太后、马太后、王后、太子慈烜、庞天寿五传于后，与伯希和评文合观之，永历朝遣使赴欧之一异迹，庶犁然备矣。

译语用字前后微有异同。如威尼斯之国君旧译作总统，耶稣会会长旧译作统领，曾德昭旧讹作鲁德照，《中国医法举例》旧讹作《中国药物标本》，兹皆一一改正。

明室奉教，卜弥格出使，在中国载籍中几无迹可寻，赖张菊生先生在教廷中发现王太后上教皇书，始明其事之非伪。余若瞿式耜、焦琏、庞天寿诸人之领洗，仅天寿一人见诸记载。王夫之《永历实录》卷二十五《天寿传》云："天寿事天主教，拜西洋人瞿纱微为师。勇卫军旗帜皆用西番书为符识，类儿戏。又荐纱微掌钦天监事，改用西历，给事中尹三聘劾罢之。"按瞿纱微即本书之瞿安德；进西历是永历三年

---

* 此书原名*Michel Boym jésuite polonais et la fin des Ming en Chine* (1646—1662)，1933年出版于巴黎，作者为法国学者沙不烈（Robert Chabrié）。冯承钧译后又补辑王太后传、马太后传、王后传、太子慈烜传、庞天寿传于后，题为《明末奉使罗马教廷耶稣会士卜弥格传》，于1941年由长沙商务印书馆首次出版。

** 译者简介：冯承钧（1887—1946），字子衡，湖北夏口（今汉口）人。中国历史学家、语言学家，曾任北京大学历史系教授、北京师范大学历史系教授。著有《中国南洋交通史》《成吉思汗传》等，译著有《马可波罗行纪》《西突厥史料》等。

（1649）三月事，尹三聘请废新历仍用大统历是同年十二月事，并见《永历实录》卷一；勇卫军旗帜皆用西番书，与西书所记明兵旗帜上绘十字架之说亦合。纱微似曾在永历二年进呈图书，《小腆纪年》卷十五云，八月癸巳明桂王还居肇庆，“瓯逻巴国人进图谶”。所谓瓯逻巴国人殆指瞿纱微等，所谓图谶殆指天主圣母图像。焦琏奉教事有可疑，盖西书仅言洗名路加者，并未实指其人为琏也。瞿式耜本人奉教一事亦无迹可寻，惟其从父汝夔、从兄式穀或曾领洗；西书谓式和子某洗名若望，或亦有其可能；黄宗羲《永历纪年》云：“当被执之时，式耜欲入与妾诀”，则有妻有妾，决非信徒，无可疑也。

本书考证最不明者，厥为瞿安德之殁年、殁地。费赖之《入华耶稣会士传》第九二《安德本传》，志其殁年作1651年12月12日，对以夏历则为永历五年十月三十日。又据同书，清军围广州，永历走广西，广州陷，又逃贵州。安德循他道欲往从帝，所乘小舟，在广西贵州交界处被清兵追及，安德登岸欲逃，兵至，遂遇害。又据交趾传教会道长信机，位其殁地在田州，是皆与事实不合。广州之陷在永历四年二月，同月己未，永历奔南宁；次年九月清兵陷广西诸府，永历于是月壬寅出奔，十月辛亥次新宁（今扶南县）。十二月初七清兵取南宁，报至，复出奔，由水道抵濑湍，闻清师逼近止百里，乃焚舟登陆。后由安平下雷归顺一路进发。由是观之，永历盖溯左江而上（殆始意欲从安南出海），安德欲驾舟从帝，似无他道可循。其遇害地应在新宁、濑湍之间，被害时应在阴历十二月初七日以后，则为1652年1月间事矣。田州之说，殆误以王太后殁地为安德殁地欤。《永历实录》卷一作永历五年六月“虏兵攻南宁，上奔太平，七月慈圣太后崩”，所记月地皆误。《永历纪年》云：“四月十二日慈宁皇太后（原误马氏）崩于田州，七月十八日葬于两江之宋村山。九月梧州、来宾、迁江告急，二十八日上登舟。十月初七日幸新宁。十二月北兵至迁江，逼宾州。五日幸濑滩，七日南宁陷，上登陆，焚舟楫。”与诸书所载，大同小异，为较得其实矣。

本书有数点必须参考中国载籍，惟记载永历一朝大事之书，现存者无虑数十种，为说不一，未曾有人荟萃而鉴别之。衰朽如余者，固难办此，是为毕业论文之一好标题，竟无人选及，惜哉。

1939年10月25日冯承钧命恕儿笔受讫

绪言

吾人正期待着不少的正确批评。缘本书绪说之长，枝节之多，甚至全书结构，皆足以引起不可免的非难。

吾人行将请求读者宽容谅解，要知此种情形，实因本书的固有性质，有以致之。作一种简朴的叙述，似乎干燥无味，而尤重要者，简朴的叙述，不足以阐明吾人拟勉为说明之很特别的情形。若欲作一种充实明了的叙述，则见其事物太多，若欲作一种简单而有条理的叙述，则又病其容纳太少，审查问题本身愈深，其复杂愈显。卜弥格神甫之面目，有时或为事迹所隐藏；但是吾人以为其面目仍在其所光照的事迹之中心。

欲言此宗徒之事迹，不能不说明其所隶的教会之行为。并且对于当时的若干政治状况不能不加以注意。尤其是发动此事之信教朝廷，与夫当时之中国状况，不能不一一说明。

此悲剧之主角卜弥格神甫，并不因他是波兰人而登舞台。然而因为他的国籍，特别引起吾人的注意，与吾人的同情。他奉使初莅欧洲之时，即与一个最受推重的法国大使发生关系，由是又将法、波两国传统的亲交更加一重要保障，所以吾人倍重其人。

研究中国、研究教会、研究殖民、研究外交、研究波兰的专门史家，或者很难将本书归入何类。吾人目的仅欲其对于传教史作一种小小的贡献而已。此种历史只要在一种顾虑科学的精神之内去研究，其性质即在其不能确定，因为他与史学一切部门皆密切联合，而构成人类文化最丰富的表现之一种。

吾人所欲言者只此而已，不在自为辩护，亦不在说明此书之不能使人满意的面目。修正已屡，决定付印，然仍觉距离所欲达之目标尚远云。

概说17世纪之中国及耶稣会

吾人叙述的事迹，所范围的有一定地域与一定时间，颇有预先说明之必要。

若将发生此种事迹之宗教的、政治的、社会的环境，作一种有鉴别的说明，以便利读者之了解，想必为读者所赞同。

中国传教史而为世人所知者，固然失之空泛简单，可是人尽识之。吾辈法国人之调查，只能上溯至17世纪末年，是为路易十四世自1685年以来遣派至中国的法国耶稣会士传教事业发达时代。吾人最熟悉者，要为18世纪之中国。当时饶有著述流传后世，如《关于中国人之纪录》（*Mémoires concernant les Chinois*）、《传教信札》（*Lettres édifiantes*）之类，皆出吾国耶稣会士手笔，颇引起当时法国学界之注意。吾辈之哲学家对于中国与中国人，甚至不得不作多少富有严重性之演讲。孟德斯鸠（Montesquieu）、福耳泰尔（Voltaire，今译伏尔泰）二人亦不能自禁；后一人且根据马若瑟（Prémare）神甫所译《元人百种曲》中之《赵氏孤儿》，撰有戏曲，题曰《中国孤儿》，由是承认当时公众，甚至最合时流之公众，对于中国事物颇感兴趣。

葡萄牙与传教事业

17世纪上半叶中国与欧洲之交际，与我辈绝少关系。当时的主角为葡萄牙，迨后葡国与些后起的强国在殖民地竞争中历经争斗以后，才被他国取而代之。

Emile Hovelaque君是一部极端启诱的书籍[1]的撰者，曾将欧洲人侵入中国的过程一一说明。他对于黄人表同情，而对于白人颇过于严厉。伯希和（Paul Pelliot）君曾在《通报》批评栏中校正其误。[2]虽然如此，此书对于欲知中国与西方各国交际之大略者，仍不失为一种很好的帮助。

葡萄牙、西班牙、荷兰、俄罗斯、英吉利、法兰西等国各在其侵略行动中表示其特性。

葡萄牙之特性则在将侵略精神与传教精神严密结合；至若谋利精神，无论其表现如何强烈，只能退居第三位。葡国赖有其热烈的信心，几近乎蛮野的毅力，曾抵于一种光荣时代，而其灿烂尚足供数百年后吾人之叹赏。中世纪时教廷遣派方济各会士（Franciscains）、多明我会士（Dominicains）往使蒙古大汗廷。传教东方之事业，盖由葡萄牙人继续为之。

自从海道发现以后，传教师之派遣，不复遵陆，而为循海。葡萄牙人自经若望一世之子别号航海家的亨利王之鼓励，于15世纪上半叶中即开始作海上之探险（就中若B. Diaz，Vasco de Gama，Cabral，d'Almeyda，d'Albuquerque等最著名），遂建设一广大的殖民帝国。战士的锐气，传教的热诚，商业的天才，互相为助：所以每一葡萄牙探险家所到之地，不久必见一教堂与一堡垒及一货仓同时建立。

葡萄牙有功于基督教之传布，约二百年；欧洲诸民族中只有葡人扩张其势力及于亚细亚全土。公教教会以特权荣誉厚奖葡国，其故易解，盖奖其劝化之功也。教皇亚历山大六世于1493年发布教翰（其事在1420年马丁五世时已开始为之，此特补充而已），北起北极，南抵南极，划成界限，界以东葡萄牙国王主之，界以西西班牙国王主之，其条件则在传布宗教。后任诸教皇，列翁十世、保禄三世、保禄四世、格列鄂尔十三世等，历将葡萄牙国势增加，于其侵略或拓殖诸地，如东印度、越南半岛、中国、日本等处，创设新主教区，由是里斯本（Lisbonne）当局之地位愈形坚固。

卧亚（Goa）、澳门（Macao）此二名称吾人必须注意，是乃关于远东与中国方面，葡萄牙人有形势力与无形势力发扬之两大中心点。此二城市在传教史中占有特别地位。两城互相补助。欲至澳门者必须先历卧亚，故此二城名常见于诸传教师记录之中。

---

[1] 书名《中国》，巴黎1920年版197—201页。

[2] 参看《通报》第二辑第二十卷157页以后。

当里斯本（Lisbonne）代物搦齐亚（Venise）而为海上强国，与一切东方交通皆取道大浪山（好望角）之时，葡国诸王凭借教皇之好意，遂独揽运送传教师前赴远地传教之权，其意固在保护宗教，然亦在扩张巩固其政治势力。如此看来，当时执有公教传布指挥大权者，就是君临里斯本的葡萄牙国王。

葡萄牙除许本国教师在其保教区域传教之外，并许外国教师前往。惟是此种外国人势必抛弃其国性，对葡国国王宣效忠之誓，对于母国不复发生直接关系。无论其原籍何国，必须赴里斯本出发，只有此处可以附舟前赴远地。有若干传教师甚至变化其姓名，使其读音与葡萄牙语言相近。有不少意大利人名尾作i者皆改作o，以便合乎时宜。其较为复杂者尚有一名Sedmayer神甫者，改其名作Sotomajor。葡萄牙对其保教权（patronat）坚决防卫；教会史家对于此类争持记载已屡，或与教廷争，或与他国争，结果各国终获有其自行保教之权。

兹置政治方面不言，请言运送教师问题，及旅行情形。

旅行及其困难

当时传教远方者之勇气与热诚，足使人惊羡不已。16世纪下半叶，质言之，葡萄牙国势正盛称霸海上之时，葡国船舶与前一世纪哥伦布（Christophe Colomb）、甘马（Vasco de Gama）所乘之舟当然大有区别，是为更较坚固足以乘风破浪之海舶。虽然，海行仍不免有种种艰苦。

耶稣会Brou神甫曾博采此种旅行事迹撰有专文。[1]所采者盖为昔日旅行家与传教师之信札行记。其文写实，生气活跃纸上。始于里斯本之发舟，道俗群来相送，止于卧亚（Goa）舍舟登陆，诸教师之窘苦航海生活悉见于是编。船上不惟无安适之可言，甚至最简单的洁净与卫生，亦并无之。

此外并须与赴殖民地谋生之贫贱人共杂处，至若举动常无礼貌之军人、水手、商贾等尚未计焉；诸传教师即为此辈粗野民众举行圣事，施给医药。彼此堆集于一处，其衰弱身体不免受传染病之侵犯。船向Madère岛航行时，乘客已有死者，已而入风常变海扬波之地带中。由是病者甚众，疲于晕船，得败血病，缺乏粮食、淡水。既而沿非洲沿岸行，除风暴礁石外，尚需防备海盗。大浪山既过，则视情形，或停Mozambique或停柯枝（Cochin）。末后航行逾半年，或近一年，始抵卧亚，迎者之众，不下于在里斯本登舟时。观此文所引金尼阁（Trigault）神甫行记，则见传教师抵埠时，其旅居印度之同僚来埠欢迎，感激而泣，渴问欧洲近事不已。

卧亚之休息固甚畅适，然对于不少传教师，此地仅为一种必要过程，而非最后行

[1] 标题作《16世纪传教师自里斯本达卧亚之旅行》，见《研究》（*Etudes*）杂志第二十卷（1908年10月刊）178—200页。

抵之地。休息约半年，复又登舟，然后散布中国、日本、美洛居（Moluques）岛。其赴中国之传教师，海行之终点，则为澳门，是为葡萄牙在中国的宗教商业活动之中心。此第二段海程需时亦复甚久。总之，自里斯本达于致命者血染之传教区域，需时至少两年。试一思非葡籍之传教师，尚须犯冒艰苦先至里斯本，其原籍有时在欧洲之极端，如波兰等地，则非意志坚定百折不挠之人不能作是行也。

吾人特别注意之时代，盖为17世纪最初六七十年间，时葡国威权渐减，其衰微盖始于1580年顷葡国被西班牙统治之时，而西班牙无商业独创精神，仅知注意西印度或美洲也。至是葡国殖民发展因之停顿，而西班牙多数敌人，遂并为葡萄牙之敌。尤其荷兰叛西班牙而独立，与葡人竞争，夺据其不少领地。

1640年葡萄牙脱西班牙属藩而自立，然不复重见其已往之繁荣，受创已深，永难复元。迄于1713年，只见衰微。

吾人行将说明之时期，质言之，1649—1659年间卜弥格神甫尽忠明室之时期，葡萄牙国势之衰微，即在继续表现。盖在同一时期（1653—1661），葡萄牙丧大浪山（Cap）、锡兰（Ceylan）全岛、那伽钵亶（Négapatam）、古里（Calicut）、Méliapour、Cranganor、俱兰（Coulam）、柯枝（Cochin）、狠奴儿（Cananor）等地也。

但是卧亚、澳门始终仍在葡萄牙人手中。

卧亚——其繁华及其重要

卧亚有七冈，与罗马同，而在东方俨然为一东方罗马，缘其为传教区域之圣城也。[1]一切主要宗派皆陆续遣派宗徒于此城。首有方济各会（Franciscains observants），1543年耶稣会（Jésuites）继之，1548年多明我会（Dominicains），1572年奥斯定会（Augustins），1607年圣衣会（Carmes Déchaussés），17世纪中叶题亚多会（Théatin）相续来此，皆托庇于葡萄牙国旗之下。当时圣事与游行之壮丽，出人意表。

在教会一方面，卧亚为远东第一任主教驻所，所有现在将来葡人领地，西起大浪山，东抵亚洲东极，教务皆归其管辖。此卧亚主教在1534年首经教皇保禄三世设置，始隶Madère岛Funcual城葡国大主教，继隶里斯本大主教；1557年自立，而授印度大主教尊号。自是以后，卧亚大主教与所属安南、南圻（Cochinchine）、满剌加（Malacca）两地主教之地位愈重矣。

卧亚一城，印度大主教、葡国总督、宗教法庭总判事，咸驻于此。所有葡属领地

---

[1] 参看Augustin Ribeiro《葡萄牙之传教与探险》（1900年里斯本刊四开本）19页。

之一切长官、人民、教俗人员，皆属卧亚管辖。[1]节而言之，卧亚盖为亚洲与东印度葡萄牙帝国之都城。其城壮丽富裕，称誉之文，举不胜举。

道院长Raynal曾志其形胜。倚Malabar而为城，位一岛上，岛周围40公里，有Mandavi水来自Ghates山脉以环之，复流12公里而入海，内有天然港湾，有Salsette与Bardez二半岛以供防卫，半岛上皆设有炮台。[2]

此外记述卧亚者，不乏其人，皆赞扬其林木、草原、华厦、壮丽纪念物、修道院、礼拜堂、宫殿、货仓，居民二十万，巨富者甚众，故名卧亚曰金城（Goa Dourada）。方济各会有Saint-Francois d'Assise院与Saint-Bonaventure修道院，奥斯定会与题亚多会有Saint-Augustin礼拜堂与Saint-Gaëtan礼拜堂，又有Saint-Catherine主教堂，皆甚著名，耶稣会传教所有五处，一说仅有三处，殆仅举其所知云。

耶稣会之耶稣礼拜堂内有印度宗徒方济各沙勿略（Saint-Francois-Xavier）之墓，饰以浮雕，颇华丽。总督及宗教法庭判事所居宫殿，其壮丽亦足引起注意。

卧亚繁华之极点，在16世纪末叶。1619年de Rhodes神甫行经其地时，尚及见其灿烂，惟自17世纪以来日渐衰微，迄于1759年耶稣会士被逐之时，其局面遂不可收拾矣。衰微之原因，盖为与荷人战，池沼瘴流行，宗教法庭纠举之暴烈，由安逸过度与傲慢扩张所致之风俗废弛。今人游其地者追忆其以往之繁华，莫不感慨系焉。

今日古卧亚之废址已成椰树林，仅有少数民居散布其间。1765年于距旧卧亚（Velha Goa）8公里之地建设新卧亚（Nova Goa，Pandgim），此城尚存，然无工商业，昔日繁盛已成过去陈迹矣。

现在请言澳门。葡人驱逐黑人（Maures）以后，入居黑人所居各港，然失华人欢，1521年被逐出广州。已而先后被逐出其他数港，1549年以来，仅仅保有澳门。1554年与华人订约，纳税通商。[3]

澳门—其建设—其性质

澳门一港未可轻视，是盖中国、日本对于西方开放门户之锁钥。其为欧洲商业唯一可通之港，阅年久矣。葡人何时据有其地，所用何种方法，其事皆无考。占据之年有谓在1459年者，有谓在1552年者，亦有谓在1557年者，其说不一。据一说，盖因葡人助华人剿灭珠江口之海盗，遂获许留居澳门。又据一说，葡人受风波之侵袭，请于官，许在陆地曝干货物，因筑若干小屋，久之，商人习赴其地继建砖屋，由是用不正当方法开辟进入中国之门户。冯秉正（Joseph-Anne-Marie de Moyriac de Mailla）与杜

[1] 参看Jeande Thévenot行记1684年巴黎刊四开本273页。

[2] 参看Guillaume Thomas Raynal《两印度欧人商业领地政治哲学史》（1780年日内瓦刊四开本五册）第一册69—70页。

[3] 参看HenriCopier《中国通史》（1920—1921年巴黎刊大八开本四册），第三册128页。

赫德（Jean-Baptiste Du Halde）二神甫各在其《中国史》与《中国志》中，索内拉特（Sonnerat）亦在其《中国印度行记》中，皆以葡人占据广州西南120公里珠江口之澳门，乃因助平海盗有以致之。其后渐渐成一重要场所，葡国于1628年始，设置总督治其地焉。

晚至19世纪，葡国官吏始能在澳门执行其管理权。自开始占据迄于是时，中国始终未曾正式承认。中国所置之官吏与海关常与葡国所置之官吏相冲突，而葡国官吏每年应纳课二万二千écus。城内居民受中国法庭管辖，最初无建筑城堡之自由。嗣后荷人来侵，葡人请于华官，获有建筑堡寨之权，置炮二千尊以守。[1]

澳门虽经种种妨碍，发展甚速，而与日本、菲律宾之交通，尤足增其商业重要。旅行家与舆地家曾以澳门与Monaco国共比拟。澳门欧人居留区域甚小，不及华人所居城市之大，两区以墙为界。澳门今亦衰微，与卧亚同；盖英人在对岸之香港与之对峙，而澳门颇受其害也。今在澳门尚见有一美丽公园与石洞，相传葡国诗人Camoens在此洞内完成其Lusiades诗集。[2]其人因钟情于国王若望三世宫内之一侍从妇女，因被谪居国外。抵东印度后，上讽诗于卧亚总督，又被流放至美洛居岛（Moluques），已而赴澳门，后还国，殁于1579年。

澳门教俗建物甚众，与卧亚同，亦一重要教会城市也。[3]1575年澳门成为主教驻所，盖经葡王请于教皇而设置者也，澳门主教归卧亚主教管辖，所管区域为中国、交趾、日本。1588年析日本为一教区，另设一主教，以九州之Founai为驻所。相传Saint-Antoine教区之方济各会士在16世纪末年对于澳门之兴，负担任务甚重。

公教之传布，于葡人保护下大有发展。遣派传教师赴中国者有多明我会、方济各会、奥斯定会、外方传道会、遣使会（Lazaristes）诸宗派。

耶稣会士在澳门尤受推重，其专为日本教区所设之会堂名圣保禄会堂，专为中国副教区所设之会堂名圣若瑟会堂。保禄堂建设于1594—1602年间，堂有大石级，不幸在1835年1月27日被华人焚毁。附设之修道院、学校，与若干房屋尽毁于火，仅有堂正面用花冈石建造，与诸铜像独存。正面辟三门，有石柱，遵希腊式。

吾人对于耶稣会之建筑言之特详者，盖因17世纪时此会会士得葡萄牙之助，传教中国功绩最伟也。

葡萄牙对于其所保护之传教师，诚有可以自负者在。惟事之可异者，耶稣会士能

[1] 钧按：《明史》三二五《佛郎机传》："壕镜在香山县南虎跳门外。先是暹罗占城爪哇琉球浡泥诸国互市俱在广州，设市舶司领之。正德（1506—1521）时移于高州之电白县。嘉靖十四年（1535）指挥黄庆纳贿，请于上官，移之壕镜，岁输课二万金。佛郎机遂得混入，高栋飞甍，栉比相望，闽粤商人趋之若鹜。久之，其来益众，诸国人畏而避之。遂专为所据。"

[2] 葡国史家de Cunba Goncalves说，Camoens未莅澳门。参看Jean-Javal，Sous le charme du Portugal，Paris，1931，p.143。

[3] 参看de Moidrey神甫《汉学杂纂》第三十八册176—178页。

在中国获有非常成绩，即因葡萄牙在中国从来毫无实力（在日本亦然）。澳门非其固有之地，前已言之。缘其非一殖民地，与东印度之城市有异也。葡萄牙人在中国半世纪之努力，其结果仅能在澳门设一商场与一主教而已。既不能有其地，当然不能对于传教师作时常有害之救济。葡萄牙在殖民地所施宗教政治之压迫，常丧失被治者之同情与信任，如卧亚宗教法庭之纠举，已足使被劝化的民族忧愤而有余。则入华耶稣会士之不得葡国军队法庭之助，而仅恃科学德行，未始非福，而况足使成绩优良者，莫有逾此科学德行者欤。

惟是葡萄牙人在卧亚与他处之举措，终足使宗教界中人感不安。教廷亦知葡萄牙过于严厉的保教，诚有害于将来，遂决定用他法执行一种纯粹教务宣传事业，而与俗权脱离关系。教皇对于葡萄牙（或西班牙）宗教法庭之滥用裁判，曾屡用教敕戒斥，但被人视为具文。

罗马宣教部—其创设—其任务

1622年经圣衣会若干要人等之提议，教皇Grégoire XV用教敕建设枢机员参议会一所，即后以罗马宣教圣部著名者也。后任教皇Urbain VIII又设一宣教团附于此部，集合全世界之修院士与一切宗派之会士于团中，是无异于一种传教师养成所。世人通称之曰宣教士，直隶宗座，与依庇于一殖民国家旗下之传教师凭藉国籍者迥乎不同。此种传教师经宣教团之养成，受宣教部之指挥，所留传于后世者不仅传教功绩，尚有科学撰述，如语言、宗教、历史、地理、物理、博物等科之观察，颇足珍也。

宣教部自设一种特别阶级而范围其传教师，所代表之势力甚伟。分隶各会派之传教区域，各隶属于其长老。诸长老构成一种阶级，始驻所之道长，抵于位同主教之代牧，皆无异乎教廷之密使。代牧之任命，由宣教部提出人名，经教皇核准后，颁布教翰两件，一件任命某人为某地主教，然有名无实，仅为虚衔而已。一件任命其为某地代牧，其职权如同主教。

其后公教会自觉在传教区域势力巩固，遂改若干代牧为正式主教，然仍直隶宣教部如故。1891年教皇Leon XIII改日本代牧为主教，即其例也。[1]1659年9月9日与1660年9月20日两次教翰为交趾、南圻、中国创设代牧三人，是为远东设置代牧之时。[2]

葡萄牙旧有宗教之特权所受之打击

此种任命损及葡国特权，益以后来之制设，葡萄牙所受之打击愈重。

17世纪末年，葡萄牙专有传教中国之权因而消灭者，盖由法兰西国王路易十四世

[1] 参看de Moidrey《汉学杂纂》第三十八册217页。

[2] 参看前书176页。

遣派耶稣会士赴北京一事。首次派遣在1685年，法国耶稣会士固亦受中国视察员之管辖，[1]然自有其道长，而在俗务方面仅隶属法兰西国王。

由是观之，自此以后入华耶稣会共有两班，一为上所言之法国会士，一为1583年以来之葡国会士与隶属葡国的其他诸国会士，而在1623年析为中国副教区者也。

远东传教事业逐渐由此民族之手移于另一民族之手。

自17世纪下半叶以来，时人已承认首先负有传教使命者，盖为法国。宣教部对之表示好意，而在法国会士之中大得助力。葡国见其不可侵犯之特权，逐渐为人所剥夺，恚甚，遂在百余年间不断与外方传道会之法国教师以及隶属宣教部之各国传教师争持不绝。

有一历史事实未能否认者，则在此种争持之中，耶稣会与葡萄牙并受其害。固有人以为法国耶稣会士传教北京，足使葡国政治势力退缩，然于耶稣会实无何种妨害，盖此类会士对于传教事业及学术工作，成绩并著。Leg obien、[2]巴多明（Parrenin）、钱德明（Amiot）、du Halde、[3]冯秉正（de Mailla）、宋君荣（Gaubil）、张诚（Gerbillon）、李明（Le Comte）、刘应（de Visdelon）、白晋（Bouvet）、马若瑟（Prémare）诸人，其名并显于世。但是宣教部之发动，与法国之协力，致使其他宗派之传教师来至中国者甚众。此辈心理与耶稣会士迥异，由是精神冲突发生，阅时愈久，恶化愈甚，致使耶稣会全会大受其害；盖法国耶稣会士与葡国耶稣会士对其竞争传教人，总不免于让步也。卒至1773年教皇Clément XIV（原属方济各会）将耶稣会废止。

无论如何，世人敢为无偏无私之断言曰，耶稣会士，无论成败，迄于其宗派之废止，在劝化中国之大悲剧中，始终为其主角。由其心理明敏、外交柔和、科学价值，其在中国之努力，始终获得世人之羡赏与惊奇。中国与耶稣会，此二名称相联不断，提及此者，未有不思及彼者也。

中国耶稣会士之功绩

称赞中国耶稣会士之文甚多。中国方面有康熙皇帝上谕两件。第一件是1692年3月17日上谕，言传教师之功劳及所奉教非邪教。第二件是1692年3月I9日上谕，并言葡国会士徐日昇（T. Pereira）、法国会士张诚（F. Gerbillon）参订尼布楚中俄界约之功。[4]

兹再引19世纪法国著名学者三人之说，后二人之意向明了，不得谓对于耶稣会士

[1] 参看J. de La Serviére神甫《耶稣会旧日传教中国事业》，上海1924年刊，52页。

[2] 此二神甫足迹未履中国，然由其撰述，足与入华耶稣会士并重。

[3] 同上。

[4] 参看Henri Cordier《中国通史》第三册273—274页，314—315页。钧按：可并参考《正教奉褒》115页两上谕原文。

有所偏私也。请先引博学多闻的Abel Rémusat[1]之说："欧洲人殆在16世纪末年与17世纪上半叶中，始对于中国风俗文学史有正确认识，要为当时葡萄牙、西班牙、意大利等国传教师安文思（G. Magalhaens）、曾德昭（Semedo）、殷铎泽（Intorceta）、卫匡国（Martin，Martini）诸人之功。法国传教师始与诸人竞，不久遂以所撰关于中国之著述，凌驾诸人之上。白晋、张诚、李明、马若瑟、巴多明诸人对于中国之撰述，颇受法国之欢迎。晚至前1世纪，见冯秉正、du Halde、钱德明、韩国英（Cibot）诸神甫之撰述，尤感兴趣。……据外国人之说，是为他国学者开辟路径，而使欧洲人认识中国之第一等撰述。"

法国大史学家与文学家Villemain[2]曾称颂北京法国传教会耶稣会士之功绩，并谓显耀法国学术之人名固众，"而能与此辈教士相提并论者鲜见，此辈教士为数学家、天文家、博言学者、画师、艺术家、外交家，因宗教犯冒险阻，破除迷信，跻身于中国官吏之列，与巴黎科学研究院通信札，而满足Fonttenelle与Mairan之疑问"。

著名地理学者Elisée Reclus[3]之评论虽简略，然较为明确。首先著录中世纪欧洲人所为最初旅行中国之事迹，续言："然纯粹探考事业与中国地图之审订与改良，实始于诸传教师。17世纪时意大利传教师卫匡国撰有专书，采录中国地图，并为校正。17世纪末年法国传教师奉命治理中国历算以来，常与西方地理学者通声息，探考愈明，地图愈实。"

总之，曾经研究中国之学者，多承认昔日传教师之功绩。Emile Hovelaque[4]对于欧洲人大致责备甚严，而对于耶稣会士亦颇奖赞云。

中国耶稣会之事业，由是不仅属于宗教史之范围，而且属于一般文化史。

17世纪上叶耶稣会葡籍会士传教事业

兹欲言者，17世纪入华耶稣会葡籍传教会士之事业，尤注意者，17世纪上半叶，及诸传教师对于当时政治事变之状态。上溯其源，下迄卜弥格神甫之抵明廷。时葡萄牙在殖民方面已入衰微时期，而与荷英两国作苦斗，然传教中国之使命尚为葡人所独揽。

此种传教中国事业，大致属于耶稣会东印度传教事业之范围。分亚洲之地为三教区，曰卧亚教区，曰摩腊婆（Malabar）或东印度本部教区，曰中国日本教区，中日两国又分为两副教区。当时日本教区尚包括有今日越南半岛中交趾、南圻、柬埔寨、老

[1] 参看所撰《亚洲杂纂》（1825—1826年巴黎刊八开本二册）第二册277—278页。

[2] 参看所撰《文学研究选录》（1878年巴黎刊）。此段业经A. Brou & G. Gibert二神甫所撰《一八二三至一九二三年之耶稣会传教师》（1924年巴黎刊）34页转录。

[3] 参看所撰《新世界地理》（1875—1893年巴黎刊八开本十九册），第七册252—254页。

[4] 见前引所撰《中国》49—50页。

挝、安南等地。1615年罗马教令将中日教区分别为二。次年耶稣会长命令，将澳门划出中国以外，而为日本教区之都会。然阅年甚久始能实行。此三教区皆隶葡萄牙助理员，至若菲律宾教区，有时固与此三教区交换传教师，然隶属西班牙助理员者也。[1]

吾人独注意者，1625年时中国传教事业分为广东、广西、浙江、南京、北京五处。范围甚狭，后来始见扩充。

夏鸣雷（Henri Havret）神甫[2]志有云，广东传教事业昔委之于日本教区诸神甫。广西在17世纪上半叶中仅有驻所一处，由陆安德（André-Xavier Koffler）神甫主持。云南贵州虽列为有教民之处，然在明代传教事业尚未开始。

其故盖在当时传教师人数不多。1640年前后中国只有教民12万。传教之耶稣会士约30人，分为17驻所。17世纪下半叶人数虽加增，然仍不为众。[3]

有一旧名录列举传教中国之一切耶稣会士姓名尚属完备。始传教之初，迄于1773年耶稣会之废止，共得454人，内未晋司铎之修士66人。此454传教师中，葡籍者153人，法籍者96人，华籍者81人（内司铎50人）；余数则分配于十二国籍人中。[4]

其中主教甚少，仅约有10人。

此录不过略举人数而已，至最近始由耶稣会士开始作详细之调查。费赖之（Aloys Pfister）神甫曾根据1699年抵中国的傅圣泽（Jean-Francois Fouquet）神甫所撰《传教中国教师全录》从事补充。[5]

傅圣泽原书写本藏伦敦英国博物院，[6]除耶稣会士外，皆经《远东杂志》转录。[7]具见17世纪时，除耶稣会士外，尚有其他会士，如世纪末年之多明我会士、方济各会士、奥斯定会士（多属西班牙籍），1684年以后之巴黎外方传教会士（全属法国籍）以及宣教部之传教师（多属意大利籍）是已。

Jean Gonçalez de Mendoza[8]神甫曾将1579年来自菲律宾之奥斯定会士与方济各会士行抵广州短期居留之情形记录，略示吾人。Brücker[9]神甫曾根据前录，研究传教中

[1] 参看Jean Maracci神甫呈送宣教部之《东印度近事记》，1651年巴黎译本；F. M. de Montézon & Estève《南圻交趾之传教事业》，1858年巴黎刊本；Auguste Colombel《江南传教史》，1898年前后石印本，第四篇538—539页；前引de La Servière《耶稣会旧日传教中国事业》18页。

[2] 参看所撰《江南传教，其历史，其事业》，（1900年巴黎刊八开本）19页注。

[3] 当时中国教民人数颇难得其大概。可参看A. Beu神甫撰文《昔日传教统计》（《传教史杂志》，巴黎，1929年9月1日刊，376—377页）。

[4] 参看de Moidrey《汉学杂纂》第三十八册184页以后。

[5] 钧按：费赖之神甫《入华耶稣会士传》业经余转为汉文，沙不烈君似未及见此书二版，此条引证殆误，可参看费赖之原书自序。

[6] 英国博物院藏本Ms. add. 29818号，159—176页。

[7] 《远东杂志》（1884年巴黎刊）第二卷58页以后。

[8] 见所撰《中国史事》，1585年罗马刊本。

[9] 见所撰《利玛窦传》，载入《研究杂志》1910年7月5日刊14页以后，1910年7月20日刊191页，1910年9月20日刊759页。

国之详情，谓在1631年有一不属耶稣会之传教师首先在中国建设一传教所；1634年居中国者有多明我会士2人，方济各会士2人。吾人不应忘者，1245年以来，教皇与奉教诸国王遣此二派会士为使臣赴蒙古汗帐之伟绩。当时名中国曰契丹，使者至彼，于十三四世纪间传教约60年，后至明代中绝。晚至16世纪，始见有人赓续前迹。多明我会士Gaspart da Cruz[1]葡萄牙人也，于1556年从卧亚赴中国，重辟旅行之新纪元；并有若干耶稣会士与1555—1565年间莅中国，然未能久处；晚至1582年，始有耶稣会士罗明坚（Michel Ruggieri）神甫在广东肇庆府开辟驻所一处。然此仅小试而已。基督教之实在入中国，乃偕利玛窦（Matteo Ricci）神甫而俱来。玛窦，意大利籍耶稣会士，与明坚同。自是以后，迄于17世纪初年，公教灿烂者约50年。至若方济各会士，既未能得志入中国，乃改赴日本，传教颇有成绩。在利玛窦未来以前，彼等仅有澳门广州驻所各一处。1583年玛窦抵中国，欧亚交际新局面遂开。

玛窦以1552年出生于Ancone州之Macerata城，入中国时年31岁；1601年创传教所于北京；以1610年殁，年58岁。玛窦迥异常人，最先传教中国之宗徒类多如是。深通各种科学，具有力量可以伸缩自如之性格，为人绝对公正无私，其对于中国社会与文化所留存于今之报告，尚取之不尽也。

当时公教传布中国、日本、南圻、交趾等地之状况，颇令人追忆罗马帝国中教会之初年：有一傲慢自尊之社会，渐渐受公教之影响。仇教之事有之，墓窟之事几乎重见。

当时传教师中得与玛窦匹敌者，最初以意大利人为特出。其名最显著，有聂伯多（Pierre Canevari）、高一志（Alphonse Vagnoni）、贾宜睦（Jérôme de Gravina）、毕嘉（Jean-Dominique Gabiani）、殷铎泽（Prosper Intorcetta）、利类思（Louis Buglio）、罗雅谷（Jacques Rhô）、毕方济（Francois Sambiasi）、龙华民（Nicolas Longobardi）、熊三拔（Sabathino de Ursis）、潘国光（François Brancati）、郭居静（Lazare Cattaneo）诸人。意大利人中尚有艾儒略（Julien Aleni），华人重其学识德行至尊之曰“西方孔子”。儒略于1610年抵澳，首先在澳教授历算，然后入内地，撰书有二十九种。葡萄牙传教师中著名者，有费乐德（Louis de Figueredo）、罗如望（Jean de Rocha）、李玛诺（Emmanuel Diaz senior）、阳玛诺（Emmanuel Diaz junior）、曾德昭（Alvarez Semedo）、何大化（Antoine de Gouvea）、郭纳爵（Ignace de Costa）、傅汎济（Francois Furtado）、安文思（Gabriel Magalhaens）诸人。

法国传教师亦甚知名，若方德望（Etienne Le Févre）、汪儒望（Jean Valat）、聂仲迁（Adrien Greslon）、刘迪我（Jacques Le Favre）、穆格我（Claude Motel）、穆迪

[1] 参看Henri Cordier《中国通史》第三册246页。

我（Jacques Motel）诸人是已。

此外他国之耶稣会士有名于时者有西班牙人庞迪我（Jacques de Pantoja）、奥大利人恩利格（Herd tricht）、奥国之意大利人卫匡国（Martin Martini）、奥国之日耳曼人瞿安德（André-Xaxier Koffler）（其人在明朝任务颇重）。至若纯粹日耳曼人有邓玉函（Jean Schreck，Terentius），而最著名者为汤若望（Jean-Adam Schall von Bell）。

若望以1591年生，1622年抵中国。精于历算，授钦天监监正。1644年满兵入京，若望仍续任监正职。后因仇教事件，被下狱，1669年被释出，旋殁。

比利时传教师中亦不乏著名代表，如史惟真（Pierre van Spiere）及金尼阁（Nicolas Trigault）二神甫，并Douai城人。先是利玛窦撰有记录，原意大利文，尼阁将其转为拉丁文，于1615年出版，译为数种文字，颇脍炙人口。

比国人中最著名者为南怀仁（Ferdinand Verbiest）神甫，仕中国，历官钦天监监正、工部侍郎，追赠三代。会中命其为中国副区长。怀仁曾用信札召致教师来华。法国耶稣会士抵京前数星期，怀仁尤主张在中国设本地神职班，俾于教难时传教事业不致全坠。利玛窦神甫早有此心，曾在北京为中国青年设置修道院一所。

耶稣会士于传教中时常利用华人辅助，如用“说教先生”，即其一例，教务传布，颇大得此辈之力。

中国耶稣会中之波兰人

艾儒略神甫有伴侣名卢安德（André Rudomina）者，立陶宛之波兰人也，得肺疾，遂留福建传道。安德常与华人论道讲学，中国士子因辑安德与艾儒略之说为《口铎日抄》。后于1632年殁。

又有波兰耶稣会士名穆尼阁（Nicolas Smogulecki）者，波兰贵族裔，深通天文学，颇为中国士夫所重，不幸遗著多佚，仅存言星术之书一部，于1656年殁于广东肇庆，其地即数年前永历皇帝驻跸之所也。

代表欧洲一切民族之传教师竞附葡萄牙海舶传教远东，不可谓非一种感人奇迹。

北京法国传教会未成立以前，已有法国耶稣会士入中国，此事前已言之。波兰，大陆国家也，乃亦为基督精神所驱使，毫无殖民野心，传教远东，是盖此国常具的义侠无私与宗教理想有以使之然也。

叙述17世纪中国传教师之生活，似不能遗此卢安德、穆尼阁、卜弥格3人之名。当时附舟赴远东之波兰耶稣会士不仅此3人而已，尚有Albert Mecinski神甫仅从印度一抵澳门，而在1643年致命日本；又有Jean-Ignace Lewicki神甫，于1646年殁于交趾海中；Gabriel Letkowski神甫，于1659年殁于Maduré云。

晚至18世纪，入华波兰籍耶稣会士尚有台维翰（Jean-Baptiste Bakowski）神甫，历居各省，后于1731年殁于菲律宾。

夫欲知波兰耶稣会士致命远方之意志，不仅据此类传教师之事迹可以判明。更据Cracovie城耶稣会存档，1649—1722年间，请赴远东传教之耶稣会士而未得本会核准者，计有61人。会长以邻接波兰诸地，如Livonie等地，尚有奉偶像者，应留波兰会士在此劝化为宜。又一方面，因波兰灾难发生，致妨碍会士之赴亚洲；如1710年之鼠疫，看护病者因而致命之神甫凡92人，其一事也。脱无此种灾难，耶稣会士必有赴远地者；du Halde神甫1711年刊《传教信札》第九辑序文已明言之矣。

耶稣会士之宗教的外交

中国士夫具有守旧排外心理，然则诸传教师用何法以安华人之心欤？利玛窦明了此种心理，知中国士夫有一弱点，即好奇心重，并为西学所吸引，遂由此方面进行。共计划则在先以科学获得士夫之钦仰，然后赖士夫之声望，获得民众之信从。由是成为一种完全科学的传教。玛窦与后任诸人从澳门运送无数天文器械，天体仪、地球仪、日晷、时计，与一切西方学艺出品来京。至若耶稣会士之获得朝廷宠眷者，盖由天文学者、历算学者、物理学者，或地理学者之资格有以致之。彼等奉命改定历书，入钦天监办事，铸造火炮。诸耶稣会士以欧洲科学获取中国社会之欢迎，同时并注重于中国文化之研究；则一方面在一定限度中将泰西表现于中国，一面用记录将中国表现于西方。第其能获有成绩者，首在剥去一切外来性质，面使公教合乎华人心理。关于此点，中国、日本视察员范礼安（Alexandre Valignani）之创举，实有著录之必要。先是澳门诸耶稣会士谋使新入教者成为葡萄牙人，别言之，使教民欧化。礼安则不然，其传教也，不注意国籍，面使宗教切于华人之用。遂在澳门创设一纯粹华人教区，从东印度召致热心传教之青年耶稣会士巴范济（Pasio）、罗明坚、利玛窦3人来，使从已意，不为澳门其他会士怀疑主义所动摇。自是以后，耶稣会传教师之衣服、饮食、处世接物之法，悉遵华制，勤习中国语言、文字，面使利玛窦得以成功者，实礼安之发动有以致之。玛窦固享开教中国之名，礼安之功未可忘也。观《传教信札》之记录，具见耶稣会对于会士华化之注重。所收信札中有二件，[1]一由沙守信（de Chavagnac）神甫作于1701年12月30日，一由Pierre Martin神甫作于1700年6月1日，传教中国的完善耶稣会士之像貌姿式，可以概见于其中焉。在极端违背法国气质的意义之下，完全改变其生活，决心在一切事物中拘束自己；务须避免气性活泼；始终恭谦温和庄重，对于华人之嗜欲，悉以忍耐处之；严密遵守中国礼节，务求合乎利玛窦神甫所遗之模范。此种务求与所处环境相调和之志愿，盖为耶稣会士传教特质之一种。此

---

[1] 《传教信札》（Le Gobien刊本）第三辑（1703年巴黎刊）155—160页，第五辑（1705年巴黎刊）26—30页。

法不仅玛窦适用于中国，并有意大利籍耶稣会士Robert de Nobili适用之于印度。其人于1606年抵印度。迄于1656年之殁，服婆罗门衣，传教于此阶级中，受劝化者70人。欲使印度人信服，不恤跣足断绝肉食，实行悔罪，较之入华传教师之衣儒服（玛窦初着僧衣，后改儒服），舆而行者，不可同日语也。

别一耶稣会士洪若翰（de Fontaney）于1704年自伦敦致书于de la Chaise神甫有云："不可以一致苦行妨碍传教事业；其适于此国者，不能适用于彼国也"；[1]方法之有伸缩，盖为成功之条件。

观察入华耶稣会士之进展，其事诚可感而可惊。华人自尊心甚重，而其远古的文化所培植之社会所具有之习惯，切忌不可抵触。是以由一外国宗徒从西方输入之基督教，竟得此老大帝国士夫之景从。利玛窦神甫传教前之预备工作，诚有令人惊叹者在：绘地图时位中国于世界之中心，撰书籍则言基督教与儒教之相近，衣儒服，持赠品与仪器，恳求万历皇帝正式承认公教；如是者17年，始得其效果。

惟此传教师死后蒙帝赐祭葬，而在生前得收效于上级社会之中者，实因其对于礼仪问题所采之态度有以致之。利玛窦神甫之外交手腕即由斯表现，务求基督教外被中国容貌，而减少其足使华人远离之种种面目。

应知中国各家祭祀祖先，地位愈高者祭祀愈虔，为官者每年必须祭祀孔子与国神，由皇帝主祭。此种祭祀，中国士夫必须举行，违者罪之。

利玛窦神甫了解此种数千年的习惯为社会构成之基础，脱使新入教之教民放弃此种习惯，是无异使之自绝于国家。如果禁止官吏参加祀孔或其他祀典，亦无异强之自异于国民。

玛窦对于此种祭祀如果禁止太严，则必使上级社会之人远离。顾其所求者即在士夫之同情，复由士夫而抵于群众也。

所以玛窦对于中国制度风俗与基督教信仰道德并不根本违背者，悉皆宽容。盖详审之，士夫之为此种祭祀，并不涉及迷信偶像，缘其为国祀、家祀，而不属宗教之范围，故听新入教之教民为之。此外并许教民使用天主、上帝等字以称真主，盖玛窦以为此种名称原由士夫专用之于统治世界之无上真神，后因僧人与群众变其原义，而以移称天空。此种解释，由玛窦创之于先，耶稣会传教师几尽从之于后，成效遂以大显。

其后阅时久之，耶稣会不免受强烈之抨击。此点暂置不言，后此言及卜弥格神甫时将重有言也。

---

[1] 《传教信札》（同前刊）第八辑（1708年巴黎刊）221页。

明末诸帝与满洲之最初侵入

耶稣会士之作业，最初在精神范围与社会范围中不免引起多少困难，观当时中国之政治情形，是亦意计中必有之事。诸会士之入中国，事在明末（明朝君临中国始1368，终1644，共276年），适当一种精练文化灿烂时代。有人曾以法国之路易十四世时代拟之。[1]明末诸帝见基督教之严肃，似有善遇之意。[2]不幸17世纪初年以来所酿之乱已深，无法挽救国运矣。诸耶稣会士仅在若干年间参加其弥留状态而已。同时中国秘密社会造乱于国内，1629年满洲乘隙侵入，最后在1644年占领北京。

明虽失国，诸宗室谋兴复者颇不乏其人。自立于南方者数人，然皆不免失败。

耶稣会对于中国政权之政治态度

耶稣会士处满明之间，设若公然袒护一面，其地位必甚困难。所以耶稣会不正式参加何派，一任会士自由决定从违，是故依附明裔而为代表者有之，归向新朝者有之。例如汤若望神甫与罗雅谷神甫同受崇祯皇帝宠眷入监治历，明亡，若望仕新朝，治历如故。又如1647年以后永历皇帝自立于南方，而忠于其事者有陆安德、卜弥格二神甫是已。

在葡萄牙军民一方面，中国政治状况势必迫之采用一种策略，缘了解中国生活最深者，除传教师外，当以葡萄牙人为最，不能以此责之也。所以葡萄牙人曾助明末诸帝抵御满洲。1620年以来，澳门葡人献炮四尊于朝，因沈漼诸人之仇教，朝廷留炮而遣葡人归。1630年中国复招澳门葡人入内地协助防御，队长公沙的西劳（Gouzalve Texeira-Correa）率领士卒四百、炮十尊入境效力。适广州巨商大贾垄断中西贸易，恐葡人入京得势，而彼等失其利，厚赂朝臣，并作危词以间之；朝臣惧，命葡人勿来京，后公沙的西劳等阵亡于登莱。

嗣后永历时，澳门曾以士卒助明防御，惟其数甚微。时满洲势甚盛，葡人恐开罪满人，遂不复敢公然助明矣。

耶稣会对于战团曾决定守中立，惟对于本会会士之秘密赞助明室者，亦不反对。盖忆及明朝诸帝待遇传教师之优，恐新主不复如是也，所以明未全亡时曾暗使葡人辅助前朝。

及至满洲入主中国，永历自立南方之时，兵势偶振，而基督教忽植其根株于宫中，则入华耶稣会士爱护永历之情绪不难知之矣。

---

[1] 见Claudius Madrolle撰《中国南部日本越南行记》（1916年巴黎刊本）77页。Henri Cordier《中国通史》第三册86页则云："明代政府已到坠落时期；君主皆庸劣无能；文艺完全衰微。"

[2] 除开1615—1623年南京礼部侍郎沈漼仇教时代外，其后自1628迄1644年间，诸传教师曾睹一繁华安宁时期。参看de la Servière《中国耶稣会旧传教事业》18页及Henri Cordier《中国通史》第三册78页。

绪说尽于是矣，说虽冗长，要可免后来枝节问题之发展，盖此后之叙述将为本概说之说明也。耶稣会对于中国士夫所具有之势力，其贯注于被劝化的内监之热心，诸传教师牺牲其精力而传布其教之毅力，被传教国家对于科学研究所表现之兴趣，皆将于后此所述中国传教史中一种确定时代见之。

第一编　卜弥格自中国奉使赴欧洲

第一章　永历及其宫廷

满洲之入关

欲知永历所处之境地，必须先明满洲入主中国以后，迄于桂王正位之若干事实。

1644年崇祯皇帝自尽以后，[1]满洲入关，建设清朝，明之宗王与遗臣集于南京，共奉福王为帝，福王名由崧，神宗孙，福王常洵子。

福王好酒色，即位后建年号曰弘光，召毕方济神甫至，命之奉使赴澳门求援。已而清兵入南京，王出奔，溺死江中。

福王以后，继立者有唐王聿键，以1645年立于福建，年号隆武。唐王曾致书于毕方济神甫，言相识已20年，请其赴澳门求援于葡萄牙人。此书今尚存。方济遂与奉教太监庞天寿同赴澳门。唐王至欲与方济共治其国，而授方济为军事大员及外疆王号。方济辞不受命，仅求唐王颁布保教敕书。[2]

然清兵进逼，唐王拟走江西。1646年行次汀州，将被获，投井死。又据别说，王被获，已而被害，一说以忧死。王妃曾氏被杀于汀州。

欲求清兵制胜之原因，不得不归功于其战略：清兵每得一地，仍命以原官治理，惟增设满官同治事。据闻满官治理较明官为宽，而明官贪婪，常虐害其民。[3]

唐王弟聿鐭继立，改元绍武，然未久败。[4]

明裔独能与满洲争国，而越年较久者，厥为永历。

永历御敌——其宫廷

桂王名由榔，桂王常瀛第四子，亦神宗孙也，即世称之永历皇帝。

明末之乱，走桂林，1641年称监国。1648年恢复广东、广西、福建、江西四省，以肇庆为驻所。赖诸臣之协力，兼得毕方济神甫求援于澳门，而由澳门遣队长Nicolas

[1] 参看耶稣会士撰1637—1649年间《中华帝国纪要》9页，1650年墨西哥刻本。

[2] 参看《中华帝国纪要》6页，Gaillard神甫撰《南京志》，1903年上海刻本227页。

[3] 参看《中华帝国纪要》3页及4页。

[4] 参看冯秉正神甫《中国通史》第十册560页。

Ferreira率领葡兵300人来助，[1]桂王始恢复其一部分祖业。[2]

诸臣中尤得力者二人，皆奉教之士也，一名瞿式耜，教名多玛（Thomas），为两广总督，一外焦琏，[3]教名路加（Lucas），官总兵。

兹请进而研究永历朝廷，具见天主教已逐渐培植势力于其中矣。路加者即利玛窦神甫在南京劝化入教某人之后裔（其人为武职官员，入教时年已70）。[4]永历帝左右信教者不仅此多玛、路加二人，此外尚有信教要人若干。永历宫内有妇女约五十人，皆先朝妃嫔之属，得太监庞天寿与耶稣会神甫瞿安德之劝化，咸信奉天主教。兹二人有特别记述之必要。

太监庞天寿

庞天寿教名亚基楼（Achille），是时已年近60，其权甚重，得谓之为一副皇帝，凡军事、法律、政务、理财各方面莫不属之，缘其颇得永历信任，而忠于其主。瞿安德神甫传教宫廷，大得其力。

耶稣会士瞿安德

瞿安德（André-Xavier Koffler）神甫，日耳曼人，于1603年出生于维也纳城附近之Krems城。原名André-Wolfgang，后改第二名为Xavier，盖仰慕印度宗徒圣方济各（Saint Francois-Xavier）之为人也。有时且隐其姓而自名曰安德纱微（André-Xavier）。别有一同Koffler姓之神甫而名若望（Jean）者，曾传教安南南圻，未可与此瞿安德神甫混为一人。

柏应理（Philippe Couplet）神甫，比国耶稣会士也，以1659年抵中国，撰有《耶稣会士名录》，于1686年刻于巴黎。吾人所采关于瞿安德神甫之若干事迹，盖本斯录。惟可异者，今所见此名录之巴黎刻本，较之葡萄牙Ajuda图书馆所藏写本颇为简略，然则别有一删节本矣。兹二本皆不免微有讹误（此种撰述诚难免此），综合考之，知此神甫汉名瞿安德。先传教东印度，后赴广西，开教于桂林。惟此名录谓其在1649年入中国，曾为庞天寿授洗，于1656年殁于广西，是不免有误。关于此神甫之殁，后别有说，余将各有辨正。

庞天寿之领洗，不在广西而在北京，授洗人非瞿安德，实为龙华民（Longobardi）[5]（读史式徽神甫书过速，亦可误会授洗者为汤若望神甫）。瞿安德神甫入华之年，应在1649年以前。诸妃嫔领洗之年亦非1650年（如柏应理名录之说），盖据1648年11月

---

[1] 参看史式徽（de La Serviere）神甫撰《中国耶稣会昔日传教事业》33页。

[2] 参看卫匡国（M. Martini）神甫撰《鞑靼战史》（1654年巴黎刊）115页。

[3] 钧按：原文仅著其姓作Tchenn或作Tchin或作T'sin，今从伯希和说作焦琏。

[4] 参看史式徽神甫书10、11、31页。

[5] 见宣教部档一九三册49、63页。

28日安德自广州致耶稣会会长信札，足以正其误也。[1]安德是时已言及妃嫔领洗事，并谓其入华在三年以前，则应位置其入华年于1645年矣。安德虽居中国甚久，然不隶中国教区，盖以葡萄牙援军随军教师名义入中国，而后留处永历朝中云。

烈纳皇太后

其使天主教传布宫内者，盖庞天寿、瞿安德二氏之功。宫内领洗者，首数皇太后，后教名烈纳（Hélène）。据一说，[2]后为天启皇后妃，正后死，进位为后。后生于湖广，姓王。遣使会所刊之《北京公教月刊》，对于烈纳太后固不乏有关系之考证，然谓天启为永历之诸父则误矣。史载[3]1621—1627年君临中国之熹宗而年号天启者，乃光宗之子。顾光宗为永历父常瀛之兄，则熹宗与永历为从兄弟，而非叔侄。世常称烈纳后为母后，然其人非永历帝之母。缘其为先帝之后，于制应视为在位皇帝之母。据宣教部档，[4]烈纳盖为万历子桂王之正妃。永历乃次妃所出，烈纳为嫡母，故称母后。

吾人以为后说较为确实。永历帝监国时，烈纳太后年47岁。诸臣推载桂王时，后曾言“吾儿不胜此，愿更择可者”。后为人谨慎，通文学，知礼节。

玛利亚太后、亚纳皇后及宫中其他妇女

永历生母马氏，教名玛利亚，为永历父之次妃，永历即位后，亦尊之为太后。永历正后王氏，与烈纳太后同姓，江苏人，曾在瞿安德神甫前领洗，洗名亚纳。据《北京公教月刊》，[5]亚纳非正后，而为妃嫔，《月刊》为解说领洗之合教规，假定永历之正后已死，因皇子当定（Constantin）生而进封为皇后。此说吾人颇难赞同，盖亚纳未在皇子出生时领洗，其后亦未与当定同时领洗。当定出生于1648年，[6]亚纳盖已领洗若干时，据《中华帝国纪要》与瞿安德神甫致耶稣会会长信札，可以知之。又据别一说，永历即位以前。或者正妃已死，盖其即位时年24或26岁也。[7]

此外肇庆宫中信教者尚有烈纳太后之母与宫监某妇人，前一人洗名Julie，后一人洗名Agathe。别有妃嫔50，大员40，阉者无数。

永历皇帝之性格

永历从未入教，缘其多妻妾，致未能领洗也。[8]其为人孱弱，不能作大事，故群臣奉之监国时，烈纳太后请更择他人；然有一长处，则为人谦恭是也。

---

[1] 见宣教部档一九三册48页。参看《中华帝国纪要》9页以后。
[2] 见《北京公教月刊》1915年11月1日刊第二十七号430页。
[3] 《中华帝国纪要》9页。
[4] 宣教部档一九三册342页。
[5] 《北京公教月刊》1915年11月1日刊第二十七号431页。
[6] 高隆盘（Colombel）神甫《江南传教史》第一篇486页。
[7] 《中华帝国纪要》7页。钧按：似应从伯希和说作年36岁。
[8] 上引《北京公教月刊》同号431页。参看上引高隆盘神甫书第二十二节。

永历虽未入教，然不反对其亲属领洗，故许皇子与后妃等领洗。[1]瞿安德神甫为皇子取洗名曰当定。

是为本书所叙述之要人，不久其主角波兰耶稣会士卜弥格神甫见焉。卜弥格随瞿安德神甫传教肇庆，与安德同为“帝室侍从”。卜弥格服务之初，在1649年，颇为葡萄牙籍副区长曾德昭（Alvarez Semedo）神甫所赏识，盖1649年1月前副区长毕方济神甫殁于广州，德昭时继其任也。波兰神甫Dunyn-Szpot昔在罗马撰《中国传教年鉴》，曾将其事记录。[2]先是毕方济神甫殁，曾德昭神甫至广州安慰教民，教民留之，德昭许于次日在肇庆举行弥撒毕，并为瞿安德神甫求一助手后，复还广州，始获首途。翌日抵肇庆，在宫中礼拜堂三神坛前举行弥撒，诸皇妃亦莅堂中，男女以帘隔之。礼毕，永历赐旅费四十两，烈纳太后赠银六百两，德昭悉散之贫民。永历复赐宴，命庞天寿作陪，宴毕即行，于四旬瞻礼节最后星期日抵广州；在此地执行教务，已而赴澳门。德昭离肇庆时曾留卜弥格神甫于其地，辅助瞿安德神甫执行教务。当时卜弥格传教海南岛，其受命赴肇庆殆在1649年时，盖Dunyn-Szpot书记卜弥格奉使事在“次年”，而奉使年在1650年也。

卜弥格神甫—以前事迹

卜弥格（Michel-Pierre Boym）神甫，望族裔也，其家原匈牙利人，后徙波兰，波兰国王列之为贵族。居Lwow城，信教虔，饶有资财，常尽力于市政，族人多为医师、商贾。父保禄，曾为国王Sigismond III医师。卜弥格在Lwow城肄习古典学毕，于1631年8月16日入Cracovie修院。1638—1642年间肄习神学，作第三见习后，请求耶稣会会长派之赴华传教。卜弥格熟习数理博物等学，颇宜赴华，故会长许之。1642年在里斯本（Lisbonne）登舟，抵华时，中国北部已沦陷于满洲，而永历自立于南部。根据耶稣会作家书目[3]著录之年代，与吾人所调查者不尽相合。据载卜弥格于1612年出生于Lwow，1629年入耶稣会修院，1643年出发。开始传教东印度，于1650年始赴中国。罗马耶稣会档经宣教部一种记录转录者，亦谓卜弥格在1631年入修院，1642年在里斯本登舟出发。[4]

吾人将以此种年代，与吾人认为确定之年代互相对证，至如柏应理神甫《名录》两本所著录之年代，显有讹误，此后皆不难证明。例如巴黎写本谓卜弥格在1656年传教中国，已非事实，殆为印刷之误。Ajuda本谓在1650年，亦非。

---

[1] 上引宣教部档一九342—343页。

[2] 此神甫所撰《中国史》，始1641迄1687年，耶稣会档藏1710年写本。又徐家汇抄本350—353页。

[3] De Backer & Sommervogel二神甫合撰，第二册69页。

[4] 前引宣教部档第一九三册56—69页。吾人原采之说，本Stanislas Zalenski神甫撰《波兰耶稣会士传》第三册592页以后。

确有一事显然无疑者，卜弥格与瞿安德二人皆非正式传教中国人员，[1]亦未开始传教印度，而实在首先传教交趾：有一日本教区名录（当时日本教区以澳门为都会，所包括者不仅日本帝国，兼有安南、占波、柬埔寨、老挝、暹罗等国，与昔之Macassar即今之Célébès岛），著录卜弥格于1645年抵交趾，[2]于1659年离交趾，质言之，在还中国后，殁于交趾、广西边界前。此外并无何种名录著录卜弥格在里斯本登舟前居留罗马事。但据吾人考证，彼离波兰后，曾赴罗马也。

据一葡萄牙文撰述，[3]记1646—1650年间海南岛定安县事，有卜弥格名。当时传教定安者有卜弥格与意籍神甫陆安德（Jean-André Lubelli）二人。会中国抗御满洲战起，岛中大乱，有人欲执二神甫杀之，二神甫登舟逃岛外而赴安南。既至安南，颇受教民欢迎，州长之妻导之至国王驻在之Guecho（Kecho）港，[4]迄于登舟之时，皆蒙礼待。1649年登舟赴澳门。1650年1月岛中安谧，卜弥格复返海南。由是观之，卜弥格传教宫廷之时，应在1649年抵澳门后（曾在此发四愿），或1650年还海南后也。Dunyn-Szpot断言在1649年，顾与事变经过相符，而此史家所得消息大致不误，似以其说为是。设卜弥格常居海南，必无后来奉使之事发生。吾人即因此奉使事，特鸠集材料，考其始末。

天主教之传布永历宫廷

庞天寿虽使宗教传布于宫中，虽忠于其主，然有时似畏怯保身，而不问其主之成败。时当永历谋兴复之初年，信教总兵焦琏率所部将士及葡萄牙炮兵入卫，诸军皆受天寿统治。庞安德神甫在焦琏军中，盖从葡萄牙援军俱来也。已而天寿率安德赴湖广调发新军，在道闻清兵追永历，群臣散走，天寿亦欲逃亡。曾以此意告安德，安德责以大义，言一好教民应不畏死应赴难，宁死于主侧。天寿固正人也，闻之感奋，泣而誓，无论成败，誓以身许国。会大局稍安，天寿返命，以安德劝己之语面陈永历，永历因重安德。由是天主教因天寿、安德二人之力传布宫中。天寿与安德初识之时，似在前此未久。隆武帝未死前，曾遣天寿使永历所；时焦琏亦至，安德在琏军中，二人因得相识。天寿语琏等，永历忧惧甚，不敢居宫中，徙居舟内。安德曾入觐，献异物数件，皆用以研究历算者，并献圣母手抱圣子图一帧。

隆武遇害以后，永历留安德于朝中。天寿使人译教义纲要为汉文，朝夕劝帝信教，由是帝与后妃皆跪基督像前祈祷矣。

---

[1] 参看前引高隆盘神甫书7页。

[2] 见F. M. de Montézon & Estève二神甫合撰《南北圻传教史》（1858年巴黎刊），绪言第3页，又卷后证明文件第七号。

[3] Antoine-François Cardim神甫撰《日本教区耶稣会斗争记》（1894年里斯本刊八开本）第三十五章247—251页。

[4] 按：Kecho为安南海港，交趾都会，经略驻所，处Song-koi右岸，南距顺化670公里。

嗣后明室与满洲争战，胜败无常。某次兵变，永历欲自裁，烈纳太后将自缢，天寿急救得免。又有一次因从官数人之叛，几频于危。天寿在颠沛流离之中常劝其主信从基督之教，而于信仰中求慰藉。1647年3月至4月间，宫中信教之事发生，皇太后首先入教。

后妃之皈依

某夜烈纳太后得一梦，见圣子耶稣手持之十字架忽变为矛，语后云："汝若不从吾法，汝将死。"时太后尚未见瞿安德献帝之图也。越数日见图，知梦中所见者即是圣母怀抱之圣子，所持之矛，即十字架。因之感甚，请于帝，愿领洗入教。召天寿以己意告之，顾中国礼法，男女不亲授受，瞿安德如何能入宫中？又一方面，事若公开，朝中众臣必有反对者。天寿以后语转告安德，安德命天寿转呈太后，言帝后未领洗者入地狱，则欲求救赎必须领洗；据教中习惯，必须在一司铎前领洗。天寿致词毕，太后疑而不决者凡十七日。

最后经庞天寿力劝，烈纳太后与宫中其他妃主乃延瞿安德神甫至宫内礼拜堂中，举行洗礼。共以天寿为代父。[1]太后领洗后，欲拜安德，安德谢不受，命拜基督。次日永历入宫谒太后，太后命拜天主像。又次日，太后致书安德，称之曰"父师"，请求主佑，以退满兵。安德慰之，预言不久领土可以恢复。越八日，反正者果有七省。由是耶稣会之声望愈增。

1648年5月永历妃诞生皇女，甫生即殇。永历痛甚，命宦者询安德皇女不育之理，是否未蒙天佑。安德答曰："此女非后所生，故不得天佑。"

皇子之诞生领洗与病愈

同时亚纳皇后有孕。瞿安德神甫劝永历夫妇祈祷天主，俾天赐皇子，并赠白烛六，嘱于诞生时在圣像前燃之。其后不久，亚纳皇后在南宁行在所诞生皇子一人。永历喜甚，告安德，命推算皇子将来命运。安德又乘机进言屡得天佑之理，如果入教，蒙天之佑，将不可限量。如是嘱将此子依教法抚育成人，俾能将来善治其国。已而诸后请安德为皇子举行洗礼，时永历巡幸他处，安德拒之，谓非得帝意许可，并许以后不用多妻制方可。永历初不允，越三月皇子得重疾，安德谓天怒所致，乃许皇子领洗，疾遂愈。

澳门之庆祝

永历帝后感耶稣会恩，遣使赴澳门答谢。此事乃耶稣会士纪念不忘之一大事也；盖吾人在《中华帝国纪要》[2]中见有完备之报告，其中包括有宣教部各种文件，如《中

[1] 高隆盘神甫书第一编486页。

[2] 《中华帝国纪要》11页及12页；《中国略记）79—80页。

国略记》等篇以及de Marini与高隆盘二神甫书之节录。[1]

是盖中国传教史中之一大事也。当时人以为天主教将入国制国俗之范围，行将取此国制国俗变化而改良之。尤堪注意者，传教事业之进行以皇太子为首领。公教教会之任务行将灿烂而显耀，盖其凭藉之基础，决不至有排外之虞也。此种纪述澳门庆祝之文，满布古代风味。声调之陈旧，令人忆及若干传教信札最堪玩味之篇页；并令人追想及于古代之图画。《中华帝国纪要》所记之详情，盖采自若干耶稣会士函寄欧洲之记录者，如前此所记赴肇庆荐举卜弥格神甫之曾德昭神甫，其一人也。永历自皇子当定病愈后，命庞天寿雇一海舟载赐赉物品赴澳门，赠耶稣会会堂。请诸神甫举行一种大弥撒，求天佑明室，光复故物。

明室知葡萄牙人缘饰神坛之壮丽，持赠诸物者，不但对于耶稣会表示敬意，并且欲博葡人欢心，而冀其来援也。

世人已知华人习用舟船往来内地川河；有商人辈且作舟居，船数之众，若干停泊之所竟与浮城一般。永历派往澳门使臣三人所乘之舟满挂各色旗帜，别有二旗：一黄色，中有十字架，其色未详；一红色，中有白色十字架。此舟大概沿西江下驶出广州海湾，而于1648年10月17日抵澳门。瞿安德神甫先已通知澳门诸道长与澳门长官，澳门盛仪接之。炮台鸣炮。使臣率领随从出舟，对众宣言“我辈是天主教徒”。已而诸教士与乐工拥之赴耶稣会士会堂。使臣对神坛跪拜，以来意告知时任视察员之神甫，以永历敕书付之，然后交付赠品。计有雕花银烛台两对，大火盆一对，别有皇后所赠香炉若干，是皆献与澳门耶稣会教堂神坛者也。对于视察员与区长各赠大缎两匹，银一条以供制造圣匣之用。高隆盘神甫谓诸物皆宫中后妃赠品，惟所记略异：视察员、区长、会团长三人各得缎二匹，银瓶一具。

是年10月21日，为一万一千贞女纪念日，遂定于此日正式交付赠品举行弥撒。耶稣会教堂大加装饰，一如大瞻礼日。早七时使臣复离舟赴堂，耶稣会诸神甫、修士咸盛服出迎，中国侍从用二金盘奉赠物入圣母堂。时视察员服礼服，祝福毕，献物者跪拜。视察员举行弥撒，于圣餐奉献时，使臣登台献物。唱弥撒毕，诸人出堂同赴耶稣会会团食堂聚宴。澳门教徒竞以欧洲异物赠诸使臣。澳门官绅报谢永历之物，则待与瞿安德神甫商酌再定。报谢亚纳皇后礼物，则因区长将有肇庆之行，由彼赍往。澳门官吏以火枪百具赠庞天寿，附书言此盖备皇帝士卒之用者。

以上皆见《中华帝国纪要》。略记又云，永历曾命同一使臣求援澳门以御满洲。澳门遣士卒500人往助，时永历军卒已有7万人。明军旗帜上绘十字。某次大战破敌以后，收复十四省，仅余一省在满人手。是战诚有利，然其后不振，盖略记载有澳门应

[1] De Marini神甫撰《日本交趾耶稣会传教史》346—349页；高隆盘神甫撰《江南传教史》第一编488—489页。

瞿安德神甫请，又遣将一人或二人率士卒300人往助之事也。史式徽神甫亦云，1648及1649年时新派往澳门求援之使臣，只能得士卒三百，炮二尊之小助而已。[1]

缘永历地位不固，葡萄牙人恐满人报复，不敢大量援助明室。此1649年明兵颇失利，盖是年湖广南部失陷，二将阵亡，而满兵复入江西也。

要之1648年，盖为永历最盛时代，故17世纪传教师之旧计划重再提起，亦意中必有之事也。

永历地位巩固之计划

卜弥格神甫即在此表大欢而作大麥时加入永历朝廷。其学识与德行皆足使永历与其家族之更加器重。

瞿安德神甫与庞天寿共同进行之宗教行为业已告终，巩固扩张此种行为之阶段由是开始，而此阶段之主角应为卜弥格也。其视皇子当定，殆若罗马帝国之Constantin，其视烈纳太后殆若古之Monique。永历本人亦似欢迎天主教。是皆表示昔奉异教之老大中国，将从其君后沐西风而循救赎之途乎？惟其最后之成效，显然系于明室地位之巩固而不受满洲威胁。诸耶稣会士明了斯理，即与新入教之名人共订一种计划，此计划在不明传教史者视之，必以为异，而习知中国传教事业者视之，瞿安德神甫之成绩与卜弥格神甫之旅行，皆事之常者也。

1630年时，北京帝廷之中，受汤若望神甫之感化者，为数不少。总记领洗者540人中，不仅尽属宦者，且有要人在内，如崇祯帝之某妃某子是已。皇帝本人固为旧俗所囿，不能入教，然对于左右信教则听其自由。此非后来永历朝廷之一先例欤。

其后晚至18世纪，明室已不复为人所记忆，而清朝稳然君临中国，康熙末年之时，宗室苏努之二子得巴多明、苏霖二神甫之劝化而入教，家族数人从之。雍正皇帝虽流之远方，投之牢狱，终不背教。迄于帝崩，仍受禁锢，其中一人于被赦前且殁于狱中，其事可后先媲美也。

然则明代皇室之入教，无足异矣。时后妃领洗之众，尤其是皇太子之入教，足以启发一种大规模的政治宗教运动而求援于欧洲云。

吾人行将记述之卜弥格神甫奉使事，其重要性在此。至若使命本身，在奉使者视之并非异举。路程虽远，艰险虽众，顾诸传教师既能不畏此而赴极东，当然对于还欧之行程亦无所畏。中世纪时已有Jean du Plan Carpin等之奉使蒙古大汗廷；最近时代，1585年时范礼安（Valignani）神甫亦曾率领日本藩王三人往朝教皇Grégoire XIII；1613年时复由日本大名Daté-Masamure遣使往教皇Paul V所，其例固甚多也。此外17世纪末年，法国与暹罗互相遣使之例亦可引证。

---

[1] 史式徽神甫书34页。

至若纯粹关于中国之事，中日视察员范礼安神甫曾遣罗明坚（Ruggieri）神甫归谒西班牙国王Philippe II与教皇Sixte-Quint，请其遣使来中国，明坚于1589年抵里斯本，颇受优待。不幸教皇殁，而1590—1592年间继任教皇三人相继去世，致使明坚所图毫无成绩；明坚得疾，赴Salerne会团养疾，而殁于1606年。1613年金尼阁（Nicolas Trigault）神甫亦曾回欧，以中国教务状况报告教廷。尼阁以后，尚有卫匡国（Martini）、白乃心（Grueber）二神甫亦曾追踪前辙。然今只言卜弥格神甫也。

第二章　遣使

卜弥格神甫字致远，居永历朝不多时，盖有一跋涉长途、历尽千辛之事待之也。

广大政治宗教策略

据前所述，永历宫廷颇倾向于天主教，盖不特求精神之安慰，而且谋与葡萄牙人接近，并获有耶稣会士之同情也。故英国史家Backhouse & Bland云："若一思及耶稣会利玛窦、汤若望[1]诸神甫在明末时声势之大，则是时明裔希望与罗马公教司铎接续前此之交际，似亦无足异也。"[2]

又一方面令人容易思及耶稣会士颇有意于明朝之复辟，而谋公教之发展。所以拟引起教皇对于明室之注意，此种策略当正而有益，不能责其非也。使西方对于明室表同情，并赖教皇之介绍，使若干信教国王加以援助，是非勇敢而有成绩之外交欤?

此种计划当然不久表现。高隆盘神甫书[3]曾言自明室后妃领洗以来，澳门耶稣会士即商之于瞿安德神甫，谋使新入教之贵人，上书于罗马教皇与耶稣会会长。又据宣教部之一意大利文文件，[4]诸传教师首先属意致书之人，盖为太监庞天寿，曾告之，谓有舟返印度，可由印度易舟赴欧洲，询其是否有致书于耶稣会长之意。天寿答言不仅愿致书于会长，而且愿遣使谒教皇。

至若Dunyn-Szport神甫书[5]所辑耶稣会档对于此事纪录未明，所记遣使事，仅言其发动或出于瞿安德神甫本人，或出于澳门诸神甫。顾其事亦有双方进行之可能：一面由安德请之于后妃，一面由澳门诸会士请之于庞天寿。

于是在肇庆作书，一致教皇因诺曾爵十世（Innocent X），一致耶稣会会长（时为Francois Piccolomini神甫），[6]只由烈纳太后与庞天寿二人署名。此外由天寿致书于物搦齐亚（Venise）参事院，并据法国王后Anned' Autriche对于卜弥格《略记》之题词中

---

[1] 钧按：下有南怀仁名，误，今删。

[2] 见所撰《清宫纪事》第八章221页。

[3] 《江南传教史》第一编24页。

[4] 宣教部档旧文一九三册22页。

[5] 《中国史》350—353页。

[6] 受书者非此会长，其人殁于1651年6月17日，亦非其后任之Alexandre Gottifredi其人殁于1652年3月12日，盖为第十任会长Goswin Nickel神甫。

语，语虽不明，要可假定对于其他信奉天主教之君主，或亦有致书也。[1]

《耶稣会作家书录》[2]证明吾人假定之是，盖其在所著录《略记》法文译本之后，著录有携归欧洲之信札数件，殆为分致各国君主者欤。《北京公教月刊》[3]断言卜弥格神甫之奉使，虽蒙宗教外表，实具政治性质："1650年诸新入教之显者，遣波兰神甫卜弥格赴罗马者，欲求教皇因诺曾爵十世与诸奉教国王之维护也。"

明廷首先讨论者，乃为何人奉使问题。庞天寿年龄虽老（时年62岁），自愿奉使赴欧。永历不准，盖历来国制，不许朝中要人赴外国也。当时瞿安德、卜弥格二神甫在肇庆，拟以使命委二人中之一人。二神甫谓无会中上级人员之许可，不能受命。乃致书于视察员Sébastien d'Amaya、副区长曾德昭，由是卜弥格神甫被指派赴欧，至若瞿安德神甫，应留朝中以备供奉。

卜弥格适当壮年（时年38岁），闻命甚喜。皇太后与庞天寿致教皇书原写以汉文，旋由瞿安德、卜弥格二人转为拉丁文，卫匡国神甫似曾助之。[4]拉丁文译文与法兰西文译文当17世纪时已载入Kircher书中。[5]18世纪时du Halde神甫书[6]仅著录烈纳太后书法文译本与教皇答书。至若致耶稣会会长书之拉丁文译本，de Marini神甫[7]已将全文录入其《耶稣会传教史》中。此外致教皇书近有英文译本，[8]据云，选择卜弥格奉使赴欧者，盖出太监庞天寿意。

致教皇与耶稣会会长书

兹请言诸书札之内容，据耶稣会旧史家Crétineau-Joly[9]之记载，谓获有烈纳书一件，卷轴式，黄绢金边，写以汉字。第未言此书系致教皇者抑系致耶稣会会长者。以意揣之，必属致耶稣会会长者，盖致教皇书原本，前此未久曾在教廷中档库发现也。[10]据宣教部档，[11]太后之二书并用黄绢写，上钤御印。凡有教皇教会等字样处皆抬头，盖表尊敬之意也。今历引其文如下：[12]

"大明宁圣慈肃皇太后烈纳致谕于因诺曾爵，代天主耶稣在世总师，公教皇王，圣父座前。窃念烈纳本中国女，予忝处皇宫，惟知阃中之礼，未谙域外之教。赖有耶

[1] 钧按：此类假定均误，可参看伯希和评文。
[2] 第二册第八号以后。
[3] 1915年11月1日刊二七号430页。
[4] 宣教部档旧文一九三册47页以后。
[5] 《插画之中国》（罗马与Amsterdam 1667年刻本）100—103页，同书Dalquie之法文译本（Amsterdam 1670年刻本），135—137页。
[6] 《中国志》第三册83-85页。
[7] 《日本交趾耶稣会传教史》541-543页。
[8] Contemporary Review 1912年1月刊79—83页E.H.Parker撰文。
[9] 《耶稣会史》第三册第三章179页。
[10] 《北京公教月刊》，1915年11月1日刊第二十七号430—433页。参看《汉学杂纂》第五九册270页注。
[11] 宣教部档旧文一八三册23页。
[12] 钧按：太后烈纳致教皇书，原引法文译文，微有讹误，兹录汉文原文，可参看伯希和评文注二三。

稣会士瞿纱微在我皇朝，敷扬圣教，传闻自外，予始知之，遂尔信心，敬领圣洗。使皇太后玛利亚，中宫皇后亚纳，及皇太子当定，并请人教领圣洗，三年于兹矣。虽知沥血披诚，未获涓埃答报。每思恭诣圣父座前，亲领圣诲，兹远国难臻，仰风徒切。伏乞圣父向天主前，怜我等罪人，去世之时，赐罪罚全赦。更望圣父与圣而公一教之会，代求天主保佑我国中兴太平。俾我大明第十八代帝，太祖第十二世孙，主君等悉知敬真主耶稣。更冀圣父多遣耶稣会士来，广传圣教。如斯诸事，俱惟怜念，种种眷慕，非口所宣。今有耶稣会士卜弥格，知我中国事情，即今回国致言我之差圣父前，彼能详述鄙意也。俟太平之时，即遣使官来到圣伯多禄圣保禄台前致仪行礼。伏望圣慈鉴兹愚悃。特谕。永历四年十月十一日。”（1650年11月4日）

太后烈纳致耶稣会会长书，de Marini神甫有拉丁文译文，并由拉丁文转为汉文，其文如下：[1]

“大明宁圣慈肃皇太后烈纳敕谕耶稣会大尊总师神甫。予处宫中，远闻天主之教，倾心既久。幸遇尊会之士瞿纱微领圣洗，使皇太后玛利亚，中宫皇后亚纳，及皇太子当定，并入圣教，领圣水，阅三年矣。今祈尊师神父并尊会之友，在天主前，祈保我国，中兴太平，俾我大明第十八帝太祖十二世孙主臣等，悉知敬真主耶稣。更求尊会相通功劳之分，再多送老师来我国中行教。待太平之后，即着钦差官来到圣祖总师意纳爵座前致仪行礼。今有尊会士卜弥格尽知我国情事，即使回国代传其意，谅能备悉，可谕予怀。钦哉，特敕。永历四年十月十一日。”（1650年11月4日）

庞天寿致教皇与会长书，形式内容多同，惟用朱纸书，钤一红印耳。闻天寿命人作书时，漏膝伏二字，命加入，另缮录之。并命书中（致耶稣会会长书）附言其将以银牌一面，上勒汉字与拉丁字敬献罗马圣依纳爵墓前。

卫匡国神甫曾将天寿致教皇书译为拉丁文，附有注解，现存宣教部；[2]据云是书有绢套，所记绢套云“套外一面书‘代天主耶稣在世，总师公教真主圣父座前’，凡十七字，一面绘龙。套里书二十一字，其十七字与套面同，惟增因诺曾爵四字而已，一面亦绘龙。信札用红纸书，第一面书一肃字”。其内容如下：[3]

“大明钦命总督粤闽恢剿，联络水陆军务，提调汉土官兵，兼理财催饷，便宜行事，仍总督勇卫营，兼掌御马监印，司礼监掌印太监，庞亚基楼契利斯当，膝伏因诺曾爵，代天主耶稣在世，总师公教，真主，圣父座前。切念亚基楼职列禁近，谬司兵戎，寡昧失学，罪过多端。昔在北都，幸遇耶稣会士开导愚懵，劝勉入教，恭领圣水。始知圣教之学，蕴妙洪深，夙夜潜修，信心崇奉，二十年来，罔敢少怠。获蒙天

---

[1] 钧按：此书亦录原文。

[2] 宣教部档旧文一九三册47页以后。

[3] 钧按：是书亦录原文。

主庇佑，报答无繇，每思躬诣圣座，瞻礼圣容，讵意邦家多故，王事靡盬，弗克遂所愿怀，深用悚仄。但罪人一念之诚，为国难未靖，特烦耶稣会士卜弥格，归航泰西，来代告教皇圣父。在于圣伯多禄，圣保禄座前，兼于普天下圣教公会，仰求天主慈炤我大明，保佑国家，立际升平。俾我圣天子乃大明第十八代帝，太祖第十二世孙，主臣钦崇天主耶稣，则我中华全福也。当今宁静慈肃太后，圣名烈纳，昭圣皇太后，圣名玛利亚，中宫皇后，圣名亚纳，皇太子圣名当定，虔心信奉圣教，并有谕言致圣座前，不以宣之矣。及愚罪人，恳祈圣父，念我去世之时，赐罪罚全赦。多令耶稣会士来我中国，教化一切世人悔悟，敬奉圣教，不致虚度尘劫，仰邀大造，实无穷矣。肃此少布愚悃，伏维慈鉴，不宣。永历四年岁次庚寅阳月炫日书。”（1650年11月1日）

天寿致耶稣会会长书，今从de Marini神甫所译拉丁文本转为法文，其文如下：[1]

“大明钦命总督粤闽恢剿，联络水陆军务，提调汉土官兵，兼理财催饷，便宜行事，仍总督勇卫营，兼掌御马监印，司礼监掌印太监，庞亚基楼契利斯当，奉书耶稣会大尊总师神甫座前。切念亚基楼职列禁近，谬司兵戎，寡昧失学，罪过多端。昔在北都，幸遇耶稣会士开导愚懵，劝勉入教，恭领圣水。始知圣教之学蕴妙洪深，受尊会恩，常欲答报。日思躬诣，尊师座前，讵意邦家多故，弗克遂所愿怀，深用悚仄。今奉皇太后命，特请尊会士卜弥格归航泰西，瞻礼教皇圣父与尊师神父座前。其人知悉愚意必能尽罄所怀，今祈尊师神父并尊会之友，在圣神总师依纳爵墓前，祈祷天主耶稣，保佑我国家君臣，俾我圣天子钦崇圣法，享有升平。并求多派老师来华传教。今以爱慕之心，敬献信物于圣祖总师依纳爵墓前，物虽微而心则诚矣。永历四年十月初八日。”（1650年11月1日）

天寿所献之物，为银牌一面，上刻汉字与拉丁字，盖因前在龙华民神甫手领圣洗，而今答谢主恩也。

至若天寿致物搦齐亚共和国之信札，实为一种帖子，质言之一种名刺。

据物搦齐亚国档（Commem XXIX C 55），此帖子长方形，红色，上书汉字：“大明钦命总督粤闽恢剿联络水陆军务，提调汉土官兵，兼理财催饷，便宜行事，仍总督勇卫营，兼掌御马监印，司礼监掌印太监，庞亚基楼契利斯当，敬于物搦齐亚光地皇诸侯及公朝总会。于老师卜弥格尔耶稣会奉拜。”[2]

相传天寿于卜弥格神甫举行弥撒时，跪献诸书，请转达教皇与耶稣会长。已而面询侍从，有无随神甫同赴泰西者。有一人愿往，乃承制授以游击官号。其人年19岁，

[1] 钧按：此书原文今未见，下文乃从法文译文转译。

[2] 钧案：原引译文兹从伯希和所见巴黎国民图书馆汉文钞件录出，参看伯希和评文。按其文义，应出一不解汉文者之手。

姓Hien，或作Chin亦作Sin，名安德（André）。[1]别有官吏一人，名罗若瑟（Roseph Lo），其姓亦作K'o。[2]惟其人于临行时得疾，未果往；仅沈安德一人始终相从。

卜弥格等自肇庆赴澳门

卜弥格等于1650年11月自肇庆出发，庞天寿亲送至舟中，嘱舟子好护送至澳门。

及抵澳门，历经困难，出发之期因之耽延甚久。至所遭遇之困难，将来述及罗马诉讼时别有详细说明。兹仅略言中国信札已于1650年11月23日由澳门主教堂管理员Jean Marquès神甫、教会公证人Manuel de Carvalho以及征税员等检验证明。时推事员名Antoine Rengell或Angell，盖宣教部档并著此二名也。罗若瑟、沈安德二人宣誓证明卜弥格所奉使命、所赍书翰以及呈献圣依纳爵银牌之真。[3]

视察员Sébastien d'Amaya神甫，未详为何许人，仅知其为葡籍耶稣会士而已，曾于1650年12月28日以证明书付卜弥格；别有信札一件，应由携带者保存秘密，缘其说明使命之目的，仅向耶稣会会长呈递也。种种文件，后此皆有说明，兹仅略言证明书之内容而已。[4]视察员证明卜弥格神甫：波兰人，耶稣会士，传教中国教师；并言本人派其往谒会长，接洽中国副教区事务。视察员承认卜神甫有执行教会圣事之一切自由；于必要时得请求所经诸国耶稣会士与一切传教会所之辅助救济；且嘱外国人皆善遇之。

澳门葡国官吏之反对

其使卜弥格神甫延期登舟赴卧亚者，并非视察员信札之书写，或一切证明程序之延迟。Dunyn-Szpot书与Colombel书所言明朝专使所遇之种种困难，虽未明言由何人发动，要出于葡萄牙人之恶意无疑。此问题诚微妙难决也。葡人因鉴于屡次援助明朝兴复之失败，遂转而归心清朝，顾卜弥格之使命足使清人疑忌，并足以危及澳门葡人势力。则澳门长官兼司令de Souza致书于视察员，说明其不许卜弥格神甫继续旅行之政治理由，亦无足异也。据称此事足使满洲怒而攻击葡人。此外北京之耶稣会士如汤若望神甫等正附满洲，此事于彼等不无妨碍。视察员答云，设澳门长官或他人反对此种使命，将来必受驱逐出教之罚。澳门长官不得已，遂放行，然将来卧亚之阻碍更有大于此者矣。

由是卜弥格偕奉教之二华人罗、沈二姓者于165l年1月1日放洋。Backhouse & Bland书（223页）谓尚有一名称Dominique之神甫，与另一耶稣会神甫，偕同卜弥格等赴欧，其说不知何所本。其事不无可能，盖容有同舟西迈之耶稣会士也。此Dominique神甫未详为何许人，其不在使臣之列，盖可断言。

---

[1] 宣教部档旧文一九三册，23页又96页。钧案伯希和疑其人姓沈，今暂从之。参看伯希和评文。

[2] 费赖之（Pfister）神甫《耶稣会士传》第一册270页作罗若瑟。Dunyn-Szpot书357—360页作K'o。钧按：此书业已转为汉文，题曰《入华耶稣会士列传》。

[3] 宣教部档旧文一九三册49页及63页。

[4] 宣教部档同册53页。

卜弥格等自中国赴欧洲

卜弥格等西行，先泊舟安南南圻，继抵印度之Cranganor，是为注辇（Coromandel）沿岸大主教驻在之地。大主教Francois Carcia，葡籍耶稣会士也，曾以上教皇因诺曾爵书付卜弥格，书题1651年3月29日，内言所关系之使命与远东耶稣会士传教成绩之赞扬。海船然后越印度南端之Comorin岬而抵卧亚（Goa），时此城虽已衰微，然权势尚大也。卜弥格神甫之抵卧亚，时在1651年之5月，则离澳门已五阅月矣。嗣后因交涉晤谈，耽延行期半年以上。彼曾历谒总督、大主教，以及Ethiopie之总主教Alphonse Mendez，亦耶稣会士也。其谈话吾人无从知之，然据宣教部档，吾人知总主教曾致书于耶稣会会长，言及卜弥格奉使往谒教皇事。卜弥格所携证明文件之多，于彼诚有裨益，或者彼预料将来有罗马之争持欤。

卧亚官吏之反对较烈于澳门，卜弥格不得已舍舟而循陆。此道较海行为险，盖须通过素所未识的或素被敌视的民族之居地也。据Antoine Cesques神甫1652年1月28日自Agra城致耶稣会会长书，知卜弥格因卧亚之反对，乃请命于区长Jérome Froës。区长，葡籍耶稣会士也，许其秘密离卧亚，假道波斯而赴欧洲。其事不乏兴趣，盖葡萄牙俗家官吏，皆阻其前进，而葡籍耶稣会士悉皆助其完成使命也。

卜弥格于1951年12月8日发足。吾人根据卜弥格所撰《略记》前“告读者语”，知其逾Balaghat与Golconde高地，径行莫卧儿帝国，然后入波斯，经过Chiraz与Ispahan二城。自是抵Tauris，已而入Armènie境。嗣后历经Kurdistan，Caramanie，Anatolie诸地，于1652年9月抵Smyrne城。在此城等待物搦齐亚（Venise）国海舶凡一月，则其附物搦齐亚舶而抵此共和国时，不在是年11月末数日，即在是年12月初数日。

卜弥格留Smyrne城时，9月29日乃其保主圣卜弥格之瞻礼日，卜弥格曾衣华服，登教堂讲座，用意大利语述其留华之事迹与其旅行之经过。后来刊行之《略记》，即多本此次演讲之词，此书曾转译为数种语言，后别有说。

第二编　卜弥格之滞留物搦齐亚罗马二城

第一章　卜弥格之滞留物搦齐亚

卜弥格行抵物搦齐亚以后，谋完成其使命之必要的运动遂以开始。据留存于今之记录，所记卜弥格滞留此城事，颇多矛盾不明之点，然其故不难解之，盖其使命始终具有秘密性质也。兹为明了其在物搦齐亚之活动起见，特博采Girard de Rialle所撰《17世纪中国遣使赴物搦齐亚事》[1]一文以资参证。此文曾将法国外交部档卷[2]与物搦齐亚

[1] 见《通报》1890年8月刊第一册99—117页。

[2] 法国外交部档卷，物搦齐亚信札，第五七册，298、299、301、302页。

档卷[1]所有关系之文件，完全采录，而为附录。中有文件数件，他处亦有收藏；今在巴黎国民图书馆[2]可以见之。

此文言及卜弥格经物搦齐亚参事院接见事，至若其后在罗马所遭之种种烦恼，并无一语及之；但可在耶稣会档卷中补其阙佚也。

物搦齐亚国与耶稣会士

吾人已知卜弥格曾将庞天寿帖子一件送呈物搦齐亚政府。顾其事亦不易为，盖当时耶稣会士已被此国流放出境也。脱有耶稣会士归自亚洲经过其境，固可置之不闻不问，第若公然以庞天寿之帖子呈送于此国之国君与参事院，势必声明其资格，则不但不能被延见，而且将有被逐出境之可能。然则将用何法以避此难关欤？吾人应知物搦齐亚虽敌视耶稣会士，但不久即应教皇亚历山大七世之请，而在1656年将此会会士召还。时物搦齐亚人已加入刚地（Candie）之战（1644—1669），在财政方面，必须与教皇妥协，尤必须与拥护耶稣会之法国共妥协。

耶稣会与法国Bourbon王朝共妥协，为年已久，17世纪初年耶稣会士被逐出物搦齐亚国境时，颇有不少天主教国家欲调停其事，西班牙与法兰西活动最力。1621年法国驻物搦齐亚大使曾向此国为耶稣会士关说也。

法国对于物搦齐亚之政策与大让松伯爵

物搦齐亚受耗费的刚地战争之累，因求各国援助。法国对于当时物搦齐亚国事关心甚切，1640年路易十三世政府已有与物搦齐亚联盟计划，而其目的则在驱西班牙人于意大利外；1642年12月，遣Hugues de Lionne奉使赴物搦齐亚，盖欲征其兵力，驱逐Milanais境内之西班牙人也。

刚地战争之时，法国适具有两种互相背驰之野心。欲在地中海东一带夺取物搦齐亚互市之利益，颇愿此国与土耳其人战争，然又不愿土耳其势权在地中海中大加膨胀。则法国只有一种任务相宜，质言之，作调停人是也。由是其代表在孔士坦丁堡与物搦齐亚城各执行其相背之任务：一方面安定土耳其人作战之热心，一方面鼓励物搦齐亚人之士气，法国驻物搦齐亚大使大让松（René Voyer d’Argenson）伯爵手腕之佳，致使物搦齐亚国表示感激，而于1655年10月27日议决，载其姓名于国家金册，并以物搦齐亚之武器加诸大让松氏之徽章。大让松长子领洗，物搦齐亚国为其代父，因取洗名曰马可，盖圣马可为物搦齐亚之保主也。由是观之，大让松伯爵之特殊地位，似足为卜弥格神甫之保护人而有余。盖卜弥格适需要一显者为介绍人，俾能不受拒绝。就大让松伯爵之性格言，亦不难为中国之传教师效劳。盖氏为Touraine地方望族，其父晚年入道（1650年2月），而在同年6月殁于物搦齐亚，时应法相Mazarin之请，暂任驻物

[1] 此类档卷Arcihio Veento已有辑文，见第二十九册第二编（1885年），369—380页。

[2] Dupny藏本（m.401）第七七六号（76与74页），法文藏本16078号。

搦齐亚大使，而附以父死子继之条件也。此保护卜弥格神甫之大让松伯爵于1651年11月19日抵物搦齐亚，同年12月12日入城，次日由国君Francois de Molin与参事院会同接见。时恰年27岁，盖在1623年12月13日出生于Blois城也。

卜弥格之保护人大让松伯爵

当卜弥格偕同惟一华大沈安德入谒法国大使之时（别一华大罗若瑟行前因病未能首途，前已言之），接洽必甚恳笃，盖大让松在参事院演说中，曾誉卜弥格为人长厚明敏也，所以进行易而且速。12月7日探询物搦齐亚之意旨，同月14日请求国君延见卜弥格与其同伴，同月16日即延见。据前引物搦齐亚档卷，并据12月20日法国大使致法国国务员de Brienne信札，尚未明指其人为耶稣会士，仅言有一教士自中国来。惟在国君接见时，大使位国君之右，国君曾询大使此教士是否为耶稣会士。大使虽承认其是，然仍蒙优待，盖参事院对于中国使臣之印象甚佳也。

其中有一小节，似未经前大阐明。盖大让松介绍卜弥格于参事院时，谓其为葡萄牙人，曾居中国十五六年。此说大误。关于留华时间之误，殆为物搦齐亚所藏档卷传抄大让松伯爵讲演之误。至若国籍之误，应非出于传抄，盖12月7日大让松致de Brienne信札曾云“其人为葡萄牙人，颇聪敏”，足证其对于物搦齐亚参事院之声明，非出有心也。吾大以意揣之，或因卜弥格隶属葡国留华传教会，致有此误。后来大让松亦自明其误，故于同月20日致同一国务员信札，谓其为波兰人。据其所持澳门诸证明文件，仅著录其中国副教区耶稣会士之资格，惟视察员所发证明书，始明言明使籍隶波兰。大让松首先殆未见此类证明书欤?

此事无关重要，最重要者要为物搦齐亚国君与参事院，质言之，物搦齐亚“政团”，接见卜弥格礼仪之特殊。

读者欲知所谓政团，须先明了此国各大权之分配；物搦齐亚为贵族共和国，只有贵族名载金册者，有执行公务之权。

国君（Doge）在名义上为元首，其任终身，大致年事甚高，然其权为数种会议所限。世人得谓物搦齐亚之政权，操之于大会议与参事院也。

大会议包括物搦齐亚贵族之全体，每年改选，每星期集会。其职权大致无限。寻常事件之集会，必须至少有会员200人列席，特别事件之集会，必须至少有会员800人列席，后在1775年减为600人。执掌主权之十人会议，会员皆由大会议会员中选充。国家监察员三人，二人由大会议选充，一人选自国君会议。国君会议一名小会议，以国君与助理员六人合组之，执行政府事务，为大会议与参事院之主席。

参事院以正当公民组织之。其始参事60人，由大会议选任，后增为120人，计参事（Fregadi）60人，助理参事（Zonta）60人。此外国君会议人员、十人会议人员、总检察官（Avogadores）、四十人法院（Quarantie）（物搦齐亚法院三所皆以40人为名，盖每院由40人组成也）法官，与其他官吏数人皆得列席参事院。

参事院职权颇杂，而关于外交政策之事件特别归其管辖。其接见外国大使者，非参事院全体，而为政团，质言之，由国君1人、助理员6人、四十人法院院长3人、参事院选出之“贤人”16人，共为26人合组之。

凡接见一国王大使时，政团起立接待之。惟国君不脱帽以表示其位之尊。然国君之座位与其他政团人员之座位皆并列，无甚殊别。

物搦齐亚政团之接见卜弥格

大让松与政团约定卜弥格衣华服用华礼呈递书翰。现在之行动，盖预辟将来明室正式遣使赴教廷与奉教诸王所之途径也。随同卜弥格进谒之华官，其目的乃在研究西俗归报其主，预备将来遣使地步。

12月16日大让松伯爵率卜弥格、沈安德二人赴参事院。[1]留二人于院门，先入见国君，询其是否允许明使坐谈。盖诸耶稣会士在中国皆具“圣法博士”之号，皇帝常赐坐也。国君似不愿待以坐礼，否则必须由政团议决。大让松遂不力请，因决定卜弥格立而致词。

卜弥格致礼毕，用意大利语说明来意。然后在华官手取盛有庞天寿帖子之绢套，取帖子出，译读其文。读毕置帖子于套内。已而介绍其同伴华人于政团，请许其游览城市。并语国君，将用华礼递呈帖子。旋告沈安德数语，安德前行两步，跪地三叩首，起立后，以帖子呈递国君，复还立于卜弥格侧。国君致谢词毕，许此华人游览物搦齐亚城市。卜弥格复致礼，率沈安德出。[2]

卜弥格等出后，大让松伯爵与国君会谈毕，决定由国君遣人驾舟导中国使臣游览全市。[3]

参事院表决以金钱（ducats）百枚，购取参事所服绸衣二袭及其他赠品，以赠卜弥格、安德二人，二人居物搦齐亚若干时，复由大让松伯爵率领进谒政团一次，谢赠物与招待之殷勤，已而致告别词，将赴罗马。

其事之经过，在国君与参事方面虽颇致礼貌，惟应注意者，中国使臣只能立而致词，而政团对于庞天寿来书（帖子）毫无答书，具见物搦齐亚政府所取态度绝端慎重。

卜弥格等赴罗马前，曾作信札二件，寄给Douai城耶稣会士，并将其活动成绩报告

[1] 据现存钞本，此帖子未署名，而误题进见之日作12月17日。附注云：来观者民众塞途，见此神甫衣中国博士服，而别一人衣半褂如土耳其式。见巴黎国民图书馆藏Dupuy藏本第七七六号76页。

[2] 帖子上之文字，前已录之，物搦齐亚档卷中原文已佚，仅存意大利文译本。至若汉文钞本与意大利文译本，巴黎国民图书馆中已有收藏，见Dupuy藏本，写本四〇一卷七七六号76、77页。

[3] 据上引巴黎图书馆所藏帖子附注云，进见后导游使者未至前，法国大使曾携此耶稣会士与其同伴归用午膳。至夜游，览毕卜弥格曾往谒教皇使臣与物搦齐亚大主教。

耶稣会会长。彼所期待者纵无嘉奖之词，至少必定获得赞成。孰知有大谬不然者，所受者只有谴责而已。

耶稣会会长之严厉

当时耶稣会会长是尼格尔（Goswin Nickel）神甫。前任会长Alexandre Gottifredi神甫在位甫二月，于1652年3月12日殁。

新会长以1584年5月1日出生于普鲁士之Coslar城，1664年殁，为耶稣会第十任会长，单独统治此会迄于1661年6月7日。至是本会开第十一次大会，得教皇亚历山大七世之许可，选任Jean-Paul Oliva为本会常任副牧，具有独裁之权。此事在吾人所述时代之后，而在此处涉及者，盖据德国史家郎克（Léodolp de Ranke）之说，尼格尔神甫之失权，非因年高或废疾，盖因其属下人员憎恶有以致之。[1]

据郎克之说，尼格尔神甫性情固执，在日常交际中严酷无情，会中有势力人员多厉恶之，因选举副牧，制其独裁。

又据郎克之说，17世纪中叶，会中纪律有时废弛。前任会长Alexandre Gottifredi承Mutius Vitelleschi与Vincent Caraffa二会长姑息之后，欲加整顿，而不为人所喜。然尼格尔神甫从未整顿会务，不得有此藉词也。

郎克虽敌视耶稣会士，所言不无过度之处，然其学识鸿博；不得谓尽出虚构也。则尼格尔神甫行动傲慢似乎有之，观其对待卜弥格神甫之严峻，可以证也。其责卜弥格之词，则谓卜弥格处理此种要件竟敢独以己意为之。会中旧例，凡帝王遣会士为使臣赴罗马，必须遵会长之训教，不应凭一己之判断或外人之教唆。会长为明白表示其不满，命卜弥格停留于Lorette城。此种惩戒非卜弥格之所应得，盖其完全遵守澳门上级人员命令，似无须求会长之赞同。

卜弥格在物搦齐亚所执任务之重要，若谓会长事先未曾预闻，似乎甚奇。中国视察员除交给证明书外，并有上会长书，赍赴罗马呈递。殆事后会长始见此书欤?

或者澳门上级人员事先未使会长预闻，冀其事后赞成。盖此种举动，足使会长处境困难，一方面无以对附清之汤若望神甫，一方面无以对弃明而从清之葡萄牙人。加之教皇因诺曾爵十世对于耶稣会与法国，俱未表示好感，不能对此事表示好意也。

世人得自问，尼格尔神甫之不满是实在的，抑为权术的?但据吾人之揣想，观卜弥格接受训戒后所感之苦与辩解之切，可见会长之严厉，非完全出于虚伪也。

据Dunyn-Szpot之说，会长之谴责，不特使卜弥格惊异，并且使渴望虚荣的波兰人精神为之不欢。则其承认卜弥格犯有过失，所以见其虚荣心之受挫折，而卒致惊愕焉。

---

[1] 十六七世纪《罗马教皇史》（1848年法文译本三册）第三册第十一章290页。

卜弥格于1653年2月21日在Lorette用拉丁文作一长函，答复1652年12月21日与28日会长之来书。[1]书中言曾上书十余次未蒙裁答，[2]以后作两种答辩。先辩其并未以大使名义赴物搦齐亚，仅按照中国礼节代表明室投递名刺而已。复次答辩彼从未请求用中国大使名义盛仪进入罗马。但承认如宗座以礼仪接待，则尊荣不属于弱躯，而属教会宗座与明室。彼欲宗座正式接见者，无非使其所奉使命加增重要，而引起普遍之注意耳。彼在物搦齐亚曾见枢机员Rossetti与Facchinetti二人，彼等意见如此，并允在宗座前为之先容。

卜弥格又云："如此事不为圣父所乐赞，余之见解与意志情愿完全服从；余将预备赴罗马执行使命，或立还中国，虽损失声望健康在所不惜，惟圣父之命是从。"

末后声明附寄一函致某枢机员（应是Fabius Chigi），不用信封，俾会长得悉其内容。所言枢机员应指教廷国务书记员，盖Dunyn-Szpot神甫书曾言其人将为卜弥格预备一种正式晋见也。

最后会长许卜弥格赴罗马，惟仅用教士名义来，不许用大使名义来。

卜弥格抵罗马后，等待长久，艰苦备尝，较在物搦齐亚之受优待，未可同日语也。

第二章　卜弥格之滞留罗马

1653年开始以来，卜弥格遭遇无数阻碍。

大让松伯爵，诚一观察锐敏之外交家也，早已在一定限度中预料有罗马之波折。彼在1653年2月15日致书于Brienne，[3]表示其对于介绍卜弥格一事之满意："知君赞同余庇护来自中国的波兰耶稣会士一事，无任欣悦"，继言其事之经过，较之其所期望者更善，盖此共和国参事院先此颇嫌恶耶稣会也。末言："现彼应抵罗马，然比较其所受之待遇，似不能如此处之佳。"

其后事果不出其所料，卜弥格甫抵罗马，即赴耶稣会士誓愿修院中，时反对其使命与个人之言论蜂起，盖其未至以前，蜚声业已四布，众评业已成立也。Dunyn-Szpot神甫记之甚详，第未言耶稣会中是否亦有反对之人，特可断言者，会中有数同僚毅然为之辩护。

宗教界之敌视

罗马宗教界对于此事大为怀疑，有人疑卜弥格为一骗子，而伪称中国使臣，欺矇宗座。且有若干人或因故有之恶意，或因无心之误会，竞以卜弥格之说为非。顾罗马距中国甚远，无法作一种迅速调查，而其事又异乎寻常，故不免启人疑念也。今据

---

[1] 见耶稣会档卷。

[2] 除此书外，余书皆无存。

[3] 1651—1656年间法国驻物搦齐亚大使信札，巴黎国民图书馆藏写本，法文藏本16078号341及342页。

1654年宣教部作公开的大讨论时入档之文件，研究此案之各种面目。在此次大会以前，宣教部各枢机员业已集会讨论数次，欲于报告教皇以前，鉴定其事真伪。由此波兰传教师所引起之风潮，真伪未明，宣教部善意报告未呈递以前，教皇因诺曾爵十世拒不接见其人，当然为意中必有之事。顾宣教部进行甚缓，而教皇亦不愿催促，盖据吾人所知因诺曾爵之为人，卜弥格之事业，恐不甚为其乐赞也。

因诺曾爵十世之为人

因诺曾爵十世盖为能在世界具有一种俗家势力之末一教皇，[1]俗姓潘菲理（Pamphili），1644年9月16日被选为教皇，年已70，而其能当选者，盖得前教皇Urbain VIII二侄枢机员巴伯林（Francois & Antoine Barberini）之公然赞助。

潘菲理枢机员未当选为教皇以前，对于西班牙派业已表示深切的同情，所以法国反对其候补当选。至若巴伯林族拥护此枢机员者，缘其为诸父Urbain VIII之私人，冀其当选后大事酬报也。然巴伯林族诸枢机员所望太奢，致使因诺曾爵当选后不但不予酬报，反对于此族及拥护此族之法相Mazarin作激烈之宣战。顾法相之势力太强，教皇终不免于退让，而巴伯林氏之广大财产多已没收，遂与此族构和。但敌视法国仍如故也。世人应忆及1649年法国耶稣会士Alexandre de Rhodes自华返欧时曾经教皇接见，所请遣使传教师赴远地传教一事，教皇独不许法国人加入，可以证已。

由是观之，西班牙派颇得势于罗马，而与法国势力相均衡，由斯可以推想，西班牙人与教廷公使所深致不满的法国驻物搦齐亚大使对于卜弥格之保护，当然亦为因诺曾爵所难赞成，其反对明使亦意中事。使臣是否为耶稣会士似无甚关系。相传此教皇不喜在教神职人员，而对于耶稣会士尤表恶感。然因诺曾爵仍不免为耶稣会士所左右，有时受人之怂恿，袒护此会。既易受人怂恿则于治理教廷所辖诸国未免有错误过失。综论其为人，活泼恳挚，慈善，温和，在私人生活中颇节俭，而在正式庆祝或装饰罗马中，不惜奢华，此其长也。特性质衰弱，对人疑惑，而判断易于变更，此其短也。吾人详述其为人者，盖为说明其对于卜弥格冷淡之原因。尤应知者，其年事已高，将近80矣。但应为之解者，卜弥格奉使事已足使耶稣会处境困难，则其影响宗座之大尤可知矣。

职是之故，宣教部对于卜弥格案讨论甚详，延时甚久。

宣教部之审议

宣教部在1653年中计开总会[2]三次：一在4月1日，一在7月22日，一在9月16日。[3]

---

[1] 参看Fernand Mourret神甫撰《教会通史》，（八册1914—1919年巴黎刻本）第六册67页。

[2] 宣教部总会盖为召集一切或大多数本部枢机员之大会，所讨论者为关系全部问题。别有特别会议，仅枢机员数人列席，盖为一种特别委员会也。尚有意大利语名称之congressi则为一种小集会，仅由本部枢机员之任主任与书记者列席，办理日常事件。

[3] 宣教部档卷，属于总会者，1653年下四八卷第二五号，八八卷第六号，一〇五卷第三号。

开会愈后，列席之枢机人数日增：第一次列席者四人，第二次列席者十人，第三次列席者十二人。首次开总会时，仅于议事将毕之际，决定由宣教部书记审查自称中国使臣之一切信札文件，然后送呈诸枢机员。

7月22日与9月16日两次会议，讨论较为详密，枢机员多表示一种仔细权衡之意见。兹先后历引于下。

其间有始终表示同一意见者，有后来变更者。总之，毫无使此案迅速结束之象征也。

巴伯林族名方济之枢机员，既任枢机员会首席，每次首先发言，始终主张应在教皇前开大会时，不用何种仪式，以寻常传教师资格召卜弥格入见，盖其所赍者乃宫内信札，而非皇帝国书，不得视其为中国使臣也。

巴伯林族名安东之枢机员，职任宣教部主席，7月22日未列席，9月16日出席，赞成此说，是亦枢机员Caraffa主张之说，然并主张在未明教皇意思以前，不得有所动作。

枢机员Martius Ginetti先以为得由教皇用私人名义接见卜弥格，不得视其为大使，仅由枢机员二人侍侧，旋在9月16日会议中变更意见，主张未呈报宗座以前，暂缓召见。

枢机员Pallotta之意见似日渐消极，7月22日之主张，以为应从巴伯林等之说，不用何种仪式召见卜弥格。9月16日之主张则以为呈报教廷以前及卜弥格用文书请求以前，不得有所决定。

枢机员Pierre-Donat Cesi亦表示相类之忧虑。先赞成枢机员Pallotta之说，后来则谓彼对于此案既未详悉，不能表示意见。

枢机员Nicolas Ludovisi在7月22日大会中未出席，而在9月16日大会中颇示慎重，主张对于卜弥格不得有所决定，不能背教皇接见其人。

枢机员Camille Pamphili主张此事由因诺曾爵十世与耶稣会会长自行讨论，如卜弥格本人欲以中国皇后大使资格入见，应由彼本人证明其使命之真。

上引种种意见，根本无甚殊异，然皆以外交态度出之，具见罗马宗教界亦常使用策术也。

枢机员Chigi、Orsini、Trivulce三人之意见，或因主张者之人格，或因主张之内容，在吾人视之较感兴趣。

枢机员Fabius Chigi（即后来继承因诺曾爵十世之亚历山大七世，而召见卜弥格之人，史家视其为耶稣会之友）对于中国使臣似不甚表示热心。其意以为宣教部应以私仪接见卜弥格，而不应在诸枢机员集合之大会中接见；不应使宗座将来处境困难。已而受其同僚之心理濡染，而主张不得因诺曾爵十世之命令，不应接见。

枢机员Théodore Trivulce明白表示其怀疑态度，以为卜弥格案之提出，证据并不确凿。所以主张用私人名义接见（后来竟不主张接见），亦不应使教皇答覆中国来书，非先由宣教部遣派一亲信人员赴华调查事之确实，不得听卜弥格离开罗马。处此调查时间，应将卜弥格与其中国伴侣隔离，并问此华人虚实。然后由宣教部书记汇齐诸枢机员之意见，呈请教皇查核。

枢机员Francois Maidalchini赞成上说，亦主张派遣一调查员赴中国。

至若枢机员Virginius Orsini对于卜弥格本人未曾怀疑，知其实为传教中国之波兰耶稣会士，惟对其使命之真伪，稍持保留态度。所以主张将来在教皇前开宣教部大会时接见明使。其人既未持有中国皇帝国书，不应以大使名义界之；但宗座得作答书，俾卜弥格携有正式文件与教翰回华。惟在其归程中，应派一公正人员偕赴中国，调查其事真伪。其事果真，则以答书交与皇后皇子。如此时皇帝业已奉教，则卜弥格得用教皇使臣名义晋见，而以遣使之教翰递呈。

总而言之，仍是迁延时间，而非就地解决也。

其间有一坚固之点，而为诸枢机员一致表示者，则盼卜弥格作一报告文书呈送宣教部。卜弥格曾如命为之。诸枢机员以为此种文书可为后来重再严密讨论之根接。

一年以后，1654年8月24日宣教部大会重开。[1]出席者枢机员15人，前此出席之人，此次有缺席者；前此缺席之人，此次有出席者，前在物搦齐亚劝卜弥格用大使礼节晋见教皇之枢机员César Facchinetti预焉。

枢机员Assolini提出卜弥格之请求书，请求宣教部审查所赍中国信札，并许赍者陈词，节而言之，重审此案。

此次宣教部亦未作定澈，仅委托Pallotta、Bichi、Albizzi，Chigi、Assolini五枢机员组织一种特别委员会深究此案，作一报告以便采决。盖拟根据此种报告，于下次开大会时，询明教皇之意见后，再作较良之决定。

宣教部档卷，关于1654年8月24日大会，辑有关于攻击与辩护之大部卷宗。此种文件，皆未署名。至是吾人始进入讨论之决断的阶段。辩论此问题，面面俱到，而审议此案之精密诚不禁令人惊服。

所有关于传教中国事业之一切问题皆曾提及，颇越出此卜弥格案范围。例如所谓中国礼仪问题之冲突，即于是发生，首由多明我会士de Moralez神甫等起而攻击耶稣会士与此会之传教方法。此案之全卷，材料颇丰，足备研究远东传教史史家之采择也。

卜弥格案文件之列举

卷宗之中心，足使吾大特别注意者，盖为攻击与辩护之文件，双方皆匿名。

---

[1] 宣教部档卷，1654年下，第九〇卷，第二八号。

其发动攻击者，自署名曰“教会之不肖仆”。杜宁司波（Dunyn-Szpot）神甫叙卜弥格所遭诸困难，于其甫抵誓院修院时，即言及此不肖仆。

此散布诽谤之不肖仆，似不属于耶稣会。观其言及耶稣会士，深致愤恨，而称耶稣会士曰政客（Politici），足见其非耶稣会士。据其声明，曾传教亚洲13年。殆为一离会之耶稣会士欤？盖其自诩深知会中情形也。然亦得为与耶稣会为敌之他会会士，而不能节制其暴烈气质者也。

杜宁司波神甫，对此暴烈告发者批评颇为严厉，其人持论虽巧，要不能抵抗辩护者胜利的论证也。

杜宁司波神甫谓“此敌所用之武器，非用钢铸，而为易碎之铁”。[1]别一匿名人，经杜宁司波神甫称为辩护人，而不肖仆称为政客者（足证此人为耶稣会士），出为卜弥格辩护，所用武器较其敌锋利，而颇能称职。

不肖仆与辩护人双方笔战颇烈，今可参考者计有意大利文报告四种。

首由不肖仆谋启审理所谓中国使臣问题的审判者之疑心，所辑诸证有对于中国政治状况之考查，以及个人阅览之书籍，所得之观察，与中国商人之谈话：表面虽足惑人，然实杂而不实也。[2]

辩护人或政客答辩之记录，颇切实而有利于卜弥格。[3]不肖仆于是又对于此记录作似具条理之辩驳。[4]辩护人复对于不肖仆作个人之攻击，谓其说显然错误而不足信。[5]

综合攻击与辩护之文所得结果，在一公正无私的仲裁者视之，卜弥格确为波兰人，确为发四愿之耶稣会士，确为传教中国之教师，而经皇太后烈纳与太监庞天寿派赴罗马者。

据上引记录所供给之证据，可大别为两种，即关系卜弥格之本人者，与关系其所奉之使命者。

卜弥格之身份，辩护人引有证人数人，并曾记录其宣言。当时证人中有在罗马者，如Chelm城之波兰主教，与圣伯多禄教堂之主教会员Don Polici（其人乃教皇秘密侍从Polici之弟），皆曾于1642年卜弥格首途时，识卜弥格于波兰。

其他证人隶属耶稣会，当时亦在罗马，皆证明曾在罗马见卜弥格获有教皇Urbain VIII之祝福，时在其赴里斯本登舟向卧亚、澳门出发前也。其人为波兰经理员，卜弥格在Cracovie修院时之同学Jean Rawecki，与圣伯多禄堂赦罪员Pierre Stefanowiczo

此外尚有罗马日耳曼学校学员Jean-Baptiste Zacherla，卜弥格离去Cracovie时曾有赠

[1] 就技术方面言，此种譬喻不当，盖钢虽较硬，实较铁易碎也。
[2] 宣教部档卷，旧文，第一九三册，100、102、103，页。
[3] 出处同上，56—69页。（参看前引杜宁司波神甫书412T45页）
[4] 出处同上，358—365页。
[5] 出处同前，332—334页。

物，又有卧亚教皇驻罗马意大利籍经理员Jean Maracci神甫，卜弥格先东行经卧亚时，曾晤其人。

最后尚有耶稣会档卷，藏有关于卜弥格传教阶段之确实可靠的情报，皆足证明其说。

以上皆证明其身份者也。

至若证明其使命之真者，首有皇太后烈纳与太监庞天寿之信札。此类信札业经由澳门教俗证明，兹复有宣教部书记与教皇礼官长共同审查，确实非伪。

此外尚有若干传教中国之耶稣会士寄归之信札，与其他志有卜弥格奉使赴欧之信札足资引证。

首先可以引证者，1652年5月6日波兰圣衣会士Denys de Jésus与同僚Nicolas de Saint-Joseph共同署名之信札，此Denys de Jésus神甫曾在Ispahan识卜弥格，卜弥格舍舟遵陆西还时，曾经此城也。[1]

复次有Méliapour大主教上教皇因诺曾爵十世书，用拉丁文，交由卜弥格赍赴罗马呈递。[2]此书已由耶稣会会长尼格尔交由枢机员Chigi呈递。书中所言者不仅卜弥格奉使事，且称誉诸耶稣会士传教中国之成绩；其事尤感兴趣者，署名此书之大主教，即葡萄牙籍之耶稣会士Francois Garcia，于1641年至1659年间驻在Cranganor城者也。

宣教部藏有Ethiopie总主教Alphonse Mendez上教皇书，卜弥格于1651年经过卧亚时，曾见此总主教也。其人亦葡籍耶稣会士。

别有与卜弥格共同传教明廷的瞿安德神甫致奥地利教区信札两件，[3]盖作于1650年11月预备遣使之时。两札皆预言将遣卜弥格为使臣事。殆因卜弥格或赴维也纳，故以嘱托奥地利区长欤?

除上述之各证外，耶稣会会长尼格尔更提出前任诸会长所得诸报告，于使臣本人或奉使一事。皆证明其确实非伪。

耶稣会档卷所保存之情报皆明白证明卜弥格无论在波兰与在中国，皆为品行端正之人。此点尤堪注意。尤使人不能怀疑者，此耶稣会士并无伪造此事之个人利益。假定其伪，一旦发现后，世界虽大，其人将无地可以容身。

尚有最重要之文件两种。一为中日教区视察员于卜弥格在澳门出发时所发之证明书。此种证明书未曾载明其任务之性质。缘将经过若干人之手，而卜弥格将通行异教民族之国如土耳其人境地，无须使人知其所欲达之目的也。此目的别在一信札中载明，此乃中国视察员上耶稣会会长书交由卜弥格呈递者。此种情形卜弥格之辩护人所

[1] 此札原为意大利文，业经吾人在罗马圣衣会总部挡卷中发现。

[2] 此书未能在罗马发现，然在里斯本附近之Ajuda图书馆发现其钞本，46—x—8166—168页。

[3] 宣教部档卷所言总主教札与瞿安德二札原文或抄件今皆未见。

谓《政客之纪录》业已志之，并谓会长将证明此札仅言送呈皇太后烈纳与太监庞天寿信札事。

宣教部档仅存中国视察员之证明书，[1]写以拉丁文，写法遒劲。别有抄件数纸与原本并存。

至若上会长书似已佚而不存，宣教部档与耶稣会档皆未藏有此文。关于耶稣会档，此事不足为奇，盖因不幸之事变，关于中国之文卷，大部分业已散佚。至若关于宣教部档者，其事可异。

据宣教部所藏之一文件，[2]似中国视察员之密札无论为原札为抄本，皆未收入档卷中。此文件盖为遍致宣教部诸枢机员之通令，命其省查卜弥格案，由各员发表意见，以便汇呈教皇。并言诸枢机员如欲补充调查，本会书记将令卜弥格明确答覆。此文列举卜弥格所赍诸文件，包括有卜弥格本人用拉丁文写呈之简单报告，附有证明书与澳门教俗对于汉文信札之证明，以及尼格尔神甫对于使臣与使命之证明。

总而言之，密札之不见，足证宣教部所讨论者，仅在证明卜弥格身份与其使命之真；至若奉使之真正目的，诸枢机员似不愿讨论及之，殆以未便深究此种事件欤？

驳卜弥格奉使之说

由是观之，诸枢机员之任务，仅限审查此请求教皇接见之人是否为一骗徒，并讨论教皇用何种方式接见。

进行程序，大致如是。至若“教会不肖仆”攻驳诸点，大致关系不重，而且琐细，故名称“政客”之辩护人，不难一一作胜利之驳复。

（一）驳者曰：卜弥格之奉使，何以未预先通知？

答者曰：中国习俗如此，凡深悉中国风俗者，皆可为证。

（二）驳者曰：按照中国国法国俗，妇女蛰处深宫之中，不许参与国事，皇太后烈纳之遣使，何以如是之易？

答者曰：中国所订关于妇女之法制，当然仍有效力；然皇帝有自由任意使用法律之权。皇太后与其他宫人之领洗，既经请求皇帝核准，遣派使臣一事，应亦然也。

（三）驳者曰：何以皇太后不遣使赴葡萄牙国王所？纵不然亦应将遣使赴教廷事用书翰通知。盖葡萄牙人供给永历帝兵械，明廷应当感谢也。

答者曰：此事究有何益？何必泄漏中国皇室秘密？不肖仆既言感谢，应知葡萄牙人应感谢明室者，较之明室所应感谢者为多。葡萄牙人固曾以兵械供给明帝，然明帝在澳门饥馑时，曾自内地运输米麦与其他生活必需之物，赈济澳门也。又曾应耶稣会士之请，永远蠲免澳门每年应纳之税银五百两，并免除船舶税数年。现有不少文件证

[1] 上引宣教部档卷53页。

[2] 上引宣教部档卷41T2页。

明明室加惠于葡萄牙人之事不少也。

（四）驳者曰：何以皇太后不遣一华人为使臣，而命一欧洲耶稣会士为之？

答者曰：因为当时皇帝尚未领洗，自应遣一教师赴教皇所报告宫廷领洗之成绩。宗座所乐与接待者，当然无过于遣赴中国传教之人。[1]

（五）驳者曰：缘何不命一奉教之中国官吏担任其事？

答者曰：庞天寿极愿赴罗马，虽为卜弥格伴侣，亦在所不辞。惟中国国法，不许大臣出国，而且国难未已，朝廷需人，永历帝特留之，致未果往。如遣别一信教者奉使，则未免启未奉教者之疑忌。拟待后来皇帝受洗，国家太平，再遣第二次使臣赴欧，皇太后在上教皇书中已言之矣。

（六）驳者曰：纵然承认卜弥格为奉使合格之人，何以不多带中国侍从俱来？

答者曰：盖因华人体质不强，不适于长途旅行。当时被指派随行者甚众，仅有两人愿往；而此两人中之一人因病止于中途，别一人在道数频于死。卜弥格本人实不愿多携随从，经过土耳其境界，恐被其俘掳为奴，抑强迫改教也。

复次今为一劳永逸起见，特地说明何以不遣华人为使臣之理。吾人应知中国从未遣华人为使臣往外国。此次使臣得遣者，盖命其致礼于代耶稣在世之代表座前。中国人之自尊心，使之自负其政治、其学识、其财富皆优于他国；则其不愿声称求救他国可知也，是故不愿遣华人赴欧洲。假定欧洲不以礼待来使，则将有害于天主教之发展，而奉教之宫廷且受人揶揄矣。宁可使卜弥格当之，不可使一华人往。

（七）不肖仆对于辩护人《记录》驳摘之词，尚有若干责难之点，未经辩护人答覆，盖其以为显无答覆之必要。所指摘诸点，有根据错误不难答辩者，兹为节述于下。

告发人见《记录》所言澳门审查中国信札时之中国见证，模糊不明，而证明书所载之名，则名其人日罗若瑟、沈安德，颇以为异。所以不信皇太后等以信札付卜弥格时其人仍在场，盖中国国制，男子不得入宫内也。彼以此种遣使事罕见，澳门人得受其欺，而检查信札时何不延可以信任之年高而严肃的葡国人到场。若信诸政客或耶稣会士未尝有心作伪，是未深识此辈之为人也。此处又可见不肖仆对于耶稣会表示恶感。彼以为澳门视察员出具之证明书显然未足，而辩护者对此之解说未能满足人意。至若《记录》谓澳门长官之反对卜弥格出发，盖恐开罪满人，彼亦不承认此说具有理由。据云满人既知澳门之葡萄牙人以援兵助永历，应并知永历曾正式遣使答谢澳门人也。

吾人应忆及者，葡人在先固曾援助明朝光复，其后见其不能成事，似已中止援

[1] 上引宣教部档卷342—343页。

助。至若遣一小队葡兵助明一事，其重要实不及明室遣使赴欧求援一事远甚，满人对此不能等视之也。

不肖仆以为隆武帝从未请毕方济神甫共理国事。对于Méliapour大主教交付卜弥格之信札，颇为怀疑。据称此主教名Stéphane de Britto，当时应已不在人世。殊不知在位迄于1659年之Méliapour大主教实为Francois Garcia而非Stéphane de Britto，虽皆属耶稣会士，然非一人也。

不肖仆以为撰《记录》者与诸政客同称卜弥格之奉使，并无何种利图，盖欺人之词。耶稣会士之世俗利益，与其传扬公教之势力相等，不难谋取若干正式文件，垄断中国全土传教事业，以为报酬地步。

总而言之，此种敌对运动，不仅欲丧失卜弥格之名望，并且欲丧失耶稣会之声誉，故始终辄见有反对耶稣会之个人恶感。是以辩护者在《记录》中未将一切责难之词一一答辩。不肖仆在第一次攻讦之文中自诩深知中国文物，欲以此启世人对于卜弥格之疑心，辩护者即以子之矛攻子之盾。

其人自负认识澳门、广州及其他沿海诸地（因其自承未入内地）并曾赴安南南圻、马尼剌，Macassar等地，而广州与海南岛之船舶多莅此。居其地凡两年，尝与华人交谈，询问其国政治，所不知者，复据书本考之。由是对于中国国内情况，与夫大员心理，知之尚为明确，所以敢断言中国当局慎重，决不任卜弥格携带少数随员，与未经澳门耶稣会、多明我会、方济各会、奥斯定会四大宗派道长共同证明之信札也。

辩护人首先驳不肖仆所言地理方位之误：南圻不在中国之东，而在其西南。中国商人不甚解葡萄牙语，如何能用此种语言与之交谈国事。至若在马尼剌参考书本，研究政事，尤不可信。辩护人引证数例以驳其说，兹仅举其一例言之：中国内阁非由阁老30人组织而成，其人数大致为7人，或4人，甚至减为1人。永历之唯一阁老即庞天寿，[1]其人兼司礼监，权势甚重。则皇太后、庞天寿等所遣之使臣，必得永历帝之同意，其事无足异也。由是不肖仆在历史地理方面，被人辩驳无余，并足证其不明情势，显存恶心。

辩证之理由虽然坚强，宣教部尚以为未足，盖在1655年9月6日之下次大会[2]中，重为1654年8月24日大会之举：复设一委员会详细调查此案。被派为委员者有Pallotta、Gérôme Grimaldi、Dominique、Cecchini、 César Facchinetti（此人即卜弥格在物搦齐亚所见之枢机员），四枢机员会同宣教部主任枢机员Antoine Barberini共同审查。

此次较前次却大有进展。1654年8月24日大会所设之委员会仅在汇聚意见，交由大会审核，此次所设之委员会，则在编具报告，递呈教皇。

---

[1] 钩按：本书撰者始终误以庞天寿为阁老，殆本于此。凡本书所加庞天寿之阁老官号，今皆改作太监。

[2] 此次大会列席者有枢机员18人。

时因诺曾爵十世已在1655年1月7日去世，新任教皇为亚历山大七世。

宣教部之决议

9月6日指派之委员会，于同月24日开特别会议。此次会议之议事录业已保存；[1]是为宣教部末次讨论卜弥格案之会议，则担任审查的枢机员之决议备于是录矣。

此次的报告，与前次委员会用拉丁文缮具的“愿望”不同。

前次报告对于卜弥格本人与其奉使，以及对于一般耶稣会士，咸具有一种显明的敌视心与一种酸性尚重的腐蚀性，曾将调查中反对奉使之重要批评，皆用恶意摘录于其中。所可异者，1654年8月24日代表委员会执笔之枢机员（其人用单位代名词第一位），似不知有由卜弥格转致之中国视察员上耶稣会会长书之存在，是以彼见卜弥格毫未赍有说明其旅行目的之文件，颇以为异，盖所赍之证明书皆未著明此目的也。此案秘密不明之点有数，此其一也。

总而言之，此上呈教皇之报告[2]以为此案或为一大骗案，请当时在位之教皇因诺曾爵十世善为自防并调查在华耶稣会士反对他派传教之一切行动。所以宗座无接待卜弥格之理，而宣教部并愿继续研究此案。

1655年9月24日，枢机员心理业已变更。敌视心业已消灭，而代以一种尚可调和之猜疑。诸调查员建议于宗座，请允接待卜弥格，缘其事毫无危险也。奉使之真伪无甚关系。教皇根本不必有此考虑，盖其传教任务应以好意接待一切表示敬意之来人，不问其目的为何也。假定其事非伪，不予接待，则恐失人望，而对于中国基督教界加以侮辱矣。

卜弥格持稳重态度居罗马凡三年而待定撤，耶稣会长既为之证明，则本人与本会已为负担责任，应可信任。然尚有人以其事为在华耶稣会士之阴谋，而冀得欧洲信教君王之补助金。所以诸枢机员在报告中以为此种对于耶稣会士之责词，或为恶意诬谤。应调查其事，然暂时可以接见卜弥格本人。

观此次报告之决议，足证罗马教廷之极端慎重。报告开始有一段足使吾人确信诸枢机员已了解卜弥格使命之重要。故云设其事若真，设中国皇太子业已领洗，势将牵连西方诸奉教君王加入冒险事业，盖彼等义在援救远方同教之人也。但在报告末尾，又劝教皇亚历山大七世安心，以为有法接待烈纳太后之使臣，而不必使教廷担负何种责任。中国信札署名人所求者非赐罪罚全赦欤？此外毫无所求也，然则何不使之如愿以偿。

卜弥格与礼仪问题

处此审议时间，卜弥格本人何在，盖当时言卜弥格者甚众，而不见卜弥格登台

[1] 宣教部档卷，旧文第一九三册40、43、48、83—84、93、348页。

[2] 见上引宣教部档卷75—76、82页。

也。教皇与宣教部对于卜弥格既然尚无定谳，卜弥格自未便游说于诸信教君王之门，但吾人确知其未曾静止无为也。除作必须之奔走，使诸枢机员关心于本人之使命，并应诸人之要求缮具请求书外，卜弥格似曾注意于一种较其奉使一事关系更为广大紧急之问题：质言之，为耶稣会士所用之传教方法作辩护，盖当时此种方法已成猛烈攻击之标的也。是为所谓礼仪问题不幸的冲突之序幕，其结果幸不属本书之范围，无待吾人述及，盖此种争持在18世纪恶化，而使传教事业受莫大之损害也。据吾人之推测，卜弥格于外交任务以外，兼为耶稣会作辩护，殆为意想中必有之事。更据吾人在各种档卷中检查之结果，尤足以实吾说。前此曾言卜弥格在物搦齐亚时曾作信札两件[1]致Douai城。二书并题1652年12月23日，一致此城本会会团长，一致此城著名大学之校长、教授、博士、学士、助手诸人。卜弥格申明传教中国的比国耶稣会士如金尼阁神甫（其人即本城人）等之嘱托，请求大学校长斡旋，将信札外之一记录所陈关于中国教民行为，与夫本会神甫所采用的方法之建议转呈大学（所提议者应为允许适用祀孔祀祖等礼仪问题）。此记录今亦未详存佚。惟此记录与介绍记录之信札已由卜弥格缮写四份，请Douai大学校长分致当时Alcala、Louvain、Ingolstadt、Gratz四著名大学。

当时Douai、Ingolstadt、Gratz三城公教大学盖为新设置之大学，而用以组织宗教改革运动之发展者。Douai城[2]位在昔日法比教区之中，曾与荷兰同隶西班牙国王philippe II统治之下，此王见新教侵入此种领地之内，甚至侵入Louvain城之中心，颇为不安，乃于1562年创设Douai大学以作公教堡垒[3]。此大学在当时所执任务甚大；对于宗座颇尽心力，对于教俗两界学子颁发神学博士文凭。Ingolstadt与Gratz二大学创设之理由亦同，盖当时宗教改革运动在日耳曼诸国高等教育中影响甚大。故耶稣会士设置此二大学以抵制之。世人当忆及16世纪最初三十余年间诸新教大学，如1527年创设的普鲁士Marbourg大学之发达。公教之反抗与防卫，因激起Inusbrück、Wurtzbourg、Bamberg、Paderborn等地大学之设立，而前此已言及之Ingolstadt与Gratz两大学尚未计焉。惟此类大学设置于日耳曼北部者，似从未见其发达。

卜弥格之第二札致Douai大学者，措辞庄重有礼，足使读者对之印象甚佳。卜弥格于此札中简单声明留华耶稣会之一切行为，愿请诸大神学家自由批评，不必有所顾虑。请各人将评论缮具两份，寄至罗马，交与本人，一份善为收藏，别一份则由本人携归中国。

当时发生礼仪问题之争者，实缘于传教菲律宾群岛若干西班牙多明我会士之态

---

[1] 比利时都城Bourgogne图书馆藏写本6777—6827号413—415页。《耶稣会作家书录》第二册69页以后有著。

[2] 路易十四世于1667年取此城，旋失而复得，终于1713年Utrecht城条约确定归属法国。

[3] 参看《耶稣会作家书录》第三册152页。

度，其中最著名者要为发起反对耶稣会士之李若望[1]（Jean-Baptiste de Moraalez）神甫，与17世纪下半叶之Ferdinand Navarette神甫。[2]

世人应知多明我会士咸由菲律宾群岛赴中国。1631年前后抵福建者有Ange de Saint-Antoine与Thomas de Sainte-Madeleine神甫二人。1633年同会会士4人继至，共为6人。本地人不满其所为，1638年被驱逐出境。则其留居之时不久，对于中国与其居民，似未获有深切之认识也。然李若望神甫亦曾偕同会少数传教师至中国，因批评耶稣会士之行为不当；据称彼等宽容若干礼仪，庇护华人崇拜偶像。李若望神甫因此上书于耶稣会视察员李玛诺（Emmanuel Diaz）神甫，不待答书之来，即赴罗马。1643年撰一小册子，题曰《中国传教问题》，呈送宣教部，此小册子曾经教皇因诺曾爵十世之核准。由是宣教部于1645年9月12日颁布教敕，命诸传教师禁止中国教民适用含有偶像主义之礼仪。李若望尚以此为未足，返菲律宾后，于1648年10月15日在马尼剌上书于宣教部之诸枢机员，谓耶稣会士未曾遵守1645年教敕。问题遂成严重，而卜弥格之抵罗马，当然重复引起罗马社会对于中国事物之注意。则在宣教部档卷关于卜弥格案卷中见有不少关于中国礼仪问题文件，斯亦无足异已。卷内有李若望神甫纠弹之文[3]与夫为耶稣会士辩护之文两件，并足引起吾人之注意。此二答辩文皆写以拉丁文，前一文关于李若望运动发生1645年教敕事[4]，后一文特别答辩1648年若望上书事。[5]二文皆未署名，不知出一人手抑出二人手。笔迹各异，然亦不足为二人笔迹之证，盖此得为抄件而非原文也。宣教部档对于各文常有明白注录，而此类文件无之。若欲知二答辩文之要旨，可以节录如下：

广言之一般多明我会士，特言之李若望神甫，莅中国较晚，而足迹仅能至福建，不久即被驱逐出境，则在了解华人心理一方面，还不及耶稣会士之透彻。至是辩者历引不少著名耶稣会士之言，并引卜弥格神甫为证，则卜弥格之与此答辩书似不无关系。书中历引之人有利玛窦、金尼阁、庞迪我（Didace de Pantoja）、印度视察员André Palmeiro、中国视察员李玛诺、中国日本视察员曾与其同僚Didace Moralez合撰《关于中国礼仪问题》一书之Antoine Rubino、中国视察员傅泛际（Francois Furtado）、中国副区长阳玛诺（Emmanuel Diaz Junior）、署名于卜弥格证明书之视察员Sébastien Amaya诸人，其数不可谓不多矣。

然切勿以为凡耶稣会士皆赞成中国礼仪也。此点在答辩书中当然未曾提及，但亦

---

[1] 钧按：其人汉姓作Ly，疑为李之对音，若望其洗名也，原用汉名不知是否此三字。

[2] 钧按：其人与Domingo Naverette疑为一人，则其汉姓名应是闵明我；至若后来顶替其名之Grimaldi神甫，非真闵明我也。

[3] 在同一档卷中别有一短篇文件亦未具名，赞扬中国菲律宾等地多名我会士传教之功绩，并指摘耶稣会士之举动，以及其串同中国官吏，虐待其他教派会士之行为（前引宣教部档95页）。

[4] 前引宣教部档336—337、347页。

[5] 前引宣教部档77—78、81页。

无提及之必要，盖赞成几近全体也。第若本公正无私之态度言之，反对礼仪问题者虽少，在耶稣会士中尚不乏其人。继利玛窦为中国传教会会督之龙华民，对于中国礼仪问题，曾表示怀疑。又如同会士熊三拔（Sabathino de Ursis）亦然。

又一方面，世人已知1627年即仇教结束之年，教案既息，入教者甚众，耶稣会士诸传教师曾集议礼仪问题。与议者会议一月，对于礼仪问题大纲固表示同意，然意见仍然参差，未能调和。是以在17世纪末年与18世纪初年法国耶稣会士刘应（Claude de Visdelou）、波兰耶稣会士台维翰（Jean-Baptiste Bokowski）表示意见与诸人不同。

日本耶稣会士与其区长巴范济（Francois Pasio）对于中国礼仪问题表示反对甚烈。其故盖因彼等所接近者，澳门与西南各埠之华人，其间士人少，而不泥守祀孔祀祖之古习。反之，多明我会与方济各会亦各有会士数人采用本会所反对与利玛窦所提倡之方法也。

兹请重言李若望神甫与关系此人之第二答辩书。

李若望神甫在此书中，因其1648年10月15日信札言及耶稣会士不守1645年教敕事，颇受攻击。按：耶稣会士对于此次教皇警告，视为非确定的，而未遵守，容有其事；且亦不无理由，盖彼等后来维护礼仪运动，曾于1656年3月23日获得教皇亚历山大七世之同意，而将前此因诺曾爵十世谴责之效力消灭也。考其收效之原因，盖由留华耶稣会士卫匡国神甫之力有以致之。中国耶稣会士于1649年奉到因诺曾爵十世教敕以后，于165I年派匡国赴罗马申辩曲直。惜匡国未能及时赶至罗马，为卜弥格助（1653年匡国尚留滞巴达维亚），逮其抵罗马时，只能为最后之勉力而已。

此第二次答辩书，暴烈之词实逾于具有理由之词，指摘李若望为一诬谤者，不惜恶语，厚诬耶稣会以泄其愤。详审之，若望措词太过，诚不足惜。第在此论战之中，与其谓关系公教之利害，勿宁谓双方心理之殊别，益以不能明言的派别之敌视，有以致之。此种冲突发源已久，遂使一方面耶稣会士及不少方济各会士，又一方面外方传教会士，多明我会士，宣教部传教士，以及国内之在俗教士，双方为敌，而使耶稣会大受非难。则所谓礼仪问题，盖为耶稣会与反耶稣会的公教势力，在欧洲内与在欧洲外之一种斗争而已。

由是观之，答辩书较优之部分，并非指摘李若望之词，而为根据纯粹历史的与心理的考虑，为被指摘的传教方法辩护之文。此种礼仪在耶稣会士视之，政治性质超过宗教性质，实纯白无害，所以不惜宽容，况且公教起源时对于新入教之教民，姑息亦如是也。圣保禄对于最初教民不曾言其信心薄弱，只能饮以乳，不能使之饱食欤？又如Saint Grégoirele-Grand不曾许英国甫发生之教会采用后来逐渐废止之习惯欤？书末谓中国后妃既已入教，只待皇帝领洗，足证此种宽容方法之效用云。观此论证，又足见其与卜弥格之留罗马不无关系。

卜弥格与《插画的中国》

卜弥格曾在罗马参预礼仪问题，其事几近显然，并在罗马用种种撰述介绍中国于泰西，其事则绝无可疑。吾人仅在此处说明其曾赞助一同会神甫编撰一书。其人名开意吉（Athanase Kircher），[1]以1602年5月2日出生于普鲁士之Geyasen地方，1680年11月28日殁于罗马，1653年与卜弥格发生关系时，年51岁。其人一生之生涯，始终为一学者生涯。曾在Bavière国之Würtzbourg学校教授哲学与东方语言，三十年战争开始，迫其离职。赴Avignon城与法国耶稣会士同处两年，因识Peires。此人劝其研究埃及象形文字。1636年前后，开意吉被召赴罗马，在罗马学校教授数学，时此校为耶稣会士之高等学校也。

卜弥格曾寓此校中，因得相识。此广厦今有一部分改为Victor-Emmanuel国立图书馆，所藏基本书籍盖来自耶稣会士旧图书馆与各修道院图书馆者。馆之上层辟一陈列所，颜曰开意吉陈列所。所陈列者为开意吉收藏之物，有博物学物品，有古物，有科学仪器，1678年刊有目录传世。后来复加入无数关于史前的与人种的收藏品。开意吉脱离教育界后，仍居罗马研究不辍。其为人好学不倦，于各门学术无所不研，故同时为博物学者、物理学者、古物鉴别者、东方语言学者、神学者，终成为一种真正百科全书式的学者，而与当时不少著名学者互通信札。欧洲君主数人曾以补助金助其试验，知其人有收藏癖，曾寄赠不少异物，今有一部分陈列于开意吉陈列所中。

开意吉撰述不少，其人想象力甚富，记忆力甚强，凡事无不涉猎。其弊则在缺于鉴别，过于嗜好假定，是故其撰述与其谓为坚实，勿宁谓为巧妙。吾人在此处未能将其一一列举，其中最重要者题曰*Oedipus Aegyptiacus*（三册，1652—1654年罗马出版），盖研究埃及象形文字之著作也。

其著作中有与吾人研究之问题有直接关系者，盖为汉学家数人与卜弥格等参加编撰之《插画的中国》。[2]此书不乏兴趣，且有富于启发之部分。但开意吉常于其中表示轻信，中有数说，皆经其后来撰述删改。18世纪末年法国文学家Boucher de La Richarderie[3]曾谓《插画的中国》在科学方面，价值不能与《关于中国人之记录》相等，并引德国考据家Struve之说，谓是编实为作者之幻想。是说未免太过。《关于中国人之记录》，盖为法国耶稣会士钱德明（Amiot）等合编，其优越固为读者所公认，惟应知《插画的中国》编纂之时在百年以前，其价值实未可没也。

开意吉在本书序言中，曾言参加编纂者有卫匡国、卜弥格、Marini、白乃心

---

[1] 钧按：开意吉乃旧译名，惟对音不甚相符，可参考伯希和评文注五五。

[2] 是编原写以拉丁文，1667年在Amsterdam出版，法文译本后三年出版，德文译本又后于法文译本八年，并在同一城市出版。

[3] 《旅行书目总录》，1808年巴黎出版，第五册275—283页。

（Grueber）、Roth神甫等数人。其名称胪列之先后，不知系按照年代抑系按照重要，惟据H. Cordier之说，[1]编纂比较有力者似为卜弥格。但又云："开意吉所认识之中国，以得自卜弥格者为多，卜弥格时奉派自远东赴欧洲也；然得之于别一耶稣会士白乃心者亦多，乃心曾游西藏，将其行记刊布于是编。"[2]

读者对于卫匡国与Marini二神甫名早已认识。至若Henri Roth神甫，以1622年出生于Dillingen或Augsbourg，曾任职于东印度孟买附近之Salsete岛。曾赴罗马征求传教师，已而还印度，而没于1667年。白乃心神甫，奥地利人，以1623年出生于Linz，以传教中国而著名。其人精历算，曾供职北京。已而被召赴罗马，会荷兰人占据各处海口，乃遵陆行，至孔士坦丁堡得疾，于1680年殁于匈牙利国。[3]

上引诸人固足使开意吉之书生色，然其足为《插画的中国》一书之中坚者，要为金尼阁神甫所记耶稣会士之《传教中国记》，本编几全录其文。[4]此外重要者则为卜弥格之西安景教碑译释之文。此文后别有说。

教皇亚历山大七世之为人

卜弥格之繁杂的活动，终有完竣之一日。教皇亚历山大七世始因1655年9月24日宣教部之善意的陈情，复因卧亚、澳门两地主教上书催询卜弥格奉使延迟甚久之理由，遂于是年12月18日决定答覆中国对于前任教皇之致书，并接见赍书之使者。又况本人前为枢机员时，曾经参加宣教部之审议。对于此事虽未曾表示十分热心，然揣以世人所知新教皇之心理趋向，较之前任教皇自不难对于明使假以若干辞色。从前本人对于卜弥格案，固然表示冷淡，然其偏袒耶稣会士较甚于前任教皇。又一方面卜弥格与法国驻物搦齐亚大使之关系足使新教皇感受不快者，不如因诺曾爵十世之甚，缘其虽亦因西班牙势力而当选，然不仇视法国。此教皇不为法相Mazarin所喜，在位时曾与路易十四世发生葛藤。教廷卫士曾对法国大使加以侮辱，1663年7月26日法国国王曾夺据Avignon城；终因教廷之谢罪，始言归于好。但无论如何，吾人不应视亚历山大七世为一反对法国之教皇。吾人应忆及者，法国拓殖安南南圻之时，虽有葡萄牙人之嫉恚，教皇仍维护吾人之外方传教会加入传教范围。1655年4月7日教皇之当选，颇得法国籍著名枢机员de Retz之力；缘其当选以前，为缓和此枢机员与Barberini族诸枢机员所结合强有力党派之反对起见，曾对于圣奥斯定学说表示同情，所以颇得此辈要人之助。此教皇优柔寡断，处事小心，已为人所熟知。1656年确认前任教皇谴责让西尼派（Jansénistes）学说之教敕者，乃亚历山大七世；而谴责Olier等反对Port-Roya1系之过

[1] 《东方史地杂纂》，1914年巴黎刊，第五册75页以后。

[2] 《中国通史》第一册12页。

[3] 钧按：原作1665年殁于Florence，今从伯希和说改正，可参看伯希和评文注六七，费赖之《入华耶稣会列传》第一一九传。

[4] 是书原写以拉丁文，1615年在Augsbourg出版。法文译本在1616与1617年在Lyon与Lille两地出版。

于热心，而告耶稣会士云："汝等欲驱此辈（让西尼派）于教会之外，吾人则愿其仍在教会之中"者，亦亚历山大七世也。[1]用信札鼓励Arnauld不必顾虑敌人之攻击，已而颇愿此派党徒之解散，亦为同一教皇。De Retz枢机员于其《记录》中对此教皇批评严酷，世已知之。而史家Léopold de Ranke[2]之批评严刻尤甚，谓其当选教皇以后，性质活泼，独断专行，判别力，甚至讲演自由之一切品性，悉皆丧失；不问教会事务之进行，只顾个人之安危。迄于1667年5月22日之死，始终如是也。

撰写教皇史者对于亚历山大七世批评类多严苛，道院长Mourret[3]谓其受谤已甚，是也。其为人颇正直，谦恭，不喜援引亲友。在交际中和蔼可亲，性情愉快，喜与左右谈故事，颇嗜哲学、文艺，诚不愧为名族之后裔。在位时修饰罗马城市，并将Saint-Francois-de-Sales与Saint-Thomas-de-Villeneuve列入圣品。但有若干弱点，吾人亦不能为之讳，观其决定答烈纳太后与庞天寿书，而措词空洞，足以见之。对于明朝不甚信用，而根据中国北方传教师之报告，知满人具有实力，为免除纠纷计，保持其不负何种责任之态度。但所持态度未免太过，盖谨慎之处固然可嘉，而措词空泛至此，诚一失也。彼仅在答烈纳太后书末言及祈天佑明室恢复故业。兹录其答书如下。[4]

教皇答中国书

（一）答烈纳太后书

"对吾爱女致敬并为祝福。"

"从汝等书翰之庄严，获知天主仁慈之浩大，盖其拔汝等于谬误蒙昧之中，而以光明垂照，使汝等认识本来真理；而此真理（即是天主）施其仁慈，感其效果，从未间断，纵在盛怒中亦然；是以汝虽罪女，彼从未不屑临视；尤因汝求其宽仁，而不愿求报复与争战。今日何人能测其权力之大，能参透其秘密之深，能见世人未识之广大疆域，而为恶魔之欺骗挟持者，今竟能服从耶稣基督之权力欤。当世人向余等言及此大国时，吾人辄信此为寓言，非因广漠阻隔，偶像遍及，而使吾人无所知也。更有何人能信此荒海大山广漠险道阻隔之区，而其辽远一似别有穹苍星宿者，竟能使真理进入；是为别一世界，而为宁求灵魂之救赎，而不愿金银与印度之一切宝藏者所能莅止，缘其民不信正道，海边有山环绕，法律严悛不合公道，不许外人进入，此外险难尤难胜计。然天主竟许有人自动前往，不望金银，超越此类险阻，犯冒危险死亡，而为汝等讲说真理，置汝等于救赎之途，吾爱女，此诚一大恩宠也；职是之故，此种恩泽应常承认，追忆不忘，俾能传之子孙，使后辈亦知属望天主，对于所受恩宠，永矢

[1] 参看Augustin Gazier《让西尼派运动史》，1922年巴黎刻本，第一册99—100页。

[2] 参看所撰《十六七世纪罗马教皇史》第三册226页。

[3] 《教会通史》1614—1919年巴黎刻本第六册245—248页。

[4] 答书拉丁文原文载入开意吉《插画的中国》拉丁文本，100—103页，与Dunyn-Szpot书412页以后。今从《插画的中国》法文译本138—139页转录。

不忘，对于所受训诫，永保守之。吾人闻知已有数人随汝与当定领洗，将来并有多人仿从，虽甚欢欣，第若皇帝能将全国伪神之教悉皆毁灭，则吾人欢欣更大。吾人今以父执之情抱持汝等，极愿赐予陛下所求之祝福，自今以后祈祷天主，使汝国统一，永享大平；愿汝等心情信念永远与余等相偕。”

“一六五五年即吾人在位之第一年十二月十八日作于罗马圣伯多禄宫，钤用宝玺。”

（二）答太监庞天寿书

“爱子，致敬并祝福。”

“吾人闻知仁慈广布，自东至西，自南至北之天主，忽以圣教之光照临一至富至强之中官，俾领圣洗，备受恩宠，尤在耶稣基督之教从未传布之地，国家危难之时，使汝厕其子弟之列，将有一日置汝于吉祥统御永无穷尽的国王宫内，乐何如也。恩泽既大，欢欣必深，今见天主仁爱施以恩宠，汝应感之。则汝应尽其所能，俾此善业善始而能善终，使人得言赞汝之词已录入福音之内。世界虽然宽广，莫非福音之说与圣教之光所被之地，其势之强盖无足以抗其流行者，缘其能逾最可怖之山岳与最可畏之沙碛，能制胜海洋之傲慢，而达于最蛮野之区。吾人今以至诚接待汝，盖道途虽远，事务虽繁，阻隔之水虽广，既不能消汝之热忱，一切危难既不足妨汝信奉真主之教；所以吾人极愿赐汝所求之祝福，愿汝永保有之。”

“一六五五年即吾人在位之第一年十二月十八日作于罗马圣伯多禄宫，钤用宝玺。”

教皇答书虽不足动人，然较之物搦齐亚国君与耶稣会会长无只字答覆者可谓差强人意也。

卜弥格既持有久待始得之答书，遂自罗马赴里斯本，越数月，于1656年3月30日偕同伴八人同登舟赴中国，中有五人殁于道。卜弥格离波兰久，竟无暇归国省视亲友，仍遵自愿流放之途，其悒郁可知矣。

今暂置此勇敢宗徒于归途，吾人请先莅中国一考卜弥格自澳门登舟后五年以来时势之变迁。

第三编　结局——卜弥格与后世

今暂置此勇敢宗徒于归途，吾人请先莅中国一考卜弥格自澳门登舟后五年以来时势之变迁。

第一章　中国情势——卜弥格之东归与其死

使臣在外之年，即明室进入颠沛流离时代之际。顾明室与卜弥格之奉使有相联之关系，则其所遭之否运，应为述及。第处此特别场合之中，颇难作详确之叙述，盖志其事者几人各一词也。

高节（Henri Cordier）云：“满人知各省自主观念之不打消，则统御有名无实，乃决定遣军南征，命汉将之初附者恭顺王孔有德、怀顺王耿仲明、智顺王尚可喜三人各统所部兵马南下。”[1]满兵进取广州，永历由肇庆走梧州。明兵两战皆败。

满兵取广州与永历之西奔

满兵攻围广州八阅月，明将作内应，城遂下，屠城十日，被屠者十余万人。永历从梧州走南宁，梧州继陷；已而走贵州，逃缅甸。据高节之说，自满兵取广州，迄永历走缅甸，盖为1650—1661年间事，与鲁日满（de Rougemont）神甫记载之年月相符。[2]

按满兵之大举进取广州，事在1651年1月1日卜弥格在澳门出发之前，[3]然卜弥格对于此事似无所动于衷，[4]与后此从罗马还中国闻明室败亡，竟以忧死者迥若两人，似广州之下，在卜弥格离华后，而应位于1652年前后也。

瞿安德之死

当时忠于明室之瞿安德神甫已殁于乱中，时年49岁。De Marini神甫[5]志其死事云：永历西奔时，安德与共，曾劝帝驾轻舟出走。所经江流，应为西江或其一支流。

永历从其言，就小舟，安德所乘舟较大，行较退，追兵追及，两满兵刀劈其首，遂被害。据云得此说于卜弥格，卜弥格得之于某中官，而某中官又得之于安德遇难省中教民者。至若遇难之地应在广西省内。又据Adrien Lannay神甫[6]说，安德见永历败亡，乃赴澳门求救，澳门不应。既还，随帝出走，安德所乘舟被满兵追及，遂被害，投尸水中，遇害地在百色附近。

至若被害年月，有作1656年者，有作1660年12月12日者，又据高隆盘神甫说，庞天寿曾将安德遗体葬于广西云贵边界。此说若确，安德被难应在随帝从南宁出走以后，行赴贵州途中。[7]

烈纳太后之死

太后死时稍晚于瞿安德。[8]史载遣官祭太后墓于南宁，则葬在南宁矣。至其殁地，盖在田州。诸书记其殁年不一，有谓在1653年者，有谓其于永历败亡后尚存者，殆传闻不实，致记载纷异云。

---

[1] 《中国通史》第三册243—244页

[2] 《满明战史》，1679年刊，173页。

[3] 钧按：清兵下广州，事在1650年阴历十一月初二，阳历11月25日，在卜弥格出发之前，殆明知而故讳也。参看伯希和评文注二九。

[4] 卜弥格在《略记》（68页）中曾言离澳门时，敌人已取广州，然其后复经皇帝收复。

[5] 《日本交趾传教史》346页。

[6] 《中国传教史》1903年巴黎刊第二册16页。

[7] 钧按：《入华耶稣会士列传》268页作1651年11月12日。可参看伯希和评文172—174页。

[8] 钧按：《小腆纪年》卷十七：顺治八年四月戊午（1651年5月30日）明太后王氏殂于田州，则殁于瞿安德前半年。

庞天寿之死

天寿之死亦在明亡之前，亦未获读教皇答书。Parker[1]谓其殁于1658年，时年70。高隆盘神甫则谓其殁于1655或1656年，则在卜弥格离去罗马，而永历居贵州、云南之时矣。其弥留情形，鲁日满神甫曾有记。[2]惟此神甫未记太后死事，未详何故。其记天寿之死，谓非死于病老，而死于忧急。病既不起，日以祈祷为事。朝中二神甫，瞿安德已遇害，卜弥格奉使在外，无人为之举行圣事，乃命左右为之读圣经。命终时右手持蜡烛，眼望天，口诵耶稣之名而殁。[3]

永历父子之死

永历败亡事，诸书记载不一，综合考之，采其较可信者著于编。1652年孙可望遣兵迎永历，居之安隆，其地即后之兴义府治，今安龙也。1656年可望不臣，李定国奉永历走云南。1657年可望以兵攻永历，与定国战，可望败走，降满洲，次年满兵入云南。1659年永历奔缅甸，依阿瓦（Ava）[4]国王。1662年初，满兵至缅甸，阿瓦王执永历并其眷属送至吴三桂军前；越数月永历与其太子当定并为三桂所害。[5]

有一种传说谓年甫十四龄之太子当定未死，嗣后有人见之。又有一说谓永历被害后，当定集军三万人讨击执献其父之白古（Pégou）国王（诸书皆作阿瓦国王）。[6]

近传教贵州之史乐德（Schrotter）神甫，在南笼（即安龙）发现二墓，其地居民传为永历父子之墓。墓前有碑无字。某官藏有永历遗臣某人笔记，并藏有永历致吴三桂书，史乐德神甫曾见之，并证明永历父子皆已被害。据其所载年月，与吾人考证多符：永历居安龙五年，于1656年走云南；1659年奔缅甸；1662年吴三桂进兵，入白古国（昔为独立国，今与阿瓦国同隶缅甸），得永历归云南省会；先待永历颇恭顺，旋因有人谋推戴，三桂惧，用车载永历至满营囚之，1662年6月4日用弓弦缢杀之，翌日太子当定被害于南龙。[7]满兵旋师北京者，谓在云南永历居所见有礼拜堂与祭坛，惟无圣像，足证昔在瞿安德神甫前领洗者，信心尚未懈也。[8]

清朝之平定中国

又据史乐德神甫说，此1662年之8月或9月最后拥戴永历之明臣李定国亦死于白古，其子率所部降清。恢复明朝之事业遂完全消灭。满人于十八年间完全平定中国。

---

[1] 见前引1912年1月刊《现代杂志）79—83页。

[2] 《满明战史》171页以后Dunyn-Szpot书472页引之。

[3] 钧按：《通鉴辑览》卷一二〇谓永历居安隆时，马吉翔掌戎政，庞天寿督勇卫营，俱谄诏事孙可望，至为谋禅代，与西书及《永历实录》所言之庞天寿，迥若两人，不知何所本。鲁日满来华时，与卜弥格同舟至卧亚，殆先闻天寿之名于卜弥格，后在广州记1659—1662年事，得诸传闻欤？

[4] 阿瓦一名Ratnapura，阿瓦国之都城，亦缅甸之古都也，在今都城Mandalay附近。

[5] 钧按：此条原文多误，今为改订如上文。

[6] 见前引鲁日满神甫书183—185页。

[7] 参看1915年8月1日《北京公教月刊》69—297页。

[8] 参看前引鲁日满神甫书182页。

明朝诸后之结局，则烈纳太后已死，永历生母马太后、永历后王皇后，并由满官护送至北京，居钦天监附近之一邸中，仅一在教老妇为之服役，当时汤若望神甫在朝虽有势，从不能入见。又据一说，二后在从滇赴京之途中遇害。

吾人述此类枝节问题，未免远逾卜弥格时代以后，兹请接述卜弥格抵远东后之事迹。

卜弥格之还远东

1658年卜弥格行抵暹罗。拟从此地赴澳门，不意澳门遣人通知，不愿明使还澳门，否则开罪满人，澳门将受其祸。卜弥格不得已，附一荷兰人驾驶而运载华人之海舶，拟赴交趾。行前雷劈船桅，几难成行。是年七月船抵交趾之一河口，此河似为红河，卜弥格登陆访问中国情势。交趾耶稣会道长与交趾政府交涉久之，始许卜弥格暂居其地。

卜弥格上脱斯冈大公书

卜弥格等待数月，始觅得向导，导之赴广西。卜弥格居交趾时，曾于1658年11月20日作上脱斯冈（Toscane）大公爵书，写以拉丁文。大公爵嗜好学术，喜与学者交游，卜弥格与之通信札，殆以此欤。卜弥格书略云："前在卧亚上书，计已到达，附寄治蛇毒之石，应已寄到。今复寄上中国树实及其他异物。"后云："我终抵中国边界，别言之，交趾国也；我将从此往依永历皇帝，缘其母，其妻子皆曾领洗也。皇帝现统率四军与战象百头，及所领五国之众，进讨叛逆，光复余地。"

卜弥格之死

卜弥格徘徊于中国边境，谋复入九年前发足之地，不久备知其地已为满人所征服。遂作书致交趾传教会道长，托其请命于交趾国王，许其重回交趾。顾其事须长远时间始能办到。卜弥格含忧伏处交趾、广西边界，疲劳已甚，因得疾，而殁于1659年8月22日。交趾传教会道长曾遣会中交趾青年会士三人携金往助，比至，卜弥格已不在人世矣；同伴沈安德为之经营葬事，树一石十字架于道旁，上泐文字。已而安德偕一华官逃往山中，以避满人搜捕。以上诸事，皆得之于交趾青年三人者。

卜弥格虽长息于地下，然其事迹，其遗著，未全没也，兹为列述于下章。

第二章　卜弥格之遗著

卜弥格神甫不仅为一勇敢的传教师、固执的折冲家，并且是一学者，虽非精研学术之人，然对于科学具有好奇心，而善于使之通俗化也。其生涯不能使之别有作为，但在极困难之景况中从事研究，所得当然不免近于肤浅。

卜弥格从中国赴罗马，及由罗马还中国时，行箧中携有若干书籍[1]与不少文件。本人所撰书籍，或因佚而不传，或因未曾脱稿，吾人未能全知。至其仅存者皆属遗著，身后始见刊行。

总之，卜弥格撰述确有价值与引人入胜之兴趣，缘其为诸传教师中开辟汉学之一人也。所可异者，有一波兰文人名辞典，曾于卜弥格条下列举其撰述，而不及其奉使罗马事。吾人今将其遗著试一一为之说明，想必为读者所乐许也。

《中国天主教状况与皇室皈依略记》

此《略记》曾经吾人采用，故首列之。全书虽仅72页，内容实甚广大。所包括者一切历史地理调查，而叙事上溯至于耶稣会士开始传教之时。首述方济各、沙勿略之谋入中国及其死于上川，迁葬卧亚。继言利玛窦神甫之至。此外并言中国基督教流传之古，与耶稣会传教事业之发展。末言满人之入关，永历之即位，瞿安德神甫之莅华，庞天寿之勉力，诸后之入教，皇子当定之得疾与领洗，澳门之庆祝，是皆吾人前此所采录者也。

则除版本外不宜赘言，至若版本，姑就所知者言之。

最为世人所熟知者，似为1654年巴黎出版之法文本。吾人曾采用之，巴黎国民图书馆、伦敦英国博物院皆有收藏。吾人因此首著录之，惟非较古之本。

盖比国Liége城在1653年先刻有一法文本也。

17世纪著名的法国旅行家Melchisedech Tnévenot曾将Bayer所译的《略记》法文本收入所刊行的《未曾刊行的种种奇异行记》1730年之版本中，至若《耶稣会书录》谓在1664年版本中，误也。[2]

此外有人发现1653年Lille出版的一部法文本，据载有两部德文节本同一部拉丁文本，在明亨（Munich）、屈伦（Cologne）两城出版。

明亨城出版的德文本，据《耶稣会作家书录》，颇希见，Cordier之《中国书录》未著录。

至若屈伦城出版的德文别本，吾人曾在宣教部存档卜弥格案卷中见有一本。

并在同一案卷中见有一拉丁文节本，与德文节本内容相同，亦刻于屈伦城。

此外，卜弥格的《略记》尚有一部节录改订本，载入Neue-Welt-Bott中，是编成于18世纪，共三十八册，大部分采辑《传教信札》（*Lettres édifiantes*）而成，内有关于耶稣会传教师之消息甚多。《略记》收入是编第一册，列第十三号。18世纪别一耶稣会

[1] 《略记》72—75页“告读者词”曾云，卜弥格神甫“在卧亚被迫而遵陆行，曾将所不能携带之书籍留在印度，此类书籍并属汉文撰述，或出会中神甫手，或出教外人手；所能携带者，有诸神甫用汉文印行之若干教理问答与福音书，其上刻有利玛窦神甫时代留传迄于是时之救世主受难图像”。

[2] 钧按：可参看伯希和评文注四十。

士Michel Juniewiez曾将《略记》译为波兰文，于1756年在Varsovie出版。

此外尚有若干意大利文版本。首有1652年在罗马刊行之版本（吾人应忆及者，卜弥格在Smyrne是用意大利文讲演）。

此本似即卜弥格所编纂之原本，其后继续刻有若干意大利文本。Parme城在1657年刻有一本。里斯本附近Ajuda图书馆所藏Jesnitas na Asia集中藏有抄本两部，附注来源甚详。

费狄南三世赞词

卜弥格撰述中有汉文赞词一篇。背面有拉丁文译文，盖赞奥地利皇帝费狄南三世（Ferdinand III）之词也。

开意吉（Kircher）神甫撰*Oedipus Aegyptiacus*第一册卷首有赞词二十七篇，此赞位第二十五。

耶稣会士颂扬费狄南三世不无理由，盖17世纪奥国诸帝，尤其是费狄南二世与其子费狄南三世对于耶稣会颇表同情。

卜弥格颂扬费狄南对于开意吉神甫研究象形文字之成绩备予奖励。赞其奖励学术固属正当，惟称此帝为万世无比之君王，未免过矣。据称费狄南“以其德行感动天地；予世界以和平，给法规于百国”。

此赞以外，别有一赞，亦写以汉文，附有拉丁文译词，颂扬开意吉神甫，称其为宇宙伟人，非孔子所能及。并经卜弥格与其同伴华人沈安德同署名。[1]

《中国特产植物》

此类词藻幸而为卜弥格撰述中之例外。兹请言一种最堪注意之拉丁文撰述，题曰《中国特产植物》。

东方语言学者Abel Rémusat对于此部1656年维也纳出版之撰述有云：“内容中国富有兴趣的植物约二十种，动物数种，不幸首列者是神话中之凤凰。附图二十三幅，不甚完备，所写之汉文名称，虽经刻工变化，然尚可辨识。”[2]

是编盖为一种中国特产植物图录，叙述尚详，然微有讹误而已。著名地理学者Elisée Reclus对于中国极丰富的植物，曾言其性质云：“以印度之地形，繁殖欧洲式样的植物。”卜弥格之观察殆与之同，所以编撰是编。

是编脱稿后，寄给维也纳誓愿修院。奥国耶稣会士刊刻成书，并将图画着色，于元旦日献呈匈牙利国王Léopold大公，1656年时，大公仅年16岁。

维也纳所刻《中国特产植物》，卷尾附有汉文西安景教碑，此碑后节别有说。此书在18世纪初年已经罕见，致使东方语言学者Bayer以为是书从未刊行，遂根据原稿或

[1] 钧按：可参看伯希和评文注五五。
[2] 钧按：可参考伯希和撰评文注五四。

一抄本译为法文。其译文现载Thévenot集第二册《中国皇室略记》后。

吾人曾在伯希和君处见此罕见之《中国特产植物》本，精装，黄绢面。卷首绪说数篇，有耶稣会会长核准印刷字样，卜弥格题献Léopold大公词，继有追忆耶稣会传教师方济各、沙勿略、罗明坚、利玛窦等之文，一名称Raulenstein者颂扬卜弥格等诗，中华帝国略志，致读者词。

关于西安景教碑之信札

吾人前述卜弥格居罗马时曾参加其同僚开意吉《插画的中国》一书之编纂。关于西安景教碑之信札，即载入此书之中。此问题颇重要，必须先将此碑对于读者略为说明。吾人首先取材者，盖为Dehaisnes神甫之《金尼阁传》，其中材料颇丰赡也。

1625年初，陕西西安人掘地得一碑，碑首刻十字，环以一种百合花纹，其下正面刻汉文碑文，两侧勒西利亚字。西安守命移置附近一佛寺中。金尼阁、阳玛诺神甫等曾译释其文。碑高2.36米，宽0.86米，厚0.25米。十字下勒碑题九字，题下为碑文，共1789字，两旁勒西利亚文。又据夏鸣雷（Henri Havret）神甫说，碑之出土不在西安，而在盩厔，地距西安百五十里。伯希和反对此说，以为此碑原在西安城西某寺中，寺即唐大秦寺旧址，近年移置于西安碑林。碑文略云，贞观九年（635）大秦国有上德曰阿罗本至于长安，太宗皇帝使宰臣郊迎入内，翻经书殿，问道禁闱。复次列述景教教义，历朝皇帝（635—781）尊从教法，而于781年建立此碑。前曾有人疑此碑为伪造，后历经诸家考证，今已无可疑矣。

伯希和谓此碑非墓碑，乃由一大施主建立，其人即碑文中之赐紫袈裟僧伊斯。伊斯即碑侧所刻西利亚文人名Yazdbozed之对音。无论诸专家之解说若何，基督教于唐代用聂斯脱里式（Nestorisme）输入中国一点，可无疑也。博考中国载籍，此派在唐代似能相安。然则印度宗徒圣多玛（Saint Thomas）传教中国，殆为无稽之说也。

相传基督诸弟子散走各处传教之时，圣多玛传教阿剌伯以后，进至印度。首莅之地是Malabar沿岸之Cranganor，于其地建设教会数所，然后赴注辇（Coromandel）沿岸。Méliapour国王与其臣民曾经领洗。此宗徒离注辇后，遂赴中国，中国南方诸省因之开辟若干教区。已而圣多玛还至印度之Méliapour，被婆罗门嗾使之群众杀害。其遗体葬于此城，即今之Madras也。此说赞成反对者各有其人。关于传教印度事，赞成者颇不乏人；惟传教中国事，史家多持怀疑之说。金尼阁神甫固曾采此说，安文思神甫且谓圣多玛即中国传说之达摩，然多数史家皆不以是说为然，卜弥格神甫其一人也。

卜弥格应开意吉之请，而为《插画的中国》笔写之关于西安景教碑的信札，所题年月为1653年11月4日，则脱稿于罗马矣。此记录（虽名信札，实为记录）于载入《插画的中国》以前，曾先载入1656年维也纳出版之《中国特产植物》一书之中。碑文拓本与其译文关系甚重，所以在1667年《插画的中国》出版以前，学界不无讨论之人。

《插画的中国》所载之信札题卜弥格名，并题华人沈安德与别一华人玛窦（Mathieu）之名。安德吾人识其为卜弥格之伴侣，玛窦有人误识为卜弥格之另一同伴罗若瑟者。惟若瑟因病未果成行，此玛窦应另属一人。[1]

开意吉撰述之记载西安景教碑者，此非第一次，先于1636年在罗马出版之*Prodromus Coptus*中业已根据曾德昭神甫之译文作一小记。惟在《插画的中国》中所载者盖为全文。Rémusat在Michaud之《宇宙传记》卜弥格条下云："迄于今兹，是为欧洲刊行的最长汉文文字，非深通汉文者不足辨之。每字旁所编号数，与拉丁文译本各字旁所编号数相对，惟法文译本各字所编号数，不复能与汉文号数相对。但今人尚在觅求此法文本，盖此本后附汉法字汇，而为原本所无也。"

卜弥格信札在语言方面颇有关系，缘其提出汉文并逐字翻译，惟卜弥格汉学肤浅，而其同伴华人学识亦甚疏陋，所以其译文不及1719年刘应（de Visdelou）神甫译注之文远甚。

然则卜弥格之工作可誉者不在翻译，而在其辩驳数百年来的传说之讨论。其文在法文本《插画的中国》中，始12页迄16页，力辩圣多玛传教中国一事之无稽。惟一确实之事，则基督教曾在1415年前传播中国南部。其后中绝，已而复兴。根据基督教在华留存之遗迹，当时传教事业，应属之于"传教Malabar一带之圣多玛派或巴比仑派之司铎"，质言之，属于"圣多玛教民神职班"，此乃葡萄牙人对于印度景教教徒之称，盖其在1500年前后抵Malabar时，曾见此派教徒也。则卜弥格之说与今东方语言学者数人之说相符矣。

《汉文字典》与《教理问答》

法文本《插画的中国》采录有《教理问答》与《汉文字典》各一部，有人疑出卜弥格手。此虽未经诸考据家之证实，然吾人亦无法非驳之。《耶稣会作家书录》著录有《汉文字书》一部，未题撰人名。至若卜弥格所撰之《教理问答》，此《书录》则列在佚而不传诸书之内。但波兰著名目录家Estreicher在波兰都城出版的插画本《宇宙大百科全书》之中，硬断定此书与字典均出卜弥格手。《教理问答》载入法文本《插画的中国》164—171页，一面为拉丁字写汉语，一面为法文译文。《汉文字典》载入同书324—367页，亦用拉丁字写汉语，旁列法文相对之字。据Fourmont说，此书根据《说文》而撰。[2]

《中国表录》

卜弥格不仅参加《插画的中国》之编纂，且以地理表一篇授给同会之利觉理

---

[1] 钧按：其人乃白乃心神甫之同伴，可参看伯希和评文注二六。

[2] 钧按：《教理问答》应是苏如望神甫之《天主圣教约言》，《汉文字典》疑是利玛窦神甫所编。参看伯希和评文177—178页。

（Jean-Baptiste Riccioli）神甫。利氏1598—1681年间人，以科学知名于世，撰有《新天文学》、《改正天文学》、《改正年代学》、《改正地理学》等编。卜弥格所赠《中国表录》，编入《改正地理学》之内。表分五行，一行列省名，二行都会名，三行主要城市名，四行耶稣会士驻所名，五行经纬度。据利觉理说，中国无耶稣会驻所之处，仅四大城面已。又谓是表乃卜弥格赴罗马道经Bologne时赠与。

今于说明卜弥格所撰关于中国医术之书以前，试一考诸目录家疑而未决诸书。法文本《略记》卷末云："此《略记》撰者赍有中国皇室致教皇书翰，及其他重要书籍若干，拟待上级人员核准而后刊布。今将所撰诸书列举于后，其中泰半行将脱稿。"诸书已经《耶稣会作家书录》载入，今多未详其存佚，殆未脱稿欤。

《中国地图》

尚未脱稿图书之中，有《中华帝国全图》一目，卜弥格殆将中国全图绘为一图。吾人今在巴黎海军水道测量局曾见此图，附有图画与说明。所绘图像有若干与吾人在《中国特产植物》上所见者相类；其他则与罗马所藏若干分图上所绘注者相同，此类分图亦出卜弥格手。

此种地图未经《耶稣会作家书录》著录，乃经伯希和君在教廷所藏中国写本中发现。诸图之绘画，在上述大图以前抑在其后，吾人不知。所可言者，图数十二，[1]订成大二开本，上有宣教部钤记，盖由此部转来者也。

图前有章目略说（全页仅著文字者只此一页），然则所存地图应为一重要撰述之附图矣。书首有序，书分九章，所记事物甚广，得谓其为一种关于中国土地人民，以及对于宇宙所具知识之讲义。中国传说的宇宙之创造、地形、星宿，支那名称之起源、皇帝世系、政制与兵制，悉皆陆续说明。复次述中国面积、人民、江河、城市、物产、商业、衣服、礼仪，中国语言、书籍、科举、艺术、教派，末言基督教之输入、相传圣多玛传教事、利玛窦等之传教，全书材料甚丰富也。

至若今日重见之18图，颇新异，足堪注意。第一图代表全国160州，附有卜弥格手写发现中国之说明。此图倍大于余17图。继为北京图一幅，十五行省各一图，而以海南岛图为殿。各图绘有地面、地下之出产。城市皆具汉名。余若风景、地理、科学等报告，如关于华人之生活习惯，或各地特产、动植物，皆附有着色图画，并写以拉丁文。

吾人最感兴趣者，诸图所绘之中国帝王、官绅、军队、猛虎、一种名称凤凰之鸟（此画已见《中国特产植物》），又有一种处青花中兼具红、黄、青、绿等色之鸟，有类如美人草之莲花，诚为屏风之良好图案。复有麝，有绿毛龟，绘事皆生动。余若

[1] 钧按：后文云十八图，此处十二殆为十八之讹。

社会、地质、植物等类图画皆佳，未能一一列举。

兹引两图以例其余。第十五图为贵州图。贵州有府8，州4，县6。附有图画颇足动人。右上为提塘呈送公文之图，提塘跪地手献文书于官吏前。右下为华人聚食之图。

第十八图为海南岛图，附说云：岛隶广东，有府1，州3，县10。长270公里，宽130公里，居民1250万，多盗寇，内地几尽野番部落。图左上绘芙蓉、芦荻，右下绘二蟹。海中有上川岛，圣方济各病殁之地也。两蟹一生者栗色，一熟者红色；两蟹壳上皆有一白色十字架，两旁有二旗。下注拉丁文说明云："两广附近中国海中出蟹，蟹背有白十字架，两旁有二旗亦白色。蟹熟成红色，架与旗仍不变其色。1647年此类海蟹重见。缘是年永历皇帝即位，继承十二帝之帝业。同年太后烈纳，帝母玛利亚，帝后亚纳，皇太子当定，并在耶稣会神甫前领圣洗（时永历皇帝尚为预备领洗人）。天主于此乱时故示灵异，因皇室之领洗，遂致十字架旗之胜利也。"灵异固未欺人，特胜利之时未免甚短云。

除教廷所藏之地图外，尚应列举《耶稣会作家书录》所引属于卜弥格之若干撰述。

前曾言及其信札数件：1652年12月23日自物搦齐亚致Douai大学信札两件，1653年2月21日自Lorette致耶稣会会长信札一件，以上三札，此札独存，最后于1658年11月20日自交趾致脱斯冈大公爵信札一件，前已著录。

此外尚有在罗马所上之陈请书，言其奉使事，此书吾人今在罗马宣教部档卷中见之，Carpentras与Ajuda两处藏有抄本。

《耶稣会作家书录》著录有一《中国情状节录》，是编原文并抄本，巴黎Ste-Geneviève学校图书馆收藏有之。

同一《书录》补编著录有卜弥格撰《中国动物》一部，乃独据Brown神甫之说而为转录。波兰都城插画本《宇宙大百科全书》亦谓卜弥格除《中国特产植物》外并撰有《中国特产动物》，所本者不知是否同一来源。

《中国医法举例》

以上列举诸书所引起学界之注意，不及吾人最后列举一书之甚。是书由其编撰与刊行之年代而言，似为卜弥格最后之撰述，纵不然亦为留存于世之末一撰述。此书命数甚奇，几佚其撰人名。是为中国著名医书之译本，殆在还中国之路途中翻译者也。诸书中最要者为王叔和之《脉诀》。Rémusat在其《亚洲杂纂》中视此译本为卜弥格之最大功绩。《脉诀》之外，并译有华人所撰看舌治病诸法，与药名289条。1658年柏应理神甫为卜弥格神甫旅行之同伴，曾以此书稿本交与巴达维亚城之耶稣会士，俾其转寄欧洲。惟荷兰印度公司曾与耶稣会士失和，遂将此书没收，削其撰人名，而由印度公司之医师长André Cleyer刊行，攘为己有。其人并将后来（1669—1670年间）从广州邮寄之其他中国撰述附于其后，据Rémusat说，似亦为卜弥格之译文。此书遂成巨帙，于1682年在Francfort-sur-le-Mein城刊行，题曰《中国医法举例》。[1]据巴黎国民图书馆藏之本考之，此书有木版图画143帧，凿雕图画30幅。

Rémusat云："Cleyer在1680年曾将此类著述刊行若干，如《中国药草》、《医钥》等编刊布。"此《医钥》即构成《中国医法举例》中之一部。后来柏应理神甫不知用何种方法将此本从Cleyer手夺回，而在1686年刊布《医钥》新版，而将原撰人名补入。[2]

《医钥》

其引起诸考据家之注意者，即在此《医钥》一书。曾译为欧洲数种语言，在数地刊行。有一法文译本，题曰《中国医术秘诀即在脉搏之完全认识者》，据称此本由一大有功能的法国人自广州寄来。然则即从卜弥格之拉丁文本转译，抑径由汉文直译欤？总之，此本于1671年在Grenoble城出版，已在柏应理于1686年刊布的《医钥》之先矣。

此外意大利文译有《脉书》一部，1676年在米兰出版，又有英文译本一部，1707年在伦敦出版。

《脉诀》一书所引起之议论不少，且有引其文者。Nuremberg城天然异物研究院《杂纂补编》曾在1686年将此本刊布，由是欧洲学界识此书者愈多矣。

因《医钥》一书引起对于中医之考察

法国著名批评家Bayle在其主持的《文学界消息》中，曾对于卜弥格之《医钥》撰有兴趣浓厚之批评。彼以为卜弥格之书颇新异，曾耗费不少余暇，深究中国医术。惟只能谓中国医家微有才具，至其根据之原理实不甚明了。其原理在亚里斯多德时代容或有人敬服，然在现代不用独断经验主义的欧洲学者视之，似乎暧昧浑朴。复次言及按脉治病之根本理论，颇表轻视之意，以为中医之弱点，即在不能解剖人体，详究病源。是亦现代一般学者对于中医之批评，与昔日对于中国事物，悉皆表示宽容之传教师，观感大不同也。

结论

是为明朝谋光复与一波兰耶稣会士之历史，而此历史世人鲜知之。吾人于此研究之中，并及耶稣会传教中国之足堪注意的阶段。

此类事变之被人遗忘，盖无足异。所谋既未遂，而满洲统治中国迄于1912年，其势不能不守缄默也。

是故卜弥格得以考据家而享身后名，不能以外交家而显于世。设其所谋得遂，当

[1] 钧按：前在伯希和评文中误译作《中国药物标本》，兹改正如今名。可参看评文179—188页。
[2] 钧按：可参看伯希和评文188—194页。

时形势变迁，其声望之大可以知也。世界一大部分文化之进步，殆将有所变更。中国处欧洲辅助之下，信奉公教之汉族君主统治之时，则耶稣会将见其所造成之一种繁盛时代。法国与教廷，葡萄牙与物搦齐亚，将在一种抵于和平密切交际之外交中执行一种莫大任务矣。

是为卜弥格意想之前途，而为今人所不知者也。

附录

译者补辑

王太后传[1]

永历王太后，湖广人，桂端王继妃，永历帝之嫡母也。性慈惠，通大体。上嗣桂王封，进太妃。丙戌秋九月，粤东闻汀州之变，总督丁魁楚、巡抚瞿式耜等议奉上监国，太妃曰："儿非治世才，何苦以一朝虚号涂炭生民，南中闽中可鉴也。"又告诸大臣曰："诸臣何患无君，愿更择可者。"群臣固请，乃许之。十一月闻赣州之变，上仓卒幸梧州。太妃呼省臣李用楫、台臣程源，诃其弃逃无固志，诸臣皆伏地引罪。上寻还肇庆，即位，上太妃尊号曰慈宁皇太后。自是流离奔播，锦衣卫马吉翔尝扈从，五虎之攻吉翔也，太后以吉翔扞掫之劳，为缓颊。金堡驳御史吕尔屿疏，遽有"昌宗之宠方新，仁杰之袍何在"云云。太后因是大恶五虎。袁彭年丁母忧恋位不守制，太后宣敕，问不守制是何朝祖训，彭年窘甚，乃避位。金堡亦于庚寅二月获重谴，堡有直声。五月高必正、党守素、李元胤朝梧州行在，合辞为请，太后垂帘，上东向，召三帅入对。太后曰："卿莫认金堡为好人，只滇封一事，岂非误国？"诸臣不敢对，而堡亦量移戍地。辛卯夏四月，殂于田州；五月葬南宁。上尊谥曰孝正庄翼康圣皇太后。

马太后传[2]

马太后，永历帝生母也，家世不可详，上即位，尊为皇太妃。兄之子九功封镇远伯。辛卯四月，王太后殂。是冬十月辛亥，册尊为太后，上徽号曰昭圣仁寿皇太后。生平极流离奔播之厄，后为缅人执送吴三桂军，吏押发赴燕。行次黄茆驿，与王后推軨相望，彼此禁不得语，而各以手示，乃同时扼吭以死。

钧按：

《行在阳秋》云："太后于王未死之前，不食数日崩。皇后公主至北京，

[1] 见《小腆纪传》卷八，参看《南疆逸史摭遗》卷一。

[2] 见《小腆纪传》卷八，参看《南疆逸史摭遗》卷一。

命礼部养赡。”是一说也。《杨监笔记》云：“太后寿至九十一岁而崩。公主不二年亦去世矣，俱是小内臣送终。”此又一说也。《入华耶稣会士列传》第四九汤若望传云：“俘永历太后烈纳及其他妃主送京师，锢居一处。”此又一说也。诸说未知孰是。

王后传[1]

永历王妃王氏，吴人。父略尝为粤中郡守，国变去官，遂家于粤。妃素闲静，入宫后上侍两宫，能尽敬礼，总持内政。丙戌冬十有一月，册立为后，父略封长洲伯。明年丁亥，王称永历元年，驻武冈，改名奉天府。秋七月我大清兵破宝庆，直趋奉天城下。锦衣指挥文安伯马吉翔奉太妃及妃诸宫眷斩关夜遁，由水道驰入蛮境。会天淫雨，泥涂轩冕，至竟日不得具一餐，宫女内竖皆踉跄泥淖中，饥饿无人色，而妃则夷然也。戊子春驻南宁。闰三月王子慈烜生，妃出大赦。初桂林之役，妃尝发内储银饷军，不足则资以簪珥之属，留守大学士瞿式耜妻邵亦出金珠为助，时谓中宫之贤有以召之。及入安隆，土锉芦帘，几不蔽风雨，浣衣粗食，供给且不时，倍历有生之厄。已而贼臣孙可望日益无礼于王，王不能堪，与大学士吴贞毓、内臣张福禄、全为国等定策，密使奉敕进李定国为晋王，令之将兵入卫，所谓密敕之狱也。而马吉翔与司礼太监庞天寿比奸，谄事可望，发其事。指贞毓而下豫议者十八人为欺君误国，盗宝矫诏，以福禄为国及主事张镌为首辠凌迟。时张、全二大憩于太妃求救，天寿等乃直入宫门，擒二人于坤宁宫外，太妃与妃稍问之，天寿怒目厉声诃之止。狱既具，吉翔、天寿益思所以媚可望，以为事涉内宫，王妃必知情，宜废之以截后祸。令其党主事萧尹具疏，密陈古来后妃不道诸废立事。妃乃泣愬王前曰：“不虞汉家末世之风，见于今日也。”王乃留中寝之。洎入缅，辄以病自哀。既而咒水祸作，与诸宫眷丛处一室，每闻诸家眷属自尽者，泣谓嫔侍曰：“吾非不能为此，顾以太妃在，恐重伤王心也。”寻为缅人所献，中涂与马太妃同扼吭死。

钧按：

《行在阳秋》云：“皇后公主至北京”；《三藩纪事本末》卷十九云：“康熙元年壬寅四月二十五日王与妃及世子俱终于云南”；《杨监笔记》云：“娘娘手将磁碗，尽力勒断咽喉，不一时驾崩”；亦各执一词，未详孰是。

---

[1] 见《南疆逸史摭遗》卷一，参看《小腆纪传》卷八。

太子慈烜传[1]

太子慈烜，永历帝元子也，母王后。永历五年十月驾次新宁，册为皇太子，自后流离奔窜，备极颠危。十一年春始于滇都行在出阁讲学，寻复播迁。十四年从上居缅甸时，寓公异域，旦夕苟延，而文安侯马吉翔犹请讲期。上命礼部侍郎杨在开讲，赐之坐，在以东宫典玺李崇贵侍立为嫌，乃并赐崇贵坐，崇贵曰："今虽乱亡，不敢废礼，异日将有谓臣欺幼主者。"每讲崇贵出外，毕而入。一日太子问哀公何名，在不能对，闻者笑之。寻为缅人所献，明年三月降将吴三桂拥还云南。我仁皇帝命恩免献俘。四月戊午三桂乃舁上及太子出，以弓弦绞于市。太子大骂曰："黠贼，我朝何负于汝，我父子何仇于汝，乃至此耶。"时年十二。

钧按：

《永历实录》卷一云："永历二年四月皇长子生"；《小腆纪传》卷四与《小腆纪年》卷十五皆采《行在阳秋》之说作："永历二年夏四月（明闰三月）丙寅朔元子慈烜生，册为太子，大赦"；则皇子出生于清顺治五年戊子，或西历一六四八年，与西书所记皇子之年合；后殁于康熙元年壬寅四月，应有十五岁。又案庄烈帝第二子亦名慈烜，二名相同，疑有一误。

庞天寿传[2]

庞天寿，顺天人，崇祯间为御马太监，颇见任使，然未尝与秉笔事。奉敕至南京，弘光中备员不见用。已走闽，事思文皇帝，改司礼监。敕遣至湖南，遂留粤楚间。上践阼，与拥戴。天寿在北都，权藉故出王坤下，至是坤秉内政，天寿弗能颉颃。坤骄悖日著，中外既侧目，慈圣洎上亦稍厌之，而天寿于诸奄中为淳谨，上意向用。及刘承胤逐坤，天寿掌文书房事。随上自武冈，走柳州，蒙尘苗峒中，天寿与马吉翔皆劳勚，繇是益为上所亲信，赐一品服，提督勇卫。天寿粗识字，不习典故，其幕客徐湛以武英殿中书舍人晋秩至大理少卿，为代理红本，湛亦葸愿不敢通外廷。顾天寿以朴率恒为夏国祥所绐，颇推让国祥，故政渐归国祥。天寿以虚名为诸奄长，所部勇卫士仅千余人，亦尪疲市民，无能为有无。刑部侍郎朱盛浓疏言内臣不宜典兵，欲夺勇卫归李元胤，元胤初无夺天寿兵意。上切责盛浓，诘其何心，盛浓乃沮。天寿事上四载，为少过失，而内臣恇懦畏死，不知远计，上弃肇庆走梧州，失东粤，遂蒙尘不返，亦天寿致之也。天寿事天主教，拜西洋人瞿纱微为师，勇卫军旗帜皆用西番书为符识，类儿戏。又荐纱微掌钦天监事，改用西历，给事中尹三聘劾罢之。天寿随

---

[1] 见《小腆纪传》补遗。

[2] 见《永历实录》卷二十五，《小腆纪传》卷六十一有目无传。

上走南太，入滇不知所终，或曰为孙可望所杀。

钧按：

中西书记天寿事毁誉不一，此传似得其真。王夫之在永历朝为行人司行人，转徙楚粤滇黔间，见闻必广。所撰《永历实录》于入滇以后事，固不无得之传闻，不能必为实录，然在入滇以前多信史也。天寿殁年，《通鉴辑览》卷一二〇顺治十六年（1659）下云："时庞天寿已死，李国泰代掌司礼"，似殁于是年或是年前。又据《杨监笔记》"孙可望领兵攻打云南，其时内大臣庞公已故"，又似殁于顺治十四年九月以前，尚待考也。夏国祥传次天寿传后。传云："已走粤，因庞天寿入内，得补司礼太监。天寿质朴，不习文墨，凡阅发红本，委之国祥。国祥工狐媚，有宠于慈圣，遂骎骎夺大权，外奉天寿以虚名尊之，实自执政柄，天寿弗能为重轻。……天寿已乃恶之，无能制也。"则当时为马吉翔内援者应是国祥，而后人不察，尽以国祥之罪归之天寿，而天寿遂蒙恶名矣。

卜弥格传补正*

［法］伯希和 撰　冯承钧 译

沙不烈（Robert Chabrié）君近撰的一部《卜弥格（Michel Boym）传》，[1]内容颇错杂不明，而且记述重复，并涉及枝节问题。可是他对于此书用力很勤，势须在Paris Carpentras、Bruxelles、Rome、Ajuda等城的档案库同图书馆鸠集材料甚久，因之有不少簇新的材料之发现。我在本文中仅为一部分之纪录同讨论，尤其注意的，就是卜弥格神甫在明末永历时宫中诸后妃受洗（1648）后之任务，同他在1650—1659年间代表永历太后同教名亚基楼（Achillée）的太监庞天寿奉使西行往谒教皇之事迹。

沙不烈君对于波兰同传教会史，皆表示一种相当之同情，所以撰此卜弥格神甫传，直接、间接裒辑关于此神甫之事迹，用力很勤。尚有两种材料，也是他宜于参考的，但是他未能见，这不能算是他的过失。一种是耶格儿（Jäger）君的佳文，《瞿式耜之末日》（Die letzten Tage des Kü Schi-si，见Sinica第八册，1933年刊，197—207页），永历末年的正确年代之考订，要以此文为第一次，不幸出版太晚，未及采用。一种是克莱色儿（A. Kleiser）所撰的《卜弥格奉使记》（“Die Gesandschaftsreise des P. Michael Boym S. J. im Auftrage einer christlichen Kaiserin in China 1650—1659”见1926年刊*Die Katholischen Missionen*），亦是佳作，不幸巴黎诸大图书馆皆未藏有这部《公教传道会》刊物。[2]

卜弥格（Michel-pierre Boym）好像是在1612年诞生于Lwow城。先世从匈牙利徙居

---

* 原文见《通报》1934年刊95—151页。

[1] 书题《波兰耶稣会士卜弥格及中国明朝之亡（1646—1662）对于极东传教会史之贡献》（*Michel Boym jésuite polonaise et la fin des Ming en Chine*（*1646—1662*），*Contribution à l'histoire des missions d'Extrême-Orient*），巴黎Pierre Bossuet书店1933年出版，卷首九页，本文283页，勘误一页，图一页。

[2] 沙不烈君几未引用Pfister的《耶稣会士略传》（二版269—276页）（钧按：后此省称此书为《略传》），亦未引用Streit书（Bibl. Missionum）第五册（尤其是793—794页），可是后一书对于卜弥格的记录亦不甚正确。克莱色儿之文，曾经耶格儿引用过。然不见于Streit书，亦不见于《略传》的重刊本。今赖沙不烈君将国民图书馆所藏Colombel神甫的《江南传道会史》（*Histoire de la Mission du Kiangnan*）检出，因为此书非公开阅览之书，从来未经人引用过。沙不烈君是个在俗的人，当然不能直接检阅耶稣会的总档。可是有人告诉他所得关于卜弥格的材料搜罗已尽，然而原书（153页）说耶稣会档册中“关于中国的档册大半业已散失”，此事未免可异，因为有些刊物如Väth神甫对于汤若望（Schall）的撰述之类，证明其事适与本书所言者相反也。

来此，不久便成贵族。他在1631年8月16日入Cracovie城之习道院，后曾至罗马。1642年时，从葡萄牙京城里斯本（Lisbonne）赴远东，在日本教区中服务，当时日本教区并包括越南半岛东部同海南岛，所以区部设在澳门。卜弥格好像在1645年被派到交趾（Tonkin），[1]已而在1647年被派到海南岛中之定安（在琼州之南）。[2]疑在1648年奉命回交趾，1649年又从交趾登舟赴澳门，1650年1月，诸传教师得还海南岛时，好像卜弥格不在行中，因为他在永历朝中之任务，即开始于是时也。[3]

清兵虽在1644年取北京，明朝诸王尚能在南方抵抗甚久，其末一王，就是在一定时间获有若干胜利的桂王由榔。由榔以1611年生，[4]于1646年11月20日在广东肇庆号监国，于同年12月24日在同城即帝位，定年号曰永历。然清兵在1647年1月20日取广州，永历先走广西梧州，继走桂林，当时他的左右，有几个旧已信奉基督教的人，就中若1630年前在北京由龙华民（Longobardi）授洗的太监庞天寿（教名Achillée）[5]同大学士

[1] 沙不烈君（73页）据Montézon同Estève合撰的《南圻北圻之传教会》（*Mission de la Cochinchine et du Tonkin*, Paris, 1858, p.391）书末所载名录，谓在此年，《略传》二版270页所本之源应同，但此名录内容讹误不少。此条是否确实不误，而卜弥格在1647或1648年前，是否曾至交趾，尚有问题。

[2] 沙不烈君（73页）据Cardim书（Batalhas），谓在1646—1650年间诸事变中，卜弥格人在定安，《略传》二版329—330页则云，1646年时，陆安德（Jean Lobelli或Lubelli）偕二传教师自澳门赴海南，同舟者尚有赴交趾之神甫四人，海中遇难，只有他一人获救。并谓事见Montézon书53—54页，同Cardim书99页，又云："1647年时，陆安德神甫始能偕卜弥格及葡萄牙籍的Jean Nunes二神甫行抵海南（见Dunyn-Szpot撰《耶稣会士传教中国史》，1647年下，并Montézon书，页数同前）。惟因韃靼人侵入此岛，他们不能久留，林本笃（Benoît de Mattos）神甫遂命他们回交趾，复由交趾回澳门，重返海南的计画，在1655年才能实行。"又在附注中云："卜弥格神甫于1650年回澳门（见Montézon书，页数同前）。"我虽未见Dunyn-Szpot所撰的历史写本，然承认《略传》所引之说不误。反之，Montézon书之言陆安德在1646年遇海险者，乃对于此人在1647年与卜弥格同行，及1650年卜弥格回澳门事，竟无一言。但是在书末所附的《传教交趾之耶稣会士名录》中，陆安德神甫条下，仅言其在1646年入交趾传道会。而卜弥格则已在1645年入此传道会，后在1659年离去。顾此名录本身亦有错误不少。陆安德在1646年入交趾的年代，似不足凭。因为他在1647或1648年离开海南以后，始赴交趾也。至若卜弥格的情形，或者相同。我以为1645年的年代也很可疑。所余者卜弥格离开交趾的1659年，沙不烈君（73页）对于这个年代虽有解说，我以为Montézon编纂名录之时，误以应列后栏死亡栏之1659年，列于前栏。遂使人误以他离开交趾在1659年，因为卜弥格之殁年，确在1659年也。复次我以为这个1659年之"离去"年代，复经《略传》误识为1650年，由是他遂谓卜弥格在此年由交趾回澳门。

[3] 沙不烈君虽在事后得见《略传》，而在此处所言未详。但是宣教会（Propagande）的档册，对于1650年1月诸传教师还海南事，曾有一种明白的记载。如此看来，《略传》谓重返海南的计划，在1655年才见实行一说，误矣。我们应该知道，当时海南隶于日本教区，《略传》所知日本教区之事，应不及中国副教区之事之详也。

[4] 据耶格儿所引之《西南纪事》，由榔即位时有36岁。惟据1650年刊行之《中华帝国纪要》（*Suma del Estado...*），则谓其时仅年26岁（沙不烈书67页），二年必有一误（因为二、三两字字形相近）。按：由榔之父为泰昌帝之弟，而泰昌帝出生于1582年。由榔之父出生之时虽晚在1582年后数年，然在1611年时得有一子也。又据《中华帝国纪要》，永历即位时，其母年47岁。则出生于1600年之母，在1611年时不得有子矣。顾《纪要》在此处所指者，是永历之嫡母。其生母年龄可以较大。复次《纪要》中有不少舛误，如写永历作Tulie，谓即位在1644年，等类错误，皆是已。中国载籍较为可凭，所以我取永历出生之年在1611年一说。

[5] 《略传》第一版误庞作潘。第二版264页不误。耶格儿曾言《明史》除在卷一二〇中偶言及庞天寿相从永历外，未为立传。然我在《明史》之前，曾在他书见有此人之名。国民图书馆（Courant《目录》7268号）藏有北京景教堂印行之艾儒略（Aleni）撰述一部，首载庞天寿亚基楼（Achillée）序。此刻本未题年月，要在1625—1650年间印行。因为当时受有西安景教碑之影响，常名基督教堂曰景教堂也。此外尚可确定庞天寿撰此序时应在清兵取北京以前。质言之，在1644年以前。至若关于庞天寿之受洗年代，旧谓授洗人是汤若望，而此改作龙华民者，可参考沙不烈书64，101，105页。龙华民授洗事，曾经《耶稣会文学年鉴》（*Annuae Litterae Soc. Jesu anni M. DC. L. Dillingen*，1658）证实。克莱色儿撰文中曾引之（并参考耶格儿撰文199页注a），惟沙不烈君未获知之。庞天寿在1657年6月死于云南府（耶格儿撰文199页），其初次谒永历，似在1646年奉隆武命往谒永历之时（参考沙不烈书76—77页）。沙不烈君（93页）采录Backhouse & Bland，Annals and Mémoire，p.223之说，谓庞天寿在1650年时有62岁。可是这部"编年书"错误丛出，此说毫无根据。与其误写Kircher作Kirchner，及误Boym作Father Dominic，皆相等也。

瞿式耜（教名Thomas，此人系出江苏常熟的一望族）、总兵焦琏（教名Luc），皆其著名者也。已而清兵进攻桂林，围城之役，始1647年3月20日。迄7月1日，久攻不能下，遂引去。会清江西总兵同广东提督以二省叛附永历，由是永历恢复之地共有七省。可是不能久保有之。1650年11月25日，清兵复取广东，越三日，入桂林，杀瞿式耜。由是永历流离奔走，至于缅甸。终由缅人执献中国，1662年6月11日，为清人缢杀于云南府。

当1582年终时，罗明坚（Ruggieri）同巴范济（Pasio）业已在总督驻在之肇庆传布宗教，不久被迫出走。然罗明坚在1583年9月偕利玛窦（Matteo Ricci）复还肇庆，此第二次之传教。阅年始久，在近代时，于中国本部创立一种传教会，是为第一次。[1]此后60年间，此传道会之作何归宿，我无暇在此处寻究。仅言在永历同他左右有一部分是基督教徒之时，肇庆只有传教师一人，其人就是瞿安德（Andreas Xavier Koffler）。

瞿安德原名Andreas Wolfgang Koffler，以1603年出生于下奥地利州（Basse-Autriche）之Krems城。[2]其家世奉路德（Luther）教。母寡居后，携其子女数人徙居Ratisbonne。幼年的瞿安德留在维也纳（Vienne），遂在此城归向公教（catholicisme），[3]他在1627年入耶稣会。在1639或1640年赴远东，或者已被派遣在中国服务。[4]1641年11月抵Surate，1642年1月抵Goa。[5]1942年终，瞿安德留居Batavia很久。先因海风不顺，后因上级人员的命令，所以未克成行。[6]好像他在1643年至澳门。

---

[1] 耶格儿（127页）以为利玛窦在1582年时即至肇庆，误也。

[2] 《略传》两版，第九十二传，并误生年作1613年。城名作Kaems。

[3] 是为1723年8月6日Krems城的一封信供给Weltbott（第一册第十三号）的编辑人之很确实的材料。《略传》二版265页所记又有不同，恐怕是将同一材料误解。沙不烈书62页所言之《中国纪事》（*Relatione della China*），我不知为何书。

[4] 《略传》二版266页，说瞿安德“在1640年从里斯本登舟赴中国”，或者有其理由。可是Fr. Piccolomini神甫在1650年刊行的《一封信的钞本》［Copia di una Carta，可参考Cordier之《中国书录》（Bibl. Sin.）二版3566则。我参考的是Madrid，Diego Diaz的1650年刊本］中，说瞿安德神甫在11年前赴印度，则可假定他出发之年在1639年矣。我在后一注中所说的那些信札如已刊布，此年不难得一确证。

[5] 《略传》二版269页说Apponyi图书馆中藏有瞿安德手写的信札两件，第一封信是在1641年11月19日作于Surate，第二封信是在1642年1月27日作于Goa。但是Sommervogel书第四册1156至1157页转录Stüger神甫的一条附注。据说Apponyi图书馆藏有瞿安德的信札三封，一封题1640年1月27日，第二封题1641年11月19日，第三封题1642年12月3日。此第三书与Weltbott第十号所刊布之一信札相混。Streit书对于别二封信无一言及之。如果1640年1月27日（设非《略传》的1642年1月27日）的年月不误，则其由里斯本出发之实在的年代，应是1639年，而非1640年矣。

[6] 据他在1642年12月3日在Batavia通信中所言如此。他在此信中并言及Antonio Rubino等在日本殉道的细情。瞿安德的《日本长崎城商业主席Sr. Jean Eldsdracht之日记摘录》（Relation extradite du papier journal du Sr. Jean Eldsdracht，President du commerce en la ville de Nangazaqui au Japon...l'an M. DC. XIII...l'illustre Confession de foy du R. P. Antoine Rubino...traduite fidelement du Flamend en Latin par le B. André Xavier...）显然是在此地撰述的。这部荷兰文日记的拉丁（Latin）文译本，世人只知道有一部法文重译本（参照Streit书第五册556页）。瞿安德在他1642年12月3日通信中，所得的相类消息，应该也是出于Eldsdracht的日记同携来此日记的那些荷兰人的口头报告的。瞿安德根据这部日记所言的那些传教师，就是Antonio Rubino同其同伴。沙不烈君（172页）曾偶言Rubino以タト，尚有Diego Morales，并说Rubino在1643年殉道于日本。《略传》二版248页说Rubino死于1643年3月22日。他的同伴死于23日及以后数日。《略传》在他的同伴中，也列举有Diego Morales的名称。1643年3月22及23等日的时期，大致为世人所承认，尤凭借的是Alex. De Rhodes神甫之书（参照Streit书第五册1573则）。瞿安德的记述仅言这些传教师最初受难的情形。他在诸传教师中并未列举有Diego Morales，或者因为此神甫的名称时常参加在礼仪问题辩论之内，故默而不言其名欤。

可是留居澳门时至少有两年，因为沙不烈君（64页）初发现的一封信，是他在1648年11月28日作于广州者，内有ego Sinas in ressus ante triennium一语。如此看来，他由澳门入中国内地时，应在1645年。[1]当时他在中国，仅以安德纱微（Andrea Xavier）名称而显。[2]

惟是关于瞿安德以后的事迹，记载不无牴牾之点。《略传》第二版（266页）说瞿安德“自从到了中国以后，就同明朝的后裔共患难。他曾与统率澳门所遣援助永历的三百兵卒的统领Nicolas Ferreira相随”。沙不烈君亦说瞿安德在1645年入中国境，并说“他以葡萄牙援兵的随军教师的名义进入中国，嗣被留于永历朝廷”。沙不烈（61页及76页）君又据de la Servière神甫之说，谓澳门遣派Nicolo Ferreira同葡萄牙兵300人者，乃因毕方济（Sambiasi）神甫交涉之结果。

毕方济之赴澳门，实为隆武所遣派，或者偕太监庞天寿同行。庞天寿并往见后来不久称永历帝的桂王。此事之经过在1646年夏杪。隆武死后，毕方济神甫留居广州，曾在其地建设教堂一所。1647年1月20日清兵取广州时，他尚在其地（参考《略传》二版141—142页）。[3]又一方面可以确定者，1647年3月20至7月1日，清兵围广西桂林时，Nicolas Ferreira所统的葡萄牙援军在永历所。或者就因为葡萄牙人的炮火，清兵始解围去（参照耶格儿撰文197页）。则澳门的葡萄牙援兵不应在广东陷落后始赴永历所，其事甚明。世人可以主张葡萄牙人往援永历时，就在1646年终11月或12月时，或者就是毕方济神甫交涉之结果。

但是瞿安德神甫同葡萄牙的援兵离去澳门一说，我以为不可靠。洵如此说，他“入”中国时则在1646年终，而非他所明言的1645年矣。即据沙不烈君（76—77页）之说，庞天寿奉隆武命来谒永历之时，质言之，在1646年8、9月。葡萄牙援兵尚未在澳门出发以前，瞿安德同焦琏正在永历左右。

有一条记载，我以为似可以解决这件问题。Alexandre de Rhodes（Tunchinensis Historiae libriduo，Lyon，1652，p.191—193）[4]记录有云，澳门教团日耳曼籍的神甫安德纱微（指瞿安德）在1644年派到中国。赖他的数学知识丰富，受人欢迎。曾作了一件很大的事业。他尤为交趾邻省的一个长官（prorex）名Luc的基督教徒所优礼。会有交趾国王的贡使还自北京，安德纱微神甫乘其经过广西时，劝此长官厚为款待。

[1] Sommervogel书，继以《略传》，并著录有一封瞿安德作于1644年11月27日的信札。可是未言作于何地，Streit书未著录有这封未刊的信札。

[2] 据Der neue Weltbott第一册第十三号45页之说，将他的Andreas-Wolfgang称变为Andreas-Xavier的，是葡萄牙人。然则在他赴远东以后矣。《略传》二版265页，好像是说他在1627年入耶稣会时自改其名。沙不烈君（62页）对于这件问题所发挥的意见，不知是一种推断，抑是别有所本。

[3] 我在此处所转录关于毕方济的事迹，皆是相传下来的纪录。然与《中华帝国纪要》（此书后别有说）的记载难尽相符。

[4] 应该参考de Rhodes神甫的原文，Montézon的所谓译文，是一种不完全的译文，并有曲解。

因为安德纱微神甫曾有若干时间奉派往交趾服务，他尚未忘前此的使命也。此外他并求此长官作书致交趾国王，赞扬基督教。并命亲信人持书随交趾使臣同往。这封书的结果，则使六个月中，交趾人受洗者有一万二千人。他看见有此成绩，于是决定在交趾建立些新传教会，当时的视察员Manuel de Azevedo在澳门神学院选了神甫五人，于1646年杪前往交趾。

Alex. de Rhodes神甫是亲见交趾事物的人，对于瞿安德之入中国，或者记错一年。因为据瞿安德本人之说，勿宁谓在1645年也。可是安南使臣经过中国邻省，加以一万二千人受洗之六个月的期间，同报告到澳门，并遣派新传教师的时间，合计也应须一年之久。如此看来，瞿安德入中国时，最晚应在1645年。由是不能涉及葡萄牙援兵的问题矣。安南使臣寻常所遵之途，是广西省。则1645年时，瞿安德神甫所在之地，就在广西省内之梧州或桂林。名唤Luc的基督教长官，应是焦琏。可是焦琏未为广西长官，而且其人为瞿安德所熟识（沙不烈书77页），不应有此误解。按：在1645年夏季以来，为广西长官者，就是奉基督教的瞿式耜（耶格儿撰文203页）。殆因A. de Rhodes对于此点有所混解。[1]无论如何，瞿安德在1645年建设一传教会的地方，应在梧州或桂林，基督教徒瞿式耜同焦琏驻载的所在。1646年终永历即位时，他或者由此处赴肇庆，逗留若干时。次年一月，永历走桂林时，瞿安德既还他的广西教区，曾在葡萄牙援兵军中做过若干时的随军教师，亦有其可能。可是不常在军中，因为桂林被围时（1647年3月20日至7月1日），他曾偕庞天寿被派到北方调集新军也。

永历宫中有一部分人之受洗者，盖因瞿安德之劝导，同庞天寿瞿式耜、焦琏等赞助之功。

我们对于此事有若干载籍可据。这些载籍有的是瞿安德的信札，或是本于此种信札的文件，有的是本于卜弥格的文件，有的是皇太后烈纳同太监庞天寿亚基楼致教皇等书而由卜弥格赍往罗马者。沙不烈君所采辑者，为数不少，可是有若干点尚有确定之必要。兹请先言直接间接本于瞿安德的载籍。

（一）《中华帝国纪要》（*Svmma del Estado del Imperio de la China*...Mexico，Iuan Ruyz，1650，in-4，12ff.），此书全名，可检Streit书第五册2210则。Streit未将收藏此罕见的刊本之处所标明。沙不烈君曾在宣教会档库中获见一本（Lettere Antiche vol. 193），此本之沿革尚不难考求得之。中国副教区的信札，以及澳门的信札，曾经转致于菲律宾（Philippines）的耶稣会士。诸信札中最使人惊异的，就是瞿安德叙述隆武同毕方济的关系，永历初即位及诸后妃受洗等事的信札之抄本，以及鲁德照（Semedo）

[1] Koffler神甫不知在何时改用中国姓名，或者他采用的就是瞿式耜的姓。他的中国姓名，历来皆作瞿安德（André Koffler），字体泰（《略传》二版265页）。但是在1650年11月4日永历太后烈纳（Hélèn e）致教皇书中，则名曰瞿纱微（Xavier Koffler）。

作于澳门，从Macassar寄到欧洲，报告永历在其后未久遣派信奉基督教的官吏奉使到澳门的一件信札。瞿安德那封长信，大致已照文翻译。诸信札之年月未经标明。可是曾言瞿安德之信札系作于1648年者。这种惊人消息，显然是由此两封信札从菲律宾传到墨西哥（Mexico），所以才有这部刊本。本书开始所志清人占领中国北部之文，仅为一种绪言。沙不烈君对于从Macassar寄到欧洲的那些信札之说明，非真相也。

（二）别本《中华帝国纪要》（*Svma del Estado del Imperio de la China...*，Madrid，Pablo de Val，1651，in-fol. 2ff.），可参考Streit书第五册2219则。此书之罕见，几与1650年墨西哥的刊本相同。Streit说Valladolid城之Santa Cruz图书馆藏有一本。我现在也收藏有一本。此本是两开本，合计二页，字行极密，故能将墨西哥刊本的全文完全录出。我现在所用的，就是这部1651年的刊本。

（三）荷兰文本《中华帝国纪要》（*Cort begrjp Vanden Staet van het groot Rijck van China Ende van het Christendom aldaer van het laer 1637. Tot 1649. Overgheset uyt het Spaensch ghedruckt to Mexico*，t'Antwerpen by Guilliam Verdussen 1651，in-8，71p.），按：Cordier《中国书录》二版1078—1079页，同Streit书第五册2218则的著录，是本于Sommervogel书第四册1156页者。然Sommervogel未知墨西哥刊本的原西班牙文本为何本（《中国书录》二版1079页已引其语）。Streit说此荷兰文本就是西班牙文本《中华帝国纪要》的译本。所见固不错，然而其中尚有别的材料，而未经他注意到的。此本1—25页，应与《中华帝国纪要》本瞿安德信札前之文相合；25—48页（等如Streit书第五册的2197则），显然就是瞿安德在1648年所写的信札，而经《中华帝国纪要》刊布者；48—62页，大致可以确定是鲁德照信札的译文。可是墨西哥的西班牙原本尽于此矣。荷兰文尚有一封瞿安德自广州致Florentius de Montmorency神甫书，所题年月是1648年11月25日（62—67页）。别有一封瞿安德自广州致Joannes Schega神甫书，所题年月是1648年12月280（67—71页）。这皆是《中华帝国纪要》两种刻本中并阙的文件，应是瞿安德直接寄往欧洲，而经荷兰译人加入《纪要》译文之后者。瞿安德并在1648年11月28日自广州直接致书于耶稣会的统领Caraffa（沙不烈书64页）。不幸Streit未言收藏此荷兰文本的所在，而我亦未获知之。吾人虽不能见此类瞿安德的原信，观其题年，可以证明他在1648年11月25至28日，到过广州一次。又在1648年12月28日，到过广州一次。时永历驻在肇庆，而肇庆距广州甚近，易于往来也。

（四）葡萄牙文本《一六四八年中国君后皈依记》（*Relação da conversão a nossa Sancta Fé da Rainha，& Principe da China...que Se baptizarao o anno de 1648*，Lisbonne，Craesbeeck，22 oct.1650，in-4，16 pages），参照Corcier《中国书录》二版818页，Streit书第五册2209则（其中的Outubro误刊作octubre）。沙不烈君未见此本，可是巴黎国民图书馆藏有一本，Cordier著录有两本，我还可指出两本，一本是日本岩崎男爵的

Morrison Library所藏本（书目第二册474页），一本是我的收藏本。世人从Figaniere之说，以为此书撰人是利玛弟（Matias de Maya），时利玛弟确在澳门也。姑无论此说是否确实，此本撰人必见瞿安德在1648年中所写的信札，并且还知道1648年10月杪澳门的事情。

（五）《一封信的钞本》（*Copia di una Carta, escrita por el R. P. Francisco Picolomini...bobre los...progressos de la Religion Chrestiana en los Reynos de la China*, Madrid，Diego Diaz，1650，in-42 ffneh.），参照Streit书第五册2208则，Maggs书目四一三卷（1921年刊）七七二号，定价十镑十先令，我也收藏有一本。此信是耶稣会统领Piccolomini致Aragon之总管（provincial）者。他间接根据的，就是瞿安德神甫的那些信札。

（六）别本《一封信的钞本》刊年及版本形式相同，在Séville城的Juan Gomez de Blaz书店出版。Streit书未曾著录，Maggs书目四一三卷（1921年刊）七七一号载有一本，定价十镑十先令。

（七）别本《一封信的钞本》在次年出版，版形及出版处所与前书同。可参照Streit书第五册2217则，Maggs书目四一三卷（1921年刊）七七六号，定价六镑六先令。

（八）数年前，Bosmans神甫曾言Bruxelles全国总档库（Flandre-Belgique教区耶稣会档库，档册八一二至九一五号，145—146页）所保藏的文件，志有瞿安德神甫使明朝后妃皈依事，我未详此类文件之所本。

如上所述，并是直接间接本于瞿安德神甫的文件，可以据之确定若干问题。《略传》二版267页谓明朝后妃在1647年4月受洗。沙不烈君（77—80页）所想的年月，似亦相同。乃观上引《皈依记》的标题，既谓诸后妃之受洗事在1648年。又考《纪要》本中所译瞿安德神甫信札叙述之次第，亦应位其事于1648年3、4月中。[1]现在吾人可以确定瞿安德此信之时期也。瞿安德说，接着在1648年5月初，永历某妃所生之女死。继言其后未久，永历正后诞生皇子。案此皇子实生于1648年5月22日（参考耶格儿撰文199页）。顾永历限在三个月后始许此子受洗，而瞿安德的信札殿以皇子受洗事，则此信应作于1648年8月杪也。世人已知永历太后（永历嫡母，非永历生母）受洗的名称是烈纳（Hélène），皇子受洗的名称是当定（Constantin），永历本人从未为基督教徒。卜弥格在他1654年的《略记》（Briefve relation）中，说他是一个“洗礼志愿人”，乃是故甚其词。

如此看来，1648年8月杪，永历左右著名的基督教徒，除庞天寿、瞿式耜、焦琏三

[1] 这种误会，殆是本于太后烈纳致教皇书。此书作于1650年，中有“领圣水阅三年矣”一语，要知中国人计算年月，有用虚数者，其首尾三年，仅当吾人之二年。

人外，尚有下列诸人。

（一）永历嫡母王氏，教名烈纳（Hélène）。

（一）永历生母马氏，教名玛利亚（Maria）。

（三）永历正后王氏，教名亚纳（Anne）。

永历在其间曾挈其宫廷至肇庆，曾在肇庆遣使臣二人（据《皈依记》）或三人（据卜弥格记）赴澳门。使臣于1648年10月17日在澳门登岸，于作视察员的神甫举行一万一千贞女纪念弥撒之日（10月21日），以所赍礼物赠与耶稣会士。澳门以若干礼物及若干兵器答礼。圣诞节后，瞿安德亲至澳门，代永历请求救兵。[1]

因为永历虽然暂时机遇转佳，尚觉将有清兵逼迫之虞。于是有人为他求援，卜弥格奉使到欧洲的目的，必定也为此事。

当时在永历左右的传教师，至是仅有瞿安德一人。[2]盖1649年初，毕方济殁于广州。其后未久，鲁德照至广州，曾进至肇庆。然在3月27或28日离肇庆，而于4月1日前后回澳门。鲁德照指定卜弥格前往永历朝辅助瞿安德之时，应在此后数月内。则是1649年中事，而非1650年中事矣（参照沙不烈书70页）。迨至遣使赴罗马的计画决定之时，卜弥格遂被指派前往。

设若审查此次遣使之情形，好像其意是发动于耶稣会士，而非出于永历左右的中国人者。盖因后妃皇子之受洗，耶稣会士以为明朝如果光复，中国公教的前途将必不可限量。况且1648及1649年时，虽有清兵进迫之虞，永历命运暂时转佳，尤使人预睹光复为可能。在吾人今日视之，固不失为幻想，而在当时必有人希望借基督教的欧洲之力，以援一部分人信仰基督教之朝廷也。至在中国人方面，我想对于这种举动未必乐从，未必抱有很大的幻想。永历本人毫无参加之迹，就是他信奉基督教的要臣瞿式耜，也未参加，[3]仅由太后烈纳同太监庞天寿出名致书。其书有四，两书系由太后烈纳致教皇及耶稣会统领者，所题年月皆是1650年11月4日。两书系庞天寿致教皇及耶稣会统领者，所题年月是1650年11月1日。[4]致教皇的两封原书，曾为教廷所保存。致

---

[1] 根据前述三信所题年月，瞿安德至少到过广州两次。一次在1648年11月25至28日之间，一次在同年12月28日。如此看来，他在前一次离肇庆时，未直接到澳门。据《皈依记》，他过了圣延节以后，始至澳门。又据同记，澳门的葡萄牙人派两个有经验的队长，统率士卒300人，携炮2门，并附属物件，往援永历。核以瞿安德到达澳门的时期，这队救兵好像在1649年初才能成行。

[2] 永历有个旧臣，曾在瞿安德处受洗者。于1655年在海南岛告诉穆尼各（Smogulecki）神甫的话，好像是不可信的。据说永历皇子当定朝内，有一耶稣会士名唤Michael Barbosa。他先在海南湾中遭难，被小舟救出。同行的其他葡萄牙人也一并获救，诸人后皆在当定朝中尽职（参照《略传》264页）。但是1655年时，皇子当定只有7岁，随其父奔走流离，永历尚未死，说不上当定朝。这个旧臣殆是误信或误解人言。传教士在海南湾中被难的不少，或者这个Michael Barbosa名称，隐指身在永历朝的卜弥格。

[3] 瞿式耜教名Thomas，确已受洗，若据欧洲人的记述，他并且是个实行教仪的一个基督教徒。可是在他的文集同他的绝命诗中，仅表示他是个儒教中人，这也无怪耶格儿君觉得奇异。

[4] 此年月确实不误。沙不烈君因为受了1912年Parker译文，同1915年北京《公教报（Bull. cathol. De Pékin）所载错误年月的影响，无怪他踌躇不决。

耶稣会统领之二书，现仅在Marini书中得见其拉丁文译文。[1]卫匡国（Martini）之一写本，对于庞天寿致教皇书的封面，亦有详细的记录（沙不烈书100页）。最后沙不烈君（105页）在宣教会得见一种记载，就是关于庞天寿命卜弥格献给圣纳爵（Saint-Ignace）坟墓的银牌上刻文字之记载。沙不烈君所未见1650年的《文学年鉴》（参照本文注七），有一段亦系关于此银牌文字的记录。

遣使的方针一旦决定以后，遂命卜弥格神甫为使臣。庞天寿并命两个中国人随使前往（沙不烈书107、224页）。其一人是个19岁的基督教徒，名André，其姓或作Hien，或作Sin，或作Chin，或作Chen。[2]其官位等若统带两千人的武官之yeu-ki。别一人名称Joseph Lo，在道得疾，中途折还，未随使往。[3]

耶稣会士逆知卜弥格及其同伴之奉使，虽携带有那些消息同信札，或不见信于人，所以预先曾为种种保证。[4]1650年11月23日，那两个中国人在教会的一个公证人前

---

[1] 今人大致说致教皇的原书仅在1911年在教廷中发现。发现的人是张元济（见《略传》270页，耶格儿撰文200页误作张居正）。张君字菊生，曾为商务印书馆的总经理。沙不烈君（94—95页）因1911年之“发现”，遂断言这封原书先前曾为Crétineau-Joly所见者，应是太后烈纳致耶稣会统领书，今已遗失了。可是太后烈纳同庞天寿的原书，久在教廷保存，并未遗失。不过张君在1911年提起世人之注意耳。《略传》第一版345页，在1868—1875年间曾引其文，《略传》第二版267页亦转载之。据说，“除开一切同时人的证明外，太后同庞太监所致教皇同耶稣会统领的原书，现尚存在”。此文并不是说《略传》的撰人仅见欧洲语言的译文，否则人将诋其为伪矣。其惟一的难点，就是此文假定教廷所保存的，不仅是今日已知尚存教廷的原书，而且还有今日未见的致耶稣会统领书。

[2] 沙不烈君在宣教会档册中所见的写法，疑是Hien（或者Chen的写法亦然）。《略传》二版270页作André Siu或Kin，谓出Dunyn-Szpot书1649年下。按Siu应是Sin之讹。至若Kin，他书未见著录，Kircher之Oedipus Aegyptiacus第二十六赞，作Andreas Chin，Kircher又在其所撰之China monumentis Illustrata（1667年刊）中，引卜弥格作于1653年11月4日之一信札（10页），说有一中国青年贵族名Don Chin Andreas。可是他又在前面（7页）写此名作Andreas Don Sin，卜弥格信札后所著录的那个曾见西安碑文原本（指汉文拓本）抄录于Kircher版上的人，则作Andreas don Sin Sin a同Matthaeus Sina。1670年出版的法文译本，保存同一写法。惟在Kircher的绪言（11页）中，则作“André don Dion Sin神甫”。这种写法有两重错误，一因其人非教会中人，二因Dion仅为don重出的讹写也。如此看来，Rémusat视Don Sin是一个中国耶稣会士，其误并不出于熟识此人的Kircher。如沙不烈君之推测（224页），实为翻译Kircher书的法国译人之错误也。Don仅表示此中国青年出于贵族（同他处名庞天寿曰Don Achilleus的例子一样）。诚如沙不烈君之说，其姓或应作“沈”。至若yeu-ki（沙不烈君误作yen-ki，况且yeu-ki的写法，并见于Oedipus Aegyptiacus第二十六赞末也），应是中国游击官号之对音。

[3] 《略传》一版348页写作K'o，二版270页写作K'o。顾其所据的，仅是Dunyn-Szpot史的一种抄本。而此抄本的写真本曾寄给沙不烈君看过。沙不烈君数引宣教会诸写本之文，而名其人曰Joseph Lo。则除非有反证外，我以为此K o或K' o的写法有误。关于此人中途折还的事实，可并参考沙不烈书157页。《略传》且谓此Joseph Lo在Kircher书中名Mathieu，这种上溯至Bayer的同一考订，曾经耶格儿（200页）采用。沙不烈君（225页）以为其事不可能，因为此Joseph Lo未曾继续旅行到罗马也。此说不为无见，但是他未言此中国人Mathieu为何人。我以为这件问题无有疑义。卜弥格的1653年11月4日信札，只言André Sin，未言有此Mathieu。又一方面卜弥格显然独在他的信札署名，Kircher在其下加增的两个名称，盖指见过拓本照录于版上的那些中国人。就事实言，抄录拓本的只有Mathieu一人，而其时不在1653年也。吾人可以此版片证之。版上有Hanc tabulam proprio manu ex autographo des-cripsit Mattheus Sina Oriundus ex Siganfu Rome A.1664一语。如此看来，此籍隶西安府的中国人，是于1664年时在罗马，然则此事无可疑矣。此Mathieu并不是卜弥格的一个同伴，1653年时其人不在罗马，所指者乃是随从白乃心（Grueber）自北京出发，经行西藏、印度的那个中国人Mathieu。此人在1664年上半年确在罗马，后在1665年殁于Constantinopl [可参考Väth撰《汤若望传 (*Johann Adam Schall von Bell*)，239—240页]。

[4] 瞿安德曾在1650年作二书，致奥地利教区总管，告以卜弥格神甫不久出发，好像并以卜弥格嘱托总管，然则或可假定卜弥格有至维也纳的计画矣（沙不烈书152页）。可是此二信未曾发现，尚不详其内容若何。

宣誓，证明卜弥格之奉使及其所赍信札之真。12月28日，视察员Sebastiao de Maya[1]以证明书付给卜弥格，惟这些证明书仅证明其为本人，乃因中国副教区之事务遣往谒见耶稣会统领者。并付以致统领个人之私函一件，此私函后在卜弥格受讯中并未提出，今已不存。根据一种可靠的证明（参照沙不烈书153页），此私函仅证明卜弥格奉命以太后及庞天寿书送呈教皇。会中人的保证固如此严密，可是澳门的官宪在1650年终力阻卜弥格出发。他们以为此举可以招致清人怨恨，而有害于葡萄牙的侨民。视察员Sedastiao de Maya以逐其离教为要挟，澳门长官不得已始放行。卜弥格或者在1651年1月1日登舟，乃清兵已在1650年11月25日入广州，后三日取桂林。瞿式耜被擒，后此不久被杀。永历偕其左右自梧州走南宁，这些附近不远地方的事变，澳门之人必定知道。卜弥格固然尚可以奉那些皈依的贵人之使命往罗马致敬礼，可是想明朝光复而使中国公教地位巩固的计画，已成为未生产而先夭折的计画矣。[2]

这种计画不但有害于澳门的葡萄牙人，而且有害于中国北方的教会。因为北方教会业已归附清朝，并且赖汤若望颇得权势。然则Goa城的葡萄牙官宪绝对不许卜弥格前进，及他潜行绕道抵罗马时，耶稣会的统领同教廷不以好颜对他，其故不难解矣。

卜弥格在1651年5月即抵Goa，葡萄牙官吏不许他登舟，交涉有6个月之久，仍不发生效力，他遂放弃海行的计画。于1651年12月8日，偕同André Sin，潜离Goa，历经Golconde，Ispahan，Tauariz等城，在1652年9月抵Smyrne城。[3]9月29日就是他的本生圣者圣卜弥格（Saint Michel）之日。卜弥格服中国衣冠，在Smyrne一个教堂里面，用意大利语说教，历述永历宫廷中人皈依，及其本人旅行犯冒险阻等事。其词甚长，嗣后他附物搦齐亚（Venetie）国的海船，在11月杪，或12月初间，到达物搦齐亚城

[1] 沙不烈君（108页）谓不知Sébastien d'Amaya神甫为何许人，仅知其是葡萄牙籍的耶稣会士，同中国、日本的视察员。殊不知此人在《略传》二版283页有传，以1599年生，1613年入耶稣会，1640年前后在印度为传教师，1664年殁于澳门。《略传》言其在1654年前后为中国、日本的视察员。观其付与卜弥格的证明书，足证他在1650年时已为视察员矣。《略传》二版以为他书有写其名作Amaga者，似误，殆因Amaya-名中之y写法不明，致发生此种误会。《略传》一版365页所著录之Amaya似不误也。

[2] 卜弥格在这种境况中出发，而在罗马对于永历此种失败，毫无一言及之，未免使人惊异。其实他业已知道此种噩耗。卜弥格在他1654年的《略记》中，业经承认他在澳门出发时，广州已陷。他说："自此以后，上帝恩佑皇帝（指永历），对于叛人打了不少胜仗。我出发时，虽然有人说，有一官吏离叛，敌人已取广东省会，但是以后有人作书告我，说皇帝重取广州，并且又获有若干重要胜利，仍旧在继续作战。"（见de Thevenot《辑种种奇异行记》，Relat. De divers voyages curieux第二编14页）沙不烈君完全信任卜弥格这下半句话，以为可以承认广州实在1652年陷落（191页）。《略传》二版145页位置广州第二次同第末次陷落事于1651年12月，可是耶格儿（198页）所引中国载籍之文，所志1650年11月25日，是毫无疑义的年月。况且嗣后欧洲对于此事知之亦详，所以Der Neue Weltbott（第一编第十三号）的纂辑人说，广州在1650年11月24日陷落。我不信卜弥格曾接到那封使他安心的信札，因为1650年终广东省内的情形很明了，后来亦未发生变故。不信有一个中国通讯人能够自欺欺人，殆是这个不幸的卜弥格想保全他的"面目"，故作此言也。

[3] 他那篇1654年的《略记》，篇首有致读者词，其文未免过于古雅，吾人即在此中获知其行程。

（Venise）。[1]当时此共和国不许耶稣会士入境，卜弥格乃求法国的大使为之先容，遂得于12月16日进谒总统（Doge）及元老院（Sénat）。谒见时，他仍服中国衣冠，以庞天寿书呈总统。卜弥格在12月23日作书二封，致Douai城大学的校长同教授，亦系作于物搦齐亚城者。月杪他首途赴罗马，他以为以大使的资格，必受盛礼接待，孰知在道接到耶稣会统领12月21日及28日的来书，反大受谴责，命他停留于Lorette城。卜弥格在1653年2月21日作书自辩，才蒙许他前进。及抵罗马以后，困难并不因之中止，讯问、会议几有三年之久，才得1655年12月18日教皇致太后烈纳同庞天寿的答书，时太后烈纳殁已四年矣。

卜弥格到达意大利之情形，提出两件问题，沙不烈君对于这两件问题，未曾有所发挥，而他的解说，我可不能赞同。此二问题一是卜弥格在物搦齐亚所执之任务，一是关系卜弥格叙述皈依事及其奉使事那部书的沿革。仅就世人所述者而言，卜弥格自中国出发时，应往访问物搦齐亚共和国，他对于此事并赍有庞天寿的一封信札。此外他在中国时，并奉命在物搦齐亚求法国大使介绍，此事在不少方面可以使人惊疑。往葡萄牙、西班牙、法兰西、奥地利这些国，尚有说也，试问这个物搦齐亚共和国对于中国南方的明朝，有何关系。世人且不能主张此城就是卜弥格在欧洲应到的一城，因为即根据沙不烈所引诸文，充分证明卜弥格想从Goa登舟，循海赴里斯本。至若他假道Smyrne同物搦齐亚者，乃因Goa的葡萄牙人不许前进，他无可如何改走的路途。在澳门时即奉有命请求法国大使介绍，事亦可异。Girard de Rialle在《通报》（1890年刊103—104页）中曾说："如此看来，在此情况中必须有一个位高的介绍人，方免被拒，必须其人势大，才使他能以耶稣会士的身份通过，纵不然，也可使人视若无睹。顾据后文所言，卜弥格神甫所奉的训令，已预料有命其求助于驻在物搦齐亚的法国大使之场合。此种训令当然非桂林的朝廷所发出，应是卜弥格神甫的上级人员之命令，由是开辟远东公教传教会之法国保护制度，一仿当时法国保护近东伊斯兰教诸国基督教徒的情形。"沙不烈君（120页）对于上文末语假拟出诸远东耶稣会士，尤假拟其出于葡萄牙人Sebastiao de Maya的意思，以及忘记当时葡萄牙国王对于传教会所执行的保护权（jus patronatus）之情形，皆作极有理由之保留。然而他承认Girard de Rialle所根据的，是"毫无可疑的法兰西文同意大利文的文件"，所以说请求法国大使介绍，乃是出于澳门的训令，命卜弥格遵行，其实真相不如是也。意大利文的文件，仅照述法国大使致物搦齐亚官宪书中之语，考1652年12月7日大使书云："该教士曾求余介绍于

[1] Girard de Rialle（《通报》1890年103页）说卜弥格在1652年12月初抵物搦齐亚城。沙不烈书（113页）则云："观其后此之叙述，势应承认在十二月初间或十一月之末数日。"但是根据后文关系卜弥格的第一封信，所题月日是十二月七日，并不含有他到达此地已有若干时间之意。惟据1653年德文本《略记》，题曰Sehr wehrte und angenehme newe Zeitung者，说他于11月22日在物搦齐亚城登岸，此本关于中国事情固有舛误矛盾之点，我以为此条所志月日可信。

贵政府，余因其为耶稣会士，始以为难，已而阅其所赍之公文，悉其奉命来求驻此之国王大使保护，用特介绍”云云。大使所见的公文，应是中国信札之拉丁文的译文同Sebastiao de Maya的证明书，这些证明书，吾人已见其文（沙不烈书263页），仅是一种证明其为卜弥格本人，及其因中国副教区事务奉派西还的一封普通介绍书，[1]并无涉及物搦齐亚或法国大使之语。法国大使d'Argenson“知道”卜弥格应求他介绍者，并不是他曾在一种文件中阅悉其语，殆是聆悉卜弥格之言。然则卜弥格曾对他作何语呢？我的假定如下说，当时在路易十四世（Louis XIV）遣派耶稣会士以前，甚至在外国传教会的神学院之创设，同法国主教之指定以前，葡萄牙人的保护制正在盛行，说不上在中国有人想命卜弥格在诸外国求法国代表之保护。可是卜弥格既受时势所强迫，不能取道好望角，而由近东西还，及至Smyrne，偶然附载物搦齐亚国的船舶。Smyrne的传教师明知此国不许耶稣会士入境，顾在近东地方，法国国王保护教会，并不是一句空话，于是我以为教唆卜弥格在物搦齐亚请求法国大使帮助者，就是近东的传教师。至若意大利文的记载所述法国大使对于物搦齐亚元老院之致词中，谓卜弥格说此种“教示”乃系出于远东传教的“几个法国人”者，盖因卜弥格为时势所迫，自以为于他的“使节”有益，故作此语。d'Argenson到物搦齐亚不久，轻信卜弥格之言，受了他的利用，而为之作保护人，因之颇受教廷公使之责难。

卜弥格此种违反事实的举动，比较他的别一举动，我以为过失尚小。这个别一举动，就是以太监庞天寿书面呈物搦齐亚的元老院。卜弥格服中国衣冠，持着一封上题一短行汉文的白绢封皮信札，用意大利语致短词，翻译封皮上的汉文，续出封皮内红纸信笺，译其文毕，仍置于封皮内。至是André Sin授书，前行两步，跪拜三次，起立，以书交总统手。此种礼节近于儿戏，耶稣会统领责备卜弥格，说他想在物搦齐亚充“大使”，非无故也。其实卜弥格所得的成绩，只能使人视为新奇而已，物搦齐亚国给了他一点钱，赠他同那个青年中国贵人各人袍服一件，可是对于那封仅致敬礼的书信，未作答复。

然则这封信札究竟是甚么信札呢？太后烈纳同太监庞天寿致教皇之二书的原文同译文，致耶稣会统领之二书的译文，吾人今皆见之，知其为真正信札，毫无怀疑的余地。但是庞天寿为何致书于中国毫无所知的物搦齐亚共和国呢？难道说卜弥格赍有致欧洲一切国王同共和国的书信吗？Girard de Rialle曾据题寄法国王后Anne d'Autriche一篇题词中的一句“不大明了”的话，假定有之，殊不知这篇题于1654年《略记》卷首

[1] 而且法国大使未详阅此书，因为书中明言卜弥格是波兰人，乃在大使的1652年12月7日书中，说他是葡萄牙人，这并不是一种笔误，因为物搦齐亚的官宪亦听信法国大使的话，谓其为葡萄牙人也（参照1890年《通报》112页中［E egli di natione portughese］之语，又在同报116页别一文件中确作波兰人）。同一官宪以为卜弥格留居中国有十五六年，亦有误会，或是为人所欺。盖卜弥格在1643年到澳门，在1651年1月1日前后自澳门出发，纵将他居留澳门的时间算作居留中国的时间，总共也不过七年也。

的题词，乃是刊行人Cramoisy本人一篇奉承王后的话，不足为准。况在罗马讯问调查卜弥格奉使的真伪之两年半间，从未提到此类书信，可见其从未存在。如此看来，卜弥格所赍之书信，除致教皇及耶稣会统领之书信外，仅有一封别的书信，就是致中国所不识的物搦齐亚共和国之一书，而此书且是因道途所经之困难绕道所抵欧洲之第一国而提出者。

这种变则，势须使人取慎重态度，审查此所谓庞天寿书之后，慎重态度尤须加增。卜弥格对于耶稣会统领的辩解，说此书仅是一种寻常名刺（visitationis libellum），然则其内容为何欤？根据物搦齐亚国的档案（见《通报》1890年刊114页），封面之文若曰：Nel Grande Occidente alla Serinissima Republoca della Clarissima citta di Venetia lettera di salutation mandata in segno di amicitia.[1]信内红纸信笺之文若曰：per il mandato dell'Imperatore della grande clarita dell'Imperio della China. Universalissimo Vice Re dei Regni et Provincie Quam-tum，Quam-Sy，Fo-Kien，Generalissimo della militia in mare et nella terra，Principe dei Reguli di Quam-Sy，Tesoriero e sollecitatore dei redditi dell'Imperio. Nell'absenza dell'Imperator absoluto e solo Giudice et decisore in Tutte le cause. Primo Prefetto della Guardia，Gran Maestro delli Cavallieri，Supremo Cancellier，Intimo Secretario et Cameriero dell'Imperatore，Pam Achilleo Sina Christiano，con tutto il respecto et riverentia. Al Supremo et Serenissimo Prencipe della Clarissima Terra di Venetia，all'Ill，et Ecc. Senatori della medesima Republica，per il Padre Michel Boym Maestro della Santa legge della Compagnia di Gesu，libello della visitatione offerisse.

这封“书信”的汉文，在物搦齐亚的档库中未见保存，然在巴黎国民图书馆中有之（Coll. Dupuy 776册76—77页），是为一种抄本，字体极劣，应出于一中国人手，或者就是André Sin写给法国大使的，其文如下：

泰西物搦齐亚光地公朝皇会帖子

大明钦命总督粤、闽恢剿联络水陆军务，提调汉土官兵，兼理财催饷便宜行事，仍总督勇卫营，兼掌御马监印，司礼监掌印太监，庞.亚基楼契利斯当，敬于

物搦[2]亚光地

皇诸侯及公朝总会，

[1] 此文在称卜弥格为葡萄牙人之文件中，至若说他是波兰人那件文件（同上《通报》116页），译封面语则作Nel grande occidente alla Serenissima Republica della Clarissima. Terra di Venetia，libello della visitatione.

[2] 此下应脱齐字。

于老师卜弥格尔[1]耶稣会奉拜。

上录汉文，证其与译文相符，其第一行显然就是封皮上所写的文字，则为一种“帖子”，质言之，亦卜弥格所言之名刺，可不是仅具姓名之寻常名刺，乃为并具官衔之帖子。按：帖子亦用红纸为之，与寻常名刺相同，此处之帖子备具庞天寿之全副名衔，较为特别。然则吾人应假定卜弥格赍有不少庞天寿的名帖，以便转致预先指定的种种人之用吗？我在从前或以此说为然，但在现在则不敢信其为是。帖子上所具庞天寿的官衔，完全与致教皇书中的官衔相同，其余的词句应是临时增加的。好像不是出于中国文人之手，因为末一行卜弥格尔之名应列在耶稣会下，而反列在耶稣会上，文人不致如此颠倒，可以证之。我的断论以为卜弥格想增加他奉使的效力，于是抄录致教皇书中的名衔，制造一种庞天寿致物搦齐亚元老院的帖子，他居心并不在作伪，因为他仿中国的礼节，代表派遣他的人致敬礼也。卜弥格本性微好虚荣，据Dunyn-Szpot神甫之言，他是“喜人赞扬的波兰人”（appetentior laudis spiritus sarmaticus，参照沙不烈书134页）。他的使命多少使他脑筋眩惑，加以要制服若干障碍，实迫出此，吾人对之切勿责备过严。他虽然在物搦齐亚得到一种自负心的满足，可是在罗马所给的代价很大，竟被人疑他使命全伪，皇后烈纳这个不幸的使者，经过数年的辩论后，于失望中就归途，及还至中国境外时，不能入境，穷蹙死于中国边关之外，其情亦可悯矣。

第二个问题，就是卜弥格在1652年杪抵物搦齐亚所提出的问题。相传那时有本小册子，卜弥格在其中述其奉使之由来。Sommervogel书（卜弥格条），Streit书（第五册2221则），沙不烈书（214、251页），耶格儿撰文（200页）并言此小册子有一部初刻本，标题如下：

Breve Relazione Della China，E Della Memorabile Conversione Di Persone Regali di quella corte alla Religione Christiana. Per il P. Michele Boym S. J. Roma 1652.8.

这个标题固不足奇，卜弥格来自Smyrne，在1652年11月终或12月初直抵物搦齐亚，他在12月杪必尚在此地。可是1653年2月21日他尚奉耶稣会统领的命令被留在Lorette，最早只能在1653年3月行抵罗马，然则在此情况中，他的叙述如何能于1652年先在罗马出版呢？此外在罗马讯问此事之案件中，有一部德文刻本的小册子，说到卜弥格，同一种用拉丁文写的译本，但未说到这部相传是他所撰1652年的意大利文刻本。其实这部1652年的罗马刻本，虽经辗转著录，然未举其刊行人名及页数，而且无人见过，我敢信这部1652年的罗马刻本从未存在。卜弥格在罗马所受待遇既然不良，

[1] 可见此处其名作卜弥格尔，而不作卜弥格，卜弥格尔乃Michel之全译名。至若卜弥格，乃仿汉名之省称。他在Kircher之Oedipus Aegyptiacus中，第二十五赞下亦写其名作卜弥格尔，然在第二十六赞下则仅作卜弥格。

必未刊行何种撰述。[1]

又据Sommervogel、Cordier、Streit，沙不烈诸人的著录，好像他于1653年时在别处撰有一部小册子，而此小册子的沿革迄今尚未著录完全，兹先将我所知的诸刻本著录如下：[2]

（一）用德文在Lille（Ryssel）刊行的1652年本，或者亦有法文刻本，世人虽然未见此法文刻本，然曾明言法文刻本即是德文译本所根据的原本。此德文本之一切重刻本及译本，皆写卜弥格名作Bovyn，而不作Boym。

（二）法文本中国幼王皈依及卜弥格奉使大事记（*La Grande Nouvelle De La Conversion Du Jeune Roy Dela Chine et de l'ambassade du Père Michel Bouyn jesuite polonaise qu'il envoye à Sa Sainteté pour reconnoitre son autorité.* Liége Baudoin Bronckart. 1653. 80. 8 ff.）。此标题见Sommervogel书，复经Streit书（第五册2224则）转录，虽不全对（因为旧写波兰人应作Polonois），此刻本必已存在。Sommervogel（好像是间接）根据著录的，即其一本，Streit未言何处藏有此本，我亦未获知之。

（三）德文本大事记（*Sehr wehrte und angenehme neue Zeitung Von der Bekehrung zum Catholischen Glauben Des Jungen Königs in China vnd anderer Fürstlichen Personen und von Der Legation des Ehrw P. Michaelis Bovyn der Societät Iesu Priestern Polnischer Nation zu Ihrer Pabstl Heyligkeit nach Rohm. Item Von grosser hoffnung der Bekehrung der Tartaren vnd desz Konigreichs Tunquin welches allein so grosz ist alsganz Franckreich. Ausz dem Frantzosischen zu Ryssel vnd Teutschem gedruckten Exemplar. —Zu Cöln Bey Wilhelm Friessen im Ertz Engel Gabriel in der Tranckgasz.* Anno 1653 In-4，4 ffnch）。此本前此未见著录，沙不烈君在宣教会获见一本（Lettere Antiche vol. 193），他未校录标题（250页）。我根据他借阅的写真本，录其标题于上。

（四）德文别本，仅见Streit书第五册2225则著录，其所据以著录之本，就是Munich大学所藏之一本。

（五）又一德文别本，首见Sommervogel书第二册72页著录，继见Cordier《中国书录》二版820页，同Streit书第五册2226则著录，皆未言何处收藏此本。

据沙不烈君之说（214页同250页），有部拉丁文刻本（Utilia et acceptabilia nova etc.）曾在1653年刻于Cologne之W. Friessen书店，有一本现藏宣教会（Lettere Antiche vol. 193）中，此说误也。据沙不烈君借阅的写真本，这部拉丁译文是一部写本，就是Friessen书店出版的那部德文刻本的拉丁文译文，在罗马翻译，以供不解德文的诸枢密

[1] 世人可以下说驳吾说，卜弥格曾用汉文撰有两篇赞词，载入Kircher，Oedipus Aegyptiacus第一册绪言中，顾此第一册上题在1652年刊于罗马，由是此年亦得刊布一种卜弥格行纪。但是此说终与卜弥格1652年终到物搦齐亚，同1653年春到罗马的时代相抵触。其实Kircher书第一册序文题年确是1655年，虽然在著录标题的那一页上载有1652年的年代。绪言之增入第一册中，应在1654年时四册完成以后。卜弥格至此时与Kircher发生关系已久，则他撰此两篇汉文赞词之时，应在1653—1654年中矣。

[2] 尤其是《中国书录》二版819—820页的指示很不完全。

员（cardinaux）阅览之用者，并不是一种拉丁文刻本的抄本。

如此看来，这部小册子有几版德文本同法文本，[1]只须阅读一过，就可见其在第二篇中说到卜弥格神甫（写其名作Bovyn，盖由Bonyim之转讹）。而本书并非卜弥格本人所撰，Sommervogel、Cordier、Streit、沙不烈诸人之说皆误也。本书根据中国的直接通讯，叙述诸皇后之皈依，同卜弥格之奉使。有一封发自物搦齐亚的书信，告诉此书的佚名撰人，说卜弥格在1652年11月22日到了物搦齐亚。本书撰人许续有所闻，将必详细记录，至是物搦齐亚有书信至，述卜弥格在12月17日[2]进谒元老院事。此书颇有舛误，而不见于1650年之《中华帝国纪要》，亦不见于1654年卜弥格的《略记》之中者。就中若言1648年时，皇子当定有五六岁，复又言有十二岁，其实皇子当定在是年出生仅有数星期而已。法文本同德文本的《大事纪》，殆为此书之一种来源，然此书实非卜弥格本人所撰也。

卜弥格本人的惟一撰述，就是用法文于1654年在巴黎印行的那部《中国王室皈依略记》（*Briefve Relation De La Notable Conversion des Personnes Royales, & de l'èstat de la Religion chrestienne en la Chine. Faicte par le tres R. P. Michel Boym...& recite par luymesme dans l'Eglise de Smyrne*，le 29. Septembre de l'an 1652，Paris，S. Cramoisy，1654. in-12，6 ffnch. +75pp +1 pnch.），其标题全名见Streit书第五册2231则，同书谓Munich大学藏有一本，此外在国民图书馆同英国博物院（British Museum）亦藏有数本。其绪言内容有一篇题寄王后的题词，一篇致读者词。本文大致就是卜弥格于1652年9月29日在Smyrne教堂中用意大利语所宣布的演讲的译文，译文显然有所修改，沙不烈君以前诸著者，同沙不烈君本人所言永历朝之基督教，大致本于这部《略记》。此书当然重要，可是对于细节，应该慎重，取别的来源勘对，至若卜弥格这部撰述如何到达巴黎，其情形尚未详也。

此《略记》（除序文，致读者词，及出版特许权外）曾被转载于Melchisedech Thevenot刻于1664年的《未曾刊行的种种奇异行纪》之第二编中，占二开本14页。[3]

---

[1] 就严格说，法文刻本殆仅一本，就是Liége城的刻本，因为那些德文重刻本说到德文初刻本时，虽说此本在Lille城出版，然未言法文刻本亦然也。

[2] 进谒时实在12月16日，同一错误谓在12月17日者，并见于物搦齐亚之一书信中，此信有一阙名抄本，现藏巴黎国民图书馆，其与此小册子实有密切之关系。沙不烈书（128页）引文有云："当时有许多人往看他（指卜弥格）行过。""此神甫服此国（指中国）博士之衣，别一人（指André Sin）服短衫与突厥人相类。"此小册子之记载与此正同，惟易突厥作波斯耳。

[3] 这部行纪汇编，是用Girard Gamier的名义，在1663年4月23日取得出版特许权，在1664年10月25日印刷完毕。《略记》同刻在《略记》后面的《中国植物》（Flora Sinensis），皆不见于第二编的目录。《略记》本与这部汇编的标题不相应，因为其本已在1654年用法文刊行了。可是在此汇编诸重刻本中，皆未言有此部原刻本，Camus在他所撰Bry & Thevenot的行纪汇编之记录（巴黎1802年版314页）中，亦不知有一种原刻本之存在，有些误会多本于Larousse之卜弥格条。沙不烈君根据这些误会，数言（c页、213、218、250、252页）旅行家Melchisedech Thevenot（其实真正旅行家是他的侄儿Jean Thevenot）刊布了Bayer所译的《略记》同《中国植物》，然此种译文仅见于Jacques Langlois书店之1730年版本中，而不见于1664年的版本中云云。其实此行纪汇编之前两编，分别在1663年同1664年出版，出版的书店是Jacques Langlois，继又在1666年重行出版，出版的书店是Sébastien Mabre-Cramoisy。此两编的余本，连同1666年出版的第三编，1672年出版的第四编，以及尚未印刷完竣的第五编，在1696年合订为二册，出版书店是Thomas Moëtte。此外并无1730年的版本，《略记》同《中国植物》并见于1664年、1666年，1696年三部版本之中，这些时代同Bayer尚无关系，则译文不出此人之手矣。Streit书第五册2224则，将"1664年"同"共14页"误刊作"1644年"同"共30页"。

沙不烈君信有1652年在罗马出版的意大利文本之存在，于是又说（214页）“继续有其他意大利文的刊本”，其实在他以前，世人并未见有何种意大利文刊本，即在今日，我亦不能指出何处有此刊本。但是沙不烈君（214页同251页）曾在Ajuda城图书馆中见着两部抄本，其标题曰*Breve raconto della conversion delle Regine della Cina col battesimo del figlio primo genito dell'Imperatore e d'alteri progressi de la S. Fede in quell Regno*，[1]出版年是1657年，出版所在是Parme城的Mario Vignia书店，我亦不识这部刻本，观其标题，应是《略记》之文，好像是译自法文者，然未敢必其是也。

Der neue Weltbott第一编十三号，曾将卜弥格《略记》的德文本删削三分之二，并为订正（verbessert）的。刊行人未言其本于何本，好像就是1654年的法文刻本。

Michel Juniewicz神甫在他所辑的*Listy rozne*第四册70—81页中，刊布波兰译文（Relaeya o Chinach etc.），[2]以1756年在Varsovie出版。

最后Väth的《汤若望传》124页，著录有一部Relatio des P. Boym，in München，Staatsarchiv 16，277本，沙不烈君既未知之，我亦未详为何本。[3]

罗马宣教会于1653年开了三次大会，讨论卜弥格神甫的事件。一次在4月1日，一次在7月22日，一次在9月16日，于1654年8月24日又开大会一次。末次开大会于1655年9月6日，世人以为此次或有定谳，因为此次大会指定一委员会审查其事也。1654年8月24日的大会，仅止于一种“祈愿”，表示此案或者是一大骗案（沙不烈书165页）。1655年9月6日大会所指定的委员会，于是月24日集会，并未断言卜弥格使命之非伪，仅表示其意见，以为使命若假，教皇作一答书亦无大碍，使命若真，置而不答则妨碍甚重。由是卜弥格神甫遂被接待。他在这种半信半疑的状况中，于等待三年后，始获得1655年12月18日教皇答太后烈纳同太监庞天寿书。答书不着边际，仅嘉奖这个爱女同这个爱子之信教热忱。顾在卫匡国（Martini）神甫适由中国来讨论礼仪问题，可能证明明亡清兴等事变之时，教廷答书措词不能更善于此也。况且耶稣会统领只取旁观态度与物搦齐亚同欤。

卜弥格持有教皇答书，遂赴里斯本，于1656年3月30日登舟，同伴偕行者八人，内有葡萄牙人四人，比利时人三人，英吉利人一人。同年11月6日抵Goa，[4]时Goa被荷

[1] 其文有与沙不烈君之著录不同者,乃是我自动的改正。

[2] 欲详知此本，可参考沙不烈书c页、214、250—251页。

[3] 或者就是沙不烈君(154页)所言在宣教会同Carpentras，Ajuda两城所藏的那些《卜弥格神甫自撰其奉使之拉丁文略记》版本。

[4] 参考Bosmans之《鲁日满之未刊书信》（见比国《教会史料选录》第三辑第九册单行本四页），同“《关于吴尔铎（Albert Dorville）的文件》”（见同一选录第七册单行本59及60页，其中32页之“十一月九日”乃是排印之误）。

兰舰队封锁有一年矣。后来四个葡萄牙人的踪迹不详，[1]英国人则在菲律滨途中沉没于海。[2]三个比国人就是柏应理（Couplet）、鲁日满（de Rougemont）同Hartoghvelt三人，则循陆道赴印度东岸，乘舟渡榜葛剌（Bengale）湾，遵陆而至暹罗，Hartoghvelt在1658年死在暹罗之Ayuthia城。柏应理同鲁日满于1658年6月在暹罗登舟，同年7月终抵澳门。[3]

当此时间，卜弥格之行踪何在呢？沙不烈君于他在里斯本出发后（205页），仅言“一六五八年这个波兰耶稣会士，终于行抵暹罗”，Wäth神甫（234页）云：“卜弥格本人好像在Goa被围以前，继续循平常路途，进向澳门。”我以为此说不合真相。据1658年3月7日白乃心之书信（Bosmans书63页），Goa之被围，至是已有一年，又据1657年5月1日Hartoghvelt之书信，谓卜弥格适在是时以前出发（同书61页），如此看来，他出发时Goa已被围矣。然则他循何道呢？显然就是一条危险道途，因为同伴诸人皆不欲与之偕行也。顾同伴诸人所取之途，就是循陆而至印度东岸，渡海至顿逊（Tenasserim）。卜弥格当然未取此道，我以为他自量在罗马耽搁年数已久，心中不安，必不愿久在Goa停留，于是雇了白乃心所言之一小舟（同书63页），沿海岸行，犯冒危险，偷过荷兰人的封锁线，已而不知在何境况中抵于暹罗，其时应在1658年初也。

卜弥格想从暹罗径赴澳门，不想又有障碍发生，澳门的官宪使人告诉他，说清人不愿见明朝使臣之还澳门，否则澳门将受其祸。[4]卜弥格在暹罗微得闲暇，遂将他所撰的《医钥》（*Clavis medica*）加了几编最后序文，寄给欧洲的医师。澳门一道既不能往，乃取别道，附一荷兰人领港的中国海舶，进向交趾，在道也遇了些险阻，终由红河之一港口入交趾，几于同时有耶稣会士Giovanni Filippo de Marini等六人在1658年7月17日从别一港口出海，进向澳门。卜弥格到了交趾以后，投依Onufre Borges神甫所，

---

[1] 其中有一人是Andrea Gomez，他到中国时或者很晚，1673年时他在柬埔寨（Cambodge），参考Bosmans《关于吴尔铎的文件》58—59页，又《略传》二版377页。

[2] 参考Väth之《汤若望传》234页。

[3] Bosmans《关于吴尔铎的文件》32页，曾说Hartoghvelt同柏应理、鲁日满偕行，于1658年1月30日在Goa登舟，后维舟暹罗时，得疾死云云，误也。按：1658年1月30日出发赴Macassar转赴澳门之海舶，乃是卫匡国、吴尔铎、南怀仁（Verbiest）三人所乘之海舶，未至暹罗（见Bosmans书19、66、78—79页），吴尔铎等于1658年7月17日抵澳门（见Bosmans书71页，其中19页之“七月七日”，应是排印之误）。其后不久，白乃心（Grueber）至，又数日，柏应理、鲁日满亦至（见Bosmans书71页）。关于柏应理、鲁日满、Hartoghvelt三人之行程，可参考Väth之《汤若望传》234页，其中所志诸点，皆与Hartoghvelt于1657年5月1日在Goa之书信中所言尽符。《略传》二版333页谓鲁日满于1658年终或1659年初抵澳门，误也。

[4] 此事盖得之于Giovanni Filippo do Marini之书（Delle missioni de' Padri della Compagnia di Giesu Nella Provincia del Giponne，Roma，1663，p.384）者，1658年初，Marini尚在交趾，是年7月17日，赴澳门，1659年初由澳门回欧洲，他得在澳门闻悉此事，抑在后来由澳门之人告之，其余关于卜弥格后来的消息，乃是他得之于交趾传教会道长瑞士Lucerne城人Onofre Borges神甫之通信者。世人可以寻究澳门之人何以逆知卜弥格之归，意者澳门久料其必归，惟不知归在何时，恐其复至，预先通知各处，而暹罗亦为接到通知之一地也。

留居至1659年2月16日。[1]他在1658年11月20日致Toscane大公爵书，就是在留居时间作的。他始终不离幻想，故在书中尚说永历统率四个军队，同战象百头，以其所辖五国之众，光复其余中国的土地（沙不烈书208页），孰知永历在此时已退走到云南西南隅之永昌、腾越（Moulmein）等地矣。[2]当时公教在交趾几被完全禁止传布，赖Borges之苦求，交趾始许卜弥格通过其境，前往中国。卜弥格寻觅乡导阅数月，最后方抵广西边界。不意边界关口俱为清人把守，不能入境。卜弥格乃致书于Borges神甫，请他转求交趾王，许他重回交趾。交趾王拒绝不允，卜弥格疲惫失望，因得疾，殁于1659年8月22日。[3]其艰苦获得之教皇答书，竟未能传达，他的同伴André Sin始终相从不去，乃为之办理后事，葬之道旁，树一十字架，建一碑石，事毕，偕一中国官逃入山中，以避清兵之搜捕。Borges神甫先是遣青年三人往助卜弥格，及至，诸事已了矣。[4]

时瞿安德神甫已前死矣，其死亡之情形不明，《略传》二版268页同Streit书第五册779则所采之传说的死亡年月（并参照耶格儿撰文199页），是1651年12月12日，不知何故沙不烈君未采此说，仅言其死年是1652年（191J95页）。其实这个明确年月亦不知何所本，瞿安德神甫被害之消息，乃间接得之于交趾传教会道长Borges神甫之一封书信者，此信已遗失，然在1662年曾为Giovanni Nadasi采录，又在1663年曾为Marini采录，而Borges又言其得此消息于卜弥格者。[5]按：卜弥格在1658年7月至1659年2月间，客居Borges所，前已言之。顾卜弥格在1651年1月1日离远东时，在瞿安德之死前，后在1658年归来时，瞿安德亡故已久。据Borges之说，卜弥格得其详情于瞿安德之旧友某中官，同瞿安德被害的广西省中之基督教民。卜弥格闻此消息，必不在居留交趾之时，脱在此时，Borges必亦直接闻之，加以他在交趾觅向导有数月，足证当时河内无广西的基督教徒导之赴广西。我以为卜弥格到了广西边境始得此讯，他当然惦记他的旧日同伴之存亡，于是见着那个中官，同那些基督教徒，得到瞿安德被害的消息。Borges书信中有一段重要的细情，曾经Nadasi保存，而未经Marini记录者，就是说瞿安德被害的地方在田州附近。顾太后烈纳亦在1651年5月30日死在田州，1651年杪，永历从南宁走贵州，瞿安德之被害，似应位置于是时。可是其事过去已有八年，那个中官同那些广西

[1] 则留居有7个月，并非“整年”如耶格儿（201页）之说矣。

[2] 参考Streit第四册573—574则Marini撰文。

[3] Marini书349页特言其时在1659年8月22日，此书为吾人最好的来源，应以其说为是。不知何故Streit书第五册793则又别著录有8月28日的时期。

[4] Marini对于此节之叙述，皆本于Borges之一书信，此信应作于1659年10月20日，或11月20日，可参考耶格儿撰文201页引克莱塞儿文。

[5] Nadasi的书信，在1662年2月2日作于罗马，可参考Weltdott第二一九号。关于Marini者，可参考Delle Missioni 346页。沙不烈君（192页）误以为Marini直接闻其事于卜弥格，其实他从未见过卜弥格。1658年7月他从红河一个港口出口，卜弥格则在同时从别一个港口入口，二人并未相见。汤若望的Historica Marratio（1665年的维也纳本，颇与汤若望的原文不符，可参考Väth的《汤若望传》358—359页）同毕嘉（Gabriani）的*Incrementa*（1673年维也纳本），对于此点并不是原始的来源。关于瞿安德死亡的传说之纷歧者，可并参照Wehbott第十三号之末一节。

基督教徒，似乎不能确指被害之日，根据Nadasi同Marini所转录信中之文，Borges并未指明月日。有人说庞天寿曾将瞿安德的遗体安葬，此说之来源及真伪，尚有待证明。则1651年12月12日的死期，现在亦颇难作准也。

卜弥格虽在奔走流离之中，可是曾撰了若干科学的著作。他的1654年的《略传》，末了有一条注字，曾言这些著作不日成书。在他生前刊行的，仅有《中国植物》一种（沙不烈书c页、217—219页、251—252页）于1656年在维也纳出版。[1]顾卜弥格于是年3月30日在里斯本登舟，或者在生前未见这部刊本。卜弥格曾绘了若干中国地图，我曾在教廷同海军水道测量局见过。沙不烈君对于此图已有详细说明（229—235页）。卜弥格对于日耳曼帝Ferdinand III d'Autriche同Kircher神甫，做了两篇汉文拉丁文合璧的赞词，载入*Oedipus Aegyptiacus*第一册的卷首（沙不烈书214—216页）。[2]他的Tabual Sinensis曾被收入Raccioli的*Geographia reformata*中（沙不烈书227—228页）。他的1653年11月4日关于西安碑文的书信，同对于碑文的解释，并载入Kircher的《插画的中国》（*China Illustrata*）之中（沙不烈书219—266页）。[3]此外沙不烈君尚有失考者，卜弥格并曾将下述二书交给Kircher（见《插画之中国》225页）。一部是*Liber de formandarum literarum ratione*，或者是汉文本，无论如何，要非卜弥格的著作。一部是*Dilucidatio swnmaria rerum Sinicarum*，倒是他的著作，或者就是巴黎邮政街旧Sainte-Geneviève藏书馆所藏题曰*Rerum Sinensium compendiosa descriptio*那部写本，其中有一部分是本人的笔迹。

沙不烈君（226—227页）以为尚有二书本于卜弥格，一部是《插画的中国》所载那篇《教理问答》的英译文同意译文（不仅法文译本有之），一部是《汉法字典》，仅《插画的中国》法文译本中有之。据1654年的《略记》卷末胪列卜弥格的那些将要成书的著作，果有一部《中国教理问答》（*Sinicus catechi smus*）。但是Kircher所转载的那部汉文教理问答，确非卜弥格之著作，其标题曰《天主圣教约言》，乃是苏如望（Joao Soerio）神甫所撰，好像初印于1601年，嗣后常有重印本（参照《略传》57页，又《通报》1932年刊114—115页）。至若将罗马字注明汉音，并译为拉丁文的，也许

---

[1] 《中国植物》是一部很罕见的两开本，Cracovie的Jagellone图书馆藏有一本，英国博物院藏有一本，沙不烈君借用我所藏的一本，还有一第四本，在十几年前曾经Relin夫人售出。此外必定还有他本存在，如果说维也纳未藏此本，我必很以为奇。《中国书录》二版442页未著录其页数，Streit书第五册793则著录有79页，沙不烈书（251页）亦同。此二书根据Sommervogel书第二册70页转录之标题并误，其实此书绪言十二叶，本文二十六叶，附图一叶，总共77页，中有三页无文字，23页是加色的绘画，计植物图17页，动物图5页，转绘极劣之西安碑额图1页。

[2] 此种赞词虽经André Sin（或Chin）合撰，其文不甚通顺，如"无可解者"讹"无解可者"，称Ferdinand III作"天子"，实出人意料之外。第二十六赞之题名，作"厄日多篆开意吉师同耶稣会卜弥格叩"，要是无有拉丁文Aegyptiaci Oedipi Authori R. P. Atha asio Kircher，eiusdem Soc. Jesu Michael Boym一段译文，此语竟不可解。

[3] Sommervogel书第二册71页误谓1653年11月4日卜弥格的书信，已见于1656年的《中国植物》之中，其实《中国植物》中所载者乃是发现此书之小记，而其第一部分乃是汉文原文之译文也。

就是卜弥格。《插画的中国》法文译本（324—367页）所载之《汉法字典》，亦非卜弥格之著作。沙不烈君根据Fourmont之说，以为这部字典所本的，就是纪元后一百年顷的《说文》。其实不然，前述的那部*Liber de formandarum literarum ratione*，或者采有《说文》在内，然而《说文》同这部《汉法字典》毫无关系。因为这部字典所辑的是近代语言的词句，按照当时传教会中所用的葡萄牙字母编次而成，首一字曰ça，就是汉语“杂字”之对音。利玛窦曾编了一部汉语字典，《略传》二版41页引金尼各（Trigault）之说，以为这部写本好像业已保存。顾在Kircher的《插画的中国》（118页）中胪举利玛窦著作内，说有一部汉语字典，并说将来有法即为刊行。如此看来，《插画的中国》法文译本中所载无汉字的字典，说是利玛窦的这部字典，亦有其可能。但是这类字典改订本甚多，尤其是我在教廷图书馆所见的那些写本（参照《中国书录》二版3908—3910行）。这些不同的字典的比较研究，尚未有人着手，则不能确指某本为某人所撰也。

卜弥格最要的著作，要数医学的著作，1654年的《略记》卷尾所列举的著作中有一部《中国医术》（*Medicus Sinicus*）。Kircher在他《插画的中国》（120页）中列举维也纳出版的《中国植物》以后，说还有一部中国医书，亦为卜弥格所撰，他在1667年时，尚不知道已否刊行。按：此医书必是《医钥》（*Clavis medica*）。这部书几乎不能出版，沙不烈书（235—248、264—267页）曾研究此书的沿革，但是他所言此书写本之落于刊行人Cleyer手中的情形，好像有误。

据沙不烈君（236页）之说，“柏应理神甫是卜弥格神甫的旅行同伴，曾在1658年将卜弥格这部写本交给Batavia城的耶稣会士，请他们寄到欧洲。卜弥格神甫的那些译本被荷兰人所没收，削除原撰人名，由东印度公司医师长Hesse-Cassel地方的人André Cleyer刊行，攘为己有。这个剽窃他人著作的人，并将后来（约在1669—1670年间）从广州寄到的若干其他种种汉文文件的译文加在其内。这些译文，据Rémusat之说，似为卜弥格的译文，而非别的传教师的译文，Cleyer于是辑为巨册，于1682年在Francfortsur-le-Mein城刊行，题曰*Specimen medicinae sinicae...*”。此说乃取之于Rémusat的《亚洲新杂纂》第二册227—228页者。沙不烈君复引Rémusat之说云：“Cleyer在两年前，曾别刊行此类著作若干种，一部标题是*Herbarium parvum Sinicis vocabulis indic insertis constans*，另一部标题是*Clavis medica ad Chinarum doctrinam de pulsibus*，于1680年在Francfort城出版，好像就是前一书的节本。”沙不烈君（237页）又发表自己之说云：“柏应理神甫或者在Cleyer手中将卜弥格的写本夺回，或者用其他方法，在1666年又将Clavis medica印了一部新本，题作卜弥格撰，由是物归原主。”

我以为沙不烈君误采Rémusat的臆说，缘记载之文不同，致使解说纷歧也。

总之，Rémusat所说1680年在Francfort出版的那部*Herbarium parvum*，或者要

删除，而那部《医钥》是必定要删除的。Herbarium parvum复经Pritzel（*Thesaurus literarice botanicae* 1851年本49页）著录，其后《中国书录》二版442页亦有著录，可是无人见过此书一本，好像Pritzel所采的是Rémusat之说。而Rémusat本人有所误会，所言者好像就是1682年刊行的*Specimen medicinae sinicae*第五编后半（24—54页）之289种药材。至若1680年在Francfort出版的*Clavis medica etc.*，应是1686年出版的*Clavis medica*。惟是Rémusat间接取材他书，不识其为同本，而所本之书又误1686年作1680年也。

至若一种所谓付给写本的1658年的年代，甚至柏应理将卜弥格写本寄给Batavia的耶稣会士在1658年一说，确有所据，但似未解说明了。卜弥格于1658年在暹罗之Ayuthia城为所撰的《医钥》撰了两篇最后序文，一篇是致读者词，一篇是致医师词。柏应理迄于Goa曾与卜弥格同行，顾卜弥格在1657年4月先由Goa出发，并在1658年逗留Ayuthia很久。柏应理亦在1658年抵暹罗，是年6月复由暹罗出发，适与卜弥格附舟赴交趾同时，则此二耶稣会士必曾相见。我以为卜弥格将欲不经澳门径赴广西，当时必定将其写本交给柏应理，其撰两篇序文应在此时。但是柏应理未赴Batavia，因为柏应理为避荷兰舰队，故不直接由Goa径航中国，若说他在此时赴Batavia，是又何异进入虎口。所以我以为柏应理携带卜弥格的写本全部进向澳门，毫无可疑。[1]

然而柏应理是Malines城的一个Flamand人，他的同伴Hartoghvelt是Amsterdam城人，所以他们两人颇受暹罗的荷兰商馆经理Jan van Ryck夫妇的优待。及Hartoghvelt死，柏应理曾托这个经理，将他的一封信连同信札一束，寄给Batavia的总督Maetsuyker，转交给Hartoghvelt的亲属同教会上级人员。这一束信札中附有柏应理行纪一篇、致卫匡国神甫信函一件、《关于中国人按脉诊病的方法》一小册。我们可以承认此小册子就是卜弥格著作之一部残抄本，盖卜弥格或在欧洲赴Goa之途中，或在暹罗，不无抄录其著作之时间也。但是此抄本似无题名，而在我采录上述这些消息的信札中，柏应理亦未著录卜弥格之名。[2]

总而言之，1658年柏应理寄送卜弥格写本的一部分抄本之事，不足以为Cleyer洗刷攘窃他人著作之诬也。

---

[1] 世人可以一说驳我，柏应理于1659年2月4日在澳门所写的一封信札，曾经Waldack神甫刊载入比国《教会史料选录》第九册（1872年刊）13页之中者曾言在道有同伴数人病故，并言卜弥格在海上行踪不明：我想柏应理在此处所指者，乃是卜弥格最后一段之行程。质言之，自暹罗赴交趾之行程。就1659年2月4日的信札言，柏应理在此时尚不知卜弥格能在1658年7月到达河内，设若柏应理未在暹罗见着卜弥格，则柏应理在后来得着卜弥格于1658年在暹罗加增序文两首的那部写本，将无从索解。而柏应理于1658年在暹罗将卜弥格著作的一部残抄本（见后）寄回，亦无从索解矣。

[2] 这封信是用荷兰文写的，由柏应理在1662年寄到福州给Balthasar Bort者。此信曾转载于Dagh-Register...in Casteel Batavia Anno 1663（1691年本59—60页）1663年2月15日日记中。后来Allard神甫的一篇论文（见1897年刊*Jaarboekje van Alberdingh Thym*，我在巴黎未能觅得此本）即以这封信札为起点。《中国书录》同《略传》皆未著录有这封信札，同Allard神甫的论文，但是Bosmans所撰《吴尔铎的文件》（单行本10页）曾经利用过这篇论文。

按Cleyer于1682年在Francfort城刊布的那部《中国医法举例》（*Specimen medicinae sinicae*），分为数编，每编分计页数，其著录的“刊行人”名，固然是Cleyer，然Cleyer未说是他的译文。第一编分四卷，附木版图二十九面，铜版图一面，乃是旧题王叔和（纪元300年时人）所撰的《脉诀》。第二、三两编明言是一个“欧洲考据家”的撰述。第四编就是摘录此考据家发自广州的几封信件，诸信所题年月，是1669年2月12日同10月20日，1670年11月5日同15日，可见Cleyer张冠李戴的举动，并不如世人所言之甚。

然则Cleyer的材料从何自来，其刊本如何印辑呢？我对于这件问题，并无充分的材料以供答复。然而我的假定如下：[1]Andreas Cleyer是Hesse-Cassel地方的人，得有硕士学位。在印度时，人习称之曰博士，不知在何时到Batavia，仅知他在1665年已在其地。1697年尚存，以药剂师同外科医师得名。其地位颇为人所羡慕，他的花园在当时很著名，他曾同Amboyne城的Rumphius，以及不少欧洲考据家，尤其是柏林汉学家Mentzel时常通信。在1682—1683年，同1685—1686年间，他在日本的荷兰商馆诸经理之列。他在1680年回到欧洲，其事或有可能，但是在1681年5月，他确在Batavia，因为德国人Vogel在那里见过他，并说到他那部书。此书不久便付印了，就是《中国医法举例》。既然有人在1681年5月见之于Batavia，足证Cleyer寄书付印时，应在此时之后，而监督印刷者，并非Cleyer本人。此书在当时并不受人欢迎，他有几个朋友并且劝他将此书废弃。

至若若干译文何以得到Cleyer手中的情形，可以假定如下说：1682年8月18日Rumphius有封信说，几年前他将一部写本送给Cleyer，此本是用汉文同拉丁文合写者，言中国人按脉诊病事。他以为Cleyer利用这部书必较他为善（见F. de Haan书452页）。这部书或者就是旧题王叔和所撰的《脉诀》，或者是后面的一部书，题作*Pulsibus explanatis medendi regula*者（在第五编上半），并且包括其后的药名，也说不定。

至若《脉诀》的译文，虽然有Rémusat等之说，实无以属卜弥格之何种理由。按：在1671年时，Grenoble城刊行有一部书，题作《中国医术秘诀即在脉搏之完全认识者》。此本由一大有功能的法国人自广州寄来。[2]序题1668年10月21日作于广州，撰者是一个谪居广州已有三年的传教师。我以为此传教师好像就是作1669年2月12日同10月20日及1670年11月5日同15日那些信札的“欧洲考据家”，或者也是《中国医法举例》第二三编的撰人。如果能确定1671年出版的那部书的撰人为何人，就可同时确定Cleyer

[1] 以下关于Cleyer之事，几尽采之于F. de Haan所撰Uit onde notaris-papieren II. Andreas Cleyer一文者，此文见Tijdschrift v. Ind. Taal-etc.，第四十六册第五编（1903年刊）423—468页。此文作于Batavia，撰者未曾深考Cleyer的传记，亦未研究他被人诋毁的事实。

[2] 参照《中国书录》二版22页，又1471—1472页，此书所余之本，载入1699年Michel Baudier的《中国王朝史》重刊本之后。

的《中国医法举例》之一撰人或主要合撰人为何人。但是我的材料尚嫌未足，未能在谪居广州的那些法国传教师中确指其人，加以我未亲见1671年在Grenoble出版的那部书，不能辨别此书是一个欧洲人的著作，抑是《脉诀》的一种译文也。[1]

姑无论1682年Cleyer所刊布之《脉诀》的拉丁译文，是否1671年刊行的《医术秘诀》的撰人。那个法国传教师的译文，要非出于卜弥格之手，卜弥格对于中国医术，除撰有1686年出版的《医钥》外，或者尚有构成1682年出版的《中国医法举例》第五编两半的两部小册子，此外并无说他撰有别书的何种理由。我们现在既有1682年的《医法举例》，[2]可以取来同1686年的《医钥》对勘。[3]沙不烈君（264—267页）曾将此二书详细审查，除所言之题目相同外，别无关系。1682年的《医法举例》任何部分，不重见于1686年的《医钥》之中。则若1682年刻本的标题不使人主张相反的解释，势将以为1682年的《医法举例》中毫无卜弥格的撰述矣。

总之，这部1686年的刻本，并不是柏应理举发Cleyer前此“剽窃”的一种报复刻本。只须读其标题全文，即可释然，其标题曰：*Clavis medica ad Chinarum Doctrinam de Pulsibus，autore R. P. Michaele Boymo，è Soc. Jesu，& in China Missionario. Hujus operis ultra viginti annos jam sepulti fragmenta，hinc inde dispersa，collegit & in gratiam Medicae Facultatis in lucem Europaeam produxit Cl. Dn. Andreas Cleyerus，M. D. & Societatis Batavo-Orientalis Proto-Medicus. A quo nunc demum mittitur totius operis Ewemplar，China recens allatum，& à mendis purgatum，Procuratore R. P. Philippo Copletio，Belgâ，è Soc. Jesu，Chinensis missionis Roman misso. Anno1686*。这个标题完全明了，不能发生误解。柏应理是代理人（Procuratore），被派至欧洲，在1681年12月5日附一荷兰船舶离开澳门，路中遇风暴，强其停留于爪哇西北之Bantam，待船好久，至1683年2月8日方能又附舶行，至同年10月8日始抵荷兰之Enckhuyzen。按Bantam相距Batavia不远，Cleyer认识他的“大同乡”柏应理，并获得卜弥格的改正本，显在柏应理被迫停留之时。后来他将此本寄到欧洲出版，虽然有Bayer（Museum Sinicum，28—30）首倡的，Rémusat缘饰的，同Pfister，Cordier，Streit，沙不烈诸人承认的那件传说。Cleyer不特未将卜弥格的撰述攘为己有，而且使这个波兰耶稣会士“隐藏有二十年”的主要科学撰述得著录原作者之名而显于世，不特无过，而且有功也。

1682年本的标题固然明了，然而此本出版的情形则不如是，其本未著印刷的所在，诸目录亦未著录。《中国书录》二版1471页著录此本有144页，下有小注云：

---

[1] 沙不烈以为1671年的《医术秘诀》，就是《医钥》（此年此书尚未出版）的一种法文译本，但是此说好像是未曾对勘此二书而发表的主张。

[2] 1682年的《医法举例》，现在巴黎国民图书馆、药科大学、东方语言学校各藏有一本，我亦藏有一本。

[3] 沙不烈君仅言及英国博物院所藏之《医钥》本，然巴黎国民图书馆同医科大学亦各藏有一本。

“《医钥》——见一六八六年Norimbergae（Nuremberg）城天然异物研究院《异物杂纂》（*Miscellanea Curiosa Academiae Naturae Curiosorum*），第四年十卷本二编，附录一一四页。”沙不烈书（239、257、258页）亦说到此附录，谓有“一一四页”，乃是《医钥》的“报告书”，然而Bayer（Mus. Sinic. 30页）早已说到《医钥》已载入Nuremberg城的天然异物研究院的十卷本（decuriae）中，其说是也。考所谓1686年的特印本中之册页图版，尚著录有六年十卷本二编（Dec. II，Annus IV）字样。如此看来，此1686年的所谓特印本，就是一种单行本矣。[1]

此外Bayer说《杂纂》本之刊行，曾经柏应理同Mentzel参订（Cupleto et Menzelio adnitentibus）。1686年柏应理固尚在欧洲，但是将卜弥格的写本从Batavia寄到欧洲的是Cleyer，前此曾经说过，殆因Bayer误解1686年版本上的标题，以为柏应理在Batavia将卜弥格的写本从Cleyer的手中夺回，携还欧洲。[2]反之，Mentzel倒是Cleyer的一个通信人，他接到写本将其印行，其事亦有可能。

现在仅须说明的，就是这部《杂纂》本的标题，如何包含有Cleyer从前刊布卜弥格残钞本的话，其所指者不能为1682年的《医法举例》。盖1682年的《医法举例》同1686年根据一部全写本的《医钥》，无共有之文也。欲详此种变态，我将首先说明1686年本的标题，必不是Cleyer自撰的标题，乃是出于刊行人者。而此种刊行人在《医钥》之几个段落中，常有窜改，1686年的《医钥》，并不是卜弥格之一字不易的原写本也。

卜弥格在他所撰序文中说过，凡刻其书者，必将汉字转录，否则视若伪本（spirium），可是1686年的刊行人（或者1682年的刊行人也是一样）不加一词，将卜弥格写本中的汉字删除，仅留存罗马字的译音，同拉丁语的译文。当时欧洲无有汉文字模，这也无怪其然，至若原有的药品药方，刊行人曾追加一段话（18页），说此种药方对于欧洲医师毫无功用。而药品一到Batavia，甚至就在澳门，早已变坏，不能将其运至欧洲。由是在1686年的《医钥》中，无药品的名录。此外1686年的刊行人谓有图版二十九面，然仅印有五面（其实五叶，上有六图），余图则请读者参考1682年的《医法举例》。

然则应该如何断论欤？按：1686年本的王叔和（Uâm Xo ho），当然就是1682年《医法举例》中的王叔和（Vám Xó hó），而书中之三十图（或二十九图），乃是误

[1] 《杂纂》附录本《医钥》，自然是144页，与单行本同。并非Sommervogel同Cordier所著录之114页，沙不烈似已参考过《杂纂》，然两次误计页数，意者国民图书馆所藏《杂纂》不全。《医钥》全文在1686年的附录后脱漏，致有此误。

[2] 但是柏应理对于这部印本，曾经备过Mentzel的顾问，容有其事，因为柏应理曾经写过数次信给Mentzel，此种信件Bayer曾经见过，据其所言如此（Museum Sinicum 63页）。柏应理致Mentzel诸信中，有一封原文被普鲁士王立图书馆收藏，早经La Croze在他的Bibl. Brem. 第五册618页中刊布过（此信未经《中国书录》二版1062页，及《略传》二版312页著录）。据Bayer之说，其使Mentzel同柏应理发生关系者，乃是Cleyer。

题此撰人名者，可是不能因此必谓卜弥格曾译此书也。1682年的《医法举例》开卷之拉丁文全部译文，或者就是等如1671年《医术秘诀》的拉丁译文，而其来源或者相同，卜弥格与此二译文殆毫无关系也。总之，《医法举命中之文，能以属卜弥格者，只有第五编之两半。前半（1—24页）题曰*Auctoris Vam Xo Ho pulsibus explanatis medendi regula*，是为药方，其中汉名的译音甚伙。后半（24—54页）题曰*Medicamenta simplicial Quae à Chinensibus ad usum Medicum adhibentur*，乃是289种中国药品之叙述同用法，以罗马字译写汉名。好像这就是Rumphius在1682年前数年，赠给Cleyer那部包括有汉文同罗马字译音、拉丁语译文的写本。这部写本乃是卜弥格的《医钥》残钞本，其未署名，亦意中或有之事。1658年柏应理寄到Batavia的，或者就是此本。1686年刻本所载卜弥格序文言及的，就是此种药方同药品，但是1682年的刊行人，因无汉字，遂将汉字删除。1686年的刊行人，以为这一部分无用，又将其文完全删除，可是忘记声明在1682年的《医法举例》中有其删除之文也。现在我的解释如此，如欲保其不误，必须详细合勘《医法举例》同《医钥》二本，同时并须核对1671年的《医术秘诀》本。

1686年的《医钥》，赖Bayle的宣传，曾有声于一时，致使沙不烈君尚追随18世纪及19世纪的反响。尤异者，中国医术的脉诀，影响外国如是之重，Hervieu神甫在18世纪时，竟将这部题作王叔和的《脉诀》，从新翻译，载入du Halde的《中国志》之中。而且最近在Saint-Sophie图书馆中，发现一部附带图画的写本，用阿剌伯字译写汉字之音，是1300年顷一个波斯人的手笔。这部用阿剌伯字音译的中国书，就是误属王叔和的《脉诀》。

卜弥格尚得有一身后名，沙不烈书未曾言及此事，盖世人曾以卜弥格的名称，用作植物学中一个亚类的名称，即Boymiae亚类是已，其定名之情形与时期，不难寻究也。[1]

由此观之，沙不烈书已须及尚须核定之点不少，[2]盖因沙不烈君过于信任前人之说，加以中国史事不为欧洲所深悉者，莫过于永历一代之可悲的历史，固致有此成绩。沙不烈君裒辑材料虽富，我以为未将卜弥格的真相表出。此人之传记，颇类圣者传记，他原抱希望甚大，乃在高处跌下。在罗马时，久受嫌疑，加以他的中国衣冠，发表的演说，大使的态度，同他完全不解中国政治状况的心理，不免受人的批评，招

[1] 世人以为在Bretschneider的*Early European researches*或*History of European botanical discoveries*两书中，或者觅得有关系的材料，其实毫无异文。

[2] 凡不涉及卜弥格同Kircher者，尚有不少必须改正之点，比方沙不烈君尚采Rémusat之说，以为汤若望死在1669年（30页），而不作1666年。吾人今知白乃心不是在1665年死在Florence（181页），乃是在1680年死在匈牙利之Saros Patak者。南怀仁仅在1658年到中国，乃Backhouse and Bland妄以其仕于明朝，沙不烈书（90页）亦不应因袭其误，如是之类，皆应改正。

致人的欺骗。惟应知者，他始终以为忠于明朝，忠于本教，而在奇难景况中，竟能留下一部科学著作，而这部著作之在当时，未可轻视也。[1]

跋

研究明末清初的史事，有一部分很重要的史料，尚未经人广为搜辑。我所说的，就是耶稣会所藏来华传教士的报告、纪录、著作、信札。欧洲学术之开始输入中国，中国文献之实在输入欧洲，可以说就是这些耶稣会士的功劳。此外还有些罕见的纪录，就中若汤若望（Adam Schall von Bell）的《历史记录》（*Historica relatio*）曾言顺治如何得疾致死。安文思（Gabriel de Magalhaens）同利类思（Buglio）是亲见过张献忠的人，他所撰的《张献忠记》（*Relaçao das tyranias obradas por Canghien chungo Famoso ladrao de China*，em e anno 165）必定有些世人未详的事迹。张诚（Gerbilion）同徐日昇（Thomas Pereira）可以说是缔结《尼布楚（Nertchinsk）条约》的要人。他所撰的《八次北行行记》（见Harde书）也是重要史料。如是之类，举不胜举。其中有个卜弥格（Michel Boym），曾奉永历太后同太监庞天寿致教皇及耶稣会统领书赴罗马，尤为历史中之一异迹。我在《景教碑考》中曾说过："计其东西往来之年，几与玄奘游年等，不幸则又与无行同。而其犯冒险阻，仗义奉使，不特为明之忠臣，兼为教会之殉教者。"我当时就想广征其人之事迹，可惜材料不易得。今检本年《通报》，知沙不烈（R. Chabrié）撰有专书，伯希和对此书颇有补正。沙不烈书尚未见，兹先将伯希和的《补传》转为汉文（原文见1934年《通报》95—151页）。耶稣会士几几尽有中国式的姓名，此编中凡有这类姓名可考者，皆著其汉名，余则仍录原名。又如书名，我以为亦有完全钞录其书题之必要。加以关涉的语言甚多，尤其是荷兰葡萄牙等文，我不敢强作解人，故录之以待识者。缮校既毕，附识翻译此编缘起于此。

1934年9月10日冯承钧识

---

[1] 沙不烈书印刷颇有讹误，而此种讹误殆成为博士论文之通例矣。

二、卜弥格文献

卜弥格、卢安德和穆尼阁：三位17世纪来华耶稣会士罗马耶稣会档案馆文献精选*

［波兰］罗伯特·丹尼尔卢克 著
王银泉　崔祥芬 译

译者按： 本文作者罗伯特·丹尼尔卢克（Robert Danieluk）是罗马耶稣会档案馆合作者。本文原题为"Michał Boym, Andrzej Rudomina and Jan Smogulecki-Three Seventeenth Century Missionaries in China. A Selection of Documents"，发表于《华裔学志》（*Monumenta Serica*）2011年第59期第315—340页。文章主要介绍了从罗马耶稣会档案馆精选的关于17世纪来华的三位传教士——卜弥格、卢安德、穆尼阁的一些档案和有关文献。原文后的注释已移入相应脚注，脚注中的文献来源格式与原文保持一致，文后的注释则删去未译。

本文旨在介绍从耶稣会罗马总教廷的档案馆里精选的一些文献，这些文献涉及17世纪来华的三位耶稣会士，即卜弥格（Michał Boym，1612—1659）、卢安德（Andrzej Rudomina，1596—1633）和穆尼阁（Jan Smogulecki，1610—1656）。因此本文第一部分会简要介绍这些档案，而第二部分则侧重讲述与上述三位耶稣会士相关的文献。附录里列出了所选文献和部分文献的抄本。

一、罗马耶稣会档案馆

罗马耶稣会档案馆（Archivum Romanum Societatis Iesu，简写为ARSI）是耶稣会总会的档案馆，位于罗马总教廷，主要用于存放、归整文献，并为研究提供资料文献，这些文献记录了耶稣会总会及其从16世纪成立之初到现在的一系列活动。档案馆获此殊荣见证了这样一段历史，主要由三大档案区组成：

* 本文原载于《国际汉学》2017年第4期。

1. “旧耶稣会”档案区（1540—1773年）

2. “新耶稣会”档案区（1814年之后）

3. 耶稣会总务长档案区（用意大利语Fondo Gesuitico表示）

除这三大主要档案区的文献，还有其他一些材料，这些材料虽然与耶稣总会没有直接联系，但出于实际原因，应该将这些材料列为罗马档案馆的第四大档案区，在此我们称其为“其他档案”区。

罗马耶稣会档案馆的三大主要档案区的文献和“其他档案”区的大部分材料存有前任档案管理员汇编的书目总录。这些档案管理员拓展了自己的工作，为许多档案区或者某个档案区的部分材料编制了更加详细的目录，甚至逐页描述单卷宗。这些书目有的是“按照主题”汇编的，如中日书籍目录[1]以及与波兰历史相关的目录[2]。这样，我们做研究调查时，就有一系列有用的目录索引为我所用。一些书目总录已经出版发行，其他的目录仍保存打印稿或手稿，在阅览室均可借到。罗马耶稣会档案馆的结构详见表1，从这个表也可以看出每个档案区保存的不同类别的文献，表1还特别提到了书目总录。除了表示单卷宗的索引，*号还表示在下列所讨论的档案区中，能找到概括或详细的书目总录。

表1　罗马耶稣会档案馆文献表

旧耶稣会*	新耶稣会*	耶稣会总务长档案区（Fondo Gesuitico）*	其他档案区
各耶稣会和各教省的文献： 1.永愿信条 2.目录 3.接收（如Indipeta*[3]）和发出的信件 4.每年的信件和其他事务 5.已故者名录 其他文献*： 1.修会* 2.耶稣会学院* 3.灵修 4.耶稣会历史* 5.信件 6.传记材料（如Vitae*） 7.辩论文 8.耶稣会士手稿* 9.杂录	各耶稣会和各省的文献： 1.永愿信条 2.目录 3.收发的信件 4.每年的书信和其他事务 5.传记材料 其他文献*： 1.修会* 2.耶稣会学院 3.耶稣会历史 4.总教廷书记处 5.罗马教廷 6.总会长们的个人档案 耶稣会士手稿	1.学院 2.信件（如Indipetae*） 3.审查制度 4.罗马耶稣会教堂 5.总务长的档案 6.手稿 7.已故者名录 8.印刷出版的书 9.杂录	1.耶稣会历史学院档案 2.照片 3.罗马耶稣堂档案 4.罗马圣依纳爵堂档案 5.罗马圣路吉堂档案 6.耶稣会建筑平面图（19—20世纪） 7.中日书籍 8.印章和圣牌 9.其他材料（印刷出版的书、微缩胶卷等）

[1] 参见Albert Chan，*Chinese Books and Documents in the Jesuit Archives in Rome. A Descriptive catalogue Japonica-Sinica I-IV* (Armonk, NY-London, 2002).

[2] 参见Andrzej Pawel Bieś-Robert Danieluk [t.3-5], Ludwik Grzebie ń -Marek Inglot, *Polonicaw Archiwum Rzymskim Towarzystwa Jezusowego*, t. 1-5 (Kraków, 2002-2008).

[3] Indipetae是指耶稣会士请求前往印度或者东亚传教的请愿信。——译者注

“新”“旧”耶稣会档案区可以进一步分为两部分：第一部分包括了与各耶稣会和各省（在表的顶部）相关的文献；第二部分包括其他文献（在表的底部）。上面提到的某些标题栏目在“新”“旧”耶稣会档案区都有出现（特别是第一部分）；其他的标题则专属罗马耶稣会档案馆的一个分区。

我们理应对所有这些文献的主要类别做一下简要介绍，这也有助于读者理解本文的第二部分。

永愿信条（*Ultima vota*）：耶稣会中每个做最后宣誓的成员必须手写全部誓言，其中一份誓言准则送至耶稣会罗马档案馆。

目录（*Catalogi*）：各省耶稣会士名录。有些目录一年一汇编（*catalogi breves or annuals*），仅包括各省耶稣会成员的基本信息。其余目录则每三年汇编一次（*catalogi triennales*），包含每个耶稣会士较为详细的信息。这些目录分为三部分：1.目录一（*catalogi primus*）—较为详细的生平介绍，最后宣誓的日期，所属圣部及圣职；2.目录二（*catalogus secundus*）—每个耶稣会士的素质记录，包括他的健康状况如何、品性经历如何、是否深谋远虑等等；3.目录三（*catologus tertius*）—各耶稣会财政状况简汇[1]。

收发的信件（*Epistolae*，*Epistolae generalium*）：信件自耶稣会成立之初起就担任重要角色，它不但是中央或地方管理的主要手段，也是散居在世界各地不同传教团的耶稣会士们的沟通交流手段。[2]涉及总会长活动的许多信件都保存在罗马耶稣会档案馆里。[3]

每年的信件和其他事务（*Litterae annuae*，*quadrimestres, Historia domus*）：这是耶稣会士们互相交流的重要组成部分。耶稣会士必须要定期从自己所在的会、学院和传教团向总会发回不同的报告。这些报告被印成数份，不仅会转寄给耶稣会的成员们，还会给成员的朋友们及捐助人。[4]这些“事务”的一部分已出版发行（特别是国外传教

---

[1] 更多耶稣会士目录内容参见*Diccionario Histórico de la Compania de Jesús. Biográficotemático* [缩写成 *DHCJ*]，t.1 (Roma_Madrid, 2001), p. 967; Edmond Lamalle,“Les catalogues des provinces et des domiciles de la Compagnie de Jésus,”*AHSI* 13(1944), pp. 77-101; Thomas McCoog, Monumenta Angliae,t.I: *English and Welsh Jesuits: Catalogues* (1555-1629), Monumenta Historica Societatis Iesu, vol. 142(Roma, 1992), pp. xxviii-xxxviii.

[2] 要了解耶稣会士之间定期通信的重要性，参见Nicolás R. Verástegui,“The Importance of Archives in the History and Spirituality of the Society of Jesus according to ‘Our way of proceeding’,” in:“*Scriptis tradere et fideliter conservare*”: *Archives as “Places of Memory” within the Society of Jesus* (Roma, 2003)[also in Italian and Spanish version, ed. Institutum historicum Societais Iesu], pp. 25-47.

[3] 更多关于保存在ARSI中的通信的内容，参见Edmond Lamalle,“L’archivio di un grande Ordinereligioso. L’archivio Generale della Compagnia di Gesù,” *Archiva Ecclesiae* 24-25 (1981-1982), pp. 89-120, 特别是pp. 96-100。

[4] 关于*Litterae annuae*, 参见Markus Friedrich,“Circulating and Compiling the *Litterae Annuae*. Towards a History of the Jesuit System of Communication,”*Archivum Historicum Societatis Iesu* 153 (2008), pp.3-39 以及 Jörg Zech, “Die *Litterae Annuae* der Jesuiten. Berichterstattung und Geschichtsschreibung inder alten Gesellschaft Jesu”, ibid., pp. 41-61. 关于*Historia domus*, 参见Edmond Lamalle, “L’archivio di un grande Ordine religioso.”pp. 106-107.

团的事务尤为畅销，已经再版并被译成多种欧洲语言）。[1]

生平材料（*Vitae*，*Necrologi*，*Summaria vitae*）：耶稣会成员的证词，包括为他们写的讣告[2]（除独立系列Vitae之外，这部分材料通常会在与各耶稣会和各省相关的文献中找到）。

总修会、省修会和教宗代理人修会：以上三种修会活动，[3]自耶稣会成立之初定期举行。这对之前式发布的总修会的教令做了补充。[4]

耶稣会学会（*Institutum*）：这一系列中，最珍贵的莫过于圣依纳爵·罗耀拉（Saint Ignatius of Loyola，1491—1556）的遗物及其第一个随从的亲笔书信了，除此之外，还有几本关于耶稣会戒律和灵性的回忆录[5]。

灵修（*Exercitia Spiritualia*）：几份有关灵修的文本的副本、目录以及其他有关灵性静修的文本。

辩论文（*Polemica*）：关于对耶稣会士不同争论的文献。

耶稣会士手稿（*Opera Nostrorum*）："新""旧"耶稣会士所写的作品，大多数作品内容围绕哲学与神学。

罗马教廷（*Sancta Sedes*）：耶稣会和罗马教廷事务来往相关的文献。

总会长们的个人档案（*Praepositi Generales*）：总会长们的私人书信、随笔和其他个人文章。

总教廷秘书处（*Commissioes et Secretariatus*）：总教廷的几个委员会部门，如：耶稣会教育处、灵修处、教友生活团体、祈祷宗会等。

杂录：不属于其他任何类别的一组手稿。罗马耶稣会档案馆的第三档案区是Fondo Gesuitico。存放的大部分是耶稣会受到镇压之前的文献。此区分为20个系列，包括以下几类文献：

耶稣会学院（*Collegia*）：主要是与耶稣会学院相关的财务和法律文献。

信件（*Epistolae*）：一些信件总集，其中很多信件是为了请求总会长派自己去国外传教而写的（即所谓的前往东亚传教请愿信Indipetae）。

审查制度（*Censurae*）：对耶稣会士作品的审查制度（总会长未批准作品出版之

---

[1] 参见László Polgár, *Bibliography of the History of the Society of Jesus* (Roma-St. Louis, 1967), pp. 130-137.

[2] 了解耶稣会士亡者名录，参见Alfred Poncelet, Nécrologe des jésuites de la Province Flandro-Belge（Wetteren, 1931), pp.clx-clxi; *DHCJ*, t. 1, p. 967.

[3] 更多关于三种耶稣会修会活动内容，参见*DHCJ*, t. 1, pp. 907-914.

[4] 这些敕令是以最初的拉丁版本出版的 [*Institutum Societatis Iesu. Volumen 2: Examen et Constitutiones. Decreta Congregationum Generalium. Formula Congregationum*. (Firenze, 1893)] 以及英文版 [John W.Padberg, Martin D. O'Keefe, John L. McCarthy, *For Matters of Greater Moment. The First Thirty Jesuit General Congregations.* (St. Louis, 1994)].

[5] 更多关于耶稣会Institutum意义的内容，参见*DHCJ*, t. 3, pp. 2039-2048.

前，由耶稣会其他成员先审核）。[1]

罗马耶稣会教堂（*Romana Domus Professa*，*Collegium Romanum* 等）：关于耶稣会在罗马的众多教堂。

教宗代理人的档案（*Procura Generalis*）：整个 Fondo Gesuitico 档案区对应了总务长的档案，总务长主要负责管理耶稣会中央辖区的财务和法律的相关事宜，这也是文献被分成不同系列的原因。

亡者名录（*Necrologia*）：17—18世纪意大利耶稣会士的亡者名录。

杂录：主要是关于耶稣会士的生平材料和圣徒传记。

罗马耶稣会档案馆的第四部分，即前文命名的“其他档案”，确切来讲，并不应该归为这些档案，因为它里面的文献与耶稣会总辖区无关。这部分包括耶稣会罗马教堂的档案：耶稣堂、圣依纳爵堂、圣路吉堂，还包括耶稣历史学会的档案。除此之外，还有许多既有趣又对研究有帮助的特殊馆藏：照片、19—20世纪耶稣会建筑规划、印章和圣牌以及一系列丰富的中日书籍。三个主要档案区的文献和古物经常为研究者们所查阅，而第四部分的这些材料对三个分区做了完美的补充。

罗马耶稣会档案馆的首要目的是为了记录耶稣会的中央管理，档案馆的固有特点已经很明显地影响了它对存放文献的分类方法：只有那些与耶稣会总会长活动相关的文献以及与罗马教廷最密切的合作伙伴的相关文献才能保存于此。这也解释了为什么对于一个研究者而言，寄希望ARSI保存了全世界所有耶稣会成员的档案是不合适的，或者说基于这种错误的希望来做研究也是不恰当的。实际上，我们有必要对耶稣会历史这一主题进行调查研究，不仅要在耶稣会核心档案馆（ARSI），还要在地方耶稣会档案馆里调查（主要是在各教省的档案馆，还有耶稣会成员所在的工作机构，如学院或大学）。[2]仅在罗马城内，就能够很容易找到不同层面的耶稣会资料，因为除了ARSI，罗马城内还有很多前罗马行省的档案馆以及宗座格里高利大学（Pontifical Gregorian University）和日耳曼—匈牙利学院（German- Hungarian College）的档案馆。根据特定的研究主题来扩大对档案馆的搜索范围（一个或是多个馆藏品）是很有必要的。

镇压耶稣会的余波所带来的明显后果就是1773年之前的很多耶稣会资料不再为耶稣会所有，很多资料只能在不同的公立或是私立档案馆里才能找到。迄今为止，还没有人将所有能找到的资料——耶稣会现有的馆藏和其他机构的藏品——汇编成一个文库。虽是这样，但最近一个关于当代全球耶稣会士档案的文库已经出版发行。[3]

---

[1] 更多关于耶稣会的审查制度，参见*DHCJ*, t. 1, pp. 731-732.

[2] 参见Edmond Lamalle “L’archivio di un grande Ordine religioso,” p. 91.

[3] Thomas McCoog, A Guide to Jesuit Archives (St. Louis-Roma, 2001).

关于ARSI内藏品的实际占地空间，根据最新测量结果，其整体结构见图1：“旧耶稣会”文献——占书架291米（占总量的18%）；“新耶稣会”文献——占书架 814米（49%）；Fondo Gesuitico——占书架190米（12%）；其他档案——占书架348米（21%）。总体说来，ARSI内的文献占了1643米的书架。[1]其结构比例如图1所示。

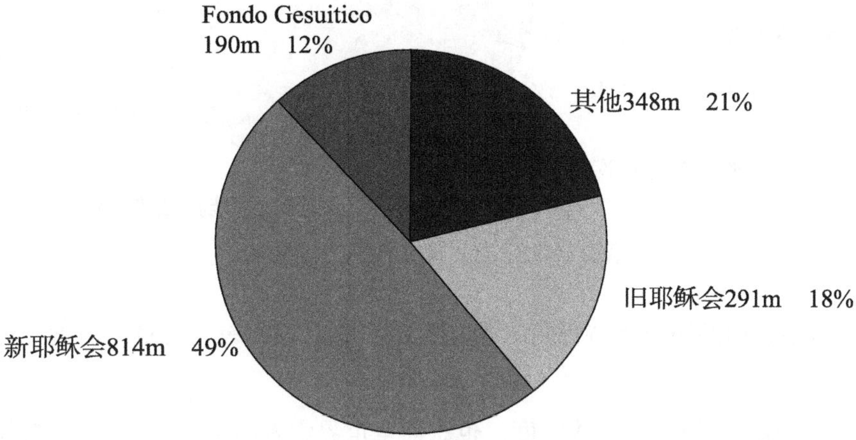

图1 ARSI 藏品结构图

“其他档案”区分成以下几个系列：

耶稣会历史学院档案（IHSI）——占书架91米（26%）

照片——67米（19%）

罗马耶稣教堂档案——32米（9%）

耶稣会建筑平面图（19—20世纪）——29米（8%）

罗马圣依纳爵堂档案——19米（6%）

罗马圣路吉堂档案——12米（4%）

汉语书籍——15米（4%）

印章和圣牌——10米（3%）

其他材料（印刷出版的书、微缩胶卷等）——72米（21%）

以上数据可用图2表示：

[1] 1970年，ARSI全部藏品“只”占约 900 米书架，参见Lajos Pàsztor, *Guida delle fonti per la storia dell'America Latina negli archivi della Santa Sede e negli archivi ecclesiastici d'Italia*（*Città del Vaticano,Archivio Vaticano*, 1970）, p. 395. 也可参见1962 年与ARSI相关的其他统计数据，收录于 Josef Teschitel, “L'organizzazione dell'archivio generale della Compagnia di Gesù,” *Rassegna degli Archivi di Stato* 22(1962), p. 192.

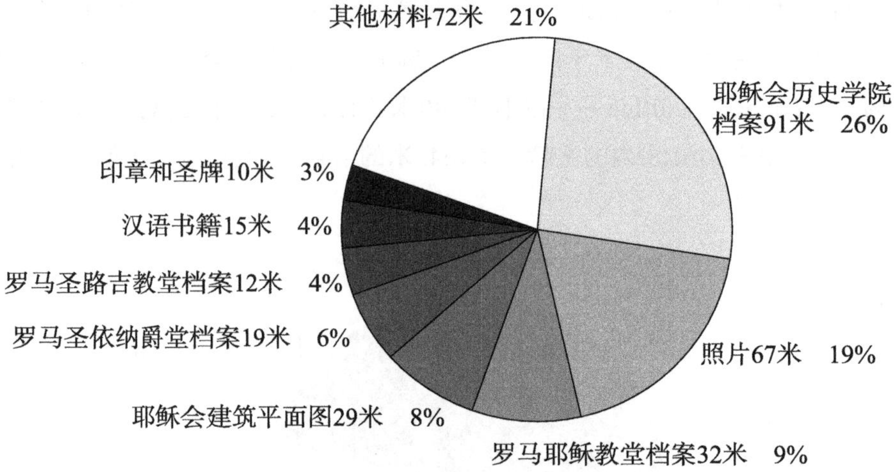

图2 ARSI 的“其他档案”结构图

尽管ARSI全面的历史尚待书写，但还是有一些已经发表的文章，有助于填补这一空白。[1]

档案馆对做历史研究持开放态度，也欢迎全世界学者前来参观。[2]档案馆按照现行梵蒂冈档案馆的守则运作，馆内只有1939年之前的文献才供读者查阅。

在这丰富的馆藏中，有很多文献是关于亚洲的耶稣会传教团的历史，也有详尽的材料涉及在华的三位耶稣会士，他们是本文的重点。

二、卜弥格、卢安德和穆尼阁的相关文献

探究了ARSI的结构及馆内文献的分类方法之后，就可以着手研究提出的问题了。实际上，着眼于三位在华耶稣会士的调查研究需要从图书馆入手（自耶稣会历史学会图书馆于2004年迁至档案馆后，调查工作就变得容易多了），因为大量的工作已经完成，之前的很多学者也发表了诸多成果。[3]

---

[1] 参见Edmond Lamalle,“La documentation d’histoire missionnaire dans *le Fondo Gesuitico* aux ArchivesRomaines de la Compagnie de Jésus,”*Euntes docete* 21 (1968), pp. 131-176; id.,“L’archivio di un grandeOrdine religioso. L’archivio Generale della Compagnia di Gesù”; Lajos Pásztor, *Guida delle fonti*, pp.394-422（特别是 pp. 394-399); Georg Schurhammer, “Die Anfänge des römischen Archivs der Gesellschaft Jesu,”*AHS I* 12 (1943), pp. 89-118; Josef Teschitel,“Archivum *Romanum Societatis Iesu* (ARSI),” Archivum 4 (1954), pp. 145-152; id.,“Das Generalarchiv der Gesellschaft Jesu in Rom,” Römische Historische Mitteilungen 4 (1960-1961), pp. 247-254; id.,“L’organizzazione dell’archivio generale della Compagnia di Gesù,” *Rassegna degli Archivi di Stato* 22 (1962), pp. 189-196.

[2] 提到开放时间（周一至周五上午9:00—12:45，下午14:00—16:45），从2007年9月中旬至2008年7月中旬，共有355名研究者参观ARSI 2,965次，查阅了3,160卷文件。在过去的几年里，以读者身份登记入馆的研究者人数在621（2004年）到412（2006 年）之间波动。

[3] 参见*Carlos Sommervogel, Bibliothèque de la Compagnie de Jésus*, t. 1-12 (Paris-Bruxelles, 1890-1932)的书目和 László Polgar， *Bibliographie sur l’histoire de la Compagnie de Jésus*, 1901-1980, t. 1-3 (Roma, 1981-1990). 第二本著作还包括了一系列补充材料，这些材料曾发表在1981—2009年的《耶稣会历史档案》（*Archivum Historicum Societatis Iesu*）期刊上。

考虑到要研究卜弥格，我们搜集了在ARSI工作的学者们的一些研究，他们还给我们提供了与卜弥格及其使团相关的文献列表。[1]这些列表虽然十分有用，但还是无法免除一个对我们这个话题兴趣颇为浓厚的历史学家在档案馆里进行更深入的研究。[2]

从ARSI对文献的分类方法来看，我们研究的三位耶稣会士的几点信息可以确认：

1. ARSI里保存了成千上万份手写的永愿信条，其中有一份是卜弥格写的，他于1649年8月15日在澳门立下最后的誓言。[3]

2. 认识到耶稣会士名录的重要性及其结构有助于我们明白，做任何研究，耶稣会士名录是切入点。即使同样的内容已重复多次，但目录还是值得翻阅浏览，因为可能会有一些新的发现，可以通过给出诸如耶稣会士本人及其所处环境等更多细节对其个人的生平事迹做补充。因此，在包含卜弥格信息的不同目录中，我们在一张列表上发现了卜弥格的名字，这张列表记录的是那些来自德国耶稣会、要求被派到国外传教团的人。[4]他还出现在1645—1648年中国副省的目录上，最后在其他一些目录上也出现过。[5]卢安德和穆尼阁也是如此：我们也可以在不同的目录中找到他们。[6]

3. 如前所述，信件自耶稣会成立开始就不仅是耶稣会常用的管理手段，还是耶稣会士之间、耶稣会士与亲戚朋友互相联络的工具。这解释了确保耶稣会成员及其上司定期通信的重要性，也说明了为什么 ARSI 中的信件集代表了我们研究的关键部分。

---

[1] 波列斯瓦夫·什钦希尼亚克（Boleslaw Szczęśniak）：《卜弥格作品集》（“The Writings of Michael Boym”），《华裔学志》第14期（1949—1955），pp. 481-538（特别参见527–533页作者提到的保存在ARSI中的卜弥格手稿或者与卜弥格有关的文献）。也可参考：Monika Miazek-Aleksander Wojciech Mikolajczak (eds.), *Studia Boymiana* (Gniezno, 2004), pp. 78-91.

[2] 什钦希尼亚克提供的列表还是存在一些问题，比如我们在列表上找到了以下参考书目：Goa 94, f. 165r-166v（参见*op. cit.*, p. 533），但在ARSI中并没有保存此书，因为果阿（Goa）系列书目只有81卷。

[3] 参见Boym’s formula of final vows (Macau, 15 August 1649). ARSI, Provincia Lustitaniae, t. 6 [abbreviated as Lus. 6]: *Ultima vota. Professi 4 votorum 1640-1649*, f. 269r-270r.

[4] 参见Mention of Byom in the Catalogue “Indicas” vel similes missions expectantium, 1614-1669. ARSI,Assistentia Germaniae, t.126 [abbreviated as Germ. 126], f. 45r.

[5] 参见Mention of Boym in the catalogue of the Vice-Province of China (1645). ARSI, Provincia Japoniae et Vice-Provincia Siensis, t. 80 [abbreviated as Jap. Sin. 80]: Tunkin: Epistolae, documenta 1626-1664.Persecutines 1721-1726, f. 38v. 又 Mention of Boym in the catalogue of the Vice-Province of China(1646). ARSI, Jap. Sin. 161: Epistolae Sin., 1619-1651, f. 327v. Mention of Boym in the catalogue ofthe Vice-Province of China (1648). ARSI, Jap. Sin. 25: Catalogi breves et triennales 1582-1753, f. 146v. Mention of Boym in Catalogus Patrum Societatis Jesu qui post obitum S. Francisci Xaverii, primo saeculo, sive ab anno 1581, usque ad 1682, in imperio Sinarum Jesu Christi fidem propagarunt. ARSI,Jap. Sin. 187, f. 28r.

[6] 参见Mention of Rudomina in the Catalogus primus of the Vice-Province of China (1628). ARSI, Jap. Sin. 134: Catalogi breveset triennales, 1621-1759, f. 308r. Mention of Rudomina in the Catalogus PatrumSocietatis Jesu qui post obitum S. Francisci Xaverii, primo saeculo, sive ab anno 1581, usque ad 1681, in imperio Sinarum Jesu Christi fidem propagarunt. ARSI, Jap. Sin. 187, f. 24rv. Mentions of Smogukleckiin the catalogue of Vice-Province of China (1648). ARSI, Jap. Sin. 134: Catalogi breves et triennales, 1621-1759, f. 333v; f. 335v; f. 337r. Mentions of Smogulecki in the catalogue of the Vice-Province of China (1650). ARSI, Jap. Sin. 134, f. 339r; 341r; 343r. Mention of Rudomina in the Catalogus Patrum Societatis Jesu qui post obitum S. Francisci Xaverii, primo saeculo, sive ab anno 1581, usque ad 1681, in imperio Sinarum Jesu Christi fidem propagarunt. ARSI, Jap. Sin. 187, f. 27v.

在不同类别的信件中，我们还找到了卜弥格[1]、卢安德[2]和穆尼阁[3]所写的所谓前往东亚传教请愿信，信中，他们每个人都表达了去中国传教的强烈愿望。不同传教士写给修会总会长神父的某些信件也与国外传教团的相关计划有关。[4]

除这些文献外，还有三位耶稣会士的其他几封书信原件。在卜弥格给总会长写的信中，有两封信的日期（1652年和1658年）与其欧洲之行的初期和末期时间相符；[5]而另一封信的时间则要追溯到他回亚洲的时候了。[6]ARSI也藏有卢安德于1627年7月在华时所写的书信原件。[7]

在附录里提到的其他一些信件也包含了耶稣会士的信息，不过这些信件并非出自他们之手。[8]ARSI中文献记录尤为齐全的是卜弥格从中国出使欧洲的使团：有一整卷的文献是与他的使团相关：De legatione P. M. Boym。[9]我们发现在其他一些信件中有提

[1] 参见Byom's letter to Mutitus Vitelleschi (Krakow, 5 July 1641) [Boym asks to be sent to themission in China]. ARSI, Provincia Poloniae, t. 79 [abbreviated as Pol. 79]: Espistolae III as Indiam petentes, 1627-1724, f. 7rv. Boym's letter to MutitusVietelleschi (Krakow, 18 September 1641) [on the same subject].ARSI, Pol. 79, f. 9rv-12rv. Boym's letter to Mutitus Vitelleschi (Krakow, 24 October 1641) [on the same subject]. ARSI, Pol. 79, f. 13rv. Boym's letter to Mutitus Vitelleschi (Krakow, 6 November 1641) [on the same subject]. ARSI, Pol. 79, f. 15rv. Boym's letter to Mutitus Vitelleschi (Krakow, 23 November 1641) [on the same subject]. ARSI, Pol. 79, f. 16rv. Boym's letter to Mutitus Vitelleschi (Krakow, 29 November 1641) [Boym asks to be sent to the mission in China]. ARSI, Pol. 79, f. 14rv. Boym's letter to Mutitus Vitelleschi(Krakow, 2 December 1641) [on the same subject]. ARSI, Pol. 79, f. 17rv. Boym's letter to Mutitus Vitelleschi (Krakow, 28 December 1641) [on the same subject]. ARSI, Pol. 79, f. 18rv. Boym's letter to Mutitus Vitelleschi (Krakow, 1641) [on the same subject]. ARSI, Pol. 79, f. 8rv. Boym's letter to Mutitus Vitelleschi (Krakow, 25 April 1642) [on the same subject].ARSI, Pol. 79, f. 26rv.

[2] 参见Rudomina's letter to Mutitus Vitelleschi (without date). ARSI, FG 732: Indipetae, doc. 403. Rudomina's letter to Mutitus Vitelleschi (without date). ARSI, FG 732, doc. 405.

[3] 参见Smogulecki's letter to Mutius Vitelleschi (Roma, 6 June 1641). ARSI, Pol. 79: Epistolae III ad Indiampetmentes, 1627- 1724, f. 22r-23r.

[4] 参见Marcin Hińcza's letter to Mutius Vitelleschi (Pultusk, 27 November 1641) [Hincza recommends Boym for the mission in China]. ARSI, Pol. 79, f. 19rv. Mikołaj Łęczycki's letter to Mutius Vitelleschi (Warzawa,27 January 1624) [Relation about negotiations to stop Rudomina's missionary plans on account of his relations with the bishop of Vilnius]. ARSI, Pol. 77: Epistolae Prov. Poloniae et Lituaniae I, 1605-1670, f. 81 rv.

[5] 参见Boym's letter to Goswin Nickel (Venezia, 14 December 1652). ARSI. Jap. Sin. 162: *Epistolae Sin., 1652-1674,* f. 3rv. Michał Boym's letter to Goswin Nickel (Siam, 26 May 1658). ARSI, Jap. Sin. 162: *Epistolae Sin., 1652-1674*, f. 206rv.

[6] 参见Boym's letter to Giovanni Rho (Tonkin, November 1658). ARSI, Jap. Sin. 80, f. 122r-128v.

[7] 参见Rudomina's letter to Miguel Ortiz (Hamcheu, 31July 1627). ARSI, Jap. Sin. 161: *Epistolae Sin., 1619-1651*, f. 98br.

[8] 参见Mention of the death of Boym in Onuphrius Borges's letter to Goswin Nickel (Tonkin, 20 October 1659). ARSI, Jap. Sin. 80, f. 145r-148v. Mention of Boym in Joseph Tissanier's letter to Goswin Nickel (Tonkin, 29 October 1659). ARSI, Jap. Sin. 80, f. 149r-150v. Mention of the death of Boym in Joseph Tissanier's letter to Pierre le Cazre (Tonkin, 20 November 1660).ARSI, Jap. Sin. 80, f. 151rv. Sebastian de Maya's letter to Goswin Nickel (Macau, 15 November 1656) [with information about Smogulecki]. ARSI, Jap. Sin. 162: *Epistolae Sin., 1652-1674*, f. 25r.

[9] 参见Documents concerning Boym's mission to Europe. ARSI, Jap. Sin. 77: De legatione P. M. Boym 1650-1664 [sic], f. 1r-151v. 参见the detailed list of the contents of this volume in Bolesław Szczęśniak,"The writings of Michael Boym," Monumenta Serica 14 (1949-1955), pp. 528-532；Monika Miazek-Aleksander Wojciech Mikołajczak (eds.), Studia Boymian (Gniezno: Wyd. Collegium Europaeum Gnesense, 2004), pp. 78-91 and in Andrzej Paweł Bieś et al., Polonica w Archiwum Rzymskim Towarzystwa Jezusowego, t. 4 (Kraków: Wyższa Szkoła Filozoficzno-Pedagogiczna Ignatianum/Wydawnictwo WAM, 2008), pp. 30-32.

到这一行人和其中几人的证言，包括这个使团最初给总会长写信的其他信息。[1]

对耶稣会士通信的特殊分类又被称作 *Litterae annuae*，包含了来自传教团的多项联系，在信中耶稣会士们描绘了当地国家、动植物情况等，这些在欧洲都是闻所未闻的。此类文献的范例就是卜弥格从莫桑比克（Moçambique）寄回的一份报告，他初次从欧洲去中国时，在莫桑比克逗留数日。这份报告写于1644年1月，还配有几种植物和一只河马的插图。[2]在意大利版本的1651—1652年中国每年来信中则提到了穆尼阁。[3]

ARSI不仅保存了这些从国外寄来的信件，还保存了总会长神父回信的副本。后者的收藏更为意义重大、引人入胜，因为总会长的回信或者是总会长所回复的来信原件并不是一直都有保存的。[4]在这些副本中有一封是总会长神父于1631年写给穆尼阁的信（甚至在穆尼阁入耶稣会之前）。[5]

4. 自耶稣会创立之初，成员们就对书写耶稣会的历史和收集材料感兴趣，收集的材料也是用于书写耶稣会的历史。[6]这就是ARSI设有Historia Societatis 系列，并存有其他相关材料的原因。Tomasz Ignacy Szpot Dunin[7]的作品不仅是侧重编纂耶稣会历史的

[1] 参见Mention of Boym in Alvaro Semedo's letter to Vincenzo Caraffa (Canton, 25 October 1650). ARSI, Jap. Sin. 161: *Epistolae Sin., 1619-1651*, f. 353rv. Mention of Boym in the *Interpretatio litterarum sinicarum ab Imperii sinici cancellario Achilleo Pam Sina christiano ad Societatis Jesu Admodum R. P. N. Generalem*...(1650). ARSI, Jap. Sin. 161, f. 354rv. Mention of Boym in the *Interpretatio litterarum sinicarum ab Imperii sinici cancellario Achilleo Pam Sina christiano ad Sanctissimum Dominum Nostrum*...(1650).ARSI, Jap. Sin. 16, f. 356r-357r. Miguel dos Anjos letter to Francesco Piccolomini (Macau, 1650?). ARSI, Jap. Sin. 161, *1619-1651*, f. 358r. Mention of Boym in Donato Campi's letter to Leonardo d'Anna (Roma, 25 May 1653). ARSI, Jap. Sin. 162, *1652-1674*, f. 6rv. Mention of Boym in Martin Martini's letter to Goswin Nickel (Genua, 19 February 1656). ARSI, Jap. Sin. 162, f. 18rv. Testimony of Christóvão da Magdalena about Boym's mission (Macau, 5 November 1656) [1 via]. ARSI, Jap. Sin. 162, f. 23r. Testimony of Christóvão da Magdalena about Boym's mission (Macau, 5 November 1656) [2 via]. ARSI, Jap. Sin. 162, f. 27r. Mention of Boym's mission in Sebastiano de Maya's letter to Goswin Nickel (Macau, 16 November 1656). ARSI, Jap. Sin. 162, f. 30rv. Testimony of João Moreira about Boym's mission (Macau, November 1656?). ARSI, Jap. Sin. 162, f. 26rv. Mention of Boym in Joseph Tissanier's letter to Pierre le Crazré (15 November 1658). ARSI, Jap. Sin. 80, f. 129r-130v. Mention of Boym in Martin Martini's letter to Goswin Nickel (Hamcheu, 11 July 1659). ARSI, Jap. Sin. 162, f. 51r-52r.

[2] 参见Copy of Boym's relation from Mozambique [addressed to Grzegorz Ciślak?] (11 January 1644) [including Boym's pictures of plants and animals.] ARSI, Provincia Goana, t. 34 [abbreviated as Goa 34]: *Goana Historia, 1626-1650*, f. 150r-160r [published in: Robert Wallisch, *Michael Boyms Bericht aus Mosambik -1644 (Lateinischer Text, Ubersetzung und Kommentar) mit etnographischen Paralleltexten des 16. und 17. Jahrhunderts aus der Wiener Sammlung Woldan*. Wien: Verlag der Osterreichischen Akademie der Wissenschaften, 2005].

[3] 参见Mention of Smogulecki in: *Della Annua della China 1651 e 1652* [Italian copy of the annual letters from China]. ARSI, Jap. Sin. 116: *Sinarum litterae annuae, 1614-1734*, f. 208r.

[4] 参见Edmond Lamalle, "L'archivio di un grande Ordine religioso," pp. 96-97.

[5] 参见Copy of Mutius Vitelleschi's letter to Smogulecki (8 February 1631). ARSI, Germ. 113 II: *Epistolae Gener. ad externos,1619-1644*, p. 442.

[6] 有关耶稣会历史编纂的起源，参见Robert Danieluk,"Ob communem fructum et consolationem: la genèse et les enjeux de l'historiographie de la Compagnie de Jésus," AHSI 149 (2006), pp. 44-56.

[7] 波兰耶稣会士Tomasz Ignacy Szpot Dunin (1645—1713)，于 1644 年入会（此处疑原文有误——译者注）。自1688年起，他被监禁在罗马圣彼得大教堂，在此期间他用拉丁文写了在华传教史：Sinarum Historia (ARSI, Jap. Sin. 102-103) 和Collectanea pro historia Sinica (ARSI, Jap. Sin. 104-105; 109-111). 参见Carlos Sommervogel, Bibliothèque de la Compagnie de Jésus，t.7, col. 1793。他的著作为许多专家所知，但是除了一些节选内容"Courte relation de ce qui est arrivé au tsar de Moscovie et aux seigneurs de son pays, pendant leurs voyages à Rome et autres lieux en 1698" 被 Études 2 (1857), 第 505–508 页发表，其他作品从未公开发表。参见Ernest-M. Rivière, Corrections et additions à la Bibliothèque de la Compagnie de Jésus, fasc. Ⅳ (Toulouse 1914-1917, t. 12 of the"Sommervogel"), col. 831.

范例，内容还多次提到了卜弥格[1]、卢安德[2]和穆尼阁[3]。

5. 为了完成研究的第一阶段，还应该提到另外两个重要的藏品：亡者名录（卢安德的讣告在ARSI存有两个不同的版本[4]）；对卜弥格著作的两种意见[5]（作为上述提到的耶稣会审查制度的事例）；有关卢安德在维尔纽斯（Vilnius）为支持耶稣会士而捐款的文献；[6]最后颇为重要的一点是，在中日（和汉）书籍系列中收录有卢安德的某一作品。[7]

很多学者在他们研究的最后提出疑问：在你们档案馆与我研究主题相关的文献只有这些吗？这个问题不好回答。只有当存放在ARSI中的所有系列拥有一个完备详尽的目录时，才有可能详尽全面地回答上述问题。因此不论是本文所讨论的内容，还是文后所附附录，都没有宣称提供了有关卜弥格、卢安德或是穆尼阁文献的完整列表。仅仅凭大致粗略地研究几卷资料（基于现有目录），是不可能提供完整列表的。只有花更多时间、更仔细地研究 ARSI 中的很多其他档案区，才有可能整合出较为详细的列表。笔者希望下面提供的附录能够激发学者们对这几位耶稣会士的兴趣，并能完成艰辛的整合工作。

（作者单位：王银泉、崔祥芬，南京农业大学典籍翻译与海外汉学研究中心）

---

[1] 参见Mention of Boym's mission to Europe in: Tomasz Ignacy Szpot Dunin, Historiae Sinarum Imperii pars III: Sina evangelica luce sub Imperatoribus Tartaris illustrior mundo facta. ARSI, Jap. Sin. 103, f. 79r-81r; 93r-96cv. Mention of Boym's mission to Europe in: Tomasz Ignacy Szpot Dunin, Collectanea Historiae Sinensis ad anno 1641 ad annum 1700. ARSI, Jap. Sin. 104, f. 103r-105v; 118r-125r. Mention of Boym's mission to Europe in: Tomasz Ignacy Szpot Dunin, Collectanea pro Historia Sinica. ARSI, Jap. Sin. 109, Pars II, p. 225.

[2] 参见Mentions of Rudomina in: Tomasz Ignacy Szpot Dunin, Historiae Sinarum Imperii pars II. ARSI, Jap. Sin. 102, f. 235r-236r. Mention of Rudomina in: Tomasz Ignacy Szpot Dunin, Collectanea pro Historia Sinica. ARSI, Jap. Sin. 109, pars II, p. 222.

[3] 参见Mentions of Smogulecki in Tomasz Ignacy Szpot Dunin, Historiae Sinarum Imperii pars III: Sina evangelica luce sub Imperatoribus Tartaris illustrior mundo facta. ARSI, Jap. Sin. 103, f. 65v-64r; f. 91rv; 92v-93r; 98r; 103r-105r. Mentions of Smogulecki in Tomasz Ignacy Szpot Dunin, Collectanea Historiae Sinensis ab anno 1641 ad annum 1700. ARSI, Jap. Sin. 104: f. 4v; 86r; 115rv; 125v; 138r-140r; 179rv. Mentions of Smogulecki in Tomasz Ignacy Szpot Dunin, Collectanea pro Historia Sinica. ARSI, Jap. Sin. 109, pars I, p. 13; pars II, p. 223.

[4] 参见Vita et mors P. Andreae Rudomina [Rudomina's necrology]. ARSI, Lus. 58: Necrologia, 1548-1741, f. 307r-308v. Rudomina's necrology. ARSI, Pol. 68: Necrologi I, 1612-1700, p. 1016.

[5] 参见Censorship of the Ratio eorum quae ad Sinis christianis et a PP. Societatis Iesu in imperio Sinarum solita sunt fieri dilucide proposita (Roma, 22 April 1653). ARSI, Fondo Gesuitico, t. 664 [abbreviated as FG 664]: Censurae librorum, 1612-1655, f. 31r-32v. [Daniele Bartoli?], Censura circa relationem P. Boym [circa 1653?]. ARSI, Epistolae Nostrorum, t. 96: Epistolae illustrium virorum S. I., f. 7r-8v.

[6] 参见Documents related to the donation made by Rodomina in favor of the Jesuits in Vilnius (Vilnius, 9 June 1620). ARSI, FG 94, f. 671r-672v; 677r-679v; 680v.

[7] K'ou-to jih-ch'ao [answers of several Jesuits, among them Rudomina, to questions concerning the Christian faith]. 参见 Albert Chan, Chinese Books and Documents in the Jesuit Archives in Rome. A Descritive Catalogue Japonica-Sinica I-IV (Armonk, NY-London: An East Gate Book, 2002), pp. 131-133. ARSI, Jap. Sin. I, 81.

耶稣会士卜弥格的两封新见书信（1656、1658）及其汉学论著*

［荷兰］高华士著 王 琰 李 慧译

译者按：近期发现的两封卜弥格（Michael Boym）亲笔信分别书于1656年和1658年，该信件最初保存于雅各布·何留斯（Jacob Golius）位于海牙的书斋，现藏慕尼黑。信件内容显示，作者计划将其多部作品手稿出版，包括《中国地图册》（*Atlas*）、《中国医药概说》（*Medicus Sinicus*）和一部关于艾灸的无题著作。这两封信首次明确记载了罗马教廷和阿姆斯特丹印刷商布劳家族之间的往来，涉及何留斯、他在教廷任神职的弟弟加尔默罗会修士圣李维娜的切莱斯提努斯（the Carmelite Caelestinus a Sancta Lidwina）、安特卫普圣徒传记作者让·波朗（Bollandus）和亨斯琴（Henschenius）等人，这与卫匡国（Martino Martini）《中国新舆图》（*Novus Atlas Sinensis*）出版涉及的人员相同。原文［高华士（Golvers Noel），"Two new letters from Michael Boym, SJ in Europe (1656; 1658), And the editorial dossier of his various European works on China," *Symbolae Philologorum Posnaniensium Graecae et Latinae*, XXIX/1(2019), 107–116. DOI: 10.14746/sppgl. 2019. XXIX.1.7］作者高华士，鲁汶大学汉学系高级研究员、南怀仁研究中心研究员。该文主要考查了以卜弥格为代表的17世纪耶稣会士的科学活动，涉及其著作背后的罗马-安特卫普-莱顿-阿姆斯特丹出版网络。

1987年，爱德华·卡伊丹斯基（Edward Kajdański）发表了研究卜弥格[1]（Michael Boym，1612—1659）《中国医药概说》一书的重要文章。该书手稿于克拉科夫（Cracow）被发现，2000年卡伊丹斯基增补了附册，名为《卜弥格医著手稿重现：〈中国医药概说〉残本现身克拉科夫》（波兰格但斯克大学出版社）。现在书稿基础

* 本文为北京市社会科学基金项目"中国军事典籍英译的诠释及其影响研究"（20YYB005）的部分成果。

[1] Edward Kajda ń ski, "Michael Boym's Medicus Sinicus," *T'oung Pao* 83, 1987, pp.161–189.

上可再加两封卜弥格亲笔签名书信，分别写于1656年和1658年。这两封信是写给荷兰东方学家、数学家雅各布·何留斯（Jacob Golius，荷兰海牙，1596年—1667年9月28日）的，被发现时与其他54封信混杂在一起。毫无疑问，这些信是何留斯保留于其私人书斋的一部分文件，1696年，图书拍卖商若望·杜·维微（Johannes du Vivie）[1]于海牙拍卖了这批文件。这批书信的命运和何留斯的东方学手稿截然不同，其手稿由阿马区主教纳尔奇苏斯·马尔什（Narcissus Marsh，1638年12月20日—1713年11月2日）购得，后藏于博德莱安图书馆[2]，而这批亲笔信则辗转来到慕尼黑，现藏巴伐利亚州立图书馆，馆藏编号2° Cod. ms. 452。这批书信虽然没有出现在1696年的拍品目录[3]上，但文件标签上的文字"先生/维微先生/图书拍卖商/（残字）/莱顿"证明很可能是在同一拍卖行的同一场拍卖会上出售的。

这批札件中有卫匡国（Martino Martini）与何留斯的往来书信，卫匡国与卜弥格同属耶稣会，1655年在罗马教廷中与其对峙[4]。此外，还有两封至今被忽略的信件，就是卜弥格写给何留斯的亲笔信，一封写于卜弥格离开罗马，从热那亚前往里斯本之前，另一封则从东京湾（今北部湾）寄出，两封信内容都是急切催促出版他的几篇手稿，尤其是《中国地图册》（*Magni Cathay quod olim Serica et modo Sinarum est Monarchia Quindecim Regnorum Octodecim Geographicae Tabulae*）、《中国医药概说》（*Medicus Sinicus*）和一部名为《热针灸或火灸诊疗》（*Acus Empirica seu Ignis Medicus*）的新书。这两封信不仅向我们展示了卜弥格著作的编修过程，也透露出一些未知细节，涉及其著作背后的出版组织，而且这个出版组织极有可能与卫匡国著作的出版组织相同。

两位赴华传教士和何留斯共同的出版组织中，核心人物是圣李维娜的切莱斯提努斯神父（Caelestinus a Sancta Lidwina），俗名伯多禄·何留斯（Petrus Golius，1597年生于海牙，1672年逝于苏拉特）。他是何留斯的弟弟，精通阿拉伯语[5]，在罗马赤

[1] Johannes du Vivie，图书拍卖商，活跃于1678至1728年间。见Mellot, J. D. and Queval, E., eds., *Répertoire d'imprimeurs / libraires (vers 1500 – vers 1810)*. Paris: BNF, 2004, p.209.

[2] J.J.L. Duyvendak, "Early Chinese Studies in Holland," *T'oung Pao* 32, 1936, pp.293–344.

[3] 博学、富有盛名的何留斯先生所收集的藏书目录——包含各个学科以及各种语言，如阿拉伯语、波斯语、土耳其语、汉语等。该藏书的拍卖会将于10月16日（新历）9点在若望·杜·维微先生的家中举行，莱顿，1696年）文献（副本）见于网络。

[4] Noël Golvers, "Michael Boym and Martino Martini: a contrastive portrait of two China missionaries and mapmakers." *Monumenta Serica* 59, 2011, pp.259–271.

[5] 受其叔叔Canon Johannes Hemelaer(s)影响在安特卫普皈依，其生平见于三篇文献：C. De Boer, "Golius, Petrus." *Nieuw Nederlandsch Biografisch Woordenboek, Deel 1*. Eds. P. J. Blok and P. C. MolhuysenP.a P.. Leiden: A.W. Sijthoff's Uitgeversmaatschappij, 1911, pp.951–952；Jan Loop, *Johann Heinrich Hottinger: Arabic and Islamic Studies in the Seventeenth Century*. Oxford: Oxford University Press, 2013, pp.146–147；Fr. Antonio a S. Teresia, "Monumenta missionaria Carmelitana. III. Relatio de Statu atque de Fructibus Spiritualibus Missionum Nostrarum Orientis Saeculi XVII," *Analecta Ordinis Carmelitarum Discalceatorum* 13.1,1938,pp. 68–97.在赤足加尔默罗会的罗曼语档案中，有关他的资料已经散失。

足加尔默罗会一带居住，该教会在霍蒂萨鲁提亚尼（奎利纳雷丘）附近的胜利之后圣母堂。卫匡国信中也提到了他，说他是自己与何留斯、阿姆斯特丹印刷商约翰·布劳（Johan Blaeu，1599—1673）的中间人，而约翰·布劳也是《中国新舆图》（*Novus Atlas Sinensis*）的编辑[1]。该出版组织在安特卫普也很可能有分支，因为卫匡国在1654年上半年频繁前往弗拉芒的这个港口城市，并与何留斯在这里有过会面。该出版组织的安特卫普分支主要由两人负责，一位是让·波朗（Johannes Bollandus，1596年8月18日生于比利时列日，1665年9月12日逝于安特卫普），另一位是乔弗里·亨斯琴（Godefri/edus Henschenius，1600年生于荷兰芬莱，1681年逝于安特卫普），即卜弥格信中误称的“Heinsius”。他们是波朗德斯学派开创者、圣徒行传学者，二人都居住在安特卫普，并将卫匡国《中国新舆图》的手稿送往阿姆斯特丹进行刊印，因此卜弥格在第二封信中提到印刷手稿的中间人也很有可能是这两人。卜弥格在信中提及二人，也将约翰·布劳一并提及，虽然没有明确的文字，但可以推断，在卜弥格看来，布劳绝不是一个普通的印刷匠，而是一位专业的印刷商。慕尼黑的这批信件中甚至还有一封亨斯琴写给何留斯的短信，是亨斯琴在收到卜弥格来信后写的，告知关于《中国地图册》[2]手稿的情况。这些材料是对卜弥格另一封信件的重要补充，就是那封写于1658年5月26的信件[3]。卜弥格在这封信中写道，他已将《中国医药概说》的手稿送往比利时，这里的“送往比利时”跟我先前的观点并不冲突，因为这指的就是送给布劳，因为“比利时”这个地理称谓在当时泛指前尼德兰17省（或比利时联邦）所有领土，包括布劳所在的阿姆斯特丹[4]。

---

[1] 系列信件参见《卫匡国全集》（*Opera Omnia of Martino Martini*，Trento, 2019）第6卷。有关布劳与卫匡国的联络，参见P. J. Begheyn, “The contacts of Martino Martini with the Amsterdam printer Johann Blaeu,” *Archivum Historicum Societatis Jesu* 81,2012, 219–231.

[2] 内容见亨斯琴书信（1659年8月26日），巴伐利亚州立图书馆所藏卜弥格书信同函文献，馆藏编号：2° Cod. ms. 452, no. 3。书信原文：“尊贵的阁下，我收到了在临近中国的东京湾王国写的、本会会士、使徒一般的卜弥格神父的信，该信写于1658年11月18日，在信中他询问《中国地图册》我——如同他所说的之前的信里询问的一样（我还没有收到）——我是否从您这里得知您关于他的《中国地图》的刻印的消息，如果您没能完成，让我来接受这部书稿。我不会怀疑在我收到的信中他所解释的事情。波朗（Bollandus）神父向尊贵的阁下您问好，我们向您效劳。于安特卫普，1659年8月16日，您的主内仆人，耶稣会士亨斯琴。”

[3] 书信原稿见罗马耶稣会档案馆（Archivum Romanum Societatis Iesu），馆藏编号：ARSI, JS 162, f° 206r.。下为原信附言（笔迹难以辨认）：“我寄送《中国医学》这部书到比利时，……这部书十分有用，被我从汉语翻译过来。（书）有很多可以为耶稣会士和传教事业带来名声的内容。书的翻译花费了大量的精力，并且被很多欧洲人所索要”。

[4] 在17、18世纪的历史文献中，“比利时”一词的地理含义并不明确。Andriessen（1957：69）的研究表明，至少17世纪上半叶，在低地国家耶稣会士的书面材料中，“比利时”一词的地理范围同时涵盖南方低地国家（西班牙属）和北方低地国家（独立政权），并且17世纪下半叶，佛拉芒地区的赴华耶稣会士，如鲁日满（François de Rougemont）、柏应理（Philippe Couplet）、南怀仁（Ferdinand Verbiest）等人仍在信中沿用。更多文献依据参见Van der Linden, H., “De namen België en Nederland door de eeuwen heen,” *Académie Royale de Belgique. Bulletin de la Classe des Lettres et des Sciences morales et politiques* 17 (1931): 189–218和 Paul Bonenfant, “Du Belgium de César à la Belgique de 1830. Essai sur une évolution sémantique”, *Annales de la Société Royale d’Archéologie de Bruxelles* 50, 1961, pp.31–58.

这两封信还展示了卜弥格从罗马（他确实在罗马一直待到1656年初）前往里斯本的其他行程细节——他途经了热那亚，这里有意大利赴远东传教士代表的传教基地。这与卫匡国和殷铎泽（Prospero Intorcetta）的路线相同，他们分别于1655年、1672年从罗马出发，途径（佛罗伦萨和）热那亚前往里斯本，返回中国。

本文第二部分将公开两封信的文本及残字，由于与其他文献被混同装订成一卷，书脊处的文字难以辨别[1]，信件内容识读理解不信之处诚待商榷。

信件1

尊敬的阁下：

圣父及耶稣基督赐予恩泽和平安。

我猜想《中国地图册》已经和我的信一起到了尊贵的阁下手中。鉴于地图需要用欧洲字母和中国字来刻印，这里一并附上关于印刷的相关信息。我很高兴地把这些文件交与您[2]手，因为我得知您对东方文化非常熟悉且感兴趣[3]，并且您的弟弟——尊贵的加尔默罗修会的切莱斯提努斯神父，也是我的朋友，是他鼓励我这么做的。如果在这些奇特的地图中有什么无法识别的，可以在印刷时去掉，也可以让刻字师模仿手稿上的样式来刻制。

下面必须要谈一下的是书的致辞；我有很多人要感谢，也有很多敬献人，但是为了不冒某些犯国王或首领，我决定只敬献给天主。我已经拟好了书名和作品的那页图片，请将以下文字作为致辞，用大号字体印刷：

致最伟大、至善

博大、永恒、无尽、全知

非生的天父

唯一的圣子耶稣基督

以及圣灵

[1] 文中下划线在原信中同样存在，笔者认为这可能是何留斯阅读信件时所标，因为罗马耶稣会档案馆藏其他卜弥格信件中均无类似标记。

[2] 即何留斯。

[3] 至于卜弥格如何知道何留斯对远东了解的情况，这主要是从他的弟弟切莱斯廷那里得知，当然还有卫匡国。因为卫匡国抵达罗马（1655）之前，在1654年上半年，他在阿姆斯特丹和安特卫普与何留斯多次会面，并传递了口信和几份汉学论著手稿。关于卫匡国和何留斯几次会面的更多内容情况，请参考陆商隐文章（Luisa Paternicò, “Jacob Golius and Martino Martini: The Enlightenment Encounter and the Additamentum.” *Catholicism's Encounters with China. 17th to 20th Century*. Ed. A. Chen Tsung-ming. Leuven: F. Verbiest Institute, 2018, pp.185–205）和笔者的另一篇文章（Noël Golvers, “Martino Martini in the Low Countries (1st half of 1654).” *Martino Martini, Man of Dialogue*. Ed. L. Paternicò, C. Von Collani, and R. Scartezzini. Trento: Centro Studi Martino Martini, 2014, pp.113–135）。

中国（又称契丹）的疆域
用欧洲和中国字表达
并描述

向吾主和全能的创造者
卑微地敬献

无用之物
波兰人，耶稣会士卜弥格

（f.8v）您还将收到一部关于植物的书，名为《中国植物志》（Flora[1]），在维也纳刻印[2]，是献给匈牙利国王[3]的。您可以去掉致国王的献词，再加上这部书。这件事情完成之后，请将这书的样本以同样的方式寄送给我，如同在之前的信[4]里提到过的一样。

我已经完成了《中国医药概说》；书里分为两栏，一栏有汉字，另一栏是解读和一些图片。这部书的标题是《中国医术或诊脉方法，可推测过去和将来症状的技艺，这门技艺在大洪水时代之后被发现，通过传承和文字一直保存到现在……》[5]。这件事（Res curiosa）[6]花费了我大量的精力，书中的医术与我们欧洲的医疗技艺完全不同，但更确切也更简单。我将会寄给您，这样我的工作就不会遗失。我还会抄写更多的副本，确保这部书能到达负责印刷的人手中，就是您将安排的那位，他能刻印，也会寄送多份样本到我们手中。但是（？）首先我希望您能寄出《中国地图册》一书，而我会寄给您另一本有趣的

[1] 确切的书名为*Flora Sinensis*；据笔者所知，这是（首部或）最早以地理区划命名，系统介绍特定地区的植物之一。

[2] 确切地说是在奥地利维也纳：Rictius先生，1656年，即近期，因为这封信提及的日期是1656年2月。卜弥格在这里使用了将来时态（veniet），因为他发给（或打算发给）何留斯的手稿副本此时还不可能送抵达阿姆斯特丹（从卫匡国和何留斯的通信中我们得知，当时从罗马寄信到阿姆斯特丹需要2个月，因此从热那亚到阿姆斯特丹耗时要稍短一些）。

[3] 此处匈牙利国王即利奥波德一世（1658—1705在位），他拥有神圣罗马帝国皇帝、匈牙利国王等多个王衔。

[4] 卜弥格早先写给何留斯的信显然遗失。

[5] 卜弥格此处几乎完全套用其1654年拟出版书目清单的原文：“中国医术或诊脉方法，可推测过去和将来症状的技艺，该技艺在大洪水时代之后被发现，通过传承和文字一直保存到现在，这项技艺令人惊叹，与欧洲人的技艺完全不同”（Michael Boym, *Briefve relation de la notable conversion des personnes royales, & de l'estat de la religion chrestienne en la Chine*. Paris: Cramoisy, 1654, p.73)。

[6] 关于Res ‘curiosa’和下文‘liber curiosus’：按照17世纪的表达习惯，“curiosus”一词形容学术著作。

书。请您尽快寄出《中国地图册》，并马上将至少三份样书寄到巴达维亚[1]，交与马绥克（Maetsuycker[2]），让他寄到澳门给我，或寄给望加锡的神父并附上我的地址，因为他们负责寄信到澳门和中国。我则在来年从果阿[3]寄给您《中国医药概说》，如果那时我在欧洲，就从葡萄牙寄给您。如果您收到了这些转寄过来的新手稿和这封信，请您回信给我。

在这期间，我将自己拜托于您的善心。我祈祷天主保佑您……并传授他的旨意，保佑您平安。

1656年2月20日于热那亚无用的仆人

阿姆斯特丹有船去里斯本卜弥格神父

还会有其他的船去东印度雅加达。

因此书信寄到葡萄牙和去印度……

(f. 8/2r.)

转寄，另外请将其中的一些寄到印度，一些寄到澳门，一些到望加锡。请您命那些去葡萄牙的船交还给我们在新圣安东尼神学院[4]的耶稣会神父。抬头：致耶稣会神父卜弥格。

(f°. 8/2v.)

致尊贵的何留斯阁下

数学和东方语言学者

莱顿

这封信里虽然有些内容模糊不清，但还是提到了卜弥格的几部作品。第一，《中国植物志》（*Flora Sinensis*），已于1656年在维也纳刊印完毕，卜弥格将此书献给匈

[1] 雅加达的意大利语旧称。“雅加达通常被称为‘新巴达维亚’”，参见Francesco Brandano, *Historia delle guerre di Portogallo*. Venezia: presso P. Bagnoni, 1689, p.102。

[2] 即约翰·马绥克（Johan Maetsuyker，1606–1678，阿姆斯特丹），罗旺人，1653年至1678年担任荷兰东印度公司总督，也是东印度公司唯一信奉天主教的总督（见Van Putten, L.P., *Ambitie en onvermogen: gouverneurs-generaal van Nederlands-Indië 1610–1796*. Rotterdam: Uitgeverij ILCO-productions, 2002, pp.80–85）。

[3] 卜弥格计划尽快前往里斯本，于是不到一个月的时间，他就从热那亚抵达里斯本，于1656年3月30日启航前往果阿，这个日子是印度航线船只启航的日子。如果不出意外，同年9月会抵达（资料见Bentley Duncan, T., “Navigation between Portugal and Asia in the Sixteenth and Seventeenth Centuries.” *Asia and the West. Essays in Honor of Donald F. Lach*. Eds. C.K. Pullapilly and E.J. Van Kleij. Notre Dame University Press: Notre Dame, Ind.: CrossCultural Publications, 1986, pp.3–25）。如果卜弥格没有赶上，他只能像其他错过船只启航的传教士一样，在里斯本等待第二年。事实上，卜弥格于同年11月6日抵达果阿（Henri Bosmans, “Lettres inédites de François de Rougemont, missionnaire belge de la Compagnie de Jésus en Chine au XVIIe siècle.” *Analectes pour servir à l'histoire ecclésiastique de la Belgique*. 3me série 9 (1913): 21–54），而果阿港又被荷兰军队围困了一年。

[4] 新圣安东尼神学院（Colégio de Santo Antão-o-Novo）位于里斯本，是一所耶稣会大学，耶稣会士呈文信件都曾暂存于此；同时也是葡萄牙的耶稣会东方使团中心，从里斯本前往东亚和印度的传教士在出发前都会临时安置在此。

牙利国王利奥波德一世，并另寄一本给何留斯。第二，《中国地图册》手稿以及地图和文字说明，卜弥格接受了切莱斯提努斯（Caelestinus）的建议，将手稿一并从罗马寄给何留斯，以便后续在阿姆斯特丹刊印；卜弥格并没有确定这本书的献词，显然是因为致谢名单太长了，为避免非议和麻烦，卜弥格决定把这本书“献给”上帝；此外，他还要求在《中国地图册》印制完成后从阿姆斯特丹寄三份到远东，更确切地说是寄到巴达维亚（今雅加达），给荷兰东印度公司（Vereenigde Oostindische Compagnie，VOC）总督马绥克，马绥克将通过马尼拉和望加锡[1]的耶稣会士将这些书带到澳门。第三，《中国医药概说》（完稿），他将继续整理，计划分两栏印刷，一边是正文（直接用汉字原文抑或用拉丁化文字？），一边是注释，并附图示。他还在信中告诉何留斯，自己离开欧洲后，可以通过阿姆斯特丹和荷兰东印度公司的航线，或通过里斯本和印度航线（carreira da India）商船寄信保持联系。

信件2

尊贵的阁下：

圣父及圣子耶稣基督赐予恩泽和平安。

我觉得很蹊跷，为何我从印度果阿、玛里布尔和暹罗[2]寄的数封书信都没有收到任何回音。我怀疑那些书并没有通过我会神父[3]到达您手中，书是我用罗马文字和汉字双语著成的，本来应该已经付印了[4]。请您将样本的文字复制，再通过每年去往雅加达的荷兰船只寄往望加锡（Masacariam）或者东京湾，另外请您给我明确的回复。如果有什么阻碍了书的印制（我恳求书能付印，忠诚的贵加尔默罗会修士[5]也承诺您会完成印制），还请您写信告知，但请将书和地图寄给波朗神父，或者安特卫普的神父[6]。这部作品花费了我巨大的心血，如果您能完成印制，请将一部分（partim）复制本寄给两位神父，另外也将一部分通过荷兰船只的海路寄出（之前我已提及）。我已经完成了《中国医药概说》，也已寄回了欧洲。这是一门新学问，欧洲医学学者将会为之惊叹，将从中学习、挖掘对人们有益的东西。

现在我手头还有一部神奇著作，不逊于《中国医药概说》，题目是《热针

[1] 耶稣会士在1615年之后才在望加锡设立住所（相关文献见Hubert Jacobs, *The Jesuit Makasar Documents (1615–1682). Monumenta Historica Societatis Iesu, vol. 134*. Rome: Jesuit Historical Institute, 1988）。

[2] 卜弥格于1658年初抵达（Paul Pelliot, “Michel Boym,” *T'oung Pao* 31,1935, pp. 95–151）。

[3] 下面几段中，卜弥格所说的“我会神父（nostri Patres）”除罗马耶稣会士、安特卫普的让·波朗和亨斯琴之外，可能还包括来自安特卫普的荷兰使团（Hollandica Mission）的神父。

[4] 这表明，卜弥格在罗马时已与何留斯建立联系，并从罗马寄出了《中国地图册》手稿。

[5] 即上文切莱斯提努斯神父（Caelestinus a Sancta Lidwina）

[6] 即亨斯琴。

灸，或火灸诊疗》，能用于治疗很多疾病。与诊脉一样，在中华帝国发现后，一直继承延续至今，常与其他药物配合使用，治疗瘫痪、癫痫、足风痛、智障及其他疑难杂症（……）。因此如果您能完成《中国地图册》出版，我将敢于将这神秘著作向世界的公开发表之事托付于您手。

我就此打住，没有什么新的消息要说的了，因为荷兰人们写了这些[1]。

在此，我向上帝祈求：赐予您生活安康，指引您通往那条永恒的平安之路。

东京湾王国1658年11月8日

无用的仆人

耶稣会士卜弥格

(f° 8/3)

致尊敬的何留斯阁下

莱顿数学家、我敬爱的朋友

于荷兰莱顿

之所以要写第二封信，是因为卜弥格心怀沮丧，除了上一封从热那亚寄出的信还有回音外，他在前往东方旅途中从果阿、玛里布尔（今印度马德拉斯）、暹罗等地寄去的书信都音讯全无。他在这封信中强调了几件事。第一，荷兰的信件建议通过荷兰东印度公司的航线寄送，因为荷兰商船每年都会抵达雅加达/巴达维亚。第二，如果《中国地图册》印刷有困难，卜弥格要求将手稿退回，暂寄给安特卫普的耶稣会，交给让·波朗神父和亨斯琴其中一人那里，他们会将手稿返还给自己（？）[2]。第三，他已经完成了《中国医药概说》的手稿，现在着手撰写另一部作品，名为《热针灸》（*Acus Empirica*）[3]或《火灸诊疗》（*Ignis Medicus*）。据笔者所知，这本书尚未见于其他文献。从书名推断，该书应主要介绍中医艾灸，而且是配合灸针进行治疗的艾灸，该疗法在许多疑难病症上都有不错的疗效。如果这部著作完成，就笔者所知，卜弥格绝对是向欧洲介绍艾灸这一中医诊疗方法的第一人。如果何留斯已经完成《中国地图册》的印刷，卜弥格会将这部新书寄给他出版，但这些手稿后来经历了什么，是否被送抵阿姆斯特丹，又是如何失散于各地，我们都不得而知。根据卜弥格1656年2

[1] 此处“荷兰人写了这些”指的是什么，上下文中并未交代，此处如实译出。——译者按

[2] 此处括号及其中问号为原文所有。——译者注

[3] “Empiricus”一词没有相同用法可供参考。“Empiricus”不是希腊词“Empeiria（Emperikos）”的希腊-拉丁派生，而是希腊词“pyr（火）”的派生词“Empyricus”的变体，“Empeiria”指的是“经验（experience）”，“Empiricus”其拉丁语同义词是“igneus”。关于“igneus”，目前尚未找到与此术语相同的用法，笔者猜测书名“Acus Empirica”并不是指针灸“经验”，而是“带火的”灸针，配合艾灸（即拉丁语“combustio”）进行治疗。

月20日书信的自述[1]，梵蒂冈图书馆现藏的《中国地图册》手稿（馆藏编号：BAV, F. Borg. cinese, 531），可能只是他转抄的手稿副本之一。卡伊丹斯基在卡拉克夫发现的部分《中国医药概说》手稿，根据其所存图书编号推断，来自柏林图书馆（Bibliotheca Regia of Berlin），因此这部手稿很可能是从荷属东亚地区，即巴达维亚，通过荷兰东印度公司商船送抵的。而艾灸著作的手稿，如果确实已经完成的话，据笔者所知，至今还没有任何踪迹。

（译者单位：王琰，北京科技大学外国语学院；
李慧，北京外国语大学欧洲语言文化学院）

[1] “为了让作品不致遗失，我会抄写更多的副本，确保书能到达您的手中，而您将负责印刷作品，并将样书寄给我们。”

三、卜弥格与南明王朝

西方传教士与南明政权*

陈文源

明朝中叶起，西方传教士纷纷踏足中国。他们通过天文、历学、地学等科学知识来得以接触和影响中国的上层社会人士，并发展其入教。至明末，从皇室成员、宫中太监，到朝中士大夫、地方官绅，均有入教者，这对中国社会产生了深远影响，使传教士在华传教活动由上而下几乎遍及全国各地。清兵入关之初，西方传教士基本上分为两派：一是随机应变，迅速投效新皇权，如汤若望等；一是继续为苟延于南方的朱明王族献计献策，试图振兴明朝政权，如毕方济、瞿纱微、卜弥格等。因弘光、隆武政权命短，西方传教士在南明的活动及其影响主要集中在永历时期。本文重点探讨西方传教士在明清交替之际对中国历史发展所产生的影响。

一

弘光、隆武政权相继覆没，1646年11月，桂王朱由榔在广东肇庆被拥戴称帝，建立永历政权。然而三个星期后，清军进逼肇庆，永历被迫带领文武迁往广西梧州，后来又退守桂林。清军占领肇庆后，一路追剿，1647年初，清李成栋军队对桂林形成包围之势。永历皇帝与宰相及文武百官匆忙逃离桂林，最后退守武昌，只留瞿式耜、焦琏等率残兵留守桂林。

永历政权的建立，得到了许多传教士、天主教教徒或有天主教背景的人物的支持，如瞿式耜、焦琏、丁魁楚、庞天寿、毕方济等[1]。其中传教士毕方济曾为弘光、隆武时的重臣，在庞天寿的极力推荐下，永历帝对其颇为尊重，“仍以隆武帝所付之特

---

* 本文原载于《广西民族学院学报（哲学社会科学版）》2003年11月第25卷第6期。

[1] 关于瞿式耜入教一事，学界有不同看法，方豪《中国天主教史人物传》肯定瞿氏是曾受过洗的天主教徒（方豪：《中国天主教史人物传》，中华书局1988年，第274—283页），而部分学者则持怀疑态度，如陈垣《从教外典籍见明末清初之天主教》等，而瞿果行在《瞿式耜“入教”和“借兵”的考辩》（载《清史研究通讯》1990年第4期）一文中，则予以否定。

权授之。”[1]在政权成立之初，面对清军的围追，永历授权毕方济出使澳门，借兵购械，以解困局。

毕方济（Franciscus Sambiasi，1582—1649年），字今梁，意大利人。1603年加入耶稣会，1610年抵澳门，旋即进入内地传教。毕氏不仅具有近代西方科学头脑，而且深通中国学术乃至人情世故，在明朝历经万历、泰昌、天启、崇祯、弘光、隆武、永历七朝。在崇祯时，他曾试图对中国政治施加影响，曾向崇祯帝上疏恳陈救国之策，建议开发矿业，开放海禁，且奉旨赴澳门集资借兵购炮。在传教过程中，与士大夫广交朋友，著名的如徐光启、冒辟疆、郑芝龙、阮大铖等，甚至与王室成员关系亦十分密切。毕方济在开封传教时，即与福王朱常洵友善。1644年福王之子朱由松在南京称帝，建立弘光政权。次年即颁谕旨，称赞毕方济：“诚于事天，端于修身，信义素孚”。[2]且委以重任，遣派他赴澳门寻求军事援助。阳历3月，毕方济率领不少官吏、文人和士兵前赴澳门。但于途中即闻南京失守。

随即唐王朱聿键在福州称帝，改年号为隆武。早在崇祯九年（1636年）时，朱聿键因事被废王爵，囚禁凤阳，毕方济曾为其鸣冤昭雪。因此朱聿键称帝后，多次作书相召，其最后一信说：“汝识我已二十年，我誓恢复祖业而竭力为吾民谋幸福，盼我老友速来以备咨询。我作书召汝已三次，今欲任汝为武职大员，然后任汝为使臣，愿汝有以慰我。”毕方济到福建后，诚心扶助隆武帝中兴明朝，曾向隆武帝进《修齐治平颂》，讲述修身、齐家、治国、平天下之古训，隆武帝以诗相答，在诗序中，称毕方济为“西域之逸民，中国之高士”，抒述了两人患难之交，盛赞20年间的深情厚义。为了抵抗清军，隆武帝特派司礼太监庞天寿陪同毕方济出使澳门，以争取澳葡当局的援助。惜因隆武政权过早覆灭而令其使命再度夭折。

此次毕方济乃第四次奉明朝之命赴澳求助，澳葡当局十分重视，很快便征募得士兵300名，大炮数门，并以尼古拉·费雷拉（Nicolau Ferreira，1582—1649年）为统帅，以耶稣会士瞿纱微为随军司铎。[3]永历元年（1647年）初，澳门援军抵达桂林，隶属焦琏部下，并受庞天寿节制。

澳门这次援助，虽然兵炮不多，但作用不少。3月11日，李成栋率领清兵攻打桂林，遭到瞿式耜与焦琏所属明兵的顽强抵抗。5月25日，尚可喜、孔有德、耿仲明又率清兵进犯桂林，明兵拼命阻击，击退清兵一次又一次的攻击。关于这次战役的经过，现有3种中文文献稍加记载，如计六奇《明季南略》云：

[1] [法]费赖之著，冯承钧译：《在华耶稣会士列传及其书目》，中华书局1995年，第146页。
[2] 方豪：《中国天主教史人物传》上册，中华书局1988年，第200页。
[3] [葡]施白蒂：《澳门编年史》，澳门基金会1995年，第53页。

五月二十五日，大清兵侦兵变，积雨城坏，环攻桂城，吏士皆无人色。琏负创，奋臂呼，督师抚按，分门婴守，用西洋铳击中马骑。寻出城战，奋勇击杀，自辰抵午，不及餐。式耜括署米蒸饭，分哺之，士卒俱乐用命。明日，复出战，大清兵旋去。[1]

戴笠《行在阳秋》也有类似记载：

乙丑，清兵攻桂林，焦琏击走之。翌日，又追败之。清侦兵变，积雨城坏，猝薄城，环攻文昌门。式耜与琏分门婴守，用西洋铳击中胡骑，琏出城战，击杀数千人。[2]

由上述可见，瞿式耜与焦琏击退清兵的强大攻势，并得以留守桂林，在很大程度上依赖澳门支援的西洋铳的精良和炮手们高超的射击技术。伯希和曾言，明兵的胜利盖“因葡人炮火猛烈使然。”至于葡兵在抗清中的表现，王夫之在《永历实录》云：“天寿事天主教，拜西洋人瞿纱微为师。勇卫军旗帜皆用西番书为符识，类儿戏。”[3]在中文典籍中，有迹可循者，仅此而已，惜无更多文献材料记载。

二

毕方济在扶持永历称帝和奉使赴澳借兵购械，有功于永历政权，因此备受尊崇。但是，由于毕氏长期居住广州，没有追随永历行在，后来对永历政权的影响远不如另一名耶稣会士瞿纱微。

瞿纱微（Andres Xavier Koffler，1603—1651年），又名瞿安德，奥地利人。1627年加入耶稣会，1646年到澳门，旋即被派随军支援永历政权，深得永历的信任，并获准在宫中传习天主教教义，使永历宫中充满天主教气氛。《天主教传行中国考》载：

时瞿神父尚在桂林，颇得皇上优待。每当召见时，必与言圣教道义，未敢毅然信从。若皇家诸人，如两宫太后与正宫皇后等，因庞天寿屡屡进言，盖已习闻其说，深为悦服。曾在宫中安治小堂一所，供奉耶稣圣像，朝夕瞻拜。而永历皇上又给神父银两，俾另建一堂，奉教各官，莫不解囊相助。迨堂工完竣，瞿神父在内举行弥撒，宣讲圣道。瞿式耜、庞天寿等有暇必以身立表，倡

[1] 计六奇：《瞿式耜留守桂林》，《明季南略（卷十）》，中华书局1984年，第349页。
[2] 戴笠：《永历元年五月乙丑》，《行在阳秋》，明季稗史汇编本。
[3] 王夫之：《庞天寿传》，《永历实录（卷二五）》，船山遗书本。

卒士民，进堂与礼，一时被化者颇多；特以时际艰难，人心皇皇，未能安心受教耳。[1]

永历二年（1648年），瞿纱微神父先后为永历王室多人施洗入教，他们是：王皇太后，圣名赫烈纳（Helena），简称烈纳；本非永历帝的生母，因是熹宗（天启）之妃，王后死，进位为后，既然是先帝之后，于礼制便视为在位皇帝之母；马皇太后，圣名玛利亚（Maria），为永历帝父之次妃，永历帝即位后，亦尊为太后；永历帝正后王氏，圣名亚纳（Ana），苏州人；皇子慈烜，圣名公斯当定（Constantinus），简称当定。此外，宫中信教者还有王皇太后之母，圣名犹莉亚（Julia）；另一宫监，圣名亚加大（Agatha）。尚有妃嫔五十人，大员四十人，太监无数。[2]桂林大捷成为永历政权的转折点，原南方降清明将李成栋、金声桓等纷纷归顺永历政权。1647年9月，永历皇帝还驻肇庆，重新控制南方各省。这一大好形势，使皇太后萌发赴澳举行弥撒，祈求平安之愿：

肇庆去澳门不远，澳门天主堂之壮丽，与敬天主礼节之繁盛，永历皇家诸人，盖屡有所闻。庞天寿前偕毕方济出使澳门，曾亲见之。至是，永历承太后意，遣使至澳门求弥撒，一为谢恩，一为求天主眷佑皇家平安。[3]

10月，永历帝遵循太后之意，再次派遣庞天寿与毕方济出使澳门。17日，庞天寿一行到达澳门，澳门总督设宴招待，并在炮台鸣炮致敬。21日，在圣保禄大教堂举行盛大弥撒，由曾德昭（Alvaras Semedo）神父主持，明使献银香炉一对，银瓶两对，雕花银烛台两对。

此次永历政权派员出使澳门，表面上向澳门耶稣会和葡萄牙当局致谢，或向天主祈祷平安，更重要的是希望澳葡当局继续支持永历政权。但是，对葡澳当局而言，永历的胜利并不使他们得意忘形，或许他们已开始预感清政权必胜之势，因此，永历使团离澳时，耶稣会士向永历赠送了丰厚的礼物，而澳葡当局则以海盗猖獗为由，不能有更多的支持，仅“以火铳一百具赠天寿，附书言此乃备皇帝士卒之用。”[4]

[1] 方豪：《中国天主教史人物传》，中华书局1988年，第288页。
[2] 方豪：《中国天主教史人物传》，中华书局1988年，第294、303页。
[3] 方豪：《中国天主教史人物传》，中华书局1988年， 289页。
[4] 方豪：《中国天主教史人物传》，中华书局1988年，第289页。

三

永历王室后妃太子先后领洗，澳门耶稣会士曾商请瞿纱微神父，劝新入教之大员上书罗马教宗及耶稣会会长，因此，太后遣使赴澳献祭后，即筹划遣使赴罗马进谒教宗。这次使命原打算由庞天寿完成，太后考虑到他年事已高，恐难长途跋涉，而且他是永历朝廷的主要支柱，不能离开。后改派宫中耶稣会士卜弥格代表前往。一般认为，永历遣使赴欧洲，其真实目的有两个：一是向教会国家表示明王朝忠于基督教义，二是争取欧洲对他的抗清斗争的支援。不仅要争取到道义上的支援，而且希望获得大炮。[1]从王太后及庞天寿分别致教宗及耶稣会总会长的信可以说明这一点，书札的主要内容是恳请教会“代求天主”保佑永历政权之“中兴太平”。[2]当时永历政权虽然控制了广东地区，但清兵的强大攻势，令其处境相当困难，这次遣使出访罗马，恐怕也是为挽救危局而做最后的努力。

卜弥格（Michael Boym，1612—1659年），字致远，波兰人。1929年加入耶稣会，1647年抵海南岛。1650年抵达澳门。随即被曾德昭神父派往永历行在，协助瞿纱微神父。卜弥格在永历朝中不及一年，即奉命出使罗马。永历四年（1650年）11月，卜弥格偕两位中国教友自肇庆出发至澳门。

但卜弥格之行并不顺利。他受到澳门当局利益集团的阻挠，首先，在此时期，荷兰人在南中国海日益强大，已经夺取了葡萄牙的摩鹿加群岛，继而在爪哇岛上建立了稳固的殖民地，即新巴达维亚，并建立东印度公司，掌握着欧洲和亚洲之间的大部分贸易，还以巧妙的方式控制了当时日本的局势，使葡萄牙人彻底失去了与日本的关系。更为严重的是，荷兰人一再向清政府示好，希望在对华贸易上取代葡萄牙。其次，南明永历政权的衰败日显，虽然1648年李成栋归顺永历，使永历政权再度控制南方各省，但澳门当局并不寄以太大的希望，相反，他们越来越怀疑对永历的支持是否正确，担心这种支持对他们和逐渐统治中国的清新政权的贸易会造成不良影响。基于以上两点，澳门当局反对卜弥格代表永历出使罗马。事实上，早在1647年，清兵占据广东大部分地区，澳门当局即从自身利益出发，曾与清军将领接触。1650年11月2日，清军再度攻陷广州。澳门当局深感永历政权已是回天乏术，12月19日，他们正式向清军前山参将杨汝柏献“投诚状”。[3]为了安抚澳门当局，全力肃清南明残部，1651年1月31日，靖南王耿精忠代表清新政权接受了澳门当局的归顺，承诺保证澳门及市民的安全，并送去新总督的正式公文（官牌）以及他的一套官服和帽子，以示亲临。澳门

[1] [波]爱德华·卡伊丹斯基著，张振辉译：《中国的使臣——卜弥格》，大象出版社2001年，第108页。

[2] 方豪：《中国天主教史人物传》，中华书局1988年，第295页。

[3] 中央研究院历史语言研究所：《明清史料（丙编第四册）》之《广东巡抚李楼凤揭帖》，中华书局1987年，第307页。

当局对这些象征性物品，十分重视，鸣炮迎接，欢迎场面十分隆重。随后，议事会还派代表带着贡品赴广州向新总督谢恩。[1]

卜弥格之行虽受当局反对，但教会则从自身立场出发，仍然支持卜弥格。1650年11月23日，澳门主教Joao Marques检阅王太后上教宗书，证明为正式文书；耶稣会中国副会长也于12月28日出具公函，证明卜弥格的身份，并附密函一份致耶稣会长，说明出使原因。1651年元旦，在清军还未正式接受澳门军政当局投诚之前，卜弥格一行从澳门出发。

卜弥格最后得到澳门当局的签证，同意其出使，其原因传说有二：一是澳门耶稣会会长朱利奥·迪·贾科莫（Giulio di Giaccomo）神父说服了当时的总督，让他相信，如果不支持永历的朝廷就无法拯救自己的灵魂。二是罗伯特·埃利甘特所说，是从曾德昭的地窖里取出来的六瓶酒，就决定了这件事。[2]这两种说法均无确切史料证实，是否可信，不得而知。我以为卜弥格之所以成行，与教会和葡萄牙国王早已签署的“Padroado”协定有很大的关系，因为这个协定“在澳门建立了教会和世俗政权相互保护与合作的制度”。[3]

卜弥格从澳门出发，经琼州海峡，走东京（河内）和柬埔寨沿海一带，途经果阿、莫卧尔、波斯、亚美尼亚、麦那，于1652年11月底或12月初到达威尼斯，次年到达罗马。由于教廷派系纷争，卜弥格在罗马遭受种种非难，曾被驱赶到洛雷托。但在这样困难的情况下，他仍然努力去完成永历朝廷所赋予的使命。当时，他在写给罗马耶稣会总会长的一封信中说：“我想使我作为一个使者的事业成为公众的事业，只要看到你的第一个信号，我就马上到罗马来。我要回到中国的战场上去，即使付出我的名誉和健康的代价也在所不惜。”[4]由此可见，卜弥格对永历朝廷的无限忠诚。

1655年12月18日，新教宗亚历山大七世改变已故教宗亚诺森对卜弥格的态度，接见了卜弥格，并交给了《上大明中国睿智大皇帝书》。这封信只对永历的处境表示同情，或为他们“恢复过去的统一而祈祷”，并没有给予军事物质的支持。卜弥格拿到复书，即自罗马赴里斯本。1656年3月30日返华。1657年，他的船绕到了印度的果阿港，在那里听到不好的消息，永历政权已退守西南边陲。澳门耶稣会会长写信告诉卜弥格，说经过努力，葡国人已与清朝建立贸易关系，表示为了经济利益，明朝的使臣不得在这块土地上登陆。1658年初，卜弥格到了暹罗，又收到澳门议事会的信，表示为了葡人在这地区的商贸利益，请卜弥格迟一点返回中国，或返回时不要走澳门。卜

[1] [葡]施白蒂：《澳门编年史》，澳门基金会1995年，第53页。
[2] [波]爱德华·卡伊丹斯基著，张振辉译：《中国的使臣——卜弥格》，大象出版社2001年，第105页。
[3] [波]爱德华·卡伊丹斯基著，张振辉译：《中国的使臣——卜弥格》，大象出版社2001年，第102页。
[4] [波]爱德华·卡伊丹斯基著，张振辉译：《中国的使臣——卜弥格》，大象出版社2001年，第125页。

弥格无可奈何，被迫暂居越南。11月，他辗转到达广西边界，却获悉中国已完全被清征服。忧郁、疲惫使他一病不起。1659年8月22日，卜弥格客死越南。作为外国传教士，卜弥格对南明永历的忠诚与爱戴，值得彰扬，后之学者，冯承钧《景教碑考》盛赞其义行时云："计其东西来往之年，与玄奘游年等，其不幸又与无行同，而其犯冒险阻、仗义奉使，不特为明之忠臣，兼为教会之殉教者矣。"[1]

四

在整个南明，尤其是永历朝，朝中重要人物，几乎都与天主教有着密切的关系，有的甚至领洗入教，这是中国政治与西方宗教关系最为密切的时期。形成这一局面，是时势所然。对南明各政权而言，清兵南下，政权内部矛盾重重，处境十分艰难，欲图中兴，只能寄希望于西方传教士，通过这些传教士在澳门或西方寻求更多的军事援助，以拯救岌岌可危的政局。对天主教传教士而言，清军入关，在征服战争中，曾传说焚毁教堂，杀害教士，使他们对新政权产生惧怕与不安。基于此，他们更希望通过扶助明朝"中兴"，从而使天主教获得更多的发展机会，也使澳门的葡萄牙商人获得更多的商业优惠。关于这种交易，当时澳门耶稣会士寄往罗马的报告书就曾谈得比较具体。

在南明政权争取澳门当局和澳门耶稣会支持的同时，清新政权也在逐步修正政策，争取传教士的支持和安抚澳门当局。清军入关后，对外国传教士的态度相当谨慎，在北京，他们礼遇汤若望，"新朝既悉其在前朝曾管钦天监事，礼待之，许其安居旧宅。"[2]之后还委以重任。在杭州，卫匡国同样得到礼待，"其主将召匡国至，礼接之，去其汉人衣，易以鞑靼服，遣回杭州教堂，出示禁止侵犯。"[3]也许是清政府通过汤若望、卫匡国等人，对传教士有了更深的认识。1650年秋，清政府颁布一道命令，后欧洲人称之为"中国鞑靼敕令"，这道命令为了表示清朝对基督教的善意，向北京的耶稣会传教士保证，他们仍将享有在明朝统治时期获得的所有特权和传教的自由。[4]在得知永历派卜弥格赴罗马求援后，经清政府同意，汤若望也派卫匡国带着这份敕令赴罗马，目的是让教廷知道中国会被清政府征服的事实。

卫匡国从北京到福建，然后经菲律宾、巴达维亚去罗马。由于在巴达维亚被荷兰人扣留一年多，直至1653年8月才到欧洲。他向欧洲表明北京传教士对中国局势的看法，反对卜弥格关于中国情况的报道，并说明朝的抵抗已经彻底失败，全中国都在清

[1] 林子升：《十六至十八世纪澳门与中国之关系》，澳门基金会1998年，第150页。
[2] [法]费赖之著，冯承钧译：《在华耶稣会士列传及其书目》，中华书局1995年，第172页。
[3] [法]费赖之著，冯承钧译：《在华耶稣会士列传及其书目》，中华书局1995年，第261页。
[4] [法]费赖之著，冯承钧译：《在华耶稣会士列传及其书目》，中华书局1995年，第126页。

朝的统治之下。此间，卫匡国也接到来自中国传教士的信函，称“鞑靼人比以前更优渥地对待耶稣会神甫，他们允许在全国传播天主教，不仅允许保留古老的教堂，还许可自由募捐新造教堂。蒙上帝的恩典，那些毁坏了的教堂后来都修补了。”[1]正是卫匡国带去的这些信息，使亚历山大七世虽然十分同情卜弥格，但在回复永历朝的书札时，语气是那样的谨慎。

随着局势发展，永历政权日趋衰微，澳门当局为保持在澳的既得利益，公开与永历政权画清界线，投效新政权。但值得一提的是，那些追随永历的西方传教士依然忠诚于永历政权，瞿纱微为之战死沙场；卜弥格完成出使后，客死越南。他们以鲜血和生命来表现其忠诚、无畏与奉献的精神，诚属难能可贵。

西方教会与传教士在明清政权交替之际所扮演的角色，体现了当时中国对外关系特点，双方的交往与利用是在自愿和互利的基础上进行。虽然因时势所迫，明清政府的做法，相对传统而言，让步是巨大的，但是，这种交易所形成的得失反差，与近代西方殖民者强加中国头上的不平等条约有着本质的不同。

（作者单位：陈文源，暨南大学中国文化史籍研究所）

[1] [意]卫匡国著，戴寅译：《鞑靼战纪》，载杜文凯编：《清代两见闻录》，中国人民大学出版社1985年，第68页。

关于卜弥格与南明王朝关系的文献考辨*

张西平

卜弥格（Michel Boym，1612—1659）是波兰来华的传教士，他出身望族，父亲是波兰国王的御医。他在中国和西方的文化交流史上有着重要的地位。对中国来说，他直接参与了南明永历王朝政事，并作为永历王朝的特使出访罗马教廷。这是中国和罗马教廷的第一次正式的外交活动。对西方来说，他最早将中国的中医介绍到了西方，在16—18世纪的中国文化西传欧洲的文化交流中，他有着重要的贡献。

卜弥格1643年离开里斯本乘船前往东方，1644年来到澳门，在这里学习了汉语。1647年被派到海南岛传教。[1]永历二年（1648年）南明永历王朝的重臣庞天寿率团访问澳门，接着在永历朝的耶稣会士瞿纱微（André—Xavier Koffler，1613—1651）也于当年11月返回澳门，随后便陪同来华的耶稣会副会长曾德昭（Alvarede Semedo，1585—1658）来到了肇庆。不久，曾德昭决定将在海南传教的卜弥格派往中国南部的永历王朝。

虽然学术界对于卜弥格和南明王朝的关系研究有许多重要的论文，也取得了很大的进展[2]，但卜弥格所撰写的《中国王室皈依略记》一书中国学者始终没有读到原文[3]，而且罗马耶稣会保存的中文文档，学者们的研究也并未穷尽。因此，这里根据爱德华·卡伊丹斯基（Edward Kajdański）先生从波兰文所翻译的有关卜弥格的文献原

* 本文原载于《史学史研究》2009年第2期。

[1] 关于卜弥格去海南岛的时间，历史学家们认识并不完全一致，参阅[法]费赖之《在华耶稣会士列传及书目》上册，中华书局1995年，第275页；[波]爱德华·卡伊丹斯基著，张振辉译：《中国的使臣——卜弥格》，大象出版社2001年，第76页。

[2] 关于卜弥格与南明王朝的关系，中外学者多有论述，伯希和（Paul Pelliot，1878—1945）在他的《卜弥格传补正（Michel Boym）》一文中指出在20个世纪西方已经出版了《波兰耶稣会士卜弥格及中国明朝之亡（1646—1662）对于极东传教会史之贡献》、《卜弥格奉使传》。（参阅冯承钧译：《西域南海史地考证译丛》第3卷，商务印书馆1999年，第178—179页）中国学者高劳、张星、顾保鹄、罗光、方豪、黄一农等人都有专文论述。

[3] 关于此书我们下面还要做专门的介绍。

文[1]和笔者在罗马耶稣会档案馆发现的新史料对卜弥格和南明王朝的关系做进一步研究，以求教于各位方家。

一、罗马耶稣会档案馆中发现的新文献

笔者最近在罗马耶稣会档案馆发现了几份从未公布过的有关卜弥格与南明王朝的新文献，现将这几份新发现的文献与以往公布的文献做一对照研究。

首先，公布以往从未公布的文献：

文献一：永历皇帝朱由榔祈祷书[2]

永历皇帝臣由榔于十月初二日诚心祈祷
天主慈悲挽回赣永之虏寇，化为良民，怜万性生灵。
万民有罪，责臣一人，臣若有罪毋贻万方敬沥徵（西平按：征）
忱仰祈

文献二：王太后做弥撒书[3]

谕瞿先生因赣永虏势紧急于本月初三日做弥撒祈
主挽回天意 宁圣慈肃皇太后王氏谨发诚心恳求
罪人圣烈纳
圣母保主转祈
慈母大开洪恩赦宥当今皇帝 朱由榔一切愆
过求我主之力将赣永之虏祈为祥，宁遣责母子之罪
愿免生灵涂炭之苦

文献三：庞天寿书[4]

大明钦命总督粤闽恢剿、联络水陆军务
提督、提调汉土官兵、兼理财催响、便宜行事、仍总督勇卫营、兼掌御马

[1] 波兰汉学家爱德华·卡伊丹斯基整理了卜弥格的主要文献，编辑了《卜弥格文集——中西文化交流与中医西传》，中国社会科学院外文所的张振辉先生将其翻译成中文，该书已于2013年出版。在此，我对爱德华·卡伊丹斯基先生和张振辉先生表示感谢，他们所提供的文献对我的这篇论文帮助很大。

[2] Jap.Sina.77. 又，本文所录文献按文献原有格式整理。文献标题为笔者所加。下同。

[3] Jap.Sina.77.

[4] Jap.Sina.77.

监印、司礼监掌印太监庞亚基楼利当昔于耶稣会士龙尼阁老，领教圣洗，顶载圣恩，敬致薄牌，奉献

圣总师意纳爵座前。

永历四年十月初八日耶稣会士瞿纱微卜弥格以奉泰西罗马京

吾主耶稣降生一千六百五十年。

其次，笔者所发现这份文献包含了以往已经公布的几份文献：

1.王太后致耶稣会总会长书[1]

大明宁慈肃皇太后烈纳谕耶稣会大尊（西平按：顾神父所公布的文献中是“导”）总师神父：予处宫中，远闻大主之教，倾心既久；幸遇尊会之士瞿纱微，遂领圣洗，使皇太后玛利亚、中宫皇后亚纳及皇太子当定，并入圣教，领圣水，阅叁年矣。今祈尊师神父并尊会之友，在天主前，祈保我国中兴、天下太平，俾我大明第拾捌帝、太祖拾贰世孙主臣等，悉知敬真主耶稣；更求尊会相通之功劳之分，再多送老师来我国中行教。待太平之后，即着（西平按：顾神父所公布的文献中是“著”）钦差官来到圣祖总师意纳爵座前致仪行礼。今有尊会卜弥格，尽知我国事情，即使回国，代传其意，谅能备悉，可谕予怀。钦哉！特敕！永历四年十月十一日。[2]

这份文献和顾神父带回的那份文献的不同在于：此函书不是抄于黄绢之上，黄绢四边没有龙文，它只是一个抄本。另一个重要区别在于，文献前有拉丁文的翻译，中文附在后面，这和顾神父所看到的单独为一函书，文献后有“宁圣慈肃皇太后”印的正式文书显然有很大的区别。第三点区别在于，这份文献逐字都有罗马注音。文献中的中文字迹虽然潦草，但可以看出仍是中国文人所写。

2.庞天寿上罗马教宗书[3]

大明钦命总督粤闽恢剿、联络水陆军务、提调汉土官兵、兼理财催饷便宜行事、仍总督勇卫营、兼掌御马监印、司礼监掌印太监庞亚基楼契利斯当，膝伏因诺曾爵代天主耶稣在世总师、公教真主圣父座前：切念亚基楼，职列禁近，谬司兵戎，寡昧失学，罪过多端；昔在北都，幸遇耶稣会士，开导愚懵，

[1] Jap.Sina.77.

[2] 参阅黄一农：《两头蛇》，“国立”清华大学出版社2001年，第360页。

[3] Jap.Sina.77.

劝勉入教，恭领圣水，始知圣教之学，蕴妙洪深，夙夜潜修，信心崇奉，二十余年，罔敢少怠；获蒙天主庇佑，报答无繇，每思躬诣圣座，瞻礼圣容，讵意邦家多故，王事靡盬，弗克遂所愿怀，深用悚仄。但罪人一念之诚，为国难未靖，特烦耶稣会士卜弥格归航泰西，来代告教皇圣父，在于圣伯多禄、圣保禄座前，兼于普天下圣教公会，仰求天主慈炤我大明、保佑国家，立跻升平；俾我圣天子乃大明第拾捌代帝、太祖第拾贰世孙主臣，钦崇天主耶稣，则我中华全福也。当今宁圣慈肃皇太后，圣名烈纳；昭圣皇太后，圣名玛利亚；中宫皇后，圣名亚纳；皇太子，圣名当定，虔心奉圣教，并有谕言致圣座前，不以宣之矣。及愚罪人，恳祈圣父，念我去世之时，赐罪罚全赦；多令耶稣会士来我中国，教化一切世人悔悟，敬奉圣教，不致虚度尘劫。仰徼大造，实无穷矣。肃此，少布愚悃，伏维慈鉴，不宣。永历四年，岁次庚寅，阳月弦日书。慎余。[1]

此文献与顾神父所带回的文献不同在于，顾神父看到的是正式文本，文献外“有绢套，套外书有‘代天主耶稣在世总师公教真主圣父座前’等十七字，另一面则绘龙，套里书‘代天主耶稣在世总师公教真主圣父座前因诺曾爵’二十一字，另一面亦绘龙，信札用红纸，首有一‘肃’字，上钤‘总督勇卫之印’”[2]。这里是一抄本，文献前有“总督勇卫之印”，文献中的每一个字均有罗马字母注音。

3.庞天寿上耶稣会长书[3]

大明钦命总督粤闽恢剿、联络水陆军务、提调汉土官兵、兼理财催饷便宜行事、仍总督勇卫营、兼掌御马监印、司礼监掌印太监庞亚基楼契利斯当，书奉耶稣会大尊总师神甫台前：切念亚基楼，职列禁近，谬司兵戎，寡昧失学，罪过多端；昔在北都，幸遇耶稣会士开导愚懵，恭领圣水，始知圣教之妙，尊会之恩，累思报答，未获涓涘；每愿躬诣尊师，奈国家多故，未克遂所愿怀，殊慊慊耳。今奉皇太后懿旨，敢烦尊会士卜，圣名卜弥格，归航泰西，告教皇圣父及大尊师，彼知我怀，能详愚悃，慈求大尊神父并于尊会之友，在圣祖意纳爵座前，祈祷天主耶稣慈炤中夏，矜怜主臣，悉知钦崇圣诲，享太平际而已。复恳神父大人尊念我寡力德浅，赐尊会圣人通劳之共分，则惠顶戴不极。再多使老师臻我仲邦，广普铎世人悔悟；仰徼大造，实无穷矣。敬制薄牌，愿

[1] 参阅黄一农：《两头蛇》，“国立”清华大学出版社2001年，第362页。
[2] 参阅黄一农：《两头蛇》，“国立”清华大学出版社2001年，第362页。
[3] Jap.Sina.77.

大尊安于圣祖总师意纳爵座前，少表将贡，聊致祝私。永历肆年，岁次庚寅，阳月弦日书。慎余。[1]

同样，这份文献和顾神父带回的文献复印件不同，它只是一个抄本，文献起头处有“总督勇卫之印”，文章开头处，没有“肃”字。整篇文献中的每一个字均有罗马字母注音。

最后，在笔者所发现的这份文献中没有包括的以往已经公布的文献：

1.庞天寿致威尼斯共和国诸公拜帖[2]

泰西物搦齐亚·光地公朝、皇、会帖子。大明钦命总督粤闽、恢剿、联络水陆军务、提调汉土官兵、兼理财催响便宜行事、仍总督勇卫营、兼掌御马监印、司礼监掌印太监庞亚基楼—切利斯当，敬于物搦齐亚·光地皇、诸侯及公朝、总会，于老师卜弥格尔—耶稣会奉拜。[3]

2.王皇后谕耶稣会士瞿纱微书[4]

皇太后谕瞿先生：予在世所作罪业，深如丘山，又虑虏寇交虹之际，人心涣散之时，危在燃眉之急，恐落于凶恶之手，以污秽了身体，惟望先生替予每日在天主、圣母圣像前祈求，遣天神护持予身，全其名节，只愿善终，不枉进会，一尝生死，感诵胜德不朽也。[5]

（与以前公布的文献内容相比）从以上所公布的文献内容，我们可以看到，笔者所发现的这几份拉汉两种文字的文献虽然不像顾神父发现的是正式的文本，但也应是卜弥格返回罗马时所带的文本，文本中有汉字的罗马注音，这说明此文是卜弥格带回罗马给不懂中文的人来看的。两份文献中相同的内容，虽然在个别字上略有差别，但总体上是相同的，这不仅在文献的真实性上可以互证，也可以从中看出卜弥格返回欧洲是做了精心准备的。内容相同，而文献形式不同的这两份文献说明，我们对有关卜弥格返回罗马的文献收集仍未完成，同时这也使我们可以在相互比较中对当时卜弥格返回罗马一事有更为全面的认识。上面所公布的三份新文献将进一步加深我们对卜弥

[1] 参阅黄一农：《两头蛇》，“国立”清华大学出版社2001年，第366页。
[2] Jap.Sina.77.
[3] 参阅黄一农：《两头蛇》，“国立”清华大学出版社2001年，第366页。
[4] Jap.Sina.77.
[5] 参阅黄一农：《两头蛇》，“国立”清华大学出版社2001年，第368页。

格返回罗马梵蒂冈教廷前后南明王朝的真实处境的了解。

二、卜弥格和南明王朝的几个问题

1.关于永历皇帝的信仰问题。永历帝朱由榔，“神宗孙，桂端王常瀛四子。生母马氏，天启三年冬十月诞于京邸。七年秋，随封衡州。崇祯九年，封永明王。十四年，娶妃王氏”[1]。1646年在广西巡抚瞿式耜的提议下，朱由榔“十月十四日称监国于肇庆。十一月十八日遂称尊号，改为永历，以肇庆府署为行宫。”[2]按照沙不烈的看法，“隆武遇害以后，永历留安德于朝中。天寿使人译教义纲要为汉文，朝夕劝帝信教，由是帝与后妃皆跪基督像前祈祷矣。”“又有一次因从官数人之叛，几濒于危。天寿在颠沛流离之中常劝其主从信基督之教，而于信仰中求慰藉。”[3]最近在黄一农在《两头蛇》中所公布的瞿纱微的《中华帝国局势之总结》一文也可以看出永历皇帝对基督教的认识与看法。瞿纱微在文中说：“在永历帝的同意之下，庞天寿积极对太后，太后之母以及皇后等人传教，并获得他们的虔心认同。”“次日（永历二年三月初十日），永历帝抵达我们所在地（南宁）。王太后命他在天主像前跪拜……”“两宫太后和皇后都坚持皇子应受洗，但我回答如果没有获得皇帝的同意，我不会径直施行。我还答应要替他找些师傅，教导他圣教诸事，且不允许他将来娶嫔妃或做其他不合律法之事。皇帝完全知道此一情形，但怀有恶意的朝臣两度介入此事，导致他与太后与皇后之间意见不合。在我们从山区下到平地的途中，皇子生重病且濒临死亡。我得到上谕，要我在弥撒中替其向天主祈福，并问我对此事的看法。我答称天主或皇帝未做适当回应而不快，如要此子存活，最好让他受洗成为天主之子。皇帝于是要求我立刻替皇子领洗，我就在他面前完成洗礼。……受洗之后，皇太子的病情旋即好转。他的教名是当定（Constantine），中文字的意思是‘（他）将决定’，皇帝和朝廷对此名非常喜欢。”[4]

从这些材料中我们可以看到天主教在永历朝宫内发展的一些细节：永历望过弥撒，也向天主做过祈祷，为了皇子的健康他也认可皇子的受洗。但永历皇帝对待天主教的态度始终是模棱两可的，他对基督教的信仰的理解始终是实用性的。永历之所以未入教是因为他“多妻妾”，但“永历虽未入教，然而都不反对其亲属领洗，故许皇子与后妃等领洗。”[5]到目前为止，我们所知道的永历皇帝对待基督教的态度都是描述

[1] 钱海宗：《南明史》第2册，中华书局2006年，第119页。

[2] 道光十三年《肇庆府志》卷22，《记事》。

[3] [法]沙不烈：《卜弥格传》，载冯承钧译：《西域南海史地考证译丛》第3卷，商务印书馆1999年，第64页。

[4] 转引自黄一农：《两头蛇》，“国立”清华大学出版社2001年，第334—336页。

[5] [法]沙不烈：《卜弥格传》，载冯承钧译：《西域南海史地考证译丛》第3卷，商务印书馆1999年，第59页。

性的记载，这次笔者在耶稣会档案馆所发现的这份永历皇帝做祈祷的文献是第一份直接证明他对待基督教态度的文献。从这份文献，我们可以进一步看出永历皇帝在信仰上的摇摆性，说明尽管他仍是从实用的角度，从自己的社稷江山的角度来对天主祈求的，但这份文献证明他有时确确实实将基督教作为化解自己苦恼的一种方式。这也是我们所看到的中国历史上唯一的皇帝做基督教的祈祷书，其史学价值是很重要的。

2.关于派卜弥格返回欧洲的问题。伯希和认为派耶稣会士返回欧洲一事完全是由永历朝中的耶稣会士发动的，“而非出于永历左右的中国人”。因为，从现在留下的史料来看“永历本人毫无参加之迹，就是他信奉基督教的要臣瞿式耜，也未参加，仅有太后纳烈同太监庞天寿出名致信。”[1]但波兰汉学家爱德华·卡伊丹斯基认为，永历皇帝参与了此事。他说：“永历朝廷原打算让庞天寿宰相亲自去欧洲，但因为他是明朝在和清朝的斗争中的主要支柱，不能离开朝廷。后来，他曾提议派瞿安德出使欧洲信基督教的国家，瞿安德是奥地利人，他还可以到维也纳去觐见奥国的皇帝。但不知什么原因他不愿意去。最后永历就把这个使命交给了卜弥格。”[2]

事实上，在永历朝中只有卜弥格和瞿纱微两人是欧洲人，向欧洲派出使臣，让其中一个神父到欧洲去，这样的大事，如果永历皇帝不知，而只是庞天寿和王太后两人参与，这样的可能性不大。因此，爱德华·卡伊丹斯基的意见虽值得重视，但我们仍需要寻找永历皇帝参与此事的证据。

在决定卜弥格返回欧洲作为永历朝的使臣这件事上，笔者认为瞿纱微起着决定性的作用。理由有两条：其一，卜弥格是1649年中到达肇庆，开始进入永历朝。[3]而瞿纱微1645年在广西传教时就和南明重臣焦琏有交往，“1646年永历即位时，他或者由此处赴肇庆，逗留若干时”[4]。这说明瞿纱微显然比卜弥格更为熟悉永历朝的情况，在永历朝也比卜弥格有更大的发言权。因此，卜弥格返回欧洲之事的主要确定者应是瞿纱微。其二，笔者在耶稣会所发现的文献也证明这一点。“永历四年十月初八日耶稣会士瞿纱微卜弥格以奉泰西罗马京。吾主耶稣降生一千六百五十年。”据这份文献，我们可以看到从1649年10月到1650年，在卜弥格即将赴澳门前，是决定瞿纱微和卜弥格两人同时返回欧洲，作为永历朝特使的，而不是仅仅派卜弥格一个人返回欧洲，而由派瞿纱微和卜弥格两人返回欧洲，改为派卜弥格一人返回欧洲，这里起决定作用的是

---

[1] 冯承钧译：《西域南海史地考证译丛》，商务印书馆1999年，第199页。

[2] [波]爱德华·卡伊丹斯基著，张振辉译：《中国的使臣——卜弥格》，大象出版社2001年，第103—104页。

[3] 伯希和认为时间是1649年中，在曾德昭完成给永历朝的弥撒后返回澳门，将卜弥格留在了肇庆。参阅伯希和：《卜弥格传补正》，载冯承钧译：《西域南海史地考证译丛》第3卷，商务印书馆1999年，第198页；[法]费赖之著，冯承钧译：《在华耶稣会士列传及书目·曾德昭传》上卷，中华书局1995年，第150页。

[4] [法]伯希和：《卜弥格传补正》，载冯承钧译：《西域南海史地考证译丛》第3卷，商务印书馆1999年，第191页。

瞿纱微和庞天寿。甚至笔者认为永历皇帝也可能参与此事，因当时永历朝危机四伏，就在卜弥格赴澳门后数月，永历帝就将派瞿纱微到澳门求援，“澳门参事会及澳门总督遣兵一队炮二门赴援。”[1]

据这份文献，我们也可以看出传教士们在永历朝的地位，无论将卜弥格派回欧洲，还是将瞿纱微派到澳门周旋求援，他们都已是永历朝的重要人物，如何使用他们或者说传教士们自己如何在永历朝发挥更大的作用，已经成为一个要反复思考的问题。

3.关于对“赣永虏势紧急”的理解。王太后在永历二年三月曾给耶稣会士瞿纱微一份手谕，手谕中说“予在世所作罪业，深如丘山，又虑虏寇交虹之际，人心涣散之时，危在燃眉之急，恐落于凶恶之手，以污秽了身体，惟望先生替予每日在天主、圣母圣像前祈求，遣天神护持予身……”黄一农先生在考察这份手谕时，最初认为这份手谕“非王太后所书，而是出自马太后”。后黄一农根据瞿纱微的拉丁文文献，修改了这个结论，认为王太后所写的“虏寇交虹”指的是大顺军郝永忠在永历二年月纵兵在桂林抢劫后造成永历帝被迫出走一事。

笔者在罗马耶稣会档案馆所发现了一份和王皇后在永历二年给瞿纱微的手谕相类似的文献，“谕瞿先生：因赣永虏势紧急，于本月初三日做弥撒诉主挽回天意，宁圣慈肃皇太后王氏，谨发诚心恳求，罪人圣烈纳，圣母保主转祈，慈母大开洪恩赦宥当今皇帝朱由榔一切愆过求，我主之力将赣永之虏祈祸为祥，宁遣责母子之罪，愿免生灵涂炭之苦”。

那么，这道手谕写于何时、因何事所写，需要我们根据中文历史史料加以辨析。永历三年（1649年）正月，随着南昌被清兵所破后，不久何腾蛟在湘潭被俘，整个湖南迅速被清军所占。十二月孔有德的大军攻下永州，永历政权的粤西门户受到威胁，同月，尚可喜和耿继茂率领的清军越过了庾岭，于永历四年（1650年）正月初三拿下南雄，打开了广州的门户。正是从这个时刻起，永历王朝经历了一场大的灾难。在江西、湖南两地失去，清军逼近广州之时，永历闻讯仓惶西逃，二月初到达梧州。永历政权结束了它的肇庆时期。十一月初四，清军攻下广州，次日孔有德部拿下桂林，永历朝在两广的势力土崩瓦解。驻在梧州的永历在一天之内接到两广省会失陷的消息，顿时惊惶万状，在少数大臣的陪同下开始逃向浔州。浔州守将庆国公陈邦傅看到永历朝大厦将倾，竟想密谋劫持永历皇帝，将其献给清军。幸朱由榔得到密报，冒着倾盆大雨连夜出逃，陈邦傅没有抓到永历帝，就把抓到的宣国公焦琏杀害，献给了孔有德。当朱由榔逃到南宁时已经无兵无将，所辖地盘已经全部丢失。直到永历帝被大西

[1] [法]费赖之著，冯承钧译：《在华耶稣会士列传及书目·瞿安德传》，上卷，中华书局1995年，第273页。

军的孙可望接到云南境内，才暂时喘了口气。

从这段历史我们看到，江西南雄的丢失和湖南永州的失陷是永历朝再次离开肇庆，向西南逃奔的开端。“赣永虏势”讲的就是这一时期永历朝的情况。“赣”指的是江西的南雄的丢失，“永”指的是湖南永州的丢失。这一时期瞿纱微直到永历五年十一月二十三日（1652年1月4日）被清兵追杀以前都在随永历帝西逃。对照这份文献和前面王太后所给瞿纱微的手谕，可以看到“赣永虏势”在前，“虏寇交讧之际”在后。

卜弥格是1650年11月25日来到澳门，准备出发的。1651年1月1日（永历四年）从澳门登船返回欧洲，这正是清军攻下南雄的时刻，王太后、庞天寿给罗马教廷和耶稣会会长的信，所题时间是1650年11月4日和1650年11月1日。而1650年11月清尚可喜、耿继茂部攻下广州，孔有德部攻下桂林，朱由榔在11月11日逃向南宁。卜弥格虽然没有经历“赣永虏势”的全过程，但他经历了永历朝重大事变的开端，并在澳门听到了广州失陷的消息。这样我们可以看到永历朝派卜弥格返回欧洲这件事就是在今天看来“固不失为幻想”[1]。

4.关于卜弥格所写的《中国王室皈依略记》。卜弥格本人所写的有关南明永历王朝皇室皈依天主教的唯一著作是1654年在巴黎出版的法文版（*Briefve Relation De La Notable Conversion des Personnes Royales*, *& de I'èstat de la Religion chrestienne en la China. Faicte par le tres R.P.Michel Boym……&recite par luymesme dans I'Eglise de Smyrne, le 29. Septembre de I'an 1652,* Paris, S.Cramoisy, 1654），沙不烈说这本书的基本内容是“全书虽然仅七十二页，内容实甚广大。所包括者一切历史地理调查，而叙事上溯至耶稣会士开始传教之时。首述方济格沙勿略之谋入中国及其死于上川，迁葬卧亚。继言利玛窦神甫之至。此外并言中国基督教流传之古，与耶稣会传教事业之发展。未言满人之入关，永历之即位，瞿安德神甫之莅华，庞天寿之勉力，诸后之入教，皇子当定之得疾与领洗，澳门之庆祝，是皆吾前人此所采录者也”[2]。伯希和在谈到这本书时说：“其绪言内容有一篇题寄王后的题词，一篇致读者词。本文大致是卜弥格于1652年在9月29日在Smyrne教堂中用意大利语所宣布得演讲得译文，译文显然有所修改。”[3]

《卜弥格文集——中西文化交流与中医西传》中所刊登的卜弥格所写的《中国波

---

[1] [法]伯希和：《卜弥格传补正》，载冯承钧译：《西域南海史地考证译丛》第3卷，商务印书馆1999年，第199页。

[2] [法]沙不烈：《卜弥格传》，载冯承钧译：《西域南海史地考证译丛》第3卷，商务印书馆1999年，第152页。

[3] [法]伯希和：《卜弥格传补正》，载冯承钧译：《西域南海史地考证译丛》第3卷，商务印书馆1999年，第221页。

兰省耶稣会士的卜弥格神父1653年在罗马发表的一个关于基督教在那个国家的状况的报告》是上面所讲的法文版的第一个波兰文译本，这个译文被收在米哈乌·尤涅维奇（Michal Juniewicz）在1767年所出版的《各种各样的信件……来自亚洲、非洲和美洲》的集子中。爱德华·卡伊丹斯基认为这是一个节译本，并非逐字逐句的翻译。[1]

从历史的角度来看，这份从波兰文所翻译出来的《中国波兰省耶稣会士的卜弥格神父1653年在罗马发表的一个关于基督教在那个国家的状况的报告》（以下简称《报告》）有一些错误。例如，文中说，利玛窦进到宫中修复钟表，万历皇帝躲在屏风后看他。为了以后保证钟表的修理，皇帝将他们留在了宫中。显然，这和事实不符。实际上，为了让神父们更便捷地修复钟表，“皇上钦准神父们可以获允许一年进宫四次而无须要求批准，从那时起，他们就可以进入皇宫，不是一年四次，而是可以经常随意经出了。”[2]万历皇帝躲在屏风后看利玛窦，这完全是转述者杜撰出来的。

关于明清鼎革的记述也多有错误。《报告》中说，李自成攻下北京是他收买了守城的七万守兵，这显然和历史不符。[3]《报告》在谈到吴三桂时说：“作为中国军队的统帅的吴三桂在边塞上囤有无数兵马，本是为了防止鞑靼的入侵，可是他对李自成所获得的声望产生了妒忌，企图推翻李自成以不义手段得来的宝座。为达此目的，他和东鞑靼国王崇德[4]结成了联盟，勾结崇德率领大军通过长城进入关内。崇德到关内后死去，吴三桂这时没有别的办法，只得尊崇德才六岁的儿子顺治称帝。”[5]这样的记载显然和历史不符。但从这个记述中，我们看到《报告》虽然已经几次转载，但仍可以看出原作者卜弥格坚守明朝为正统统治的政治立场。

卜弥格的这种政治立场在《报告》中的体现还表现在对永历王朝的一些记载上。《报告》中说：“但是有一个名叫永历的万历的后代，他手下有一员大将，是虔诚的基督徒，名叫李定国，打败了鞑靼军，因此他至今仍保持了自己的统治地位。南方的汉人在永历取得辉煌的胜利之后，也尊他为帝。永历原是由皇帝任命的贵州总督，现在他将他的宫廷从贵州迁到了肇庆，离广州不远。”这里有明显的错误：比如，李定国是原张献忠大西军的部下，他从来没有信仰过基督教。李定国的确在永历朝抗清的战争中取得过一些大的胜利，1652年先后取得桂林大捷和衡阳大捷，使南明军队收复

[1] [波]卜弥格著，[波]爱德华·卡伊丹斯基（波兰文翻译），张振辉（中文翻译）：《卜弥格文集——中西文化交流与中医西传》，华东师范大学出版社2013年，第259页。在Michal Juniewicz所编辑的Listyrozne第4册第70至81页中，伯希和与沙不烈两人认为，波兰文的出版时间为1756年。参阅冯承钧译：《西域南海史地考证译丛》第3卷，商务印书馆1999年，第153、223页。

[2] 何高济等译：《利玛窦中国札记》，中华书局1990年，第426—427页。

[3] 参阅南炳文、汤纲：《明史》下卷，上海人民出版社2001年，第1163—1164页；樊树志：《晚明史》下卷，复旦大学出版社2003年，第1126—1130页。

[4] 即清太宗皇太极（1592—1643），年号崇德。

[5] [波]爱德华·卡伊丹斯基著，张振辉译：《卜弥格文集——中西文化交流与中医西传》，华东师范大学出版社2013年，第262页。

了广西、湖南。但早在桂林大捷之前，永历皇帝在“赣永虏势”之后已经被大西军的孙可望接到了隆安，这是广西昆明的一个偏远小城，而不是在肇庆。《报告》中对这段历史的记述有一系列的错误，在对南明王朝的历史、时间、人物的记载上都有错误。南明朝中信基督教的将军是瞿式耜、焦琏、金声等人，但即便这几位有过基督教信仰的南明重臣，他们的基督教信仰也并非如前辈学者所讲的那样，这点黄一农先生已经做了深入的研究。[1]

《报告》中对瞿安德在永历朝中的宗教活动的记载，对王太后等人的皈依天主教和皇太子受洗的描写，与历史事实上大体是符合的。我们可以将瞿安德的《中华帝国局势之总结》和《报告》做一对比研究，[2]《报告》提供了一些细节。

这样，我们可以看到《报告》是一份经过转述后的文献，它和卜弥格本人所写的《中国王室皈依略记》已经有了较大的差别，在历史事实上多有差误。同时，也可以看到在文献的转述中，解释者站在自己的文化立场上对文本过度解释后所产生的“意义变异”。如果我们将《报告》和瞿安德的《中华帝国局势之总结》做比较研究，就可以看出，文化之间的知识传递和知识传递后所产生的接受与影响之间的真实情况。

一方面，在不同文化的交流中，异文化的知识还是在传播，尽管这种传播过去的知识随着传播环节的增加而在不断的衰减，但不能说文化之间的交流只是“误读”，而没有任何真实知识的获得。其实，知识的传递和文化的误读几乎是同时发生的，这两者之间有着多重复杂的关系。对文化之间在知识的传播、接受和影响中“知识”和“想象”之间的复杂关系仅仅用依靠“意识形态”和“乌托邦”这样两个概念来解释两种文化间交流的复杂的情况，这是很困难的。

另一面，文化间的交流总是存在着理解和解释，这种解释和理解总会对真实的知识的文化“度向”发生变化，真实的知识虽然在文化间传播，但它会随着传播的环节而不断的“衰减”。所以，仅仅靠实证的历史学并不能完全说明文化交流史的历史过程。虽然，笔者不同意后现代史学那种因历史的解释性而完全否认了历史的真实性的观点，但笔者也不完全同意19世纪实证史学的立场。我们应用新的解释方法说明历史的复杂性和多样性。从卜弥格的《中国王室皈依略记》到瞿安德[3]的《中华帝国局势之总结》，再到卜弥格法文版的《中国王室皈依略记》转变为波兰文版的《中国波兰省耶稣会士的卜弥格神父1653年在罗马发表的一个关于基督教在那个国家的状况的报告》，我们可以看出历史的多样性和文化间交流知识的变异与解释的复杂性。到目前

---

[1] 参阅黄一农：《两头蛇》，“国立”清华大学出版社2001年，第九章。

[2] 参阅黄一农：《两头蛇》，“国立”清华大学出版社2001年，第333—337页。

[3] 瞿微纱和瞿安德是一个人，在中国史书中他有两个中文名，参阅[法]费赖之著，冯承钧译：《在华耶稣会士列传及书目》上卷，中华书局1995年，第270页。

为止，西方学术界提供给我们的各种解释理论都不足以解释这种文化间交流的复杂情况，由此，那些只是在重复西方的文化理论，或者将这样的理论照搬到中国，解释中国和西方文化交流史中的复杂情况的方法和著作都有着明显的不足，虽然有些著作洋洋大观，读起来让人爱不释手，但其实在理论上、历史上都有明显的不足，文化间关系的解释理论的原创是中国学术界亟待解决的问题。

（作者单位：张西平，北京外国语大学比较文明与人文交流高等研究院）

卜弥格出使欧洲新探*

赵玉田

卜弥格（Michel Boym，1612—1659）出身波兰望族[1]，耶稣会士，明清鼎革之际中西文化交流的重要人物。卜弥格于1643年从欧洲东来，1644年抵澳门。其后，又到海南岛传教。1649年，卜弥格辗转来到肇庆，在永历朝廷任职；翌年，他又踏上出使欧洲之漫长旅程。关于卜弥格出使欧洲事宜，学界所论莫衷一是。本文拟就相关问题重新予以检视，以就教于方家。

一、“身份”与“使命”

1650年底（永历四年），卜弥格经澳门返欧，于1652年岁末抵达罗马。是时，罗马教廷就卜弥格“身份”进行了长时间争论。部分教廷要员认为卜弥格“所赍者乃宫内信札，而非皇帝国书，不得视其为中国使臣也。”[2]同样，这一“历史问题”也困扰其后的研究者。如法国汉学家沙不烈认为，卜弥格受永历朝廷派遣去欧洲寻求援助。[3]法国汉学家伯希和则提出：卜弥格返欧之事，“好像其意是发动于耶稣会士，而非出于永历左右的中国人者。……在当时必有人希望借基督教的欧洲之力，以援一部分人信仰基督教之朝廷也。”[4]黄一农撰文：“王太后和庞天寿遂决定私遣耶稣会士卜弥格使欧，随行的只有一位奉教的游击陈安德，在卜弥格所携去的信中均有意地将尚未被

* 本文原载于《肇庆学院学报》2011年第32卷第6期。

[1] 卜弥格的祖父耶日·巴维乌·博伊姆曾担任波兰国王秘书；他的父亲巴维乌·耶日·博伊姆是哲学与医学博士，曾担任波兰利沃夫市（今属乌克兰）市长。（[波]爱德华·卡伊丹斯基著，张振辉译：《中国的使臣——卜弥格》，大象出版社2001年，第62—63页。）

[2] [法]沙不烈著，冯承钧译：《明末奉使罗马教廷耶稣会士卜弥格传》，载《西域南海史地考证译丛：第三卷》，商务印书馆1999年，第104页。

[3] [法]沙不烈著，冯承钧译：《明末奉使罗马教廷耶稣会士卜弥格传》，载《西域南海史地考证译丛：第三卷》，商务印书馆1999年，第73—75页。

[4] [法]伯希和著，冯承钧译：《卜弥格传补正》，载《西域南海史地考证译丛：第三卷》，商务印书馆1999年，第199页。

册立为东宫的慈炫[1]作皇太子，期望能获得教宗、耶稣会总会长以及其他天主教国家的同情与帮忙。”[2]波兰汉学家爱德华·卡伊丹斯基认为：“永历皇帝决定派一个使团去欧洲，希望得到罗马和其他欧洲国家的首府对他的基督教朝廷的支持，后经澳门葡萄牙当局同意，卜弥格被任命为南明朝廷的使臣。永历遣使去欧洲，实际上有两个目的：一是向教会国家的首都表示明王朝忠于基督的教义，二是——对永历更重要的一点——争取欧洲对他的抗清斗争的支援。不仅要争取到道义上的支援，而且希望获得大炮。”[3]张西平指出：卜弥格以永历朝使臣身份返欧计划之实施，耶稣会士瞿纱微起着决定性的作用，永历皇帝亦应知晓此事。[4]

那么，卜弥格到底是奉南明永历朝廷之命使欧还是由王皇太后、太监庞天寿等天主教徒私遣？还是受澳门耶稣会指使？与此相关的问题是，卜弥格欧洲之行的“使命”何在？事实上，若从南明永历朝王皇太后及司礼监太监庞天寿等致教皇、耶稣会总会长信函之内容[5]着眼，不另做“遐想”，则关于卜弥格使欧之“角色”与“使命”之“争议”并不难论定。（见表1）

表1　王皇太后、太监庞天寿致罗马教廷及耶鲁会总长信函内容归类表

信函名称	卜弥格“身份”	卜弥格出使“使命”
《王皇太后致谕罗马教宗因诺曾爵书》[3]359	今有耶稣会士卜弥格，知我中国事情，即令回国，致言我之差，圣父前复能详述鄙意也！	伏祈圣父向天主前怜我等罪人，去世之时，赐罪罚全赦；更望圣父与圣而公一教之会，代求大主保佑我国中兴太平；更冀圣父多送耶稣会士来，广传圣教。
《王皇太后敕谕耶稣会总会长书》[3]361	今有尊会士卜弥格，尽知我国事情，即使回国，代传其意，量能备悉，可谕予怀。	今祈尊师神父并尊会之友，在天主面前，祈保我国中兴、天下太平；更求尊会相通功劳之分，在多送老师来我国中行教。
《庞天寿上罗马教宗书》[3]363	特烦耶稣会士卜弥格归航泰西。	仰求天主慈照我大明，保佑国家，立跻升平；恳祈圣父，念我去世之时，赐罪罚全赦；多令耶稣会士来我中国，教化一切世人悔悟。
《庞天寿书奉耶稣会总会长函》[3]365-366	今奉皇太后懿旨，敢烦尊会士卜，圣名卜弥格，归航泰西。	祈祷天主耶稣慈照中夏，矜怜主臣，悉知钦崇圣诲，享太平际而已。再多使老师臻我中邦，广普铎世人悔悟。

注：相对于原文而言，表1中“引文”部分略有删节，内容则均未改动。

[1]　有学者认为永历皇太子为朱慈烜。对此，黄一农考证：朱慈烜是崇祯帝次子之名，永历帝皇太子名为朱慈炫。（见黄一农：《两头蛇：明末清初的第一代天主教徒》，上海古籍出版社2006年，第373—375页）。笔者赞同黄一农先生之说。

[2]　黄一农：《两头蛇：明末清初的第一代天主教徒》，上海古籍出版社2006年，第382页。

[3]　[波]爱德华·卡伊丹斯基著，张振辉译：《中国的使臣——卜弥格》，大象出版社2001年，第103页。

[4]　张西平：《关于卜弥格与南明王朝关系的考辨》，载《史学史研究》2009年第2期，第93—100页。

[5]　关于王皇太后及司礼监太监致书罗马教皇及耶稣会总会长信函之内容，因“版本”不同虽略有不同，基本内容无二。具体区别恕笔者在此不一一列出。具体内容见[法]沙不烈撰，冯承钧译：《明末奉使罗马教廷耶稣会士卜弥格》第76—81页，及张西平撰《关于卜弥格与南明王朝关系的考辨》。

据表1内容可知：返欧的卜弥格实则具有双重“身份”。其一，作为永历朝的王皇太后、庞天寿等天主教徒朝拜教皇国之私人代表，代为向教皇祈求“去世之时，赐罪罚全赦”之恩赐；其二，肩负永历朝使命之政治特使。如庞天寿在信函中称：“奉皇太后懿旨，敢烦尊会士卜，圣名卜弥格，归航泰西。”无疑，“懿旨”具有“圣旨”之政治效用；另则，王皇太后又以代表“朝廷”之身份称：卜弥格“知我中国事情，即令回国，致言我之差。”凡此，说明卜弥格出使不仅代表王皇太后等个人，同时代表永历朝廷。所以，笔者认为，卜弥格出使，就其“身份”而言，既代表永历朝之基督教徒，又为永历朝廷之特使。

为何永历皇帝不直接以“国书”[1]形式致函罗马教廷？推究其所以然，笔者认为，原因有二：一是王皇太后等以天主教徒身份致书罗马教皇及耶稣会会长而述说作为异教徒的清军对“天主教朝廷”——永历政权“迫害”实况，其效果要比作为“异教徒”的永历皇帝“敕谕”求援更有“合理性”与可能性。二是澳门耶稣会参与策划的结果。如沙不烈研究认为：澳门耶稣会士与瞿安德神甫商议，“谋使新入教之贵人，上书与罗马教皇与耶稣会会长。又据宣教部之一意大利文文件，诸传教师首先属意致书之人，盖为太监庞天寿，曾告之，谓有舟返印度，可由印度易舟赴欧洲，询其是否有致书于耶稣会长之意。天寿答言不仅愿致书于会长，而且愿遣使谒教皇”[2]。在此，不难得出：卜弥格使欧不仅是永历朝廷之行为，澳门耶稣会也参与其中。进而言之，对于澳门耶稣会及永历皇帝来说，卜弥格集拜谒教皇之“私遣”与永历朝廷之“公派”二者“身份”于一体，最为便宜。成则一举两得；不成亦可全身而退。所以，“模糊身份”乃是最好选择。

至若卜弥格返欧之“使命”，王皇太后及庞天寿于“信函”中已有准确表达。所谓祈求“赐罪罚全赦”，即代表王皇太后等祈福；所谓“保佑我国中兴太平”等诉求，则是代表永历朝到欧洲寻求援助以抗击清军。两种“使命”虽内容有别，却同等重要。因此，在“信函”中，王皇太后与庞天寿还代表“永历朝廷”表达了“多送耶稣会士来，广传圣教”之宗教态度，意欲以此获得罗马教廷及基督教国家认可与支持。凡此，可谓用心良苦。（见表1）

二、“出使”与“复国”

1644年（崇祯十七年）三月，以“横行天下为快”的大顺农民军攻克北京，崇

[1] 个别学者认为王皇太后“原函”落款为“永历四年十一月十一日”，并钤有“玺印”，这样可视为“国书”。事实上，《王皇太后致谕罗马教宗因诺曾爵书》及《王皇太后敕谕耶稣会总会长书》只钤有“宁圣慈肃皇太后宝”印，而非“玺印”。

[2] [法]沙不烈著，冯承钧译：《明末奉使罗马教廷耶稣会士卜弥格传》，载《西域南海史地考证译丛：第三卷》，商务印书馆1999年，第73页。

祯皇帝自缢；随即，明皇室宗亲在南方相继建立政权，史称“南明”。其中，万历皇帝嫡孙朱由榔（1623—1662）在肇庆称帝，建立永历政权。当诸臣拟拥戴朱由榔称帝时，“恭王太妃王氏曰：‘诸臣何患乎无君，吾儿仁柔，非拨乱才，愿更择可者。’”[1]永历帝的确是一位贪生怕死、“非拨乱才”之主。为此，永历元年（1647），重臣瞿式耜规谏永历帝：中兴之主“讵有身承大历，薄海皆以恢疆雪耻仰望新皇，而可但思退着，但思避寇，而不为自强之计者乎？”[2]

永历帝非但柔弱，心存侥幸，又寄“复国”于幻想。“但思退着，但思避寇”便是永历帝“复国举措”真实写照。事实上，永历帝身边的天主教徒所宣扬“天主”灵异之说教又强化了他的这种不务实际的“心理”。如沙不烈称：“隆武遇害以后，永历留（瞿）安德于朝中。（庞）天寿使人译教义纲要为汉文，朝夕劝帝信教，由是帝与后妃皆跪基督像前祈祷矣。嗣后明室与满洲争战，胜败无常。某次兵变，永历欲自裁，烈纳太后将自缢，天寿急救之得免。又有一次因从官数人之叛，几濒於危。天寿在颠沛流离之中常劝其主信从基督之教，而於信仰中求慰藉。”[3]又，“永历入宫谒太后，太后命拜天主像。又次日，太后致书安德，称之曰‘父师’，请求主佑，以退满兵。安德慰之，预言不久领土可以恢复。”[4]再如，卜弥格称：永历帝“每天都讲圣教的教义，早晚都以基督教的方式做祷告。他崇拜圣像。”[5]这些“说法”业已得到实物证实。如罗马耶稣会档案馆中便藏有永历皇帝朱由榔祈祷书。即：“永历皇帝臣由榔于十月初二日诚心祈祷天主慈悲，挽回赣永之虏寇，化为良民，怜万性生灵。万民有罪，责臣一人；臣若有罪，毋贻万方。敬沥徽忱，仰祈。”[6]

除了祈求“天佑皇明”外，永历帝还遣佥督御史张充美赍密诏、金章去“策反”有如“天主”一样遥不可期的吴三桂。[7]永历帝把复国希望寄托在如此不着边际的“外力”上，却不相信瞿式耜等干才的复国方略。[8]上行下效。如永历朝廷重臣严起恒“独相奉永历，粉饰太平。又有假吴三桂疏，假南京疏。”[9]臣僚或说接到吴三桂的密报就要反正，或说已通过制定新历的天主教徒瞿纱微叫欧洲人卜弥格到意大利去请求

---

[1] 计六奇：《明季南略》，中华书局1984年，第334页。

[2] 瞿式耜：《瞿式耜集》，上海古籍出版社1981年，第55页。

[3] [法]沙不烈著，冯承钧译：《明末奉使罗马教廷耶稣会士卜弥格传》，载《西域南海史地考证译丛：第三卷》，商务印书馆1999年，第64页。

[4] [法]沙不烈著，冯承钧译：《明末奉使罗马教廷耶稣会士卜弥格传》，载《西域南海史地考证译丛：第三卷》，商务印书馆1999年，第65页。

[5] [波]爱德华·卡伊丹斯基著，张振辉译：《中国的使臣——卜弥格》，大象出版社2001年，第93页。

[6] 张西平：《关于卜弥格与南明王朝关系的考辨》，载《史学史研究》2009年第2期，第93—100页。

[7] 王夫之：《永历实录》，岳麓书社1982年，第6页。

[8] 具体内容见瞿式耜：《请驻全阳疏》《请移跸桂林疏》《请速幸桂林疏》《恢复大捷疏》《报中兴机会疏》、《请力破积习疏》等（瞿式耜：《瞿式耜集》，上海古籍出版社1981年，卷一《奏疏》）。

[9] 计六奇：《明季南略》，中华书局1984年，第421页。

救兵。[1]

毋庸置疑，永历朝廷派遣卜弥格出使欧洲之政治用意，罗马教廷最终心知肚明。如沙不烈撰文称：罗马教廷“已瞭解卜弥格使命之重要。故云设其事若真，设中国皇太子业已领洗，势将牵连西方诸奉教君王加入冒险事业，盖彼等义在援救远方同教之人也。”[2]事实上，卜弥格出使之际，南明永历政权败局已定。是时，北京的耶稣会士转而取媚清王朝——罗马教廷洞悉此情。但是，为了避免使得当时中国基督教界有侮辱感，[3]教皇还是象征性地给王皇太后复信称：“将来随着信徒的增多，明帝国内部的错误的宗教会消逝的，当我预想到这一点时，感到由衷的高兴。我恳求天主应许受到祝福的皇太后、皇太子和皇后的诉请，并真诚祈祷皇太后的国土得到重新统一，享受和平，皈依信仰。”[4]

概言之，卜弥格使欧求援及向教皇祈福是以永历皇帝为核心的一些迷信天主教的朝廷要员自欺欺人、不务实际之“复国举措”表现。为此，瞿式耜在《临难遗表》中痛陈：“臣望不能弹压，才不能驾驭，请督师而不应，求允放而不从。训至今秋，灼知事不可为，呼吁益力，章凡数上，而朝廷默然置之。”[5]

三、“使臣”与“宰相”

庞天寿何许人也？曾任南明永历朝廷行人司行人的王夫之（1619—1692）在其所著《永历实录·宦者列传》中予以精准概括。即：

> 庞天寿，顺天人。……上践祚，与拥戴。天寿在北都，权籍故出王坤下，至是，坤柄内政，天寿弗能颉颃。坤骄悖日著，中外既侧目，慈圣洎上亦稍厌之。而天寿于诸奄中为淳谨，上意向用，及刘承胤逐坤，天寿掌文书房事。随上自武冈走柳州，蒙尘苗峒中，天寿与马吉祥皆有劳勚，由是益为上所亲信。赐一品服，提督勇卫。……顾天寿以朴率恒为夏国祥所绐，颇推让国祥，故政渐归国祥，天寿以虚名为诸奄长。所部勇卫士仅千余人，亦尪疲市民，无能为有无。……天寿事天主教，拜西洋人瞿纱微为师。勇卫军旗帜皆用西番书为符识，类儿戏。又荐纱微掌钦天监事，改用西历。给事中尹三聘劾罢之。[6]

---

[1] 谢国祯：《南明史略》，上海人民出版社1957年，第164页。

[2] [法]沙不烈著，冯承钧译：《明末奉使罗马教廷耶稣会士卜弥格传》，载《西域南海史地考证译丛：第三卷》，商务印书馆1999年，第122页。

[3] [法]沙不烈著，冯承钧译：《明末奉使罗马教廷耶稣会士卜弥格传》，载《西域南海史地考证译丛：第三卷》，商务印书馆1999年，第121页。

[4] 杨森富：《中国基督教史》，商务印书馆1968年，第148页。

[5] 瞿式耜：《瞿式耜集》，上海古籍出版社1981年，第153页。

[6] 王夫之：《永历实录》，岳麓书社1982年，第212—213页。

如此看来，庞天寿不过是永历朝廷一位司礼监太监而已。然而，在卜弥格话语里，司礼监太监庞天寿却是永历朝廷手握军政大权的宰相，“是一位尽心竭力的基督教徒和英明的政治家。”[1]当卜弥格返回罗马，罗马教廷因卜弥格“身份”问题而组织的辩论中，卜弥格的辩护人也称：“中国内阁非由阁老三十人组织而成，其人数大致为七人，或四人，甚至减为一人。永历之唯一阁老即庞天寿，其人兼司礼监，权势甚重。则皇太后、庞天寿所遣之使臣，必得永历帝之同意，其事无足异也。”[2]显然，辩护人的“庞天寿阁老”说当为卜弥格“庞天寿宰相”说之翻版，“官职”基本一致。换言之，辩护人的“说法儿”当然是卜弥格的意思。法国汉学家沙不烈在其所著《明末奉使罗马教廷耶稣会士卜弥格传》中亦称：庞天寿“其权甚重，得谓之为一副皇帝，凡军事，法律，政务，理财各方面莫不属之，缘其颇得永历信任，而忠于其主。瞿安德神甫传教宫廷，大得其力。”[3]受卜弥格说辞影响，波兰当代汉学家爱德华·卡伊丹斯基也指出:永历皇帝“制定一切施政方针都得力于一个精明强悍的宰相、明朝军队的统帅庞天寿。早在京城北京的朝廷里，庞天寿就接受了基督教信仰。”[4]

显然，上述这些“外国人”关于庞天寿“宰相”之说令人疑窦丛生。为何会出现这种情况呢？当然，这与庞天寿在“书奉耶稣会总会长函”与“上罗马教宗书”及“致威尼斯共和国诸公拜帖”中均称自己为“大明钦命总督粤闽恢剿、联络水陆军务、提调汉土官兵、兼理财催饷便宜行事、仍总督勇卫营、兼掌御马监印、司礼监掌印太监庞亚基楼——契利斯当”[5]之名号有关。“外国人”对这等繁复的“官职”容易产生误读。其实，庞天寿许多“职务”都是虚的。即便“勇卫军”，不过是他“自养御营兵十营，每营正总兵一人，副总二人，参将四人。参将以下，官头二人。官头以下，小卒一人耳。一营十人，十营百人。此皆天寿出自己钞，以为永历视朝日仪卫拥护，亦竭力苦支矣”[6]！如果说沙不烈“望文生义”尚有原谅之处，爱德华·卡伊丹斯基“承袭故说”亦情有可原，而身临其境的卜弥格则不会不清楚“庞天寿”何许人也？那么，为何卜弥格还要在罗马教廷及物搦齐亚[7]等国一再说明庞天寿是一位位高权重的宰相呢？显然，卜弥格此举并非无意，而是有意为之。

卜弥格“身份”问题实际源于澳门耶稣会及永历朝廷“模糊化”策略，它也是令

[1] [波]爱德华·卡伊丹斯基著，张振辉译：《中国的使臣——卜弥格》，大象出版社2001年，第91页。

[2] [法]沙不烈著，冯承钧译：《明末奉使罗马教廷耶稣会士卜弥格传》，载《西域南海史地考证译丛：第三卷》，商务印书馆1999年，第119页。

[3] [法]沙不烈著，冯承钧译：《明末奉使罗马教廷耶稣会士卜弥格传》，载《西域南海史地考证译丛：第三卷》，商务印书馆1999年，第55页。

[4] [波]爱德华·卡伊丹斯基著，张振辉译：《中国的使臣——卜弥格》，大象出版社2001年，第91页。

[5] 黄一农：《两头蛇：明末清初的第一代天主教徒》，上海古籍出版社2006年，第363—566页。

[6] 计六奇：《明季南略》，中华书局1984年，第422页。

[7] “物搦齐亚”即今威尼斯。

卜弥格困扰的问题。卜弥格奉王皇太后“懿旨”并受庞天寿重托而返欧，实际上是代表永历朝廷出使欧洲。但是，他没有“国书”或“圣旨”。至于“懿旨”，盖因当时欧洲诸国及罗马教廷多不了解中国“国情”而无法认定。“宰相”当然是政府首脑，卜弥格称庞天寿为宰相而又携带其致教皇、耶稣会长及欧洲一些政府首脑信函，便可以摆脱许多“质疑”，佐证自己作为“大使”身份的有效性。在物搦齐亚，卜弥格递交“宰相”庞天寿“拜帖”。当时，“卜弥格服中国衣冠，持着一封上题一短行汉文的白绢封皮信札，用意大利语致短词，翻译封皮上的汉文，续出封皮内红纸信笺，译其文毕，仍置于封皮内。……前行两步，跪拜三次，起立，以书交总统手。”[1]此类礼节虽然有点特殊而别扭，但是，它还是能够传达卜弥格作为永历朝廷“大使”之身份，这也是卜弥格所希望的。为此，法国汉学家伯希和撰文称：卜弥格“此种礼节近于儿戏，耶稣会统领责备卜弥格，说他想在物搦齐亚充‘大使’，非无故也。其实卜弥格所得的成绩，只能使人视为新奇而已，物搦齐亚国给了他一点钱，赠他同那个青年中国贵人各人袍服一件，可是对于那封仅致敬礼的书信，未作答复。”

对于卜弥格来说，为了完成使命，原本“模糊化”的“身份”非但不能“一举两得”，反而容易使他陷于无法作为之境地。概言之，唯有借助庞天寿之“宰相”身份才足以证明自己的“大使”身份——这是卜弥格让庞天寿“当”宰相之“初衷”，也是他在实际出使过程中无奈的选择。卜弥格一直坚信自己就是永历朝廷的特使，而且是毫无疑问的正式特使。然而，当北京的耶稣会士传来“永历朝廷”即将灰飞烟灭的消息，[2]当耶稣会士在中国传教“独尊”地位受到其他传教会嫉妒时，[3]质疑卜弥格“身份”之声还是响起，以至被人视为骗子。史称：卜弥格“在罗马时，久受嫌疑，加以他的中国衣冠，发表的演说，大使的态度……不免受人的批评。”[4]

（作者单位：赵玉田，韩山师范学院历史文化学院）

[1] [法]伯希和著，冯承钧译：《卜弥格传补正》，载《西域南海史地考证译丛：第三卷》，商务印书馆1999年，第211页。

[2] [法]沙不烈著，冯承钧译：《明末奉使罗马教廷耶稣会士卜弥格传》，载《西域南海史地考证译丛：第三卷》，商务印书馆1999年，第135页。

[3] [法]沙不烈著，冯承钧译：《明末奉使罗马教廷耶稣会士卜弥格传》，载《西域南海史地考证译丛：第三卷》，商务印书馆1999年，第109页。

[4] [法]伯希和著，冯承钧译：《卜弥格传补正》，载《西域南海史地考证译丛：第三卷》，商务印书馆1999年，第247页。

南明使臣卜弥格的中国随从
——教徒郑安德肋史事考释*

韩 琦

19世纪之前，由于中西交通的不便，出访欧洲的中国人少之又少。一般以为，明清之际最早到达欧洲的教徒是郑玛诺，他也是第一位中国籍耶稣会士。[1]之后比较著名的还有跟随比利时传教士柏应理（Philippe Couplet，1623—1693）赴欧的沈福宗，跟随法国传教士梁弘任（Artus de Lionne，1655—1713）赴欧的黄嘉略，跟随意大利传教士艾若瑟（Antonio Francesco Giuseppe Provana，1662—1720）赴欧的樊守义，还有跟随意大利传教士马国贤（Matteo Ripa，1682—1745）赴欧，并在其所创圣家书院学习的一些中国教徒（其中较著名的有殷若望与谷耀文）。上述教徒或详或略，都有人做了研究，[2]但有一位较少被人提及，其真实姓氏也时常被人遗忘，这就是跟随波兰耶稣会士卜弥格（Michael Boym，1612—1659）出使罗马的郑安德肋。郑安德肋是郑玛诺之后，第二位有名可考的到过欧洲的中国籍耶稣会士。可惜的是，由于史料的缺乏，尚未有人专文论及。本文将根据罗马所藏档案，并结合其他中西文献，对这一人物及其事迹略做考释，并讨论他在《中国图志》（A. Kircher，*China Illustrata*，1667）一书编写中的作用。

一、郑安德肋的事迹

在罗马耶稣会士档案馆，我们发现一封中国籍耶稣会士的信件，全文如下：

---

* 本文原载于《清史研究》2018年2月第1期。

[1] 郑玛诺1633年5月25日生，1651年10月17日在罗马入耶稣会圣安德肋初学院，1674年卒于北京。墓碑上镌有“耶稣会士郑公之墓”：“郑先生讳玛诺，号惟信，广东香山人也。自幼入会真修。康熙十二年癸丑四月十一日卒于京师，寿三十有八。”参见Francis A. Rouleau，“The First Chinese Priest of the Society of Jesus”，*Archivum Historicum Societatis Iesu*，Vol.28（1959），pp.3-50；方豪：《郑玛诺传》，《中国天主教史人物传》中册，中华书局，1988年，第186—199页。

[2] 关于黄嘉略，参见许明龙：《黄嘉略与早期法国汉学》，中华书局2004年。

小的郑安德肋，字叩禀大尊总师老爷台前：

求进耶稣遗会久日，愚愚之人，未学无量才，小的罪过多端，深如丘山，蒙大尊老爷天恩，矜怜罪人灵魂，收入会中。卜老师有送大尊老爷劄命，小的惠恩无胜，上顶不尽，亲口敬字，永远敢恩，生死负思，心中愧愧，一寸之功无报，托赖大尊老师圣福，小的望暗修虔心，敬佚会师，如小的主人。恳大尊老师祈求吾主耶稣，为其圣教，可多受苦沥血。吾主耶稣降生一千六百五十六年十二月初（廿四日）禀。[1]

这里的“大尊总师老爷”，[2]无疑是指当时的耶稣会总会长Goswin Nickel（1582—1664）。信中提到“求进耶稣遗会久日”，并说“蒙大尊老爷天恩，矜怜罪人灵魂，收入会中”，说明郑安德肋不仅早有加入耶稣会的誓愿，并且那时已经如愿以偿。信中提到的“卜老师”无疑是耶稣会士神父，而写信时，姓“卜”的老师仅有波兰耶稣会士卜弥格一人，而他正好作为南明使节出使欧洲。至于说“卜老师”有“送大尊老爷劄命”，显然是加入耶稣会不久的郑安德肋听从卜弥格，写了这封信送至总会长处，以表达感激之情。他的信用中文撰写，说明他拉丁文水平不够好，需要卜弥格译为拉丁文。

卜弥格1629年入耶稣会，1643年从欧洲出发，1645年在越南，第二年到海南岛传教，1647年又到越南，1649年到澳门，受耶稣会副省会长曾德昭（Alvaro Semedo，1586—1658）之命，1649、1650年间到广西的南明永历朝廷（1647—1661），协助瞿安德（沙微，Andreas Wolfgang Koffler，1603—1651）传教，受王太后（烈纳）之命赴罗马，携有烈纳和庞天寿给教皇英诺森（Innocent）十世、耶稣会总会长Goswin Nickel的信，1650年11月携带两个中国教徒离开肇庆，1651年元月离开澳门。其中一位教徒（郭若习，或译作柯若瑟）因病未能成行，而另一位从桂林起则一直陪伴卜弥格，[3]出发时19岁，是庞天寿下面的一个官员。他们于1652年到达威尼斯，后在罗马三年，未能获得教廷重视，教皇英诺森十世也没有接见他们。事情后来有了转机，1655年12月，教皇亚历山大七世（Alexander VII）给王太后和庞天寿写了信。[4]卜弥格得到教皇覆书后，旋即离开罗马，经热那亚，往葡萄牙，1656年3月30日，他们和比利时耶稣会

[1] 罗马耶稣会档案馆，Jap.Sin. 186。此信有个别地方文字不通顺，反映郑安德肋中文欠佳。

[2] 即“最尊敬的总会长神父”，来自拉丁文Reverendissime Pater Generalis = The most Reverend Father General。承蒙辅仁大学房志荣神父相告，特致谢意。

[3] Girard de Rialle, “Une mission chinoise à Venise au XVIIe siècle”, *T'oung Pao*,Vol.1，No.2,1890, pp.99-117，p.105.

[4] 参见方豪：《卜弥格传》，载《中国天主教史人物传》上册，宗教文化出版社2007年，第308—311页；黄一农：《南明永历朝廷与天主教》，载《中梵外交关系史国际学术研讨会论文集》，台北辅仁大学历史学系2002年，第79—118页。

士鲁日满（Françoisde Rougemont，1624—1676）、柏应理等耶稣会士一起，在里斯本登上了葡萄牙船，经由印度卧亚，在那里停留一年，又经暹罗，试图回到中国。中途颇多周折，并被葡萄牙人拒绝进入澳门，1659年8月，在广西和越南边境去世，这位教徒陪侍在侧，为他安葬。[1]

对于卜弥格这位中国同伴的记载，首见于开意吉（即基歇尔，Athanasius Kircher，1602—1680）的*Oedipusa egyptiacus*（1652—1654），此书中有卜弥格和Andreas Chin写的“Elogivm XXVI Sinicum in lavdem Oedipi”，后面署名“厄日多篆，开意吉师，同耶稣会卜弥格叩。”并有拉丁文“Aegyptiaci Oedipi Authori R. P. Athanasio Kircher eiusdem Soc. Iesu Michaël Boym & Andreas Chin Sina, cuius officium est Yeu-Ki, eiusdem Patris ex regna Sinarum in Urbem Comes”。[2]这里提到的来自中华帝国的卜弥格的同伴、中国人Andreas Chin（在罗马），其官衔是“Yeu-Ki”（“游击”）。后来他在《中国图志》（*China Illustrata*）中也有提及。明天启三年（1623），“大秦景教流行中国碑”出土之后，引起了欧洲人的极大兴趣。卜弥格到罗马后，开意吉即与之讨论，其成果收入《中国图志》一书，并附有景教碑文。上面提到的Chin（《中国图志》或作Sin），学者多有讨论，如伯希和（Paul Pelliot）引用西方文献加以推测，认为此人姓“沈”，但没有给出中文名字。[3]因为Chin陪同卜弥格到罗马，参照上述郑安德肋信件，可确证Chin即是“郑”，其洗名Andreas，亦与“安德肋”相应。然而，我们对于郑安德肋的生平并没有更多的资料，目前只知道他出发时19岁，是庞天寿下面的一个官员，那么他应该生于1632年左右。

马爱德（Edward Malatesta）曾对卜弥格出使经过有详尽的描述，[4]并提到教皇在1655年12月7日接见了卜弥格和郑安德肋。他还指出，由于卜弥格的介绍，郑安德肋很容易进入耶稣会，并被接纳为修士（brother）。在热那亚，郑安德肋给总会长Goswin Nickel写了一封感谢信，而卜弥格将它从中文译为拉丁文。卜弥格、郑安德肋和卫匡国的人一起，从热那亚出发（1656年1月11日），而这封给总会长的信应该是在郑安德肋

---

[1] 关于卜弥格的研究，参见Robert Chabrié，*Michel Boym*，*jésuite polonaise et la fin des Mingen Chine, Paris*, 1934；[波]爱德华·卡伊丹斯基著，张振辉译：《中国的使臣——卜弥格》，大象出版社2001年。

[2] Athanasius Kircher, Oedipus Aegyptiacus, Rome, 1652—1654. 此书承蒙杜鼎克（Ad Dudink）博士查阅，特致谢意。参见伯希和（Paul Pelliot），“Michel Boym”，*T'oung Pao*，Vol.31，No. 1/2,1934，pp.95-151；爱德华：《中国的使臣——卜弥格》，第123、228页。

[3] 参见上引伯希和文，p.112。西方文献中，或作André Hien，或作Chin、Sin、Cheng，马爱德神父作“陈”，参见Edward Malatesta, “The Tragedy of Michael Boym”, *Images de la Chine: Le context occidentale de la Sinologie naissante*, Ricci Institute, 1995, pp.353-370。爱德华《中国的使臣——卜弥格》（第104页）据卜弥格翻译的西安景教碑文，推测此人姓“陈”或“成”。Ignatius Dunyn-Szpot，（Jap. Sin. 104, sub 1650）称为Andrea Chien、Antele Chien，感谢杜鼎克（Ad Dudink）博士相告。提到郑安德肋名字的，只有L. Carrington Goodrichand B. Szczesniak, “M. Boym”, in *Dictionary of Ming Biography*，Columbia University Press, 1976, pp.20-22.

[4] 1989年Chantilly国际汉学讨论会论文，Edward Malatesta, “The Tragedy of Michael Boym”, *Images de la Chine: Le context occidentale de la Sinologie naissante*, Ricci Institute, 1995, pp.353-370.

动身前写的。之后他们很快到了里斯本，卜弥格还受到了葡萄牙国王的接见，国王还给永历皇帝与庞天寿致书，1656年3月卜弥格一行携书信离开里斯本。

上述行程应该是可以确认的，那么唯一有问题的就是上述中文信的写作时间。我们现在所看到的中文信，落款年份是“吾主耶稣降生一千六百五十六年十二月初（廿四日）”，[1]如果按照我们现在理解的是“1656年12月初”，那么郑安德肋应该已经在从欧洲赴中国的路上了，这和马爱德所提到的写于热那亚时间相差有一年之久。从常理上推测，郑安德肋将日期署错一年极不合理。如果真是1656年12月初，那么廿四日是什么意思呢？24日无论如何不能算作月初。这说明郑安德肋写信，从初稿到定稿，中间可能经历了一段时间。而且如果真是12月24日，那么作为教徒，可能会写耶稣圣诞前一日，不会只写日期，就像现在我们看到的很多传教士的信件都标明有复活节前某日，甚至中国教徒的信完全用中历标注，逢星期日也会加上“主日”两字。[2]

值得注意的是，现行的公历是教皇格里高利十三世于1582年颁定的，而每个月的名称则基本保留古罗马的儒略历，因此这套历法的每一个月都有特殊的名称。我们可以看到18世纪初教皇给康熙皇帝所写的信件被翻译之后，日期署定为“天主降生以后一千七百零九年马尔西约月初二日”，并非为“天主降生以后一千七百零九年三月初二日”，可见当时的传教士并未将西历月份按照中历习惯按顺序一一对应，那么当时的教徒显然也不可能自作主张将西历的“Decem”对应为十二月。[3]

因此剩下来的唯一可能就是郑安德肋把中历西历混在一起记录。南明永历九年（乙未）的十二月实际上是跨年的，从1655年12月28日至1656年1月25日。那么“吾主耶稣降生一千六百五十六年十二月初”就完全有可能了，西历1656年1月1日元旦才是中历的十二月初五。但是“廿四日”仍然不好解释，因为那年的十二月廿四日是1656年1月20日。如果卜弥格与郑安德肋一行是1656年1月11日从热那亚出发的话，日期显然与此不符。我们只有做个大胆的假设，那就是郑安德肋写信，从初稿到定稿，中间经历了一段时间，即从十二月初至廿四日，而最后完稿在从热那亚赴里斯本的路上，或是在里斯本定稿，之后才经由卜弥格翻译，寄回罗马。

二、郑安德肋在《中国图志》编写中的作用

下面我们将对《中国图志》的作者做一个介绍，并讨论此书的撰写背景和郑安德

---

[1] 荣振华提到郑安德肋给总会长的信写于1656年1月24日，参见Joseph Dehergne, *Répertoire des Jésuites en Chine de 1552 à 1800*, Roma, p.265.

[2] 吴旻、韩琦：《礼仪之争与中国天主教徒——以福建教徒和颜珰的冲突为例》，载《历史研究》2004年第6期。

[3] 阴历、公历年尾年初的衔接导致记录相差一年的情形，在17、18世纪时有出现，如南怀仁卒于1688年1月（康熙二十六年十二月），而墓碑上写“康熙二十七年岁次戊辰十二月二十六日”。

肋在此书撰写中的作用。

开意吉1602年出生于德国Geisa，1618年入耶稣会初修院学习，1628年成为神父，1630年曾请求耶稣会总会长到中国传教，但未获准，1635年到罗马，住在罗马学院，直至1680年去世，来华的意大利耶稣会士卫匡国就是他的学生。[1]他是文艺复兴式的多面手学者，对学术有广泛的兴趣，在音乐理论、地质学、电磁学和埃及象形文字等方面，都有精深的研究，还是博物馆的创建人。罗马是开意吉学术研究的消息来源之地，那些到世界各地传教的耶稣会士，当他们回到罗马时，都为他提供了许多新奇的知识。

开意吉撰写《中国图志》（据序），是因为十多年来，来自幅员辽阔的中华帝国的报告影响了他。在这些人中，有跟他学习过数学的学生卫匡国（俩人有很多通信往来），另外一位就是卜弥格，还有两位到罗马的神父白乃心（Johann Grueber，1623—1680）和Heinrich Roth（1620—1668），他们受耶稣会的派遣，经陆路到达罗马，当开意吉写作此书时，他们就在身边，并告诉他很多中国的事。由于传教的原因，这些神父所记录下来的有关中国的消息，没有时间整理，于是要求他来发表这些内容。《中国图志》包括了大量卫匡国和卜弥格书中的材料，如《中国新图志》（*Novus Atlas Sinensis*）、《中国植物志》（*Flora Sinensis*）中的内容（如中国的动植物知识）被大量收入书中，还包括耶稣会士从中国经陆路到欧洲的旅行见闻（如关于西藏的不少内容），是17世纪中叶西方人了解中国的宝库。

《中国图志》中，第一章讨论的就是唐景教流行中国碑。1623年，景教碑在西安发现不久，岐阳张赓虞把拓片寄到杭州，李之藻在看到之后大喜，说：“今而后，中士弗得咎圣教来何暮矣。”[2]因此在天启五年（1625）写下了《读景教碑书后》，“讵知九百九十年前此教流行已久”。于是可以说服那些“疑信相参，诧为新说”的人，今后“问官问礼，何隔华夷”。后来阳玛诺（Emmanuel Diaz，1574—1659）撰写了《唐景教碑颂正诠》（1641年序）一书。景教碑的发现，引起了欧洲人的兴趣，但也遭到了部分人的质疑，有人甚至攻击耶稣会士，认为景教碑并不存在，是耶稣会士的骗局、诡计，是蒙骗中国人的谎言。为反驳这些言论，开意吉首先对景教碑进行了深入的研究，并得到了卜弥格和郑安德肋的帮助。当时李之藻等人有关景教碑的著作，以及景教碑的拓片，都在罗马学院展出。正是在这样的情况下，开意吉希望通过亲眼见过此碑的神父和中国人的准确的、如实的报道，来显示景教传播的真实性，消

[1] Joscelyn Godwin, *Athanasius Kircher: A Renaissance Man and the Quest for Lost Knowledge*, Thames and Hudson, 1979.

[2] 阳玛诺：《唐景教碑颂正诠》序（崇祯辛巳），崇祯甲申武林天主堂梓，载钟鸣旦、杜鼎克、蒙曦编：《法国国家图书馆明清天主教文献》第二十三册，利氏学社，2009年。

除后人对此碑的怀疑。在讨论中，他使用了一本中文书中有关景教碑的准确解释，这本书应该指阳玛诺的《唐景教碑颂正诠》。《中国图志》首先用中文的发音，翻译了景教碑文，此项工作由卜弥格完成；第二则是为了更为准确地表达碑文的意涵。在做相关解释时，他参考了利玛窦（金尼阁）、曾德昭的书，卫匡国的笔记以及其他人的著作。

景教碑在西安发现，无疑是中西交流史上十分轰动的大事。耶稣会士闻之也十分兴奋，认为这无疑将有助于天主教在中国的传播，意义重大，如同基督的葡萄园被重新耕种。于是耶稣会士曾德昭到西安，一睹此碑。当曾德昭作为事务代表（procurator），1642年到达罗马（1644年4月12日离开）后，他对开意吉描述了他在西安所见到的一切。[1]耶稣会士还给开意吉寄了一本景教碑拓片，当时在罗马学院博物馆展出。

卫匡国在曾德昭之后到达罗马，[2]也向开意吉解释了景教碑，《中国新图志》对此碑也有描述。而对景教碑贡献最多的是卜弥格和他的中国随从，开意吉这样写道：

> 最后到达的是卜弥格，他对碑文做了最准确的解释，并改正了他所持有的中文手稿中的全部错误。在我在场时，在他的伙伴、非常精通他的本国语言的中国人郑安德肋（Andre Don Sin）的帮助下，他也对整个景教碑做了一个新的、细致入微的和字面的翻译。他也在下面的“给读者的序”（此序准确描述了事件的经过和发生的一切有价值的东西）中，留下了整个事情的描述。经他的同意，我觉得这个应该包括在这里，作为永恒的和丰富的证明。

西安景教碑发现后，1630年在福建省、1635年在江西省、1643年在泉州城的山上都发现了十字架，传教士对此都有记述。在景教碑发现不久，开意吉就在他的*Prodromus Coptus*（Rome，1636）中发表了拉丁文译本，后来曾德昭出版了一个意大利译本，[3]这些都根据的是景教碑中文碑文，卜弥格则把拉丁文、中文字面并列出版，保留了中文的顺序，并有开意吉神父叙利亚文碑文的翻译和注解，还附有其他中文资料。当时在耶稣会罗马学院和Professed House档案馆有碑文拓片，卜弥格还带回了一本

---

[1] 曾德昭在自己的著作中，对景教碑的发现也有详细的描述：1628年在天主教官员王徵（Philip）的帮助下，几位神父进入了陕西省，由于这位官员的好意和帮助，他们得到了许可，在西安府建造房子和教堂。曾德昭第一个住在那里。

[2] 卫匡国和卜弥格1655年在罗马见面，有一年以上时间同在罗马，承蒙高华士（N. Golvers）博士相告，特致谢意。郑安德肋也应该见过卫匡国。

[3] Alvarez Semedo, *Relatione della grande monarchia della Cina*, Rome, 1634.

中国学者所写的关于景教碑的书，此书誊录了景教碑的碑文。[1]卜弥格还写道：

> 叙利亚神父来自哪里和叙利亚碑文的问题，我们现在留给开意吉神父和他勤勉的评注，这样他可以更可靠地做这件事，我们留给他我的同伴——年轻的中国贵族郑安德肋（Don Chin Andrea）——的作品，郑安德肋从杰出的中国学者刊刻的、在整个帝国传播的书中亲手誊写了汉字。我逐字翻译成拉丁文，并标有数码，嵌入正文中。这本书是石头上碑文的准确复制，它和我亲手的证明和其他来自中国的东西一起，被放在我们的博物馆——一种稀有东西的仓库。罗马，1653年11月4日。[2]

在这之后，署有“卜弥格神父、中国人Andreas Don Sin、中国人Matthaeus （P. Michael Boim. Andreas Don Sin, Sina. Matthaeus Sina. ）[3]——景教碑的见证人——他们描述了此碑”的句子。这说明郑安德肋在景教碑文的解释中做出了一定的贡献。至于中国教徒Matthaeus，伯希和认为是跟随白乃心从北京到欧洲的中国教徒，他于1664年上半年到达罗马。[4]

三、余论

近百年来，通过各国学者的研究，我们对波兰耶稣会士卜弥格有了深入的了解。卜弥格对中国植物、医学、药物都很有兴趣，著有《中国地图册》、《中国植物志》（*Flora Sinensis*，1656）、《中国医药概说》（*Specimen Medicinae Sinicae*，1682）、《医学之钥》（*Clavis Medica ad Chinarum Doctrinam de Pulsibus,* 1686）等著作，可以说是耶稣会士中较早的汉学家。但正如研究《易经》的白晋（Joachim Bouvet，1656—1730）神父身后有举人陆若翰相助，[5]写出厚厚《中国宗教论》（*De Sinica Religione*）的颜珰（Charles Maigrot，1652—1730）主教离不开福建相公的帮忙一样，我们也不应忘记，在卜弥格身边有位虔诚的中国教徒，跟随他近十年的时间，从桂林到澳门，从澳门到威尼斯，从威尼斯到罗马，又从罗马到热那亚，最后试图返回中国，直至为他

---

[1] Charles D. Van Tuyl tr., *China Illustrata*, Indian University Press, 1987, p.7。此书很可能是指《熙朝崇正集》，内有景教碑文、李之藻“读景教碑书后”，参见韩琦、吴旻校注：《〈熙朝崇正集〉〈熙朝定案〉（外三种）》，中华书局2006年。

[2] 译文据*China Illustrata*（1987）英文本转译，但改正了英文本的个别错误。

[3] China monumentis Illustrata, Amsterdam, 1667, p.10. 参见D. E. Mungello, *Curious Land: Jesuit Accommodation and the Origins of Sinology*, University of Hawaii Press, 1985, p.167.

[4] Paul Pelliot, “MichelBoym”, *T'oung Pao*，Vol.31, No.1/2,1934, pp.112-113。

[5] 参见韩琦：《科学与宗教之间：耶稣会士白晋的〈易经〉研究》，陶飞亚、梁元生编：《东亚基督教再诠释》，香港中文大学崇基学院宗教与中国社会研究中心2004年，第420—422页。

安葬。尽管我们无法得知郑安德肋的拉丁文水平究竟如何，但从他年轻时就追随卜弥格，在欧洲约有四年的时间，对拉丁文应有一定的了解，在这期间，郑安德肋随侍卜弥格，一起生活、工作、旅游，和教会人士接触。卜弥格潜心于对中国著作的翻译、研究和著述，其中无疑会包含郑安德肋的成果，就像开意吉的《中国图志》感谢郑安德肋一样。

卜弥格返回中国的时候，清朝已经建立相对稳固的政权，一部分传教士已经进入清廷服务，而澳门当局也不愿破坏与清政府刚刚建立起来的关系，因此这位南明朝廷的使者就处于相当尴尬的境地，一直不能回到中国内地复命，最终于1659年在中越边境去世。根据有关资料，卜弥格去世时，郑安德肋是当时唯一随侍在侧的人，之后也是郑安德肋将他安葬，可说是善始善终，十分忠诚。郑安德肋之后的情况未见记载，据说他后来到了越南北部，是否就在那里终老，有无继续履行自己作为修士的职责，我们就无从得知了。

17、18世纪中国人赴欧洲的历史，学界一直抱有很大兴趣，因为他们不仅具有天主教徒的身份，也是中华文化的代表，他们到欧洲，与欧人交往，也是一种文化的交流与碰撞。多年来，我们一直在欧洲的档案馆、图书馆搜寻这些中国人的蛛丝马迹，本文仅就郑安德肋的史事稍做考释，进行了初步研究。但是正如我们所见，郑安德肋以及其他中国教徒在欧洲的活动，和欧洲人的交往，以及宗教生活等各个方面，目前资料并不足以完全厘清，仍值得进一步挖掘，做更深入的研究。

（作者单位：韩琦，浙江大学人文学院）

旅行中的传教士：卜弥格与东亚的宗教*

[德]柯兰霓 著　王银泉　杨丽雯 译

译者按：柯兰霓（Claudia von Collani）博士是德国明斯特大学、维尔茨堡大学宗教学系讲师。在早期中德文化交流，特别是在儒家道家思想西传研究方面独树一帜，在比较宗教学和传教史研究方面学术成果极为丰富，其作品《耶稣会士白晋的生平与著作》（*P. Joachim Bouvet S. J. Sein Leben und sein Werk*，1985）已被译成中文，2009年由大象出版社出版。至2011年已发表学术专著5部、译著3部，学术论文110多篇，书评90余篇。本文原题为“A Missionary on His Journey: Michał Boym and Religions in East Asia”，最初发表于《华裔学志》（*Monumenta Serica*）2011年第59期315—340页，梳理了卜弥格在东亚的经历及其与当地宗教的接触、认识。

一、引言

卜弥格（Michał Boym, 1612—1659）是葡萄牙保教区资助下开始传教生涯的众多传教士之一。1643年3月30日，卜弥格由里斯本启程前往远东。[1]经过三年的海上行程，于1645年暂时停留远东，卜弥格首先抵达越南的东京，之后，他暂住中国南部的海南岛，接着去了安南。[2]此时，卜弥格已经开始了他在包括交趾支那（越南南部）、柬埔寨、暹罗、东京（越南北部，下同）、海南岛及老挝在内的日本耶稣会教区的传教工作，这些区域都包含在葡萄牙保教区影响势力范围之中.[3]1650年，卜弥格在澳门

---

* 本文原载于《国际汉学》2018年第2期。

[1] Josef Wicki, “Liste der Jesuiten-Indienfahrer 1541-1758”, *Portugiesische Forschungen der Görres-gesellschaft* 7(1967), pp. 215-297, p. 297, no. 909.

[2] 安南为越南古名，安南得名于唐代的安南都护府，自公元前3世纪的中国秦朝开始成为中国领土，至五代十国时政权割据，安南脱离南汉，北宋无力统一，故正式独立，此后越南长期作为中国的藩属国存在。——译者注

[3] Francois Cardim, *Relation de la province dv Iapon. escrite en Porutgais par le Pere François Cardim de la Compagnie de Iesvs, Procureur de cette Prouince*, Paris, 1646，pp. 2f.

第四次庄严宣誓。[1]同年，受时任在华耶稣会副省区会长曾德昭（Alvaro de Semedo，1586—1658）的派遣，卜弥格前往广西南明永历朝廷传教以支持瞿安德神父（Fr. Andreas Wolfgang Koffler，1612—1652）。[2]与此同时，汤若望（Johann Adam Schall von Bell，1592—1666）在北京为清朝第一位皇帝顺治帝（1644—1662在位）效力。

卜弥格为南明朝廷效力不久，就被授予特殊的使命出使罗马。1651年，卜弥格受信奉天主教的南明王朝永历慈安皇太后之委派，出使罗马，寻求罗马教廷和欧洲各国君主对永历朝廷的精神和物质援助，以求反清复明。皇太后1650年11月4日[3]致信罗马教皇英诺森十世（Pope Innocent X，1574—1655）、耶稣会总长（同日）和卢戈主教。[4]永历朝廷太监庞天寿（1588—1657）也秉笔直书致函罗马教皇。[5]1651年1月1日，卜弥格从澳门出发，开启了他的海航，1651年抵达葡萄牙殖民地果阿，之后继续航行途经波斯、士麦那，最终到达威尼斯。1652年12月16日威尼斯总督接见了卜弥格，但卜弥格和他的同伴郑安德肋[6]直到三年后的1655年12月7日，才终于等到了由教皇亚历山大七世（Pope Alexander VII，1599—1667）签发的复书。得复书后，卜弥格率领一小队耶稣会传教士于1656年3月30日由里斯本至果阿启程返华，与他同行的有柏应理（Jesuits Philippe Couplet，1623—1693）、鲁日满（François de Rougemont，1624—1676）、葛安德（André Gomez，1622—1681）及伊格纳修斯·哈特维尔特[7]（Ignatius Hartegovelt，1629—1658）。[8]他们的目的地是葡萄牙统治的印度和中国耶稣会副省区。

---

[1] 目前关于卜弥格抵达澳门的时间的考证结论不一致。陈文源在《西方传教士与南明政权》一文中提到，卜弥格于1650年抵达澳门。《卜弥格文集——中西文化交流与中医西传：中西文化交流与中医西传》（张振辉、张西平译，华东师范大学出版社2013年）认为他是1644年来到澳门。本文并未明确指明卜弥格第一次来华和抵达澳门的时间，只提到1650年他在澳门起誓。——译者注

[2] Pfister, *Notices biographiques et bibliographiques sur les Jésuites de l'ancienne mission de Chine*, 1552—1773（[法]费赖之，《在华耶稣会士列传及书目》），Shanghai，1932—1934，pp. 265-269; Dehergne, *Répertoire des Jésuites en Chine de 1552 à 1800*（荣振华，《1552年至1800年在华耶稣会士汇编》），p. 137.

[3] *BM* V, no. 2215, published in: Athanasius Kircher, *China Illustrata*（《中国图说》，Amsterdam, 1667），pp. 101f; Du Halde, *Description de la Chine*（《中华帝国全志》，Paris, 1735），p. 83; Adrien Launay, *Histoire des Missions de Chine. Mission du Kouang-Si*（《中国传教史：广西传教史》，Paris, 2002), p.10.（译者注：*BM*是Bibliotheca Missionum的简写，可译为《传教书目》或《传教书库》，是一套关于传教史与传教学书目的系列丛书。）

[4] Launay, *op. cit.*, pp. 11f.

[5] *BM* V, p. 831; Kircher, op. cit., pp. 100f. 卜弥格还向威尼斯总督和葡萄牙国王写了其他的信件。

[6] Zheng Andelei，？—1662。史书记载均为陈安德，这里柯兰霓称其为郑安德肋，她在给本文译者的回信中说西方学者有chen和zheng不同的写法，钟鸣旦回复译者认为两种可能皆有，因此建议译者在翻译过程中添加注释。——译者注

[7] 根据译者与本文原作者柯兰霓的电子邮件咨询确认，此人虽与卜弥格返华团队一起出发，但是抵达暹罗之后留在了那里，没有继续前行到达中国，因此没有汉化姓名。——译者注

[8] Wicki, op.cit., p. 300. 其他同行者为：乔治·布莱特·凯恩斯（George Brett Keynes, 1629—1658）、安东尼奥·萨尔达尼亚（António Saldanha, 1619—1656？）、弗朗西斯科·韦柳（Francisco Velho, 1631—？）及约翰·德阿布雷乌（João de Abreu, 1635—1663）。（荣振华编著的《1552年至1800年在华耶稣会士汇编》中补编人名索引中记录，约翰·德阿布雷乌为葡萄牙神父，1645—1663年于澳门访华。——译者注）

在他的行李中，卜弥格携带着教皇亚历山大七世于1655年12月18日签发的答永历皇太后和庞天寿书。[1]卜弥格期盼信奉天主教的明朝朝廷能有所好转，永历皇帝可以成为第一位信奉支持天主教的中国皇帝，南明朝廷会追随他们的君主，南明王朝能够恢复成为主导统治中国、影响远东地区的王朝，就可以按照当初耶稣会士入驻中国所制订的计划策略进展。然而，事态的发展并未与预期一致。卜弥格于1657年从果阿启程，1658年到达暹罗。在暹罗，卜弥格接到了澳门议事会的来信。由于葡萄牙与北京的清朝已建交，并不想破坏两者间现有的关系，[2]他被禁止踏入澳门。卜弥格因而继续他的航程，在暹罗的大城府，他搭乘了海盗船带他去了东京。卜弥格同他的助手郑安德肋继续他们危险的旅程，最终抵达中国的广西壮族自治区。卜弥格最终因为长期旅途劳顿于1659年6月22日在广西逝世。然而，这趟重返中国的最终航行让卜弥格接触了中国的植物和医药，也让他了解了许多不同的宗教信仰和他们的信众们。

（一）资料来源

本篇论文的主要文献来源是卜弥格书写的两份手稿，其中一份是《基督教在中国的发展及现状》（“Status Christianæ Religionis in China, ut nunc se habet”）[3]。这份报告记录了崇祯（1628—1644在位）和永历（1623—1662）两位皇帝的皇家档案，以及他们与天主教和传教的关系。这份文件证明了永历皇帝皈依天主教的时间并不长，而且也表明了耶稣会士们的愿望最终得以实现，尤其是汤若望的特别期望，他一直没有放弃归化明朝最后一位皇帝崇祯的努力。[4]这份手稿的部分内容和其他手稿已被多版印制并翻译成多种语言，有一些更改在所难免。以下的版本仅记述了永历皇帝的相关内容：*Breve Relazione della China, E Della Memorabile Conversione Di Persone Regali di quella corte alla Religione Chirstiana*（《中国王室皈依略记》，罗马，1652年），法文译本：*Brief Relation de la Chine et de la notable conversion des Personner Royales de cet Estat*（巴黎，1654年）。[5]大约70年后，《新世界报告》（*Der Neue Welt-Bott*）的编辑约瑟夫·史塔克林（Joseph Stöcklein，1676—1733）编译了德文译本，并于1726年出版

[1] *BM* V, p. 831; Kircher, op. cit., pp. 102f.

[2] Pfister, *op. cit*., p. 273.

[3] Bayerisches Hauptstaatsarchiv, München（下文简写为BHStA）, Jesuitica 589; 参Bernward H.Willeke,“Die Missionshandschriften in Bayerischen Hauptstaatsarchiv zu München,” *De Archivis et Bibliothecis Missionibus atque Scientiae Missionum Inservientibus*. Euntes Docete XXI (Roma, 1968), p. 335.

[4] 汤若望的*Historia relatio de ortu et progressu fidei orthodoxae in regno Chinensi per missionarios Societatis Jesu ab anno 1581 usque ad annum 1661*记录了在京宫廷的历史。这是汤若望《耶稣会传教士汤若望主持下的中国传教史》（*Historica narratio de initio et progressu missionis Societatis Jesu apud Chinenses, ac praesertim in regia Pequinensi, Wien, 1665*）的第2版。

[5] *BM* V, no. 2221.

发行。[1]

另一份手稿是一份由卜弥格完成却尚未命名的报告，主要记述了卜弥格从印度途经东南亚最终到东京的最后一次旅程，这趟航行大部分是在海上进行的。海上旅程充满冒险，甚至有时十分危险，但是我们研究的兴趣主要集中在与宗教相关的内容上。本报告现由位于慕尼黑的巴伐利亚国家档案馆保存。[2]其中提到的不同宗教团体有：伊斯兰教，其他“异教”，如基督新教、上座部佛教、民间宗教，也包括在日本传教并不如人所愿的基督天主教。作为一名耶稣会士和未来的传教士，卜弥格在非基督教地区接受了特殊的培训，其中异端教派的相关内容是耶稣会反宗教改革的主要教学内容之一。从卜弥格的传教态度我们可以看出，他对其他宗教有着开放的胸怀，至少对于佛教是这样的，卜弥格甚至还感到十分好奇。然而，卜弥格最终坚信天主教才是可以拯救灵魂的唯一途径，其他宗教可能也可以提供一些救世救主的方法，却不能很确定或准确。

（二）17世纪欧洲对其他宗教的态度

17世纪，欧洲对非天主教的传教大致持两种态度，官方的态度是：“Extra ecclesiam nulla salus”[3]，即“只有教会才能救赎”。然而，这直接指向那些异端教派，他们站在罗马天主教会的对立面，也不入天主教，如阿里乌教和摩尼教。另一些“异教徒”并不属于上类，可细分为犹太教徒和穆斯林，他们是亚伯拉罕宗教的后裔，有着特殊的待遇。真正意义上的“异教徒”是指远东的蒙古人和之后一些在非洲和东亚新发现大陆上的人们。他们被认为是如若未接受洗礼，则会最终迷失的异教徒。因此，传教的责任油然而生。另一种态度认为，上帝希望拯救天下所有的人类，耶稣是为救赎全人类而死。人类可以得到上帝的恩泽而被救赎，即使他们不信奉天主教会，这一点是可能的，但是他们必须遵循崇高的道德规范和秉持纯洁的良知。即使一个人不了解天主教，他也可以得到救赎，因为他遵循了自然的规律，也就是他既不信奉犹太教也不信奉伊斯兰教。如果真正的信仰以正确的方式表现，形势则会变化，从而可以掌握。如果有人认为天主教是正确的宗教却不接受它，这将是最坏的结果。

---

[1] “Bericht Patris Michaëlis Boym, der Gesellschafft JESU Missionarii in Sina, aus der Polnischen Provinz/ welchen eer zu Rom im Jahr 1653 abgestattet hat,” *Der Neue Welt-Bott*, Numerus 13, Augsburg, 1726，发表于《新世界报告》的这份报告是缩写本，一些详细内容可参见*BM* V, no. 2225, 2226。

[2] München, BHStA, Jesuitica 607/118; original in ARSI, Jap. Sin. 80, ff. 122-128; 参考Willeke, op.cit., p. 335.

[3] 这句话是由迦太基教会的西彼连（Cyprianus, 约 200—258）主教所述，*Epistola (73) ad Iubaianum*，c. 21: Salus extra Ecclesiam non est.” (Migne, PL 3,1 169A)。1215年在拉特兰会议得以确认，“Una vero est fidelium universalis Ecclesia, extra quam nullus omnino salvatur”。参见Henricus Denzinger-Adolfus Schönmetzer, Enchiridion Symbolorum et declarationum de rebus fidei et morum (Freiburg, 1965): no. 802 (4th Lateran Council, 1215), no. 3866 (Pius XII, 1949); Lexikon fur Theologie and Kirche 3 (2nd ed., Freiburg, 1959), cols. 1320f.

这些思想观念在16世纪和17世纪的欧洲产生了重要的影响。[1]

（三）耶稣会会士对中国宗教的态度

当罗明坚（Michele Ruggieri，1543—1607）和利玛窦（Matteo Ricci，1552—1610）首次踏上中国的国土时，为了符合中国的文化传统，他们按照在日本传教时了解到的佛教僧众的穿衣方式进行着装，他们试图通过这样把天主教作为佛教的一个新的教派引入中国。之后的不久，两人通过其好友瞿汝夔（别名：瞿太素，1548—1610）得知，“文人学派”，即中国的儒士们才是社会的领导阶层，而并非佛教徒们。[2]耶稣会士对儒家学派态度的变化也意味着从宗教层面上的适应性调节调整为科学层面的适应，之后耶稣会会士的传教逐渐远近闻名，而这一切都是因为“现代”的儒学被认为是现世哲学，并不是以宗教的形式呈现。

在关于中国皇帝和在中国传教工作历史记录的《利玛窦中国札记》（*De Christiana expeditione apud Sinas suscepta*，奥格斯堡，1615年）一书中，利玛窦及担任他编辑和翻译的金尼阁（Nicolas Trigault，1577—1629）介绍了中国当时不同的宗教。利玛窦对中国的宗教评价极高，后来的耶稣会传教士也有同样的认识，他叙述道，“在欧洲人所了解的所有异教流派中，我发现没有任何其他人能像中国人一样在古老文化早期仅存在少量错误的。”利玛窦在一些古老的书籍中发现一神论的痕迹，即上天，以及对不同神明的崇拜。在利玛窦看来，中国古老的宗教远远在古代希腊、吉普赛和罗马的宗教之上。因此，他认为“许多中国的先人都是通过遵循自然之道（legge naturale）以救世救民的”。[3]当代的儒家学说代表和体现了公众和平、社会秩序和家庭经济保障，也就是说，它是世俗状态的哲学思想，然而，这些学派则更倾向于无神论，至少利玛窦是这么认为的。[4]对于佛教和道教等存在于中国的其他宗教，利玛窦用相对客观的方

---

[1] 见Bartolomé de Las Casas, Werkauswahl, Band 1. *Missionstheologische Schrigten*, ed. Mariano Delgado (Paderborn, 1994)。由Mariano Delgado和Michael Sievernich 介绍，特别是 pp. 53f. 以及 Claudia von Collani,“Das Problem des Heils der Herden. Die Apologie des P. Vincentius Mascarell S. J. aus Jahre 1701,” NZM 45,1989, pp.17-35, 93-109。

[2] Johannes Bettray, *Die Akkomodationsmethode des P. Matteo Riccis S. J. in China*（《利玛窦在中国采取的适应方式》，Roma, 1955), pp. 4f.

[3] Pasquale D’Elia, Fonti Ricciane (下文简写为FR),vol.1 (Roma, 1942), n. 170, pp. 108f; 参Louis J. Gallagher, *China in the Sixteenth Century: The Journals of Matthew Ricci, 1583-1610*（《16世纪的中国：利玛窦 1583—1610年的札记》，New York, 1953), book 1, ch.10。直到近代，神学家才认为世界史可划分为三个时间段，第一阶段是性教时期（*lex naturalis*或*lex naturae*），接着是书教时期（*lex mosaica*），第三阶段是恩教时期（*lex evangelica* 或 *lex Christiana*）。性教时期开始于上帝造物，直至传扬福音。在这一时期，刻入人们的内心深处的自然之光法则是十分有效的，如果人们信奉上帝， 则会因上帝的馈赠和福祉而得到救赎。Claudia von Collani,“Philippe Couplet’s attitude towards the Chinese in *Confucius sinarum philosophus*,” in Jerome Heyndrickx, C. I. C. M (ed.), *Philippe Couplet, S. J.*（1623-1693），*The Man who Brought China to Europe*, Monumenta Serica Monogragh Series 22 (Nettetal, 1990), pp. 47f.

[4] Gallagher, op. cit., book 1, ch. 10, pp. 94-95, 105; FR I, n. 171-199（in the Trigault edition, ch. 9 of book 1），本章又分为两个小章节。

式回溯它们的发展历史、生活方式和各自敬仰的神明。[1]此外，利玛窦还介绍了中国的犹太教和伊斯兰教。他和一些犹太人有私人交情。关于伊斯兰教，他记述道，穆斯林已经非常完美地融合到中国的社会中。[2]

二、卜弥格的东京之旅

当卜弥格听闻永历皇帝和他的朝廷全部迁至广西，他便决定从暹罗到东京，因为东京与中国南部的广西省份相邻交界。抵达东京的唯一方式是搭乘一艘中国的海盗船。这趟航行持续了两个月（卜弥格最终在1658年8月10日抵达东京）[3]，让他不仅可以记录一些植物和药物，还接触了一些其他宗教在国外的信徒。船上共计27人，其中包括一位船长和一名荷兰混血的领航员。他是一位“异教徒”，信奉基督新教，两名天主教徒为他服务。郑安德肋一直陪伴在卜弥格的左右，他在罗马进入耶稣会，与卜弥格结下兄弟情谊。[4]共同搭乘海盗船的大多是商人，他们都有着有趣的经历，卜弥格借此机会与他同行的伙伴们一起探讨许多宗教问题，也试图说服他们信奉天主教。

（一）与穆斯林信众的讨论

在百无聊赖的海上行程中，卜弥格与印度的穆斯林信众谈论起了宗教的问题。在中欧建交的历史长河中，中国士大夫与第一批耶稣会士的交往起着至关重要的作用，因为双方之间通常以对话的方式交流沟通，他们拥有同等的社会地位和类似的教育背景，互相尊重对方。但是，这些中国士大夫深受儒家思想的影响，而在耶稣会士们看来，儒学是一种世俗状态下的哲学思想。因此，儒家学说被视为与基督教教义相一致，至少耶稣会士们和其他神学家是这么认为的，他们认为中国典籍中的古代儒家学说涉及了古老的一神论及上帝给予人类的原始启示。所以，耶稣会士们试图说服与他们进行探讨的儒士们，天主教是中国古老一神论的延伸，新的儒家学说应辅以基督教，运用原始宗教的古老遗迹。以此为依据，一位儒士同时亦可以是一名天主教徒。

与大多数儒教相关的讨论和对话相比，有关其他宗教的讨论事实上几乎算不上真正的对话，而在这种情况下，耶稣会士们用他们丰富的神学知识体系，探讨反宗教改

---

[1] Gallagher, op. cit., book 1, ch. 10, pp. 98-105. 报告的形式在18世纪有所改变，当时所有传教士对中国的传教环境评价极低，认为这里充满了迷信的异教，他们的信众是天主教中魔鬼嘲弄的对象，他们的传教者都是骗子。参见Claudia von Collani, “Parishes, Priests and Lay People: Christian Communities as Described in the *Neue Welt-Bott*”, Noel Golvers-Sara Lievens (eds.), *A Lifelong Dedication to the China Mission: Essays presented in honor of Father Jeroom Heyndrickx, CICM, on the Occasion of His 75th Birthday and the 25th Anniversary of the F. Verbiest Institute K.U.Leuven*, Leuven Chinese Studies XVII,Leuven, 2007, pp. 491-514.

[2] Gallagher, op. cit., book 1, ch. 11, pp. 106-114.

[3] Edward. J. Malatesta,“The Traedy of Michael Boym”（《卜弥格的悲剧》）, in Actes de Vie colloque international de Sinologie, Chantilly 1989, Taibei-Paris, 1995, pp. 363f.

[4] Ibid., p. 362.

革，通过友善的对话尝试教化并说服其他宗教的信众信奉天主教。然而，以上这些常被认为是难以令人信服和执拗的。尽管如此，他们还是和一些穆斯林、犹太人和中世纪的天主教信徒进行了交谈，可以算得上是真正的对话。[1]

利玛窦是第一位提到中国伊斯兰教的传教士，他将穆斯林称为“Saracents”。这些穆斯林自蒙古蒙兀儿（也称莫卧儿）王朝[2]就依照中国的律法和习俗生活在中国（他们仅仅是不食用猪肉），并被大众普遍接受。穆斯林并未在中国进行传教，他们的宗教非常内部化，也就是说，如果他们成为中国人，便不再是穆斯林信众了。[3]

在印度蒙兀儿王朝时期，耶稣会士们和穆斯林关系十分友好。蒙兀儿王朝的阿克巴大帝（1556—1605年在位）邀请了不同宗教派别的代表汇聚他的朝堂，就宗教问题展开对话，耶稣会士也在受邀之列。但是，阿克巴大帝的意图并非准备改信天主教，他更多的是希望吸收不同宗教的元素创建一个新的教派，称之神圣宗教（Din-i-Ilahi），阿克巴大帝自己十分信奉。尽管如此，耶稣会士们还是与阿克巴大帝保持着良好友善的往来。[4]然而，卜弥格在海上与穆斯林的对话却并不怎么能让人容忍。他认为伊斯兰教是“secta maledicta”，即“被诅咒的异教”。卜弥格的主要辩论对象是一名记录员，或者说是海盗船的书记员，他相对而言接受过一些教育，其余的水手都目不识丁。在他们交谈的过程中，来自印度的穆斯林商人聚集在周围，急切地倾听两人间的对话，因为他们显然对宗教问题十分感兴趣。在一位翻译的帮助下，两人使用葡萄牙语进行讨论。当然，卜弥格比较天主教和伊斯兰教，试图证明天主教的优越性。那些穆斯林则确信伊斯兰教更为先进高级，因而更优越。他们询问卜弥格为何抵触反驳伊斯兰教。卜弥格回答道，真正的宗教应与真理之光相一致（lumen rationis），天主教拥有上帝亲身的见证，因此唯一真正的宗教是基督教王国（lex Christi）。卜弥格又说，这些都已被无数《古兰经》中的神迹证实。书记员和穆斯林商人们一致回答道：“请给我们展示一个神迹，那么我们将尊奉天主教的教义。”

卜弥格跳出圈套，回答说，有时神迹是十分必要的，但并不是当上帝还有其他方法来证实其真正法则的时候。与其他宗教进行对比，就可以看出基督教王国才是真正

[1] Abailard, *Gespräch eines Philosophen, eines Juden und eines Christen*, Frankfurt, 1995; Ramon Lull, *Das Buch vom Heiden und den drei Weisen*, übersetzt und herausgegeben von Theodor Pindl (Stuttgart, 1998).

[2] Mongol dynasty 指的是蒙古蒙兀儿王朝，为 1526—1857年，即 16 世纪初至 19 世纪中期统治印度大部分地区的穆斯林王朝。创始人是巴布尔（1483—1530），他以阿富汗为根据地，向北争夺中亚的控制权，向南入侵印度，于 1526年建立蒙兀儿王朝。其孙阿克巴（1556—1605）时，行宗教宽容政策，是印度史上的全盛期。后来因子孙偏袒回教，使印度教与回教冲突时起，形成分裂，正好为经由新航路东来的欧洲人所利用。1857年蒙兀儿王朝亡。——译者注

[3] Gallagher, op.cit., book 1, ch. 11, pp. 106-107.

[4] 参见Arnulf Camps, *Jerome Xavier S.J. and the Muslims of the Mogul Empire, NZM* Supplementa VI, Schöneck-Beckenried, 1957; Frierich Huber, *Das Christentum in Ost-, Süd-, und Süd-ostasien sowie Australien*, Kirchengeschichte in Einzeldarstellungen IV/8,Leipzig, 2005, p. 93.

的宗教，因为基督教与真理之光相一致，这一论点是耶稣会士们经常提到的。[1]卜弥格认为这些穆斯林已经了解了天主教的卓越，因此神迹是完全没有必要的。如果有人想要证明他自己宗教的卓越性，那便是穆斯林自己的事情了。在场的每个人都已经了解基督的神迹。接着，卜弥格询问他们《古兰经》中是否提及基督。穆斯林回答道，耶稣被认为是上帝最高级的先知者，而上帝创造了新的法则。为了更好地理解基督教，卜弥格讲了一则寓言故事。船上的书记员是一位重要人物，船长任命他为其副手，所有的商人也都非常信任他，将全部的货物都交给书记员，最终到岸时取回自己的货品。如果他没有任何的凭证，那么没有人会相信他。所有人都同意他的说法。这也同样适用于耶稣和穆罕默德。耶稣出生早于穆罕默德，他将神圣的律法传授给犹太人，之后传授给每一个人，并通过许多的神迹得以证实：盲人恢复了视力，腿瘸者可以走路了，已死之人又复活了。这些也在《古兰经》中得以确认。穆罕默德在耶稣之后诞生，因此，他证明奇迹的存在是在完成上帝赋予他的任务，而他到现在都还没有完成。归根结底，耶稣的启示经由无数神迹的确认，才是真正的宗教。与此同时，穆斯林们非常喜欢这种辩论的方式。

之后，他们又一起讨论了圣母玛利亚[2]，身为处女的她是如何受孕并生下耶稣。穆罕默德仅仅提到天使长加百列[3]是麦尔彦的父亲，他得到了一个装有某种酒的瓶子。如果有处女喝下那瓶酒，她将受神感孕，怀上耶稣基督。卜弥格认为这一假设是个谎言。圣母玛利亚怀着耶稣并一直保持处女之身，之后她甚至生下了基督。[4]穆斯林信众们询问，圣母玛利亚怎么才能做到一直保持处女之身。卜弥格用阳光光束在玻璃壶上的折射来打比方。玻璃并没有破损，而部分的阳光却穿透玻璃。[5]在这部分对话中，最重要的问题被忽略了，那就是，在穆斯林信众看来，耶稣基督并不是上帝的儿子，仅

---

[1] 许多耶稣会士，像利玛窦一样，都认为lumen rationale与lex naturae相一致。这是人类的第一阶段，接着是书教，犹太教，最后是恩教。lumen rationale的意思是人们可以在心中看到真理，如果有人遵守真理，那么他就会被上帝的恩赐救赎。

[2] 圣母玛利亚，耶稣基督之母，全名：Blessed Virgin Mary，《圣经》新约和《古兰经》里耶稣（尔萨）的生母，她的名字本为马利亚，后因“玛”比“马”的喻义更好，则译为“玛”。值得一提的是，（Maryām）即玛利亚，在亚兰文就是“苦涩”的意思，汉语的《古兰经》中翻译为“麦尔彦”，下文中亦有提及。——译者注

[3] 在不同的宗教中，加百列或称为加百利、加俾额尔、吉卜利勒、加布里耶尔。他是一个传达天主信息的天使。加百列第一次出现是在希伯来《圣经·但以理书》中，名字的意思是“天主的人”“天神的英雄”“上帝已经显示了他的神力”或“将上帝之秘密启示的人”。他也被认为是上帝之（左）手。根据亚伯拉罕诸教，加百列是负责为神传递信息的天使长。——译者注

[4] 玛利亚，在《古兰经》中称为麦尔彦，特别在第19章中提到，其他部分也多次提及。她是《古兰经》中唯一提到的一位女性。

[5] 中国的基督教信徒杨廷筠也提出过类似的例证。参见Nicolas Standaert, *Yang Tingyun, Confucian and Christian in Late Ming China*（《杨廷筠：明末天主教儒者》），Studia Leidensia 19, Köln–Leiden, 1988, p. 124.

仅是上帝的先知，而圣母玛利亚的地位相对而言更为重要。[1]

卜弥格将他和印度穆斯林的几次谈话联系在一起。他经常告诉这些穆斯林，他们的宗派是错误的，但他们也并未觉得有所冒犯，相反，他们十分喜欢参与和倾听讨论。他们从不对天主教进行攻击。在卜弥格看来，他们中的大多数本就没有什么宗教信仰，成为穆斯林信众仅仅是因为他们的君主和国王是穆斯林，从而顺应君王的喜好，抑或是为了获得一定的好处。因此，卜弥格坚称，在印度、越南的归仁、印度马拉巴尔海岸的纳辛加（Narsynga）和暹罗，大多数民众都属于“被诅咒的宗派”。

（二）暹罗佛教（小乘佛教）

暹罗王国（今泰国）是深受葡萄牙保教区影响的地区之一。然而，不同的国家都想尝试踏上暹罗开展贸易往来，这其中包括：葡萄牙人、荷兰人、英国人，之后是法国人，再后来是来自不同国度的传教士们和“巴黎外方传教会”[2]的成员。[3]暹罗是前往远东地区的必经之路，之后它又因为属于耶稣会日本省区，而成为日本基督信众后撤的区域。关于暹罗，有一些古老的描述。[4]

远东地区的耶稣会士通过传教活动在不同国家接触到了不同流派和教派的佛教思想。在日本，他们接触了大乘佛教，大部分是禅宗，但也有可能是真言宗。耶稣会士与禅宗的和尚们进行了讨论，但他们之间的探讨并不能算作对话，因为两者的目的不一致。[5]在中国，耶稣会士进一步了解大乘佛教和藏传佛教，大乘佛教已成民间宗教的一部分。[6]而严格意义的小乘佛教于13世纪传入泰国并以特殊的形式成为当地的主要

[1] 耶稣通常被称为“圣母玛利亚之子”（译者注：Miriam为希伯来文罗马字），参见“Isa ben Miriam”in: Adel Theodor Khoury, Ludwig Hagemann, Peter Heine, Islam-Lexikon. Geschichte–Ideen–Gestalten, vol. 2 Freiburg–Basel–Wein, 1991, pp. 491-500.

[2] 为法国天主教的男性使徒生活团，1659年成立于巴黎，1664年得到教宗的批准。总部设在巴黎。它与传统的天主教修会不同，是历史上最早的全力从事海外传教的天主教组织。巴黎外方传教会主要在亚洲从事传教工作，包括越南、柬埔寨、泰国、韩国、日本以及中国的台湾、香港等地。历史上，中国的西南地区、两广和东北，乃至西藏的边缘地带，都是巴黎外方传教会重要的传教区。巴黎外方传教会于1680年到达中国福建省，禁教时期在四川省坚持秘密传教，此后在中国陆续开辟教区。

[3] Dirk Van der Cruysse, Louis XIV et le Siam, Paris, 1991.

[4] 暹罗经常与日本一并被提及。见François Caron, *A True Description of the Mighty Kingdoms of Japan and Siam*（《对日本强大王国和暹罗的真实描述》，London, 1663)。之后，François Caron 成为法国东印度公司的总经理。另见 Engelbert Kaempfe (1651-1716), *Historia Imperii Japonici Germannicè Scripta ab Engelberto Kaempfero* (London, 1727); *The History of Japan*（《日本的历史》，London, 1727）；关于暹罗的摘录：*A Description of the Kingdom of Siam*（《暹罗王国的描述》，repr. Bangkok, 1998)。

[5] 耶稣会士们通过学术论争的方法压倒了禅宗的僧人，然而，禅宗僧众对现实相关性有不同的见解，认为这一切并不是可以通过智慧的方法学会的。Georg Schurhammer, *Die Disputationen des P. Cosme de Torres, S. J. mit den Buddhisten in Yamaguchi im Jahre 1551*, Tokyo, 1929; Claudia von Collani, “Jesuiten im Gespräch mit chinesischen Gekerten”, *Jahrbuch für Religionswissenschaft und Theologie der Religionen 2*, 1994, pp. 72-74.

[6] 耶稣会士关于佛教的描述仅有很少的一些，一份是由Tomás Pereira（1645—1708）发表在 *Fernaö de Qyeyroz* 的 *The temporal and Spiritual Conquest of Ceylon* (Colombo, 1930)。此外，他还描述了中国的大乘佛教。

宗教。[1]

卜弥格前往中国路途中的一站便是暹罗。在暹罗，他最终也没能对佛教有深入的了解，仅仅纯粹简单地描述了佛教。他写道，寺院是整个暹罗最好的建筑物，其他的房子大都是些棚屋。散布在大街小巷的无数寺院简直让卜弥格震惊。寺院外的庭院里是偌大的金字塔林，暹罗人称之为“agelias”。这些已逝或在世者的金色丰碑是为了向崇拜者表示敬意。几乎每座寺庙中都有掌管者和僧众，被称为“telapoys”[2]，他们在一天当中的特定时间伴着烛光诵经吟唱，例如在傍晚或是在午夜时分。他们通过钟声和敲击木槌（佛教用语称之为醒板——译者注）从外面集合。这些僧众都要剃头刮胡，并穿黄色的僧袍。如果他们德高望重，则会身披红色的长衣（译者注：法袈裟），在身上缠绕几圈。他们和其他民众一样都赤足行走，还手持大扇。高僧们搭乘金制的轿子出行，手持扇子，轿前撑一伞，一长列队的僧众跟随轿后。

僧众们的黄色僧袍说明他们很贫穷。住在暹罗的人们送儿子去僧人的寺庙，以求他们的孩子可以学习阅读、写作和诵唱。数年之后，他们成为僧众，抑或回归世俗的生活。只有得道高僧才不可以结婚。如果高僧与女人有性行为，则会被处死。人们为他们做饭并给予金钱，以维持他们的生活。僧人被允许可以在屋内拜访女性。

僧人的主要任务是举行葬礼。出于此目的，僧人做好穿着僧袍的纸人，将它们放置在寺院的特定会堂内，同时击鼓，最后将其和尸体一起埋葬。逝者的亲属们分发食物、僧袍和钱财，与此同时，僧人们吟唱诵经。这样的仪式要持续几天，在纪念日上还需要举行。每位僧人将会享用一顿丰富的大餐，接着最年长的三位僧人非常虔诚地轮流吟唱。在此之后，人们会抬起胳膊吟唱，并低声诵唱，像是在为逝者祈福。接着，人们静静地回到逝者的屋内，僧人则全部注视大地。

在一名翻译的帮助下，卜弥格试图获得更多有关僧众的信息。根据他的描述，这些僧人在他们的寺院内居住15年到20年。在他们看来，杀生是极大的罪恶。例如，寺院内挂着许多画，画中的男子正在杀猪，而画旁的恶魔却用火在惩罚男子。如果有人杀死了猪，那么他最终会自杀来结束自己的生命。然而，他们却食用大量的肉类，如猪肉和鸡肉。食用肉类却不被认为是一种罪恶，而杀害动物却是极大的罪恶。卜弥格试图给他们证明，食用肉类并不比杀死动物的罪恶要少多少，但是他们却不能理解卜弥格的话。

寺庙会堂内有一尊铜质的僧像，僧人十分年轻，头戴王冠，他的下半身不是身体的下半部分，而是一种纪念柱，从腰部直到脚部。他们的佛像一些是站立着的，一些则是坐着的。卜弥格询问他们，他们的这位尊者是否有父母双亲。卜弥格被告知是有

[1] *Religion in Geschichte und Gegenwart 8*（《历史中与今日的宗教》，4th ed., Tübingen, 2008), p. 207.

[2] Talapoin 是指暹罗的佛教僧人和苦行僧，他们被认为是拥有奇特魔力的人。

的，但是他又问尊者是否有妻儿，一些人认为有，而另一些人却否认了。卜弥格接着问，在这位尊者出生之前，暹罗是否有神灵？僧众们沉默不语，互相对视。之后，卜弥格又问，他是否逝世了，僧众们没有否认。因此，卜弥格质疑地说，“你们没有上帝，为何却尊重这位，还为他制作雕像？”僧人回答说，他们制造塑像是为了纪念某人，而这个人曾经给予僧人们很多的救济。

接着，卜弥格继续问他们关于每个金制的佛像，询问他们的名字，为什么一部分是站立的，一部分却是坐着的，有的带有皇冠，有的却没有。暹罗人回答说，一尊是守护神，但是大多数的雕像就在那里，因为人们喜欢他们，他们在那里可以发挥作用。之后，卜弥格看到一些很像天使的男性雕像，他们有羽翼，类似天主教中的天使。白色的神像被称为圣人，比其他的神明更为神圣。暹罗人其实很少去寺庙。僧众们只是负责每个人的宗教生活，民众保证给予他们充足的救济。[1]

（三）与一位异教徒的探讨

卜弥格一生生活的年代正值欧洲的三十年战争[2]时期，此时新教与天主教依然十分对立。卜弥格出生于天主教国家，在他接受耶稣会教育时，他当时一定对异教的“糟糕流派”有了一些了解。尤其是，安东尼奥·波赛维诺（Antonio Possevino, 1533—1611）在其著作《百科精选》（*Bibliotheca Selecta qua agitur de Ratione Studiorum in Historia, in Disciplinis, in Salute omnium procuranda*，1593年，第七、八卷)中反驳了异教的恶性教派，如路德派（Luther）、墨兰顿派（Melanchthon）、加尔文派（Calvin）、阿里乌斯派（Arians）、再洗礼派（Anabaptists）、基督圣体遍在论派（Ubiquitarians）和其他教派的信徒。他还通告了1530年的《奥斯堡信条》[3]（*The Confessio Augustana*）。[4]这些教派都是“无神论者”，说明他们的信仰是不充分、不

[1] BHStA 607/118. 关于小乘佛教僧人的宗教，这里有一份法国耶稣会士白晋（Joachim Bouvet）30年之后的报告。他发现了他们宗教原始启示的遗迹。“在这个国家的宗教寓言中富含对探知秘密的喜悦，在有些已经延续了几个世纪的遗产中，就有谎言之父（即魔鬼），他长期绝对地统治着这些地方，久久未能抹去……而这位死了超过两千年的神，将他的忠诚赋予人们……他并不能真正继承耶稣基督本人，虽然在解开人们无知的历史长河中并未能逐渐使人们明白尚且模糊的认识，但他终会在未来回归。”Janette C. Gatty, *Voiage de Siam du Père Bouvet* (Leiden, 1963), p. lx.

[2] 三十年战争（1618—1648年），是由神圣罗马帝国的内战演变而成的全欧洲参与的一次大规模国际战争。这场战争是欧洲各国争夺利益、树立霸权以及宗教纠纷戏剧化的产物，战争以波希米亚人民反抗奥国哈布斯堡皇室统治为肇始，最后以哈布斯堡皇室战败并签订《威斯特伐利亚和约》（Peace of Westphalia）而告结束。这场战争使日耳曼各邦国被消灭了大约 60% 的人口，波美拉尼亚被消灭了65%的人口，西里西亚被消灭了1/4的人口，其中男性更有将近一半死亡，十分惨烈。——译者注

[3] 1530年制定的《奥斯堡信条》共28条，其中21条清晰地规定了信义宗的教义，其余7条指出为信义宗所废弃的错误和过失。它具有一种和解的精神，并希望能满足皇帝和罗马教徒的心意，予以接受，但这个希望终成泡影。——译者注

[4] 《奥斯堡信条》是新教教义的信条。它于1530年在德意志奥斯堡颁布，是路德教教义的重要内容。

恰当的。[1]

尽管在欧洲天主教与新教势不两立，然而欧洲海外的天主教和新教信徒们的关系却更为亲密。例如，传教士们环游好望角时，常常途经、访问荷兰，或者是在荷兰统治的巴达维亚稍作停留。在卜弥格前往暹罗的旅行中，他认识了船上的领航员，卜弥格声称他是荷兰混血，显然是位新教徒。几天无风的海上航行之后，几位迷信的水手，尤其是那些外国传教者，认为这一切都是由外国人所导致的，并希望把他们扔入大海。这使得卜弥格和这位领航员更加亲密。卜弥格认为救赎同行的旅友是他义不容辞的责任，他和领航员展开了一场关于宗教的辩论。最初，双方都表达了自己的偏见，但在一番讨论之后，他们最终明显地发现两人在基督信仰上有着共同的认识。

卜弥格惊诧于领航者忏悔他的原罪并通过天主教堂为他解决逝世后的诸事。这位荷兰的混血儿拒绝承认，他仅仅向上帝祷告。他非常不喜欢罗马教堂、遗迹的狂热崇拜者和圣徒的祈祷（他也和水手一样同意应该把卜弥格携带的圣徒的画像投入大海）。卜弥格回复说，那些遗迹的神力可以显而易见地证明《圣经》中描述的奇迹。在这种情况下，他提到《使徒行传》（“The Acts of the Apostles”）[2]中描述了保罗的围裙（semicinctium）用作驱魔的工具，还可以治愈身患疾病的人们。[3]甚至，彼得经过的影子也会影响疾病的恢复。[4]《圣经旧约》中“国王的书”就讲述了一位男子被强盗杀害，但他却通过厄里叟（Elisaeus/Elisha）的骨头恢复生命。[5]这是神迹神力的明证。鉴于向圣者祷告，卜弥格澄清这些圣者并不是像上帝一样被崇拜。如果天主教信徒向上帝或基督教三位一体祈祷，他们会说“天之上帝（Father God of Heavens）”或者“三位一体的神（Holy Trinity One God）”。但是向玛利亚和彼得祈祷时，则会称为“圣母玛利亚”或“圣彼得”，并仅仅祈求他们为我们祈祷，因为这些圣者都因是上帝的朋友而被众人纪念。这类似于一个人想要从别人那里得到一些东西，他一般会询问他的妻子或朋友。

那位异教徒回答，他曾经常常作为一名中介者询问耶稣基督。卜弥格回答说，在经文中，彼得被称为“矶法”（Kephas），希伯来语义为“石头”（希腊语为：petra），以基督为基础，基督想要以此建造他的教堂。[6]保罗在给哥林斯人的第一封信

---

[1] Antonio Possevino, Bibliotheca Selecta qua agitur de Ratione Studiorum, t. I, Roma, 1593.

[2] 《使徒行传》是介绍耶稣基督复活、向门徒显现、升天后，他的使徒们（天主教作“宗徒”）传道、殉教的事迹，其中包括保罗的门徒路加写的关于保罗的事迹，是新约《圣经》的《第五卷书》，又被通称为《圣灵行传》。

[3] Acts 19:12.

[4] Acts 5:15.

[5] 2 Ki 13:21.

[6] Mt 16:18; Jn 1: 42.

中写道："因为除已奠立了的根基，即耶稣基督外，任何人不能再奠立别的根基。"[1]因此，基督是石头，圣彼得也是石头。基督还是世界之光，但他对使徒们说："你们是世界之光"[2]，他们是通过基督成为世界之光的。因此，罗马教堂向圣者祈祷，他们向基督表达他们的虔诚之心，再通过基督传达给上帝。圣保罗写信给罗马人和哥林斯人，这些人会为他祈祷，因而保罗称他们为"圣徒"。[3]那个荷兰人回答说，从活着的人那里乞讨是可以，而不是向那些已逝者乞求。《圣经启示录》[4]中，二十四位长老提供了那些圣者的祈祷者的香料。[5]

接下来的讨论围绕着对画像和雕像的尊敬展开，而这些在荷兰的新教教堂里是被禁止的。领航员争辩道，《圣经》经文中禁止画像和雕像，"你不可以将自己打造成偶像"[6]。卜弥格回答说，这一禁止条例出现在《利未记》（"Leviticus"）中[7]，但在《申命记》（"Deuteronomy"）中重复出现时则加上了如下一句："敬仰他们，因为主和上帝是十分热心的。"[8]天主教不敬仰那些好像拥有神圣力量的画像。接着，领航员问天主教徒是否崇敬经文。卜弥格承认，这是毋庸置疑的，因为这是上帝的世界，而不是纸张，也不是墨水，更不是印刷的信笺。这对圣者而言也是一样的，天主教徒们崇敬圣者，并不是因为他们的形象、画像、雕像，抑或是色彩。天主教信众们毁坏了异教徒的崇拜物，因此他们不像崇敬崇拜物一样崇敬这些画像和雕像。

紧接着，领航员承认他与教皇的人之间存在一些问题，并表示他不喜欢忏悔，《圣经》中没有一处提到过忏悔。卜弥格给出了答复：在耶稣复活之后，他出现在圣徒面前，说道："领受圣灵吧！你们赦免谁的罪，谁的罪就被赦免了；你们留下谁的罪，谁的罪就留下了。"[9]因此，上帝不仅仅赦免了这些原罪，还将这样的法力传给了使徒，使徒又传给了担当继任者的神父们。但是神父只能赦免他所了解的所有罪行。因此，首先必须要忏悔。

领航员继续争辩，认为天主教徒和神父都隐瞒了事实，这一切是显而易见的，因为他们禁止人们阅读《圣经》。卜弥格解释说不是任何人都可以阅读《圣经》的，很

---

[1] 1 Cor 3:10-11.

[2] Mt 5:14f; Jn 8:12.

[3] Ro 1530-1531.

[4] 《圣经》的最后一部预言，叫作《圣经启示录》（"Book of Revelations"）。在所有预言里，《圣经启示录》可能是对人类最后的这段时期讲得最准确、最详细的。其实，整个基督教差不多都是靠先知们预言的不断应验和对神迹的见证来发展的。我们都知道的"世界末日"和所谓"最后的审判"的说法，其实最终也都是从《圣经》中来的。《圣经启示录》所描绘的是一场规模巨大、代价沉重、无比惨烈而又波澜壮阔的正邪较量和人类劫难。——译者注

[5] Rev 4.

[6] "Non facies tibi sculptile", Ex 20:4.

[7] 卜弥格和那个荷兰人都错误地认为禁令是在《利未记》，事实上是在《出埃及记》中。

[8] Deut 5:18-19.

[9] Jn 20:23.

多人阅读《圣经》但是都不能理解。领航员则认为即使不懂拉丁语，每一个人都可以读懂《圣经》。卜弥格说道：“你看，我清楚地向你证明了原罪的赦免，你却拒绝承认，这实在是你不懂。”这个荷兰领航员同意如果卜弥格抵达东京后向他展示《圣经》的相关原文，他将信奉天主教。[1]

这是讨论的结束部分，卜弥格说服领航员，如果他死了，他必须在心中祈求以使徒信条的方式死亡，这也是天主教教堂的信仰，他必须为自己的罪行感到后悔，认真小心地寻求真理。领航员允诺，卜弥格总结说，这个人从道德层面上来说是一位好人，因为他遵守摩西十诫[2]的戒律，属于路德宗教派[3]。[4]

卜弥格没能成功说服异教的领航员，但是他在他的手稿里提到过他之前的伙伴，荷兰的哈特维尔特曾经运用自己的母语使几个异教徒商人改变了宗教信仰。

（四）在日本的迫害

在海上航行途中，卜弥格还得到了一些关于日本惨痛传教境况的信息。16世纪末，在日本的传教士们开始遭到迫害，而在1640年之后，天主教徒们被全部拒之门外。领航员因拥有一半荷兰的血统去过日本两次，还停留了几年时间，特别是在“Firando”（平户），在平户荷兰人建立了在日的第一家工厂。但是，之后他们必须和其他外国商人一样出发前往长崎港，[5]他们也被禁止进入日本内陆。领航员最后一次在日本的时候，还进献给日本的皇帝（即征夷大将军）一份精美的礼物，那是一个臂长的银质船模，上面雕有风帆、水手和锚。因为内置了小轮，船模还可以活动，也就是说，它是自动的，这震惊了许多人。

当然，卜弥格尤其想了解在日天主教传教士遭受迫害的情况。船上的中国乘客告诉他许多在日天主教传教士所经受的痛苦，甚至很多人丧命。这些中国人之所以知道更多的消息，是因为他们可以穿行在那些荷兰人被禁止踏入的街道。公共场所的每一处都张贴着海报承诺若寻找到天主教徒，则可以获得千余银币。据他们说，大火烧毁了“Jendo”（江户时代名称，即现在的日本东京）的部分地区，在这一年夺去了成

[1] 这触及了《圣经》的翻译问题。很显然，荷兰的混血儿还在使用拉丁译本。另外，卜弥格好像丢失了他的《圣经》书。

[2] “摩西十诫”又称“十诫”，传说是神在西奈山的山顶亲自传达给摩西的，是神对以色列人的告诫。神本人将这些话刻在石碑上，送给摩西。但是，后来摩西看到族人根本不听从这些戒条，一怒之下就将石碑毁了。神又命令摩西再制作新的石碑，完成后，放在约柜（Ark of the Covenant）里。——译者注

[3] 路德宗（Lutheranism）是以马丁·路德的宗教思想为依据的各教会团体之统称，因其教义核心为“因信称义”，故又称信义宗，它是德意志宗教改革运动的产物，由马丁·路德于1529年创立于德国，这一新的宗派的建立，标志着基督新教的诞生。目前其信徒分布在瑞典、丹麦、挪威、德国和美国等一百多个国家和地区，全世界共有427个独立的教会团体，信徒约6840万人。——译者注

[4] BHStA, Jesuitica 607/118, pp. 20f.

[5] 这里指的是人造岛屿出岛。

千上万日本人的性命，而大火是上天带来的。每次一有船只从国外抵达港口，日本人首先清点抵达的人数并记录下这些人的姓名、宗教信仰以及他们信奉宗教的神灵的出处。进入日本陆地的所有人都被强迫踩踏天主教画像（E-fumi，踏绘），以证明他们不是天主教信徒。这些在日天主教传教士的悲惨遭遇让卜弥格非常难过，他也十分惊诧于上帝是如此的容忍，没有惩罚整个日本。[1]

（五）大受欢迎的宗教

去往东京的航行中，卜弥格还与船上的水手，或者说是海盗有了进一步的交流。他们都是民间宗教的信徒，之后也因为这个，给他带来了危险。早期航海出行十分冒险，因为一切都与天气状况密切相关。水手们信仰神灵、圣者和灵魂的帮助，佩戴护身符以保护自己。在卜弥格眼中，他们十分迷信。整个船上最重要的人物是他们的崇拜者，由某种石头制成，被称作麻姑（Mago）。[2]在很大程度上，这个受人尊敬的“神灵”是中国民间女神妈祖，是出海水手和商人的保护神。[3]卜弥格对女性崇拜者有着强烈的排斥感，这也不令人感到惊奇。在传教士的印象中，恶魔本身就藏身于这个神灵之中，而神父拥有洗礼和驱魔的能力，因此她憎恨天主教神父。人们用猪和香烛进献给神灵，每天需焚烧金色的纸钱三次。每次做决定前，都会通过许多纸阄来获求神灵的感应。如果需要合适的海风，渔夫们敲锣打鼓，围鼓起舞，用鼓槌敲击出震耳欲聋的声响。当船抵达出产制作神灵雕像所用石头的山脉时，他们建造了一艘木质的带帆小船，上面放着进贡的米、酒、淡水和香料，并对着神像多次鞠躬。当水手们需要从妈祖那里得到信息或帮助时，他们以钱置签占卜或观察瓷杯中的水。如果遇到无风或雷电风暴天气，水手们并不认为是恶魔或鬼怪的错误，而将罪过问责于船上的外国人，尤其是外国传教者。

旅程刚刚开始时，甚至荷兰的领航员也有很多奇怪的想法，认为卜弥格携带了用死人骨头熬制的油。由于水手们的迷信思想，卜弥格常常为他的生命安全而担忧害怕。在那时，卜弥格已经做好了死亡和牺牲的准备。一位水手作为妈祖神灵和船员们的沟通媒介，他患有某种癫痫。[4]特别是，海上无风会导致非常危险的事情。在这种情

[1] BHStA, Jesuitica 607/118, p. 17. 踏绘被认为是对天主教的亵渎，见 Charles Boxer, The Christian Century in Japan 1594—1650（《日本天主教的百年1549—1650》，Berkeley-Los Angeles, 1951), pp. 441f.

[2] 卜弥格极有可能未提及韩国女神麻姑（土地之神），一位女性神灵，尤其在东亚地区（中国、日本及韩国）受到敬拜。在麻姑的天体演化传说中，她生下了两个女儿，和她一起构成了女性三位一体。她被认为是伟大女神的出现。Helen Hye-Sook Hwang，“The Female Principle in the Magoist Cosmogony,” in *Ochre Journal of Women's Spirituality* (Fall, 2007, http://www.orchrejournal.org/2007/scholarship/hwang2.html，于2011年7月29日）

[3] 见Gred Wädow, T'ien-fei hsien-sheng lu.“*Die Aufzeichnungen von der manifestierten Heiligkeit der Himmelspronzessin*.” Einleitung, Übersetzung, Kommentar, Monumenta Serica Monograph Series XXIX, Nettetal, 1992, pp. 22-30.

[4] 很显然，这是一种萨满式的对话。

况下，卜弥格常常躲在自己的小屋里，而领航员也一样十分危险，必须保持警醒。那个水手看起来病殃殃的，半死不活的样子，嘴边满是白沫，受神灵的派遣，代表女神讲话。水手本人并不憎恶外国传教士，但要求按照上天的指示将领航员扔入大海，因为女神认为目前的风平浪静是他引起的。最终，这个水手企图自己跳入海中，被其他的水手拉住了。船主穿着体面，戴着一顶帽子，十分崇拜这位通灵者，他五体投地，匍匐在他的脚下，亲吻他的手脚，询问他为何生气，现在这种无风的糟糕天气是外国神父引起的还是其他的哪位外国人？通灵者回答说女神认为不是的。但是船员们认为外国人都应该去死。第二天，通灵者说女神认为杀掉外国神父对他是施以大惠，因为卜弥格希望到天堂去并且成为东京的第一位牺牲者。而那一天风向变化了好几次。水手们依旧想杀了卜弥格。尽管他们几次下定决心想处死卜弥格，但是最终卜弥格活了下来。他们对卜弥格的态度印象深刻："瞧，那个欧洲人的坚定信念，他连死都不怕。"最终，一路顺风将他们带到了东京的海岸。

旅途中，水手们多次责难卜弥格在暹罗不敬仰他们的神灵。他们做好了纸阄，上面写着船上每个人的名字。但是，纸阄经常说明反方向的风并不是神父引起的。然而他们依旧将卜弥格的许多有佛兰德语图片的羊皮纸、圣油及十字架扔进了大海。他们质问卜弥格是否还有更多的图片，他大声地用中文回答道，他是一名天帝之法的老师，如果水手们想要杀死他或将他扔进大海，他已经准备好了，因为这是上帝的律法。水手们变得不知所措了。由于他们不懂中文，一位中国商人将卜弥格的话翻译成交趾支那语。那个商人告诉他们，如果卜弥格拥有千万条命，他会为了真理的上帝奉上全部。如果他们想杀死他或将他扔到海里，可以尽管这么做，卜弥格自己已经准备好了，但是可能他的牺牲是非常不值得的。其中一名水手，在某种迷信祭祀活动中使用巨大的棍棒，他试图将棍棒扔向卜弥格，打断他的胳膊，但是被其他人阻止了下来。接着，水手们想要逼迫卜弥格的同伴郑安德肋敬拜他们的神灵，但是郑安德肋拒绝了，因为从小时候起他就是个天主教徒。

在那种情况下，当海上天气不好时，他们不仅想要杀死卜弥格，还想杀掉郑安德肋、领航员及从东京登船的两人。但是领航员威胁水手们说他有两个装有神奇风力的盒子，如果水手们做出不利于他们的事情，领航员就会使用那些盒子并烧毁一切。第二次危难来自所有的淡水全部用尽，但如同奇迹一般，就在圣依纳爵纪念日的前一晚，一场瓢泼大雨不期而至，让他们在船上又熬了好几日。[1]

[1] 天主教会每年7月31日为圣依纳爵的纪念日。

当他们最终于1658年8月10日抵达东京[1]时，[2]卜弥格急切地从船上逃离，他甚至都没能拿回他的每日祈祷书，因为那些水手并不准备还给他。之前，水手们害怕卜弥格会因为他们的行径而控告他们，但当听说天主教将被禁止时，他们又变得粗鲁无礼。最后，领航员帮助卜弥格拿回了这趟航行结束时所剩无几的个人物品。从东京出发，卜弥格还有大约两个月的行程才能到达南明王朝所在的中国南部。卜弥格在东京会见了两位传教士，分别是Onufrius Borges（无从考证）神父和狄若瑟神父（Joseph Francois Tissanier，1618—1688）。他们告知卜弥格，东京国王郑柞（1654—1682，越南后黎朝的重要政治、军事人物，也是郑氏政权的第五代领袖，封号西定王）于7月17日指派了另外六位传教士启程前往澳门。国王威胁说，如果澳门与东京停止贸易往来，那么他将在整个国家下令禁止天主教。当郑柞王府的太监们听说卜弥格抵达东京时，他们强行向卜弥格索要礼物，包括一个三角玻璃杯、两件印度绣花衣、望远镜和英式小刀。卜弥格只能遵从，因为他有些畏惧那些太监。

最终，卜弥格和郑安德肋得到了他们的通行证，于1659年2月16日离开东京。[3]

三、中国皇帝

（一）崇祯皇帝

卜弥格最大的愿望是可以在远东地区开展传教工作。在克拉科夫学习过，写了些“Indipetae”之后，他被允许前往远东，并于1645年抵达澳门。1649年，他在瞿纱微[4]（Andreas Xavier Koffler，1603—1651）的陪同下，到达了永历皇帝执政的南明王朝。1650年11月，他离开南明朝前往罗马。但是，在南明王朝的短暂停留却给他留下了深刻的印象。耶稣传教政策的最终目标是说服皇帝信奉天主教，在这之后，按他们预期的发展，则整个朝廷都会跟随皇帝信奉天主教。但是，南明王朝之前，在北京明朝的最后一位皇帝时，传教士们已经开展了许多的工作。利玛窦通过欧洲的钟表和其他的礼物与大明朝廷建立了联系，但他本人却从未面见过万历皇帝，仅仅间接地和皇帝接触。利玛窦于1610年在北京逝世，他是第一位享受国葬待遇的外国人。之后，他的埋

---

[1] 文中提到卜弥格一行最终于1658年8月10日抵达东京，东京是他们的目的地。但前文却说当海上天气不好时，他们不仅想要杀死卜弥格，还想杀掉郑安德肋、领航员及从东京登船的两人。此处略显矛盾。——译者按

[2] Malatesta, op. cit., p. 364.

[3] Ibid.

[4] 瞿纱微，德国籍耶稣会士，伴随着三百澳门葡萄牙军人，以随军司铎的名义进入中国内陆传教。一到永历朝廷，“天寿曾偕瞿神父至湖广调遣军队，闻清兵追永历，群臣散走，天寿亦逃亡，瞿氏晓以大义，天寿闻之感泣，誓以身许国；回朝后并直告永历帝，帝乃重视瞿氏”。瞿纱微在庞天寿的配合下，在永历朝廷中修教堂，给皇太后、皇后及皇太子施洗，偏于一隅的小朝廷天主教活动居然十分活跃。不幸的是，瞿氏于永历五年（1651）死于清军之手，其遗体由庞天寿安葬。——译者注

葬地成了传教士的公墓，称之为栅栏。[1]但是，利玛窦最终既没能让皇帝改信天主教，也没能面圣。

万历皇帝的儿子继任称帝，年号泰昌（1620年在位），之后天启皇帝（1621—1627年在位）及崇祯皇帝（1628—1644年在位）即位。崇祯皇帝执政时，中国学者与耶稣会士们共同合作进行历法改革。当时参与改革的耶稣会士也在朝任职，似乎与皇帝的关系极为亲密，因此，让皇帝改信天主教好像仅仅只是时间的问题。传教士们同时与皇宫里的太监们和宫女们接触，一些朝臣也成了天主教信徒。然而，传教士们的愿望最终未能实现，因为崇祯皇帝在改信天主教之前就自缢了。

利玛窦送给崇祯祖父万历皇帝的礼物里就包括一架大键琴和圣母玛利亚的画像，这些都被珍藏在皇家珍宝馆内。最终，1640年，汤若望（Johann Adam Schall von Bell，1591—1666）得到了一个和皇上近距离接触的机会。崇祯皇帝想要演奏大键琴，却发现时隔三十余年大键琴的音色不准了。因此，他命人找来北京仅有的欧洲人、耶稣会士（汤若望）来修理、校准乐器并翻译献词。[2]当汤若望将修好的大键琴带回皇宫时，他认为这是再次向皇帝展示之前巴伐利亚公爵马克西米利安一世（Maximilian I，1573—1651）托金尼阁送给中国皇帝的两件礼物[3]的最佳时机。这两件礼物分别是关于耶稣传奇人生的小册子和一组东方三博士敬仰耶稣的蜡像。小册子共计150页，写在羊皮卷上，里面包括45张耶稣的小幅图片。图片的反面用金色的拉丁文解释说明图片的内容。这本小册子用银饰做装帧，描绘了四福音。[4]

之后的描述以后来一名仕女的一封报告为基础，因为朝廷中没有任何耶稣会士。当崇祯第一次看到礼物时，他十分震惊和喜悦。他净手后，一直注视着东方三博士。最终，他在东方三博士的天主面前屈膝磕头，他的两位“皇后”（配偶，妃子。——译者注）也跟着效仿他。崇祯用手指着那组蜡像说，这个孩子比我们所敬拜的佛祖[5]更

---

[1] Jean-Marie Planchet, *Le cimetière et les oeuvers catholiques de Chala 1610-1927*, Beijing, 1928; Edward J. Malatesta, Gao Zhiyu (eds.), *Departed, Yet Present: Zhalan. The Oldest Christian Cemetery in Peking*, Macao, San Francisco, 1995, p. 32.

[2] Dudink 确认献词为 “Laudate Dominum in cymbalis benesonantibus, laudent Nomen eius in tympano et chora psanlant ei.” 见Adrian Dudink,“The Religious Works Composed by Johann Adam Schall, Especially His Zhuzhi qunzheng and His Efforts to Convert the Last Ming Emperor,” in Roman Malek (ed.), *“Western Leaning” and Christianty in China*（《西学中用及天主教在中国》）. *The Contribution and Impact of Johann Adam Schall von Bell (1592-1666)*（《汤若望 (1592—1666) 的贡献及影响》）, Monumenta Serica Monograph Series XXXV/1-2, Sankt Augustin-Nettetal, 1998, p. 838.

[3] 一个有多个分区和抽屉的漂亮柜子，在当时的欧洲很多生活物品都是小型的。

[4] Yan Wang, “Die‘Vita Domini Jesu Christi’und deren chinesische Übersetzung‘Jincheng Shuxiang’. Ein Geschenk Herzog Maximilians I. von Bayern für den Kaiser von China,” in Renate Eikelmann(ed.), *Die Wittelsbacher und das Reich der Mitte. 400 Jahre China und Bayern* (Münchien, 2009), pp. 133f. 原版的小册子已丢失。

[5] 即佛。

伟大，也更强大。这个国王（他指向三个国王中最年长的那位）比我们的大禹帝[1]拥有更多的美德，而大禹帝因为他的善行和无私深受民众的敬仰。那幅画在十天之后又被珍藏于珍宝馆内。[2]之后，一位太监成为天主教徒，他又劝服几位内宫中的宫女成为天主教信众，这些宫女深居皇宫，与宫外毫无往来。[3]

当崇祯皇帝望着那些蜡像人物沉思片刻、好奇地翻阅着小册子不同的页面时，他十分渴望阅读上面的文字，甚至因此而推迟了用膳。他一整天时间都在阅读那个耶稣会士添加插图的册子。卜弥格并未提到，汤若望实际上将正本册子为皇帝翻译成中文，讲述了耶稣基督一生中的重大事件，即进呈画像。[4]

皇帝命人将圣画展览在名为“继德堂”的公共大厅内，在那里，他与他的妃嫔和全朝廷一同朝拜画像。为了避免朝拜者以不敬的方式对待这些神像，皇帝下令将耶稣会士的礼物挪至他的内室，在那里他经常诵读《四福音书》的经文及神圣信仰的纲要。接着他说道：“这似乎对我来说，就像是天主的法则，一切都是真实的，直到现在我才能够充分地理解。”因此，耶稣会士准备了相关书籍，书中包括对伟大神秘信仰的详细解释。同时，崇祯皇帝下令将原先的神像从宫殿中挪走，并指示让未来即位的皇子不再朝拜先前的神灵，因为向天主祈祷已足矣。

下面的解释可见于卜弥格的手稿。崇祯皇帝以自己的经验总结认为天主教的信仰是完整的，然而，尽管他已被事实说服，但是他却并不欣然接受，也不能完成他的意愿，将皇宫中全部的神灵祛除。因此，他和他的国家会受到惩罚。他的妃子、皇后为他生下了儿子，婴儿不停地哭闹，加上他的肢体动作，说明他被恶魔困扰。那个不幸孩子的母亲请求皇上命一位道士入宫，中国人认为道士比恶魔法术更高，因此可以与神灵对话。皇帝应允了，之后神灵又被请回了宫中。

崇祯皇帝的悲惨结局很快众人皆知。朝廷传报，著名的“农民起义军首领”李自成（1605—1645）带领至少六万军队攻至北京。在前往北京的途中，李自成途经山西、陕西两省，削减了两省的人口，之后他企图占领北京。他派兵贿赂把守宫门的官吏和太监，未进行任何战斗便进入城内。当他抵达城下时，城门已打开了。

---

[1] 王岩认为这个名字可能存在三种解释。可能指的是尧帝，或是道教的玉皇大帝，亦可能是大禹帝。在 Jesuitica 589（慕尼黑）的文本中，我发现Yu，在我看来，这是暗指大禹的典故，他整治了洪水，拯救了华夏民族。参见 Nicolas Standaert, *An Illustrated Life of Christ Presented to the Chinese Emperor. The History of Jincheng shuxiang (1640)*, Monumenta Serica Monograph Series LIX, Sankt Augustin –Nettetal, 2007, vol. 2, pp. 44-48.

[2] Alfons Väth, *Johann Adam Schall von Bell S. J. Missionar in China, kaiserlicher Astronom und Ratgeber am Hofe von Peking 1592-1666.* Monumenta Serica Monograph Series XXV, Köln, 1933, repr. Sankt Augustin–Nettetal, 2, 1991, pp. 124-126; 参见Standaert, op. cit., pp. 46f.

[3] 这个故事讲过好几次，见 Johann Adam Schall von Bell S.J., *Historica Relatio de ortu et progressu fidei orthodoxœ*, pp. 35-37; Philippe Couplet, *Histoire d' une dame chrétienne de la Chine ou par occasion les usages de ces peuples, l' établissement de la Religion, les manieres des Missionnaires & les Exercises de Pieté des ouveaux Chrétiens sont expliquez*, Paris, 1688, pp. 104f.

[4] 见 Standaert, *op. cit.*；参见 Väth, *op. cit.*, pp. 125f.

崇祯得知他的臣民李自成将要闯入皇城时，他喝了些酒，割破手指，用笔蘸着自己的鲜血写道："勿用我臣，勿害我民。"[1]他以发覆面，抱头痛哭道："看！我朝已尽……将见祖宗。"之后，他在附近的树上自缢身亡。[2]随后，他的太子、妃嫔及臣子也追随他，投湖自尽。当李自成进入宫殿时才发现崇祯皇帝及太子已死。他希望皇帝可以对他俯首称臣。李自成赦免了一部分朝臣，同意一些官员捐银免死，余下的则接受极刑。

与此同时，总兵吴三桂（1612—1678，时任辽东总兵）率领一百万大军在长城附近抗击满人的入侵。吴三桂听闻他的君主崇祯帝驾崩了，李自成入京杀死了他的父亲，他转变了态度，与满人一同反抗暴君。[3]得到吴三桂正在进京的消息，李自成从跟踪他的满人处逃脱了。最终，满人占领了北京，之后一个省份接一个省份地统治了整个中国。

当然，卜弥格并不知道北京发生了翻天覆地的变化。满人最终占领都城，汤若望供职于新建立的清朝的钦天监，成为清朝第一位皇帝年轻的顺治帝的良师益友。与明末的皇帝一样，顺治对基督教十分感兴趣，但是让他改信基督教的机会又一次错失了。[4]

---

[1] "Puniantur Mandarini, innocenti autem populo parcatur." 在汤若望的 *Historica Relatio de ortu et progressu fidei orthodoxœ* 的 pp.107f. 可见"Multam salutem futuro Imperatori agnomine Ly, enixè rogo: ue hai ngo min, ue jum ngo chi [意为：勿害我民，勿用我臣，hoc est ne populo meo noceas, neve consiliariis meis utaris (Do not harm my people and do not rely on my counselors)]."

[2] 崇祯十六年三月十八日，李自成的起义军以飞梯攻西直、平则、德胜诸门，守军或逃或降。下午，曹化淳开彰仪门（一说是十九日王相尧开宣武门，另张缙彦守正阳门，朱纯臣守朝阳门，一时俱开，二臣迎门拜李自成，李自成登城，杀兵部侍郎王家彦于城楼，刑部侍郎孟兆祥死于城门下），李自成军攻入北京。太监王廉急告崇祯帝，崇祯帝在宫中饮酒长叹："苦我民尔！"太监张殷劝皇帝投降，被一剑刺死。崇祯帝命人分送太子、永王、定王到勋戚周奎、田弘遇家。又逼周后自杀，手刃袁妃（未死）、长平公主（未死）、昭仁公主。崇祯帝手执三眼枪与数十名太监骑马出东华门，被乱箭所阻，再跑到齐化门（朝阳门），成国公朱纯臣闭门不纳，后转向安定门，此地守军已经星散，大门深锁，太监以利斧亦无法劈开。三月十九日拂晓，大火四起，重返皇宫，城外已经是火光映天。此时天色将明，崇祯在前殿鸣钟召集百官，却无一人前来，崇祯帝说："诸臣误朕也，国君死社稷，二百七十七年之天下，一旦弃之，皆为奸臣所误，以至于此。"最后在景山歪脖树上自缢身亡，身边仅有提督太监王承恩陪同。上吊死前于蓝色袍服上大书："朕自登基十七年，虽朕凉德藐躬（也有一说薄德匪躬），上干天咎，致逆贼直逼京师，然皆诸臣误朕也。朕死，无面目见祖宗于地下，自去冠冕，以发覆面。任贼分裂朕尸，勿伤百姓一人。"（参《明通鉴》卷九十）——译者注

[3] 崇祯十七年（1644）三月初，李自成破大同、真定，北京城破，活捉吴襄，李自成派部将唐通以银四万两犒赏吴三桂军，并胁吴襄作书招降吴三桂。吴三桂再三犹豫，曾一度有投降李自成的念头。据传后来听说其爱妾陈圆圆被李自成部下掳去而作罢。两面受敌的吴三桂，对内不敌李自成，对外难挡多尔衮。陈圆圆和吴家亲人都成了李自成的人质。为保全家人性命，吴答应与李自成议和，为防李自成有诈，又私下以黄河南北分治为条件向多尔衮求助。四月二十二日，吴三桂与阿济格、多铎大败李自成于"一片石战役"，是日多尔衮封吴三桂为"平西王"，追击李自成。李自成大怒，斩杀吴襄于永平（今河北卢龙）城西范家庄，并将他的首级悬挂在高竿上示众，回师京城后吴家三十八口惨遭灭门。李自成出武关南走，吴三桂一路追击，直下武昌始还。——译者注

[4] Claudia von Collani, "Theaterstücke mit chinesischen Themen auf bayerischen Jesuitenbühnen", in Peter Claus Hartmann- Alois Schmid, Bayerisch-chinesische Beziehungen in der frühen Neuzeit, Zeitschrift für bayerische Landesgeschichte, Beiheft 4,München, 2008, pp. 52-54.

（二）南明永历帝

满人占领了中国的半壁江山，仅有南部的几个王位觊觎者，他们是大明皇室的后裔，试图恢复他们的朝代，重新统治中国。万历帝的孙子弘光帝（1607—1646）于1644年在南京称帝，成为南明王朝的第一位皇帝。尽管他是一位令满人生畏的敌手，却因为自己的劣行，使整个省份沦陷。隆武帝因拥有皇家血统，在福建省加冕称帝，但他并非万历的后裔。隆武帝博学英勇，是耶稣会士和基督教徒的友人。但是，隆武帝仅仅称帝一年，在与随从渡河过桥之时，桥梁坍塌，他与众多士兵一起坠桥而亡。[1]其弟绍武帝于广东省称帝，但却最终被叛军俘获并杀害。[2]因此，三年内共计三人称帝，却三帝俱崩。[3]

在隆武帝驾崩前，他派信奉天主教、身为御马太监的庞天寿出使朱由榔以求为隆武帝的朝廷提供皇城和供给。而当时的朱由榔身在贵州省，之后成为永历皇帝（1623—1662，1646年起即位）。[4]庞天寿陪同皇子在梧州府（广西）时，基督教总领焦琏同澳大利亚的瞿纱微神父一起率一万军队抵达。瞿纱微通过庞天寿得知皇子在广西，却并没有上岸或生活在皇宫中，而是一直搭船游走在河流之间。这一切是因为皇子因恶魔的纠缠而感到十分恐惧。因此，庞天寿给了皇子他的遗骨匣，即一个装有遗物的盒子，可以帮助皇子平复一些。庞天寿告知瞿纱微："如果可以把你的信仰讲给皇子，我将给你创造机会。"

瞿纱微同意庞天寿的提议，皇子对他大加赞赏，表示两人之间无须多礼。瞿纱微进献给皇子一些光学镜筒、圆筒、数学仪器和一幅画作为礼物，画中圣母玛利亚怀抱着耶稣，为耶稣受洗的圣约翰神父站在一旁。皇子非常喜欢这些小礼物，并与瞿纱微交谈，还邀请他下回再次见面。

永历在庞天寿的帮助下加冕为王，他邀请瞿纱微到当时朝廷的所在地。由于喧闹，永历帝不得不搬迁换址。庞天寿极尽所能劝说皇帝信奉基督教，并说服皇上同意皇后接受洗礼。永历帝每天与皇后一起向主祈福，唱诵万福玛利亚和《宗徒信经》，

---

[1] 关于隆武帝的死因众说纷纭。隆武二年八月甲午，隆武帝率宫嫔自延平出狩，欲逃往江西避难。八月庚申至汀州，以府署为行宫。八月辛丑五鼓，有清军83骑伪装成扈跸者叩城，守城者开汀州丽春门。骑兵突袭行宫，杀福清伯周之藩、总兵王凉武等人。时隆武帝腹饥，命内官市二汤圆以进，方举箸，清兵发矢，隆武帝后背中箭，崩，年四十五。百姓将其敛葬于罗汉岭，另有说法称隆武帝被俘后不食而死，或称崩于福京天兴府，或称崩于建宁。——译者注

[2] 有关绍武帝的死因记载有异。据资料，隆武二年十一月，侍郎苏观生立隆武帝之弟朱于广东省广州府番禺县，改元绍武，是为明文宗，观生自为宰相。当时已经称帝的永历帝，希望绍武帝取消帝号，苏观生大怒，以新归降的海盗加上四处捕捉来的民兵征讨永历，大胜，谁知清将领佟养甲、李成栋已取潮州、惠州，兵临广州，苏观生死于战事，清兵随即俘获了绍武帝，绍武自缢。——译者注

[3] 参见本卷Paul Rule的文章。（译者注：应该指的是柯兰霓原文发表在《华裔学志》那一卷的另一篇文章。）

[4] 朱由榔为万历皇帝之子朱常瀛的第七子。

屈膝下跪。之后，就像他告诉卜弥格的那样，他夜里三次梦到了一个带着十字架的小男孩，那个男孩说："如果你不顺应我的法则，我将让你死去。"永历皇帝意识到这个他梦见的男孩就是画中圣母玛利亚怀中的孩子，十字架则与画中圣母玛利亚身旁描绘的圣约翰的十字架十分相似。[1]

因此，皇后最终决定受洗，这让庞天寿十分为难："我已十分了解受洗对于救赎的重要性。但是由谁来施洗呢？你不是说北京紫禁城里的神父被赋予为宫中宫女和嬷嬷受洗的特权，因为严厉的惩罚，没有人敢来参加我们的受洗仪式，更何况是一个神父，一个外国男子施洗。"

庞天寿回答道，他做不了任何决定，但是他想与瞿纱微探讨一下。瞿纱微回答说许多皇帝和皇后在浴火焚烧，如若不接受洗礼，则极有可能下地狱。但是，如果皇后希望得到救赎，最好接受耶稣会士的洗礼。不久之后，皇后听闻了都城被外贼所占谣言后，打算自尽，在中国人眼中，自尽是一种体面的死法，比落入敌手要强得多。然而，庞天寿向皇后进言道："上帝希望皇后娘娘可以接受经由神父之手的洗礼，那样将无人能从永生的救赎里掠夺您。"这些话让皇后和众妃嫔们重燃希望。跪在救世主和圣母玛利亚的画像前，她们承诺按照罗马教堂的圣洁仪式接受洗礼。皇后受洗，其洗礼名为烈纳，皇太后的洗礼名为亚纳，妃子名为玛利亚，后宫中其他有强烈意愿的妃嫔一同接受了洗礼。[2]

第二天皇帝回宫，受邀参拜基督和圣母玛利亚的画像。永历帝道："可不必信佛，基督才是真正的上帝。"他赞许了皇后的决定，"我也像你们一样接受洗礼"，他说。但是由于一些原因，永历皇帝推迟了受洗，仅仅作为一位初学者，每天诵读教义问答，在圣像前焚香礼拜。卜弥格认为在他离开朝廷之后不久皇上就应该会接受洗礼了。

五个省份送来了请愿书，他们希望臣服于永历皇帝并被封为总督。同时，皇帝的一位妃子诞下了一名公主，公主生下来便死去了。当问及瞿纱微公主死亡的原因时，他回答说上帝的律法禁止三妻四妾，因此公主罪孽深重，不能存活。若皇上进行祈祷的话，皇后则会生下一位皇子。第二天，皇后给瞿纱微通信说，她每天祈祷自己能诞下位皇子并最终成为皇位的继承人，她向她的守护天使祈祷希望自己能够顺利生产。瞿纱微帮助她在基督和圣母玛利亚画像前点燃神圣的蜡烛。在第二天夜里，皇后果真诞下一位皇子，十分高兴。皇帝命人将皇子诞生时中文书写的天象拿给瞿纱微，让他

[1] 《新世界报告》中是永历皇帝的皇后做了梦，见卜弥格的信，1653, Der Neue Welt-Bott, vol. 1, part 1, letter no. 13。

[2] 有时，永历皇太后的洗礼名为亚纳，而皇后的洗礼名为玛利亚。而这似乎不合逻辑，因为根据天主教和伊斯兰教的习俗，亚纳是圣母玛利亚的生母。然而，《圣经》经文中并未提及亚纳。

用天主教的占星解释皇子的天象。瞿纱微回答道，皇子会一生快乐，因为生于午夜之时，此时正值上帝之子诞生，而耶稣决定通过圣母玛利亚成为人类来到人间。当时，日龙相合，而龙在中国是皇家帝王的象征。天主教天象占星的解释让龙颜大悦，整个朝廷也为之喜悦。皇后及妃嫔希望皇子可以受洗，但是瞿纱微拒绝了，他只希望为皇上的众妃嫔进行受洗。皇帝回答道，皇子之后将接受天主教式的教育，且仅可以有一位配偶。

但是，皇上自己却推迟了受洗，这让他与皇后之间产生了隔阂，而皇子在患过一次重病后最终接受了洗礼。慈煊皇子接受了洗礼，庞天寿作为他的施洗神父，其受洗名为君士坦丁，中文译为当定，意为决断者。这个名字非常符合皇帝的心意，皇上及一众人等都通过这个仪式得到了启发，《圣经》的信仰受到了敬重。

永历皇帝命庞天寿为携带厚礼乘船前往澳门耶稣会士教堂的天主教官员们送行，整条船以丝绸为帆，并装饰有十字架的标识。当他们到达澳门时，他们大声地宣称自己是天主教信徒。因此，人们带领他们前往耶稣学校，他们把信交给所拜访的人。

在这些信笺中，永历皇帝请求神父们接受他的礼物，以表感恩。这些礼物是以他和皇子的名义赠送的，礼物包括两个银质的烛台、两个鲜花制成的花瓶、两个花篮、熏香及锦缎成衣。这些使节用中文向他们表达了崇敬之意，并将礼物馈赠于耶稣会教堂。

卜弥格用一句评论结束了他的报告：“愿上帝保佑永历皇帝永远战胜外贼！”

四、结论

卜弥格属于他所在的那个时代，接受了传统的耶稣会教育，包括以波赛维诺的《百科精选》为蓝本的《教育计划》（*Ratio Studiorum*，又译《学习纲领》）。世界只有一个真正的信仰，那就是罗马天主教教会。这一信仰被天主教传教士们在全世界大肆宣扬。但是，卜弥格和其他一些耶稣会士同时也知道如何与不同的异教徒接触，用不同的方式和他们交谈。

我们找到的卜弥格所接触的非基督教异教徒有以下这些，他们的观点分别如下：

1.日本非基督教异教徒：他们被认为十分邪恶，不仅仅是非基督教异教徒，还在他们的国家迫害真正的信仰天主教的信徒。在日本发生的所有惨痛事件都是这个国家迫害天主教这一邪恶行为的后果。

2.迷信的崇拜者：他们是所有非基督教异教徒中最糟糕的，因为他们非常迷信那些石头、木材或金属雕成的神像。事实上，这些神像是已逝之物，而他们的生命源于恶魔，是最大的引诱者。这些神像，也就是恶魔的化身，试图用不同的手段混淆真理和迫害。然而，恶魔和他的追随者十分愚蠢，十分容易发生争执。在这一点上，卜弥格和他的天主教同行者，那个荷兰的混血儿持有一致的观点。

3.（小乘佛教）佛教徒：这是一个高级的宗教，拥有寺庙、圣者、和尚、祈祷者和一定的法戒。他们关注民众的宗教和社会需求，因此他们在社会中发挥着一定的作用。以此来看，他们的行为至少比那些迷信的崇拜者要好些。

4.穆斯林：伊斯兰教在卜弥格看来是一神论宗教，与天主教一样，它承认上帝的唯一性。穆斯林们甚至还了解耶稣基督的律法，特别是圣母玛利亚的。在他们讨论过程中，卜弥格和穆斯林信众避免讨论一些有争议的话题，如三位一体及前世化身。然而，卜弥格认为伊斯兰教是“受诅咒的宗派”，尽管事实上两者都信服他们各自的宗教更高一筹，穆斯林信众显示了一定的包容并对天主教表示了极大的尊重。他们还十分享受关于宗教的探讨，因此卜弥格和他们的交谈才能真正算得上是一种确切的对话。

5.异教徒：自16世纪起，欧洲从宗教上划分为天主教教会和新教教会。一些国家完全信奉新教，一些国家则保留天主教，还有一些之后又重新改信天主教，另一些则同时有好几个教会，例如德意志民族神圣罗马帝国。当然，耶稣会士是反宗教改革的先锋。卜弥格与荷兰领航员经历了漫长的讨论，探讨了教皇、圣者、遗物的作用，但最后他们达成了相互的共识：两人都承认《圣经》并信仰基督教三位一体。卜弥格十分满意，荷兰人将会在心中好好地忏悔，而这也会让他自己得到救赎。

6.中国皇帝：他们是特殊的案例。崇祯皇帝的故事与汤若望密不可分，而永历皇帝的家族最终归信天主教，由瞿纱微和庞天寿进行施洗。因此，在这种情况下，卜弥格并未作为一名传教士参与其中，仅仅与他的同事叙述的一些规劝皇帝信教的故事有些许联系。这两位明朝皇帝之间却有着直接的关系。崇祯直接通过一些人物形象、书籍清楚看到了天主教的真谛，但是最终也未能归信天主教。如果一个人未得机会接触天主教，但此人一生信守美德，品德优良，最终也会得到救赎。但是，如果他以恰当合理的方式了解了天主教却因为顽固和特权拒绝接受，那么他被救赎的希望则非常渺小。崇祯皇帝未能按照汤若望向他展示的方式得到救赎，这让汤若望懊悔不已，但至少崇祯皇帝的中国和朝廷接受了天主教，而且喜爱并保护天主教信仰。若不是猝不及防的死亡阻止了他，他应该最终改信天主教了。[1]

卜弥格对同样情况的批评比汤若望要严苛得多，“从这些迹象来看（即对救世主的崇敬和对妈祖的崇拜），一些人认为他信奉天主教信仰，但尽管事实是他信服那些

[1] Schall, op. cit., pars I, cap.7 “Imperii occasus”, in Henri Bernard (-Maitre), Lettres et mémoires d’Adam Schall, édités par le P. Heri Bernard, S. J., tome 1: Relation Historique. Texte latin avec traduction française du P. Paul Bornet, Tientsin, 1942, pp. 108f.

真理，而不是信奉天主教……因此，他应该和他的帝国一起接受上帝的惩罚”[1]。

卫匡国在《鞑靼战纪》中记述了崇祯皇帝的命运，但却没有进行任何道德层面的评价，仅仅总结道：“由农民起义军首领[2]建立的大明王朝，却最终终结在另一个农民起义军领袖手中。”[3]在耶稣会的戏剧舞台上，没有故事是与天主教或神的惩罚有关的，但故事通常强调人类的影响因素。崇祯皇帝是懦弱的，太监是背信弃义的，因为崇祯皇帝限制他们的权力，但是在汤若望确保了天主教的延续性的前提下，故事的结局终是美好的。[4]对于永历皇帝，直至卜弥格死前，他一直记录着。《新世界报告》编辑约瑟夫·史塔克林完成了最后的报告：永历皇帝最终被满人所俘，被杀害。其母后和皇后则被押回北京，她们至死一直平静地生活在天主教的信仰下。[5]

整个和最终改信或错过改信天主教的故事与《圣经》旧约中描述的十分热诚的上帝形象是十分吻合的。上帝惩罚了那些给予机会但他们却没有成为天主教信徒的每一个人。卜弥格发表在《新世界报告》上的报告里，史塔克林增加了南明王朝皇宫让位的故事，清晰地展示了无情的教训：万历皇帝没有接受天主教的信仰，他甚至于1615—1616年间在南京迫害天主教（或者说纵容这样的行为）；因此，他英年早逝。[6]他的孙儿崇祯皇帝了解了天主教的真谛，但却不接受天主教。在李自成攻入北京时，他自尽而亡，最终受到了惩罚。[7]

卜弥格在中国仅待了短短的五年时间，但他却并未真正以传教士的身份与中国人一同工作，通过这一事实可以看出他的态度。这很可能是他并未接触到儒家学士们。例如，他的意大利同僚艾儒略（Giulio Aleni，1582—1649）与中国南部的基督徒和非基督徒进行了许多次讨论，但他似乎与那些非基督教异教徒并没有太冲突。[8]历法改革

---

[1] “Ex his signis aliqui conjiciebant eum field Christianam fuisse complexum; sed temstsi à veritate superatus fuerit, non tamen amplexus est, aut in proposito perseveravit, quoambrem una cum suo regno divinitus est punitus.” Boym, “Status Christanæ Religionis in China …”

[2] 即明太祖朱元璋（1368—1398年在位）。

[3] Martino Martini, *De bello Tartarico Historia*...（《鞑靼战纪》，Antverp, 1654), 德文版：*Histori von dem tartarischen Kriege*,Amsterdam, 1654, p. 80.

[4] Von Collani, *op. cit.*, pp. 50-52.

[5] “Bericht Patris Michaëlis Boym der Gesellschafft JESU Missionarii in Sina, aus der Polnischen Provinz / welchen er zu Rom im Jahr 1653, abgestattet hat,” in Joseph Stöcklein (ed.), Der Neue Welt-Bott, Theil 1, Numerus 13. 约瑟夫·史塔克林撰写了瞿纱微的命运。“Wie es aber dem Apostolischen Mann Patri Andreæ Wolffgango Koffler, welchem die Portugiesen den Namen verändert und Andream Xavier genannt haben / ferner ergangen seye / hab ich nach fleiBiger Nachforschung nicht erfahren können. Einige glauben / er wäre in dem Sturm einer gewissen Stadt mit in die Pfannen gehauen worden. Andere meynen /er seye mit seinem Käyser Yum-liè hingerichtet worden.”

[6] Boym, letter dated 1653, in: Der Neue Welt-Bott, No. 13, p. 40.

[7] Von Collani, op. cit., pp. 50-52.

[8] Bernard Hung-kay Luk,“A Serious Matter of Life and Death: Learned Conversations at Foochow in 1627,” in Charles Ronan,B. C. Oh (eds.), *East Meets West: The Jesuits in China, 1582-1733*, Chicago, 1988, pp. 173-206; T. Lippiello, R. Malek (eds.), *“Scholar from the West.” Giulio Aleni S.J. (1582-1649) and the Dialogue between Christianity and China*, Monumenta Serica Monograph Series XLII, Sankt Augustin, Nettetal, 1997; Gianni Criveller, “The Dialogues of Giulio Aleni on Christ and China. The Mystery of the Plan of Salvation”, in Ku Wei-ying (ed.), *Missionary Approaches and Linguistics in Mainland China and Taiwan*, Leuven Chinese Studies X, Leuven, 2001, pp. 163-181.

之后依旧在皇朝任职生活的传教士也有同感。当然，大部分的朝臣并非天主教信徒，但他们就如同自己也信奉天主教一样接受了这些传教士。不仅是卜弥格和史塔克林，甚至在基督教戏剧中，崇祯皇帝及清朝的首位皇帝顺治帝都被称为迷失的灵魂。康熙帝则是一个极大的例外：他并未成为一名天主教信徒，但至少于1692年组织出版了《宽容法案》并从许多方面给予天主教帮助。因此，他是特例的代表。[1]

卜弥格的一生似乎命运多舛，困难重重。在他写下大量请愿信后，终于作为一名传教士来到远东地区，但显然他并未能引导许多人信仰天主教。他用欧洲语言撰写了与经络相关的第一本书《中医脉搏理论要义》（*Clavis Medica ad Chinarum Doctrinam de Pulsibus*）[2]，直至他死后才最终得以出版。卜弥格被任命为南明王朝的使者前往拜见罗马教廷及欧洲国王，可是卜弥格在长达几年的时间里被认为是骗子。与此同时，他的教友们转换了立场，开始支持满人，因为当时满人已经攻占北京，与逐渐失势的明王朝相比，满人似乎对天主教更为有利。因此，卜弥格出使的结果仅仅得到了一封教皇亚历山大七世给永历皇帝的信笺。在他长途跋涉最终回到中国时，一切为时已晚：满人获得了胜利，永历皇帝已亡，南明王朝灭亡。卜弥格并没有如他所愿成为一名真正的牺牲者，他最终由于精疲力竭逝于中国边境。然而，他的一生是失败的吗？在我看来，他可以与12世纪日本历史上的英雄源义经相媲美，虽然两人都没有取得最后的成功，但他们虽败犹荣。[3]

（译者单位：王银泉，南京农业大学典籍翻译与海外汉学研究中心；
杨丽雯，世界中医药学会联合会）

[1] Von Collani, op. cit., p. 56.

[2] 此书的英文译名为：*The Key to Medical Science*，中文译名有：《中医脉搏理论要义》《医匙和中国脉理》《医学的钥匙》。——译者注

[3] Ivan Morris, The Nobility of Failure. Tragic Heroes in the History of Japan（《失败的高雅：日本历史上的悲剧英雄》，New York, 1975).

永历帝肇庆朝廷里的瞿安德和卜弥格*

［德］柯兰霓 著　李秀梅 译

译者按： 本文原题为“Andreas Koffler and Michael Boym at the Court of the Yongli Emperor in Zhaoqing”，是柯兰霓（Claudia von Collani）于2016年在肇庆学院举办的“第四届利玛窦与中西文化交流国际学术研讨会”提交的会议报告。该文梳理了服务于永历帝肇庆朝廷的两位传教士瞿安德（Wolfgang Andreas Xavier Koffler，1612—1652）和卜弥格（Michael Boym，1612—1659）的人生际遇，讲述了南明王朝帝王家庭可能皈依基督教的情形。

柯兰霓，德国维尔茨堡大学（Universität Würzburg）宗教学系教授。她在早期中德文化交流，特别是在儒家、道家思想西传方面颇有研究，在比较宗教学和传教史研究方面学术成果丰硕。她在1985年完成的博士论文《耶稣会士白晋的生平与著作》（“P. Joachim Bouvet S. J.: Sein Leben und sein Werk”）已译成中文，于2009年由大象出版社出版。她已发表学术专著5部、译著3部，学术论文百余篇，书评90余篇。

一、南明末帝永历的肇庆朝廷

在16世纪，肇庆是许多传教士通向中国的大门。在这些传教士中，赫赫有名者有耶稣会士和先驱者罗明坚（Michele Ruggieri，1543—1607）、巴范济（Francesco Pasio，1554—1612），而其中最为著名的当属利玛窦（Matteo Ricci，1552—1610），利氏分别于1582年和1583年来到肇庆。之后，也有一些传教士在进入中国后，途经肇庆，比如西班牙奥古斯丁修会会士百万乐（Alvaro de Benavente，1644—1709），他是最早来到中国的奥古斯丁修会会士之一，后来他做了江西天主教的宗座代牧，也是耶稣会士关于“中国礼仪”的追随者。

1583年9月10日，耶稣会士利玛窦、巴范济和罗明坚在肇庆建立住所，也是他们

---

* 本文原载于《国际汉学》2019年第3期。

在中国第一个真正的传教点。利玛窦一直待在肇庆，直到一位新来的两广总督（刘节斋）强迫这些耶稣会士于1589年8月中旬离开肇庆。这期间发生的事件，利玛窦在他的名著《基督教远征中国史》（*De Christiana expeditione apud Sinas suscepta*）里都谈到了。这本书最初于1615年在奥格斯堡（Augsburg）出版。在意大利语原稿中，肇庆这个城市被称作“Sciaochin”，拉丁语译文中称为“Sciauquinus”，在1617年的德语译本中译为“Sciauchin”。然而，在《新世界报告》（*Der Neue Welt-Bott*）第一卷中又被称为“Schao-tscheu”。[1]在这之后，利玛窦继续北上，因为他想去都城北京。他于1601年1月到达北京。[2]不过，在我的论文里，我不准备谈论利玛窦，我想讲述50年后的耶稣会士与永历皇帝的关系。永历帝是南明最后一位皇帝，朝廷设在肇庆。

传教士，特别是耶稣会士来华的主要目的是努力让中国皇帝皈依基督教。因为他们希望所有的中国人，甚至所有的远东人能以这位最有声望的皈依者为模范。这种愿望几近成功了。以天文历算才能服务于崇祯皇帝（1629—1644年在位）的汤若望（Johann Adam Schall von Bell，1592—1666）也有此愿望，但是他失败了。当北京于1644年被反叛者占领的时候，崇祯皇帝自杀了。[3]经历了从明到清的转变，汤若望与年轻的顺治皇帝（1644—1661年在位）建立了良好的关系，然而顺治皇帝年纪轻轻就死于天花，而且他是作为一个佛教徒离开人世的。[4]顺治的儿子兼继承者康熙皇帝（1662—1722年在位）快要成为基督徒了——至少在白晋（Joachim Bouvet，1656—1730）的小书《康熙皇帝传》（*Portrait historique de l'empereur de la Chine*，1697）中是这样描述的，但是，除了1692年颁布的《容教令》（“the Edict of Tolerance”）和与耶稣会保持良好关系之外，康熙皇帝从来没有亲近过基督教。[5]

这里要讲述的故事发生在明清政权更替之际那段充满反叛与战争的年代。当满洲人还在全中国征战之时，在顺治皇帝的统治之时，南明几位皇帝先后建立了他们的政权，这几位皇帝都是万历皇帝（1572—1620年在位）的皇亲和后代。在南明最后一个皇帝永历（1646—1662年在位）治下，耶稣会士们改变皇帝、后宫及整个朝廷官员信仰的愿望几近成功。永历帝的统治与北京顺治帝的统治并存。因此，我们可以这样说，无论是有意还是无意，耶稣会士同时在华南和华北两个朝廷中活动。两个朝廷并

---

[1] 在金尼阁（Nicolas Trigault S.J.，1577—1628）将利玛窦的这一著作由意大利语原稿翻译成拉丁语之后，此书成为欧洲一本具有许多版本和多种欧洲语言译本的畅销书。关于利玛窦在肇庆的活动，见利玛窦著作第2卷第4—14章，另见《基督教远征中国史》（奥格斯堡 1615年版），第 158—236页。

[2] Joseph Dehergne, *Répertoire des Jésuites de Chine de 1552 à 1800*, Paris, Rome, 1973, p.219.

[3] Claudia von Collani, “A Missionary on His Journey: Michał Boym and Religions in East Asia”, *Monumenta Serica* LIX, 2011, p.338.

[4] Collani, “Boym”, pp.333f.

[5] Claudia von Collani, “Portrait of an Emperor: Joachim Bouvet's Picture of the Kangxi Emperor of 1697,” *Sino-Western Cultural Relations Journal* XXIV, 2002, pp.24-37.

存，进而建立两个帝国是可能的，不过，更加有可能的是，仅有一位皇帝及其朝廷将成为胜利者。于是耶稣会士盼望着至少他们中的一些人能够作为天文学家和科学家站在战胜者一方。通过这种方法，基督教能够跟随获胜的一方留存下来。然而，站在败亡王朝一方的耶稣会士或无法保命，甚至变成他们信仰的殉道者。耶稣会士在中国南方和北方的这种情形，与远东各省耶稣会士们的情形相似。当日本德川幕府禁止日本耶稣会[1]活动，他们就转移到了中国澳门，后来到了东京（Tonkin）[2]。自1656年起，传教活动便转移到广东、广西两教省[3]。1615年，耶稣会中国副省建立起来了。然而，当日本德川幕府治下所有的传教士被驱逐出境的时候（自从1610年开始），许多日本基督徒都逃走了。不过，从某种意义上说，耶稣会日本教区在东京和南圻（今越南）幸存下来了。耶稣会士在中国北方和南方之间也有了一个中国教区的分支机构。

我的论文主要涉及南明，但是为了对照，我也会稍微提及北京的清朝廷。本文的主题是在永历朝服务的两位耶稣会士的命运——奥地利的耶稣会士瞿安德和波兰的耶稣会士卜弥格。通过他们的眼睛，我们将看到南明朝的后宫皈依的情况。

二、资料来源

关于瞿安德和卜弥格与南明王朝之间的关系，我引用了一些资料，其中包括出版物和一些手稿。这篇文章主要的资料来源是卜弥格撰写的一份手稿，即《中国皇室皈依及中国天主教状况记略》（“Status Christianæ Religionis in China, ut nunc se habet”）。[4]这份报告涉及两位皇帝的“实例”，谈论北方的崇祯皇帝和南方的永历皇帝以及他们与基督教和传教士的关系。这份文件的目的在于表明永历皇帝几近皈依基督教，如若成功，耶稣会士，尤其是汤若望等人多年的夙愿将得以实现。汤若望曾试图游说明朝末帝崇祯皈依基督教。[5]这份手稿经过或多或少的改动之后，其中一部分及有关的其他手稿都有了诸多的版本和译本。下面这本书只是讲述永历皇帝的故事：《中国皇室皈依略记》（*Breve Relazione della China, E Della Memorabile Conversione Di Persone Regali di quella corte alla Religione Christiana*，1652）及其法文翻译版*Briefve Relation de la Chine et de la notable conversion des Personnes Royales, & de l'estat de la Religion Chrestienne en la Chine*（1654）。大约70年之后，该书被译成德语并收录于约瑟夫·斯托克莱因（Joseph Stöcklein，1676—1733）编辑的《新世界报告》（*Der Neue*

[1] Dehergne,*op.cit.*,p.327.

[2] 即越南北部一个地区的旧称。——译者注

[3] See letter by Onofre Borges to the General Superior Goswin Nickel, 20 October 1659, ARSI, JS 80, ff. 147—148.

[4] München, Bayerisches Hauptstaatsarchiv, Jesuitica 589.

[5] 北京朝廷的这段历史，汤若望在《1581—1669在华耶稣会天主教发展史》中有过叙述。这本书的初刻本于1665年在维也纳出版。

Welt-Bott）中。[1]在《新世界报告》这本书中，我们发现了一封瞿安德写的信、一封卜弥格写的关于瞿安德的信，还有一封由一位匈牙利籍耶稣会士约翰内斯·纳达西（Johannes Nadasy，or Johannes Nadasi）写的信。因此，我主要依赖这些出版资料。来自全世界耶稣会使团的信件集全称如下：

世界信使，即新世界报告。各类有益而风趣的信件、报告和旅行见闻。1642年至1726年耶稣会传教士从印度及其他海外国家传到欧洲。现在首次译成德语，部分译自原手稿，部分译自法语的耶稣会士书信集。

耶稣会会士约瑟夫·斯托克莱因集结成篇第一卷（奥格斯堡，格雷茨〈Grätz〉，1726年）。[2]

我从《新世界报告》这本书里选用了三封信，即第10号信件、第13号信件及第219号信件。

1.耶稣会士瞿安德的信件：

来自虔诚的耶稣会传教士瞿安德的信，他出生于奥地利教区的克雷姆斯（Crembs）。收信人是时任当地教省领导人的尊敬的耶稣会会士约翰内斯·卢美尔（Joannes Rumer[3]）。写于东印度爪哇岛上巴达维亚（Batavia）的荷兰城堡。1642年12月3日。[4]

2.耶稣会士卜弥格的信件：

来自波兰教省的耶稣会在华传教士卜弥格1653年在罗马所做的报告。[5]

3.耶稣会士纳达西[6]的信件：

---

[1] Claudia von Collani,"*Der Neue Welt-Bott*. A Preliminary Survey," *Sino-Western Cultural Relations Journal* XXV, 2003, pp.16-43.

[2] 《新世界报告》中约800封信件来自世界各地的耶稣会传教团。其中200封来自中国。斯托克莱因把《耶稣会士书信集》（*Lettres édifiantes et curieuses*）中的法文信件翻译成德语，增加了译自拉丁语、意大利语的其他信件。参见Collani, "Der Neue Welt-Bott," pp.19-21。

[3] 约翰内斯·卢美尔是当时耶稣会奥地利教区的领导人。

[4] Stöcklein，*Der Neue Welt-Bott*, vol. I, part 1 (Augspurg 1726), letter no.10, pp. 28-34.

[5] *Ibid*, letter no.13, pp. 40-46.

[6] 约翰内斯·纳达西，1614年出生于匈牙利蒂尔瑙（Tyrnau），1633年成为耶稣会士。他首先是在匈牙利耶稣会学校任教，然后去了罗马，担任耶稣会总长对耶稣会士进行“书面认证”（Litterae annuae）的拉丁文秘书。从 1658年起，他在奥地利担任传教士、告解牧师和作家。他逝于 1679年。

尊敬的耶稣会会士约翰内斯·纳达西写的信。写给令人尊敬的奥地利教区的领导人。1662年2月2日，写于罗马。[1]

三、明称帝者永历

清朝花了18年的时间入主中原。[2]当中国北部处于满族人统治之时，在南方，还有几个来自明朝皇家的称帝者想建立自己的朝廷，收复中国，重建明朝的统治。无论北方还是南方，这些“统治者”都面临着同样一个问题：国家贫穷，他们难以维持军队和朝廷。[3]在南京，万历皇帝的一个孙子建立了弘光政权（1607—1646），他是南明的第一位皇帝。[4]尽管他是清廷的一个强劲对手，但是他因道德败坏而失去了他的王国。紧跟弘光而来的是唐王朱聿键（1602—1646），他在福建当了隆武帝（1645—1646）。隆武政权肇始于1645年8月18日，终结于1646年10月6日。他有皇家血统，但他不是万历帝的后代。他博学多才、勇气过人，他是耶稣会士和基督徒的朋友。然而，他也只是统治了一年，就被清廷抓获并处死。[5]他的兄弟绍武（1646—1647年在位）在广东省做了皇帝，然而他也被清廷俘虏并杀死了。因此，在三年时间里，曾经先后有过三位皇帝，但很快都消亡了。[6]

绍武皇帝时期，还有一个竞争者，即永历皇帝。隆武皇帝在死之前，派了一位使者庞天寿（教名Aquileo）去找明朝的皇子朱由榔（1623—1662）。庞天寿是来自北京的一名太监，他大约出生于1588年，死于1657年。他与Achilleus可能是同一个人，Achilleus是北京紫禁城里司礼监的头领。他和弟弟奈莱（教名Nereus）都是北京紫禁城里最早在崇祯年间就被施洗的太监。他极有可能是被龙华民（Niccolò Longobardo，1565—1655）施予洗礼的。龙华民是利玛窦的继承者，他是耶稣会传教团的领导人。[7]

---

[1] Stöcklein, *op.cit.,* vol. II, part 9（Augspurg 1727）, letter no. 219, pp. 2-3.

[2] Ronnie Po-chia Hsia, “Dreaming of Constantine: the Jesuit Mission and Princely Conversions in the Southern Ming,” in Ferdinand Verbiest Institute (eds.), *History of the Catholic Church in China. From its beginning to the Scheut Fathers and 20th Century. Unveiling some less known sources, sounds and pictures*, Leuven Chinese Studies XXIX. Leuven. 2015. p. 67.

[3] Arthur W. Hummel, *Eminent Chinese of the Ch'ing Period (1644–1912)*, Washington, 1943, Taipei, 1970,p. 191.

[4] Lynn A. Struve,“The Southern Ming, 1644–1662,” in Frederick W. Mote, Denis Twitchett & John K. Fairbank Eds. *The Cambridge History of China, Vol. 7. The Ming Dynasty,* 1368–1644, *Part I* (Cambridge 1997) pp. 641—660.

[5] Struve, *op.cit.,* pp. 676-693. Collani, “Michał Boym”, p. 334f; “Astronomy versus Astrology. Johann Adam Schall von Bell and His‘superstitious’Chinese Calendar,” *Archivum Historicum Societatis Iesu* LXXXII, fasc. 164,2013, pp. 421-457.

[6] Paul Rule, “The Jesuits and the Ming–Qing Transition: How Did Boym and Martini Find Themselves on Opposite Sides?”, *Monumenta Serica* LIX (2011) pp. 243—258; Struve, *op.cit.,* 676-579.

[7] Nicolas Standaert (ed.), *Handbook of Christianity in China*. Volume One: 635-1800. (Handbook of Oriental Studies, section 4: China 15/1. Handbuch der Orientalistik, Abt. 4: China 15), Leiden, Boston, Köln, 2001, p. 438.

显而易见的是，北京被占领之后，庞天寿转移到了南方，加入了南明王朝。

四、与南明有关的耶稣会士

有几位耶稣会士与南明王朝的几位皇帝有着关系，比如毕方济（Francesco Sambiasi，1582—1649）。他与弘光皇帝和隆武皇帝有关。他们先后派他和庞天寿一起到澳门，从葡萄牙人那里获得军事援助。[1]来自特伦托（Trento）的卫匡国（Martino Martini，1614—1661）跟隆武皇帝取得了联系。卫匡国和艾儒略（Giulio Aleni，1582—1649）、穆尼阁（Jan Mikołaj Smogulecki，1610—1656）以及范有行 （Pascoal Fernandes，1609—1681）在福建延平待了一段时间，那里有隆武朝廷。[2]隆武皇帝和他的朝廷命官对卫匡国的军事知识——比如弹道学、火药和大炮铸造尤其感兴趣。[3]

五、永历皇帝

朱由榔是明朝的最后一个皇帝，即我们故事的悲剧人物之一。朱由榔是朱常瀛（1597—1645）的儿子。桂王朱常瀛是万历皇帝的第七个儿子，也是他最小的儿子。朱由榔是永明王。皇室家庭的其他成员也广为人知，因为在耶稣会士的信件和报告里，他们作为基督徒被提及。他家庭中最重要的人物是孝正王太后（1594? —1651），她是朱常瀛的妃嫔、永历帝的嫡母；接着是永历帝的生母马太后（皇太后）和永历帝的妻子王皇后。后来，王位的法定继承人就来自这一脉。

当朱由榔登上南明皇位之时，王太后以她的名义予以拒绝，因为她认为朱由榔太年轻、不谙世事，也不够强壮，不足以承担如此沉重的担子。[4]事实上，在他人的描述中，这位皇子非常友善、优雅，但是他非常脆弱，缺乏勇气和责任感。他之所以能够作为一位皇帝幸存下来，是因为在他的团队中有几位非常无私而又高贵的人。[5]皇子最终还是被几位大臣说服了，他们分别是丁魁楚（死于1647年，他的教名为卢卡斯）、瞿式耜（1590—1651，他的教名为托马斯）和吕大器。[6]1646年11月中旬，朱由榔在肇庆成为监国。肇庆是明朝的一个大城市，是两广总督的驻地。丁魁楚和瞿式耜成为

---

[1] Standaert, *op.cit.*, p. 439.

[2] Dehergne, *op.cit.*, p. 166.

[3] Giuliano Bertuccioli, "Appendice 1: Cronologia della vita e delle opere di Martino Martini," in Martino Martini, *Opera* 1 (Trento 1998), p. 516; Claudia von Collani, "Two Astronomers: Martino Martini and Johann Adam Schall von Bell," in Luisa M. Paternicò, Claudia von Collani, Riccardo Scartezzini, *Martino Martini, Man of Dialogue. Proceedings of the International Conference "Martino Martini (1614—1661), Man of Dialogue"* held in Trento on October 15-17, 2014 for the 400th anniversary of Martini's Birth, Trento, 2016, p. 71.

[4] Struve, *op.cit.*, p. 677.

[5] Fr. Jäger, "Die letzten Tage des Kü Schï-sï," *Sinica* VIII (1933) p. 197.

[6] For Thomas Qiu, see Jäger, *op.cit.*, p. 197.

新朝廷的重臣。[1]1646年12月24日，朱由榔在肇庆被拥立为皇帝。除了这两位大臣之外，在永历的宫廷里还有几个基督徒，他们是庞天寿和焦琏（？—1651，教名为卢卡斯）。[2]在十年的时间里，永历皇帝和他的军队击退了清朝军队。然而，他的政权并不稳定，他不得不逃到西部直至进入缅甸。[3]

六、耶稣会士瞿安德的早期生活

1612年，瞿安德出生于奥地利克雷姆斯（Krems）一个路德派新教徒家庭，他的父亲是一个富商。当他母亲孀居之后，因为新教徒宗教派别对她施加压力，她离开了奥地利。她带着孩子们迁移到了雷根斯堡（Regensburg）。这是德意志神圣罗马帝国的一个自由城市。也就是说，基督教的派别对人们并不构成压力，人们可以自由决定当一名新教徒或天主教徒。然而，瞿安德却留在了维也纳，转而成为一名天主教徒；1623年，他在那里开始了他的大学教育，首先学习“自由七艺”，然后是神学。[4]1627年，他在维也纳加入耶稣会，起名Andreas Xavier。[5]瞿安德不是一位能够与邓玉函（Johannes Schreck，1576—1630）或者汤若望（Johann Adam Schall von Bell，1592—1666）相提并论的科学家，但是他也拥有渊博的天文学知识。1639年，他被派往远东传教团。然而，他从里斯本（Lisbon）乘船的日子被迫推迟到了1640年。[6]1642年1月，他到达葡萄牙的果阿（Goa）。1642年6月，他和另外四名耶稣会士登上了一艘英国轮船，从果阿到了爪哇岛的巴达维亚（Batavia，即今天的雅加达）。当一艘开往中国澳门的葡萄牙船到达巴达维亚的时候，耶稣会士们都希望他们能够搭乘这艘船去澳门，而这艘船的状况不好。因此，他们之中只有三个人能够离开，即瑞士的耶稣会士博尔热斯（Onuphrius Bürgi，也叫Onofre Borges Onofrius，东京的耶稣会会长），来自特伦托的卫匡国和来自那不勒斯的保罗·卡罗普列斯奥（Paolo Calopresio）。[7]他们于1642年10月启程。瞿安德和另外一位葡萄牙耶稣会士若望·博尔热斯（João Borges）在巴达维亚又待了好一段时间。在巴达维亚，瞿安德扮作一位牧师，为那里的几个天主教徒阅读圣餐礼。他们俩在巴达维亚一直待到1643年4月。[8]

---

[1] Struve, *op.cit.*, p. 677; see also Standaert, *op.cit.*, p. 440, Chan, European document 93.

[2] Standaert, *op.cit.*, p. 440.

[3] Struve, *op.cit.*, pp.681—710.

[4] Harry Kühnel, “P. Andreas Wolfgang Koffler SJ, Kremser Missionar in Ostasien,” in *Ausstellung 4000 Jahre Ostasiatische Kunst* (Krems 1978) p. 7.

[5] Gert Naundorf, “Koffler, Wolfgang Andreas,”in Neue Deutsche Biographie 12, 1979, pp. 419 f. [Onlinefassung]: URL: http://www.deutsche-biographie.de/pnd131711350.html NDB,accedssed 23th June,2016.

[6] Josef Wicki, “Liste der Jesuiten-Indienfahrer 1541—1758,” *Portugiesische Forschungen der Görres-Gesellschaft. Aufsätze zur portugiesischen Kulturgeschichte 7. Band* (Münster 1967) p. 296.

[7] Kühnel, *op.cit.*, p. 7.

[8] Koffler, Letter, 6 December 1642, Stöcklein, *op.cit.*, no. 10, pp. 29—31.

瞿安德描写道，他在巴达维亚与荷兰人的共处是相当愉悦的，因为他凭借弗莱芒语知识，从中获益甚多。加尔文派的荷兰人举止相当友善，且提供了很多帮助。瞿安德时常受邀做客，他们在餐桌上讨论信仰。当他缺钱的时候，总督就帮助他。毫无疑问，当瞿安德到达那里的时候，他没有任何关于圣餐礼的装备，也缺乏书籍。荷兰人给他提供了所有装备和书本。这些东西都是他们占领马六甲的时候得到的。然而，荷兰人有一个错误的观点，他们认为耶稣会士要去日本找银矿；不过，瞿安德告诉他们，他们要去中国拯救灵魂。事实上，耶稣会士们确实想秘密前往闭关锁国的日本，但不是为了银矿，而是去拯救那里的灵魂，尽管他们可能会成为他们信仰的殉道者。直到17世纪末期，传教士仍然在分享这一愿望。[1]然而，他们对计划秘而不宣，因为日本人只接受荷兰人作为他们的欧洲贸易伙伴——荷兰人不传教，但不愿意失去他们在日本的利益。因此，瞿安德和他的伙伴们假装去中国传教，他们甚至换上了适合中国风俗的行头和发饰。荷兰人警告他们说，中国的清朝官吏会杀了他们。不过，耶稣会士们并不担心为他们的信仰殉道而死。瞿安德注意到，荷兰的新教牧师们不可能做同样的事情，因为他们都有妻子和孩子。因此，在他看来，天主教会禁止他们的神父结婚非常明智，如此他们才能自由地做出决定并且加以实施。[2]最后，瞿安德和若望·博尔热斯乘船到了澳门。他们在那里的领导和澳门人似乎都是这样告诉他们的：他们不可能去日本，但是他们可以前往包括越南北部的东京地区和中国南部的耶稣会日本教区。

七、卜弥格的早期生活

南明的另外一位重要耶稣会士是波兰人卜弥格。他的生平经历比瞿安德更加广为人知。1612年，他出生于波兰立陶宛王国时期的利沃夫（Lvov）。他的父亲是波兰国王西格蒙三世（Sigismund Ⅲ）的医生。1631年，卜弥格加入耶稣会，在几所波兰耶稣会学校学习之后，最终获得许可，以传教士的身份去远东旅行。1643年3月30日，他离开里斯本，启程前往中国。1645年，他到达越南北部的东京地区。他首先在海南岛工作，当时他主要是在研究当地的植物。1649年，他在澳门待了较短一段时间。1650年，他被澳门耶稣会副会长曾德昭（Álvaro de Semedo，1586—1658）委派到南明朝廷。卜弥格应该支持瞿安德。[3]然而，卜弥格在南明朝廷没有待很长时间，不久就

[1] Claudia von Collani, “Between Mission, Martyrdom and Mathematics: Antoine Thomas and Japan,” in Ku Weiying, Zhao Xiaoyang (eds.), *Multi-aspect Studies on Christianity in Modern China. From Antoine Thomas S.J, to Celso Costantini*, Beijing, 2011, pp. 598—639.

[2] Koffler, Letter, 6 December 1642, Stöcklein, *op.cit.*, no. 10.

[3] Louis Pfister, *Notices biographiques et bibliographiques sur les Jésuites de l’ancienne Mission de la Chine* (Chang-hai 1932—1934) pp. 265—269; Dehergne, *op.cit.*, p. 137.

被委以重任，带一个特别的代表团去罗马。1650年底，皇太后让他作为南明特使返回欧洲。[1]

八、永历皇室成员的皈依

卜弥格在报告里描写了皇室几个重要人物皈依的情况。不过，我们可以推断，卜弥格是在瞿安德甚至可能还有庞天寿的帮助下才写出这份报告的。早在朱由榔还是皇子的时候，瞿安德就结识了他，即后来的永历皇帝。当庞天寿在梧州府（广西）和皇子一起的时候，基督徒将领焦琏带着一万士兵和瞿安德（此时化名Andreas Xavier）到达那里。瞿安德从庞天寿那里得知，皇子从来不在陆地上或者宫殿里待着，他只待在航行于河流之上的船舶里，因为他害怕那些祸害他的魔鬼。因此，庞天寿把他的圣物箱（Lipsanotheca）给了皇子。圣物箱，即装着圣物的盒子。这个对朱由榔很有帮助。庞天寿对瞿安德说："尊敬的阁下，如果您想和皇子交谈，我可以陪您去。"

瞿安德同意了，他受到皇子的接见，皇子不允许他行大礼。瞿安德献给皇子一些颇受欢迎的礼物，包括一些科学仪器，如光电管、圆柱体、数学仪器、一张圣母的画像——她抱着圣子，施洗者圣约翰站在旁边。皇子非常喜欢这些小礼物，他和瞿安德交谈了起来。瞿安德受邀再度进宫。

在庞天寿的帮助下，永历皇帝在加冕时，邀请瞿安德到肇庆朝廷觐见。因为骚乱，皇帝不得不更改驻跸地，离开了肇庆。庞天寿尽其所能劝说永历帝接受基督教，允许皇后接受洗礼并入教。在皇后的陪伴下，永历帝每天都跪着祈祷，诵读《主经》《圣母经》《使徒信经》。后来，皇帝告诉卜弥格，他曾经三次梦到一个拿着十字架的小男孩说："如果你不遵守我的律法，我就置你于死地。"皇帝认出那个男孩就是那张画像里圣母玛利亚抱着的孩子，而那个十字架和画中站在玛利亚旁边的圣约翰手持的十字架相类似。[2]

于是，皇太后决定接受洗礼。她告诫庞天寿说：

> 我看得非常清楚，施洗对于救赎是非常必要的。但是，谁来做这件事情呢？你不是说北京紫禁城里的神父们施洗了宫廷里的未婚女子和人妇及宫廷大臣吗？因为惩罚太过严重，没有人能够来参加我们的秘密会议，更不要说一位神父或者一个外国人来做这件事情了。

---

[1] Dehergne, *op.cit.,* pp. 34f.

[2] 在《新世界报告》里，做梦的是皇后。参见1653年卜弥格的信，《新世界报告》第1卷第1部分第13封信。

庞天寿回答说，关于这一点他无法决定，但是他想去跟瞿安德谈一谈。瞿安德回答说，许多皇帝和皇后都在永恒的烈火之中受苦受难，没有受洗会下地狱。然而，如果皇后想要获得救赎，最好还是接受耶稣会士的施洗。一段时间之后，皇后听到都城已经被占领的流言，便决定自杀。相比落入敌人之手并遭受侮辱，自杀在中国人看来是一种高贵的死法。但是庞天寿告诉她说："上帝想要您接受神父的洗礼，如此您便能获得永恒的救赎，无人能够剥夺。"这些话令皇后和妃嫔们重新燃起勇气。她们跪在救世主和圣母玛利亚的画像前，承诺接受罗马教廷神圣仪式的施洗。1648年4月，瞿安德为三位皇太后、皇后施洗。皇太后接受了"王烈纳"（Helen）的教名，永历皇帝的生母马太后取教名"亚纳"（Anna），永历皇帝的发妻，来自苏州的王皇后，取教名"玛利亚"（Maria）。当然，其他妃嫔和宫女也急切地想受洗。[1]最后总共有50位妃嫔和40位官员受洗，其中也包括皇太后的母亲，取教名朱莉娅。[2]

第二天，皇帝回来了，他受邀瞻仰基督和圣母的画像。他声明："禁止佛像崇拜，因为基督才是真正的神。"他嘉许了皇后的决定。他说："我将以你为榜样，接受洗礼。"但是出于一些原因，他推迟了洗礼，依然只做一个慕道者，每天背诵教义问答书，在圣像面前焚香。卜弥格希望在他离开朝廷回欧洲后，永历帝能接受洗礼。

在此期间，有五个教区向永历皇帝发来请愿，说他们愿意成为皇帝的子民，获得他的封号。这些都实现了。同时，皇帝的一位妃子生了一个公主，公主一出生立刻就夭折了。当瞿安德被问及其中的原因时，他回答说，上帝的律法禁止在妻子之外拥有妃子，所以这种罪恶关系中出生的小女孩不得不死，皇帝现在应祈祷皇后生一个儿子。第二天，皇后捎信给瞿安德说，她每天都祈祷生一个儿子，作为王位继承人。她希望她的守护神能够护佑她顺利生产，而瞿安德给了她圣烛，可在基督和圣母面前点燃。次日夜晚，皇后幸福地诞下了一个儿子。皇帝把这个孩子的生辰八字交给瞿安德，让他解释一下，也就是说进行一番基督教的占星。瞿安德回答说，皇子将非常幸福，因为正如圣子经由贞洁圣母而降生，皇子也出生于子夜之交。在那个时辰，太阳和龙正好交汇，龙在中国就是帝王统治的象征。这种基督教的星象解释让皇帝和整个朝廷皆甚感欣喜。皇后和妃嫔们想让皇子接受洗礼，但是瞿安德拒绝了，他想获得皇帝的首肯后再这么做。皇帝回答说，皇子将以基督徒的方式接受教育，日后他只能有一个妻子。

然而，皇帝本人推迟受洗，这在他和皇后之间造成了极大的不和谐。皇子则是在一次非常严重的疾病之后才受洗。这位名为"慈煊"（1648—1662）的皇子受洗

---

[1] 永历帝的母亲是亚纳，他的妻子是玛利亚。按照基督教或者伊斯兰教传统，亚纳或者汉纳是圣母玛利亚的母亲。

[2] Pfister, *op.cit.,* p. 267; Standaert, *op.cit.,* pp. 440f.

了，庞天寿成为他的教父。他的教名是“康斯坦丁”（Constantine），中文便是“当定”，意指做出决定的人。皇帝对这个教名非常满意。皇帝和其他人从这一事件中受到启发，基督教此时受到极高的礼遇。[1]瞿安德希望他能够效仿罗马皇帝康斯坦丁——康斯坦丁在十字标记下获得了胜利，建立了他的基督教帝国，他的母亲也正是皇太后烈纳。

皇帝命令庞天寿派遣船上那些基督徒官员带着礼物去澳门的耶稣会教堂。这些船都配有丝质的帆，带着十字架标记。当他们靠近澳门的时候，他们高声表明自己的基督徒身份。因此，人们把他们引到耶稣会学校，把信件递给了耶稣会视察员[可能是巴相·达马亚（Sebastião de Maia），他于1650—1658年任视察员]。在这些信件里，皇帝请求神父们接受以其名义而送来的感恩之礼。这些礼物，包括两个银制的枝状大烛台、两个银制的香炉、两个银制的花篮、中国香和锦缎。使者们以中国的方式表达他们的敬意，把礼物送给了耶稣会教堂。

卜弥格以这样的话结束了他的报告：“愿上帝保佑皇帝战胜反叛者。”[2]当然，关于永历皇帝，卜弥格的报告写于永历帝薨逝之前。《新世界报告》的编辑约瑟夫·斯托克莱因这样结束了这个故事：经历了自中国西南各省至缅甸的长期逃亡之后，永历帝最后被清军（大将领吴三桂率领）俘获并杀害。[3]

九、瞿安德和卜弥格后来的命运

在《新世界报告》中，卜弥格信件的最后，对瞿安德的生与死有寥寥几笔描述。根据《新世界报告》的译者和编撰者斯托克莱因所补充的内容，我们读到，瞿安德后来的命运，所知者寥寥：“有人认为，当城市被占领的时候，他死了；另有人认为他和永历皇帝一起被处决了。”[4]耶稣会士约翰内斯·纳达西在1662年2月2日写了一封信，该信件在《新世界报告》里被编为第219号信件发表，里面描述了瞿安德可能的命运。这信息来自从越南北部东京地区去见耶稣会总长的一位葡萄牙人。这位葡萄牙人把信件交给纳达西，然后他们又把信件转交给奥地利教省。当永历皇帝及朝廷官员从水路逃跑的时候，瞿安德乘坐的船只在田州附近的沙滩上搁浅了。一位满族将领攻击了他，问他是谁。瞿安德用中文回答说，他是神圣律法（基督教）的传道者，它的

[1] Pfister, *op.cit.*, p. 267; Standaert, *op.cit.*, pp. 440f.

[2] Boym, Letter, 1653, Stöcklein, *op.cit.*, vol. 1, no. 13, p. 45.

[3] Struve, *op.cit.*, pp. 709f.

[4] Boym, *op.cit.*, pp. 45f. Stöcklein wrote about the fate of Koffler."Wie es aber dem Apostolischen Mann Patri Andreæ Wolffgango Koffler, welchem die Portugesen den Nahmen verändert und Andream Xavier genannt haben / ferner ergangen seye / hab ich nach fleißiger Nachforschung nicht erfahren können. Einige glauben / er wäre in dem Sturm einer gewissen Stadt mit in die Pfannen gehauen worden. Andere meynen / er seye mit seinem Käyser Yum-liè hingerichtet worden."

内容就在神圣十字这个符号里。当满族将领要求他出示这个符号时，瞿安德在前额、嘴巴和胸部比画了三次十字，接着是从前额到腹部、从左肩到右肩比画一个大十字。他用中文说道："以圣十字架，哦，主啊，以圣父圣子圣灵的名义，救我等于救我反对者。阿门。"当他说完了这些，满族将领用剑从他的前额到腹部，左肩到右肩画十字，把他砍死了，瞿安德成为基督教的殉道者。正如纳达西所说，瞿安德以这种方式成为耶稣基督的殉道者，他经由十字符号获得了胜利。这个故事是一位宫廷大臣讲的，得到了几位中国基督徒和东京耶稣传教会会长的确认。[1]这样看来，因为瞿安德想在日本殉道，他确实想去远东，不过最终只是到达中国。[2]

在马里尼神父（Fr. Marini）的报告中，卜弥格从一个太监那里听到了这则被一些基督徒所证实的故事。[3]这个故事附在卜弥格的一封信后面，信中讲述了永历皇帝的悲惨结局、关于广州城沦陷——1650年11月24日被攻克——城中十万居民被屠杀之事。然后，鞑靼人继续前往肇庆攻击永历帝，但是他没有坐以待毙，而是经由广西逃到云南，最后，他逃到了缅甸的勃固（Pegu）。他被抓后，被交给了清朝军队，1662年被杀。这封信提到他的后宫妃子被带到北京，她们在那里受到礼遇，并作为基督教徒终老。不过，这并未得到证实。编辑斯托克莱因也看到了永历皇帝与顺治皇帝几乎死于同一个时间点这个明显的同步现象：他们俩都死于同一年，顺治帝把帝国留给了他八岁的儿子康熙皇帝。[4]

十、卜弥格出使罗马

1650年底，卜弥格被南明朝廷的皇太后烈纳和皈依基督教的公主们任命为南明朝廷的大使并前往欧洲。她们派遣他去晋见教皇英诺森十世（Pope Innocent X，1644—1655年在位）和欧洲的统治者们。1650年11月，皇太后烈纳听从卜弥格的建议，给教皇英诺森十世写了一封信[5]，给耶稣会总长写了一封信，另写信给红衣主教卢戈（Juan

[1] Johannes Nadasi, Letter, 2 February 1662, *Der Neue Welt-Bott*, vol.2, 1727, no. 219.

[2] Boym, *op.cit.*, vol. 1, no. 13, pp. 45f.

[3] Giovanni Filippo Marini, *Delle Missioni de' Padri della Compagnia di Giesv nella Provincia del Giappone, e particolarmente di quella di Tumkino*,Roma,1663, p. 346.

[4] Boym, *op.cit.*, pp. 45f.

[5] 此信内容参见Marini, *Delle Missioni,* pp. 545—546，拉丁语版本可参见 Athanasius Kircher, *China Illustrata* (Amsterdam 1667) pp. 101f: "Interpretatio Literarum Sinicarum ab Imperii Sinici Imperatrice D. Helena, nomine suo, & Reginæ Matris D. Annæ, & Reginæ uxoris D. Mariæ, nec non filii Imperatoris Principis & Hæredis D. Constantini missarum. Ad Sanctissimum D. N. per Patres Andream Xavier, & Michaelem Boym, Societatis JESU, in Aula Imperatoris Sinensis pro tempore Assistentes, facta,"; then in French translation in Du Halde, p. 83. "Litterae Helenae Tamingae, Sinarum reginae, ad S. Pontificem, 4 Novembris 1650," Du Halde, *Description de la Chine*, Paris,1735, p. 83.

de Lugo y de Quiroga，1583—1660）。[1]司礼监掌印太监庞天寿也做了同样的事情。[2]信中，他们恳求为其灵魂、对满洲人的抵御和重建明朝而祈祷，也恳请委派更多的天主教神父来他们的朝廷。[3]1651年1月1日，卜弥格离开澳门。皇太后信件的拉丁语译文发表于阿塔纳修斯·基歇尔（Athanasius Kircher，1602—1680）的著作《中国图说》（China Illustrata）中，其英文本翻译如下：

> 大明宁圣慈肃皇太后烈纳致谕于因诺曾爵代天主耶稣在世总师，公教皇主，圣父座前，窃念烈纳本中国女子，忝处皇宫，惟知阃中之礼，未谙域外之教。赖有耶稣会士瞿纱微，在我皇朝，敷扬圣教，传闻自外，予始知之。遂尔信心，敬领圣洗，使皇太后玛利亚中宫皇后亚纳及皇太子当定并请入教，领圣洗，三年于兹矣。虽知沥血披诚，未获涓埃答报，每思恭诣圣父座前，亲领圣诲。虑兹远国难臻，仰风徒切。伏乞圣父向天主前，怜我等罪人去世之时，赐罪罚全赦，更望圣父特与圣而公一教之会，代求天主，保佑我国中兴太平，俾我大明第十八代帝太祖第十二世孙，主臣等悉知敬真主耶稣，更冀圣父多遣耶稣会士来，广传圣教。如斯诸事，俱惟怜念。种种眷慕，非口所宣。今有耶稣会士卜弥格，知我中国事情，即令回国。致言我之差圣父前，彼能详述鄙意也。俟太平之时，即遣使官来到。圣伯多禄，圣保禄台前致仪行礼。伏望圣慈，鉴兹愚悃，特谕。永历四年，十月十一日（相当于1650年11月4日）。[4]

1651年1月1日，卜弥格接受永历朝派遣的同时，也获得了曾德昭副会长的许可，开始经由海路从中国澳门到葡萄牙果阿的行程。[5]在那里，卜弥格得知葡萄牙国王已经放弃了明朝皇帝的事业，而他到欧洲的使命则被认为有损于清朝和葡萄牙之间的关系。耶稣会的高层们也认为耶稣会教团不能干涉政治事件。因此，他被软禁了，不过他最终成功逃脱。于是，他徒步经由陆路，通过波斯、士麦那（Smyrna）、威尼斯，继续他的行程。1652年12月16日，穿着中国服装的卜弥格在威尼斯遇到了总督，

---

[1] 红衣主教卢戈很可能就是胡安·德·卢戈·季罗佳，他于1603年加入耶稣会，于1643年成为红衣主教。

[2] "Litterae Pan Achillei, Eunuchi Sinarum regis, ad S. Pontificem, 1. Novembris 1650," in Athanasius Kircher, *China Illustrata*, Amsterdam, 1671, p. 100; Jean-Baptiste Du Halde, *Description de la Chine* III, Paris,1735 ; Launay, *Histoire des Missions*, pp. 11f; Kircher, *op.cit.*, pp. 100f. Additional letters were written to the Doge of Venice and to the King of Portugal.

[3] Standaert, *op.cit.*, p. 441.

[4] Karl Gützlaff, *A sketch of Chinese history, ancient and modern*, vol. 2 (London 1834) pp. 122—124.（查证中文信件原文和信件图片，英文中的"11th of 11th month"应为"11th of 10th month"，所以此处翻译成"十月十一日"。引文译文摘自徐宗泽：《中国天主教传教史概论》，上海书店出版社，2010年，第125—126页。——译者注）

[5] Rule, *op.cit.*, *Monumenta Serica* LIX, 2011, p. 246.

接着他继续前往罗马。在罗马，他和他的中国同伴郑安德肋（教名Andreas，Zheng Andelei，1632—？）等待了整整三年，因为教皇英诺森十世（因诺曾爵）不接见他，而且还有流言说来自南明朝廷的信件是伪造的，耶稣会总长认为卜弥格的使命对于其他在中国的耶稣会士则是一种危险。[1]最终，在三年之后，传信部特别会议于1655年9月24日做出决定，在罗马收到葡萄牙果阿和中国澳门主教们询问卜弥格为什么迟迟没有复命的信件之后，新的教皇亚历山大七世（Pope Alexander VII，1655—1667年在位）才决定于1655年12月18日回复来自中国的信件，于1655年12月7日公开接见卜弥格。[2]南明国书得到回复，卜弥格得到了亚历山大七世“精神上令人振奋而政治上却无所作为的”一封回信。[3]之后，1656年3月30日，卜弥格带领一小队从里斯本到果阿的耶稣会士，乘坐“卡尔莫仁慈的耶稣号”（“Bom Jesus do Carmo”）启程回中国。[4]他们的目的地是葡萄牙治下的印度，一些人则到了中国。

卜弥格的行李中有教皇亚历山大七世于1655年12月18日写给皇太后烈纳和司礼监掌印太监庞天寿的鼓舞人心的信件。[5]卜弥格依然希望基督教在南明朝廷的情况能够立刻有所好转，正如耶稣会供应团令人振奋的策略所预见的那样，他希望永历皇帝能成为第一个接受天主教的中国皇帝，并希望永历朝廷在他的统治下，成为整个中国和远东的统治王朝。[6]然而，事与愿违。1657年，卜弥格从果阿出发，1658年，他到达暹罗。在那里，他从澳门议事会得到消息，让他离开这座城市，因为葡萄牙人仰仗北京的清王朝，不想卜弥格危及这种关系。[7]因此，卜弥格经由暹罗的大城府继续他的行程。在那里，他租用了一艘海盗船，于1658年8月10日到达越南东京地区。[8]从东京出发，卜弥格仍然还有两个月的路程才能到达南方的南明朝廷。在东京，他遇到了两位兄弟，即博尔热斯和狄若瑟（Fr. Joseph François Tissanier，1618—1688），并被告知东京的郑柞王（King Trinh Tac，1654—1682）已经命令其他六个耶稣会士于7月17日离开他们国家，前往澳门。最后，卜弥格和郑安德肋获得通行证，获许于1659年2月16日离

[1] Rule, “Jesuits and the Ming–Qing Transition”, p. 252.

[2] Robert Chabrié, *Michel Boym, Jésuite Polonais er la fin des Ming en Chine (1646–1662)*, Paris,1933,p. 181; Collani, “Boym”, p. 316.

[3] Standaert, *op.cit.*, p. 441.

[4] Wicki,*op.cit.*p.300。卜弥格的同伴是耶稣会士柏应理（Philippe Couplet，1623—1692）、鲁日满（François de Rougemont，1624—1676）、葛安德（André Gomez，1622—1681）和依纳爵·哈尔托格维尔特（Ignatius Hartegovelt，1629—1658）。Wicki,*op.cit.*p.300。其他同伴是加彼尔·布雷特·凯恩斯（George Brett Keynes，1629—1658，逝于海上）、安当·萨尔达尼亚（António Saldanha，1619—1656?）、方济各·维洛（Francisco Velho，1631—?）和若望·德·阿布雷乌（João de Abreu，1635—1663）。

[5] Kircher, *op.cit.,* pp. 102f.

[6] Standaert, *op.cit.*, pp. 310f.

[7] Pfister, *op.cit.,* p. 273.

[8] Edward J. Malatesta,“The Tragedy of Michael Boym,” in *Actes du VIe Colloque international de Sinologie, Chantilly 1989*,Taipei, Paris,1995, p. 364.

开东京。[1]之后，卜弥格和他的中国同伴一起继续前往中国广西的危险行程；1659年8月22日，卜弥格精疲力竭，死于途中。[2]

卜弥格启程前往罗马的同时，即1650年，另外一位代表也被派往罗马：为了中国"礼仪之争"，携带着一份有关汤若望的卷宗，特伦托的耶稣会士卫匡国受副会长阳玛诺（Manuel Dias，1559—1639）委派前往罗马。[3]为了提交关于"礼仪之争"的新材料，在经历了漫长而危险的航行之后，1654年年底，卫匡国终于到达罗马。[4]1654年年底，他提供了关于"礼仪之争"的材料，并设法于1656年3月23日从宗教法庭获得了一份肯定的答复。[5]他于1656年年初返回中国，于1659年6月到达杭州。1661年6月，卫匡国逝世于杭州。[6]

关于最后一位明朝皇帝永历帝、他的基督徒家庭、他身边的基督徒、为他服务的两位耶稣会士的命运的故事，都是一场悲剧。两位耶稣会士都试图游说他成为基督徒，但都失败了。卜弥格和瞿安德为了他们的信仰，为了他们的主人永历皇帝，为了耶稣会而死，他们竭尽全力服务于这三者。

北方的清王朝和南明朝廷同时并存，各种人物和事件相互交织，着实令人惊奇。顺治和永历两位皇帝几乎同时英年早逝，他们分别死于1661年和1662年；他们都有一位耶稣会的天文学家为他们服务，并且，他们同时从南方和北方派遣代表前往罗马。然而，使者中的卫匡国在很多方面都取得了成功，卜弥格在很多方面则都失败了。从某种程度来说，卜弥格的任务失败了，他的《中国地图》没有出版，而卫匡国和其他人一起出版了《中国新图志》（*Novus Atlas Sinensis*，1655）[7]。卜弥格关于中国医药的《中国诊脉秘法》（*Clavis medica ad Chinarum doctrinam de pulsibus*，1686）也只是在他死后才得以出版。[8]只有《中国植物志》（*Flora Sinensis, fructus floresque humillime porrigens*，1656）是在卜弥格有生之年出版的，但却是在他离开欧洲之后。

---

[1] Collani, *op.cit.*, p. 330.

[2] See the report by Borges, in Malatesta, "Tragedy," pp. 365—368.

[3] Dehergne, *op.cit.*, p.103. See Claudia von Collani, "Two Astronomers: Martino Martini and Johann Adam Schall von Bell," in Luisa M. Paternicò, Claudia von Collani, Riccardo Scartezzini, *Martino Martini, Man of Dialogue. Proceedings of the International Conference "Martino Martini (1614—1661), Man of Dialogue*" held in Trento on October 15-17, 2014 for the 400th anniversary of Martini's Birth, Trento,2016, pp. 88f.

[4] Dehergne, *op.cit.*, p. 166.

[5] 卫匡国也为汤若望之事找到了一个好的解决方案。参见柯兰霓《两位天文学家》（Two Astronomers），第78页。

[6] Dehergne, *op.cit.*, p. 166.

[7] Noël Golvers, "Michael Boym and Martino Martini: A Contrastive Portrait of Two China Missionaries and Mapmakers," *Monumenta Serica* LIX, 2011,pp. 259—271.

[8] See Edward Kajdanski,"Michael Boym: The First European Expert in Chinese Medicine and Pharmacy," in *Actes du Ve Colloque international de Sinologie de Chantilly 1986. Succès échecs de la rencontre Chine et Occident du XVIe au XXe siècle* (Variétés Sinologiques — Nouvelle Série Vol. 74), Taipei, Paris,1993,pp. 133—144 and Erhard Rosner, "Michael Boym and the Introduction of Chinese Medical Knowledge to the West: A Reappraisal," *Monumenta Serica* LIX, 2011, pp. 401—416.

耶稣会日本教省和中国副省都没有善待卜弥格。[1]卜弥格的同伴瞿安德出版的著作甚至更少。瞿安德可能和卜弥格共同撰写了关于南明王朝帝王家庭皈依的报告，这份报告见于几个版本和译本，即《中华帝国纪要》（*Summa del estado del imperio de la China, y Christiandad del, por las noticias que dan los padres de la Compañia de Iesus...*，1650）。1726年发表于《新世界报告》里一封信的作者是瞿安德，但这封信也发表于他死后。瞿安德似乎成了近代早期中国传教团事业里少有的几位殉道者之一。

（作者单位：柯兰霞，德国维尔茨堡大学；
译者单位：李秀梅，北京行政学院）

[1] Onofre Borges, Letter to Goswin Nickel, 20 October 1659, ARSI, JS 80, ff. 147r—148r.

四、卜弥格与中医西传

卜弥格与中医的西传*

张西平

卜弥格（Michel Boym，1612—1659）是波兰来华的传教士，他出身望族，父亲是波兰国王的御医。他在中国和西方的文化交流史上有着重要的地位。[1]卜弥格，虽然对今天的中国人来说已经是一个十分陌生的名字，但在历史上却是对中国和西方都有着重要贡献的来华传教士。对中国来说，他直接参与了南明永历王朝一些重大事件，并作为永历王朝的特使出访罗马教廷。这是中国和西方历史上，或者说是中国和罗马教廷关系上的第一次正式的外交活动。对西方来说，他第一次将中国的中医、中药介绍到了西方，在16－18世纪的中国文化西传欧洲的文化交流中，他有着重要的贡献。本文仅就卜弥格在中医西传上的贡献做一个初步的梳理和研究，以求教于学界同仁。

一、卜弥格对《黄帝内经》的介绍

《黄帝内经》是我国最古老的医学著作，《黄帝内经》最早载于《汉书·艺文志》。"《黄帝内经》是由《素问》和《灵枢》两大部分组成的，各有医学论述性文章81篇，内容涉及人体的生理、解剖、病理、诊断、治疗原则、疾病预防思想以及广泛引进的阴阳五行学说等。"[2]卜弥格比较详细地介绍了《黄帝内经》的基本内容。1658年他，在暹罗王国，卜弥格在为自己的《医学的钥匙》所写的《前言》中说："现在，我们向你们，最有名的先生们和整个欧洲提供一部著作的纲要，这部著作是

---

* 原文原载于《北京行政学院学报》2012年第4期，本文略有修改。

[1] 在波兰汉学家爱德华·卡伊丹斯基（Edward kajdański）和中国学者张振辉先生以及本人的共同努力下，中文版的《卜弥格文集——中西文化交流与中医西传》经过数十年的努力已经出版。据笔者了解，这是在世界范围内第一次比较完整的整理出版卜弥格文集——中西文化交流与中医西传，而且这个文集首先是以中文形式出版，而不是以其他语言形式出版，这说明我们以北外的中国海外汉学研究中心为代表的中国学者在整理明清中西文化交流史的文献上已经走在了西方学术界的前面。在这里我对波兰汉学家爱德华·卡伊丹斯基和中国社会科学院外文所张振辉先生的辛勤努力表示敬佩和感谢。

[2] 李经纬：《中医史》，海南出版社2007年，第48页。

世界上最遥远的一个地区的一个最年长和最令人尊敬的医生的。你们应该知道，他是生活在比阿维森拉、希波克拉底、加伦和塞尔苏斯要早许多世纪的一个地方的一位很有能力和高贵的皇帝。根据文献记载，他生活在洪汜前大约四百年，在基督诞生前2697年他就开始统治那个地方了。我们能不能了解到他的那个地方在哪里？ 这位大人物的那个地方叫Synpi，在中华帝国的河南省的开封市。他的名字叫黄帝，意思是‘黄色的皇帝’，他第一个在中国制定了中医技艺的原则，这个原则被人们接受了，并且世世代代地传了下来。他为他的帝国做出了很大的贡献，有许多事实都证明了，在运用这种技艺中的许多有名的事例不仅都有记载，而且也流传下来了。旅行者们经常谈到这种科学，它统治了半个世界，它传到了欧洲。”[1]

《黄帝内经》的哲学基础的是天人相应和阴阳五行说，黄帝将其引入医学之中是他的一大贡献，在学者们看来天人相应的阴阳说和五行说的理论与医学的结合是全书的关键所在，“人体体表、内脏、人与疾病，人与自然环境，人与气候季节，以及疾病认识、处治原则等无不渗透着天人相应与阴阳五行说。”[2]

卜弥格对这一点十分注意，他说：“中国的医生们自己的原则和观点为依据的中国哲学的理论，这些原则和观点都反映在一部称为《内经》的有一百六十二章的最古老的法典（古书）中。我想一开始就具体地介绍一下中国哲学的一些基本的观点，所以我觉得有必要先来说明一下大自然中某些基本的规律和对应的现象。古代中国人的医学哲学的各种不同的原则一直没有得到充分的阐释，其中就包括五行的自然属性和它们活动的情况。关于这些东西，我们在这里，要在一定的范围内加以说明。实际上，这些原则并不符合我们已经检验过的那些原则，但是它们在中国却得到了承认，被认为是准绳。它们在它们的祖国的土地上，得到了那里古时候的学者们的权威的支持。这种技艺在那里得到了普遍的运用，这里可以看到，它是经过了很长时期的检验的，它的运用具有很大的科学性。”在谈到阴阳这一对概念时他解释说：“现在我们就来深入到问题的核心：这里有两个概念，我们的医生通常把它们称为温和天生的湿，即温和湿的因素，中国人称之为阳和阴。照他们的看法，这是所有的物质形成的基础，它们存在并以某种方式活动在物质的内部。中国人还说，气是阳的载体，血是阴的载体。从阳和阴这两个概念（被认为是明和暗）出发，又产生了一些其他的概念，如出生（产生）、缩小（消失）、太过、不足、连在一起和分开（分散）。此外还有一些互相对立和矛盾的现象，它们使五行和在天和地之间的世界上所有的东西中出现征兆，发生变化，这些变化在一年中的不同季节有所不同，它们也发生在人的体

[1] [波]卜弥格著，[波]爱德华·卡伊丹斯基（波兰文翻译），张振辉、张西平（中文翻译）：《卜弥格文集——中西文化交流与中医西传》，华东师范大学出版社2013年，第483页。

[2] 李经纬：《中医史》，海南出版社2007年，第49页。

内。人体内的每个器官都具有阳和阴的自然属性，这些器官是从属于它们的，在或大或小的程度上要听从它们的命令。也就是说，这两种属性要影响到人的机体状况的好坏，决定一个人的生死。它们如果有了亏损，或者太过或不足，就得马上加以限制，或者重新建立起来，使两者回到原来保持平衡的状态。这两种属性相互之间也起作用，太过的温生寒，同样，寒也可以变成温。这些变化一个接着一个不断地产生，正像人们所说的那样，夏天过后，秋天就来了，然后是冬天和春天，它们都是互相矛盾和对立的。因此，具有轻的自然属性的自然和原始的温即阳都浮在面上，它是开放的，它不断地扩展，会变得稀疏。相反的是，湿的因素即阴的内部较重，很少活动，处于凝固和封闭的状态。”[1]

很显然，卜弥格完全了解了《黄帝内经》的哲学基础，对阴阳五行说做了较好的介绍。我们发现卜弥格不是一般地在介绍《黄帝内经》，而是真正读懂了这部书，理解了它。在他谈到阴阳五行理论在身体内的脉搏跳动表现时他写道：“在一次充分的呼吸的时间内，阳即气和阴即血在人体中流动六寸的距离，因此在我们的二十四小时（也就是呼吸一万三千五百次）的时间内，血和气要走八百零十丈远。在一次呼吸的时间内，血和气要走六寸远，一个健康人的脉搏要跳动四次到五次，这个规律的发现已经长时期地运用在中国的医学中。由此便可以得出一个结论，既然人在一个天文日即二十四小时要呼吸一万三千五百次，那么照这个数，脉搏的次数就不应多于七万六千五百次，也不应少于五万四千次，这个数就是在生命的一次循环中的脉搏的次数，它和天周转五十亭相对应。如果在一次循环中脉搏动的次数比这个正常的次数少或者多，那就是说脉的搏动太慢或太小，或者太快或太大，说明一个人的健康状况不好，他的器官和脉的运动的规律不符合天的运动规律，他的机件的功能不正常。

“这样他们又确定了对一个健康人和一个病人在特定时间内的测算脉搏的方法。一个健康人一刻钟要呼吸一百四十次半，他的脉搏的次数不应少于五百六十二次，也不应多于七百零三次。在这个时候，他的生命循环中的血和气流动了八丈四尺三寸远或者更远一点的距离。像中国人说的那样，血和气的循环也包括每一个重要和比较不重要的器官的循环，它们的循环是通过属于它们的经来进行的，和气的不停息的流动一起，造成了一个生命的圆圈。我在这里述说的一切都已经写在表格中，这些不很精确的解剖图在中国的古代就已经制定和加以说明了。

“中国的这个关于循环的理论是在一部很古老的书《内经》中提出来的，黄帝，

[1] [波]卜弥格著，[波]爱德华·卡伊丹斯基（波兰文翻译），张振辉、张西平（中文翻译）：《卜弥格文集——中西文化交流与中医西传》，华东师范大学出版社2013年，第358—359页。

也就是第三个皇帝，在公元前2689年[1]开始统治中国的一位君主被认为是它的作者。这个理论被他的后代们全部接受并加以运用，所有的医生都以它为依据，按照某个时间自然呼吸的次数（总是成比例的）来进行脉诊。”[2]

这段话部分内容来自《黄帝内经》中的《灵枢·五十营》第十八篇，“黄帝曰：‘余愿闻五十营奈何？’岐伯答曰：‘天周二十宿，宿三十六分，人气行一周，千八分。日行二十八宿，人经脉上下、左右、前后二十八脉，周身十六丈二尺，以应二十八宿，漏水下百刻，以分昼夜。故人一呼，脉再动，气行三存；一呼，脉再东，气行三存。……一万三千五百息，气行五十营于身，…所谓交通者，并行一数也，故五十营备，得尽天地之寿矣，凡行八百一十丈也。’”[3]

从这里我们看到卜弥格对《黄帝内经》是比较熟悉的。

二、卜弥格对《脉经》的介绍

西晋太守令王叔和所撰写的《脉经》是我国最早的脉学专著。全书十卷，97篇，分别讨论了24种病脉体象、脉理、诊脉法；关于寸、管、尺各部脉象的主病与治疗等各种脉珍与通过脉象治疗的方法等等。

卜弥格写有《对作者王叔和脉诊医病的说明》一文，文章的第一部分是讨论“七种外脉的治疗方法”，文章的第二部分是讨论“八根内脉的治疗方法”。王叔和的《脉经》中将脉象分为24种，卜弥格这里提到了15种，并列出每一种脉象对应的药方。如说到治浮脉，他列出：

> “处方：取柴胡、黄芩、五味子、白芍药、人参、桑白皮各五钱，将它们捣碎，放在盛了水的玻璃杯里，加上姜片，放在火上熬煮，煮到只剩下十分之七的水，然后把剩下的渣滓和沉淀物去掉，将温热的药汤喝下去。”[4]

卜弥格还介绍了中医望诊切脉的方法，他在《脉论》中说：“第一根上面的脉（叫天脉，和人体上面的区域对应）主阳，因此这里的自然脉是浮脉和洪脉。第三根下面的脉（叫地脉，和人体下面的区域对应）主阴，因此它跟中间和上面的脉相比

---

[1] 爱德华·卡伊丹斯基注，这里大概在印刷中有错误（应当是2697），因为在卜弥格在《给医生们的前言》中，更加详细地介绍了黄帝这个人物，他认为，皇帝在公元前2697年就开始统治中国。参阅 [波]卜弥格著，[波]爱德华·卡伊丹斯基（波兰文翻译），张振辉、张西平（中文翻译）：《卜弥格文集——中西文化交流与中医西传》，华东师范大学出版社2013年，第363页。

[2] [波]卜弥格著，[波]爱德华·卡伊丹斯基（波兰文翻译），张振辉、张西平（中文翻译）：《卜弥格文集——中西文化交流与中医西传》，华东师范大学出版社2013年，第362—363页。

[3] 徐芹庭：《细说黄帝内经》，新世界出版社2007年，第209页。

[4] [波]卜弥格著，[波]爱德华·卡伊丹斯基（波兰文翻译），张振辉、张西平（中文翻译）：《卜弥格文集——中西文化交流与中医西传》，华东师范大学出版社2013年，第378页。

较，就是深脉了。它和树根一样，跟树枝和树叶合在一起，就成了一株树。中间的脉（叫人脉，是天和地中间的脉，和人体的中间部分对应）既不是浮脉，也不是深脉，它是适中的脉，事实上就是中脉，其中有阳，在第一个位置上，也有阴，阴会落到地上，掉到下面，下面叫关，像我们所说的那样，中间受到了边缘部分的限制，就像树干一样，它的两个末端是树根和树枝。

“中国人并不是按顺序看脉，而是——就像我已经说过的那样——在同个时候诊三次脉：首先用手指轻轻地按一下，诊面上的脉。在诊断中间的脉时，把手指稍微按重一点。下面的区域是基础或根，要使劲地按，按到神经和骨头上。用这个办法可以对脉搏进行全面的诊断，最后确定病是在表面上即人体的外部还是发生在内部的根上。因此，当人们知道根上的脉有偏差后，就可以确定它是不是危及生命。

“人体一部分器官在左边的一部分，另外一部分器官在右边，因此有些器官的状况是要通过诊右手上的脉，而另外一些器官的状况则要通过诊左手上的脉来了解。我在这里说得很简单，但我在下面画了一个图像，可以说明我对这些事情一点初步的看法。”[1]

对于如何望脉，他介绍得也很详细，这篇文章中写道：“首先要测定脉搏的次数，在这个次数中如果发现了脉的不足或太过，快了或者慢了，就可以知道机体的状况。医生要确认他对病人的症状的看法，他自己首先要保持健康的状态，有充沛的精力，没有任何病痛，然后他才能用手去诊断病人。首先他要对病人进行检查，看这个人的状况怎么样，他的皮肤、姿态和自然的体形，同时也要考虑到一年中他所在的季节以及他的外部的表现，然后再安安稳稳地把病人的手放在一个小枕头上，用自己右手的三个手指按在病人左手的第一个位置上：把中指按在稍微下面一点的手腕凸起的那块骨头上，把食指按在第一个位置上，把无名指按在下面的第三个位置上。

“医生还要以同样的方法用自己的左手诊病人右手的脉，不管右手还是左手上的每一根脉都要趁断三次，就像上面所说的那样，表面上诊断一次，中度地诊断一次，再深层地诊断一次。因此对每只手上的脉一共要诊断三次，在三个不同的地方。此外，每次脉诊都要用呼吸九次的时间，这就是让它搏动四十九次。从脉搏的次数可以看出偏差：阳和阴不是太过就是不足。

“通过对于脉的状况和搏动的次数的观察，可以看出在哪个位置上的脉是不正常和不自然的，阳是在它主宰的上面的第一个位置上，还是滑到了下面阴主宰的位置上，或者与此相反，阴从下面升到了上面。此外，脉是不是从下面的骨头旁边升到了皮肤的表面，或者从皮肤的表面落到了神经和骨头上，或者在下落的时候消失不见

[1] [波]卜弥格著，[波]爱德华·卡伊丹斯基（波兰文翻译），张振辉、张西平（中文翻译）：《卜弥格文集——中西文化交流与中医西传》，华东师范大学出版社2013年，359页。

了。另一方面，我们要注意的是，这种长时间的耐心观察和运用就会使得人们有了经验，能够认识一些自然的规律，了解脉的各种不同和不断变化的状态。脉搏（令人奇怪的是）有重有轻，这也会表现出来。中国的医生们应当受到真正的赞扬，我们在这里很简单地介绍了他们的功绩。在一些书的复印本上，我们看到了各种不同的几乎令人难以置信的现象，因此要加以说明。”[1]

卜弥格对王叔和在中国医学上的地位十分清楚，在《〈处方大全〉的另一篇前言》一文中他明确地说：“下面要介绍的这本书是一本关于治病的原则或方法的非常有用的指南，这些原则或方法是中国第一批功勋卓著的医生所发现和制定的。根据流传下来的记载，它们都经过了王叔和的整理和编纂。现在，所有中国的医生都极力想要继承他的这个传统，对他关于脉搏的论述没有任何怀疑，也完全相信他的这些治病的方法。根据这里所说的通过脉诊来治病，有他们长时期被认可的经验。这里介绍的药物也完全可以使病人恢复健康。”[2]

三、卜弥格对中草药的介绍

卜弥格有《单味药》一文，在这篇文章中他向欧洲介绍了289种中草药，根据我的初步统计，有91种在《神农本草经》中有，而且卜弥格所列的289中草药中仅仅比《神农本草药》少了14种。他向欧洲所介绍的这篇文章的原本是什么，现在无法完全证实，但文中所介绍的内容绝大多数来自当时他可以查阅到的中国医学家的著作，例如文中介绍童尿的医疗作用，而李时珍的《本草纲目》就有一章专门介绍童尿的药效。所以，“卜弥格在这里参考了中国16世纪著名的医学家李时珍的伟大著作《本草纲目》。”[3]，我们可以说，这是中国的中草药第一次大规模地被介绍给欧洲，仅此一点就很有价值。同时，在元代时中国医学就传到阿拉伯世界，并经阿拉伯传向欧洲。[4]卜弥格的这篇文章将每味中药都配有中文和拉丁文，并表明药效，从而衔接起欧洲对中药的历史记忆。

下面我们从他的这篇文章择取五种中药，可以略见这篇文章的结构和内容。

（一）黄精Polygonatum sibiricum Redoute

这是一种日本的树根，有甜味，药性平和，入肺和胃，补阴，能使病人恢

[1] [波]卜弥格著，[波]爱德华·卡伊丹斯基（波兰文翻译），张振辉、张西平（中文翻译）：《卜弥格文集——中西文化交流与中医西传》，华东师范大学出版社2013年，第363—364页。

[2] [波]卜弥格著，[波]爱德华·卡伊丹斯基（波兰文翻译），张振辉、张西平（中文翻译）：《卜弥格文集——中西文化交流与中医西传》，华东师范大学出版社2013年，第374页。

[3] [波]爱德华·卡伊丹斯基著，张振辉译：《中国的使臣——卜弥格》，大象出版社2001年，第276页。

[4] 参阅李经纬：《中外医学交流史》，湖南教育出版社1998年。

复活力，呼吸畅通。把这种树根放在水中熬煮九次，让水汽蒸发掉，再把它晒干，就成了这种药。它的果实对人体有害。

（二）菖蒲Acorus calamus L.

这种根的拉丁语叫Acorus，味涩，性温或者微温，入心和肺。治久治不愈的血管硬化，能使衰竭的器官恢复活力。

（三）甘菊花Chrysanthemum morifolium Rama

这是一种苦中带甜的花，性温，入肺、肝、胃和肾，补阴、明目、祛风。

（四）人参Panax ginseng C.A. Mey

这种根有甜味，性温，很珍贵。入肺，能提神，补血。可以从它那里提取人参精，像从茶那里提取茶精一样，但它不能和第32号的藜芦一起使用。

（五）天门冬Asparagus cochinchinensis（Lour.）Merr.

这种根苦中带甜，性寒，入肺和肾，解渴，要把它的核即心挖出来。[1]

卜弥格在谈到这篇文章时说："这本书（指《中医处方大全》，它的第二部分即为《单味药》）中所提到的药物，都是用脉诊的方法治病时所需要的，我要将它们介绍得详细一点，以便欧洲的医生们也能够用它们治病。如果这里有的说得不对，那是因为我缺乏经验，而不是我的本意。大概还有一些完全不为人知的药，因此难以确认，在欧洲的药书中也找不到。为了改变这种局面，我作过一些努力，比如我曾提议编制一个中药的标本集，介绍这些药物的用处，并配以图像。为此我虽长期以来，利用我空余的时间，一直在搜集材料，上帝要我完成这项工作，但是我所得到的材料并不很多。我从中国去欧洲的途中，曾在果阿停留，当时我有很多钱花，我在那里写给别人的信中，附上了我曾希望有人给我捎来的中药的名单，好把它们介绍给欧洲人，根据我的经验，来了解这些大概也还是有用的药品的性能。后来我又想从印度或澳门的商人那里买到这些药，但是我的这些愿望当时都没有实现。我要在我这本书中写上中文的药名。有几位药的名称，如大黄和茯苓的中文名称我已复印了一份，寄到欧洲去了。还有一些珍贵的药生长在中华帝国各个不同的地方，我是在那些地方采集到的。"[2]

从这里我们看到卜弥格为写作这本书花费了很大的气力，他的《中国植物志》中也有这本书中所提到的药，如上面我们展示的"大黄"。

[1] [波]卜弥格著，[波]爱德华·卡伊丹斯基（波兰文翻译），张振辉、张西平（中文翻译）：《卜弥格文集——中西文化交流与中医西传》，华东师范大学出版社2013年，第391—392页。

[2] [波]卜弥格著，[波]爱德华·卡伊丹斯基（波兰文翻译），张振辉、张西平（中文翻译）：《卜弥格文集——中西文化交流与中医西传》，华东师范大学出版社2013年，第374页。

四、卜弥格的中医研究

卜弥格不仅仅对中医进行了翻译和介绍、将中国文化的瑰宝传播到欧洲，同时，由于他自己对医学的热爱和家学的传统，他也是欧洲历史上最早对中医展开研究的学者，仅仅将其定位翻译家是远远不够的。

首先，他所写的《耶稣会卜弥格认识中国脉诊理论的一把医学的钥匙》是一篇重要的研究中医的学术著作。

这篇著作共有十八章：

第一章　人的生命之源和健康之源在哪里？

第二章　人的生命在哪里？

第三章　通过哪些管道也就是经，生命和健康源头的实心器官和内里把生命和健康输送给人体的其他部分？

第四章　十二经有什么自然的属性，这十二根管道是从哪里来的？在人的健康和生命中，会出现什么偏差？

第五章　人体中的五行是如何间接地通过十二经被输送到它们该去的地方，怎样才能观察到那些自然和超自然的现象？

第六章　根据十二经中的五行属性，人体什么地方最适合于脉诊？

第七章　除了以上提到的脉的位置外，在人体的三个部分中，还有没有别的位置可以用来研究十二经和它们的属性呢？

第八章　组成人体的最好的源头在哪里？能够反映十二经的状况的每一根脉都出现在什么地方？是不是只有汇集着动脉的手上才有脉，除了手上，别的地方还有没有脉？

第九章　难道只能在动脉源头所在的左手上去对脉进行诊断？也就是说，诊左手上的脉就够了吗？是不是也要诊断右手上的脉？

第十章　为什么诊手上的脉最好，每只手上的脉都在什么位置？

第十一章　脉在左手和右手的三个位置上如何反映生命源头的构建和状况？这些位置之间相互依存的关系表现在哪里？怎么去认识这些相互依存的关系和用手指按脉的轻重？

第十二章　如何测算右手和左手上各个位置的脉？血气的循环是怎么算的？在测算脉搏的时候，怎么知道它所反映的人体的状况是健康或者有病？测算的标准是什么？

第十三章　血和气的循环所引起的日夜不停的脉搏运动，是通过呼吸的次数和以小时和刻来计算的天体运动的时间来测算的。

第十四章　那种能够诊断出正常脉搏的最容易的方法是什么，从脉的本身怎么知道一个人的健康状况，他的病和死？

第十五章　孩子和成年人的呼吸量是不是一样的？男人和女人、瘦人和胖人、高个子人和矮人、行动迟缓的人和爱活动的人的脉搏的性质和质量是不是一样的？如果在某个时间内脉搏迟缓，是不是说马上就要生病了，由于气（力量）之不足和脉搏动的次数不够，病人是不是马上就要死了？

第十六章　中国人对脉象种类的归类，他们对这些脉的介绍和他们绘制的插图。此外，在一年四时的脉中，哪些因素是主导的？实心和空心器官的属性是什么？

第十七章　右手和左手的三个位置上先天（自然）的脉和属于它们，并且与六个实心器官和六个内里（空心器官）连在一起的十二经是什么？

第十八章　一个健康人属于十二经和气的源头的脉的位置是不是既在左手，又在右手上？随着季节的变化，它的搏动是不是会变得紊乱？它的运动为什么会发生变化？[1]

通过这个纲目我们很清楚地看到，这里卜弥格不是在翻译中国医学的哪一部医典，而是根据自己的理解将中国医学的主要内容做了一个自己理解的梳理和研究，在这个纲目中我们既可以看到《黄帝内经》的内容，也可以看到王叔和《脉经》的内容，既可以看到《难经》的内容，也可以读到《针灸甲乙经》和《神农本草经》的内容。整个书的逻辑是卜弥格的，从宏观的介绍到微观的介绍，逐步展开，层层深入，将整个中国医学融为一体做了较深入的研究和发挥。

其次，卜弥格在向欧洲介绍中国医学时做了创造性的发挥。他对王叔和的《脉经》一直很重视，在《脉经》中“原有明代袁表校本称‘手检图三十一部’，沈际飞本作二十一部，今已亡佚。”[2]现存的《脉经》只有文字没有图解，而卜弥格在《耶稣会卜弥格认识中国脉理论的一把医学的钥匙》这部著作中绘制了不少望脉的图解，这些图解即便在中国也是十分珍贵的。

另外，在介绍中医的舌诊时，他又绘制了三十六幅图，目前我们所常用的曹炳章的《辨舌指南》是民国期间的著作，配有各类舌诊的图解，[3]但卜弥格给我们保留下了明代时的舌诊图解，这是十分珍贵的，其价值还有待中国医学史专家论证。

---

[1]　[波]卜弥格著，[波]爱德华·卡伊丹斯基（波兰文翻译），张振辉、张西平（中文翻译）：《卜弥格文集——中西文化交流与中医西传》，华东师范大学出版社2013年，第486—576页。

[2]　李经纬：《中医史》，海南出版社2007年，第94页。

[3]　参阅曹炳章：《辨舌指南》，天津科学技术出版社2005年。

同样，卜弥格在《医学钥匙》一书中所绘制的人体针灸穴位图也有着重要的学术意义，他第一次将针灸的穴位以图解形式介绍给了欧洲，这些图后来在欧洲早期汉学时代不断被复制和描绘再版，从而大大扩大了中国文化在欧洲的影响。

同时，我们应该特别注意，卜弥格在向欧洲介绍中医时，大量地运用了图表的方法，例如，为了说明阴阳在血气中的运行和脉的关系，他做了一个《血和气的循环表》：

血和气的循环表[1]

		正常的呼吸	健康人的脉搏		气和血在体内走过的距离			经	在脉的各个位置上显示了什么经	漏壶显示的时间		天体的周转	
中国时辰	欧洲时间	呼吸次数	不多于	不少于	丈	尺	寸	来自生命的泉源，也就是来自那些多少具有本质意义，能够提供阳和阴的器官的经络	手的各个位置上的脉所显示的经的状况	刻	分	天亭即度	
												刻	分
寅	3	562　1／2	2812	2250	33	7	5	从胸到手的肺太阴经	右手第一个位置寸	4	10	2	5
	4	1125	5625	4500	67	5	0			7	12	4	10
卯	5	1687　1/2	8437	6750	102	2	5	从手到头的大肠阳明经	右手第一个位置寸	12	30	6	17
	6	2250	11250	9000	135	0	0			16	40	8	20
辰	7	2812　1/2	14062	11250	168	7	5	从头到脚的胃阳明经	右手第二个位置关	20	50	10	25
	8	3375	16875	13500	202	5	0			25		12	30
巳	9	3937　1/2	19687	15750	236	2	5	从脚到心的脾太阴经	右手第二个位置关	29	10	14	35
	10	4500	22500	18000	270	0	0			33	20	16	40
午	11	5062　1/2	25312	20250	303	7	5	从心到手的心少阴经	左手第一个位置寸	37	30	18	45
	12	5625	28125	22500	337		0			41	40	20	50
未	1	6187　1/2	30937	24750	378	2	5	从手到头的大肠太阳经	左手第一个位置寸	46	50	22	55
	2	6750	33750	27000	405	0	0			50		25	
申	3	7312　1/2	36562	29250	438	7	5	从头到脚的膀胱太阳经	左手第三个位置尺	54	10	27	5
	4	7875	39375	31500	472	5	0			58	20	29	10
酉	5	8437　1/2	42187	33950	506	2	5	从脚到胸的肾少阴经	左手第三个位置尺	62	30	31	15
	6	9000	45000	36000	540	0	0			66	0	33	20

[1]　[波]卜弥格著，[波]爱德华·卡伊丹斯基（波兰文翻译），张振辉、张西平（中文翻译）：《卜弥格文集——中西文化交流与中医西传》，华东师范大学出版社2013年，第533—534页。

续表

		正常的呼吸	健康人的脉搏		气和血在体内走过的距离			经	在脉的各个位置上显示了什么经	漏壶显示的时间		天体的周转	
戌	7	9562　1/2	47812	38250	573	7	5	从胸到脚的包心少阴经	右手第三个位置尺	70	50	35	25
	8	10125	50625	40500	607	5	0			75		37	30
亥	9	10687　1/2	53437	42750	642	2	5	从手到头的身体第三部分的少阳经	右手第三个位置尺	79	10	39	35
	10	11350	56250	45000	675	0	0			83	20	41	40
子	11	11832　1/2	59062	47250	708	7	5	从头到脚的胆囊少阳经	左手第二个位置关	87	30	43	45
	12	12371	61245	49500	742	5	0			91	40	45	50
丑	1	12937　1/2	64637	52750	770	2	5	从脚到肺的肝少阳经	左手第二个位置关	95	50	47	55
	2	13500	67500	54000	810	0	0			100		50	

这里卜弥格实际上希望通过表格来更为明确和科学地表达中医的思想和内容，卜弥格所做的这一系列的关于中医的表格是中外医学史上第一次这样对中医的表达，它代表了将中医科学化和现代化的一种尝试，这种做法即使在今天也是很有意义的。

五、中医和西医的比较研究

卜弥格是第一个展开中医和西医比较研究的传教士。他在《耶稣会卜弥格1658年在暹罗王国给医生们写的前言》中两次将西方的医学和中医做比较，以引起欧洲医学界对中医的重视。他说："现在我来谈谈这部著作。最高贵的先生们，用你们的聪明才智去仔细地研究它和运用它吧！事实上，你们早就赞同和接受过加伦、希波克拉底和你们伟大的祖先的学说，在辛勤的劳动中，创造了许多成果，你们有过许多失败的教训，也创造了辉煌，因此，你们现在就应当争相研究和运用（阐明）这些中国的经验，把这些关于脉诊的经验加以整理和介绍，用来给欧洲人治病。我听说全世界都利用过他们的经验，因此我最终还是决定推出我的这部著作，如果遇到反对者、不怀好意的人和有妒忌心的人对它的攻击，请你们维护它。我要为这个在治病的技艺中取得了成就的民族而祈祷，但愿他们也不缺少天上的医生诊治灵魂的药。因为天上的医生能够将死人一样苍白的颜色治好，使病人恢复健康，使他完全复活。光荣永远永远属于帝国。"[1]

[1] 参阅[波]卜弥格著，[波]爱德华·卡伊丹斯基（波兰文翻译），张振辉、张西平（中文翻译）：《卜弥格文集——中西文化交流与中医西传》，华东师范大学出版社2013年，第485页。

他在文章中还对加伦的脉诊和中国的脉诊做了比较，他说："这位黄帝也教中国人学习这种技艺，它已经被中国的医生们采用，他们正在利用这门学科，传承这门学科。可是我们要想一想，我们知不知道脉诊不是加仑的发现，而是别人的发现呢？上面提到的脉诊，一般来说是没有人知道的，我在《医学的钥匙》中，要对它具体地介绍一下。所有的人从加仑开始，都只是在一只手上进行脉诊，可黄帝不仅在左手上诊脉，他还要大家首先在右手上诊脉，因为在右手的脉上，也能看出生命的开始和结束的表象。加伦只是对左手一个位置上的脉去进行诊断，但黄帝认为，既要对右手三个位置上的脉去进行诊断，也要诊断左手三个位置上的脉。他教导说，在右手和左手上，都能够对脉进行区分和诊断。不同的位置上的脉有深有浅，有重有轻。黄帝还说，脉能够准确无误地反映出一个人是死是活，要根据呼吸的时间来测定它搏动的次数。加伦对脉研究过很长的时间，但他却不知道如何测定脉搏的时间。"[1]

卜弥格这里指出了西方医学起源于希腊的希波克拉底（Hippocrates of Cos，约公元前460—前377年），指出了罗马时期医学集大成的加伦（Claudius Galenus of Pergamum，129—199）。从卜弥格的这个介绍来看，显然他认为加仑虽然也做过脉诊，但没有《黄帝内经》中对脉络分析得深入，爱德华·卡伊丹斯基认为"加仑除了知道正常的脉和过快或过慢的脉的区别外，不知道别的脉"[2]。通过比较，他对中国古代医学给予了高度的评价，认为中华民族是"这个在治病的技艺中取得了成就的民族"，他号召欧洲人"现在就应当争相研究和运用这些中国的经验，把这些关于脉诊的经验加以整理和介绍，用来给欧洲人治病。我听说全世界都利用过他们的经验，因此我最终还是决定推出我的这部著作，如果遇到反对者、不怀好意的人和有妒忌心的人对它的攻击，请你们维护它"。

卜弥格的中西医研究比较虽然略显简单，但却开创了中西医比较的先河，他对中医的高度评价直到今天也值得我们认真地反思。[3]

（作者单位：张西平，北京外国语大学比较文明与人文交流高等研究院）

[1] [波]卜弥格著，[波]爱德华·卡伊丹斯基（波兰文翻译），张振辉、张西平（中文翻译）：《卜弥格文集——中西文化交流与中医西传》，华东师范大学出版社2013年，第484页。

[2] [波]卜弥格著，[波]爱德华·卡伊丹斯基（波兰文翻译），张振辉、张西平（中文翻译）：《卜弥格文集——中西文化交流与中医西传》，华东师范大学出版社2013年，第484页。

[3] 参阅区结成：《当中医遇上西医：历史与省思》，三联书店2005年。

17世纪来华波兰耶稣会士卜弥格中医译介研究*

王银泉

从利玛窦（Matteo Ricci，1552—1610）入华，到被称为“最后的耶稣会士”的钱德明（Jean-Joseph Marie，1718—1793）去世的明末清初（1582—1793），在这二百余年中，西方来华的耶稣会士在适应性传教路线的指引下，完成了大量的“西学东渐”翻译工作和翻译作品，促成了西方科学在中国首次大规模的译介。与此同时，在适应性传教路线指引下的来华传教士出于打开传教局面之需要，潜心于通过儒学典籍学习中文，不少耶稣会士本身博学多才，对中国的人文哲学与自然科学等诸多方面特别关心和留意。因此，在从事西方科技知识译介的过程中，他们之中的不少人也积极投身于把中国文化科学与社会习俗等国情介绍到西方世界，是为“中学西传”。

明清之际来华耶稣会士通过中译外翻译活动向欧洲传播的中国文化成就，除了儒学典籍和中国编年史典籍之外，也包括他们对中国科学成就考察与研究而形成的著译和信札，这方面的内容包括被称为中国文化瑰宝的中医文化知识。其中，17世纪波兰耶稣会士卜弥格（Michel Boym，1612—1659）对中国科学介绍的著述是多方面的，他是向西方全面介绍中国文明的杰出功臣。

一、“另类”耶稣会士

在明末清初来华的西方耶稣会士中，卜弥格堪称“另类”。

第一，他出生于波兰，是明清之际二百余年在华耶稣会士中屈指可数的非西欧国家传教士之一，属于绝对的非主流派。在明末清初来华的西方耶稣会士中，前期以葡萄牙和意大利传教士居多，后期则以法国传教士为主。

第二，与那些或是栖居京城成为朝廷命官（如钦天监监正）或出任皇帝的私人教师或是在耶稣会使团中担当重要职务的前期或同期著名耶稣会士利玛窦、熊三拔

* 本文原载于《北京行政学院学报》2014年第3期。

（Sabatino de Ursis，1575—1620）、金尼阁（Nicolas Trigault，1577—1629）、艾儒略（Jules Aleni，1582—1649）、邓玉函（Johann Schreck，1576—1630）、南怀仁（Ferdinand Verbiest，1623—1688）、汤若望（Johann Adam Schall von Bell，1591—1666）等人形成鲜明对照，卜弥格长期默默无闻，犹如一块“边角料”。

第三，他来中国可谓“来不逢时”，抵达澳门的那年正是清军大举入关的时候，清朝已取代明朝建立中央政权。终其在华的岁月，卜弥格追随的始终是一个流亡政权，即偏安一隅的南明永历朝廷，颠沛流离于云贵地区和中越边境，直至最后病逝于中越边境，以至于无论是明朝正史还是清朝正史都没有记载他的踪迹。

第四，在关于明清之际耶稣会士在华活动的研究中，卜弥格长期受到冷落或者忽视。史学界长期以来对他的关注几乎都着眼于他作为“南明王朝最后特使”和“反清复明的老外斗士”这样的身份，重点就是他受南明王室的派遣返回欧洲，试图搬救兵与清廷抗衡，而他的中医著述很少受到关注，几近湮没，尽管他在这方面取得了丰硕成果。

第五，与许多耶稣会士在中国生活三五十年最后客死中国形成鲜明对照的是，卜弥格在中国生活工作的时间非常短，从1644年抵达澳门到1659年8月22日在广西边境病逝，只有短短的15年。就是这15年，也还须扣除他作为南明王室特使返回欧洲再重返中国奔波于路途的8年左右时间（1651—1658），所以事实上他在中国的时间充其量只有七八年。但是，在如此短暂的时间里，在战火纷飞的动荡年代，他依然为“中学西传”做出了突出贡献。在向欧洲传播中国古代科学成就方面，卜弥格成就突出，他是第一个将中国古代的科学成果系统介绍给西方的欧洲人，他的科学著述是多方面的，涉及中国动植物学、医药学、地图学等领域。

其在华期间取得的最为突出的成就是对中医文化的学习和研究，而且其研究的中医文献典籍十分广泛。比如，其中医研究专著《耶稣会士在中国的传教士卜弥格认识中国脉诊理论的一把医学的钥匙》（简称《医学的钥匙》），从全书18章的内容来看，作者已经不是单纯的翻译家，俨然就是一个博学的中医学家。在域外人士对中医文化研究而形成著述方面，他的这一成就堪称“前无古人，后无来者”。

卜弥格出生于波兰利沃夫（现属乌克兰）的一个王室御医家庭，1643年从里斯本出发前往中国，1644 年抵达澳门。随后在那里的耶稣会士使团大本营安顿下来，潜心学习和钻研汉语，很快就达到了通晓汉语文字并初晓中国文化的程度，其对中国文化和中华文明的敬仰之情由此而来。

1647年，卜弥格被耶稣会中国传教会派往海南岛传教，在海口以南大约50公里的定安县城新成立的耶稣会教士使团工作，他在这里住了大概一年时间，进行了大量的科学考察和研究工作，搜集了许多有关中国动植物特别是医用动植物和中国地理及自然环境的材料，绘制了许多动植物及中国人生活场景的图像，为他日后撰写中国植物志和中医著作、绘制中国地图做了充分准备。

1649年初，南明永历朝廷向耶稣会中国使团副会长曾德昭（Alvare de Semedo，1585—1658）请求派遣一位耶稣会士到永历朝廷协助已经在那里的耶稣会士瞿安德（Andre-Xavier Koffler）的工作，于是卜弥格被派往永历朝廷并从此与南明王朝共患难[1]。此时清军大兵压境，永历朝廷已经岌岌可危，于是萌生派遣耶稣会士作为特使前往欧洲搬救兵的虚妄之念，卜弥格被南明王室选中，由一名皈依天主教的中国人陈安德陪同，带着皇太后和永历朝廷重臣庞天寿致罗马教皇、耶稣会总会长和威尼斯共和国元首的求援信，于1651年元月1日乘坐一艘中国商船从澳门出发，历尽艰险，才于1655年12月18日，得到新任教皇亚历山大七世的接见。1656年1月，他见到了葡萄牙国王。但是，欧洲教宗和王室对于发兵中国去拯救一个没落朝廷丝毫不感兴趣，永历朝廷派给他的任务他未能完成。1656年3月30日，带着万分遗憾的卜弥格从里斯本搭船返回中国，除了念念不忘他的永历朝廷之外，就是他的中医研究。

1658年，卜弥格抵达越南首都河内时，永历朝廷遭到清军主力攻击，清军三路大军入攻云南，云贵沦陷。此时澳门已经与清廷取得联系，葡萄牙急于与清廷建立关系巩固其在华利益，耶稣会中国使团不再承认誓死效忠南明永历朝廷的卜弥格为其成员，反对他借道澳门入境中国，但与他一同在里斯本登船的另两位在清初中西文化交流中发挥重要作用的耶稣会士柏应理（Philippe Couplet，1623—1693）和鲁日满（Francois de Rougemont，1624—1676）则获准在澳门上岸进入中国。

卜弥格和陈安德于是转道越南，但是在抵达越南和广西的边境之后，发现同样无法进入中国，于是又打算去云南，因为永历王室曾到过那里，但清兵在边境上设置了关卡，他也无法进入中国，只得在中越边境徘徊奔波。最终，在长时间的劳累之下，他不幸身患重病，于1659年8月22日死在了越南与广西的边境线上，享年47岁。[2]

---

[1] 由于史料来源以及史料经历从拉丁文到波兰文再到汉文的转译过程，关于卜弥格进入南明永历朝廷的时间，存在着不一致的说法。《中国的使臣——卜弥格》（[波]爱德华·卡伊丹斯基著，张振辉译：大象出版社2001年）认为，卜弥格是在1647年末在海南岛被效忠清朝的满人投入监狱越狱逃跑后，直接来到位于肇庆的永历朝廷。但是，《卜弥格文集——中西文化交流与中医西传》（[波]爱德华·卡伊丹斯基著，张振辉、张西平译，华东师范大学出版社2013年）认为，卜弥格是被在华耶稣会副会长曾德昭于1649年初派往永历朝廷的。《在华耶稣会士列传及书目》（[法]费赖之著，冯承钧译：中华书局1995年）则认为，卜弥格是1647年抵达海南岛，1650年回到澳门，期间曾被曾德昭派往广西在永历朝廷辅佐瞿安德。沈定平认为，卜弥格是在清顺治六年，即1649年奉命从海南岛调入广西，辅助在永历朝廷的瞿安德神父，见沈定平：《明清之际中西文化交流史——明代：调适与会通》（增订本），商务印书馆2003年，第119页。

[2] 根据《卜弥格文集——中西文化交流与中医西传》，波兰汉学家爱德华·卡伊丹斯基一直认为卜弥格是死在中越边境的广西境内一侧。

二、卜弥格中医翻译和研究活动

在华的短短几年，卜弥格对中国国情进行了全面、系统而广泛深入的研究，涉及无数领域，而且在许多研究领域取得了研究成果。他对中医文化的研究是其中的突出典范，对中西文化交流做出了不朽贡献。

根据迄今为止的重要文献和史料，本文的总结性观点是：卜弥格是向西方介绍《黄帝内经》第一人；向西方全面介绍阴阳五行学说第一人；向西方全面介绍中医脉诊第一人；向西方全面介绍中医方剂第一人；向西方全面介绍中医望诊第一人；向西方介绍针灸穴位图解第一人；向西方全面介绍中草药第一人；全面系统研究中医理论并发表严肃中医学术著作的西方第一人。他潜心钻研而形成的中医翻译和研究成果主要包括以下一些：

1.《耶稣会士在中国的传教士卜弥格认识中国脉诊理论的一把医学的钥匙》（*Clavis Medica ad Chinarum Doctrinam de Pulsibus Auctore R, P. Michaele Boymo, e Soc. Jesu et in China Mission-ario*），简称《医学的钥匙》。

2.《中医处方大全》，分为上下两部。上半部的书名为《对作者王叔和脉诊医病原理的说明》（*Auctoris Van Ho Ho Pulsibus explanatis medendi regula*），卜弥格提到了15种脉象（《脉经》将脉象分为24种），并且开出了治疗每一种脉象的方子，其中的第一部分为七种外脉的方子，第二部分为八种内脉的方子。后半部名为《中国人用于医疗的单味药》（*Medicamenta Simplicia quaed Chinenibus ad usum medicum adhibentur*），用拉丁名称介绍了289种中药的疗法。

3.《一篇论脉的文章，它讲述了根据中国的医生们自己的原则和观点创立的一种中国哲学的理论，这些原则见之于在一部有一百六十二章被称为〈内经〉的最古老的法典中》（*Tractatus de Pulsibus quo declaratur Doctrina Sinarum Philo- sophica ex principiis as placitis Philosophiae ipso- rum Medicae, quae continetur Codice vestustissimo Nuy Kim dicto, quae constas t:capitibus 162*），简称《论脉》。

4.《通过舌头的颜色和外部状况诊断疾病》（*De indiciis morborum ex linguae Coloribus et Affectionibus*），简称《舌诊》。

5.《处方大全的另一篇前言》（*Alia praefatione ante receptarum librum ponenda*），介绍了中药可分为汤药、丸药和散药三种，它们中又有复合药和单味药。

6.《对上述处方大全的补充》（*Annotatio ad nanc praefationem de receptarum liber*）。

7.《中国植物志》（*Flora Sinensis*），介绍了一系列用于中药的动植物，实质上就是以中草药为主。

卜弥格对中国医学研究的重点是《黄帝内经》和西晋医学家王叔和的《脉经》这两部中医典籍，这是因为《黄帝内经》乃是中国古代中医理论和早期临床治病经验的总结，对后世中医的发展具有指导意义，而《脉经》为我国现存最早的脉学专著，在中医脉学中占有十分重要的地位。正是因为《脉经》，脉学才得以正式成为中医诊断疾病的一门科学。卜弥格认为，读懂了这两部经典，就会对中医有个较为全面的了解。

（一）向西方全面介绍《黄帝内经》第一人

卜弥格撰写的《耶稣会卜弥格1658年在暹罗王国给医生们写的前言》，对《黄帝内经》的基本内容做了详细介绍，显示其读懂了深奥的中医哲学基础：

> 现在，我们向你们，最有名的先生们和整个欧洲提供一部著作的纲要，这部著作是世界上最遥远的一个地区的一个最年长和最令人尊敬的医生的。你们应该知道，他是生活在比阿维森拉、希波克拉底、加伦和塞尔苏斯要早许多世纪的一个地方的一位很有能力和高贵的皇帝。根据文献记载，他生活在洪范前大约四百年，在基督诞生前2697年他就开始统治那个地方了。我们能不能了解到他的那个地方在哪里？这位大人物的那个地方叫Synpi，在中华帝国的河南省的开封市。他的名字叫黄帝，意思是“黄色的皇帝”，他第一个在中国制定了中医技艺的原则，这个原则被人们接受了，并且世世代代地传了下来。他为他的帝国做出了很大的贡献，有许多事实都证明了，在运用这种技艺中的许多有名的事例不仅都有记载，而且也流传下来了。[1]

根据现有研究，卜弥格翻译和撰写的中医著述显然是利用了一切可以利用的闲暇，因此在不同的文章中重复了若干相同内容的陈述，可能是由于在不同时间的写作过程中其思维的连续性无法得到保证，也可能是他认为有必要重复这些内容以便保证语篇的连贯性。在《论脉》中，卜弥格再次介绍了《黄帝内经》及其在中国医学中的重要地位：

> 中国的这个关于循环的理论是在一部很古老的书《内经》中提出来的，黄帝，也就是第三个皇帝，在公元前2689年开始统治中国的一位君主被认为是它

---

[1] [波]卜弥格著，[波]爱德华·卡伊丹斯基（波兰文翻译），张振辉、张西平（中文翻译）：《卜弥格文集——中西文化交流与中医西传》，华东师范大学出版社2013年，第483页。这段文字中的Synpi是现在的什么地方，该书的中译者张振辉先先生也认为无法考证。

的作者。这个理论被他的后代们全部接受并加以运用，所有的医生都以它为依据。[1]

（二）向西方全面介绍阴阳五行学说第一人

此外，卜弥格还对中医阴阳五行学说和中医哲学基础有着很深入的认知与了解。在《论脉》一文中，他对阴阳五行、气血循行、人体结构和一年四季对人体健康的影响等内容做了十分形象而又高度概括的论述，而这些均属于中国古代哲学和医学天人合一的基本理论和思想。他如是说：

> 我想一开始就具体地介绍一下中国哲学的一些基本的观点，所以我觉得有必要先来说明一下大自然中某些基本的规律和对应的现象。古代中国人的医学哲学的各种不同的原则一直没有得到充分的阐释，其中就包括五行的自然属性和它们活动的情况。[2]

在《论脉》一文的多处叙述中，卜弥格通过其对中医阴阳五行学说和中医哲学的叙述充分展示了其扎实的中医理论功底：

> 我在这篇文章中简短介绍的阴和阳都分布在人体的三个区域中，通过脉搏被输送到全身。有人说，它们和五行，即水、木、火、土和金保持了亲密的关系。特别是肾、肝、心、胃和肺这五个器官和五行有密切的联系……毫无疑问，这里所说的人体的器官不仅从属于五行，也依从于一年的四季……在一年的四个季节中，他拥有的阳和阴的多少是不一样的，这从一年四季所出现的不同的脉搏可以看得出来……他们说，春主木，使植物发生；同理，春生肝，夏主心，秋主肺，冬主肾……这就是中国医学哲学的基本思想，它在脉诊时得到了运用，同时它也制定了治病的原则和规矩。中国人了解五行、一年四季和人的器官能够保持和谐和亲密的相互关系、五行造成的变化和破坏以及器官和脉行使功能的哲学基础。[3]

---

[1] [波]卜弥格著，[波]爱德华·卡伊丹斯基（波兰文翻译），张振辉、张西平（中文翻译）：《卜弥格文集——中西文化交流与中医西传》，华东师范大学出版社2013年，第363页。

[2] [波]卜弥格著，[波]爱德华·卡伊丹斯基（波兰文翻译），张振辉、张西平（中文翻译）：《卜弥格文集——中西文化交流与中医西传》，华东师范大学出版社2013年，第358页。

[3] [波]卜弥格著，[波]爱德华·卡伊丹斯基（波兰文翻译），张振辉、张西平（中文翻译）：《卜弥格文集——中西文化交流与中医西传》，华东师范大学出版社2013年，第360—361页。

（三）向西方全面介绍中医脉诊第一人

卜弥格还对中医脉学常识以及中医切脉方法进行了详细的介绍。在《论脉》）中，卜弥格首先介绍了三焦和寸口处脉象的对应关系：

这里有和整个宇宙大世界都很相似的东西，这个宇宙大世界中的一些组分别被称为三才，即三种最完美的最完善的自然规律：上面是天，下面是地，中间是人，人成为天地的一部分。人体的本身也分成了三个部分或区域：上面一部分从头到胃脘，包括肺和胸，但只有胸的一部分，即横膈膜上面的那一部分。中间一部分一直到脐，包括横膈膜、肚或胃，还有它们旁边的脾、肝和胆。最下面的一部分从脐到脚，包括肾、膀胱、尿道、大肠和小肠，人体的这三个区域按照顺序和他的两只手上的脉是对应的……[1]

卜弥格在《论脉》中随后介绍了中医切脉的方法：

中国人并不是按顺序看脉，而是在同时诊三次脉：首先用手指轻轻地按一下诊面上的脉。在诊断中间的脉时，把手指稍微按重一点。[2]

在《耶稣会卜弥格1658年在暹罗王国给医生们写的前言》中，卜弥格则更是以浓重的笔墨强调了脉诊在中国医学中的重要性：

中国最早的医生黄帝的著作和希波克拉底的著作是完全不同的，他的脉诊的科学和加伦的理论也是完全不同的，前者人们做梦也想不到的……毫无疑问，他的这些著作奠定了通过脉诊料定生死的这门科学的基础，而且它不止能料定生死，还说明了疾病发生的原因、表象和发病的经过……中国人的确用了一种万能的手段，通过脉诊能治每一种病。[3]

此外，在《医学的钥匙》一文中，卜弥格也展现了其对脉象、经脉和气血循行理论的谙熟，通过详细的论述，他认为人的经脉是循行于全身的，它们向全身不断地输

---

[1] [波]卜弥格著，[波]爱德华·卡伊丹斯基（波兰文翻译），张振辉、张西平（中文翻译）：《卜弥格文集——中西文化交流与中医西传》，华东师范大学出版社2013年，第359页。

[2] [波]卜弥格著，[波]爱德华·卡伊丹斯基（波兰文翻译），张振辉、张西平（中文翻译）：《卜弥格文集——中西文化交流与中医西传》，华东师范大学出版社2013年，第359—360页。

[3] [波]卜弥格著，[波]爱德华·卡伊丹斯基（波兰文翻译），张振辉、张西平（中文翻译）：《卜弥格文集——中西文化交流与中医西传》，华东师范大学出版社2013年，第484页。

送着气和血，气和血在十二经脉中二十四小时不断地运行，没有气血的循环或者停止这种循环，人就会死亡。由于气血的运行，便产生了脉搏，一个健康人在某个时刻脉搏的次数和他呼吸的次数有一定的比例，如果不成这个比例，他就处于病态。

卜弥格的上述论述其实完全是受到了《难经》的启示，见《难经》中的一难，曰：十二经皆有动脉， 独取寸口，以决五脏六腑死生吉凶之法，何谓也？然：寸口者，脉之大会，手太阴之脉动也。人一呼脉行三寸，一吸脉行三寸，呼吸定息，脉行六寸。人一日一夜，凡一万三千五百息，脉行五十度，周于身。漏水下百刻，营卫行阳二十五度，行阴亦二十五度，为一周也，故五十度复会于手太阴。寸口者，五脏六腑之所终始，故法取于寸口也。

（四）向西方全面介绍中医方剂第一人

此外，卜弥格还依据中国最早的脉学专著、西晋太守令王叔和的《脉经》，形成了《中医处方大全》一书[1]，其拉丁文名称的直译就是《对作者王叔和脉诊医病原理的说明》，即《中医处方大全》的上半部。 在该书中，卜弥格提到了15种脉象（《脉经》将脉象分为24种），并且开出了治疗每一种脉象的方子，其中的第一部分为7种外脉的方子，第二部分为8种内脉的方子。

卜弥格说一种叫泻黄散（Sie huem san）的药可治人体中间部分的芤脉[2]，其方子如下：取藿香叶、栀子仁、甘草各五钱，防风二两，石膏一两，混在一起后取出五钱，加两杯水熬煮，去掉剩下的渣滓后，过一些时候，可乘热服下。

卜弥格又说，用一种能够作用于中焦的汤药，可治疗第二个位置出现的浮脉，其方子如下：取厚朴、橙皮各一两，白术二两半，人参五钱，甘草三钱，混在一起后取出五钱，加上七片生姜，放两杯水熬煮，煮到剩下十分之七的水后，去渣滓，乘热在饭前服下。

他为治疗第一个位置的沉脉开出的对症药物是半夏丸。方子如下：取半夏一两，Hua huam三钱，白矾一钱，混在一起后碾成粉末，加上姜和面粉，做成梧桐（U tum）子大小的丸子，取三十或五十个这样的丸子，泡在姜汤中饭后饮用。

治疗第二个位置的濇脉，卜弥格的开出的处方如下：小柴胡（Siao chai hu）汤，剂量可大可小，取柴胡赤芍药各一两，人参五钱，甘草三钱，桂皮四钱，混在一起后取出半两，加两杯水和七片姜，熬煮到剩下一杯水，去渣滓，乘热服下。

足以凸显卜弥格对中医的谙熟程度的，是他认为中药可分为汤药、丸药和散药三

---

[1] 以往研究中称此书为《中医脉诀》，见《在华耶稣会士列传及书目》（[法]费赖之著，冯承钧译：中华书局1995年版）第279页。

[2] 此处的脉象名称前的修饰语“人体中间部分的”及下文的“第一个位置的”和“第二个位置的”均为《卜弥格文集——中西文化交流与中医西传》中的原话。

种，它们中又有复合药和单味药。在《处方大全的另一篇前言》中，他说道：

> 中国人用三种剂型治所有的病，即汤药、散药和丸药……在诊断了是什么病之后，对它所用药的剂型有汤药、丸药和散药。服药的方法有在饭前或饭后服用，或者干脆空腹服下去，服了药之后要看脉搏是否恢复了正常。[1]

卜弥格在该文中还介绍了中药的计量单位：中国人根本不知道欧洲医生使用的计量单位，如斯克鲁普尔、德拉马克和盎司。他们用的计量单位叫两（leum），一两合一个罗马的盎司；两又包括十个同等的重量，叫钱，就是julium，钱又分为十个部分，叫分（fuen），分又分为十个部分叫厘（li）。[2]

在《中国人用于医疗的单味药》（即《中医处方大全》的下半部）中，他总共列出了289剂单味药，而且对常用的中草药都绘制了精彩的插图。如在介绍生地黄时，卜弥格如是说：这是一种地里生长出来的根，苦中带甜，性寒，入心、肺、肝和胃，清热。要把它熬煮九次，让水汽蒸发，然后放在太阳下晒干，但不能放在铁制的器皿里熬煮。煮后的地黄叫熟地黄，因为它已经熟了。这种产品性温，补血。在介绍白术时，他说：这种根又苦又甜，性温，入胃，强胃，病人发烧时不可服用。在介绍天门冬时，他说：这种根苦中带甜，性寒，入肺和肾，解渴，要把它的核即心挖出来。[3]

（五）向西方全面介绍中医望诊第一人

卜弥格在华期间还撰写了《通过舌头的颜色和外部状况诊断疾病》（简称《舌诊》）一文，远远早于后世中医常用的民国时期曹炳章的《辨舌指南》。可以证实的是，卜弥格撰写该文时候依据了一本中医典籍，但是究竟是哪本中医典籍，目前尚无法考证，卜弥格只是在文章篇首提及该文是援引自南明永历朝廷中信奉基督教的医生们常用的一本书。他开门见山指出了中医学的奥妙和神奇，说除了脉诊，中医还可以通过对舌头外部状况的诊断，确定病人患的什么病，为什么会出现高热。在介绍舌诊时，卜弥格如是说：

> 照中国医生的看法，人体五个器官和五行有五种颜色。舌头反映心的情

---

[1] [波]卜弥格著，[波]爱德华·卡伊丹斯基（波兰文翻译），张振辉、张西平（中文翻译）：《卜弥格文集——中西文化交流与中医西传》，华东师范大学出版社2013年，第374页。

[2] [波]卜弥格著，[波]爱德华·卡伊丹斯基（波兰文翻译），张振辉、张西平（中文翻译）：《卜弥格文集——中西文化交流与中医西传》，华东师范大学出版社2013年，第374—375页。

[3] [波]卜弥格著，[波]爱德华·卡伊丹斯基（波兰文翻译），张振辉、张西平（中文翻译）：《卜弥格文集——中西文化交流与中医西传》，华东师范大学出版社2013年，第392、409页。

况，心主管整个人体。心的颜色是红的，肺的颜色是白的，肝的颜色是青的，胃的颜色是黄的，肾的颜色是黑的……如果心在一年四季中患了病，那么病人舌头的颜色就会起很大的变化，舌头上也没有舌苔。如果苔也即是舌上那一层带粘性的物质看起来又干又枯燥，说明病人的腹中有热，那层粘性物质的颜色是黄的……舌上如果有一层薄薄的红色的东西，这说明脐下有热，腹中有寒，寒深入了体内……如果整个舌头都是黄的，这说明胃变硬了，大肠也干了……青色的舌头和东方对应，属木，反映肝的状况，病一开始就反映出火太盛……黑色的舌头和北方对应，这说明膀胱而主要是肾有病。如果舌苔变黑，病人会发热，他的病很重。[1]

在他绘制的舌诊图解中，卜弥格在论述舌黄并伴有红色斑点的病症时提供的望诊如下：

舌头呈黄色，但它的边上有红色的斑点，像小珍珠一样，说明肠里有毒热，发高烧。病人感到很难受，周身疼痛，心里像被什么东西塞满了一样。[2]

（六）向西方全面介绍针灸穴位图解第一人

卜弥格潜心研究中国医学期间取得的最为突出的成就，是在理解、消化和吸收的基础上进行了创新，这个创新当然不是指对中医知识的自我创新，而是对中医著述的表现形式进行了创造性的发挥。其中的一大创新就是他充分发挥了其出色的绘图天赋，在介绍中医学知识的著述中亲手绘制了许多插图和图解，这些插图和图解在欧洲绝对是前所未有的，有许多在中国同时代的医书中都是没有记载的。可以说，卜弥格在某种程度上超出了同时代的许多普通中医。

如他《中国植物志》中介绍了从椰子（Xay-cu）到蚺蛇（Gen-to）在内的31种动植物，包括23种植物和8种动物，同时配之以27幅绘制精美、栩栩如生的插图。在《舌诊》一文中他亲自绘制了36幅图解，图解旁边配以文字说明，从而达到了清晰易懂的效果。这些明代时期的舌诊图解为迄今为止可查找的最早的图解。现代中医学引用最早的舌诊图解为近代医学家曹炳章1920年撰写的《辨舌指南》。又如，他的《中国人用于医疗的单味药》用拉丁名称介绍了289种中药的疗法，同时配有49幅绘制精美的

[1] [波]卜弥格著，[波]爱德华·卡伊丹斯基（波兰文翻译），张振辉、张西平（中文翻译）：《卜弥格文集——中西文化交流与中医西传》，华东师范大学出版社2013年，第365—366页。

[2] [波]卜弥格著，[波]爱德华·卡伊丹斯基（波兰文翻译），张振辉、张西平（中文翻译）：《卜弥格文集——中西文化交流与中医西传》，华东师范大学出版社2013年，第369页。

插图，形象逼真地向欧洲人介绍了白芍、赤芍、大黄、麻黄、百部、黄芩、黄连、桔梗、天门冬、甘草、黄精、甘菊花、人参、生地黄、白术、牛膝、柴胡、通草、紫菀、何首乌、南星、白牵牛、石莲子、芡实、槐角、大风子和地骨皮等名贵中药材的形状。

在其中医研究代表作《医学的钥匙》中，他在第二章绘制了人体内脏图解1幅；在第三章绘制了左右手经络和穴位图解2幅；在第四章则绘制了左手上的脉及其相关的器官表和左手上的脉及其相关的器官表各1张，详细介绍了人体五脏（心肝脾肺肾）与自然界的五行（金木水火土）的对应关系；在第六章绘制了医生搭脉图解2幅；人体三个部分的穴位即脉位示意图2幅；在第七章则绘制了脉诊所在三个位置的示意图2幅；在第八章绘制了人体穴位图1幅；在第十一章绘制了人手脉位图2幅；在第十三章绘制了血气循环图1幅和血气循环表1张；在第十六章则绘制了七根外脉主病表、八根内脉主病表、一年中的九种异常的脉表以及古今书上说的十六种非常可怕的致命脉表各1张；在第十八章绘制了一年中十二经的自然脉和一年四季的健康脉、病脉和死脉表各1张。全书最后配图29幅，图解了卜弥格所说的各种“实心器官”（脏）和“空心器官”（腑），全部配以拉丁文说明。其中，卜弥格将针灸穴位、脉位、脏腑等以图解形式向欧洲介绍，为有史以来的第一次，进一步扩大了中医文化在欧洲的影响。

（七）向西方全面介绍中草药第一人

卜弥格撰写的《中国植物志》于1656年在维也纳出版，这是来华耶稣会士撰写的第一本系统的中国植物志，之前的耶稣会士在其著作中对中国植物只有简略介绍。它也是第一部向西方系统介绍中国植物的专著，开启了在华耶稣会士研究的新方向，为之后来华的法国耶稣会士对中国自然状况的调查奠定了基础。同时，这也是卜弥格生前看到的唯一一部自己在华期间撰写的科学著作得以出版。[1]

《中国植物志》中介绍了31种动植物，包括23种植物和8种动物，并配有图解。例如介绍大黄时，先是一幅图解，然后是长篇文字介绍了大黄的植物特点和加工过程。由于当时大黄是欧洲急需进口的中药材，卜弥格的介绍大大促进了欧洲对大黄的认识。卜弥格同时介绍了一系列可用于中药的动植物，实质上就是以中草药为主，如生姜、桂皮、胡椒、槟榔、蒟酱、大黄、麝香、蛇胆和蛇毒等。如卜弥格对胡椒（Hu cyao）的药用功能介绍：胡椒的种子很像红松树的种子，胡椒是一种温性的药，它利尿、助消化、明目，还能治一些很厉害的病，它能将坏死的细胞排出体外。将它和花

[1] 根据波兰汉学家爱德华·卡伊丹斯基的研究，卜弥格是在从欧洲返回中国途中途径印度果阿时看到自己的这部已经出版的著作的，是一些欧洲的耶稣会士邮寄到果阿转交给他的。卜弥格在写给意大利托斯卡纳大公爵的信中也提到了这回事。见[波]爱德华·卡伊丹斯基著，张振辉、张西平译：《卜弥格文集——中西文化交流与中医西传》华东师范大学出版社2013年，第65页、296页。

蜜一起吃下去，还能治咳嗽，和桂树的叶子一起吃下去，能止呕吐，和醋一起吃下去，能消除脓肿，治脾病，和葡萄一起吃下去，能祛痰。[1]在介绍茯苓（Fo lim）时，卜弥格说：它的根里的囊质地鲜嫩，中国人将它和肉放在一起，用来做汤。它也可做药用，能治病。如它能治梅毒，消除血栓，防止中风，也可以治其他各种各样的病，消除全身骨头和全身的疼痛。把它碾成粉末后，可用来消解胸痛，也可以将它制成罐头，是一种起辅助作用的药。[2]

卜弥格对中医的热爱达到了如痴如醉的程度，以至于他在其所有著作中不放过一切介绍中医药知识的机会。在其撰写的主要著作之一《中华帝国简录》中，卜弥格就介绍了一些具有药用功效的动植物及其药理作用：

> 中国有一些矿石还可作药用，如lu-kan-xe、石油、石膏、xe-ciam-pu和ciam-siu-xe都可用于治寒热、热病和其他的病。我在海南岛见到过一种奇怪的石头，它是由活螃蟹变的，如果把石化的外壳碾成粉末，倒上酒，可用来消除腹部的肿胀，这种粉末还是一种消毒的良药。

在《中国事物概述》中，卜弥格把主要篇幅用于描述中国社会的繁荣昌盛和中国百姓的安居乐业，但同样也不忘见缝插针在多处介绍了具有药用功效的动植物：

> 中国人把麝香用于医疗，人们说它能给孕妇助产，镇痛，也能缓解分娩的痛苦，还能止咳。[3]
>
> 这种树很大，表皮是带刺的，它的叶子很厚，尖尖的。把它的根放在加肉的汤中煮，吃了以后可以治病，医生们认为它是一种治坐骨神经痛、梅毒、梗塞、瘫痪和水肿的良药。它也能治其他的肿胀，骨头和全身的疼痛。[4]

（八）全面系统研究中医理论并发表严肃学术论著的西方第一人

卜弥格在华期间潜心研究中医知识的最大成就便是《医学的钥匙》。该书已经不

[1] [波]卜弥格著，[波]爱德华·卡伊丹斯基（波兰文翻译），张振辉、张西平（中文翻译）：《卜弥格文集——中西文化交流与中医西传》，华东师范大学出版社2013年，第333页。

[2] [波]卜弥格著，[波]爱德华·卡伊丹斯基（波兰文翻译），张振辉、张西平（中文翻译）：《卜弥格文集——中西文化交流与中医西传》，华东师范大学出版社2013年，第339页。

[3] [波]卜弥格著，[波]爱德华·卡伊丹斯基（波兰文翻译），张振辉、张西平（中文翻译）：《卜弥格文集——中西文化交流与中医西传》，华东师范大学出版社2013年，第188页。

[4] [波]卜弥格著，[波]爱德华·卡伊丹斯基（波兰文翻译），张振辉、张西平（中文翻译）：《卜弥格文集——中西文化交流与中医西传》，华东师范大学出版社2013年，第190页。

是单纯的翻译，而是卜弥格根据其对《黄帝内经素问》《难经本义》《脉经》《易经》《伤寒论》《金匮要略》《针灸甲乙经》《神农本草经》《世医得效方》和《小儿药证直诀》等中医学典籍进行了深入研究之后，通过自己的理解、消化、吸收和梳理，进而创作的一部百科全书式的中医研究专著，在域外人士对中医文化研究而形成著述方面，他的这一成就堪称“前无古人后无来者”。

卜弥格为自己的论著建立了框架体系，最为突出的就是其鸿篇巨著《医学的钥匙》，其中的内容几乎来自所有的重要中医典籍，如《黄帝内经》《脉经》《针灸甲乙经》和《神农本草经》等。但是，全书的体系和逻辑关系是卜弥格自己建立的，虽然从现在的汉译语句来看，存在着不少重复性的话语，但是仍可以看出其通过层层推进、逐一铺开的方式，在融会贯通的基础上，向西方全面和系统地介绍了中国医学之精妙与深奥。

三、中医研究和成果面世的多舛命运

卜弥格在中医研究方面取得的如此突出成就，不但是明末清初来华耶稣会士中的嚆矢，甚至迄今为止也堪称“前无古人后无来者”。可是，他在华短短的七八年却是中国历史上朝代新旧交替的大动荡时期。他抵达澳门是在1644年，正是清军入关的时候，南明王朝偏居南方一隅得以苟且偷安，永历朝廷颠沛流离于粤、桂、湘、黔各地，时刻面临灭顶之灾，中国社会正经历着一场剧烈的大动荡。屈指算来，卜弥格在华的七八年时间，能够在比较安宁的环境中潜心研究中华文明和中医文化的时间，只有1647年他抵达海南岛之后的一年多时间以及1649年初至1651年元月他跟随永历朝廷在云桂黔颠沛流离的两年左右时间。此外，1648年，他途经湖南、河南，抵达陕西的西安，在这里见到了著名的大秦景教碑。卜弥格不仅复制了碑文，而且还将其翻译成了拉丁文，对当时以及后来欧洲了解基督教在中国的传播以及中西文化交流，具有十分重要的意义。

这趟旅行也是他在中国唯一一次大范围的科学考察之旅，他将沿途所见所闻载入他的《中国事物概述》中，其中也留下了他对中医知识的关注和研究的佐证。1651年奉命返回欧洲之后，直至1659年病逝于广西边境，事实上卜弥格一直远离中国，常人很难想象他能有多少时间和精力投身于中医研究。但是，他能够在社会大动荡的年代，在如此困难的条件下和屈指可数的时间里译介大量中医著述，留给后人如此丰硕的中医研究成果，不但说明其拥有渊博的知识，尤其是医学知识，同时也反映了他对科学研究如痴如醉的投入和锲而不舍的追求已经达到了不放过点滴可用时间的地步。对于这一点，卜弥格自己也留下了文字佐证。在《〈处方大全〉的另一篇前言》中，卜弥格在最后一段提及他撰写《论脉》的艰辛历程：

所有这些事情要想把它们做好，就得好好地研究一下我的这部著作。它是在我在担负着许多别的十分繁重的工作和责任的同时，花了十年的功夫才写成的。我因为利用了所有闲暇的时间，才使我能够从事在我看来这么一项很有价值的研究。[1]

另外，根据《卜弥格文集——中西文化交流与中医西传》的波兰文译者爱德华·卡伊丹斯基和中文译者张振辉和张西平的研究，卜弥格奉南明王室永历朝廷之命返回欧洲求援的途中是随身携带着中医研究手稿的。卜弥格返回欧洲的路线是海陆结合，先是走海路从澳门抵达印度的葡萄牙领地果阿，然后从那里前往波斯转道土耳其最后抵达威尼斯。在果阿逗留期间，卜弥格将他的中医著作手稿和一些中医典籍寄存在当地。在从欧洲返回中国途中，他在1657年抵达果阿时又取回了这些手稿。在返回中国途中逗留泰国当时的首府大城府[2]期间，他预知自己因为效忠南明王室而很难进入已处于清军统治之下的中国，于是把一部分中医著作手稿交给了与他一同返回中国的耶稣会士柏应理，请他设法把这些手稿以后拿到欧洲去出版。也正是因为这一托付，致使卜弥格的丰硕中医研究成果长期被湮没，遭到他人剽窃之后，这些成果算到了他人头上。

根据《卜弥格文集——中西文化交流与中医西传》，卜弥格在返回欧洲期间于1656年，即他重返中国前夕，在维也纳出版了《中国植物志》，这也是他生前看到出版的唯一一部关于中医的著作。而在他返回中国的途中，他已经完成了一部中医著作，这就是《医学的钥匙》。在重返中国的旅途中，卜弥格在泰国时得知自己已经无法返回澳门，于是把自己的这部医学著作手稿托付给了与他一同从欧洲返回中国的耶稣会士柏应理，请求他设法将手稿寄回欧洲出版。但是，1669年，柏应理为了帮助当时手头拮据的广州耶稣会士解燃眉之急，就把卜弥格的这部手稿的部分内容以两三千荷兰盾的价格“倒卖”给了一位从荷属印尼来到中国经商的名叫约翰·范里克（Jan van Ryck）的荷兰商人，后者又把手稿寄给了印尼巴塔维亚的荷属东印度总督约翰·梅耶特瑟伊克，总督又将手稿交给了在那里的荷兰首席大夫安德列亚斯·克莱耶尔（Andreas Cleyer）。1682年，克莱耶尔将手稿取名为《中医指南》，交给了德国早期汉学家门采尔（Christian Menzel，1622—1701），门采尔通过努力将该书在法兰克福出版，但是不见卜弥格的署名。克莱耶尔由此成为第一个剽窃卜弥格中医著作的人。

[1] [波]卜弥格著，[波]爱德华·卡伊丹斯基（波兰文翻译），张振辉、张西平（中文翻译）：《卜弥格文集——中西文化交流与中医西传》，华东师范大学出版社2013年，第375页。

[2] 泰文：พระนครศรีอยุธยา英文：Phra Nakhon Si Ayutthaya；又译为阿育他耶府，泰国中部的一个府。

1671年，法国出版了一部法文版的《中医的秘密》，没有作者署名[1]，但根据内容来看就是卜弥格的《医学的钥匙》的第十五章和第十六章的主要片段，其来源同样是柏应理为解燃眉之急卖出的卜弥格中医手稿的部分内容。关于柏应理“倒卖”卜弥格的中医著作手稿以及克莱耶尔等人剽窃卜弥格中医研究成果的过程，目前的史料挖掘尚不能予以彻底还原，并且存在着一些说法不一的地方。但是可以肯定的一点是，与卜弥格同船远洋跋涉来到中国的柏应理最后可能是良心发现，给门采尔写信说明了卜弥格是《医学的钥匙》一书的作者。1686年，门采尔在纽伦堡《科学年鉴》上发表了《耶稣会士在中国的传教士卜弥格认识中国脉诊理论的一把医学的钥匙》（“Clavis Medica ad Chinarum Doctrinam de Pulsibus Auctore R, P. Michaele Boymo, e Soc. Jesu et in China Missionario”），简称《医学的钥匙》，明确指出该书的真正作者是卜弥格。波兰汉学家爱德华·卡伊丹斯基在《中国的使臣卜弥格》一书第十四章中也提到，卜弥格在把自己随身携带的中医学著作以及自己著作的手稿交给柏应理之后，幸好自己手头留下了这些著作的四篇前言，证明了他在这方面确有著述，而且都是开创性的成果。

四、结语

综上所述，卜弥格不但是一个学识相当渊博学研究与考察，译介撰写了大量著作，涉及中国的医学、动植物、矿藏、地理测绘以及历史、宗教、风土人情和自然状况等。但是，其生前只发表了《耶稣会士卜弥格在泰国写给总会长的报告》以及《中国植物志》，其他的或是被人剽窃，或是出现在他人的著作中，或是没有发表，至今藏在梵蒂冈耶稣会档案馆中，有的干脆就湮散了，以至于其在中西科技文化交流史上的地位长期未得到应有的正视和重视。随着近年来第一手史料的不断被挖掘和整理，我们可以看出，卜弥格的科学著作所涉及的范围和内容，在当时的欧洲是无人能企及的，同时也在欧洲产生了巨大的影响。卜弥格对中国医学的研究以及形成的成果，在来华耶稣会士使团以及当时的欧洲汉学界更是堪称“前无古人后无来者”，其在欧洲的影响更是深远而广泛。

张西平的研究认为，正是因为卜弥格的中医和汉学著作成就，激发了欧洲汉学界对中医的研究热情，如法国著名汉学家雷慕沙（Jean-Pierre Abel-Rémusat，1788—1832）就根据卜弥格的《舌诊》在1813年完成了自己的博士论文《论中国人的舌苔诊病》，并在之后因为在中医研究方面的成就当选为法兰西学院第一位汉学教授。1814

[1] 波兰汉学家爱德华·卡伊丹斯基在《中国的使臣——卜弥格》一书第二十三章指出，出版该书的法国人叫菲利普·沙尔维斯（Philip Charvys），出版地点是法国的东南部城市格勒诺布尔（Grenoble），而《中国的使臣——卜弥格》的中译者张振辉认为，菲利普·沙尔维斯只是出版社的社长，他从一个从广州回来的法国人那里买下了这部手稿，至于这个法国人是谁，现在谁也回答不了。

年12月11日，雷慕沙在法国法兰西学院主持了第一个被称为西方汉学起点的汉学讲座，标志着欧洲汉学从传教士汉学到专业汉学的重大转折[1]。

此外，雷慕沙也通过自己的研究，确认那些被人剽窃后没有署名就出版的中医著作属于卜弥格。

纵观历史长河，卜弥格的中医著述堪称是中医在西方传播的嚆矢，在此之前的来华耶稣会士虽然在其著述和译介对中医多有提及[2]，但是从未有如此系统的研究，而此后来华的法国耶稣会士巴多明（Dominique Parrenin，1665—1741）虽然在中医西传的传播道路上也作出了很大贡献，但是他在卜弥格去世6年之后才出生，更是迟至1698年才入华，比卜弥格差不多要小两辈。[3]

毋庸讳言，卜弥格不但是早期传教士汉学家的杰出代表，更是在中西科技文化交流史上居功至伟，他在向欧洲传播中国古代科学和文明成就方面做出了很大的贡献，为中西科技文化交流立下了不朽功勋。沈定平认为，明清之际的中西文化交流，通过不同思想体系和文化传统之间的调适与融合，在寻求共同性和

互补性的过程中，将交流提升到了政治和文化制度上的相互吸收和仿效，从而为社会变革发挥了重大作用。[4]

（作者单位：王银泉，南京农业大学典籍翻译与海外汉学研究中心）

[1] [波]卜弥格著，[波]爱德华·卡伊丹斯基（波兰文翻译），张振辉、张西平（中文翻译）：《卜弥格文集——中西文化交流与中医西传》，华东师范大学出版社2013年，第57页。

[2] 在谈到中国医学时，利玛窦说："中国的医疗技术的方法与我们所习惯的大为不同。他们按脉的方法和我们的一样，治病也相当成功。一般说来，他们用的药物非常简单，例如草药或根茎之类的东西。事实上，中国的全部医术就都包含在我们自己使用草药所遵循的规则里。"见[意]利玛窦、[法]金尼阁著，何高济等译：《利玛窦中国札记：上册》，中华书局1986年，第34页。

[3] 法国著名汉学家谢和耐和戴密微编著、耿昇翻译的《明清间耶稣会士入华与中西汇通》虽然收录了法国汉学家罗姹撰写的《入华耶稣会士与中草药西传》一文，但其论述的内容全部是1687年后大举来华的法国耶稣会士在这方面作出的贡献。全文也没有一处提及卜弥格，从一个侧面证实了卜弥格的中医著作在遭到剽窃的情况下曾长期被湮没，以至于欧洲耶稣会士和汉学界在很长时间内无人知晓。

[4] 沈定平：《明清之际中西文化交流史———明代：调适与会通》（增订本），商务印书馆2003年，第128页。

卜弥格《单味药》的本草学思想研究 *

孙灵芝　王国为　梁　峻

一、卜弥格其人

卜弥格（Michel Boym，1612—1659），字致远，波兰人，天主教耶稣会传教士，明末来到中国。卜弥格曾在故乡担任王室御医，对中医药学的介绍在其著作《中国医药概说》《中国诊脉秘法》等有所体现，爱德华·卡伊丹斯基先生赞扬他是向欧洲介绍中医中药的第一人[1]。

二、卜弥格著作

卜弥格的著作对欧洲介绍了黄帝内经、脉诊和草药。其对中医学的医理、脉理以及本草学的知识介绍，也体现了当时中医药知识的发展水平。卜弥格著作的本草部分是本次考察的重点。张振辉、张西平在《卜弥格文集——中西文化交流与中医西传》里介绍卜弥格关于中医的研究成果通过他自己和别人对他的介绍或剽窃在欧洲出版的著作有《中国植物志》（1656年）、《中医的秘密》（1671年）、《中医指南》（1682年）、《医学的钥匙》（1686年）、《中医处方大全》。在《卜弥格文集——中西文化交流与中医西传》中收录的与中药有关的著作内容，便是《中国植物志》及《单味药》。

国内既往研究卜弥格的方向多集中于传教史方面的问题，医史界对他研究不够深入，尽管潘吉星[2]认为卜弥格著作为《本草纲目》拉丁文译本的观点是错误的，他考证时依据材料为法国人狄文诺所编《旅行志》转载的《中国植物志》的法文全译本（1696年出版于巴黎）。卜弥格1656年在维也纳出版的《中国植物志》，国内研究者

---

* 本文原载于《中国中医基础医学杂志》2014年5月第20卷第5期。

[1] Kajdański E. Michael Boym's, "Medicus Sinicus", *Toung Pao*. 73.4/5,1987,pp.161-189.

[2] 潘吉星：《关于李时珍〈本草纲目〉外文译本的几个问题》，《中医杂志》1980年第3期，第62—66页。

一直无缘得见。中医药界内流传甚广的观点是“卜弥格是传播《本草纲目》第一西人”，1987年《中国医学百科全书·医学史》在“中医药外传欧美”一节写道：“17世纪耶稣会教士来华，卜弥格用拉丁文写成《中国植物志》一书（1656年在维也纳），其中选择了《本草纲目》中的部分中药。”[1]2006年纪念“《本草纲目》金陵版问世410周年”活动时，温长路在《〈本草纲目〉的成功与成就》写道：“1659年，波兰人卜米格首先把《本草纲目》译成了拉丁文，开创了欧洲人研究该书的先河。”[2]华东师范大学出版社2013年出版的巨著《卜弥格文集——中西文化交流与中医西传》为查阅原文不便的研究者提供了很好的版本。

对于卜弥格《中国植物志》一书，沙不烈介绍道：“是编盖为一种中国特产植物图录，叙述尚详，然微有讹误而已。”[3]东方语言学者雷穆沙（Abel Rémusat）对此撰述：“内容中国富有兴趣的植物约二十种，动物数种，不幸首列者是神话中之凤凰。附图二十三幅，不甚完备，所写之汉文名称，虽经刻工变化，然尚可辨识。”可见，《中国植物志》并非为《本草纲目》拉丁文译本。

三、《单味药》学术特色

张西平拿卜弥格《单味药》与《神农本草经》做对比，发现卜未记14种药，他提出“书中所介绍的内容绝大多数来自当时他可以查阅到的中国医学家的著作，例如书中介绍童尿的医疗作用，而李时珍的《本草纲目》就有一章专门介绍童尿的功效，所以卜弥格在这里参考了中国16世纪著名的医学家李时珍的伟大著作《本草纲目》”[4]。译者考证逻辑没有错，历代本草多为集前人所集，内容上是层层包容而递进的关系，就药物数量而言，除了贸易带来新的物种外，基本常用药是不变的。而《神农本草经》目前所能见最早版本是1616年明朝卢复辑佚。

《单味药》（*Medicamenta Simplicia, quae Chinensibus ad usum Medicum adhibentur*）收录289种药物，内容涉及药物的药味、药性、归经、毒性、功效主治，部分药物尚有炮制方法、用药宜忌等介绍。然而，这些药物的中文名称在卜弥格原著的手稿中有过，但是在欧洲发表时由于印刷不便，出版者将这些中文名称都删掉了，爱德华·卡伊丹斯基根据卜弥格用拉丁字母对这些中文名称的拼音，参阅中国出版的各种中医典籍和它们的英译本以及有关的中医药辞典，在中国花了很长时间复原。

---

[1] 李经纬、程之范：《中国医学百科全书·医学史》，上海科学技术出版社1987年，第112页。

[2] 温长路：《〈本草纲目〉的成功与成就》，《亚太传统医药》2006年第9期，第9—11页。

[3] [法]沙不烈著，冯承钧译：《明末奉使罗马教廷耶稣会士卜弥格传》，商务印书馆1941年，第109—110页。

[4] [波]卜弥格著，[波]爱德华·卡伊丹斯基、张振辉、张西平译：《卜弥格文集——中西文化交流与中医西传——中西文化交流与中医西传》，华东师范大学出版社2013年，第51页。

（一）归经理论

归经是药物作用的定位概念，表示药物的作用部位。中药归经理论萌芽于《黄帝内经》，“五味所入，酸入肝、辛入肺、苦入心、咸入肾、甘入脾，是谓五入”[1]。

金元时期是归经理论的形成期，易水学派张元素重视十二经辨证，在《珍珠囊》一书中对脏腑辨证进行了深入研究，倡导“药物归经”和“引经之说”，正式提出“归经”，其学生李东垣在《珍珠囊补遗药性赋》中“手足三阳表里引经主治例”对十二经引药做了修改和补充，提出“十二经泻火药”理论，称为“诸药泻诸经之火邪”[2]，李氏学生王好古《汤液本草》用经名“太阳”“太阴”“少阳”“少阴”“厥阴”“阳明”定位。

明清时归经学说得到了丰富和发展，明代刘文泰《本草品汇精要》一书专设“行何经”，经名仍为三阴、三阳；贾久如《药品化义》、李中梓《雷公炮制药性解》，皆用“入某经”，用经名为五脏六腑。《本草纲目》中参考了洁古的《珍珠囊》，在此基础上有所增订，列有“引经报使”，但是在书写习惯上未单列归经。

清代以前中药归经用语并不一致，主要有“行经”“入”“走”“归”及某药为某经药等，至清代沈金鳌《要药分剂》统一规范，首次启用“归经”作为药性名词提出，单独立项列于“主治”项后说明药性，采用五脏六腑之名。

考《单味药》书写习惯，每味药都有药物归经记载，与李中梓《雷公炮制药性解》的书写习惯有相似之处。通过卜弥格向欧洲人介绍中国传统医药知识的书籍，可以知晓卜弥格所处时代脏腑归经理论发展的样貌。

（二）炮制方法

明代李时珍的《本草纲目》[3]载药1892种，其中有330味中药记有“修治”专项，综述了前代炮制经验，其中也有的炮制方法是李时珍个人的经验记载。

《单味药》中详细描述炮制方法的一共有18味药。其中说不清怎么排除其中的毒素的药物有2味：157硫黄和223牙皂。

其中和《本草纲目》所记一样的炮制方法有7味。其中明确提出“九蒸九晒”的药物，有2味：1黄精水中蒸煮九次蒸发水汽后晒干；7生地黄熬煮九次让水汽蒸发，放太阳下晒干，但不能放在铁的器皿里熬煮。其他：73大附子放在童尿中泡七八天拿出来切成七八块，和生姜拌在一起，切细，用大纸包起来放在灼热的灰烬中，直到包在外

[1] 《黄帝内经·素问》，人民卫生出版社1963年，第150页。

[2] 李东垣著，伍悦点校：《珍珠囊补遗药性赋》，学苑出版社2011年，第118页。

[3] 李时珍著，刘恒如、刘山永校注：《新校注〈本草纲目〉》上册，华夏出版社2013年。

面的纸烧成灰；85商陆和豆叶一起熬煮六个小时能除其毒性；90仙茅和麻豆一起放水里泡一晚，第二天再和酒一起熬煮，可消除其中的毒，但不能放在铁锅里泡；93骨碎补把身上的细毛去掉；107常山晚上泡在酒中，切成几块熬煮。

和《本草纲目》相比，《本草纲目》未载或与《本草纲目》所记炮制方法不一样的药物有9种。炮制是为了减毒的药物有6味：74半夏和生姜的渣子一起煮，然后过滤，如果呈白色说明还煮得不够毒没有去掉；79甘遂和46号的秦艽放水里泡三天……去毒后它就可以服用了；88南星和生姜以及74号的半夏一起熬煮，可以消除其中的毒素；89白牵牛和酒一起煮六个小时，可消除其中的毒；151石蚕和切碎的生姜一起熬煮，可以消除其中的毒；240桃仁把皮和其中含油的部分去掉然后烤熟。炮制是为了便于服用的药物有3味：110砂仁使用时应把它的皮剥掉；122乌鲗碾成粉末；193茯神去掉皮。

（三）畏反理论

《本草纲目》记载了“相须相使相畏相恶诸药”，其中人参畏五灵脂，甘草恶远志，紫参畏辛夷，贝母恶桃花畏秦艽莽草礜石，甘遂恶远志，大戟恶薯蓣畏菖蒲芦苇鼠矢。

卜弥格向西方介绍中药的畏反共计有10味药：4人参不能和32的藜芦一起使用，6甘草不能和32的藜芦也不能和260的豨莶草一起使用，37沙参不能和32的藜芦或6的甘草一起使用，40紫参不能和32的藜芦以及6的甘草一起使用，43赤芍作用和藜芦相反，因此不能和藜芦一起使用，44玄参不能和藜芦以及甘草一起使用，47贝母作用和乌头相反，79甘遂不能和甘草一起使用，83大戟不能和甘草、131的芫花同用，也不能和海藻一起用，129苍术不能和第8的白术一起使用。

（四）用药注意事项

在药物煎煮注意事项上，如34党参、48知母、271益母草不能放在铜或铁的器皿中熬煮。对于用药剂量的问题，如183干漆要注意适量地用，以免伤肾。关于饮食宜忌的问题，如90仙茅不能和牛肉一起食用，不能和牛奶一起喝下去。针对体质用药，比如205大腹皮体弱的人不能用；女子用药的注意事项，比如259牛黄孕妇不能用等。

四、结论

卜弥格一方面查阅了大量的本草典籍，一方面结合自己实际经验在《单味药》一篇中，系统地向西方介绍了本草的特点。同时，卜弥格也向西方人介绍了中药的“畏反”作用，提醒他们用药时一定要注意临床用药的安全性。

（作者单位：孙灵芝，北京中医药大学中医学院；
王国为，中国中医科学院中医基础理论研究所；
梁峻，中国中医科学院中国医史文献研究所）

卜弥格与中国本草学西传*

孙灵芝　王国为　梁　峻

一、卜弥格其人

卜弥格（Michel Boym，1612—1659），字致远，波兰人，天主教耶稣会传教士。20世纪30年代冯承钧《景教碑考》和张星烺《欧化东渐史》等著作都对卜弥格作了简短介绍。爱德华·卡伊丹斯基赞扬他是向欧洲介绍中医中药的第一人[1]。

二、卜弥格著作

卜弥格曾在故乡担任王室御医，对医药学颇有研究，著作有《中国医药概说》（现藏法国巴黎国立图书馆）、《中国诊脉秘法》（现藏大英博物馆）等。卜弥格的著作向欧洲介绍了《黄帝内经》、脉诊和草药。其对中国医学的医理、脉理以及本草学的知识介绍，也体现了当时中医药知识的发展水平。卜弥格著作的本草部分是本次考察的重点。

国内既往研究卜弥格的方向多集中于传教史方面的问题，医史界对他研究不够深入，卜弥格1656年在维也纳出版的《中国植物志》，国内研究者一直无缘得见，潘吉星考证时未见到1656年维也纳版《中国植物志》，其依据材料为法国人狄文诺（M.Thévenot，1620—1692）所编《旅行志》（*Relations des voyages*）转载的《中国植物志》的法文全译本，此书于1696年出版于巴黎。华东师范大学出版社2013年出版的巨著《卜弥格文集——中西文化交流与中医西传》为查阅原文不便的研究者提供了很好的版本。

张振辉、张西平在《卜弥格文集——中西文化交流与中医西传》里介绍卜弥格关于中医的研究成果通过他自己和别人对他的介绍或剽窃在欧洲出版的著作有《中国植

---

* 本文原载于《医学与哲学》2014年4月第35卷第4A期。

[1] Kajdań ski E. Michael Boym's, "Medicus Sinicus", *T'oung Pao*. 73.4/5,1987,pp.161—189.

物志》（1656年）、《中医的秘密》（1671年）、《中医指南》（1682年）、《医学的钥匙》（1686年）、《中医处方大全》。在《卜弥格文集——中西文化交流与中医西传》中收录的与中药有关的著作内容，便是《中国植物志》及《中医处方大全》的第二部分《单味药》。

1942年王吉民提出："最先翻译中国本草者，当推波人布姆氏，据柯灵之《中国大辞典》载布姆氏所著之书中有《中国植物学》一书，用拉丁文作，一六五五年在奥京维也纳印行，又有翻译医书一册，内载药物二百八十九种……至所述药物二百八十九种，究系根据《本草纲目》，抑译自他者，因未见原本，无从考订。"[1]

潘吉星1980年对王吉民1957年发表在《医学史与保健组织》上的文章《祖国医药文化流传海外考》提出了异议，指出王吉民提到"卜弥格写过一本小册子，将《本草纲目》内几十种药物，译成拉丁文于1656年在维也纳印行"。潘吉星考证认为："卜弥格无疑通晓中医中药，并且是把它介绍到欧洲去的早期人物之一，我们不否认《本草纲目》对他可能产生的影响，但无论是他的《中国植物志》，或者是《中医范本》，都不能认为是《本草纲目》的拉丁文译本。"[2]但潘吉星考证内容涉及《本草纲目》各个外译本的问题，对于拉丁文译本提出证据并不详实，影响也不大。

1987年《中国医学百科全书·医学史》里在"中医药外传欧美"一节写道："17世纪耶稣会教士来华，卜弥格（M.Boym）用拉丁文写成《中国植物志》一书（1656年在维也纳），其中选择了《本草纲目》中的部分中药，但他的中医药文稿，被荷兰医生克莱尔（A.Cleyer）冒名后于1682年在德国出版，取名《中国医法举例》，其中有关于经络、脏腑的木刻插图及30页记述289种中药。"[3]（作者注：潘吉星说的《中医范本》，与此处提及的《中国医法举例》为同一书，系被克莱尔冒名出版，翻译方法不同。）

甚至到现在，流传甚广的观点是："卜弥格是传播《本草纲目》第一西人"，2006年，温长路在《〈本草纲目〉的成功与成就——纪念〈本草纲目〉金陵版问世410周年》中写道："1659年，波兰人卜米格首先把《本草纲目》译成了拉丁文，开创了欧洲人研究该书的先河。"[4]为什么我国医史研究者会将卜弥格著作认为是《本草纲目》拉丁文译本，或许是因为当时受民族主义思想影响，追求"《本草纲目》翻译第一人"，而后因为阅读条件的不畅，学界也未能加以鉴别，从而形成学界共识，即便潘吉星先生在1980年因为研究条件的便利对此有所阐述，但未能撼动中医药界的固有

[1] 虎门镇人民政府：《王吉民中华医史研究》，广东人民出版社2011年，第325—326页。
[2] 潘吉星：《关于李时珍〈本草纲目〉外文译本的几个问题》，《中医杂志》1980年第3期，第62—66页。
[3] 李经纬，程之范主编：《中国医学百科全书·医学史》，上海科学技术出版社1987年，第112页。
[4] 温长路：《〈本草纲目〉的成功与成就——纪念〈本草纲目〉金陵版问世410周年》，《亚太传统医药》2006年第9期，第9—11页。

认知。

三、中药西传中卜弥格的贡献

张振辉、张西平以卜弥格《单味药》与《神农本草经》做对比，发现卜弥格未记14种药，译者提出“书中所介绍的内容绝大多数来自当时他可以查阅到的中国医学家的著作，例如书中介绍童尿的医疗作用，而李时珍的《本草纲目》就有一章专门介绍童尿的功效，所以卜弥格在这里参考了中国16世纪著名的医学家李时珍的伟大著作《本草纲目》”[1]。译者考证逻辑没有错，历代本草多为集前人所集，内容上是层层包容而递进的关系，就药物数量而言，除了贸易带来新的物种外，基本常用药是不变的，到今天雷载权主编的教材《中药学》一书也不过记载全国各地常用中药484味。但是，少了本草史的思维，所以这种考证值得商榷。

另外，译者翻译的本草名称也有商榷之处，例如张振辉、张西平翻译的“203（Ye Chi）”应当不是“野鸡”，而是“益智”，因卜弥格在其下记“这种种子味涩补气”，而益智药用部位正是益智仁，为姜科多年生草本植物益智（Alpinia oxyphylla Miq）的成熟果实，主产海南省、广东省等地，始载于《本草拾遗》。“209（Cu mo）”并非“柞木”，而是“苏木”，卜弥格在209下记载其味道“咸，甜”，功效“去瘀血，使月经来潮的时候血气旺盛”。而“苏木”首见于《新修本草》，载其“主破血，产后血胀闷欲死者”[2]，《雷公炮制药性解》中记“味甘咸，性平，无毒，入肝经。主破产后恶血，疮疡死血，一切跌扑损伤，调月水，去瘀血……”[3]。“柞木”在《本草纲目》中记载为“气味苦平无毒”，主治“黄疸病烧末水服用方寸三（藏器），治鼠瘘难产催生利窍（时珍）”[4]，无论是功效还是性味的角度，209应当是“苏木”。

此外，161（Xe yan）并非是张振辉翻译的“石盐”（功效：能清醒头脑，消除结石，缓解痔疮的发作，有人说孕妇难产时手里拿一块这样的石盐，便不用费很大的力气，就可以顺利地分娩了），而应当是“石燕”，因《雷公炮制药性解》载其功效：“主五淋、小便不利、肠风痔瘘，妇人产难两手各握一枚立验”。

185（Cu kin pi）被翻译为“子金皮”，被译者检索考证为无此药，但事实上应翻译为“紫荆皮”，首载于《日华子本草》。

---

[1] [波]卜弥格著，[波]爱德华·卡伊丹斯基、张振辉、张西平译：《卜弥格文集——中西文化交流与中医西传——中西文化交流与中医西传》，华东师范大学出版社2013年，第51页。

[2] 苏敬编，胡方林整理：《新修本草》，山西科学技术出版社2013年，第312页。

[3] 李中梓著，钱允治补订，张家玮、赵文慧校注：《雷公炮制药性解》，人民军医出版社2013年，第128页。

[4] 李时珍著，刘恒如、刘山永校注：《新校注〈本草纲目〉》上册，华夏出版社2013年，第1430页。

223（Ya cao）被张振辉翻译为“鸭草”，认为是鸭跖草，考卜弥格描述其“长在一种树上，味涩又咸，性温稍毒，入肝和胃，缓解感冒，使机体恢复活力，治水肿病。要消除其中的毒素很难，我说不清怎么消除它的毒素”。经考，不应为鸭跖草科，鸭跖草属植物鸭跖草的全草，而应为“牙皂”，即皂角刺，“味辛寒，性温，有小毒，入肝胃二经……水浸一宿去皮弦酥炙复去核及黄用”。

不一一列举，这些药物的中文名称在卜弥格原著的手稿中有过，但在欧洲发表时由于印刷不便，出版者将这些中文名称都删掉了，爱德华·卡伊丹斯基根据卜弥格用拉丁字母对这些中文名称的拼音，参阅中国出版的各种中医典籍和它们的英译本以及有关的中医药辞典，在中国花了很长时间对其进行复原。尽管译者做了大量而扎实的考证工作，但因为专业背景的缘故，在具体名词翻译的过程中产生了仁者见仁智者见智的答案，读者需要鉴别使用。

（一）《中国植物志》的影响

卜弥格《中国植物志》1656年12月在维也纳出版，是欧洲发表的第一部关于远东和东南亚大自然的著作，其影响是不言而喻的，2009年9月26—30日，德国《华裔学志》杂志社与波兰克拉科夫孔子学院在Ignatianum大学举办了“17世纪波兰耶稣会士在中国”的国际会议，会议中有与会学者研究了卜弥格《中国植物志》对欧洲启蒙运动的影响[1]。

（二）《单味药》的影响

《单味药》（*Medicamenta Simplicia, quae Chinensibus ad usum Medicum adhibentur*）收录289种药物，内容涉及药物的药味、药性、归经、毒性、功效主治，部分药物尚有炮制方法、用药宜忌等介绍。

1.向西方介绍了中国药物的归经理论

归经是药物作用的定位概念，表示药物的作用部位。中药归经理论萌芽于《黄帝内经》，“五味所入，酸入肝、辛入肺、苦入心、咸入肾、甘入脾，是谓五入”。

金元时期是形成期，易水学派张元素重视十二经辨证，在《珍珠囊》一书中，对脏腑辨证进行了深入研究，倡导“药物归经”和“引经之说”，正式提出“归经”这一说法，其学生李东垣在《珍珠囊补遗药性赋》中“手足之阳表里引经主治例”对十二经引药做了修改和补充，提出“十二经泻火药”理论，称为“诸药泻诸经之火

[1] 韩琦：《“17世纪波兰耶稣会士在中国”国际会议在波兰克拉科夫召开》，《自然科学史研究》2010年29卷第1期，第128页。

邪”[1]，李氏学生王好古《汤液本草》用经名“太阳”“太阴”“少阳”“少阴”“厥阴”“阳明”定位。

明清时归经学说得到了丰富和发展，明代刘文泰《本草品汇精要》一书专设“行何经”，经名仍为三阴、三阳，贾久如《药品化义》、李中梓《雷公炮制药性解》，皆用“入某经”，用经名均为五脏六腑之称。《本草纲目》参考了洁古的《珍珠囊》，在此基础上有所增订，列有“引经报使”，但是在书写习惯上未单列归经。

清代以前中药归经用语并不一致，主要有“行经”“入”“走”“归”及某药为某经药等，至清代沈金鳌《要药分剂》统一规范，首次启用“归经”作为药性名词提出，单独立项列于“主治”项后说明药性，采用五脏六腑之名。

考《单味药》书写习惯，每味药都有药物归经记载。与李中梓编的《雷公炮制药性解》的书写习惯有相似之处。

2.向西方介绍了中国药物的炮制方法

我国第一部中药炮制学专著是《雷公炮炙论》，原书已佚，其佚文多存于《证类本草》中，据统计多达240余条。明代多种本草书中均附入此书佚文，以雷公炮制冠于书名之首，如《雷公炮制药性解》《新刊雷公炮制便览》等，但此类书均非《雷公炮炙论》辑佚本，仅收部分佚文而已。

明代李时珍的《本草纲目》载药1892种，其中有330味中药记有“修治”专项，综述了前代炮制经验。在330味药物中，载有李时珍本人炮制经验或见解的就有144条，其中很多药物，如木香、高良姜、茺蔚子、枫香脂、樟脑等的炮制方法都是李时珍个人的经验记载，其中多数制法，至今仍为炮制生产所沿用，如半夏、天南星、胆南星等。

《单味药》中详细描述炮制方法的一共有18味药。其中说不清怎么排除其中的毒素的药物有2味：157硫黄和223牙皂。与《本草纲目》所记一样的炮制方法有7味，其中明确提出“九蒸九晒”的药物，有2味：黄精和生地黄。

和《本草纲目》相比，《本草纲目》未载或与《本草纲目》所记炮制方法不一样的药物有9种：炮制是为了减毒的药物有6味，炮制是为了便于服用的药物有3味。

3.向西方介绍了中国药物的畏反理论

杨环等[2]考证中药“十八反”歌诀源流指出，“十八反”歌诀药物主要源自《本经》与《集注》，歌诀在宋金元初步定型，在明代内容和形式得到丰富和发展。

明代《本草纲目》记载了“相须相使相畏相恶诸药”，其中人参畏五灵脂，甘草

---

[1] 李东垣著，伍悦点校：《珍珠囊补遗药性赋》，北京：学苑出版社，2011年，第118页。

[2] 杨环、范欣生、卞雅莉等：《中药“十八反”歌诀源流》，《中华医史杂志》2013年43卷第2期，第76—79页。

恶远志，紫参畏辛夷，贝母恶桃花畏秦艽莽草礜石，甘遂恶远志，大戟恶薯蓣畏菖蒲芦苇。

卜弥格向西方介绍中国药物的畏反共计有10味药，列之如下：人参不能和藜芦一起使用，甘草不能和藜芦、豨莶草一起使用，沙参不能和藜芦或甘草一起使用，紫参不能和藜芦以及甘草一起使用，赤芍作用和藜芦相反，玄参不能和藜芦以及甘草一起使用，贝母作用和乌头相反，甘遂不能和甘草一起使用，大戟不能和甘草、芫花、海藻一起用，苍术不能和白术一起使用。

四、结论

在东亚文化圈中，中医中药常作为交流桥梁，如“在中越文化交流史上，中医中药作为一个重要的纽带，成为增强两国人民之间友谊发展的重要工具”[1]，而在中西方文化的互动中，中医药为“异”，卜弥格好奇于东方医学，因而不吝笔墨，极力向欧洲介绍中国可贵的医药学经验。与宋元相比，明末清初时期中学西传的影响力不再如从前那般深远，而西学东渐带来的近代科学思维的启蒙正在发生。耶稣会士不仅给中国带来新的知识，而且将中国的知识介绍给西方。卜弥格一方面查阅了大量的本草典籍，另一方面结合自己实际经验，在《单味药》一篇中向西方介绍了中国本草的特点。然而，因为卜弥格英年早逝，很多著作被他人剽窃后发表，属于他个人的影响力并不被医史学界所重视。

（作者单位：孙灵芝，北京中医药大学中医学院；
王国为，中国中医科学院中医基础理论研究所；
梁峻，中国中医科学院中国医史文献研究所）

[1] 马达：《历史上中医中药在越南的传播和影响》，《医学与哲学：人文社会医学版》2008年29卷第3期，第61—62页。

16至17世纪欧洲科学家视野下的中国医学*

高　晞

16世纪由欧洲传教士、旅行者和商人开启的东西方文化交流，一度引起欧洲知识界对中国历史文化的强烈好奇心，他们称东方为“异趣之地”，将中国的事物视为“奇趣异闻”。在他们从中国带回欧洲的各种异域珍宝如茶叶、瓷器、药物和植物标本等物品之外，还有诸多大部头多卷本的汉文书籍。1575年西班牙粤古斯丁会修士马丁·德·拉达（Martín de Rada，1553—1578）访问福建后写下《记大明的中国事情》：“我们得到各种出版的学术书籍，既有占星学也有天文学的，还有相术、手相术、算学、法律、医学、剑术，各种游戏，及谈他们的神的。”[1]1586年，西班牙粤古斯丁会另一位修士门多萨（Juan González de Mendoza，1545—1618）在《中华大帝国史》中谈到拉达返欧洲时带了数量可观的汉籍，其中有“许多医书和本草书籍，包括上古和后世医家的著作，内容涉及他们如何观察疾病、治疗病人的疾病，以及如何制造药剂对付疾病和人体虚弱。”[2]此外，当时主宰东西方贸易的荷兰东印度公司会留给员工一个小金库，让他们购买少许东方物品回到欧洲交易，作为补贴。当船回到阿姆斯特丹港时，员工会将其在福建购买的书籍，在当地出售，这类图书被称为“阿姆斯特丹文集”。1605年在阿姆斯特丹曾有场中国书籍的拍卖，这些书籍如今分散在欧洲各图书馆和私人收藏中，其中有一大部分被牛津大学博德利安图书馆（Bodleian Library）所收藏。因为语言的障碍，西方图书馆馆员根本无法甄别这都是些什么书。1687年整个夏天，一位来自南京的中国人沈福宗受牛津大学博德利安馆馆长、东方学者托马斯·海

* 本文原载于《复旦国际关系评论》2018年02期。基金项目：国家社会科学专项基金——19世纪前欧洲科学家和汉学家视野下的中医西传研究（项目编号：批准号2018VJX066）。

[1] [英]博克舍编，何高济译：《16世纪中国南部行纪》，中华书局2002年，第211—212页。

[2] Edit by Sir George T. Staunton, Juan González de Mendoza, *The History of the Great and Mighty Kingdom of China and the Situation Thereof*, London; printed for the Hakluyt Society,1853, pp.135.

德（Thomas Hyde，1636—1704）[1]之邀在牛津大学整理该馆所收之中国书籍，编写目录，沈福宗发现图书馆的中文书中“有一些是儒学著作，但大多数是医学书籍。”[2]据后人统计，17世纪前牛津大学博德利安图书馆所藏的中医书籍有：《徐氏家传捷法针灸》、《编注医学入门》、《重广补注黄帝内经素问》、《黄帝内经灵枢》、《新刊古今医鉴》（万历中金陵书林周曰校刊）、《医方考》、《本草蒙筌》、《太医院补遗本草歌诀雷公炮制》、《重修政和经史证类备用本草》、《新刊万病回春》、《增定便攷万病回春善本》、《补遗雷公制便览》、《小儿良方全婴》、《丹溪心法附余》、《药方》、《类编伤寒活人书括指掌图论》等，这些书刊由金陵书林唐少桥刊、金陵书林富春堂刊、建阳书林刊和金陵书林周曰校刊等书坊刻印。[3]沈福宗还在巴黎帮助过巴黎皇家图书馆馆员、东方学者、地图绘制者、旅行作家、医生特维诺（Melchisédech Thévenot，1620—1692）整理过该馆所收之中文书籍。[4]1682年沈福宗抵欧洲时，还随身携带了40余部汉籍。在罗马教皇召见时，他将这批图书赠送给了梵蒂冈图书馆，成为该馆拥有的早期汉籍藏本。[5]目前该馆所藏中文书籍中有32部医学文献，其中15部是明末清初的刻本，是否有沈福宗所赠之书，不得而知。[6]

显然，无论是商人或是传教士，在选购汉文书籍时，除中国经学文献，他们都偏爱医学书籍。但是这些以中文描绘的知识图景对欧洲学界，尤其是医学家和博物学家来说，却是一个难以进入的世界。所以，在17世纪初期欧洲知识界关于中国文化与知识的信息还要依赖于传教士的报道和游行者的游记，以及由欧洲境内传教士根据不同报告编写的中国书籍，其中意大利耶稣会传教士卫匡国（Martino Martini，1614—1661）的《中国新地图志》（1655）、葡萄牙耶稣会传教士曾德昭（F.Alvarez Semedo，1585—1658）的《大中国志》（1655）和德国耶稣会基歇尔（Athanasius Kircher，1601—1680）的《中国图说》（1667），他们对中国的描述构成欧洲汉学家、哲学家和博物学家研究中国的基本素材。[7]

---

[1] 托马斯·海德，牛津大学博德利安图书馆馆长，精通土耳其语、阿拉伯语、马来语、波斯语、希伯来语，亦通汉语，英国宫廷东方语言翻译，向欧洲介绍围棋和中国象棋。他与沈福宗的交往的这段经历最受学者关注，参见William Poole, “The Letters of Shen Fuzong to Thomas Hyde,1687-1688”, *The Electronic British Library Journal*, 2015 articles, http://www.bl.uk/eblj/2015articles/article9.html, 登录时间：2018/05/27. 关于沈福宗与欧洲学界的交往研究可参见，韩琦：《17、18世纪欧洲和中国的科学关系——以英国皇家深支和在华耶稣会士的交流为例》，《自然辩证法通讯》1997年第3期，第47—56页；潘吉星：《沈福宗在17世纪欧洲的学术活动》，《北京教育学院学报》2007年第3期，第1—8页。

[2] Edited by Thomas Birch, Robert Boyle, *The Works*, London,1772, Vol. VI, pp.574-575.

[3] David Helliwell, *Chinese Books in Europe in the Seventeenth-century*,27 June,2017.

[4] Nicholas Dew, *Orientalism in Louis XIV's France*, Oxford, 2009, pp.205-233.

[5] 潘吉星：《沈福宗在17世纪欧洲的学术活动》，《北京教育学院学报》2007年第3期。

[6] 此医籍书单由梵蒂冈图书馆余东女士提供。

[7] 卫匡国和曾德昭者曾有中国生活与传教的经验，基歇尔是未到过亚洲。但他在1667以拉丁文的《中国图说》（*China monumentis, qua sacris qua profanis, nec non variis naturae & artis spectaculis, aliarumque rerum memorabilium argumentis Illustrata*）在欧洲影响非常大，1670年出版法文版，之后有德国文版和英文版。

上述著作中多少会涉及一些中国医学的记录，但没有医学专著和译著。明末清初，在东方传教与工作的欧洲人开始着手编译中医书籍，出生于波兰御医家庭的传教士卜弥格（Michel Boym，1612—1659），被认为是第一个研究并向欧洲介绍中国医学秘密的欧洲人，[1]1652至1653年他以拉丁文编写图文并茂的《中国植物志》，1656年在维也纳出版。这是欧洲出版的第一部中国植物学专著。其中收录29种生长在东南亚和中国的动植物，有柿饼、榴莲、椰子、槟榔、芭蕉、荔枝、蒲桃、波罗蜜、芒果、枇杷、臭果、胡椒、桂皮树、太黄、茯苓、生姜等植物。对每种植物，卜弥格都仔细描述其葡萄牙或拉丁文和中文名称、生长区域、形质特征、药物制作方法、治疗的疾病和销售情况。1663年该书被特维诺收录在他编辑的法文版《旅行导论》（*Relations de Divers Voyages Curieux*）中。同时卜弥格开始将中国脉学理论、中国最早的舌诊专著——元代《敖氏伤寒金镜录》翻译成拉丁文。1659年卜弥格不幸病逝于广西，他翻译的医学手稿由比利时传教士柏应理（P. Couplet，1623—1693）带到欧洲传教士来东方的中转站区——巴达维亚（今马来西亚的雅加达），而在此地工作的荷兰东印度公司德国医生、博物学家卡莱耶尔（Andreas Cleyer，1634—1697）自1670年代起就一直在编著一部中国药物志（*The Chinese Herbarium*），同时也在撰写关于中医的专著，他邀请柏应理与他合作，柏应理向他展示了卜弥格的手稿。[2]1671年一部讲述中医脉学的《中医秘密》（*Les Secrets de la Médecine des Chinois*）在法国横空出世，标题说这是一位法国人从中国带回来的技术，这是在欧洲出版的第一部关于中医的专著，近代学者研究认为此书内容实来自卜弥格手稿。[3]1682年卡莱耶尔所著之《中医指南》（*Specimen Medicinae Sinicae*）在德国汉学家门采尔（Christian Mentzel，1622—1701）的帮助下于法兰克福出版，该书全面介绍中医理论、舌诊诊断学、脉学的专著；1683年在日本的荷立东印度公司医生瑞恩（Willem ten Rhijne，1647—1700）编译的《针灸》（*Dissertatio de arthritide: Mantissa schematica: De acupunctura: et orationes tres*）在伦敦出版，东方的针灸术第一次有了西文名称（acupunctura）；1686年门采尔在纽伦堡科学年鉴上发表以卜弥格、卡莱耶尔共同署名的《中医钥匙》（*Clavis medica ad Chinarum doctrinam de pulsibus*），一部关于中医脉学的专著。这些著作涉及中医脉学论断、舌诊与针灸治疗。现代学者研究显示，除《针灸》一书之外，上述在欧洲出版的三部中医书或是卜弥格的手稿，或是剽窃卜弥格的著作，但卡莱耶尔《中医指南》

[1] 黄一农：《锈斑蟳与〈王子皈依记〉》，《科学人》2002年第10期，第32页；张西平：《交错的文化史——早期传教士汉学研究史稿》，学苑出版社2017年，第412页。

[2] Edited by Jerome Hendricks, C.I.C.M. *Philippe Couplet, S.J. (1623-1693), The Man Who Brought Chinese to Europe.* Steyler Nettetal 1990, pp.108,117.

[3] 伯希和认为此法国人即卡莱耶尔，[法]伯希和：《卜弥格补正》，载冯承钧译：《西域南海史地考证译丛》第三卷，商务印书馆1999年，第234页。

出版早，且内容全面，因此影响最深，直至近代，学术界才将此功记归于卜弥格。[1]

剽窃固然是种极不道德的学术行为，但却从另一个侧面反映出那个时期欧洲人对中国医学的好奇心和关注程度。自17世纪六十年代起，欧洲的科学家、博物学和东方学者对东方文化由猎奇转向问题式研究，1662年成立的英国皇家学会，其两位早期创建人波义耳（Robert Boyle，1627—1691）和胡克（Robert Hooke，1635—1703）将他们对中国问题的思考用于他们的科学研究和实验中，而其会刊《哲学汇刊》（*Philosophical Transactions*）自1666年到 1774年，先后刊登的34篇与中国相关的介绍和研究型文章，其中多与地理、气候、天文学、博物学和医学相关。[2]1684年9月法国学者交给从中国回到欧洲的柏应理一份清单，提出34个关于中国知识的问题：中国历史和历史学家的真实性、中国地理和政区分布、中国科学、中国动物和鸟及与欧洲相比较、中国女性的地位、中国宗教、刑法、当地的风土人情和习俗，具体包括：植物、饮料、鸟类、家禽、武器、军队、节日、织物、瓷器、运输、建筑、矿产、妇女、奴隶、法律、刑罚制度、宗教、长城、要塞、国税、气候等，其中科学的部分涉及数学、历学、音乐和医学等。[3]

17世纪80年代十年间三部西文中医专著的连续问世，以西语将中医切脉术、舌诊术、针灸治疗以及中医方法与理论等专业知识传入欧洲，将欧洲的中国热推到一个小高潮。[4]该时期欧洲科学界对中国科学与文化的研究，以及与中国社会的互动，已有学者做专门研究。[5]本文仅讨论17世纪欧洲科学家对中医的认识，并以英国科学家、化学家波义耳和英国科学家、博物家胡克对中医的研究与实验为例，分析西方科学家视野下的中国医学。

一、东西各表：东方传教士与欧洲科学家视野下的中医

17世纪欧洲知识界对中医的理解和认识，必须从东方的传教士和欧洲科学家或博物学家两个层面考察，因为基于不同社会背景、学术旨趣和研究目的，他们两者视野中的中国医学是有差别的。传教士是中医自东徂西的传播者，他们的中医知识往往建立在亲身经历的经验基础上，甚至可能直接受到中国医生的影响，他们关于中医的叙事会掺杂诸多个人的经历和体验，他们的著作中充满了感性成份，通常以展现中医诊

[1] 张西平序，[波]卜弥格著，[波]爱德华·卡伊丹斯基（波兰文翻译），张振辉、张西平（中文翻译）：《卜弥格文集——中西文化交流与中医西传》，华东师范大学出版社2013年。

[2] 韩琦：《17、18世纪欧洲和中国的科学关系——以英国皇家学会和在华耶稣会士的交流为例》。

[3] "Questions A Proposer Au R. P. Couplet Sur Le Royaume La Chine(I)," in Virgile Piont, *DOCUMENTS INÉDITS RELATIFS A LA CONNAISSANCE DE LA CHINE EN FRANCE DE 1685 A 1740*, Paris,1932, pp.7-9

[4] William Poole, "Vossius, Hooke, and the early Royal Society's Use of Sinology," in John Robertson and Sarah Mortimer(eds.), *The Intellectual Consequences of Religious Heterodoxy 1600-1750,* Leiden,2012, pp.135-53.

[5] 参见上引韩琦论文。

疗的奇迹效果为诉求点。相对而言，尽管欧洲科学家只能依据传教士报道或是卜弥格等人的译著提供的知识信息了解中医，但依然需要考察科学家是在怎样的知识背景和学术框架下讨论与分析中国医学的，中医知识体系中哪个部分最吸引他们？为什么？

当西语的中医专著尚未放到在欧洲科学家的桌上时，曾德昭《大中国志》中所介绍的中国医学内容，成为17世纪欧洲学界汲取中医知识的主要素材。[1]首先，曾德昭给欧洲人树立了一个中国的医学情况非常好，欧洲医生的水平不及中国医生的印象，“因为他们有大量的古代医学著作，有自己的学术权威，我们还未达到他们的水平。”其次，中国的治疗术与欧洲的有所不同：

> 他们不放血，不使用放血杯，不使用糖浆、催吐剂和药片，他们很少用烧灼术、流汁和药性很强的药物。他们只用草本药物：植物、根、水果、种子，这些物质都干后使用。

中国医生使用的药材不限于本省，在城市或城镇都有专营药材的市场，可购买到其他地区的药材。当地药店备有充足上好的药材供中医药师使用。涉及药材的使用，曾德昭发现中国人是不开处方的，对每一位来访者，医生直接给来访病人配好的药材，中国医生不使用瓶子或玻璃杯，“医生通常会伴有一个提着药箱的小童，药箱有五个抽屉，每个抽屉又分成超过40小方格，里面盛有磨碾的药材。”

此外，中国医生会：

> 阻止病人喝水，可喝煮过的水或是茶，但他们不许病人吃饭。如果病人觉得饿，医生允许他们吃些温和的粥，如果病人不饿就不会让他吃。中国医生说，人生病，他的胃也就不能好好运作了。如果病人的病治不好，就换医生或医生送病人给另一个医生。就如常见的方式，病人会在三四天后痊愈。

耶稣传教士关于中医知识介绍，以及他们与英国《哲学汇刊》的通信，吸引了欧洲学界对中国医学的关注。1666年7月30日英国皇家学会会员、科学作者比勒（John Beale，1608—1683）致信波义耳：“特别当我看到了《哲学汇刊》第14期第249页第5部分内容后，我感到充满希望。这使我想到，耶稣会传教士（据说他们有驻扎在中国的会员）可以给予翻译中国有关本草、植物、金石方面的主要书籍以及医学、化学等

---

[1] F. Alvarez Semedo, *The History of the Great and Renowned Monarchy of China,* London,1655, pp.81-82,下面未出注部分均引自这两页内容。

方面（旧的或新的）书籍。”[1]

波义耳是英国皇家学会创建人之一，因其所著之《怀疑派的化学家》一书和“波义耳定律”而著称于世，被誉为近代化学奠基人。在方法论上，波义耳开创了科学史上具有里程碑意义的实验科学研究，作为科学家团体和实验科学的开拓者，波义耳无疑是17世纪欧洲科学界和知识界的代表。在波义耳的科学研究中有一项内容是医学实验，他通过对西方传统医学文献和理论的研究，将其中的方法论应用于他的自然哲学实验探索，另一方面他反过又将实验方法应用于他的医学研究和医学书籍的写作。[2]波义耳还一度担任荷兰东印度公司主任，这一经历可能拓展他的科学研究视野，主动从东西方科学与哲学比较角度阐述他的理论，这一特点可从他的科学论文《关于实验自然哲学用途的思考》中得以证实。[3]

1663年波义耳在伦敦出版《关于实验自然哲学用途的思考》第一卷。全书分为两个部分，第一部分他由自然哲学角度探讨人类的精神思想，以此阐述他对上帝存在的看法；第二部分转向实验自然哲学在医学的应用，探讨“自然知识对于增强人类力量的益处，诸如康健的身体和美好的未来。”[4]波义耳从医学生理学、医学病理学、疾病症状学、健康卫生学、治疗学等几方面阐述了他对实验自然哲学之于医学的思考。确切地说，这是一部医学思想史的专著，波义耳以医学理论、疾病治疗和维护健康等可实践的内容为载体，阐述他关于以实验方法研究自然哲学应用的思想，书中既有西方古典医学希波克拉底医学理论、盖伦的学术思想和当时欧洲治疗术的分析，也有对东方国家诸如波斯、印度、中国和日本医学理论和卫生文化习俗的比较研究。关于波义耳与中国科学的关系，已有学者做过充分探讨。[5]前人的相关研究为本文探索“欧洲科学家视野下的中医”题目提供了极好的线索，本文侧重探讨前面学者未曾深入研究过的波义耳的中医观。

波义耳关于中国医学的论述，在整部书中所占比例并不多，却充分代表了他对中国医学乃至东方医学的看法。如何理解波义耳对中医认识与评价，自然是从波义耳关于自然哲学的实验应用理论的整体框架下考察，分析他的中医知识来源、他是如何比较东西方医学知识间差异、他又是从哪个知识层面，理论还是技术，阐述他对中医的认识的？任何单独截取或断章取义波义耳对中医的溢美之词，都难于揭示波义耳的真

---

[1] *The Works*, Vol.VI，p.409.

[2] Lahtinen, Susanna’s Dissertation, “Experiments for Knowledge and Health: Robert Boyle and the Use Medical Experiment”, University of Helsinki, Finland, 20015.

[3] 该书现收入《波义耳全集》，见Robert Boyle, “Some Considerations Touching the Usefulness of Experimental Natural Philosophy”, in *The Works,* Vol. II, pp 5-246.

[4] *The Works*, Vol. II, p.64.

[5] 关于波义耳与中国科学的研究，参见曾敬民：《波义耳与中国》，《中国科技史料》1990年第3期；上引韩琦：《17、18世纪欧洲和中国的科学关系——以英国皇家学会和在华耶稣会士的交流为例》。

实思想，也势必会割裂波义耳对中医的整体认识。在波义耳的自然哲学框架中，中医是处在实践与应用层面的。在该书前三章论述医学理论，即波义耳分析医学哲学和对生命生理的认识时，未涉及到任何中国医学理论和中医哲学。这一方面是受制于他有限的中医知识，波义耳的中医信息来源主要是曾德昭《大中国志》、卫匡国的《中国新地图志》和卜弥格的《中国植物志》，这三部著作甚少涉及中医理论。另一方面，当时欧洲学界认为中国是一个没有哲学原理的民族，中国医生只有经验。[1]

中医首次出现是在波义耳讨论“医学中健康卫生学”部分，波义耳在此章中介绍了中国的酿酒技术和饮茶习惯。17世纪欧洲的卫生健康学概念与今天的卫生和健康并不完全相同，在体液学说理论的影响下，维护身体健康的方式是考虑如何摄入有滋养分效果的饮食。波义耳从酿酒、饮茶、食物、饮水和空气等诸方面，解释如何专业地维持健康的身体。一方面他强调“发酵理论”之与健康饮食的意义，探讨了饮料与营养的关系。“发酵”是种传统技术，但其将“发酵理论”于健康医学联系起来，在当时的欧洲还是新兴的理论。波义耳认为“发酵知识”对酿造有滋养效果的饮料非常有用，高质量的酒对病人或是好酒者都有益处，但“现在人们不重视既能有效保存酒质又能酿造出上品好酒的发酵理论。”另一方面，纯天然的和特殊的发酵理论能使人酿制出既无害又能使人愉悦的好酒。[2]波义耳介绍了印度传统酿酒法，发酵酿酒可用面包、土豆和大米，他分析了欧洲大陆各国的饮酒习俗。曾德昭书中曾记录过中国酿酒史和酿酒技术，波义耳就直接引用了，他介绍说中国人一年四季都能酿酒，用苹果、大麦和特别的米，中国的酒色香味俱全，酒既不烈也不轻，中国人喜在欢庆的时刻聚在一起饮酒，但不好醉酒。中国人也不喝葡萄酒。[3]

波义耳认为另一种值得赞欣的药用的饮料是“茶”，波义耳说自己对此没有多少经验，但知道饮茶最多的是中国人和日本人，在中国很少有人得痛风和结石病，是因为中国人长期饮茶的效果，而欧洲人没有饮茶的卫生习惯，因而波义耳说，欧洲人如果知道了中国没有痛风和结石的困扰，是因为饮茶的缘故，就不必计较茶叶昂贵的价格了。[4]

波义耳在向欧洲推荐中国酿酒技术和饮茶习俗时，几乎是完全照搬曾德昭的记录，一旦涉及东西方治疗术的比较研究时，波义耳便糅杂进自己的主观见解。波义耳对中医的介绍与分析集中在该书的最一章“治疗学”。17世纪欧洲治疗学的理论指导依旧沿袭传统的体液学，波义耳发现欧洲医生采纳泄出法治疗诸如疟疾和痛风时，并

---

[1] *The Works,* Vol. VI, pp.571-572.

[2] Ibid., p.104.

[3] *The Works*, Vol. II, pp.104-105.

[4] Ibid.p.107.

不完全有效。由此引出他在曾德昭书中读到中国医学：

> 他们的治疗不施行放血术，博学的瓦伦尼（Varenius）说，[1]日本医生也不施行放血术、不用放血杯、他们不用糖浆、催吐和泄下。他们都是用草药的医生，仅用草药、根、果、种子等等。然而曾德昭说，中国的医学状况非常好，阿尔梅达（Almeida）[2]也告诉我们，在日本医生也很受人尊重。[3]

东西方医学技术上的差异，在波义耳看来不难理解，问题是：

> 在这个地缘辽阔、高度文明和人口众多的国度里，医生不使用放血术、催吐剂和泄下法，但医生信誉好，疗效佳，这不能不引起我们的重视。

波义耳希望有更多的中国医书能让欧洲医生学习，“中国医生的医案和疗法可能教会我们新的东西，有助于论证我们目前讨论的议题。” 于是，波义耳进一步借题发挥：

> 我们也不该只从富有智慧的中国人所著的医书中，寻求在治疗术方面改进我们的医学。假如我们的医生具有更强的好奇心，并且留意观察和实验的话，也许他们所获得的知识，就不会只是微不足道地增加一点而已。这些观察和实验，一部分来自助产士、理发师、老妇人、经验主义医派和其他不识字的行医者的实践——在我们欧洲人的生活中，这些人从事的工作是被认为与医学相关的；另一部分是来自印度人和其他野蛮国家的人们所进行的医学相关实践，也包括我们欧洲的普通大众，他们是没文化和贫穷的，并且他们的生活中无法向正规的医生求治。[4]

如果将波义耳这段关于中医的论述单独抽离出来，我们会得到一种解释，波义耳对中医充满欣赏之情，这是我们通常希望看到的结果。但若放回到他关于自然哲学实

---

[1] Bernhardus Varenius（1622—1650），德国地理学家。曾在普鲁士柯尼斯堡大学（The University of Königsberg）和荷兰莱顿大学学习数学与医学，1649年在莱顿大学获得医学学位，定居阿姆斯特旦从事医学活动。他后来受地理学的吸引，转而研究地理学，著有《日本王国描述》（*Description of the Kingdom of Japan*,1649）和《普通地理学》（*Geographia Generalis*，1650），后者是他的经典代表作，建立了现代地理学的科学原则与标准。

[2] Luís de Almeida（ルイス・デ・アルメイダ 1525—1593），最早到日本的葡萄牙医生。

[3] *The Works*, Vol. II, p.162.

[4] *The Works*, Vol. II, p.162.

验应用理论的原始语境中考察，可能会得到另一种结论，他对中医技术的考察与评述是与他对欧洲医学技术的发展前景的思考直接相关的，他的诉求是希望借助一个“他者”的技术，刺激、鼓励欧洲医生多一点好奇心，对实验多一份兴趣而已。事实上，波义耳虽然相信曾德昭所说的，“在欧洲医生的书还未传到中国之前，中国医生有自己丰富的医学书籍，指导他们的医疗实践”，也读到曾德昭在书中列举的诸多医案，但他仍坚信“欧洲医生比中国医生更有学问”[1]，而完全无视曾德昭的观点。

同一种治疗技术，在传教士和欧洲科学家的不同知识背景和叙事动机面前，呈现出东西各表的不同阐述和结论。

波义耳对中医学的认识无疑受到资源的局限，不过，有学者认为热衷于炼金术实验的波义耳可能从卫匡国和曾德昭的著作中了解到中国炼金术，甚至从卜弥格的《中国植物志》和中国商人处中获取炼金术的原材料。[2]这或许是波义耳的科学研究在理论与技术层面唯一找到的可以与中国医学的相通之处。

二、脉学西传：旧术与新技的对话

如果说，中医没有体液学说，不用泄出法对付疾病已让欧洲科学家觉得不可思议的话，那么中国切脉术和针灸所表现出的神奇效应，迫使欧洲医生反思自己的传统医学，并尝试从欧洲既有的知识体系和方法论解释切脉术，甚至通过实验展示针灸的疗效，从而在技术层面展开东西方医术的对话。

曾德昭曾用相当长的篇幅介绍中国的脉学，以其经验判断“他们的脉学论断很有名。”但是他本人所有关于脉学的知识或是亲眼所见，或是道听途说，却没有任何中医文本的支撑和理论依据，都是经验之谈。曾德昭的描述如下：

> 中国医生从不向病人询问病情，哪里痛？头、肩或腹部。病人将双手放在脉枕或其他类似的垫物上，医生仅从病人双手上的脉搏感觉病情，或是观察脉搏的移动，好一会儿后，然后告诉病人情况。我并不是说他们对每一位病人所有的判断都是对的，或者医生能做所有的事，他们大多数不做研究或是知道的也不多，但是受过良好教育和优秀的医生很少会出错。江西有位神父因严重针刺而病倒，医生通过把脉就能告诉他疾病的所有变化，他的病情是更严重或有可能缓解。我还从葡萄牙人处听到相同的事例，确认中医把脉的效果。依据把脉的情况，医生配制相应的药物。……医生会给病人写下需要配多少水，怎样煮何时喝，多数情况下依照医生的做法是有效的。

[1] *The Works*, Vol, Ⅱ, p.162.

[2] 曾敬民：《波义耳与中国》，《中国科技史料》1990年第3期。

为了神化中医脉诊的效应，曾德昭又列举发生在一位神父身上的故事，以此见证他所言之可信度：

> 我讲一件发生在南京神父身上的事，他在监狱中生病，先后有两位医生来治疗，效果不佳，于是找一第三位颇有名望的医生，但医生不太愿意来监狱治疗，但最后来是来了监狱。他给病人切脉后，并施行了基本检查，病人胸前有许多斑点，事实上是麻疹。他开三帖药，第一帖早上喝，第二帖午后一小时喝，第三帖晚上喝。晚上神父的状态出现了变化，他说不了话来，甚至认为自己要死了。但第二天早上突然康复，中医来切脉后发现病人没有热病了，告知他已治愈，在完全康复前应该可以吃一些温和的东西，正如医生所言，神父很快就康复了。[1]

其实，被曾德昭神化了的中医脉术，早在利玛窦时代已经发现，利玛窦说："中国的医疗技术的方法与我们所习惯的大为不同。他们按脉的方法和我们的一样，治病也相当成功。"[2] 对于中医诊脉术的解释，出身于医学世家的卜弥格显然比曾德昭的要专业得多。无论是在东方还是西方，卜弥格都是当时罕见的可以贯通东西方医学的学者，他既熟悉欧洲医学经典，又对中国医学和本草学保持着浓厚的兴趣，唯有他可以从医学的本源比较东西医学的知识差异。卜弥格从学理上指出东西方切脉法之间的差异，"中国最早的医生黄帝的著作和希波克拉底的著作是完全不同的，中国的脉诊和盖伦的理论也是完全不同的。"他选译《黄帝内经》中的脉学理论、王叔和的《脉经》和《王叔和脉诊医病》的处方，试图探究脉诊是不是罗马医生盖伦（Aelius Galenus，129—216）在1500年前发明的。因为"中国人的确用了一种万能的手段，通过脉诊能治每一种病，首先了解病情，然后对它进行诊治。据我所知，除了他们谁都做不到这点。"[3]从方法上考察，东西脉学的差别在于西方只切左手脉的一个位置，而中国脉学不仅则要切左右双手，而且在手上有三个位置点，脉象还有深浅和重轻差异。卜弥格对中国医生切脉时的敏锐触感和精确论断佩服不已，认为中国的高超脉学技术几近不可思议。比如脉搏与时间的关系，盖伦研究了很久都不懂如何测定脉搏的时间，而中国人却找到了用时间计算的好方法。因此，卜弥格想知道"中国人是怎样看脉的不同的质量，它们的不同又表现在什么地方？他们又怎样通过发现脉与脉之间

---

[1] F. Alvarez Semedo, *The History of the Great and Renowned Monarchy of China,* p.82.

[2] [意]利玛窦、[法]金尼阁著，何高济、王遵仲、李申译：《利玛窦中国札记》，中华书局1983年，第34页。

[3] [波]卜弥格著，[波]爱德华·卡伊丹斯基（波兰文翻译），张振辉、张西平（中文翻译）：《卜弥格文集——中西文化交流与中医西传》，华东师范大学出版社2013年，第484页。

的联系，并利用这种奇怪的方法去预测病情的发展？产生不同脉象的原因是什么？”他带着诸如此类的问题去中医文献中寻找答案，并以问答方式将脉学理论和诊脉方法译介给欧洲。[1]

欧洲学者从传教士的报告中得出结论：中国医生具有“高度的脉搏测量技术，非精通其术者无法想象。”狄德罗在其《百科全书》中有“脉搏”一章，指出“所有旅行者的记载都显示，这个国度（中国）的医生具有神奇的脉搏测量技术。”1671年介绍中医脉学的小书《中医秘密》在欧洲出版，1673年欧洲就有解释脉学的专著问世，[2]作者是荷兰学者、古籍收藏家Isaac Vossius（1618—1689），他又是一位中国文化迷，深信中医脉学。[3]Isaac Vossius显然是一位厚古薄今的学者，他不仅痴迷古老的东方文化，还认为欧洲医学今不如昔。因为切脉术欧洲古已有之，当年盖伦对脉学的好奇心就远远超过现在的医生，并以中医懂切脉术，批评当代欧洲医生的无知。[4]

Isaac Vossius的观点影响到英国皇家学会的部分会员，使人相信欧洲古代医生深谙脉学这门智慧的技术，古代医生比现代医生更了解脉搏信息，亦更多使用脉学。[5]1683年7月14日托马斯·海德致信波义耳，说牛津大学有位医生听到许多关于中国切脉学技术的事，又读了Isaac Vossius的专著，想了解脉学的神谕，以及中医脉学尤其是脉学诊断方法是从何推断出来的。牛津医生和海德一致承认中国脉术在某些方面很精彩。首次，中国人远在四千年前就发现了血液循环，比欧洲人梦想得都早，脉学理论说明中国人能正确地认识到血液循环是始于肺和终于肝的。其次，中国人感觉脉搏的原则是合理的，而这点西方学者没有观察到，中国医生精确地观察到了呼吸与脉搏间的均衡关系。[6]

但是牛津医生认为中医对脉学的解释是错误的，计算的循环次数也是错的，甚至认为中医将诊脉疗法与日、月连在一起很荒谬的。最后得出的结论是这些技术都是由荒谬推论积累起来的，因为“一个原本没有解剖学、哲学思想甚少的民族不可能获得这样的解释。”[7]

16、17世纪欧洲医学正进入由传统自然哲学向近代实验科学转型的突破性阶段，这表现在人体解剖学和实验生理学两大学科的建立，以人体解剖替代动物解剖建立的解

[1] 关于卜弥格的脉学研究参见，高晞：《15世纪以来中医在西方的传播与研究》，《中医药文化》2015年第5期。

[2] Isaac Vossius, *De poematum cantu et viribus rhythmi,* Londini Scot :1673.

[3] William Poole, “Vossius, Hooke, and the early Royal Society’s Use of Sinology”.

[4] Isaac Vossius, *De poematum cantu et viribus rhythmi,* p.68.

[5] Thomas Birch ed., T*he History of the Royal Society of London for Improving of Natural Knowledge,*4 vols. London:1756-1757, Vol. IV, p.120.

[6] *The Works,* Vol. VI, pp.571-572

[7] Ibid.

剖学，为探讨身体各个部位与疾病和生命的关系提供了知识基础；1628年英国医生哈维（ William Harvey，1578—1657）发现的血液循环论开创了生理学的实验研究方法。在对身体知识的探索领域，此时欧洲医学正在哈维的实验医学理论影响下逐渐从希波克拉底的体液理论和盖伦学说的逃离。牛津医生和海德对中医脉学的评判自然而然地建筑在这样一套学术体系和实验思想之上。比如，海德敏锐地发现中医不关注脑，脉说中没有脑部疾病的论断方法。从传教士记述中，海德了解到中国医生反对刺络（静脉）放血术，由此他推断出中医切脉术与身体知识之间不存在关联。海德甚至建议中医可以考虑切脉术与身体部位的关系，如此诊脉理论肯定可以有所改进。[1]对于中医理论中缺乏脑的知识，中国医生恰好是在同一时期意识到这个问题，利玛窦的《西国记法》中介绍到记忆在脑的概念，一度引起中医和士大夫检讨中国医学体系中没有记忆在脑的说法。

随着《中医秘密》《中医指南》《医学钥匙》和《针灸》等译著的出版，中医脉学在欧洲风靡一时，这是一场发生在欧洲的旧术与新技的对话，对17世纪的欧洲医学界，脉学诊断全然是一门新技术。对此，欧洲医生表现出两种态度，一种观点认为是此为古代欧洲的技术，只是在近代欧洲失落了，甚至有人认为，他们将再次相遇的由中国文明保留下的脉学，可能就是过去西方古代文明丢失的或是被篡改的概念。[2]另一种观点是将信将疑，因为从他们已有的理论与知识体系出发是无法解释这一现象的。海德表示，传教士书中记录的所谓中国医生能切脉诊断的神奇故事更不足信，中国医生的技术只有经验，没有哲学原理。[3]相对于中医没有解剖学的传统，此时的欧洲科学更在乎的是中医没有自然哲学思想，这是他们不信任脉学技术的根本理由。

17世纪关注中国医学的欧洲科学家人物中还值得一提的是英国博物家、胡克定律的发明者、英国皇家学会实验室总监、牛津大学教授胡克。他还是一个技术发明者，发明多种显微镜、发明英文细胞（cell）一词、著有《显微观察法》，1688年法国皇家科学院“国王数学家”来华，在他们随身携带的赠送给康熙的礼物清单中还有胡克的新作《显微观察法》。[4]

胡克在其科学生涯早期，受到波义耳学术思想的影响，他曾任波义耳的助手，协助他发明波义耳定律。或许是受波义耳的影响，或许是个人兴趣所致，胡克对中国科学、医学和语言都有所研究。1663年4月1日依据卫匡国的《中国新地图志》提供的信

[1] Ibid.

[2] Thomas Birch ed., *The History of the Royal Society of London for Improving of Natural Knowledge,*4 vols. London:1756-57, Vol. IV, p.120.Ibid.

[3] *The Works,* Vol. VI, pp.571-572.

[4] 韩琦：《康熙朝法国耶稣会士在华的科学活动》，载《故宫博物院院刊》1998年第2期。

息，他在英国皇家学会上宣读过介绍中国北京独轮车的论文，[1]并向科学界展示纸板制作的独轮车模型。[2]1685年胡克发表了关于中国的算盘的演讲，1686年他撰写了《关于中国语言文字的若干观察与思考》。[3]

1675年12月2日，在胡克的协助下，英国皇家学会上演一场中医灸术的现场实验，当日胡克的好友英国画家、皇家学会会员莫斯·匹特（Moses Pitt，1639—1697）在皇家学会会议上讨论了一种治疗痛风的新方法——点燃艾灸的中医灸术。胡克在当天的日记中记道："然后，他就在众人前展示灸疗的实验，就是在他身体上大概作了示范"。[4]匹特当时正翻译荷兰东印度医生关于用灸法治疗痛风的对话集，该书于1676年在伦敦出版。匹特本人还曾将他收藏的艾在书店出售，并随赠一份使用说明书。显然，胡克对中医针灸没有停留在兴趣爱好的层面，他参与决定了荷兰东印度公司外科医生瑞恩《针灸》一书出版的讨论会议，1680年在荷兰东印度公司外科医生瑞恩成为英国皇家学会通讯员，在日本行医的瑞恩学习了中国针灸术和脉学知识，正以拉丁文编译《针灸》，并与皇家学会会员通信讨论针灸和脉学。1682年胡克参加了皇家学会组织的关于瑞恩著作的报告会，此次会议最终决定由皇家学会印刷并在伦敦出版这部关于针灸治疗关节炎、脉学的专著——《针灸》。[5]至此，"针灸（acupunctura）"作为一个新兴的名称和疗法进入欧洲知识界和医疗市场。学界一般认为针灸术是瑞恩从日本传到西方去的，但在瑞恩的著作中有四幅人体穴位插图，分别为两幅亚洲人和两幅欧洲人，其中两幅亚洲人体插图标识为中国人，《针灸》非常明确地说明针灸是中国的医术。

此外，据李约瑟研究，胡克在17世纪后期所设计的光的波动实验有可能是受到中国传统科学思想的启发。李约瑟认为中国传统的科学思想是受波而非粒子概念支配，这是因为中国人认为自然界无处不在的阴和阳这对相互影响基本力，是以波动或脉动方式产生远距离效应。中国人奠定的波动概念，需要有科学家将概念设计为实验，再建立科学假说，这项工作最后是由胡克与荷兰物理学家惠更斯（Christiaan Huygens，1629—1695）设计的实验得以实现的，李约瑟认为，胡克的研究可能受到了中国人影响。[6]这位中国人就是随柏应理来到欧洲的沈福宗。

---

[1] Thomas Birch ed., *The History of the Royal Society of London for Improving of Natural Knowledge,* Vol. I, p.216.

[2] Ibid., p.333.

[3] Robert Hooke, "Some Observation and Conjectures Concerning the Character and Language of the Chinese", *Philosophical Transaction*,Vol.16,1687, pp.63-78.

[4] H. W. Robinson and W. Adams, eds., *The Diary of Robert Hooke M.A., M.D., F.R.S. 1672-1680.* London:1935, p.197.

[5] Thomas Birch ed., *The History of the Royal Society of London for Improving of Natural Knowledge,* Vol. IV, pp.119-120.

[6] 李约瑟，潘吉星译：《中国有机论自然哲学波动理论》，载潘吉星主编：《李约瑟集》，人民出版社1998年，12—13页。

三、结论

1682年随比利时传教士柏应理抵达欧洲的南京人沈福宗，被认为是清初通晓拉丁文的少数中国学子之一。他在欧洲期间除了受到罗马教皇、英法两国国王接见，还结识了欧洲的科学家和汉学家，就中国语言文字、儒学、宗教等学问进行交流，帮助东方学家从事汉学研究。1687年5月3日波义耳在家中接待过沈福宗，波义耳向他询问自己所关心的中国问题，比如中国文字有多少词汇，中国语言和满文等。[1]沈福宗也和胡克喝过茶，多次在伦敦和牛津会面，就中国语言、历史、哲学和科学技术问题进行交流。[2]

胡克和波义耳是17世纪欧洲科学界由传统自然哲学向近代科学转型的进程中的代表性人物，他们在建构各自的学术体系和设计实验项目时，都曾将目光投向中国医学，从文本中寻找东方知识和技术的资源和信息，以异域的知识与技术为参照系，审视欧洲传统的学术体系。相对欧洲自然哲学体系，初踏欧洲的中国医学，无论是有利健康养生的酿酒技术、还是饮茶习俗，无论是诊脉还针灸，都是一种新技术、新方法和新经验的代表，更因为沈福宗在恰当的时机恰当的地方出现在欧洲科学家的面前，[3]在东西方学者间展开一场真正的、面对面的知识对话，正如胡克所言：

> 目前我们还只是刚刚跨入这个知识领域的边缘，然而一旦有了新的认识，就会在我们面前展现一个迄今，只被神奇般加以描述的知识王国，并使我们有可能同这个王国内古往今来最优秀和最伟大的人物进行对话。[4]

17世纪发生在欧洲大陆的这场东西方医学与科学的对话，对今天中医再次走向世界是否有启示意义呢？

（作者单位：高晞，复旦大学历史系）

[1] 一般以为沈福宗是由海德在1687年7月20日介绍给波义耳的，最新研究发现，早在海德向波义耳推荐前，沈福宗已在1687年5月3日去波义耳家里拜访Royal Society, Boyle Papers 21,288(4 May 1687)，该信称"昨天有一位华人来拜访。"转引William Poole, "Heterodoxy and Sinology: Isaac Vossius, Robert Hook, and the Early Royal Society use of Sinology", in Sarah Mortimer and John Robertson edited, The Intellectual Consequences of Religious Heterodoxy,1600-1750,Brill,2012,pp.143-144.

[2] 潘吉星：《沈福宗在17世纪欧洲的学术活动》，《北京教育学院学报》2007年第3期。

[3] 潘吉星：《沈福宗在17世纪欧洲的学术活动》，《北京教育学院学报》2007年第3期。

[4] Robert Hooke, "Some Observation and Conjectures Concerning the Character and Language of the Chinese", p.63.

卜弥格《中国医术》：新发现、新思考、新结论*

［波兰］爱德华·卡伊丹斯基 著　王　琰　解昊川 译

译者按： 卜弥格（Michael Boym，1612—1659），波兰耶稣会士。卜弥格与中国历史有紧密的联系，曾受南明皇帝重托携国书出使罗马教廷，几番辗转漂泊，终于再返中国，却不幸在复命的最后一程溘逝广西。卜弥格对欧洲汉学发展有重要贡献，上承传教士汉学之渊薮，下启专业汉学之先声。一生著述丰富，涉猎广泛，包括中国动植物学、中医药学、地图学等。然而卜弥格著作手稿传入欧洲后多失落散佚，被他人侵占出版。本译文详述了卜弥格《中国医术》部分手稿资料的最新发现。该批手稿现存克拉科夫雅盖隆图书馆，初为勃兰登堡大选帝侯的中文图书馆藏书，由荷兰官员从耶稣会士柏应理处购得。手稿经历波折，背后的复杂故事生动记录了17世纪欧洲各强国和学术机构对中国医药的浓厚兴趣，同时也警示我们，卜弥格原著被侵占出版究竟是有人恶意剽窃还是紧张时局下的混乱之举，这个问题需要给出更加审慎的结论。原文刊于《通报》[Edward Kajdański, “Michael Boym’s Medicus Sinicus: New Facts, Reflections, Conclusions,” *T’oung Pao* 103, no. 4-5 (2017): 448-472.]，作者爱德华·卡伊丹斯基（Edward Kajdański，1925—2020），波兰著名汉学家，前波兰驻华外交官，著有《明王朝的最后使者卜弥格传》（*Michał Boym – Ostatni Wysłannik Dynastii Ming*）等。

30年前，我在《通报》上发表了《卜弥格〈中国医术〉》[1]一文，文中提到，就两部17世纪80年代欧洲出版的中医著作的原作者问题，学术界曾对沙不烈（Robert Chabrié）与伯希和（Paul Pelliot）[2]的观点提出过异议。

---

* 本文系国家社会科学基金项目“明代物质文化典籍英译研究”（项目号：21BYY070）的部分成果。

[1] Edward Kajdański, “Michael Boym’s *Medicus Sinicus*”, *T’oung Pao* 83, 1987,pp. 161-189，以下简称“Michael Boym’s *Medicus Sinicus*”。

[2] Robert Chabrié, “Michel Boym Jésuite Polonais et la Fin des Ming en Chine (1646-1662)”，*Contribution à l’histoire des Missions d’Extrême-Orient*. Ed. Pierre Bossuet. Paris, 1933, pp.228-234, 256；Paul Pelliot, “Michel Boym,” *T’oung Pao* 30, 1934,pp. 95-151，以下简称“Paul Pelliot”。

卜弥格是一位波兰耶稣会传教士，1644年抵达中国。当年，满族人已经攻占北京，建立清朝，开始了日后近270年之久的统治。明朝廷及其支持者退守中国南方，继续对满族开展抵抗。1646年，明朝末代宗室桂王朱由榔（1623—1662年）在肇庆登基，成为明王朝的最后一位皇帝，年号永历。

当时的永历皇室已皈依基督教，卜弥格任仕南明朝廷，并受命以特使身份出使欧洲，以求得到罗马教廷的道义支持和欧洲的军事援助。但卜弥格此行坎坷，在洛雷托修道院监禁四年才得以返华，葡萄牙人又禁止他从澳门登陆，卜弥格只得从越南东京（Tokin）奔赴流亡云南的永历政权，但由于旅途疲劳困顿，又染病在身，最终在与云南接壤的广西去世。

卜弥格是一位杰出的学者，是欧洲汉学的先驱之一。他在中国、欧洲居住期间，包括往返亚、欧两大洲的旅途期间，与随从郑安德肋（Andreas Zheng）共同翻译并独立撰写了多部有关中国历史、地理、动植物学、医学、药学、哲学和语言学的著作，但其中只有小部分以他的名字署名出版，大部分作品都被他人日后冒名问世。

我在文章《卜弥格〈中国医术〉》中指出，学界所讨论的两部中医药著作——安德烈亚斯·克莱耶（Andreas Cleyer）出版的《中医指南》（*Specimen Medicinae Sinicae*，1682）和《医学的钥匙》（*Clavis Medica ad Sinarum Doctrinam de Pulsibus*，1686），原作者均为卜弥格。这两本书本来是卜弥格医学巨著《中国医术》（*Medicus Sinicus*）的部分章节，原作于1658年从暹罗王国寄往欧洲。我还在文中指出，克莱耶出版的两本书中的内容既有卜弥格翻译的中文医著，也有卜弥格根据一些中文医学著作撰写的作品。关于卜弥格著作手稿的散佚以及原作被他人侵占的问题，我也在这篇文章中纠正了部分结论，并做了延伸讨论。

卜弥格这部医学著作原题名为"*Medicus Sinicus*"，该题名首见于1654年出版的《中国王室皈依略记》[1]的扩展本，其中提到了七部计划在欧洲出版的作品，其*Aduertissement au Lecteur*第六条中记载有以下题名："Medicus Sinicus seu singularis Ars explorandi pulsuum & praedicendi & futura Symptomata, et affectiones ægrotatium à multis ante Christum Sæcula tradita, et apud Sinas conseruata; quae quidem ars omnino est admirabilis & ab Europæâ diuersa"。高华士（Noel Golvers）教授数年前在罗马耶稣会档案馆的发现印证了这点，是卜弥格于1658年5月26日写给耶稣会总会长戈斯温·尼克尔（F. Goswin Nickel）神父的亲笔信中有所提及。卜弥格在信中告知耶稣会总会长，其

[1] Michael Boym, "Aduertissement au Lecteur," *Briefve Relation de la Notable Conversion des Personnes Royales, & de l'estat de la Religion Chrestienne en la Chine, faicte par le tres R. P. Michel Boym de la Compagnie de Iesus, enuoyé par la Cour de ce Royaume là en qualité d'Ambassadeur au S. Siege Apostolique, & recitée par luy-mesme dans l'Eglise de Smyrne, le 29. Septembre de l'an 1652*. Paris: Sebastien et Gabriel Cramoisy, 1654, p.72.

著作已经撰写完成，并正要寄往比利时 [书信原文为"Mitto in Belgium (placidum) librum qui titulus *Medicus Sinicus*"][1]。

本文分为四个部分，第一部分详述我寻找卜弥格佚失手稿的过程，第二部分介绍手稿内容，第三部分考证卜弥格医学著作散佚的历史过程；最后一部分探讨其他所谓"作者"如何将卜弥格作品据为已有。

一、寻找、发现尘封的卜弥格手稿

1985年，我研究卜弥格《中国医术》刚刚起步，当时对手稿的了解不多，只知道位于柏林的前普鲁士国家图书馆馆藏在二战期间有部分丢失，当中就有德国学者柯恒儒（Julius Klaproth）在19世纪初提到的多部中文典籍和手稿[2]。据柯恒儒记载，其中一份手稿"是中国医药的手写目录，写于红纸上，卜弥格还列有简短的拉丁文说明，这也在《中国医术》中有所记录"[3]，我确信这份手稿即卜弥格《单味药》（*Medicamenta Simplica*）的手稿副本，出自卜弥格《中医处方大全》（*Receptarum Sinensium Liber*）一书，但后来被克莱耶出版，名为《中医指南》。我试图向有关方面求证这部手稿是否存世，但他们称柏林图书馆曾毁于战火，这批手稿和书籍都可能已经不存。

然而，也有传言说柏林图书馆一部分藏书被送往波兰，保存在克拉科夫雅盖隆大学图书馆，后该传言得以证实。1941年柏林图书馆炸毁后，这些藏书从柏林运到下西里西亚的格鲁索（今热舒夫），1945年被波兰教育部代表发现，保管了这批藏书，最后运往克拉科夫秘密存放于雅盖隆图书馆，直到1981年才对外公布。

20世纪80年代查阅这些"闭架保存文献"是非常困难的，我通过波兰科学院介绍才得以阅览其内容。当时这些藏书没有目录，只有一些用打字机记录的书目清单，而且清单也不包括中文图书，可能因为图书馆里没有人懂中文，无法翻译书名或撰写简介。因此，我无法找到柯恒儒记载的那些手稿和书籍，随后也不了了之。但偶然的机会，我订购了一些缩微胶卷，在其中发现了几十张克莱耶在巴达维亚（今雅加达）绘制的素描，但没有发现任何与卜弥格相关的线索。

---

[1] 书信馆藏编号：ARSI Jap. Sin. 162, no. 206。根据高华士的描述，书信原件文字已难以辨识（罗马耶稣会档案馆所藏部分卜弥格手稿也有类似情况）。参考Noel Golvers, "Michael Boym and Martino Martini: A Contrastive Portrait of two China Missionaries-Mapmakers," *Monumenta Serica* 59 (2011): 259-271。高华士2009年将此文送至克拉科夫请我阅读，随后发表。

[2] Julius Klaproth, *Verzeichnis der Chinesischen und Mandschuischen Bücher und Handschriften der Königlichen Bibliothek zu Berlin* (柏林皇家图书馆藏汉文满文图书目录). Paris: Königlichen Druckerei, 1822，以下简称"*Verzeichnis*"。

[3] 同上，第180页（"Ein handschriftliges verzeichnis chinesscher arzenmittel, Auf Rothem Papiere Geschrieben, mit Andreas Cleyers Kurzer Lateinishen Beschreibung, Die auch Seiner Medicina Sinica Abgedrückt Est"）。

我之所以确信柯恒儒记载的手稿出自卜弥格，主要是因为卜弥格为《中医处方大全》撰写的两篇前言［两篇前言未见于1682年克莱耶出版的《中医指南》，但见于1686年卜弥格出版的《医学的钥匙》（*Clavis Medica*），但柯恒儒可能并不知道］。此外还有另一项重要的证据支撑，那就是手稿“写于红纸之上”。在明廷，只有高级官员才可以使用红纸，卜弥格在南明历仕三品，而且奉命出使欧洲，完全可以使用红纸。当时卜弥格携带的永历皇太后上罗马教皇书写于帝王所用的“黄纸”上，司礼太监庞天寿上罗马教皇书就写于“红纸”上。

离开克拉科夫之后，我放弃了寻找卜弥格这部手稿的想法，但在耶稣会会长高文伯神父（F. Hans Peter Colvenbach）的协助下，我得到了其他几部未公开手稿的复制件。2001年，我接受了北京外国语大学的邀请，参加卜弥格著作翻译项目，将我所收集的所有卜弥格已知著作都陆续译为中文，不论是拉丁文著作，还是未出版的手稿。翻译难度最大、耗时最久的是《中医处方大全》，方剂中涉及的287种植物药、动物药和矿物药都没有相应的汉语名称，只能根据葡萄牙语注音来辨别。这些著作集结成册后最终于2013年在上海出版，即今天的《卜弥格文集——中西文化交流与中医西传：中西文化交流与中医西传》（*A Collection of Michel Boym's Writings: Chinese and Western Cultural Exchange and the Westward Transmission of Chinese Medicine*）[1]。

然而，就在2010年，我读到了克拉科夫雅盖隆大学图书馆员莫妮卡·亚拉尔斯（Monika Jaglarz）的一篇文章[2]，在其中发现了雅盖隆大学图书馆“柏林旧藏”中文手稿的蛛丝马迹，相关内容如下：

> 中国手稿，共24部，中文为主，时间集中于17世纪。其中抄本21部，手卷3部。近半数为汉语语言相关著作，包括克里斯蒂安·门采尔（Christian Mentzel）编纂的九卷本字典和弗朗西斯科·迪亚兹（Francisco Diaz）编纂的字典。此外，还有中医和天文学相关著作。[3]

我随即联系了图书馆手稿文献部，询问中医手稿的有关情况，馆方同意我到雅盖隆图书馆查阅。但是由于其他工作，我一直没能前往克拉科夫。此后用了6年时间我才

[1] ［波］卜弥格著，［波］爱德华·卡伊丹斯基、张振辉、张西平译：《卜弥格文集——中西文化交流与中医西传》，华东师范大学出版社2003年。（由爱德华·卡伊丹斯基译为波兰文，张振辉、张西平译为中文）

[2] Monika Jaglarz, “Zbiory rękopisów i druków orientalnych z byłej Pruskiej Biblioteki Pa ń stwowej w Berlinie przechowywanych w Bibliotece Jagiello ń skiej” (前普鲁士国家图书馆馆藏东方手稿与印刷藏品现存雅盖隆图书馆), *Toruńskie Studia o Sztuce Orientu* 3, 2008,pp. 49-52.

[3] Monika Jaglarz, “Zbiory rękopisów i druków orientalnych z byłej Pruskiej Biblioteki Pa ń stwowej w Berlinie przechowywanych w Bibliotece Jagiello ń skiej” (前普鲁士国家图书馆馆藏东方手稿与印刷藏品现存雅盖隆图书馆), *Toruńskie Studia o Sztuce Orientu* 3, 2008,p51.

证实了自己的设想，即柯恒儒所说的“写于红纸上”的手稿以及他所列清单中的其他手稿，作者就是卜弥格。

而在20世纪80年代初，我正四处寻找卜弥格《中国地图集》（*Atlas of China*）的印刷本、缩微胶片，曾写信给克拉科夫的恰尔托雷斯基图书馆，得知他们的版画和地图部收藏有两张制作于17或18世纪的中国地图，年代未能确定。我去了克拉科夫，辨别出其中一张为明万历三十三年（1605年）印刷的明代疆域图[1]。这张地图存放于一个结实的皮箱里，皮箱上的手写铭文表明该图来自波兰卢布林，那是一座修道院林立的城市（包括耶稣会士修道院）。

波兰历史学家认为，波兰国王扬三世·索比斯基（Jan III Sobieski，1629—1696）曾经拥有过一幅中国地图，可能是由供奉明朝内廷的传教士带回波兰的[2]。图书馆方面并不清楚这幅地图的来源，但我惊喜地发现，这跟东印度公司约翰·萨里斯（John Saris）船长遗失的那张一模一样，这是欧洲第一张严格按照明代地图原件复制出版的中国地图。这张地图由萨里斯从位于万丹的英国东印度公司贸易站带回，并于1614年出售给英国地理学家理查德·哈克卢特（Richard Hakluyt），两年后，他将地图交由朋友塞缪尔·珀切斯（Samuel Purchas）出版[3]。后来，亚当·耶日·恰尔托雷斯基（Adam Jerzy Czartoryski）亲王得到了这张地图。在图书馆方面的帮助下，我进一步摸清了这之后这张地图的踪迹。由于恰尔托雷斯基与当时还是王子的沙皇亚历山大一世交好，于1804年被授予俄罗斯帝国外交大臣。一年后，恰尔托雷斯基派戈洛夫金伯爵（Golovkin）率领外交使团前往中国，并由其亲属，著名作家和东方学家扬·波托茨基（Jan Potocki）担任使团科学组的负责人。柯恒儒就在此行的使团当中，也从此开始了民族志和东方学的研究。几年后，在1824年的圣彼得堡召开的俄罗斯科学院会议上，柯恒儒提议将当时欧洲地图尚未绘制，但在这张地图上已经标注的18个黄海岛屿（今长山群岛）命名为扬·波托茨基群岛，这是使团在赴中国的途中发现的，柯恒儒希望以此举纪念这位在他最初的科学生涯中给予了支持的人。扬·波托茨基群岛这个名字在19世纪仍然出现在俄罗斯和法国的地图上。这个故事深深吸引了我，我开始阅读柯恒儒的传记，四处搜寻细节，后来在卢布林找到了波兰现存唯一的一本柯恒儒撰写的藏书目录，恰恰就在这本目录中，我发现了关于存于柏林图书馆（Bibliotheca Regiae Berolinense）卜弥格著作的线索。

---

[1] 此地图为孤品，中国本土亦无存世。

[2] B. Olszewicz, *Polska I Polacy cywilizacjach świata* (世界文明中的波兰与波兰人). Warsaw: Wyd. Głównej Księgarni Wojskowej, 1939, p.215; B. Baranowski, *Znajomość Wschodu w dawnej Polsce do XVIII wieku* (18世纪前波兰对中国的认识). Lodz: Uniwersytet Łódzki, 1950, p.234.

[3] S. Purchas, *Hakluytes Posthumus or Purchas His Pilgrimes*. London, 1625; rpt. Glasgow: Univ. of Glasgow, 1906, vol. 12, p. 471.

接下来的6年，我在波兰出版了4本书，并与中国同事共同翻译编写《卜弥格文集——中西文化交流与中医西传》。直到2016年4月，我才再次联系雅盖隆图书馆的手稿文献部，请图书馆方面检查这24部中国手稿中是否有写于红纸之上的文献。图书馆方面答复，确有两部手稿写于红纸上，从那一刻起，我确信这一定是卜弥格的手稿。

二、卜弥格手稿现身雅盖隆图书馆

雅盖隆图书馆所藏手稿包括了卜弥格《中医处方大全》全稿。这部著作分两章：第一章为译著，卜弥格翻译了一部16世纪汇编的中国医书，其中包括王叔和（公元4世纪）脉学专著《脉经》；第二章为卜弥格自己汇编的三百味中药概述，主要摘录自《神农本草经》，显然这是卜弥格认为最有疗效的那些药物（如前所述，由于缺少汉字，《中医指南》中药物名称的翻译极为困难，但卜弥格手稿原件中却有汉字标注）。在这些手稿中还发现了《本草纲目》节选和卜弥格绘制的30幅图片，这些图片在克莱耶的《中医指南》中被注为“佚名图片”。

下面我将介绍雅盖隆图书馆所藏卜弥格手稿副本的详细情况：

编号：MS. Sin. 11

此手稿显然是柯恒儒所说的“写在红纸上”的手稿（柯恒儒目录清单“自然、历史与医学”部第12号作品）。雅盖隆图书馆将其分类为“中国解剖学”著作，因为手稿的前几页（可能添加于19世纪末）载有一篇文章，题为“中国解剖学”。该文章发表于1899年，作者为冯·W·科恩（Von W. Cohn），该文讨论了卜弥格绘制的人体内脏图，因此被插入到手稿中。手稿内封面印有“柏林图书馆”（Ex Biblioth. Regiae Berolinense）字样，背面写有“1. Tabulae tres (quatuor) magnae, 2. Textus folia 12, 3. Tabulae minores orto”标记，卷首为手稿编号（MS. 11）。接下来四页为1577年的大幅印制表，其中一页贴有手写标题（非卜弥格手书）“Rudis refraction io singulari partium humani corporis seu musculorum quos inter aut cautterium ad breve tempus adhibent”。再九页为卜弥格的亲笔手稿，无标题，列出了三百味中药，属于《中医处方大全》的内容，即由克莱耶更名出版的《单味药》。这部分较为潦草，写在白纸上，有药物中文名、葡萄牙文拼音、药物简介以及药性（即中药的“五味四气”）和主要用途。每页下都有一张未完成的手稿，为干净的红纸，写有中药中文名，但并没有后来《中医指南》中的拉丁文简略标注。再后三页是卜弥格绘制的针灸艾灸穴位草图。最后还有八小页，是卜弥格绘制的人体十四经，包括十二条对应人体脏腑的经脉和任督二脉，人体器官，还有两幅中医把脉图。

编号：MS. Sin. 15

此手稿是一部约300页的复制本，线装皮革封面，书脊印有书名《中国药物志》

（Herbarium Chinensium）。其中只有两页可辨别为卜弥格所绘人参（同卜弥格《单味药》第4味）和鳖甲（中华鳖的胸甲，同《单味药》第244味），鳖甲配有汉语读音“pie kia”。这本手稿被撕掉几十页，何时、何人、为何撕掉已无考。

编号：MS. Sin. 16

此手稿与柯恒儒的描述完全相同，“另附一本小册子《脉决附方》，或《王叔和脉决》中收录的处方，写在红色纸上”（Ein kleiner folioband enthaltend Me-kiue-fu-fang, oder die zum Buche Me-kiue, das dem Wang-schu-cho beigeliegt wird, gehörigen Recepte; auf rothem Papiere geschrieben）。这是卜弥格所译中国西晋医学家王叔和著作，抬头有中文手书标题“脉诀附方：西晋王叔和传”。手稿共66页，均为手迹，有汉语原文、葡萄牙语拼音转写以及每个汉字的对应翻译。

下面我将尽可能梳理澄清卜弥格手稿的来龙去脉，首先是《中医处方大全》前言中的自述[1]：

> 本书列举中医脉诊医病所用药材，我万分谨慎，望能准确获知各药材疗效，为欧洲诊疗所用。由于对中药尚不甚精熟，倘若有失，实非我意。除此之外，还有其他药材，不见于欧洲大陆，因此无法辨识，也无法在欧洲文献找到相应记载。为早日解决此困难，故有计划编写本草，收录中国人所用药材，列叙疗效所长，并辅以图画。虽然我收集资料耗时已久，将所有闲暇付诸此项工作，但我的资料仍然有限，若上帝应允，还请助我克成此书。昔我从中国返回欧洲，停泊果阿时，尚有足够资财维持波兰的生活，也托人（或是朋友，或是澳门的耶稣会士）寄送中药材与我，全部纲目我附于此处。此举实在必要，可使我与欧洲人据实物疗效探讨，结合经验判断是否有类似欧洲药材可作为替代，不过当时设想最终无法实现。我亦从印度或澳门的商贾那里购买药材，留意其名称，并将其汉字写在本书中。个别药材，如大黄（Rheum tanguticum）、菝葜（Smilax china）等已收集好并寄送至欧洲，至于其他珍贵中药材，其道地遍布中华，还待日后前往采集。

这篇序言明确交代，除了要撰文介绍“已收集好并送往到欧洲”的中药材（如卜弥格在《中国植物志》中描述的大黄和菝葜），卜弥格还有两项“本草”采集收录工作，其中一项是撰写“中国药物简志（herbarium parvum）”，他“在此书中”列写三百味中药，并“以汉字书写”药名，毫无疑问，这就是我们在手稿MS Sin. 11 和MS Sin.

[1] 见《医学的钥匙》，第10—12页（Alia praefatione ante receptarum librum ponenda）。

16中看到的《中医处方大全》。另一项“中国药物志（Chinese herbarium）”的撰写工作在卜弥格作序时已着手准备，卜弥格希望“如果上帝允许（si Deus voluerit）”，可以完成这部著作。我认为这可能就是手稿MS Sin. 15，但在卜弥格去世后被人毁掉。

三、卜弥格医著的散佚与他人侵占

多年来，我一直在假设推演，还原情境，卜弥格医著究竟是如何散佚，又最终在欧洲被他人夺名出版的。要探查清楚，我认为有必要深究卜弥格最后一次赴华行程的同伴——柏应理（Philippe Couplet，1623—1693）。

1657年年中，卜弥格从里斯本前往果阿，随行7位年轻耶稣会士，其中就有柏应理。当时清朝入关，天主教廷出于政治考虑已不再支持明朝，卜弥格当时已经知道，自己由于身负永历嘱托出使欧洲，在澳门已经成为“不受欢迎的人”。由于葡萄牙人不允许他从澳门登陆，卜弥格不得不与同伴分道而行。此时南明政权流亡云南，卜弥格计划在印度科罗曼德尔海岸下船陆路前往圣托梅（今马德拉斯），希望能找到一艘驶往缅甸的船只，再从缅甸陆路前往云南。但卜弥格没有等到前往缅甸的船只，他登上了一艘阿拉伯商船，途经马六甲和丹那沙林，随后踏上暹罗王国，前往港口城市吞武里，到达暹罗王国首都阿瑜陀耶。

卜弥格希望暹罗王国能允许他前往与云南接壤的老挝，但遭到拒绝。卜弥格返回吞武里，他再次遇到了当时同行的7位耶稣会士，他们正等船前往澳门。就在这期间，卜弥格将一部已经完成的中医著作托付给柏应理，他深信柏应理会将其带到澳门，再经由澳门寄回欧洲出版，不想，卜弥格著作的坎坷遭遇却从此开始了。柏应理来自佛兰德斯，讲一口纯正荷兰语，当时，荷兰人在吞武里附近设有贸易点，他因此结识了一位荷兰商人扬·凡·瑞克（Jan van Rick）。可能是为了让荷兰船只早日把手稿送回欧洲，柏应理没有按照卜弥格的托付把手稿带到澳门，而是把它交给了这位荷兰商人。当时，新教徒荷兰人是葡萄牙人（当然也是耶稣会士）在日本和中国航线上的最大敌人和竞争对手。结果可以想见，荷兰东印度公司巴达维亚总督马绥克（Johann Maetsuyker，1606—1678）扣下了卜弥格著作，手稿落入了一些对中医药感兴趣的东印度公司荷兰医生手中，此后20年，这些手稿不知所踪。然而在1671年和1676年，在法国[1]和意大利[2]匿名出版了这部作品的节选篇章。

---

[1] *Les secrets de la medecine des Chinois, consistant en la parfaite connaissance du pouls*: *Envoyez de la Chine par un François, Homme de grand mérite*. Grenoble: chez Philippes Charvys, 1671.

[2] *Secreti Svelati Della medicina Chinesi, cioe della cognitione de Polsi, de prognostici di morte & altre utili curiosità. Tramandati dalla China in Italia da un Francese, Uomo di molta stima. Trasportati nella lingua Italiana dal Sig. Pietro Francesco D'Amphous di Torino, Dottor di Leggi. Dedicati al Molto Illustre Sig. Bartolomeo Guidetti, Medico eccellentissimo*. In Milano MDCLXXVI, Apresso à Francesco Vigone. Conlic. de Superiori & Privil.

从1658年卜弥格将手稿交给柏应理，到1676年克莱耶将一大半手稿寄给阿姆斯特丹的出版商，这期间发生了什么？我的研究证实，卜弥格同其他学者一样，著作的手稿绝不会只有一份，一定会保留副本，因为如果要把著作从亚洲送往欧洲，一旦沉船手稿绝对在劫难逃。[1]众多出版文献[未出版文献见伊娃·卡夫（Eva Kraft）增列清单[2]]的研究表明，卜弥格在暹罗交给柏应理的《中国医术》手稿原本确在巴达维亚遗失，其中某些章节落到了医生和植物学家手中。因此下文将重点关注手稿副本的命运。卜弥格去世前一直将副本留在身边，但卜弥格去世后柏应理经手了副本。

柏应理的行为引起了多位卜弥格档案研究者的怀疑。最早的一位是德国历史学家、东方学家巴耶尔（Tephilus Siegfried Bayer，1694—1738），他与位于圣彼得堡的俄罗斯科学院有密切联系。我在《中国的使臣——卜弥格》（*Ambasador Państwa Środka*）一书中曾写道，巴耶尔在《汉文博览》（*Museum Sinicum*）[3]中表示，卜弥格著作的遗失与荷兰方面前往北京进行贸易谈判（1655—1657年）失利有关。巴耶尔认为，荷兰人将谈判的失败归咎于在朝廷身居要职的耶稣会士长汤若望（Adam Schall）（并非完全没有理由），而扣留卜弥格著作则是荷兰人对耶稣会士的变相报复。法国汉学家雷慕沙（Jean-Pierre Abel-Rémusat）[4]博士支持巴耶尔的论断，他甚至直接称克莱耶为“剽窃者”。然而伯希和的观点却“与巴耶尔、雷慕沙的观点相反”，他认为克莱耶等人的行为有积极作用，他们出版了卜弥格著作，使其著作没有湮没在历史中[5]。

在我看来，后者的观点值得商榷。如果克莱耶确实不知道原作者是谁，只知道是某个“欧洲学者”，那还情有可原。但伯希和批判巴耶尔，为克莱耶开脱却缺乏理据支撑，相比之下巴耶尔的观点则有理有据。1717年，应勃兰登堡选帝侯邀请，巴耶尔搬到柏林居住，偶然翻阅了一些原始文献，其中就包括1687年4月26日柏应理写给门采尔的一封信，他根据书信内容断定，《中医指南》和《医学的钥匙》作者其实都应为卜弥格。博莱斯瓦夫·什切希尼亚克（Bolesław Szcześniak）认为，“柏应理没太重视卜弥格的著作权，这与耶稣会士尊重同修会成员著作权的传统背道而驰”[6]。

---

[1] 卜弥格《中国地图册》迄今发现三个副本，罗马耶稣会档案馆藏本和送给珂雪的副本为手稿原件，有卜弥格的修改痕迹。柏应理书信内容和海牙档案馆的文件都表明卜弥格《中国医药概说》存在两件副本。

[2] Eva Kraft, “Frühe Chinesische Studien in Berlin,” *Medizinhistorisches Journal* 2 (1976): 121，以下简称“Frühe Chinesische Studien in Berlin”。

[3] Bayer, *Museum Sinicum*. Petersburg: Ex Typographia Academiae Imperatoriae, 1730, pp.28-30，以下简称“*Museum Sinicum*”。

[4] Jean-Pierre Abel-Rémusat, *Biographie universelle ancienne et moderne* (2nd ed.). Paris: Mme C. Desplaces, 1854, vol. 5, p. 390.

[5] 见Paul Pelliot，第145页。

[6] B. Szcześniak, “The Writings of Michael Boym,” *Monumenta Serica* 14 (1955): 490-538，以下简称“The Writings of Michael Boym”。

下面我们将进一步梳理卜弥格医著遗失与在欧洲出版的过程，详细考察柏应理在其中的角色。收到卜弥格《中国医术》后，柏应理将手稿交给了荷兰商人扬·凡·瑞克，随即前往澳门，直到1659年4月才离开澳门，受任在中国南方传教。从1662年起，柏应理在福州一带居住，当时有一支荷兰舰队奉巴尔特（Balthazar Bort，1626—1684）之命在福建沿海停泊，等待从北京返回的荷兰贸易谈判使团。荷兰方面本希望中国朝廷同意互市，允许荷兰商人销售随船运来的欧洲货物，购买中国的丝绸、茶叶和瓷器，然而，清帝不允许荷兰登陆贸易，并要求荷兰舰队驶离中国海岸。柏应理首次提到卜弥格《医学的钥匙》一书是在1662年他写给巴尔特的回信中。1662年10月12日，柏应理写信告知，他已将卜弥格此作连同自己写给卫匡国（Martino Martini）的一封书信寄给了巴达维亚总督马绥克。伊娃·卡夫曾研究过柏应理的此番行事，但百思不得其解[1]。和她一样，我也对柏应理此举也感到惊讶。由于卫匡国与卜弥格不和，两人不仅在学术和著作上相互竞争，在政治与军事派别上有严重分歧，卫匡国绝对不是将卜弥格著作送回欧洲出版的可托付之人。

更令人惊讶的是，卜弥格的众多手稿与著作日后居然出现在柏林勃兰登堡选帝侯的图书馆中。众所周知，选帝侯腓特烈·威廉（Friedrich Wilhelm，1620—1688）对中国和日本很感兴趣，甚至希望仿效荷兰建立自己的东印度公司，他还拨出大量资金在其图书馆中建立“中文馆”。在17世纪70年代，中文馆的馆长是安德里亚斯·缪勒（Andreas Müller，1630—1694），第二任馆长为上文提到的门采尔。柯恒儒是继巴耶尔之后第二位致力于发掘卜弥格手稿和著作真相的学者，正是有这些著作，他后来才写出了自己的医学著述。在饱览勃兰登堡大选帝侯的藏书之后，柯恒儒留下了一份藏书目录[2]，他在序言中写道：

> 图书馆中文藏书由腓特烈·威廉大选帝侯出资从荷兰东印度公司购入，尤其是从巴达维亚购入，具体由鲁姆夫（Georg Eberhard Rumpf）与克莱耶负责采购，而这部分藏书是缪勒和门采尔所需的资料，尤其是门采尔。[3]

---

[1] Eva Kraft, “Christian Mentzel, Philippe Couplet, Andreas Cleyer und die Chinesische Medizin. Notizen aus Handschriften des 17. Jahrhunderts,” *Fernöstliche Kultur: Tôyô bunko. Wolf Haenisch zugeeignet von seinem Marburger Studienkreis*. Ed. Helga Wormit. Marburg: Elwert, 1975，以下简称“Christian Mentzel”。见该文，第186页（“Warum dem Boymischen Werk ein Brief an P. Martini beigelegen haben soll, ist mir Unverständlich”）。

[2] D. F. Ebert, *Historiam Bibliothecae Templi Collegiati B. Mariae Dicati*. Stettin, 1783?, pp. viii-x，该目录不仅涵盖从巴达维亚购入柏林的书籍，还有150本缪勒的个人藏书，这些书随后被缪勒送至位于波兰什切青的玛丽亚修道院文理中学（Marienstifts-Gymnasium）图书馆。

[3] 见*Verzeichnis*前言。

鲁姆夫的名字和克莱耶一样，也常出现在大多数研究卜弥格散佚作品的著述中。鲁姆夫来到荷兰在亚洲的殖民地要比克莱耶早得多，正是他将卜弥格的部分手稿交给了克莱耶，后克莱耶于1682年出版。至此，我们可以勾勒出一个清晰的脉络：卜弥格以及艾儒略、卫匡国、阳玛诺（Emmanuel Diaz）等其他传教士的手稿只能通过巴尔特和副指挥官君士坦丁·诺贝尔（Constantijn Nobel）的荷兰舰队抵达巴达维亚。这些荷兰舰队已在福建沿海驻扎数年，等待从北京返回的荷兰使团。柏应理应该是造访荷兰舰队的常客（而对波尔特和诺贝尔而言，他们也有充足的机会来会见福建和广东的耶稣会士）。此外，他们也通过忠笃的中国基督徒和柏应理保持着长期密切的联系，这样柏应理就有更多机会躲避清朝朝廷监视向荷兰人传递信件和物品。在17世纪60年代末，耶稣会士（包括几位多明我会士）处境艰难，他们不得不将能变卖的物品都出售给在附近驻扎的荷兰人。而鲁姆夫和克莱耶刚好从缪勒和门采尔那里得知，选帝侯正斥巨资充实他图书馆的东方馆藏。

柏应理这一时期的活动，主要见于海牙荷兰东印度公司档案馆，1986年，保罗·德默雷尔（Paul Demerel）在比利时的一次学术研讨会上曾就此做过详细报告[1]。事实上，荷兰舰队首次在福州地区出现时，柏应理就曾试图联系舰上的荷兰指挥官，当时葡萄牙与荷兰海上竞争激烈，天主教和新教之间也有严重矛盾，放在当时的历史背景下，柏应理的行为确实有些不同寻常。但查阅《巴达维亚城日记》（*Dagh-Register Batavia*，荷兰东印度公司日志，现保存于海牙档案馆）可以知道，柏应理早在1666年就结识了克莱耶，并以挚友相称。1669年2月，柏应理从广州寄给克莱耶的物品就可能就包括卜弥格著作手稿的第一部分。在寄去的医学著作中，有卜弥格《中医处方大全》中的《单味药》一章，包括289味中药的概述，包括植物药、动物药和矿物药[2]，即柏应理、克莱耶和门采尔后来所称的《中国药物志》[3]。

保罗·德默雷尔通过荷兰档案馆文献证实，卜弥格这部著作确是由柏应理从广州寄给克莱耶的，邮寄日期为1669年2月12日，经手人为荷兰军舰商船队的副指挥官康斯坦丁·诺贝尔，他早已在舰上等待多时，刚载着从北京铩羽而归的荷兰使团返回巴达维亚[4]。伊娃·卡夫通过一封回信进一步证实了这一日期[5]。在1669年6月28日的回信中，克莱耶告知柏应理他已寄出300弗洛林，并要求给他邮寄更多的医著手稿，称他对“中

---

[1] Paul Demaerel, “Couplet and the Dutch,” *Philippe Couplet, S.J. (1623-1693) The Man Who Brought China to Europe*. Ed. Jerome Heyndrickx. Nettetal: Steyler Verlag, 1990，该文于南怀仁研究中心在比利时鲁汶举行的研讨会（1968年9月11-13日）上宣读，以下简称“Couplet and the Dutch”。

[2] 同上，第12页。

[3] 此处*Herbarium parvum sinicis vocabulis, qua indici sunt inserta, constans*即《单味药》的手稿，后被克莱耶以《中医指南》为名出版，该书所列中药材无汉语名称。

[4] 见Couplet and the Dutch。

[5] 见Christian Mentzel，第179页。

医诊脉法相关篇章的拉丁文译本特别感兴趣，如果可以，最好提供插图”[1]。有了这封回信，那么一切似乎都不言自明：柏应理手上有卜弥格医著的副本（原本送出后被马绥克扣留，后来被拆分，而且有一部分在克莱耶抵达巴达维亚之前丢失）。克莱耶一定是从书信往来中得知柏应理还藏有卜弥格著作的副本，他希望得到，或者说购买这部手稿。

当时的情境从信中可见一斑。1664年北京发生了杨光先教案并扩展到中国各地，1669年，耶稣会士被圈禁广州，财务非常困难[2]。葡萄牙大使和80名随从已经将所有钱财，包括每年固定用于维持耶稣会士传教活动的资金都挥霍一空，传教士只能靠“柴米”度日[3]。柏应理向荷兰人求助，希望能获得两三千弗洛林借款，但荷兰人拒绝了。柏应理和其他耶稣会士不得不向荷兰人保证会帮助其处理各种事务，比如给养、向清廷付款等，荷兰人这才向耶稣会士提供了资金和衣食。耶稣会还变卖了各种东西给荷兰人，就是荷兰人文献里所称的“奇珍”。显然，柏应理从荷兰等欧洲人对中国和中医药的兴趣中看到了的商机[4]。一枚弗洛林金币含有3.5克黄金，克莱耶向柏应理购买卜弥格手稿的开价当时确实相当可观（只是这笔钱对于整个耶稣会来说还是不够，维持整个耶稣会的资金要十倍不止）。从《巴达维亚城日记》和《中医指南》保存的资料来看[5]，柏应理并没有将卜弥格手稿一次全部寄给克莱耶，而是分多次邮寄，还附有书信，有1669年2月12日、1669年10月20日、1670年11月5日和1670年11月15日[6]。

由于目前掌握的信息还远远不够，所以没法去讨论柏应理的行为是否道德。德默雷尔特别注意到了这样一件事，1669年1月18日，柏应理致信荷兰人，有位法国人将取道广州前往越南东京，可以避开清廷监视，秘密将书信送往巴达维亚[7]。马爱德（Edward Malatesta）的研究也提醒我们，卜弥格去世前的行踪和消息，正是信中提到的这位法国人—贝里托先生（Mons. De Berito）在卜弥格去世后从郑安德肋处得到并带

---

[1] 见Couplet and the Dutch，第14页。

[2] 同上，第9页。1667年9月至1671年9月，有25名传教士被圈禁广州。

[3] 同上，第12页。

[4] 巴达维亚方面对中国著作（包括卜弥格的书籍）感兴趣的人不止克莱耶一个，很多人都把这些书出售给柏林，比如荷兰海军上将范利尔（1593—1676），他在门采尔任馆长期间将许多中文藏书出售给了勃兰登堡选帝侯图书馆。

[5] 克莱耶在此书中只列出了一些书信片段，提到了日期但没有提及柏应理的姓名。

[6] 《中医指南》手稿出版于1682年，是克莱耶1669年6月28日通过书信从柏应理处索取得来，柏应理同年10月20日将手稿寄送与克莱耶。柏林图书馆藏手稿显示，其原名为“*Praxis explorandi pulsus a Sinensibus*”，无作者信息。伊娃·卡夫研究了手稿的各章节拉丁文标题与表格后发现，证据表明手稿作者明显为卜弥格。如《医学的钥匙》最后三章（第18章、第19章和最后一章），该书前十七章最终以卜弥格署名于1686年发表；卜弥格《单味药》详细记录了289味中药，也出现在克莱耶《中医指南》里；两篇前言于1686年出版在《医学的钥匙》中。见Christian Mentzel，第179页，第189—191页。

[7] 见Couplet and the Dutch，第11页。

到越南东京的[1]。我确信，就是这位“不知名的法国人”得到了柏应理手中卜弥格著作手稿的剩余部分，在回到欧洲后，于1671年将手稿在格勒诺布尔出版。1682年，卜弥格著作的另一部分在德国以《中医指南》为名出版，这段历史更广为学界所知，这要感谢伊娃·卡夫的文章，尽管她在文中的推断与后来发现的《巴达维亚城日记》所载内容有一些出入。

四、卜弥格的遗产：柏林图书馆与荷兰二战后档案馆馆藏

现在我们将卜弥格《中医处方大全》序言中的自述与20世纪70年代伊娃·卡夫在柏林得出的研究结果做一个对比。伊娃·卡夫发现，克莱耶于1676年将第一批卜弥格手稿寄往欧洲，准备在阿姆斯特丹印刷，然而直到1681年，这些手稿才由塞巴斯蒂安·谢弗（Sebastian Scheffer）在美因河畔的法兰克福印刷出版。根据伊娃·卡夫的研究，卜弥格手稿被拆分为9个独立包裹（Stücke），所有这些手稿（卜弥格的《脉诊医病原理的说明》除外）均于1663年由柏应理寄送至巴达维亚克莱耶处[2]。但《中医指南》标题页只提到了6件包裹，在我看来，其余3件应该分别是《中医处方大全》的两章，以及卜弥格绘制的40幅图，即雅盖隆图书馆现藏3件。

根据伊娃·卡夫的研究，手稿副本直接寄给了门采尔。这份手稿标题为“Clavis Medica ad chinarum doctrinam de pulsibus”，是卜弥格的翻译文献（Übersetzungwerk）的副本。手稿所附标题没有写卜弥格的名字，反而写上了克莱耶和柏应理的名字。此标题可能拟于纽伦堡。

伊娃·卡夫此处沿用了伯希和的观点，认为《医学的钥匙》内容翻译自中文著作，我已在《通报》上发文对此观点进行了讨论[3]。卜弥格此手稿的原标题实际应为*R. P. Michaelis Boymi Poloni, éSocietate Jesu, Clavis medica ad Sinarum doctrinam de pulsibus*[4]，纽伦堡的出版编辑们只是将“ad Sinarum doctrinam”替换为“ad Chinarum doctrinam”。伊娃·卡夫还认为，在揭示原作者即卜弥格这一点上，门采尔起到了积极的作用，这一点我也非常同意。在1684年2月18日收到《医学的钥匙》后，门采尔写信给出版商，他认为删除卜弥格的名字而将克莱耶和柏应理列为共同作者既不光彩也不

[1] E. Malatesta, “The Tragedy of Michael Boym,” *Actes du Ve colloque international de sinologie, Chantilly 1989*. Taipei-Paris, 1995, p.368，以下简称“The Tragedy of Michael Boym”。马爱德在文中引用一篇手稿，篇名“*Relations du Voyage du Tonkin du Mons. De Berito* (1669)”，现藏罗马耶稣会档案馆，故无法查阅。

[2] 见Frühe Chinesische Studien in Berlin，第121页；见Christian Mentzel，第158—196页。

[3] 见Michael Boym’s *Medicus Sinicus*，第181—182页。

[4] 此题目载于《医学的钥匙》原手稿，第19页。

诚实，这是一个严重的错误（Unehrenhäftigkeit）[1]。

我认为，如伊娃·卡夫所说，正是在门采尔的不懈努力下，柏应理才承认“此著作者为卜弥格”。三年后，迫于门采尔的施压，柏应理最终完全承认，法兰克福和纽伦堡出版的所有医著作者均为卜弥格：

> 克莱耶所有首次出版发行的中医脉学著作的原作者均为卜弥格，克莱耶所持卜弥格手稿系多次由中国寄送获得。卜弥格是齐格蒙特国王的首任御医之子，他完成著作后交付于我，但之后发生的事情却让人感觉遗憾。我于1658年将此作从暹罗王国送至新巴达维亚，然后手稿又从巴达维亚寄到了欧洲。由于荷兰使团在北京贸易谈判铩羽而归，荷兰人将失利归咎于汤若望神父，进而迁怒于整个耶稣会，因此毁掉了卜弥格著作。克莱耶收集整理了作品残存手稿并节选出版，但《医学的钥匙》作者毫无疑问为卜弥格。[2]

然而，这封信中有一处较大的矛盾。具体来说，柏应理承认他确于1658年将卜弥格手稿从暹罗王国寄送至巴达维亚，但在上文中，他却声称克莱耶所持卜弥格手稿为多次从中国寄送获得。因此，手稿到底是如何寄出的？是一次寄出还是分多次寄出？从巴达维亚寄出还是从中国寄出？寄送人是谁？海牙档案馆中的文献资料清晰显示，卜弥格的手稿有两本，其中一本在巴达维亚被拆分，另一本在卜弥格死后由他的仆从郑安德肋转交给了澳门的耶稣会士，越南东京的耶稣会会长奥诺弗里斯·博尔赫斯神父（Onofrius Borges）的书信也可以证明[3]。因此，我们可以推断，除了柏应理之外，没有其他人能将手稿副本从中国分多次寄往巴达维亚。此外，我们可以在1686年出版的《医学的钥匙》一书标题页上找到证据：“整本作品”由柏应理从中国带来（Totius Operis Exemplar, é China recens allatum… Procuratore R. P. Philippo Coupletio）。如果这部手稿的部分章节已于几年前从巴达维亚送抵欧洲，那么现在从中国寄来的这部一定是另外一部。

综合德国和荷兰档案馆的资料与伊娃·卡夫的研究可以发现，在卜弥格著作手稿散佚的复杂历史中，克莱耶、门采尔和柏应理都各自扮演了不同的角色，但与我们所熟知的故事却并不相同，构成了另外一个版本。伊娃·卡夫的研究让我相信，克莱耶可

[1] 见Christian Mentzel，第172页。在纽伦堡出版时审定的标题页内容里，提到克莱耶是这部著作搜集整理者，并将这部作品呈现给欧洲（“in lucem Europaeum produciit”），而柏应理是这部作品的审定者，他“删除了书中的错误”，并将其带到欧洲。

[2] 我在鲁汶大学保罗·德默雷尔的协助下得到该信复制件，特别致谢。此信现珍藏于格拉斯哥图书馆亨特博物馆，馆藏编号：U.6.17, fol. 175-180。

[3] 见The Tragedy of Michael Boym，第367页。

能确实不知道他从柏应理手中得到的这部手稿作者其实是卜弥格。在《中医指南》一书里，他称作者是一位“欧洲饱学之士”（ab erudio Europaeo Encripti），并坚称自己只是这部书的编辑和出版者。伊娃·卡夫还提醒学者注意，克莱耶在前言中着重强调这了自己的身份是出版者而非作者，并且该前言由克莱耶本人撰写而非德国出版商。因此之前从巴耶尔到什切希尼亚克（Szcześniak）[1]，有一众学者指控克莱耶侵占卜弥格著作，这似乎也并不公允。1676年，当克莱耶将《中医指南》的手稿送往欧洲时，他正担任巴达维亚荷兰东印度公司的首席医生。如前所述，他本计划在阿姆斯特丹印刷这部作品，但手稿在阿姆斯特丹搁置了五年。多亏了克莱耶与门采尔（通过书信）联络，手稿才被送到德国。门采尔是柏林勃兰登堡选帝侯图书馆馆长，也是选帝侯的宫廷医生，多年来，他一直在自然科学院（德国科学院前身）的《自然科学院年鉴》上发表自己的自然和医学研究发现，并担任编辑。经门采尔介绍，克莱耶结识了另一位来自法兰克福的著名德国医生塞巴斯蒂安·谢弗（Sebastian Scheffer），正是谢弗于1681年决定将手稿出版。伊娃·卡夫在柏林图书馆查阅了手稿，她特别提到克莱耶撰写的前言为手书笔迹（非印刷本），意在强调他没有对原著做任何修改。克莱耶撰写的后记“著后回思”（“Eine Zugabe is ein Elenchus”）也为手书笔迹，不是印刷本[2]。克莱耶也是以编辑（Edidit Andreas Cleyer）的身份出现在1682版的标题页上。伊娃·卡夫确信，3个多世纪以来学者们对克莱耶侵占著作的指控并未在现有资料中找到确凿的证据。但最关键的问题，为什么卜弥格的名字既没有出现在书的标题中，也没有出现在书的正文里，这个问题还没有答案。

卜弥格作品中最重要也是最具争议的一部分是《中医处方大全》的第二部分，即《单味药》或《中国药物简志》（*Herbaum Parvum Sinensium*），18和19世纪的学者会经常引用，但人们无法解释清楚这部分篇章为什么在1681年和1682年由两个不同的印刷商在法兰克福出版了两次。早在1682年，克莱耶《中医指南》出版的同年，门采尔的《植物名称索引》（*Index Nominum Plantarum*）就收录了《单味药》中的所有药材中文名[3]。正如我在1987年的文章中所提到的[4]，门采尔在该作中指出，克莱耶所出版的《中国药物简志》（*Herbarium parvum Sinicis vocabulis, qua indici sunt inserta*）已经作为一部独立著作于1681年在法兰克福出版过[5]。关于克莱耶1681年和1682年出版的两本中医药著作的问题，同样见于杜赫德（J. B. Du Halde）的德语版本中[6]。经杜赫德考证，1681年本的

[1] 见*Museum Sinicum*，第26—30页；同见The Writings of Michael Boym。

[2] 见Frühe Chinesische Studien，第121页。

[3] Mentzel, *Index Nominum Plantarum Multilinguis*. Berlin, 1682.

[4] 见Michael Boym's *Medicus Sinicus*，第178—179页。

[5] 同上，第179页。

[6] J. B. Du Halde, *Ausführliche Beschreibung des Chinesisches Reichs und der grossen Tartarey*. Rostock, 1747, vol. 2, p. 55.

出版者为奥古斯特·文德尔（August Vindel），《中医指南》最终于1682年由J. P. 祖布罗特（J. P. Zubrodt）出版。童德琴（Wolfgang Michel）认为，克莱耶此时身处巴达维亚，从谢弗与克莱耶在巴达维亚的书信可以发现出版者考证结果不一致的原因。根据童德琴的资料，谢弗在1681年5月21日和1681年7月23日的两封信中写道，此时书稿出版工作尚未完成，但出版商债务缠身，已经去世，因此印刷厂只得关闭。他新找了一家出版商，但后来的版本没有克莱耶撰写的前言，而且有较多内容和页码错误[1]。

我在1987年发表的文章中提到，许多欧洲植物学家都对卜弥格《单味药》中描述的药用植物感兴趣，因此该书在纽伦堡出版后的几十年里传遍欧洲[2]。阿尔伯特·冯·哈勒（Albert von Haller）称，这本《中国药物简志》（*Parvum herbarium vocabulis Sinicis constans*）只是一本小册子（1680年出版），不能算一部著作，而且都找不到其他印本[3]。17世纪和18世纪之交，英国医生、植物学家詹姆斯·昆宁汉姆（James Cunningham）曾随身携带这本小册子按图索骥，在澳门、广州以及宁波附近的舟山群岛辨别中药材[4]。我认为，在1680年或1681年《单味药》已经印刷出来若干本，由于出版商已故，其继承人可能会将已经印刷好的书籍出售以减少损失，《单味药》也就成了卜弥格所有作品中最著名的一部。

柏应理在整个事件中扮演了什么样的角色，这很难定论。从卜弥格自序中我们得知，他被迫穿越印度、波斯、亚美尼亚和土耳其陆路前往欧洲，将部分手稿和大部分中文藏书留在了果阿，但1657年返华时从果阿取回了这些文献。在几助（即今河内）传教期间，他得知永历朝廷下落后立即启程，再次留下了部分书籍和手稿，携随从郑安德肋与两名中国基督徒前往广西，取道广西再前往当时尚由明朝军队控制的云南。但卜弥格积劳成疾，就在越南国王进京朝贡的“御道”上逝于广西。由于著作尚未完成，卜弥格一直随身携带，正如他在《中医处方大全》前言中所写，“若上帝应允，还请助我克成此书”[5]。

我们从卜弥格著作中获知，他与永历宫廷的基督徒医生有过接触。卜弥格称这些医生为“基督官员（Christian mandarins）”（卜弥格从其中一名医生那里得到了一

---

[1] W. Michel, “Ein ‘Ostindianisches Sendschreiben’ – Andreas Cleyers Brief an Sebastian Scheffer vom 20. Dezember 1683,” 原始刊印于*Doku-Futsu bungaku kenkyū* (*Studien zur deutschen und französischen Literatur*), 1991, p.41.

[2] 见Michael Boym’s *Medicus Sinicus*。

[3] 同上。同见A. von Haller, *Bibliotheca Botanica* (2 vols., Zürich, 1771-1772), 1: 585.

[4] 见*A Book of Chinese Plants with the Chinese Names and their Explication in Latin Sent by Mr. Cunningham to Mr. Petiver*，大英图书馆，馆藏编号：MS no. 5292。他在从舟山群岛寄给伦敦英国皇家学会的书信中说，卜弥格《单味药》第84味何首乌（*heshaowu*, *Polygonum multiflorum*）可以“益寿延年，乌须发”。

[5] 见《中医处方大全》前言，题名“*Alia praefatione ante Receptarum Librum Ponenda*, and its supplement *Annotatio ad hanc praefationem de receptarum liber*”。见 E. Kajda ń ski, *Sekrety chińskiej medycyny*: Medicus Sinicus *Michała Boyma* (Secrets of Chinese Medicine: The *Medicus Sinicus* of Michael Boym). Warsaw: Neriton, 2010, 210-13; pp. 55-59，其中有卜弥格写给欧洲医生们的前言全文。

份手稿，这份手稿主要介绍如何通过观察舌头的形态和颜色来诊病，卜弥格将这份手稿收录进了《中医指南》）。永历皇帝派遣郑安德肋一路随卜弥格出使欧洲，这对卜弥格掌握中医理论和中医思想起到了重要作用。卜弥格和郑安德肋患难与共，九年间友谊深厚，直到卜弥格去世。但卜弥格几乎没有留下任何关于郑安德肋的信息。我们只知道他出身“基督官员”家庭，官授“游击”，在他抵达欧洲后则完全掌握了拉丁语（可能也懂葡萄牙语）。马爱德则发现了一些有关郑安德肋的信息，越南东京教区耶稣会会长奥诺弗里奥·博尔赫斯（Onofrio Borges）和副主教弗朗索瓦·德伊迪埃（Francois Deydier）的来信表明，卜弥格死后，郑安德肋埋葬了卜弥格，带走了教皇的书信和其他重要物品，“卜弥格离世后，他不得不另谋生路，奔走村野，自制药物，行医治病”[1]。马爱德写道：“郑安德肋的人生结局仍然是个谜。”[2]我确信他一定设法回到了澳门，后来柏应理得到卜弥格医著的副本可以证明这点。

通过伊娃·卡夫的研究我们知道，克莱耶不仅向选帝侯进献了中国手稿和中国著作，而且也向他的图书馆卖了不少书[3]，其中有中国历史类书籍，如中国皇帝年表，汉语语言类书籍（包括耶稣会士编写的汉外字典和祈祷书）以及儒家经典。可能是无意，也可能是有意，卜弥格在抵达罗马前编写完中国皇帝年表［基歇尔（Kircher）和卫匡国都已证实］，后来却由缪勒、柏应理和门采尔署名出版[4]。柏应理年表的起始时间（公元前2697年，黄帝掌权）居然与多年前卜弥格推算的起始时间完全相同，若说两者前后纯属巧合，恐怕很难服众。

什切希尼亚克和德默雷尔对柏应理进行了批判，我不想同这些学者一样在这里对柏应理的行为做出简单的定论。如德默雷尔称柏应理“充当着荷兰政治和贸易的耳目”[5]。最近这一话题的研究很少将中国与欧洲当时所处的政治局势和耶稣会的派系分裂联系起来。卜弥格、教司瞿安德（Andreas Xavier Koffler，在卜弥格离开中国不久后死于中国）以及曾德昭（Alvaro Semedo，卜弥格返华前去世）都一直忠于南明，追随着永历皇帝政权。而北京的耶稣会士则很快投靠了清朝政权，如卫匡国（Martino Martini），与清朝官员初次会面就同意向“侵略者”效忠，立即剃发易服。因为担心被清廷指控反清复明，所以新总督禁止卜弥格从澳门登陆。卜弥格也被视为耶稣会的

[1] 见The Tragedy of Michael Boym，第353—370页（郑安德肋也会治病配药，因此不排除郑安德肋的父亲就是卜弥格认识的那位“基督官员”医生，是他给卜弥格展示了那张通过舌相诊病的手稿，因为当时的中医经常从小培养子女继承衣钵）。

[2] 同上，第366页。

[3] 如上文注所述，腓特烈·威廉图书馆馆藏中文图书的第二大来源应该是荷兰东印度公司海军上将范利尔，当时在中国沿海驻扎时他可能是波尔特的下属。

[4] A. Müller, *Basilicon Sinense*. Berlin (?), 1679；P. Couplet, *Tabula chronologica monarchae sinicae*. Paris, 1686；Ch. Mentzel, *Kurtze chinesische Chronologia oder Zeit-Register aller chinesischen Kayser*. Berlin, 1696.

[5] 见Couplet and the Dutch，第8页。

叛徒，他的政治身份损害了耶稣会的整体利益与中国新王朝的政治关系。柏应理之上显然有敌视卜弥格的教司，这当然对柏应理后来的行事产生了影响。但无论真相如何，现在我们还没有掌握充足的史料，这些问题仍然没有定论。

（译者单位：王琰、解昊川，北京科技大学外国语学院）

五、卜弥格《中国地图》研究

复明重任　传教辩护　博物情结　西体中用

——卜弥格《中国地图集》新探 *

汪前进

一、卜弥格《中国地图集》概况

卜弥格《中国地图集》是明末传教士绘制的中国地图集中重要的一种，过去外国学者研究较多，[1]中国学者很少专门研究[2]。

虽然前人已有一些研究成果，但卜弥格《中国地图集》还有一些重要问题则少有涉及，如卜弥格为什么在明朝已经基本灭亡、新的王朝——清朝已经统一全国时还要绘制一套明朝政区地图？为什么卜弥格《中国地图集》中的说明文字与图中会安排那么多的关于基督教在华传播历史的内容？卜弥格在编撰《中国地图集》时为何那么注重植物、动物和矿物等博物学的知识？卜弥格在绘制《中国地图集》时为什么不仅全部采用了西方绘图的方法，而且还叠加了中国传统的绘法（表示法）？本文仅就这些问题进行探讨，以就教于各位方家。

---

* 原文曾发表于《国际汉学》2016年第4期，本文有改动。

[1] [波]卜弥格著，[波]爱德华·卡伊丹斯基（波兰文翻译），张振辉、张西平（中文翻译）：《卜弥格文集——中西文化交流与中医西传》，华东师范大学出版社2013年；Szczesiak, Boleslaw, “The Atlas and Geographic Description of China: A Manuscript of Michael Boym”, *Journal of American Orient Society*, Vol.73, No.2（Apr.-Jun.,1953）, Fuchs, Walter, “A Note on Father M. Boym’s Atlas of China”, *Imago Mundi*, Vol.9,1952. Fuchs, Walter, “A Note on Father M. Boym’s Atlas of China”, *Imago Mundi*, Vol.9.1952. Szczesiak, Boleslaw, “The Seventeenth Century Maps of China: An Inquiry into the Compilations of European Cartographers”, *Imago Mundi*, Vol.13,1956. Szczesiak, Boleslaw, “The Seventeenth Century Maps of China: An Inquiry into the Compilations of European Cartographers”, *Imago Mundi*, Vol.13,1956. Szczesiak, Boleslaw, “The Seventeenth Century Maps of China: An Inquiry into the Compilations of European Cartographers”, *Imago Mundi*, Vol.13,1956. Golvers, Noel, “Michael Boym and Martino Martini: a Contrastive Portrait of Two China Missionaries and Mapmakers”, *Monumenta Serica*,, 59,2011.

[2] 李孝聪：《欧洲收藏部分中文古地图叙录》，国际文化出版公司1996 年，第148—150 页；李孝聪：《记16—18世纪中西方舆图传递之二三事》，载复旦大学历史地理研究中心编：《跨越空间的文化：16—19世纪中西文化的相遇与调适》，东方出版中心2010年；王永杰，《西方的中国地理认知传统与卜弥格的〈中国地图册〉》，浙江大学博士学位论文2014年。

（一）卜弥格与《中国地图集》

卜弥格，字致远，波兰来华的传教士。公元1612年出身生于波兰一个笃信天主教的贵族家庭，父亲是波兰国王的御医，故从小就受到了良好的教育。1639年加入耶稣会。由于他擅长于数学和生物学，耶稣总会认为宜派往中国北京，进入钦天监工作。1643年3月，他乘船从里斯本出发，途经佛得角群岛、好望角，到达非洲的东海岸的卡弗尔国。1647年，登上海南岛，在琼州附近定安城里耶稣会传教士使团工作。在此住了差不多一年，搜集了许多有关中国动植物特别是医用动植物和中国的地理位置和自然环境的材料，为撰写《中国植物志》和有关中医的著作作了充分的准备。1648年，经湖南、河南来到陕西西安，见到"大秦景教流行中国碑"，复制了碑文，将其译成拉丁文。1649年初，受南明皇太后和司礼监掌印太监庞天寿的请求、曾德昭的派遣进入永历朝廷工作。

卜弥格受永历皇太后之托，携皇太后上罗马教皇书和耶稣会总长书及永历朝廷秉笔太监庞天寿上罗马教皇书，出使罗马，以求得到罗马教廷和欧洲天主教势力对永历朝廷的援助，故于1650年11月25日来到澳门，次年元月1日从澳门出发，经琼州海峡、安南、柬埔寨、马来半岛、马六甲海峡、尼科巴群岛、锡兰的科伦坡、印度南端的科摩林（Comorin）和科钦，于5月抵达果阿。1652年8月，抵达威尼斯。12月16日，受威尼斯元首接见。可是卜弥格的出使却受到教廷的怀疑，罗马教廷召开了三次会议商讨如何处理卜弥格出使一事。直到1655年，教皇亚历山大七世才签发了答永历皇太后和庞天寿书，卜弥格得复书后，顾不得回波兰老家省亲，立即启程返华。1656年1月，从瑞士的日里瓦来到里斯本，受到葡王若昂四世的接见。3月30日，从里斯本搭船返回东方。1657年到达果阿，取走留在这里的著作手稿。8月10日抵达印度东海岸的马奇利帕特拉姆城。1658年7月，抵达东京（河内）。此时清朝在中国的统治已基本稳固，永历小朝廷已被清军赶到了云南边境。他徘徊于中国边境，得知中国的全部已被清军征服，百感交集，于1659年8月22日病殁于广西与交趾的边境。[1]

卜弥格的科学著述是多方面的，涉及中国动植物学、医药学、地图学等，著有《中国地图集》、《中国植物志》（1656年维也纳出版）、《中国医药概说》和《中国诊脉秘法》 等。他是欧洲第一个真正的马可·波罗研究者，也是欧洲最早确认马可·波罗用过的许多名称的学者。

卜弥格所绘制的地图集原拉丁文书名是《大契丹，原赛里斯，今中华帝国，十五个王国，十八张地图》（*Magni Catay Quod olim Serica et modo Sinarum est*

[1] [波]卜弥格著，[波]爱德华·卡伊丹斯基（波兰文翻译），张振辉、张西平（中文翻译）：《卜弥格文集——中西文化交流与中医西传》，华东师范大学出版社2013年，第62页。

Monarchia,Quindecim Regnorum,Octodecim geographicae Tabulae），一般简称《中国地图集》，也被称为《中国拉丁地图集》，因为不论它的名称还是其中提到的地名，全都标上了中文和拉丁文两种文字，只有所谓“正文的版面”上写的才全都是拉丁文。此图集有总图、各行省图共18幅，其中包括一张中国全图、十五张明朝中国的行省图、一张海南岛图和一张辽东地图。地名用汉字标注，并附拉丁文注音，图旁有注记。图中或图边绘有植物、动物、帝王、官吏和兵卒的图像。

这套《中国地图集》先被私人收藏，过了七十年后，里亚蒙特格尔（Riamonteger）把它买了过来于1729年交给了梵蒂冈图书馆，现仍然收藏于该馆。对此图集首先做介绍的是法国著名汉学家伯希和（1920年），他曾进行过辨认和整理。后来瓦尔特·富克斯（Walter Fuchs）和波列斯瓦夫·什钦希尼亚克进行了较深入的研究。

富克斯在他的文章中介绍了卜弥格的《中国地图册》的说明部分所有章节的目录，它分以下十章[1]：

第一章　中国人的起源，他们认为什么样的上帝才是造物主？

第二章　中国人认为他们的国土是个什么样子？他们是怎么描绘他们国土的地理位置的？他们对天空、星宿和星星的运行有什么概念？他们根据什么来计算年月？

第三章　古代的丝国和大契丹是不是中国？中国这个名称是怎么来的？

第四章　中国人的起源，他们最早的一些人，他们的皇帝和皇帝的谱系。

第五章　中华帝国的政治和军事态度。

第六章　中国的幅员、人员、边界上的城墙、沙漠、峡谷、省份、城市、黄河和长江、给土地施肥、收成、贸易、居民的服装、礼仪和品德。

第七章　汉语、书籍、文学发展的水平、高雅的艺术和力学。

第八章　中国的教派，在中国传播过福音的使徒圣托马斯,澳门市。

第九章　圣方济各·沙勿略、尊敬的利玛窦和其他来华的耶稣会神父。

第十章　讲授福音的情况和对未来的展望。传教士的居住条件和在中国建立的教堂，受洗的人数和皇宫里最重要的受洗。

不幸的是卜弥格这个《中国地图集》的说明部分今已失落，早先曾被那些能够进入罗马耶稣会档案馆的耶稣会教士利用过。现在保存下来的只有《中国事物概述》和《中华帝国简录》两篇较小篇幅的文字。

---

[1]　[波]爱德华·卡伊丹斯基著，张振辉译：《中国的使臣——卜弥格》，大象出版社2001年，第181—182页。

（二）关于中国地理的描述

卜弥格《中国地图集》说明文字中对中国的位置、疆域和地理状况有比较全面与精到的叙述：

关于中国的位置与疆域：

> 一望无际的辽阔的帝国，或者说中华帝国由一百四十个王国组成，它的幅员从昼夜一样长短的赤道线一直延伸到北冰洋，从西边的里海延伸到南海和靠近东美洲的海上，这就叫世界的四海。也从北纬十八度伸展到四十二度，而其中的辽东省则伸展到了四十七度。东西长事实上在六百德国里以上，这一点有北方的万里长城可以证明（它有一万里，而不是某些地图上所标的四十leuca）。[1]（《中国事物概述》）

这里用纬度的方式来表述中国的范围。

> 在古代，中国人认为自己的帝国是无所不包的，它是唯一的一个从南边的赤道和东边一直延伸到西边最高的昆仑山脉（Hoen Lun）背后的国家，这条山脉始于西边的大黄河和星宿海（Sym so hay，中国人认为，这个湖像星星一样地闪光）。[2]（《中国事物概述》）

这段论述有些本末倒置，应是黄河发源于“昆仑山脉”，而不是山脉始于黄河与星宿海。

关于中国的政区地理：

> 这个有这么多人口的帝国有十五个王国或省，它们的名称是：北京、南京、山东、河南、山西、陕西、四川、贵州、浙江、江西、福建、广东、广西、湖广和云南，其中有城墙围着的大一点的城市有一千五百一十座，有城墙的小城市有四百九十三座，建有防御工势（事）和城墙的小一点的城堡有二千五百零三座，就不算那许多像小城镇样的大的乡村和其他的居民区了。根

[1] [波]卜弥格著，[波]爱德华·卡伊丹斯基（波兰文翻译），张振辉、张西平（中文翻译）：《卜弥格文集——中西文化交流与中医西传》，华东师范大学出版社2013年，第179页。

[2] [波]卜弥格著，[波]爱德华·卡伊丹斯基（波兰文翻译），张振辉、张西平（中文翻译）：《卜弥格文集——中西文化交流与中医西传》，华东师范大学出版社2013年，第179页。

据政府部门的统计，在每个这样的居民区中，都居住着七千人。此外还有一些行政机构，我也可以提供一下它的数目：最大的城市中国话叫府，全中国有一百六十个府，其中有十五个是省会。[1]（《中国事物概述》）

这里介绍的是长城以内的十五个省和所辖的府。

还有二百三十四座大一点的城市叫州，每个州一般有一万里甲，也就是十万人。那些有城墙围着的称为县的城市有一千一百一十六座，每个县有约六千户，也就是七万或六万人。称为卫的城镇有二千户，也就是两万人。此外还有所，有一千户，也就是一万人。[2]（《中国事物概述》）

这里介绍的是州的数量。

关于中国的交通运输地理：

在这里，我要谈谈这个帝国那多得数不清的船舰和伟大的航运事业，这是因为大自然给了他们那么多的河流，还不算人工开凿的运河。人都说，在中国的大陆上，没有一个地方没有水，没有一个地方没有活动。人们最常见的是航运和许许多多的船只，在中华帝国，也有许多马和牛（水牛）。就像人们所见到的那样，到处都是繁忙的景象，在中国的土地上，没有内河航运的地方是很少的。[3]（《中国事物概述》）

这里介绍的运河与内河航运。

金尼阁神父有一个完全可信的说法：在那广阔的水上的交通在线，可以看到中国船上有许多人在那里干活。实际上他们船上的人并不多，跟我们船上的人数不能相比。在广州（Caton）城，有两万户居民住在船上。[4]（《中国事物

[1] [波]卜弥格著，[波]爱德华·卡伊丹斯基（波兰文翻译），张振辉、张西平（中文翻译）：《卜弥格文集——中西文化交流与中医西传》，华东师范大学出版社2013年，第182页。

[2] [波]卜弥格著，[波]爱德华·卡伊丹斯基（波兰文翻译），张振辉、张西平（中文翻译）：《卜弥格文集——中西文化交流与中医西传》，华东师范大学出版社2013年，第182页。

[3] [波]卜弥格著，[波]爱德华·卡伊丹斯基（波兰文翻译），张振辉、张西平（中文翻译）：《卜弥格文集——中西文化交流与中医西传》，华东师范大学出版社2013年，第182页。

[4] [波]卜弥格著，[波]爱德华·卡伊丹斯基（波兰文翻译），张振辉、张西平（中文翻译）：《卜弥格文集——中西文化交流与中医西传》，华东师范大学出版社2013年，第182页。

概述》)

这里介绍的广东的疍民，即居住在船上的渔民。

在南方的一个省中，有一个已经提到的城市Singui，它就是今天最高贵的城市苏州，它在Quiansuy河边上（中国人称它黄河Huam），这条河的长要走一百天。他还说，世界上没有人会相信，一条河上有那么多的船和货物，在那个时候，有成千上万艘的航船同时来到这里和停泊在这里。这条河灌溉了60个省和城市，这里有无数的居民。[1]（《中国事物概述》）

这里特别提到苏州的运河。但将苏州置于黄河边则是错误的。

朝廷有一万艘用于运东西的船，它们要将五个省的稻米和粮食运送到朝廷里去，运送到北京省去，每年要运送一百多万。《中国事物概述》[2]

这里介绍的是运河的功能。

马可·波罗说，大黄产于契丹，首先是产于Succuir，这是中国的肃州市，大黄就生长在它的城墙边上。穆尔人（Maur）的马帮常以所谓使团的身份来到这里，又从这里到汗八里，也就是到北京去。为了熟悉这条道路，葡萄牙耶稣会士鄂本笃（Benoit de Goes）就是跟着一个从印度来的马帮，走这条路到契丹去的。他对这条路进行了调查研究之后说：走过一些高山之后，在一些潮湿阴暗的地方有地面上喷出的泉水，有花园和谷地，谷地里土质肥沃，适于生长。那里的土地是红的，因为有泉水和河流的灌溉，适于生长植物。[3]（《中国事物概述》）

这里实际介绍的是陆上丝绸之路。

[1] [波]卜弥格著，[波]爱德华·卡伊丹斯基（波兰文翻译），张振辉、张西平（中文翻译）：《卜弥格文集——中西文化交流与中医西传》，华东师范大学出版社2013年，第184—185页。

[2] [波]卜弥格著，[波]爱德华·卡伊丹斯基（波兰文翻译），张振辉、张西平（中文翻译）：《卜弥格文集——中西文化交流与中医西传》，华东师范大学出版社2013年，第183页。

[3] [波]卜弥格著，[波]爱德华·卡伊丹斯基（波兰文翻译），张振辉、张西平（中文翻译）：《卜弥格文集——中西文化交流与中医西传》，华东师范大学出版社2013年，第189页。

关于中国的首都与陪都：

北京省有非常高大和非常宽阔的城墙和二十……这是一个由砖砌成的巨大的建筑物，往上立着，顶上盖了一层石板，中间说是填了土。耶稣会神父康斯坦茨的邓玉函（Jean Terentio）写道：基督之后的1628年2月27日，北京的皇宫里派出了一些人，让他们围绕这座城墙走了五个小时。它长两德国里或者六意大利里，整个城墙都是用砖砌的。这座城市名叫顺天府，意思是"顺应天意的首都"，也叫首都府（Xeutufu），就是皇帝的住地。鞑靼人征服中华帝国后［鞑靼人称中国为契丹，就像穆尔被称为卡拉曼（Karaman）人一样］，也占领了这个省，将它改名为汗八里，意思是鞑靼帝国北方的宫殿。这里的执政者不得不退守到南京。[1]（《中国事物概述》）

这里介绍了京城——北京，并指出它是元朝时期的首都。

利玛窦神父1595年关于这座城市是这么写的：南京有三道城墙：一道是内城，围绕着皇宫，周长六意大利里。它外面建了防御工事，挖了壕沟，壕沟里蓄满了水。城里有池塘、花园、凉亭和宫殿，都是供统治者休闲用的。第二道是外城，周长二十意大利里，墙面上铺了石板，上面可以同时走三辆车。有人说，这道城墙完全是用石头砌成的，而不是用土筑的。第三道城墙最长，有四十意大利里，我觉得它还要长些，因为从第一道城墙到第二道之间的直线距离为一德国大里，整个城市占地面积非常宽阔。真的，这第三道城墙，走一圈要好些钟点，那里有田地，有许多人住在那里，这是一座人口非常密集的城市。那里还有许多士兵，守卫着那里五万个居民区。我真的认为（神父说），如果那里的上尉军官和文职官员还不够多的话，那么不久后，士兵的数量还会要大量增加的。有人说，士兵骑着马，围着南京的城墙走一圈，要花两天的时间。这座城市占地面积真的和北京一样，它的人口比北京还多。威尼斯人马可·波罗在他那个时候算了一下，Quinsay的周长为十意大利里。的确是这样，这座城市在那个时候，如果算上它的近郊区，应当说，它不比今天的小。皇帝的寺庙就在城郊。林区有二十意大利里，城里确实有很多宫殿、修道院和数不清的桥，在它们的身边流过的河也不只一条，滋润着这片土地。城里还有很多地方有一些引导着水的流向的运河，这都是繁忙的航运和发展生气勃勃

[1] [波]卜弥格著，[波]爱德华·卡伊丹斯基（波兰文翻译），张振辉、张西平（中文翻译）：《卜弥格文集——中西文化交流与中医西传》，华东师范大学出版社2013年，第183页。

的贸易所需要的通道，贸易在这里占有很重要的地位。有条水量丰沛的大河叫海的儿子。这座城里还有一座山和一个著名的塔，马可·波罗也提到过它。因此Quinsay，即蛮子王国（Man Gin）的京师和契丹的京师是完全不同的。[1]（《中国事物概述》）

这里详细地描述了明朝另一个都城——南京。文中所引利玛窦的话与《利玛窦札记》所述基本相同，但也有出入。

关于中国资源地理：

金尼阁和曾德昭不仅用拉丁文，也用意大利文普及了许多关于中国的知识，他们很详细地介绍了这个国家的资源。如果说丝织和养蚕，那在世界的东方，除了中国没有第二个国家能够掌握这种工艺。他们有许多质地最好的丝绸，在我看来，在全世界，没有一个有钱人不穿这种柔软的布料，它也大量地出口到了许多国家，可是人们却只知道比希拉（Bissina）和大马士革用金线和银线缝制的美丽的丝织品。据统计，中国的织造作坊每年要给朝廷的国库输送两百万担这种细软的丝绸（我没有查对，这里说的是两百万个作坊，还是两百万斤或担的丝绸）。虽然在整个帝国都养蚕，但是没有一个地方生产的丝绸比得上浙江省和它的省会杭州的丝绸，因为那里早在基督诞生前约1636年，就有生产丝绸的记载。[2]（《中国事物概述》）

这里主要介绍的是丝绸。

大黄是用燃烧的木炭烘干的，穆尔人通过陆路和水路不断地把它运到了波斯。大黄的意思就是“很黄”，在陕西和四川省可以见到很多这样的大黄。[3]（《中国事物概述》）

这里介绍的一味中药——大黄。

[1] [波]卜弥格著，[波]爱德华·卡伊丹斯基（波兰文翻译），张振辉、张西平（中文翻译）：《卜弥格文集——中西文化交流与中医西传》，华东师范大学出版社2013年，第183—184页。

[2] [波]卜弥格著，[波]爱德华·卡伊丹斯基（波兰文翻译），张振辉、张西平（中文翻译）：《卜弥格文集——中西文化交流与中医西传》，华东师范大学出版社2013年，第187页。

[3] [波]卜弥格著，[波]爱德华·卡伊丹斯基（波兰文翻译），张振辉、张西平（中文翻译）：《卜弥格文集——中西文化交流与中医西传》，华东师范大学出版社2013年，第190页。

葡萄牙人称为Pao da China，在欧洲称为Sina的中国根只产于中国，而首先是产于云南、广西和广东省。……中国人叫它自茯苓，印度和欧洲都知道使用它的方法，葡萄牙人在1535年以前就介绍过它。我是在云南省见到的，还给它画了一张图。[1]（《中国事物概述》）

这里介绍的茯苓。

此外，中国人还有另外一种树根，叫人参，在中国被认为是很珍贵的，也作药用，它能给老人和体弱的人恢复活力和阳气，且有令人信服的奇效。它的价格以白银来计算，是很贵的，常常高出它本身重量的三倍或者更多的倍数。这种根采集于陕西、山西、云南、辽东和朝鲜，从这些地方出口日本。[2]（《中国事物概述》）

这里介绍的是人参。

在南方的一些省，生长着肉桂、甘蔗和生姜。生姜也很珍贵，售价高。中国还有许多水果，欧洲是通过印度才了解到的，也是从别的地方进口的。现在我要来讲一种叫Aquila或Calamba的树，这种树生长在东方，人都很喜欢它，也被认为是很珍贵的。中国也有这样的树，生长在气候非常潮湿和炎热的森林里，如在海南岛、广西省和东京、交趾支那和柬埔寨都有这样的树。[3]（《中国事物概述》）

这里着重介绍了沉香。

如果说到海南岛（它看得见广东省，大概是说，从它那里看得见广东省），它也邻近澳门，我这么说是因为我亲眼见过。岛上一些小湖中有一些海蟹，它们栖息在有甜味的水中，数量并不很多。[4]（《中国事物概述》）

---

[1] [波]卜弥格著，[波]爱德华·卡伊丹斯基（波兰文翻译），张振辉、张西平（中文翻译）：《卜弥格文集——中西文化交流与中医西传》，华东师范大学出版社2013年，第190页。

[2] [波]卜弥格著，[波]爱德华·卡伊丹斯基（波兰文翻译），张振辉、张西平（中文翻译）：《卜弥格文集——中西文化交流与中医西传》，华东师范大学出版社2013年，第190页。

[3] [波]卜弥格著，[波]爱德华·卡伊丹斯基（波兰文翻译），张振辉、张西平（中文翻译）：《卜弥格文集——中西文化交流与中医西传》，华东师范大学出版社2013年，第191页。

[4] [波]卜弥格著，[波]爱德华·卡伊丹斯基（波兰文翻译），张振辉、张西平（中文翻译）：《卜弥格文集——中西文化交流与中医西传》，华东师范大学出版社2013年，第192页。

这里介绍的是海蟹，不知道是不是指地图中的带有十字架的海蟹。

关于中国生物地理：

麝这种动物栖息在中华帝国的山西、陕西、四川和云南，也在西藏这些省和老挝以及一些和中国西部交界的地区。[1]（《中国事物概述》）

麝的肉和鹿肉一样，很好吃。目前关于这种动物有各种不同的说法，有的说它像山羊，有的说它像猫，但中国人说它像鹿和老虎。人们还将它的混杂着血和肉的排泄物搜集起来，放在一些球形的小袋子里，但这不是睾丸。在月满的时候，这种动物身上的麝香确实是一种带有很多血的东西。中国人在六个不同的地方和省里可以捕捉到它，威尼斯人马可·波罗把它的头和爪子都运送到了威尼斯。[2]（《中国事物概述》）

麝是一种特殊的动物，它能产麝香，故特别引起卜弥格的注意。

在中国的天下，有一种非常漂亮的鸟，有人说，如果它出现在人们中，这将是一个不祥的征兆，预示着将要发生危害皇家的事件。这种鸟雄性的叫凤，雌性的叫凰。有人认为，它的鸟巢筑在北京附近的辽东省里的鞑靼山中。这种鸟的头像孔雀的头，它的羽毛不管是翅膀上的还是身上的羽毛都非常漂亮，它的整个身躯象征忠诚。它身子的前面一部分像犀牛，后面一部分像正在行走的鹿。它的头又有点像龙的头，它的翅膀的两侧使人想起乌龟的甲壳。它的尾巴像鱼尾，嘴巴像公鸡的嘴。它全身都呈现出闪闪发光的金黄色。大官的官服上都绣了它的图像，有一个手掌那么大。这种鸟都在辽东地区筑巢。[3]（《中国事物概述》）

这里介绍了凤凰的形状特征与栖息地。

[1]　[波]卜弥格著，[波]爱德华·卡伊丹斯基（波兰文翻译），张振辉、张西平（中文翻译）：《卜弥格文集——中西文化交流与中医西传》，华东师范大学出版社2013年，第188页。

[2]　[波]卜弥格著，[波]爱德华·卡伊丹斯基（波兰文翻译），张振辉、张西平（中文翻译）：《卜弥格文集——中西文化交流与中医西传》，华东师范大学出版社2013年，第189页。

[3]　[波]卜弥格著，[波]爱德华·卡伊丹斯基（波兰文翻译），张振辉、张西平（中文翻译）：《卜弥格文集——中西文化交流与中医西传》，华东师范大学出版社2013年，第189页。

关于中国水文地理：

在河南省有一些小湖，湖里的水有甜味，在刮大风的时候，汹涌澎湃的湖水冲洗着湖岸。一阵南来的风吹过之后，湖岸上有许多被冲过来的石头、鞑靼螃蟹的石壳，居民们便把它们搜集起来，也很有用。[1]（《中国事物概述》）

这里介绍的是河南的淡水湖。

关于中国矿物地理：

江西省有一种花瓶，（葡萄牙人）叫porselana，中国人叫瓷器，只有一个地方生产，它就是饶州府（Yaocieufu），那里有生产它需要的一种白色的泥土，还有一些别的原料。[2]（《中国事物概述》）

这里介绍的是瓷土（高岭土）。

关于中国宗教地理：

虽然战争在继续……基督的信仰已开始深入到那里去了。有超过十万的中国人，从工作在十五个省二十九个住地的耶稣会神父的手中领受了圣洗。此外那里还有许多教堂和供新受洗的中国人做祈祷的地方，他们可以在各种不同的地方，和那些在遥远和偏僻的地方盖起的教堂里做祷告。[3]（《中国事物概述》）

这里介绍的基督教徒在中国的分布。

关于中国边疆地理：

中国的史书上说，中华帝国的这些属国在东方有三个，在西方也有三个。

---

[1] [波]卜弥格著，[波]爱德华·卡伊丹斯基（波兰文翻译），张振辉、张西平（中文翻译）：《卜弥格文集——中西文化交流与中医西传》，华东师范大学出版社2013年，第187页。

[2] [波]卜弥格著，[波]爱德华·卡伊丹斯基（波兰文翻译），张振辉、张西平（中文翻译）：《卜弥格文集——中西文化交流与中医西传》，华东师范大学出版社2013年，第192页。

[3] [波]卜弥格著，[波]爱德华·卡伊丹斯基（波兰文翻译），张振辉、张西平（中文翻译）：《卜弥格文集——中西文化交流与中医西传》，华东师范大学出版社2013年，第192页。

在它们的上面还有五十个，有五十五个在南方，三个在北方。由于中国的帮助，这些属国的教育事业得到了很大的发展。同时他们利用这种教育发展中的成果，也做过有利于中国的事。他们老老实实地向中国进贡，但他们中有些人也给中国制造过麻烦，有时候还经常性地侵犯过中国的边境。很多边境上和沿海地区一些地方的名称以及那些地区丰厚的物产的统计表和对它们的介绍，我们都放在了别的地方。这个有五十个省或者自然形成的地区的君主国的南边和东边都沿海，那里有很多河流，河上有各种各样的船只。但它的西部有很多山，有峡谷和流沙，因此走陆路去大黄河（Huam），去北部的戈壁沙漠，去万里长城[（Vamliciamcim），一万中国里相当于六百德国里]都很困难。这道延伸在帝国边界上起防护作用的城墙是一个很特殊的艺术品，它的宽度和长度在中国史书上都有记载。金尼阁神父认为中华帝国的面积宽五百二十八leuca，他声称这个宽度就是从澳门到北京城郊的距离（但是中国的地理学家认为，中华帝国的疆域要从海南岛算起，它的位置在北纬十七度；还包括云南省的南部，一直到戈壁沙漠上的长城）。[1]（《中华帝国简录》）

这里介绍的是中国的边疆地理状况，同时也用纬度来定量说明中国的纬度跨度。因为即使是西方来的传教士，经度也是不易测量的，所以文中没有讲到经度的跨度。

关于中国城市地理

中国有一千五百一十个大一点的有城墙防护的城市，四百九十三个小一点的有城墙的城市，还有二千五百零三个更小一点也有城墙防护的坚固的城堡，就不算那许多像小城市样的村镇和居民点了。根据政府公布的数字，这样的村镇每个都有七千居民。我在这里还要举政府机关公布的另外一些数字，如中国话称为府的最大的城市有一百六十个，其中有十五个是宗主。[2]（《中华帝国简录》）

这里的数据与前引《中国事物概述》中的数据基本相同。

[1]　[波]卜弥格著，[波]爱德华·卡伊丹斯基（波兰文翻译），张振辉、张西平（中文翻译）：《卜弥格文集——中西文化交流与中医西传》，华东师范大学出版社2013年，第169页。

[2]　[波]卜弥格著，[波]爱德华·卡伊丹斯基（波兰文翻译），张振辉、张西平（中文翻译）：《卜弥格文集——中西文化交流与中医西传》，华东师范大学出版社2013年，第170页。

关于中国人口地理：

北京省的顺天府（Xuntienfu）有二十万户，也就是二十万里甲，如果每户十口，那么这个城市的人口就有二百万，这个数字是得到了证实的。如果说到儿童、妇女、老人、朝廷里的御林军和经常到朝廷里来的那些人，他们算起来有三百万。在清查人口的数量时，一个也不会少算。南方称为应天府（Intienfu）的南京省的人口也少不了多少，这里的居民也只是略微少一点。其他的城市有的有七万户，有的五万户或四万户，根据推算，它们拥有的人口就是七十万、五十万或四十万。由于这种推算可能有错或者不精确，这些城市的人口比上面说的数字也可能多些或少些。称为州的大一点的城市有二百三十四个，这样的城市一般认为有一万个里正，也就是十万人。有城墙的称为县的城市有一千一百十六个，这样的城市有六千户，也就是七万或六万人。称为卫的地方有二千户，也就是二万人。还有一些称为所的有一千户，也就是一万人。（《中华帝国简录》）[1]

这里介绍了不同级别的城市及其人口数量。这么庞大的人口数量，也是吸引传教士在华传教的地方。

关于中国农业地理：

中国肥沃的土地也是要说的，因为人们都在这块土地上耕耘，它不仅丰产，它的产品还能制作各种不同的美食。那里有各种不同的谷物，尤以稻米的产量特别多，因为它每年可以收割两次。还有一种叫mi—seu的谷物，它在广东和广西长出来后。要过些年才能结实。每个城市根据需要，都要建造一些粮仓，在整个帝国，这样的粮仓有七百九十个。（《中华帝国简录》）[2]

这里介绍了中国南方主要的食物——水稻的生产情况。

---

[1] [波]卜弥格著，[波]爱德华·卡伊丹斯基（波兰文翻译），张振辉、张西平（中文翻译）：《卜弥格文集——中西文化交流与中医西传》，华东师范大学出版社2013年，第170页。

[2] [波]卜弥格著，[波]爱德华·卡伊丹斯基（波兰文翻译），张振辉、张西平（中文翻译）：《卜弥格文集——中西文化交流与中医西传》，华东师范大学出版社2013年，第174页。

关于中国药物地理：

广西雷州府（Lieu-cieu-fu）有一种金丝草，很珍贵，它带有苦、甜和涩味，能消除所有的毒素。在陕西省的Kim-in-fu有一种叫kuei-kan-cao的草药，紫红色，用它可以治忧郁病。（《中华帝国简录》）[1]

这里介绍了一味中药——金丝草。但误将“广东”写成了“广西”。

（三）《中国地图集》说明文字的资料来源

卜弥格没有交代《中国地图集》说明文字和地图所依据的原始材料，而这些所依据的资料应该是分析卜弥格编撰《中国地图集》的设计思路、知识传承、地图学术价值的重要依据。我们这里仅就卜弥格在说明文字中留下的线索进行分析。

1.西方著作

普林尼·塞昆杜斯（Caius Plinius Secundus）说，Ser人用森林里的树毛织成了布，贵族用这种布做衣服。他们用梳子把树叶上的毛梳下来，这种毛非常柔软，像丝一样，在阳光下闪闪发亮。Ser人大概用这种织品做买卖，他们通过江河，把它运送到有销路的地方。[2]（《中国事物概述》）

普林尼是古罗马的博物学家。

2.来华人员（尤其是传教士）著述

（1）《马可·波罗游记》

可是鞑靼人在后来的许多年，把这座长城的大部分都毁掉了（所以威尼斯人马可·波罗1276年来到这个帝国旅游时，没有见到这座长城，他根本没有提到它）。[3]（《中国事物概述》）

鞑靼这个名称来自鞑靼河和鞑靼山。奴儿干人（Nyublkan）、金帝国的女真人和居住在沙漠上的人都是鞑靼人（马可·波罗说：“此沙漠甚长，骑行

[1]　[波]卜弥格著，[波]爱德华·卡伊丹斯基（波兰文翻译），张振辉、张西平（中文翻译）：《卜弥格文集——中西文化交流与中医西传》，华东师范大学出版社2013年，第176页。

[2]　[波]卜弥格著，[波]爱德华·卡伊丹斯基（波兰文翻译），张振辉、张西平（中文翻译）：《卜弥格文集——中西文化交流与中医西传》，华东师范大学出版社2013年，第187页。

[3]　[波]卜弥格著，[波]爱德华·卡伊丹斯基（波兰文翻译），张振辉、张西平（中文翻译）：《卜弥格文集——中西文化交流与中医西传》，华东师范大学出版社2013年，第179页。

垂一年，尚不能自此端达彼端。狭窄之处，须时一月，方能渡过”。）。[1]（《中国事物概述》）

有人说，士兵骑着马，围着南京的城墙走一圈，要花两天的时间。这座城市占地面积真的和北京一样，它的人口比北京还多。威尼斯人马可·波罗在他那个时候算了一下，Quinsay的周长为十意大利里。[2]（《中国事物概述》）

有条水量丰沛的大河叫海的儿子。这座城里还有一座山和一个著名的塔，马可·波罗也提到过它。[3]

可以肯定地说，南方的省份叫蛮子（意思是文明程度差），在鞑靼统治的时候，就把这个名字加在它们的身上了，马可·波罗在他的报告中，也用了这个名字。在南方的一个省中，有一个已经提到的城市Singui，它就是今天最高贵的城市苏州，它在Quiansuy河边上（中国人称它黄河Huam），这条河的长要走一百天。他还说，世界上没有人会相信，一条河上有那么多的船和货物，在那个时候，有成千上万艘的航船同时来到这里和停泊在这里。这条河灌溉了60个省和城市,这里有无数的居民。因此可以看到，蛮子国的人如果去打仗，懂得战争的规律，他们能征服全世界。那里还有许多商人和工匠，有些超凡的人既是哲学家，又是医生。我们还看见了那里有七千座桥，那里产丝绸、大黄和生姜，这都是那个威尼斯人说的。[4]（《中国事物概述》）

马可·波罗说：Singui或Sirizay（在陕西省，它的省会是西安Syngan）的麝香是世界上最好的。[5]（《中国事物概述》）

这里所引应该出自《马可波罗游记》。

（2）利玛窦

尊敬的利玛窦神父曾于1592年在中国的大江上走过，他写道：不管是农村还是城市，在所有的江河上，都有很多很多的船只。如果不是亲眼所见，是难

[1] [波]卜弥格著，[波]爱德华·卡伊丹斯基（波兰文翻译），张振辉、张西平（中文翻译）：《卜弥格文集——中西文化交流与中医西传》，华东师范大学出版社2013年，第180页。

[2] [波]卜弥格著，[波]爱德华·卡伊丹斯基（波兰文翻译），张振辉、张西平（中文翻译）：《卜弥格文集——中西文化交流与中医西传》，华东师范大学出版社2013年，第184页。

[3] [波]卜弥格著，[波]爱德华·卡伊丹斯基（波兰文翻译），张振辉、张西平（中文翻译）：《卜弥格文集——中西文化交流与中医西传》，华东师范大学出版社2013年，第184页。

[4] [波]卜弥格著，[波]爱德华·卡伊丹斯基（波兰文翻译），张振辉、张西平（中文翻译）：《卜弥格文集——中西文化交流与中医西传》，华东师范大学出版社2013年，第184页。

[5] [波]卜弥格著，[波]爱德华·卡伊丹斯基（波兰文翻译），张振辉、张西平（中文翻译）：《卜弥格文集——中西文化交流与中医西传》，华东师范大学出版社2013年，第188页。

以相信的，同时也很难理解他们是怎么居住在那些木头房子里。[1]（《中国事物概述》）

利玛窦神父1595年关于这座城市是这么写的：南京有三道城墙：一道是内城，围绕着皇宫，周长六意大利里。它外面建了防御工事，挖了壕沟，壕沟里蓄满了水。城里有池塘、花园、凉亭和宫殿，都是供统治者休闲用的。第二道是外城，周长二十意大利里，墙面上铺了石板，上面可以同时走三辆车。有人说，这道城墙完全是用石头砌成的，而不是用土筑的。第三道城墙最长，有四十意大利里，我觉得它还要长些，因为从第一道城墙到第二道之间的直线距离为一德国大里，整个城市占地面积非常宽阔。真的，这第三道城墙，走一圈要好些钟点，那里有田地，有许多人住在那里，这是一座人口非常密集的城市。那里还有许多士兵，守卫着那里五万个居民区。我真的认为（神父说），如果那里的上尉军官和文职官员还不够多的话，那么不久后，士兵的数量还会要大量增加的。[2]（《中国事物概述》）

由于《利玛窦札记》于崇祯十二年（1639）由金尼阁整理出版（拉丁文版荷兰原版，初印本，一册），所以上述引文应该来自此书。

（3）罗明坚

第一个在肇庆建立了耶稣会的罗明坚神父根据他自己的调查研究认为，朝廷一年的进项为一千九百零六万，还不算税收。[3]（《中国事物概述》）

罗明坚神父指出，有一亿四千万贯钱的税是从里甲这个系统收上来的，每个家庭一次要缴四贯钱的税，据统计，帝国这时期有三亿五千万人口，如果一年每个家庭缴四贯钱的税，那么他们就会缴一亿四千万万贯钱的税。[4]（《中国事物概述》）

这里所引罗明坚的话，不知来自何处。

---

[1] [波]卜弥格著，[波]爱德华·卡伊丹斯基（波兰文翻译），张振辉、张西平（中文翻译）：《卜弥格文集——中西文化交流与中医西传》，华东师范大学出版社2013年，第182页。

[2] [波]卜弥格著，[波]爱德华·卡伊丹斯基（波兰文翻译），张振辉、张西平（中文翻译）：《卜弥格文集——中西文化交流与中医西传》，华东师范大学出版社2013年，第183—184页。

[3] [波]卜弥格著，[波]爱德华·卡伊丹斯基（波兰文翻译），张振辉、张西平（中文翻译）：《卜弥格文集——中西文化交流与中医西传》，华东师范大学出版社2013年，第181页。

[4] [波]卜弥格著，[波]爱德华·卡伊丹斯基（波兰文翻译），张振辉、张西平（中文翻译）：《卜弥格文集——中西文化交流与中医西传》，华东师范大学出版社2013年，第181页。

（4）金尼阁

在西罗马的统治者中，确实有一种看法，认为中国的君主乃东方最大的统治者，享有很大的声誉。他的年收入照尊敬的金尼阁神父的统计，在一亿五千万贯钱以上。[1]（《中国事物概述》）

金尼阁神父有一个完全可信的说法：在那广阔的水上的交通在线，可以看到中国船上有许多人在那里干活。[2]（《中国事物概述》）

金尼阁和曾德昭不仅用拉丁文，也用意大利文普及了许多关于中国的知识，他们很详细地介绍了这个国家的资源。[3]（《中国事物概述》）

（5）曾德昭

曾德昭神父在不多年前写道，后来中国遇到了战争和饥荒，许多地方的人口登记（在那些规定各户要缴多少税的里甲中）都出现了混乱的局面，于是就有五千八百万人漏掉了没有登记，中国当时只有二亿九千五百人，如果一甲人包括甲首在内按照每个由十个人组成的家庭缴四贯钱的标准缴税的话，那么这二亿九千五百万人就得缴一亿六千六百的税款。这是金尼阁神父在中国的时候，中国的政府所能收到的最高限额的税款，比罗明坚神父的那个时候要少多了。[4]（《中国事物概述》）

（6）邓玉函

耶稣会神父康斯坦茨的邓玉函（Jean Terentio）写道：基督之后的1628年2月27日，北京的皇宫里派出了一些人，让他们围绕这座城墙走了五个小时。它长两德国里或者六意大利里，整个城墙都是用砖砌的。[5]（《中国事物概述》）

[1] [波]卜弥格著，[波]爱德华·卡伊丹斯基（波兰文翻译），张振辉、张西平（中文翻译）：《卜弥格文集——中西文化交流与中医西传》，华东师范大学出版社2013年，第180页。

[2] [波]卜弥格著，[波]爱德华·卡伊丹斯基（波兰文翻译），张振辉、张西平（中文翻译）：《卜弥格文集——中西文化交流与中医西传》，华东师范大学出版社2013年，第182页。

[3] [波]卜弥格著，[波]爱德华·卡伊丹斯基（波兰文翻译），张振辉、张西平（中文翻译）：《卜弥格文集——中西文化交流与中医西传》，华东师范大学出版社2013年，第187页。

[4] [波]卜弥格著，[波]爱德华·卡伊丹斯基（波兰文翻译），张振辉、张西平（中文翻译）：《卜弥格文集——中西文化交流与中医西传》，华东师范大学出版社2013年，第181页。

[5] [波]卜弥格著，[波]爱德华·卡伊丹斯基（波兰文翻译），张振辉、张西平（中文翻译）：《卜弥格文集——中西文化交流与中医西传》，华东师范大学出版社2013年，第183页。

（7）庞迪我

根据庞迪我（Dibao de Pantoja）神父和利玛窦（Mathaeus Riccius）神父的记载，中国的宫殿都很大，很宏伟，它们的建筑形式也不一样，其宽大的面积和雄伟的气势都胜过了欧洲的宫殿，但它们没有欧洲的宫殿那么精美的装饰。[1]（《中华帝国简录》）

（8）葡萄牙人

中国人叫它自茯苓，印度和欧洲都知道使用它的方法，葡萄牙人在1535年以前就介绍过它。我是在云南省见到的，还给它画了一张图。[2]（《中国事物概述》）

3.中国著述

（1）政府部门的统计

根据政府部门的统计，在每个这样的居民区中，都居住着七千人。此外还有一些行政机构，我也可以提供一下它的数目：最大的城市中国话叫府，全中国有一百六十个府，其中有十五个是省会。北京省的顺天府有二十万户，也就是里甲。一个家庭就是一户，如果算上夫妻，会超过十人，那么顺天府的人口就有二百万，这有统计数字可以证明。如果加上皇宫里的小孩、妇女、老人，还有皇帝的御林军和经常到朝廷里来和在那里登记注册了的人，他们的总数会有三百万，一个也不少。南方的南京省，即应天府也小不了多少，它的人口据统计，也少不了多少。其他的大城市有七万、五万或四万户，大概有七十万、五十万和四十万居民。这些统计数字有的可能大些或者小些，因为它们可能有错或者算得不够精确。[3]（《中国事物概述》）

据统计，中国的织造作坊每年要给朝廷的国库输送两百万担这种细软的丝

[1]　[波]卜弥格著，[波]爱德华·卡伊丹斯基（波兰文翻译），张振辉、张西平（中文翻译）：《卜弥格文集——中西文化交流与中医西传》，华东师范大学出版社2013年，第173页。

[2]　[波]卜弥格著，[波]爱德华·卡伊丹斯基（波兰文翻译），张振辉、张西平（中文翻译）：《卜弥格文集——中西文化交流与中医西传》，华东师范大学出版社2013年，第190页。

[3]　[波]卜弥格著，[波]爱德华·卡伊丹斯基（波兰文翻译），张振辉、张西平（中文翻译）：《卜弥格文集——中西文化交流与中医西传》，华东师范大学出版社2013年，第182页。

绸（我没有查对，这里说的是两百万个作坊，还是两百万斤或担的丝绸）。[1]（《中国事物概述》）

（2）中国官书

中国的皇帝很少出现在公众场合，他一旦出现，就要穿上非常珍贵的朝服，表示他是最高级的祭司，这是写在他们的圣书中的传统，只有他有权公开地祭天。[2]（《中国事物概述》）

鸟中之王的凤凰和野鸡都有漂亮的羽毛，能给眼睛展示一幅美丽的图景。在一些书中也有它们的图像，是高贵的象征。[3]（《中国事物概述》）

这里介绍的一切都是用金色的丝线缝在皇帝的袍服和裙服（一种裤子）上的图像，它们象征什么在一些圣书上都有说明。[4]（《中国事物概述》）

（3）中国史书

中国的史书上说，中华帝国的这些属国在东方有三个，在西方也有三个。在它们的上面还有五十个，有五十五个在南方，三个在北方。[5]（《中华帝国简录》）

这道延伸在帝国边界上起防护作用的城墙是一个很特殊的艺术品，它的宽度和长度在中国史书上都有记载。金尼阁神父认为中华帝国的面积宽五百二十八leuca，他声称这个宽度就是从澳门到北京城郊的距离（但是中国的地理学家认为，中华帝国的疆域要从海南岛算起，它的位置在北纬十七度；还包括云南省的南部，一直到戈壁沙漠上的长城）。[6]（《中华帝国简录》）

[1] [波]卜弥格著，[波]爱德华·卡伊丹斯基（波兰文翻译），张振辉、张西平（中文翻译）：《卜弥格文集——中西文化交流与中医西传》，华东师范大学出版社2013年，第187页。

[2] [波]卜弥格著，[波]爱德华·卡伊丹斯基（波兰文翻译），张振辉、张西平（中文翻译）：《卜弥格文集——中西文化交流与中医西传》，华东师范大学出版社2013年，第185页。

[3] [波]卜弥格著，[波]爱德华·卡伊丹斯基（波兰文翻译），张振辉、张西平（中文翻译）：《卜弥格文集——中西文化交流与中医西传》，华东师范大学出版社2013年，第185页。

[4] [波]卜弥格著，[波]爱德华·卡伊丹斯基（波兰文翻译），张振辉、张西平（中文翻译）：《卜弥格文集——中西文化交流与中医西传》，华东师范大学出版社2013年，第186页。

[5] [波]卜弥格著，[波]爱德华·卡伊丹斯基（波兰文翻译），张振辉、张西平（中文翻译）：《卜弥格文集——中西文化交流与中医西传》，华东师范大学出版社2013年，第169页。

[6] [波]卜弥格著，[波]爱德华·卡伊丹斯基（波兰文翻译），张振辉、张西平（中文翻译）：《卜弥格文集——中西文化交流与中医西传》，华东师范大学出版社2013年，第170页。

（4）本草文献

此外在文献上，还有许多关于生长在中华帝国具有药用价值的草和树根的记载，也是很可信的，在这些药用植物中，有一种叫人参，它能使病人和体弱的人恢复元气，它的售价常常是同等重量的白银售价的多倍。还有一种树根叫黄连，它的售价超过了同等重量白银的八倍，它被指定用于治眼疾。不死草（pu—su—cao）有一个拳头那么高，有人说吃了它可以延年益寿，它无疑可以除虫，防止伤口化脓和腐烂。广西雷州府（Lieu-cieu-fu）有一种金丝草，很珍贵，它带有苦、甜和涩味，能消除所有的毒索。在陕西省的Kim-in-fu有一种叫kuei-kan-cao的草药，紫红色，用它可以治忧郁病。[1]（《中华帝国简录》）

（四）地图编撰时间

卜弥格编撰《中国地图集》的时间既是一个文献史的问题，也是一个基督教在华传播史的问题，因而必须弄清楚。

1.图上出现的最晚时间—— 1647年

基督1644年，在邻近广东省的中国海，出现了一种海蟹，它的甲壳上有时候有一些白色的十字架图像，就像A图上显示的那样。把它煮熟后呈红色，但白色的十字架还在那里，就像B图上显示的那样。在基督1647年，作为皇位的法定继承人的永历王即了中国的皇位，因而举起了圣十字大旗。这一年，皇太后领受了圣洗后取名烈纳，皇帝的生母取名玛利亚，正宫皇后取名亚纳，皇帝的儿子取名当定（永历皇帝自己也准备领洗）。这个伟大的具有重要意义的事件是在战争仍在继续的时候发生的。由于皇家的领洗和皇权联系在一起，圣十字架便胜利地印在中国的旗帜上了。（海南州图）

2.依据卜弥格旅行报告推断图上注记内容的时间

（1）上川岛

《海南州地图》：Sancheu岛，著名的圣方济各·沙勿略死在那里，也葬在那里。

[1]　[波]卜弥格著，[波]爱德华·卡伊丹斯基（波兰文翻译），张振辉、张西平（中文翻译）：《卜弥格文集——中西文化交流与中医西传》，华东师范大学出版社2013年，第176页。

《卜弥格从中国去欧洲旅行的报告》：离开中国最后一个港口澳门后，在基督降生后的1652年1月1日，我们在大海的那边，看见了上川岛，它之所以出名，是因为东方的宗徒圣沙勿略就死和埋葬在那里。[1]

（2）印度的水牛

《山东省地图》：中国牛，中国有驼峰的水牛和印度的一样。农民在它的鼻子里套上环扣，骑在它身上行走。在印度，不仅老百姓骑牛，所有受过教育的人都骑牛。

《卜弥格从中国去欧洲旅行的报告》：（1652年5月抵达果阿）我在一些中国人的陪伴下，克服了经过印度斯坦（Hindustan）时遇到的困难，随后又去了一段水路。印度的水牛背上有驼峰，体形很大，和欧洲的牛完全不一样。如果它被蚊蝇或牛虻咬了，那它就会缩紧它的驼峰，像骆驼一样。这种牛的肉很好吃，但是印度人不杀它，而是用它来耕田和运载东西。这里经常可以见到一些驮运东西的牛，比马好，马在这里很少见到。[2]

3.地图集说明中体现的时间

1647年发生的一个特殊的事件见证了这一点，当皇太后和执政的儿子、皇位继承人从耶稣会神父们的手里接受了天主教的洗礼后，皇帝虽然没有接受基督的信仰，但他派了一个使团带着礼物来到了神圣的罗马宗座和天主教会的首领所在的土地上，接受了最高的委托，被赋予为天主效忠的天职的耶稣会神父卜弥格就是这个被派的使者。《中国事物概述》[3]

我有一张这种动物的画像，是一个波斯商人送给我的，他和我一起去过欧洲，亲眼见过麝这种动物。几年前，他从乌兹别克（这是一座鞑靼城市，它叫撒马儿罕）将一只活的麝运送到了波斯帝国和阿斯帕罕省，但它从具有适合于它的栖息条件的本土来到这个陌生的天下后，它就再也活不了啦！（《中国事

[1] [波]卜弥格著，[波]爱德华·卡伊丹斯基（波兰文翻译），张振辉、张西平（中文翻译）：《卜弥格文集——中西文化交流与中医西传》，华东师范大学出版社2013年，第266页。

[2] [波]卜弥格著，[波]爱德华·卡伊丹斯基（波兰文翻译），张振辉、张西平（中文翻译）：《卜弥格文集——中西文化交流与中医西传》，华东师范大学出版社2013年，第268页。

[3] [波]卜弥格著，[波]爱德华·卡伊丹斯基（波兰文翻译），张振辉、张西平（中文翻译）：《卜弥格文集——中西文化交流与中医西传》，华东师范大学出版社2013年，第192—193页。

物概述》）[1]

由上述分析可知，地图集完成的时间在1652年5月之后。

那么，地图集是什么时候完成的呢？

《中国的使臣——卜弥格》一书中说：

我认为，卜弥格的地图和地理著作的价值总有一天会理所当然地得到充分的肯定。在他写上述《报告》（即《耶稣会卜弥格神父从泰国给总会长的报告》，1658）时，他在欧洲已经留下了《中国地图册》和三幅中国全图。这三幅中国全图中的一幅只过了几年，就被著名的波洛尼亚（Bolonia）地理学家约安内斯·巴普蒂斯特·里近利所采用。第二幅发表于1670年，法国国王路易十四朝廷的制图师桑松也照它的样子制作了一块“卜弥格”地图的铜版。第三幅过去的情况我们不大清楚，只知道它现在被伦敦的菲利普·鲁滨逊和莱昂纳·鲁滨逊二人收藏，直到前几年，才被人发现，用于科学研究。[2]

《中国的使臣——卜弥格》又说：

卜弥格来到威尼斯（1652），也给法国大使提供了一个了解中国内情和熟悉去中国的水陆交通的极好的机会。可以设想阿尔让松（Argenson）第二伯爵从卜弥格那里获得的这方面的材料不止一份。他们之间的联系所以值得注意，是因为今天我们能够得到的卜弥格绘制的中国地图，都是在法国找到的。在法国还保存了他的论述中国的《中国事务概述》。[3]

也就是说，卜弥格的《中国地图集》的稿本完成于他动身从欧洲返回中国之前，即1656年3月3日之前。同时说明：卜弥格《中国地图集》是他在返回欧洲的这一段时间完成的：即1652年5月至1656年3月3日。

4.卜弥格《中国地图集》编撰时间与地图集内容时代的巨大反差

1652年5月至1656年3月3日是清朝的顺治九年至十三年年间。

[1] [波]卜弥格著，[波]爱德华·卡伊丹斯基（波兰文翻译），张振辉、张西平（中文翻译）：《卜弥格文集——中西文化交流与中医西传》，华东师范大学出版社2013年，第189页。

[2] [波]卜弥格著，[波]爱德华·卡伊丹斯基（波兰文翻译），张振辉、张西平（中文翻译）：《卜弥格文集——中西文化交流与中医西传》，华东师范大学出版社2013年，第138页。

[3] [波]卜弥格著，[波]爱德华·卡伊丹斯基（波兰文翻译），张振辉、张西平（中文翻译）：《卜弥格文集——中西文化交流与中医西传》，华东师范大学出版社2013年，第121页。

我们知道顺治元年（1644）三月李自成攻陷北京。明崇祯帝自缢。六月定议迁都燕京。九月顺治帝自正阳门入宫，定都北京，几乎拥有了全国。

明朝已亡，现只剩下几个小的南明政权。监国鲁王、明义宗朱以海1645 —1655年在绍兴、舟山；明平宗朱本铉 1645—1664年在巫山；明昭宗朱由榔永历1646 —1662在肇庆、安龙、滇都；明懿宗朱术桂 1648—1683年在台南。势力最大的是永历皇帝，也不过几十万人马。

在这个时候，卜弥格编撰的不是新获得政权的清朝地图，而是已经灭亡的明朝地图。他为什么要这么做？意欲何为？是因为手头上只有明朝的地理资料吗？

是因为急于要向欧洲介绍中国的地理情况吗？恐怕既是，既又不是。仔细分析起来，应该是与他替南明政权寻求支持和争取教廷支持他们在中国传教有密切关系。

二、复明重任

（一）南明的委托

卜弥格于1645年来华（清顺治二年，南明监国元年），当时，战争使卜弥格无法深入中国内陆，只能辗转海南一带进行传教活动。1650年（顺治七年，南明永历四年），清朝已经统治了大半个中国，继南明弘光、隆武政权之后的永历小朝廷隅居广西。卜弥格从海南到澳门，接受了耶稣会副区长、葡萄牙籍传教士曾德昭的派遣，前往广西永历朝廷传教。

1651年，卜弥格受永历皇太后之托，携皇太后上罗马教皇书和耶稣会总长书及永历朝廷秉笔太监庞无寿上罗马教皇书，出使罗马，以求得到罗马教廷和欧洲天主教势力对永历朝廷的援助。次年卜弥格抵罗马。可是，卜弥格的出使却受到教廷的怀疑，罗马教廷召开了三次会议，商讨如何处理卜弥格出使一事。直到1655年，教皇亚历山大七世才签发了答永历皇太后和庞天寿书，卜弥格得复书后，立即启程返华。

1658年（清顺治十五年，永历十二年），卜弥格抵暹罗。此时清朝在中国的统治已基本稳固，永历小朝廷已被清军赶到了云南边境。他徘徊于中国边境，得知中国的全部已被清军征服，百感交集，于1659年8月殁于广西与交趾的边境。

“在中国的波兰耶稣会的卜弥格神父1653年在罗马发表的一个关于天主教在那个国家的状况的报告”中明确表述了卜弥格为南明求助的决心：

> 1644年，当上面提到的永历皇帝在广东省或广州登基的时候，人们见到了一种壳上有十字的白色的螃蟹，这本来只有天主才能见到的。但那时候，中国的皇帝和大臣们最感兴趣的并不是这个，他们要派一个特使到罗马宗座去，告

诉那块圣地上的基督的全权代表，说他们接受了（基督信仰），希望得到他的祝福。

既然中国皇帝陛下把这个艰难又光荣的事业托付于我，为了这件大事，我便冒着各种危险，经过澳门、果阿、莫卧尔、波斯、亚美尼亚、那多利亚，又从那里到罗马去了。[1]

所以，卜弥格的欧洲之行是带着这一重任上路的。

（二）对明朝的宣传

从卜弥格的《中国地图集》中可以看出，他在一个劲儿地宣传明朝，而关于清朝，一点正面的信息也没有。

中华帝国有一百六十个府，二百三十四个州和一千一百一十六个县。有六十一处大的矿藏，七十九个公共仓库……一百二十九个税收机关，二百五十八个供旅客留宿的客栈。

很长的一道城墙将中国和鞑靼分开，是为了防御鞑靼人的侵犯，它就是万里长城，有一万里，相当于六百德国里，是秦王朝始皇帝下令修筑的，从西边开始修建，参加修建的人有八十万，这在史书上有记载。后来它被北方汗国（hord）的军队毁了，威尼斯人马可·波罗没有提到这道城墙，因为它在许多年前，就已经被鞑靼人毁了。现在它又修复了。（《中国总舆地图》）

中国皇帝穿上龙袍出现在公众场合。头戴金冠（mien leu冕旒），金冠上有一块挂着珍珠宝石的小板子，很清楚地展示了皇帝的外貌。他的手中握着圭，是用最珍贵的玉石做的一块小板子。他的龙袍一部分是由金线绣制的，龙袍上有某种品德的象征物、象形文字和挂在上面的小铃子，发出好听的响声。（《北京省图》）

基督1644年，在邻近广东省的中国海，出现了一种海蟹，它的甲壳上有时候有一些白色的十字架图像，就像A图上显示的那样。把它煮熟后呈红色，但白色的十字架还在那里，就像B图上显示的那样。在基督1647年，作为皇位的法定继承人的永历王即了中国的皇位，因而举起了圣十字大旗。这一年，皇太后领受了圣洗后取名烈纳，皇帝的生母取名玛利亚，正宫皇后取名亚纳，皇帝的儿子取名当定（永历皇帝自己也准备领洗）。这个伟大的具有重要意义的事

[1]　[波]卜弥格著，[波]爱德华·卡伊丹斯基（波兰文翻译），张振辉、张西平（中文翻译）：《卜弥格文集——中西文化交流与中医西传》，华东师范大学出版社2013年，第265页。

件是在战争仍在继续的时候发生的。由于皇家的领洗和皇权联系在一起，圣十字架便胜利地印在中国的旗帜上了。（《海南州图》）

三、基督教在华传教史

卜弥格不仅在地图中宣传明朝，而且也较为详细地描述基督教在华传教史，为他们在华的传教进行辩护。

（一）《中国地图集》中关于基督教在华传播史的注记和描述

靠近山东的辽东，佛罗伦萨的主教圣安东尼的特使们在他们来自东方关于鞑靼汗国的报告第三章的标题中，提到了这块土地。（《辽东图》）

1625基督年在西安市发掘出的一块石碑，有些耶稣会的神父见过它。这块刻有福音书和十字架记号的碑是782基督年在那里竖的。（《陕西省图》）

在泉州市（Cyuen Cieu）发现了三块刻上了十字架的大理石碑。中间的那块是1629年发现的，第一块和第三块是1639年发现的。事实上，这三块碑都是一千多年前唐朝统治的时候竖的。（《福建省图》）

一个铁十字架，重一千三百利布拉Libra，在吉安（Kiengan）附近庐陵（Lulim）的一条河边，是在239年后汉统治时期铸造的。（《江西省图》）

Sancheu岛，通称上川（Sanchau）岛，著名的圣方济各·沙勿略死在那里，也葬在那里。（《广东省图》《海南州图》）

基督1644年，在邻近广东省的中国海，出现了一种海蟹，它的甲壳上有时候有一些白色的十字架图像，就像A图上显示的那样。把它煮熟后呈红色，但白色的十字架还在那里，就像B图上显示的那样。在基督1647年，作为皇位的法定继承人的永历王即了中国的皇位，因而举起了圣十字大旗。这一年，皇太后领受了圣洗后取名烈纳，皇帝的生母取名玛利亚，正宫皇后取名亚纳，皇帝的儿子取名当定（永历皇帝自己也准备领洗）。这个伟大的具有重要意义的事件是在战争仍在继续的时候发生的。由于皇家的领洗和皇权联系在一起，圣十字架便胜利地印在中国的旗帜上了。（《海南州图》）

（二）卜弥格的一篇专门论述基督教在华传播史的报告

卜弥格在回欧洲的路上就做了一个关于基督教在华传播的报告，《卜弥格从中国去欧洲旅行的报告》中说：

在（土耳其）士麦那，我们等了一个月的船，应当地的天主教会和被请到这里来的客人的请求，我在那里还做了一个关于天主教在中国传播的报告。（即“在中国的波兰耶稣会的卜弥格神父1653年在罗马发表的一个关于基督教在那个国家的状况的报告”）。[1]

后来到了欧洲，卜弥格又将这篇报告修改后发表，题为《在中国的波兰耶稣会的卜弥格神父1653年在罗马发表的一个关于天主教在那个国家的状况的报告》，报告详细叙述了在中国发现的基督教遗迹和记载：

先是提到唐代的《大秦景教流行中国碑》：

谁向中国第一个讲授了福音，我们无法考证。但是根据1626年在陕西省出土的一块大理石碑上部分汉文和部分叙利亚文的记载可以肯定，中国人大约在636年就曾听说有一个真正的天主。[2]

从公元636年到801年，他们一直在中国传播天主教，使这种宗教在这里开花结果了近一百七十一年，但是关于天主教这个时期传播的情况，中国的史书上却一点也没有记载。[3]

后来又提到元朝时来中国的传教士：

1270年去世的法国国王圣路易曾不断地派了一些传教士到中国去，但他们这么说的时候，又好像不能肯定。我不否认这个事实，而且我还可以肯定地说，威尼斯人保禄（Paulus Venetus）硕士1275年到过中国。[4]

接着叙述了圣方济各·沙勿略、石方西（Francois Petris）、罗明坚和利玛窦神父，一直到南明的皇帝、皇亲国戚与大臣：

---

[1]　[波]卜弥格著，[波]爱德华·卡伊丹斯基（波兰文翻译），张振辉、张西平（中文翻译）：《卜弥格文集——中西文化交流与中医西传》，华东师范大学出版社2013年，第273页。

[2]　[波]卜弥格著，[波]爱德华·卡伊丹斯基（波兰文翻译），张振辉、张西平（中文翻译）：《卜弥格文集——中西文化交流与中医西传》，华东师范大学出版社2013年，第259页。

[3]　[波]卜弥格著，[波]爱德华·卡伊丹斯基（波兰文翻译），张振辉、张西平（中文翻译）：《卜弥格文集——中西文化交流与中医西传》，华东师范大学出版社2013年，第260页。

[4]　[波]卜弥格著，[波]爱德华·卡伊丹斯基（波兰文翻译），张振辉、张西平（中文翻译）：《卜弥格文集——中西文化交流与中医西传》，华东师范大学出版社2013年，第260页。

（有消息说）瞿安德神父受到了皇帝盛情的召见，皇帝叫他免除了一切礼节，和他一起玩了很久。他送给皇帝的礼物皇帝都高兴地收下了。礼物包括几个圆镜子、一些计算工具和一幅美丽的画。画上画的是圣母玛利亚怀中抱着一个小救世主，旁边站着施洗圣约翰。神父要马上到军队里去，他曾极力请求皇帝让他去参军。皇帝恩准了，但条件是，他回来后，得留在皇宫里。为什么？因为永历在他登基的那天，曾降旨命辅臣亚基楼把瞿安德神父叫到自己身边。神父来到后，永历当时就给他在皇宫里安排了一个住处，在我离开中国之前，他一直住在宫里。[1]

皇帝因此感到很高兴，他即刻派了一个全部由信天主教的大臣组成的庞大的使团去了澳门，对真正的天主表示感谢。当这个城市的公民看见这个富丽堂皇的船队升起了皇家的绸旗，上面显现出了圣十字的标记，进到自己的港口的时候，他们表现了从未有过的喜悦。在大臣们下船，公开宣布自己是基督徒和天主教徒后，他们更是欣喜若狂了。于是身着盛装的使团在钟声和礼炮声中被请进了耶稣会的教堂，在葡萄牙人看来，这是一个极不平常的景象。这些真心实意的先生们随后又在一个大祭坛前跪了下来，以此对神秘的天主表示敬仰。在望弥撒时，他们献上了皇帝送来的礼品：两个烛台、两个香炉、两个装着鲜花的花篮，这些都是用最好的白银做的。还有香木，可以当香使用。皇太后还拿出两锭银子，买了香和几匹绸缎。[2]

（三）卜弥格对《大秦景教流行中国碑》的介绍与解读

卜弥格曾经到过西安，亲眼见过发现不久的《大秦景教流行中国碑》，他还拿到了这个碑的拓片，进行了认真的研究，《卜弥格文集——中西文化交流与中医西传》的第一章“卜弥格关于大秦景教碑的翻译与研究”收集有：卜弥格关于西安大秦景教流行中国碑的一封信、卜弥格根据大秦景教碑所编著的一部汉语词典、卜弥格和陈安德所抄写的大秦景教流行中国碑的碑文原复印件、卜弥格对大秦景教流行中国碑的碑文所做的拉丁文逐字注音、卜弥格对大秦景教流行中国碑的逐字翻译和卜弥格对大秦景教流行中国碑的全文翻译。

这就是为什么卜弥格《中国地图集》中特地标有关于《大秦景教流行中国碑》注记的原因。

---

[1] [波]卜弥格著，[波]爱德华·卡伊丹斯基（波兰文翻译），张振辉、张西平（中文翻译）：《卜弥格文集——中西文化交流与中医西传》，华东师范大学出版社2013年，第263页。

[2] [波]卜弥格著，[波]爱德华·卡伊丹斯基（波兰文翻译），张振辉、张西平（中文翻译）：《卜弥格文集——中西文化交流与中医西传》，华东师范大学出版社2013年，第265页。

（四）为何如此重视马可·波罗及《游记》

卜弥格《中国地图集》中有多处提到马可· 波罗名字或解释《马可·波罗游记》中的地名：

北京（Pekim），过去的契丹（Catay）。（《北京省图》）

万里长城，一万中国里长，相当于五百德国里。由始皇帝建造，后来被鞑靼人毁了，是在威尼斯人马可·波罗来到之前被毁的。今天依然统治中国的大明（Tay min）王朝洪武将它重建，修复后保存至今。（《北京省图》）

北京或者京师，过去的契丹。有八个府的区域和它们所属的最大的城市，十九个城市州和一百一十六个较小的城市县。（《北京省图》）

顺天，威尼斯人马可·波罗的汗八里。（《北京省图》）

威尼斯人马可·波罗的Tainfu。（《山西省图》）

陕西（Xensy），过去的丝国。（《陕西省图》）

一片一直伸展到了里海的沙漠，威尼斯人马可· 波罗称它为罗布沙漠，他说，走过它最长的地方要一年，走过它最宽的地方要一个月。那里居住着鞑靼人，他们的家在车上，哪里有牧场就在那里安家。（《陕西省图》）

中国长城边的肃州（Socieu），葡萄牙耶稣会士鄂本笃随马帮去寻找契丹时，到过肃州，他在这里只找到了中国，别的什么也没有找到。莫尔人了解北京省，称它为汗八里。（《陕西省图》）

南京省有十四个府的区域和它们所属的最大的城市，特别是应天府，它是省会京师（Kim su）。过去，威尼斯人马可·波罗和鞑靼人都称它Quinsay。此外，它还有十七个大城市州和九十五个较小的城市县。（《南京省图》）

马可·波罗的Synganfu是Fum　yam凤阳。

原来的京师（Kim Su），马可· 波罗和鞑靼人的Quinsay 是Nan kim南京。

马可·波罗的Taipimxu是Tay pim太平。

马可·波罗的Coyganguy是Hoay ngan淮安。

马可·波罗的Caramoran是Fl. Yam Cu Kiam洋子江。

马可·波罗的Paughin是Pao Ym宝应。

马可·波罗的Langui是Yam Cheu扬州。

马可·波罗的Tinguy是Tai him大兴。

马可·波罗的Sugui是Sucieu苏州。（南京省图）

马可·波罗的Sindufu是成都（Chin tu）。马可·波罗的Quian是黄河

（Huam fluvium）。（《四川省图》）

耶稣会的葡萄牙人鄂本笃想要详细了解契丹的情况，于基督1605年从印度的莫卧尔王国来到肃州，但是他在那里只见到了中华帝国和汗八里，即北京省，没有见到什么别的。威尼斯人马可·波罗称肃州为Succuir，他说，在它附近的山中，生长着许多大黄。（《中国总舆地图》）

黄河（Huam）流经十五个省，威尼斯人马可·波罗称它Guyam。（《中国总舆地图》）

一片沙漠一直伸展到里海。威尼斯人马可·波罗称它罗布沙漠，他认为走过它最长的地方要一年的时间，走过它最宽的地方要一个月。那里居住着鞑靼人，他们都住在他们的车子上，哪里有牧场，就在哪里安家。（《中国总舆地图》）

很长的一道城墙将中国和鞑靼分开，是为了防御鞑靼人的侵犯，它就是万里长城，有一万里，相当于六百德国里，是秦王朝始皇帝下令修筑的，从西边开始修建，参加修建的人有八十万，这在史书上有记载。后来它被北方汗国（hord）的军队毁了，威尼斯人马可·波罗没有提到这道城墙，因为它在许多年前，就已经被鞑靼人毁了。现在它又修复了。（《中国总舆地图》）

卜弥格《中国地图集》中出现这么多次数的马可·波罗，不是令人深思的吗？他仅仅是为了历史地理问题进行指正吗？显然不是。

《卜弥格从中国去欧洲旅行的报告》说："利玛窦，尼科罗（Nicollo）和马可·波罗（Marco Paulo）或波罗（Polo）作为第一批访问过中华帝国的人，还向中国的皇帝表示过威尼斯共和国对他的赞美。"[1]这里将马可·波罗与利玛窦和尼科罗（Nicollo）相提并论，他是不是也认为马可·波罗也是一个福音传播者？虽然不是像利玛窦那样专职传教。

《中国的使臣——卜弥格》一书的作者也探讨了这个问题，他说：

在所有这些著作中，卜弥格都力图证明：托勒密说的"丝国"，马可·波罗说的契丹，阿拉伯人的"Sina"或者葡萄牙人的"China"是一个国家。[2]

难以肯定的是，卜弥格于1658年寄往罗马的报告（即前面引用的关于基督教在华传教史的报告）在某种程度上是不是促使了罗马教会在三年后决定派两

[1] [波]卜弥格著，[波]爱德华·卡伊丹斯基（波兰文翻译），张振辉、张西平（中文翻译）：《卜弥格文集——中西文化交流与中医西传》，华东师范大学出版社2013年，第273页。

[2] [波]爱德华·卡伊丹斯基著，张振辉译：《中国的使臣——卜弥格》，大象出版社2001年，第138页。

个北京的耶稣会传教士去寻找那条通往孟加拉的陆路。[1]

四、博物情结

在卜弥格的《中国地图集》的图上和说明文字中介绍了大量的植物、动物和矿物，有一些经济价值并不大，可是在博物学上价值却不小。由此可见，卜弥格的着眼点不仅仅是经济价值，更重要的是博物学价值。

（一）《中国地图集》说明中的博物知识

关于矿物的记述：

此外还有全国各地为朝廷开采的金属矿，其中有一百三十七处铁矿、二十四处汞矿、十三处铅矿、三十三处铜矿、六十三处银矿、二十九处金矿。[2]（《中国事物概述》）

还有和田（Hotien），那里产一种珍贵的石头——玉。……还有勃固（Pegu），那里有最好的红宝石。[3]（《中国事物概述》）

江西省有一种花瓶，（葡萄牙人）叫porselana，中国人叫瓷器，只有一个地方生产，它就是饶州府（Yaocieufu），那里有生产它需要的一种白色的泥土，还有一些别的原料。如果要利用这些原料，首先得筛去其中的杂质，再把这些原料混在一起。可以肯定地说，那些没有这种白泥和一种它所需要的水的地方，是做不出这么精美的花瓶的。这种水有一种神秘的特性，如果没有它和那些必不可少的贵重的原料，绝不可能造出这么漂亮的瓷花瓶。[4]（《中国事物概述》）

中国有许多珍奇的宝石，可用来装饰皇冠。其中有一种称为金星石（Kim-sin-xe）的黄玉，如贵橄榄石、巴拉石和称为火花石的红榴石都是这一类的宝石。此外还有pe-yo、kien、men、各种类型红宝石、紫晶、龙石和一种特别闪光的lim-vu。这里还出售黑色和蓝色的方解石和防护石。还有许多石头非常漂亮，闪耀着各种颜色的光彩。我在这里也不能不提到一种称为金刚的石头，它产于云南省。玉石的种类在中国也特别多，而且都很珍贵，Apius也提到过

---

[1]　[波]爱德华·卡伊丹斯基著，张振辉译：《中国的使臣——卜弥格》，大象出版社2001年，第138页。

[2]　[波]卜弥格著，[波]爱德华·卡伊丹斯基（波兰文翻译），张振辉、张西平（中文翻译）：《卜弥格文集——中西文化交流与中医西传》，华东师范大学出版社2013年，第181页。

[3]　[波]卜弥格著，[波]爱德华·卡伊丹斯基（波兰文翻译），张振辉、张西平（中文翻译）：《卜弥格文集——中西文化交流与中医西传》，华东师范大学出版社2013年，第180页。

[4]　[波]卜弥格著，[波]爱德华·卡伊丹斯基（波兰文翻译），张振辉、张西平（中文翻译）：《卜弥格文集——中西文化交流与中医西传》，华东师范大学出版社2013年，第192页。

它。根据资料介绍，这里有一种碧玉，它的色彩的确很漂亮，其中有的透明，有的上面带有白色的花纹。这种玉石质地坚硬，根据权威的认定，它出产于Jarken省遥远的Caracas河边，在和田山下。它白天呈浅绿色，夜晚呈白色，远看好像没什么价值，近看却显得很珍贵。在一些文献的记载中，也常可以看到，用玉石可以雕塑人的头像，还可用来做服饰，闪闪发光。中国的皇帝有许多大的器皿和酒杯都是用玉做的，里面可以盛沸水，遇到一年中寒冷的季节，杯中的水就会不停地旋转。这种石头有一种奇怪的特性，就是把冷水放在用它制的器皿中，会不停地旋转。[1]（《中华帝国简录》）

中国有一些矿石还可作药用，如lu-kan-xe、石油（Xeyeu）、石膏（Xe-kao）、xe-ciam-pu和ciam-siu-xe都可用于治寒病、热病和其他的病，此外它们还有各种各样值得重视的优点。我在海南岛见到过一种奇怪的石头，它是由活螃蟹变的。那里的湖水是咸的，湖里栖息和活动着许多海蟹，如果把它们捞上来，它们马上就会死掉，只剩下它们已经石化的外壳。如果把种石化的外壳碾成粉末，倒上酒，可用来消除腹部的肿胀，这种粉末还是一种消毒的良药。xe-yeu是锌晶石，它产于云南和广西，可用来治脚气病。[2]（《中华帝国简录》）

还有各种各样的大理石，如天蓝石，因为它呈天蓝色。xe-lo和xa-pan-xe都是红色和绿色的斑岩。还有gu-pan-xe、称为fam-sun-xe的紫红色大理石、带有花纹的美丽的hoa-mi-xe，带有五色图形的u-se-xe，带银白色条纹的cia-mo-xe，带图形的co-xe和hien-xe。还有各种颜色的je-gao，上面有金色的斑点，女性很喜欢。那里还有雪花石膏、水晶和珍贵的玛瑙（Ma-nao），它们的颜色都差不多，可以嵌在花瓶上。还有一种红颜色的大理石ja和kium。商朝（Xan）国王纣（Kieu）曾用琼和瑶建了一座富丽堂皇的宫殿。在这个国家三分之一的土地上，还有成千上万种石头。[3]（《中华帝国简录》）

（二）《中国地图集》地图上的博物内容

各省矿产资料

贵州省：金二、铁八、铜一、水艮（银）五。

[1] [波]卜弥格著，[波]爱德华·卡伊丹斯基（波兰文翻译），张振辉、张西平（中文翻译）：《卜弥格文集——中西文化交流与中医西传》，华东师范大学出版社2013年，第174—175页。

[2] [波]卜弥格著，[波]爱德华·卡伊丹斯基（波兰文翻译），张振辉、张西平（中文翻译）：《卜弥格文集——中西文化交流与中医西传》，华东师范大学出版社2013年，第175页。

[3] [波]卜弥格著，[波]爱德华·卡伊丹斯基（波兰文翻译），张振辉、张西平（中文翻译）：《卜弥格文集——中西文化交流与中医西传》，华东师范大学出版社2013年，第175—176页。

北京省：金二、银二、锡二、铜一、铁二、石青二、水青二、盐四。
辽东：　铁一、盐一
山西省：锡二、铁十、铜一、盐三。
河南省：银二、锡六、铜一、铁八、石青一。
南京省：银二、铅二、锡一、铁二、铜二、盐三。
浙江省：银二、铅一、锡一、铁七、铜五、盐三。
福建省：金二、银十五、锡一、铁十七、铜四、盐五。
江西省：金二、银八、铅二、锡二、铁七、铜六、石青一。
湖广省：金十、银八、铅一、锡七、铁卅四、铜五、水艮三、石青七、水青一
四川省：银一、锡一、铁六、铜四、水艮（银）一、石青三、盐十七。
云南省：金五、铁七、铜二、石青二、盐十一。
山东省：金五、锡二、铜一、铁五、盐四。
陕西省：金三、银一、铜一、铁四、水银一、石青二、盐二。
广西省：银四、铅二、锡二、铁二、铜一。
广东省：银十六、铅二、铁七、水艮（银）一、锡五、铜一、盐二。
海南州：金一。
中国总舆地图：金廿九、银六十三、铅十三、锡廿九、铁一百卅六、铜卅七、水艮（银）十四、石青廿八、水青二、盐五十二。

（三）各省植物与动物

各省植物与动物表

地区	动物	植物
北京省	豹玄	
山东省	中国牛	
辽东	凤凰	
山西省	麝香兽	
陕西省		太黄
河南省	绿毛龟	
南京省		牡丹
浙江省	金雀	梅花
福建省		生姜

续表

地区	动物	植物
江西省		春秋花
湖广省	（雉鸡）	玉兰花
四川省	野鸡	
云南省	松鼠	
贵州省		茯苓（中国根）
广西省		桂皮树
广东省		莲花
海南州	海蟹	芙蓉、芦荻

关于这些植物与动物，不仅有图，而且也有文字说明：

这是老虎的一种，中国人叫豹玄（Pao hiuen），有美丽的毛皮，特别是尾巴非常珍贵。（《北京省图》）

中国牛，中国有驼峰的水牛和印度的一样。农民在它的鼻子里套上环扣，骑在它身上行走。在印度，不仅老百姓骑牛，所有受过教育的人都骑牛。（《山东省图》）

凤凰（Fu hoam）——鸟中之王，在中国很受尊敬。辽东有很多凤凰，中国的皇帝和官吏的背上和胸前都有金凤凰，是权力的象征。（《辽东图》）

中国人称之为麝（Xe hiam）的动物。（《山西省图》）

中国话叫太黄（Tay huam）。（《陕西省图》）

长了毛的乌龟，中国话叫绿毛龟（Lo moe quei），身上有绿色的有时候蓝色的毛，伸开爪子能够很灵活地作短距离的飞行。（《河南省图》）

称为牡丹（Meutan）的中国花。（《南京省图》）

金色的金雀（Kincyo）鸟和梅花，它的果实叫梅（muy）。（《浙江省图》）

中国话叫生姜。（《福建省图》）

春秋花。（《江西省图》）

玉兰花（Yolan），雉鸡（Chiki）。（《湖广省图》）

野鸡。（《四川省图》）

中国有松鼠这种动物。（《云南省图》）

中国根，又叫中国。（《贵州省图》）

桂皮树。（《广西省图》）

生长在中国的莲花（Lien）。（《广东省图》）

芙蓉花，芦荻花（芙蓉、芦荻）。（《海南州图》）

我们感到惊奇的还有麝这种动物、非常漂亮的鸟中之王凤凰、大黄、中国根和生姜，在各种各样的东西中，还有十字架……（《中国总舆地图》）

（四）《中国植物志》与《中国地图集》的比较

我们发现：卜弥格《中国地图集》注记中提到的动植物，在他独立出版的《中国植物志》中大都有更详细的描述。如：

桂树皮（Quey pi）

中国人称它桂皮，生长在广东、广西和东京，但是最好的桂皮树生长在锡兰岛上。桂皮树的叶子上有三道绿色的叶脉，它的白色的花有香味，它的果实的核像李子的核。如果这种核变黑了，那就是说，可以把这种树的皮剥下来了。每当这个时候，中国人便来到它跟前，将它的皮剥下来。它的果实里有一种香脂，有月桂的香味，但是它的果汁又苦又辣。这种树的枝桠很多，还有两层树皮，第二层是桂皮。把这种桂皮从树上剥下来后，要放在太阳下晒干。晒干后的桂皮呈砖红色，还会变成灰色。等到第三年，这种树在剥下的那层桂皮的地方又会长一层新皮。中国人过去从锡兰进口桂皮，又把它运到霍尔木兹岛、叙利亚的阿勒颇（Aleppo）和希腊去。不知道这个情况的人，还以为他们是从埃塞俄比亚和埃及进口的，其实，埃塞俄比亚和埃及并不产桂皮。有时候，中国还会有四十艘大船带着黄金、丝绸、宝石、麝香、瓷器、青铜，还有石竹，而首先是桂皮，来到了波斯湾。那里的商人从中国人那里得到从上面提到的这种桂皮树的带甜味的树皮后，称它为“Cina”和“momum”，意思是“又香又甜的中国树”。这种树几乎每年都能够长得很大，也长得很好。它的根吃起来没有味道，但它散发着一种樟脑的香气。在绿色的树皮和花中有一种液汁，它却不那么香。这种花可治胃痛和胃部鼓胀，利尿，对心、肝、脾、神经和脑的劳动强度起调节作用，也能够有效地抗毒和防治蛇咬伤，增进食欲和防治多种传染病。用它的果实可以做一种治感冒和烫伤的药膏。桂皮有一种好闻的香味，把它碾成的粉末放在水里煮过后，也可用来治蛇咬伤，消除肾的发热，缓解肾的伤痛。[1]

太黄（Tay huam）

太黄虽然生长在整个中国，但最常见于四川、陕西省和靠近长城的肃州，威尼斯人马可·波罗称这座城市为Socuir。莫尔人的马帮途经这里去过契丹（即中国）和汗八里（即北京），这也是葡萄牙耶稣会士鄂本笃去契丹时走过的路。那些生长着太黄的土地颜色是红的，因为得到了许多泉水和河流的灌溉，显得很肥沃。这种植物的叶子很大，它比两个手掌还长。它的背面发皱，表面光滑，边上有一层绒毛。它成熟后，就会萎谢，变得枯黄，最后便掉在地上。太黄的茎杆长到一个手掌那么高后，它的中部便长出一根柔嫩的枝桠，枝桠上开满了花（像大的紫罗兰花），从这种花中能够挤出一种像蓝色的牛奶样的液汁。太黄有一种刺鼻的气味，不好闻，它的根部或尾部都埋在地里，有一两个，有时候三个手掌那么长，呈灰色，不太好看。它所有的根丝都很细，向四面伸展。如果把这种根切成一块块的，里面就露出了黄色的瓤，瓤中带有红色的纹路，还会流出一种黄色的或者略带红色富于黏性的液汁。如果将这些块状的瓤加以干燥处理，经验告诉我们，其中的液汁马上就会挥发掉。在这种情况下，根虽然是很纯粹的根，但完全失去了它的药性。因此，行家们总是把这种成块状的新鲜的太黄放在一些长条桌上，将它们从各个方面不断地翻来翻去，翻个三天或四天，这样，那些液汁便可留在瓤中。四天之后，再把这些块状的东西和其中已经凝固了的液汁用绳子系起来，挂在阴暗通风的地方，避免阳光的烤晒。

冬天是把这种根刨出来的最好的时候，在这之前，根上还会长出绿色的叶子。这大概在5月初，也就是根中的液汁开始凝聚和药性最大的时候。如果我们在夏天，也就是在根上刚刚长出绿色的叶子，还没有成熟的时候，把它刨了出来，那么它里面的液汁便是黄的，它的表面会有淡红色的纹路，呈海绵状，很光滑。只有在冬天采集的太黄才是最好的太黄，满满一车新鲜的太黄值一个半埃斯库多，干燥后它会失去很多重量。七磅新鲜的太黄干了之后，就只有一磅多一点了。新鲜和呈绿色的太黄很苦，味道很不好。中国人称它太黄，就是很黄的意思。[2]

---

[1] [波]卜弥格著，[波]爱德华·卡伊丹斯基（波兰文翻译），张振辉、张西平（中文翻译）：《卜弥格文集——中西文化交流与中医西传》，华东师范大学出版社2013年，第334—335页。

[2] [波]卜弥格著，[波]爱德华·卡伊丹斯基（波兰文翻译），张振辉、张西平（中文翻译）：《卜弥格文集——中西文化交流与中医西传》，华东师范大学出版社2013年，第336—337页。

茯苓（Fo Lim），中国根或中国

葡萄牙人称中国根为Pao de Cina，欧洲称它为China。它大量生长在云南、广西和广东省，生长在高丽和辽东。这种树的树干上有刺，有很尖的刺。它的叶子也很引人注目。它的根里的瓤质地鲜嫩，中国人将它和肉放在一起，用来做汤。它也做药用，能治病，如它能治梅毒，消除血栓，防治中风，也可以治其他各种各样的病，消除骨头和全身的疼痛。人们喜欢挑选那些分量重的茯苓，也很欣赏那些带甜味的。他们挑选的茯苓往往是白色的，而不是红色的。把它碾成粉末后，可用来消解胸痛。也可以将它制成罐头，是一种起辅助作用的药。这种根中国人叫白茯苓，葡萄牙人在公元1535年就用过中国的白茯苓的根，还将它介绍给了印度和欧洲。[1]

生姜（Sem kiam）

中国人称它生姜，看起来像绿色的芦苇，它的叶子像“国王的杆子”，产于印度、斋浦尔（Dabulu）、孟加拉、巴西和中国。中国的生姜产量最高、质地最好。如果将它保存得好，一年都可以保持绿色不变。它的根过了很长时间都可以食用，在12月和次年1月采集的生姜表面上呈黄色，把它放在潮湿的地方，是为了不失去水分。它在大白天会长出幼芽，它的根上如果有许多叶子，就是苦的，被认为质地不好。中国医生把生姜当药用，要病人多出汗，得让他喝生姜熬煮过的水。他们认为，吃了生姜的根，可以防治血液循环器官的病。如果空腹把它吃下去，当天就可以给病人解毒。一般都把它做成罐头，它还可以用来治肚子里的寒热病。[2]

凤凰（Fum-hoam），鸟中之王

这是一种栖息在中国的非常漂亮的鸟，它如果被一个普通人见到了，就有可能发生不利于皇家的事情。这种鸟雄性的叫凤，雌性的叫凰。它爱在Tan王国的群山（在靠近Pervino的辽东省）中筑巢。它的头很像孔雀的头。中国人认为，它能预知未来，它的翅膀象征品德或正义，胯部（脚）象征顺从，整个身躯象征忠诚。

这种鸟性情温和，可是它的身子的前半部像犀牛，后半部像鹿。它的头像

[1]　[波]卜弥格著，[波]爱德华·卡伊丹斯基（波兰文翻译），张振辉、张西平（中文翻译）：《卜弥格文集——中西文化交流与中医西传》，华东师范大学出版社2013年，第338—339页。

[2]　[波]卜弥格著，[波]爱德华·卡伊丹斯基（波兰文翻译），张振辉、张西平（中文翻译）：《卜弥格文集——中西文化交流与中医西传》，华东师范大学出版社2013年，第340—341页。

龙的头，翅膀像乌龟壳，尾部像公鸡的尾。雄性的有五种非常漂亮的、闪闪发亮的颜色。这种鸟被认为是一种象征，在一些最大的官的官服上，用金线缝制了它的图像，但是这些图像不大于两个手掌。[1]

野鸡（Ye-ki）

中国人把它叫作野鸡。它的羽毛很不一般，它的肉非常好吃，它的体形特别大。中国人还有一种长尾鸡，它的尾部毛茸茸的，很漂亮，有六个手掌长。这种鸡栖息在高丽，即朝鲜以及中国的陕西和广西省。还有一种鸡叫驼鸡，意思是骆驼鸡，它身上有一种像驼峰样的东西和一个白色的脑袋，它有十四个手掌那么大。[2]

香，动物麝（Hian anima）

这个中国字是麝，葡萄牙语叫almiscar，拉丁语叫muschum。从这种动物身上能够获得一种称为麝香的东西，这个词由两个字组成，前面是麝，后面是香，它的意思是：身上有香气的鹿。麝这种动物确实像鹿，也像老虎。它身上长了许多毛，它的毛有灰色的，也有差不多是黑色的。中国人叫麝香，葡萄牙人叫almiscar，拉丁语叫肌muscumm的这种东西就是麝这种动物的肾，它很自然地保存在麝的体内。商人们总是将麝的整个肾和麝体内的血混在一起，做成一种糊状的东西放在用这种动物的毛皮做的小口袋里，它表面上很像麝的蛋。还有一种麝香人们常从麝的体内拿出来呈原始状态的时候就把它卖掉。如果把它和龙血混在一起，用一个真正的麝香和两份龙血混在一起，也可制成两个或者三个麝香，但这不是真正的麝香，而是它的赝品。辨别麝香真伪的办法就是把它放在火里烧，中国人认为，如果它烧了后留下的东西像木炭一样，那就是说它混杂了别的东西，而不是真正的麝香。中国人把麝香用在医疗上，认为它能催产，缓解分娩时的痛苦，消除咳嗽时胸部的不良反应，防止恶性的病变（如水肿），这都见之于中国的药书和医药词典上。[3]

松鼠（Sum-xu）

松鼠是一种栖息在中国的动物，有黄色的和黑色的，很好看。中国人已经

[1] [波]卜弥格著，[波]爱德华·卡伊丹斯基（波兰文翻译），张振辉、张西平（中文翻译）：《卜弥格文集——中西文化交流与中医西传》，华东师范大学出版社2013年，第342—343页。

[2] [波]卜弥格著，[波]爱德华·卡伊丹斯基（波兰文翻译），张振辉、张西平（中文翻译）：《卜弥格文集——中西文化交流与中医西传》，华东师范大学出版社2013年，第344—345页。

[3] [波]卜弥格著，[波]爱德华·卡伊丹斯基（波兰文翻译），张振辉、张西平（中文翻译）：《卜弥格文集——中西文化交流与中医西传》，华东师范大学出版社2013年，第346—347页。

习惯于和这种动物相处，总是给它戴上一个银制的颈圈，它捕鼠很有本事，一只松鼠值七或九个埃斯库多。[1]

玄豹（Hivenpao）

玄豹是豹的一种，栖息在Pellim省，没有老虎那么凶猛。豹玄在中国很受重视，不是一般的动物，上面是豹的图像。[2]

绿毛龟（Lo-meo-quey）

长了毛的乌龟栖息在中国的一些省中，特别是在Ho—van省。它呈绿色，它的爪子上有时候有一层颜色很深的壳。这层硬壳使它能够飞起来，特别是在它伸出爪子的时候，使它能够跳起来。这种乌龟的长了毛的爪子在中国是很珍稀的，我在海南岛亲眼见过，这之前，在澳门也听说过。

那个岛上有一些湖泊，湖里有许多小海螃蟹，都栖息在不很深的带甜味的水中，它们不仅像人们所说的那样，而且经验也证明——在水中虽然是活的，但一拿出来，放在空气中就死了，一动也不动了，而且会变得像石头一样的坚硬，但是它们的外形在石化之后却没有改变。这种石化的螃蟹无疑是一种很珍贵的药，它能加强食道的输送功能。把它碾成粉末后，加上黄酒或者红酒再加醋喝下去，可以消除眼痛、白内障，也治其他的眼病。它还用于退烧和解毒。[3]

海马（Hayma）

它的嘴到颈子的距离有三个胳膊那么长，上嘴唇里有两颗很大但是歪着的牙齿。这两颗牙齿上面，还有一排同样很大但是短一点的牙齿。下嘴唇里（下颚）也有两根很大而且很直的牙齿，它们被包在嘴唇里面。在这颗牙齿的上面有一个很大的舌头。后来，一些贵族出身的葡萄牙人还请我参观了卡弗尔国的内地，我就是从莫桑比克岛乘船到那里去的。我们乘了一艘船，沿着海边上走去（有二十个奴隶在划船），这时候，我们看见在近处海岸边的岩石后面有五十只海马，正出没在浅水中，并没有注意我们的到来。后来，有一只海马向我们的船走过来了，船上有三十个人，它要向我们发动攻击（掀翻我们

[1] [波]卜弥格著，[波]爱德华·卡伊丹斯基（波兰文翻译），张振辉、张西平（中文翻译）：《卜弥格文集——中西文化交流与中医西传》，华东师范大学出版社2013年，第348—349页。

[2] [波]卜弥格著，[波]爱德华·卡伊丹斯基（波兰文翻译），张振辉、张西平（中文翻译）：《卜弥格文集——中西文化交流与中医西传》，华东师范大学出版社2013年，第350—351页。

[3] [波]卜弥格著，[波]爱德华·卡伊丹斯基（波兰文翻译），张振辉、张西平（中文翻译）：《卜弥格文集——中西文化交流与中医西传》，华东师范大学出版社2013年，第352—353页。

的船）。一个卡弗尔奴隶这时用火枪瞄准了它，在离它的直线距离比较近的时候，向它的眼睛开了一枪，它的身子摇晃了一下，就倒下来，死了。这是这天下午发生的事，后来，别的海马就退到较深的海里去了。我见过很多这样的海马，它们发出的声音像马的嘶鸣。这种动物的皮很硬，卡弗尔人的矛也刺不破它。它全身除了尾巴的末端外，都不长毛。它的尾巴像一只黑色的角，呈半透明状，很柔软，不易折断，像一根很粗的芦苇竿。许多卡弗尔人，不管是男人还是女人，都用这种尾巴上的毛做手镯，把它戴在手上做装饰品（也用大象的尾毛做手镯）。这种尾巴毛还可以防治瘫痪。

在印度，特别是在果阿，人们用这种动物的牙齿做祈祷用的念珠、圣像，也做十字架。大家知道，这些牙齿和用它们做成的念珠能够止血。经验证明，海马的牙齿确实有这种功能，这个我曾有机会见过，但是为了得到这种牙齿，就非得杀掉一只这样的海马不可。如果把这种牙齿和用它做成的念珠堵住那根流出了血的脉管，一定能把血止住。

在一所皇家的医院里（那里有一两百个病人，他们的精神和物质生活都由耶稣会的神父们来安排）有一种最大的海马牙。人们到处而且什么时候都能够见到这种牙齿，它的功能很神奇，病人如果血管破了，一天也少不了它。除此以外，这种牙齿还有一些其他的很不一般的功能，对我来说，这也不是什么秘密。

我在读印度史的时候，想到葡萄牙人击沉过一艘叫Paros的马拉巴尔的船（一艘印度的小船，它这么称呼），当时有许多被打死的马拉巴尔人的尸体沉下去了，海水里有很多血。还有一位马拉巴尔的王公的尸体，他身上有很多伤，但人们把他的伤口捅开一看，发现那些伤口一点血也没有流出来，于是他们就脱掉他的衣服，取下他身上别的东西一看，原来他的颈脖旁边贴了一块骨头（那无疑是海马的牙齿）。这是在场的人所没有想到的，使大家惊奇的是，当他们把这块骨头从他的身上摘下来后，他那死去的尸体真的流血了。这说明他早先活着的时候和被打死后，虽然身上有伤，因为有这块骨头，他没有流血。毫无疑问，用这种带有很大的寒性的牙齿能够把人体内大量的血液在伤口上堵住，不让它流出来。如果把这个牙齿从人的身上取下来，那他就会回到原来的状态，这就是说，他的血很自然地会从他那敞开的伤口里大量地流出来。[1]

[1] [波]卜弥格著，[波]爱德华·卡伊丹斯基（波兰文翻译），张振辉、张西平（中文翻译）：《卜弥格文集——中西文化交流与中医西传》，华东师范大学出版社2013年，第354—355页。

（五）博物世家

卜弥格为什么如此关注博物学的内容？为什么能如此专业地描述博物学内容？我们来看看卜弥格的身世和所受的教育：

巴维乌·耶日·博伊姆（Pawel Jerzy Boym）——卜弥格的父亲——生于1581年，曾在帕多瓦（Padova）的大学攻读医学，获得哲学和医学博士学位。有关他生平的资料都一致认为，他在1620年至1641年间当过利沃夫市议会的参事，1627年至1641年间当过该市市长，有的资料还说他当过波兰国王齐格蒙特三世（Zygmunt III）的御医。

卜弥格是巴维乌·耶日·博伊姆的六个儿子中的一个。他十四岁时曾害过一场大病，他当时发誓，如果上帝能使他恢复健康，就要献身于远东的传教事业。在利沃夫的耶稣会大学毕业后，他在卡利什（Kalisz）学过哲学，后来又在克拉科夫耶稣学会（耶稣会）办的预备班学过神学。卜弥格早在年轻的时候就表现出了研究数学和自然科学的非凡才能，这也使得耶稣会能够接受他去中国传教的请求。

卜弥格的父亲在利沃夫既经商又从医，他在遗嘱中表示要把他的儿子们送往意大利学医。他说："因为在我们平民百姓看来，这是一件可敬的、有益于大众和值得赞扬的的事，它使祖先遗产中的传统医术的秘密在子孙后代中能够越来越多地传下去"。我们相信，卜弥格对父亲的遗教是铭记在心的。[1]

卜弥格具有良好的家学渊源，虽然说医学不等同博物学，但它们的基础知识是相同的。卜弥格在描写那些植物、动物和矿物是也常常指出它们的药物价值，但是也有不少没有指出，所以不能说卜弥格所记述的是药物，而说是博物学内容更能涵盖所记述的内容。在那个年代，学科正在分化之中。

五、西体中用：地图的绘制方法与内容

仔细分析卜弥格绘制的《中国地图集》，不难发现：他所采用的测量与绘制的方法基本上是以西法为主，但含有中国的元素，可以概括为：西体中用。

[1]　[波]爱德华·卡伊丹斯基著，张振辉译：《中国的使臣——卜弥格》，大象出版社2001年，第63—64页。

（一）地图的绘制方法

关于所使用的测量与绘制方法，卜弥格有所记述。在“中国总舆地图”注记中他说：

给读者的话：在这张地图上，我们画出的中华帝国有一百六十个府的区域和它们所属的最大的城市。还有一些较小的城市州和县，我们也画出来了。这里是耶稣会的神父们根据我们在绘制地图时习惯运用的原则进行天文观察，算出的十五个省会城市的周围的长度和宽度，和用磁针测出的江河的长度和流向。还有耶稣会神父们的一些住地，那里盖了许多教堂，中国的天主教徒常常到教堂里去。

由于卜弥格没能走遍中国各地，大多时间待在边远地区，因而他不太可能进行较多的实地测量，因而，他的资料应该来自前人的成果。据他所说大多取自于来华耶稣会士，但是应该有中国的原始资料。这从前文分析该地图集所引用的文献可以知晓。

（二）经纬度（经纬网）与方位

卜弥格的《中国地图集》采用了地图投影（现在还未能分析出），绘有经纬网，标有方位。

各省地图经纬度

中国总舆地图

经度（西——东）

（上）一百十三、一百十四、一百十五、一百十六、一百十七、一百十八

（下）（113）（114）（115）（116）（117）（118）

一百十九、一百廿、一百廿一、一百廿二、一百廿三、一百廿四

（119）（120）（121）（122）（123）（124）

一百廿五、一百廿六、一百廿七、一百廿八、一百廿九、一百卅、

（125）（126）（127）（128）（129）（130）

一百卅一、一百卅二、一百卅三、一百卅四、一百卅五、一百卅六

（131）（132）（133）（134）（135）（136）

一百卅七、一百卅八、一百卅九、一百四十、一百四十一、一百四十二

（137）（138）（139）（140）（141）（142）

纬度（上一下）

（左）四十七、四十六、四十五、四十四、四十三、四十二、四十一、四十
（右）　47　46　45　44　43　42　41　40
卅九、卅八、卅七、卅六、卅五、卅四、卅三、卅二、卅一、卅
39　38　37　36　35　34　33　32　31　30
廿九、廿八、廿七、廿六、廿五、廿四、廿三、廿二、廿一、廿
29　28　27　26　25　24　23　22　21　20
十九、十八、十七
19　18　17

北京省

纬度（西—东）
（上）？　？　41　40　39　38　37　36
四十三、四十二、四十一、四十、卅九、卅八、卅七、卅六
经度（上—下）
（左）一百卅六、一百卅五、一百卅四、一百卅三、一百卅二、一百卅一
（右）　136　135　134　133　132　131
一百卅十
130

辽东

纬度（西—东）
（上）48　47　46　45　44　43　42
（下）四十八、四十七、四十六、四十五、四十四、四十三、四十二
41　40　39
四十一、四十、卅九
经度（上—下）
（左）一百四十三、一百四十二、一百四十一、一百四十、一百卅九
（右）　143　142　141　140　139
一百卅八、一百卅七、一百卅六、一百卅五
138　137　136　135

山西省（无经纬网）

纬度（西—东）
（上）　44　43　42　41　40　39　38　37　36
（下）四十四、四十三、四十二、四十一、四十、卅九、卅八、卅七、卅六

经度

（左）一百卅一、一百卅、一百廿九、一百廿八、一百廿七、一百廿六

（右）　131　130　129　128　127　126

一百廿五、一百廿四

125　124

河南省

经度

（上）一百廿四、一百廿五、一百廿六、一百廿七、一百廿八、一百廿九、

（下）　124　125　126　127　128　129

一百卅、一百卅一

130　131

纬度

（左）卅七、卅六、卅五、卅四、卅三、卅二、卅一

（右）　37　36　35　34　33　32　31

南京省

经度

（上）一百卅一、一百卅二、一百卅三、一百卅四、一百卅五、一百卅六、

（下）　131　132　133　134　135　136

一百卅七、一百卅八

137　138

纬度

（左）卅六、卅五、卅四、卅三、卅二、卅一、卅

（右）　36　35　34　33　32　31　30

浙江省

经度

（上）一百卅二、一百卅三、一百卅四、一百卅五、一百卅六、一百卅七、

（下）　132　133　134　135　136　137

一百卅八

138

纬度

（左）卅一、卅、廿九、廿八、廿七、廿六

（右）　31　30　29　28　27　26

福建省

经度

（上）一百廿九、一百卅、一百卅一、一百卅二、一百卅三、一百卅四

（下）　129　130　131　132　133　134

一百卅五、一百卅六、一百卅七

135　136　137

纬度

（左）28　27　26　25　24　23　22

（右）廿八　廿七　廿六　廿五　廿四　廿三　廿二

江西省

经度

（上）一百廿六、一百廿七、一百廿八、一百廿九、一百卅、一百卅一、

（下）　126　127　128　129　130　131

一百卅二

132

纬度

（左）卅一、卅、廿九、廿八、廿七、廿六、廿五

（右）　31　30　29　28　27　26　25

湖广省

经度

（上）一百廿一、一百廿二、一百廿三、一百廿四、一百廿五、一百廿六

（下）　121　122　123　124　125　126

一百廿七、一百廿八、一百廿九、一百卅、一百卅一

127　128　129　130　131

纬度

（左）卅三、卅二、卅一、卅、廿九、廿八、廿七、廿六、廿五

（右）　33　32　31　30　29　28　27　26　25

四川省

纬度

（上）　36　35　34　33　32　31　30　29　28　27

（下）卅六、卅五、卅四、卅三、卅二、卅一、卅、廿九、廿八、廿七

26　25

廿六、廿五

经度

（左）一百廿三、一百廿二、一百廿一、一百廿、一百十九、一百十八

（右）　123　122　121　120　119　118

一百十七、一百十六、一百十五、一百十四

117　116　115　114

云南省

纬度

（上）　26　25　24　23　22　21　20　19　18　17

（下）廿六、廿五、廿四、廿三、廿二、廿一、廿、十九、十八、十七

经度

（左）一百十九、一百十八、一百十七、一百十六、一百十五、一百十四

（右）　119　118　117　116　115　114

一百十三

113

贵州省

经度

（上）一百十八、一百十九、一百廿、一百廿一、一百廿二、一百廿三

（下）　118　119　120　121　122　123

纬度

（左）廿七、廿六、廿五、廿四、廿三

（右）　27　26　25　24　23

广西省（没有经纬网）

经度

（上）一百十七、一百十八、一百十九、一百廿、一百（廿）十一

（下）　117　118　119　120　121

一百廿二、一百廿三、一百廿四、一百廿五

122　123　124　125

纬度

（左）廿六、廿五、廿四、廿三、廿二、廿一、廿

（右）　26　25　24　23　22　21　20

海南州

经度

（上）（一百廿一）、一百廿二、一百廿三、一百廿四、一百廿五、一百廿六

121　122　123　124　125　126

一百廿七、一百廿八、（一百廿九）

127　128　129

纬度

（左）廿三、廿二、廿一、廿、十九、十八、十七

（右）（23）（22）（21）（20）（19）（18）（17）

广东省

经度

（上）（一百廿二）、（一百廿三）、（一百廿四）、（一百廿五）、（一百廿六）

（下）122　123　124　125　126

（一百廿七）、（一百廿八）、（一百廿九）、（一百卅）、（一百卅一）

127　128　129　130　131

纬度

（左）27　26　25　24　23　22　21　20　19

（右）廿七、廿六、廿五、廿四、廿三、廿二、廿一、廿、十九

山东省

经度

（上）一百卅二、一百卅三、一百卅四、一百卅五、一百卅六、一百卅七

（下）132　133　134　135　136　137

一百卅八、一百卅九

138　139

纬度

（左）廿九、廿八、廿七、廿六、廿五

（右）29　28　27　26　25

陕西省

纬度

（上）四十五、四十四、四十三、四十二、四十一、四十、三十九、三十八、

（下）45　44　43　42　41　40　39　38

三十七、三十六、三十五、三十四、三十三

37　36　35　34　33

经度

（左）一百廿五、一百廿四、一百廿三、一百廿二、一百廿一、一百廿、
（右） 125 124 123 122 121 120
一百一十九、一百一十八、一百一十七、一百一十六、一百一十五、
119 118 117 116 115
一百一十四
114

地图上所标方位

北京省

（上）（东）Oriens　（下）西（Occidens）
（左）北Septemtrio　（右）南Auster

辽东

（上）东Oriens　（下）西Occidens
（左）北Septemtrio　（右）南 Auster

山西省

（上）东 Oriens　（下）西Occidens
（左）北Septemtrio　（右）南Auster

河南省

（上）北Septen（m）trio　（下）南Austris（Auster）
（左）西Occidens　（右）东 Oriens

南京省

（上）北Septemtrio　（下）南Auster
（左）西Occidens　（右）东 Oriens

浙江省

（上）北Septemtrio　（下）南Auster
（左）西Occidens　（右）东 Oriens

福建省

（上）北Septemtrio　（下）南Auster
（左）西Occidens　（右）东 Oriens

江西省

（上）北Septemtrio　（下）南Auster
（左）西Occidens　（右）东 Oriens

湖广省

（上）北Septemtrio　　（下）南Auster

（左）西Occidens　　（右）东 Oriens

四川省

（上）东Oriens　　（下）西Occidens

（左）北Septemtrio　　（右）南Auster

云南省

（上）东Oriens　　（下）西Occidens

（左）北Septemtrio　　（右）南Auster

贵州省

（上）北Septemtrio　　（下）南Auster

（左）西Occidens　　（右）东Oriens

广西省

（上）北Septemtrio　　（下）南Auster

（左）西Occidens　　（右）东Oriens

海南州

（上）北Septemtrio　　（下）南Auster

（左）西Occidens　　（右）东oriens

广东省

（上）北Septemtrio　　（下）南Auster

（左）西Occidens　　（右）东Oriens

山东省

（上）北Septemtrio　　（下）南Auster

（左）西 Occidens　　（右）东Oriens

陕西省

（上）东Oriens　　（下）西Occidens

（左）北Septemtrio　　（右）南Auster

从上可以看出：

1.卜弥格绘制中国地图使用的是西方的地图投影法；

2.基本上采用的是正轴投影（北在上），也有部分采用横轴投影（东在上）；

3.在使用横轴投影（即东在上）的地图上出现严重的方位错误，即地理实际方位为东（东在上），而地图上汉字所标为“北”。

（三）地图上的风玫瑰

卜弥格《中国地图集》中沿海各省地图上都标有西方的风玫瑰，这是西方海图最基本的内容，也是与中国传统地图不同的地方。

《中国地图集》上的风玫瑰

北京省	180°，13根线
山东省	360°，24根线
	180°，14根线
辽东	90°，6根线
南京省	180°，15根线
浙江省	90°，8根线
福建省	180°，12根线
	90°，6根线
海南州	180°，14根线
	90°，10根线
广东省	180°，18根线
	90°，9根线

卜弥格地图上虽然画有风玫瑰线，但有一些随意性，没有统一的角度划分标准。

（四）地图的光源位置

我们知道，西方油画绘制方法特别注重色彩的明暗，即光的来源，这在卜弥格所绘的中国地图上表示非常明显。

《中国地图集》中各图光源位置

北京省 天子（面左）

豹玄（头向左）

山的阳面在左，阴面在右 [树（风从左来，光从左来）]

山东省 中国牛（头向左）

辽东 凤凰（头向右）[树（风从左来，光从左来）]

山西省 中国的士兵（士兵面左，官员面右）

麝香兽（头向右）[树（风从左来，光从左来）]

陕西省 太黄（正面）

河南省 绿毛龟（头向左）

树（风从左来，光从左来）

南京省 皇上（面左）

牡丹（面左）

浙江省 金雀（头向左）

福建省 山（阳面在左、阴面在右）

树（风从左来，光从左来）

生姜（面向左）

江西省 春秋花（风从左来，光从左来）

官吏（面右）

湖广省（雉鸡）（头向左）

山（阳面在左，阴面在右）

玉兰花（繁枝在左）

四川省 野鸡（头向左）

山（阳在左，阴在右）

树（风从左来，光从左来）

云南省 松鼠（头向左）

山（阳在左，阴在右）

树（风从左来，光从左来）

贵州省 官吏（面左）

山（阳在左，阴在右）

树（风从左来，光从左来）

广西省 桂皮树（光从左来）

山（阳在左，阴在右）

树（风从左来，光从左来）

广东省 山（阳在左，阴在右）

树（风从左来，光从左来）

莲花（光从左来）

海南州 山（阳在左，阴在右）

芙蓉、芦荻（风从左来）

中国总舆全图 辽东凤凰（朝右）

由上面分析可知：各省地图上的基本上是图像向左、光从左来。说明有较为统一的透视原则。

（作者单位：汪前进，中国科学院人文学院、南京大学中国南海研究协同创新中心）

卜弥格《中国地图册》中的基督宗教史料*

王永杰

波兰耶稣会士卜弥格（Michael Boym，1612—1659）于明清之际来华，1650年曾受永历朝王皇太后及司礼太监庞天寿等人之派，出使罗马教皇及耶稣会总长等处，1652年抵达威尼斯，1656年东返复命。关于中国基督宗教，尤其永历朝天主教传播状况及其本人的出使过程，卜弥格曾在土耳其、意大利做几场报告，并撰有系列相关报告、信件，其中部分得以在17世纪刊行。20世纪初以来，学界对卜弥格使欧过程，及卜弥格有关中国天主教史的记述，有着较多研究。[1]而卜弥格的《中国地图册》（*Atlas Imperii Sinarum*），也存有关于中国基督宗教传播的史料，学界却较少关注。

《中国地图册》约作于卜弥格赴欧途中，未能刊行，手稿分别藏于欧洲各地。“*Atlas Imperii Sinarum*”一名则为美国圣母大学教授什钦希尼亚克（Boleslaw Szcześniak）命名，包含中国总图、分省图、中国经纬度表及文字说明。各本中以梵蒂冈教廷图书馆（Biblioteca Apostolica Vaticana）藏本较为完整，含标题、目录，及中国总图、明15行省图、辽东图、海南图共18张地图。[2]中国总图另有两种稿本、一种刊行简本，并有

* 本文原载于《世界宗教研究》2016年第3期。

[1] 相关主要研究有：Edward Malatesta, “The Tragedy of Michael Boym”, *Image de la Chine: le contexte occidental de la sinologie naissante, Actes du VIe Colloque International de Sinologie de Chantilly 11-14 septembre 1989*, Taipei-Paris: Ricci Institute, 1995, pp. 353-370；[法]费赖之著，冯承钧译：《在华耶稣会士列传及书目》上册，中华书局1995年，第274—281页；[法]沙不烈撰，冯承钧译：《卜弥格传》，《西域南海史地考证译丛》第三卷，商务印书馆1999年，第1—175页；[法]伯希和撰，冯承钧译：《卜弥格传补正》，《西域南海史地考证译丛》第三卷，商务印书馆1962年，第177—248页；[波]爱德华·卡伊丹斯基著，张振辉译：《中国的使臣——卜弥格》，大象出版社2001年；黄一农：《两头蛇——明末清初的第一代天主教徒》，上海古籍出版社，2006年，第348—386页；莫妮卡（Monika Miazek）：《卜弥格：为南明朝廷服务的耶稣会士（Michał Boym, Polish Jesuit in the Service of the Ming Dynasty）》，（澳门）《神州交流》2008年第五卷第二期，第80—101页；张西平：《关于卜弥格与南明王朝关系的文献考辨》，《史学史研究》2009年第2期，第93—100页；Tereza Sena, “Macau and the Contours of Michał Boym’s ‘Imperial’ Legation to Pope Innocent X”, *Monumenta Serica*, vol. LIX, 2011, pp.273-300。2014年5月18日在北京外国语大学举办了“《卜弥格文集——中西文化交流与中医西传》出版学术座谈会”，从植物学、中医西译、本草学、地图学等方面进行研究、评述。会议介绍见北外中国海外汉学研究中心主页（https://iics.bfsu.edu.cn/info/1197/1722.htm，检索日期：2021年5月29日）。

[2] 馆藏编号：Fondo Borgia Cinese 531；题为：*Magni Catay olim Serica, et modo Sinarum est Monarchia: Quindecim Regnorum, Octodecim geographicae Tabulae*（《大契丹，原为赛里斯，今为中华帝国：15个王国，18张图》）。

两种藏本的说明文字。[1]《中国地图册》中绘有明代发现的几种基督宗教遗物，并有拉丁文注解；标注了各地的耶稣会士住院；描绘并记述了明末清初的一些天主教传华事迹。

一、 基督宗教遗物

《中国地图册》中描述了有关基督宗教在华传播的5种历史遗物，包括江西的铁十字、陕西的《大秦景教流行中国碑》及泉州的3块十字架碑。

在《江西省图》吉安府附郭的庐陵县附近绘有一座铁十字架（图1），《江西省图》下边有注文（图2）："在吉安（Kiengan）附近庐陵（Lulim）的一条河边，有座铁十字架，重1300利布拉（libra）[2]，在后汉（Heu Han）统治时的公元239年[3]就已立于此地。"

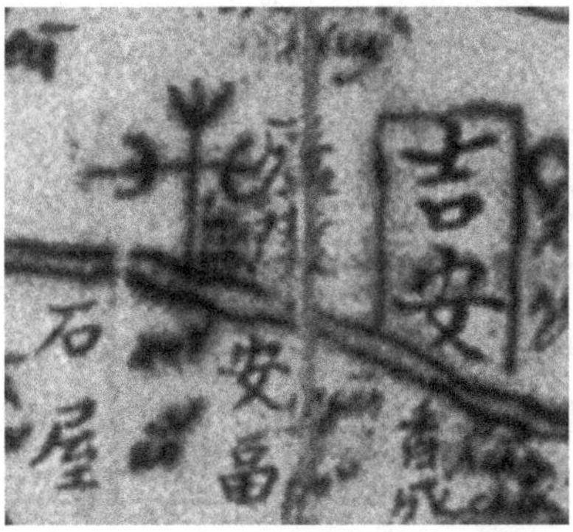

图1 卜弥格《江西省图》，庐陵附近铁十字架与其注文之一

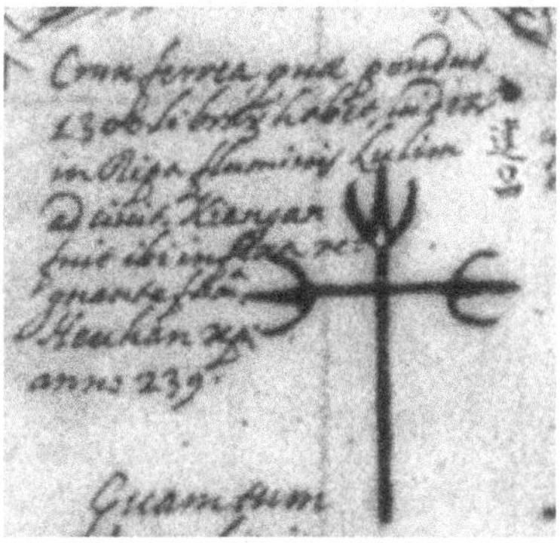

图2 卜弥格《江西省图》，庐陵附近铁十字架与其注文之二

[1] 关于《中国地图册》的研究主要有：Walter Fuchs, “A Note on Father M. Boym’s Atlas of China”, *Imago Mundi*, Vol.9(1952), pp.71-72; Boleslaw Szcześniak, “The Atlas and Geographic Description of China: A Manuscript of Michael Boym”, *Journal of American Orient Society*, Vol.73, No.2(Apr.-Jun.,1953), pp.65-77; Boleslaw Szcześniak, “The Seventeenth Century Maps of China: An Inquiry into the Compilations of European Cartographers”, *Imago Mundi*, Vol.13(1956), pp.116-136; Boleslaw Szcześniak, “The *Mappa Imperii Sinarum* of Michael Boym”, *Imago Mundi*, Vol.19(1965), pp.113-115; Cheryl Ann Semans, “Making the Unknown: Jesuit Cartography in China,1583-1773”, Dissertation for Ph. D., University of California, Berkeley, 1987, pp.124-126；陆文雪：《阅读和理解：17世纪—19世纪中期欧洲的中国图像》，香港中文大学博士学位论文2003年，第148—168页；李孝聪：《记16—18世纪中西方舆图传递之二三事》，载复旦大学历史地理研究中心编《跨越空间的文化：16—19世纪中西文化的相遇与调适》，东方出版中心2010年，第465—481页；刘晶晶：《卜弥格与基歇尔——西方中国热的推动者》，载澳门博物馆编、欧金尼奥·罗萨度等总编辑《海国天涯：罗明坚与来华耶稣会士》下册《论文集》，澳门特别行政区政府文化局2013年，第172—185页；汪前进：《卜弥格〈中国地图册〉研究》，《国际汉学》2016年第4期，第37—58页。

[2] Libra，罗马磅，等于12盎司，故该十字架重量约可折算为442.26千克（$1300 libras = 1300 \times 12 onces \approx 1306 \times 12 \times 0.02835 kg \approx 442.26 kg$）。参见吴金瑞编：《拉丁汉文词典》，光启出版社1983年，第825页；谢大任主编：《拉丁语汉语词典》，商务印书馆1988年，第325页。

[3] 时为三国东吴孙权赤乌二年，非后汉（东汉）。

吉安铁十字现于明初，明末天主教传教士与中国士大夫信徒以此为基督宗教久已传华的象征。明末清初福建教徒李九功曾为艾儒略助手，在其《慎思录》中记："迨既降生升天后，圣宗徒多默，尝偕数弟子传教，及于中华。嗣后门人接踵，且数百年不绝，以故中华至今多存圣教旧迹。据三国时，庐陵有铁铸十字，记孙吴赤乌年号。明初刘子高（名嵩）歌其事，则去降生之世未远也。（证一）"[1]王治心《中国基督教史纲》称："明朝刘子高《诗集》与李九功《慎思录》，均载明洪武年间，江西庐陵地方，掘得大铁十字架一座，上铸赤乌年月，按赤乌系三国孙吴年号，子高因作《铁十字歌》以志其奇。又铁十字上铸有对联一副云：'四海庆安澜，铁柱宝光留十字；万民怀大泽，金炉香篆蔼千秋。'下联'万民怀大泽'不是指耶稣受难救世而何？这也是在汉末已有基督教的一个说明。"[2]王治心该著于1940年出版，此后论者亦有将中国基督宗教史上溯至此孙吴赤乌年间铁十字。

刘嵩（1321—1381)又作刘崧，字子高，为明初诗坛名家，[3]著有《槎翁诗集》，收有《铁十字歌》云："庐陵江边铁十字，不知何代何年岁，何人作之孰置此，何名何用何宛然"，亦即刘子高根本不清楚此铁十字铸造及安置时间、人物、用途，所以"赤乌年间"纯属刘子高猜测："我时见之考其式，赤乌之年乃妄蚀。"[4]刘子高系洪武年间人，正处在所说庐陵铁十字被发现的时间。明代又有几种文献记载此铁十字。天顺五年（1461）成书的《大明一统志》载："铁十字，在府城南栅门外江岸，有铁铸一十字，题云'保大二年五月日置'，重一千三百斤。下有潭水，或时清浅，亦见一十字。世传南唐造铁舰，以此系缆。"[5]此后几则文献的记述基本同于《一统志》，如田汝成《田叔禾小集》［嘉靖四十二年（1563）刻］之《桂林行》；[6]何镗《古今游名山记》［嘉靖四十四年（1565）刻］之《明吴炳游东昌遂登神冈山杂记》，记庐陵吴炳亲见；[7]余之祯《吉安府志》［万历十三年（1585）刻］卷十二。[8]对此铁十字来

---

[1]（明）李九功：《慎思录》，载钟鸣旦、杜鼎克编《耶稣会罗马档案馆明清天主教文献》第九册，利氏学社2002年影印本，第168—169页。

[2] 王治心：《中国基督教史纲》，上海古籍出版社2004年，第23页。

[3] 冯晓禄：《刘嵩"宋绝无诗"说考论》，载《中国韵文学刊》2006年第1期，第65—67页；江立员、饶龙隼：《元末明初江西十才子论考》，载《江西师范大学学报(哲学社会科学版)》2012年第1期，第48—55页。

[4]（明）刘嵩：《槎翁诗集》，第4卷，"中国基本古籍库"，清文渊阁四库全书补配清文津阁四库全书本。

[5]（明）李贤等撰：《大明一统志》，台联国风出版社1977年，影印天顺五年（1461年）内府刻本，卷五十六，第3496页。

[6]（明）田汝成撰：《田叔禾小集》，《四库全书存目丛书》集部第88册，影印吉林省图书馆藏明嘉靖四十二年田艺蘅刻本，齐鲁书社1997年，卷八，第518页。

[7]（明）何镗等辑：《古今游名山记》，《续修四库全书》史部第736册，上海古籍出版社2003年，影印北大图书馆藏明嘉靖四十四年庐陵吴炳刻本，卷十一下，第708页。

[8]（明）余之祯等纂修：《（万历）吉安府志》，《日本藏中国罕见地方志丛刊》，书目文献出版社1991年，卷一二，第178页。

历，洪武年间的刘子高一无所知，至明中叶则有亲见记录存世，并据其上题书理清，其置立时间系南唐保大二年（944）；明时在府城吉安南栅门外江边，因庐陵县附郭，也可称在庐陵城边；而对其用途，也曾听闻为造舰系缆绳之用。明末李九功一则不顾刘子高“铁十字歌”本已明言对此一无所知，“赤乌年间”纯属妄猜，二则不顾士人熟知的《一统志》及其他著作已稍探明铁十字来历，却因扬教心切而对刘子高诗断章取义，选择最能宣扬“中华至今，多存圣教旧迹”的孙吴赤乌年说。王治心更进一步发挥，称铁十字上有对联，寓意耶稣救世。此段中国早期基督教史故事，可谓“层累地造成”的一桩学术公案。此铁十字未能存世，故谬种流传而难更正。刘子高《铁十字歌》中提及一点随想，大致能解释为何此铁十字消失于历史长河中：“何不为刀为错通商工，为耜为利为九农，斩犀刺虎为剑锋。”

卜弥格所记铁十字架重1300利布拉，即未经换算重量单位，而直接代指明代文献中的“斤”。其实，地图上所绘的这座铁十字，其形式并不太像基督宗教的十字架。

卜弥格描述的另4种十字架碑则应属早期基督宗教遗迹。《陕西省图》绘有在西安发现的“石碑”（xě poéy）即《大秦景教流行中国碑》，并有注记。不过卜弥格对景教碑的详细记述保存在基歇尔《中国图说》中。另外，《福建省图》和中国总图均描述了泉州发现的3块十字架碑。中间一块上端平整，碑面图案为十字莲花。右侧碑面亦有十字莲花图案。《福建省图》上3块碑均无文字。中国总图下有一行注文无法识读，《福建省图》注文称中间最大者发现于1629年，左右两块发现于1639年。中国总图上左右两块有汉字。左侧碑文作：“泉州城水陆寺中，有古十字架石，崇祯十一年二月中教友见之，于吾主受难之前日，奉入圣堂”。右侧碑文作：“闽泉州府城仁风门外三里许，东湖畔，旧有东禅寺。《郡志》云：‘唐乾符中，郡人构庵，居僧齐固。广明元年更名东禅，后废。’近寺百武许，有古十字石，架在田畔，未有识者。于崇祯十一年二月吾主复活之日，教友因拜墓见之。”左右两方石碑因有汉字，可知均发现于崇祯十一年（1638年），卜弥格所推算时间又晚一年。右边石碑当为户部尚书苏茂相的太翁所得。左边石碑原埋没于田间，由教友发现。中间石碑无字，可能是1619年由郑孩如在武荣山中发现，1629年艾儒略与门徒张赓见到此石，确认为基督宗教遗物。[1]卜弥格所记1629年当指艾儒略见读、确认的时间。泉州几方十字架碑被发现后，来华耶稣会士与中国天主教徒极为重视，将其与《大秦景教流行中国碑》同视为基督宗教来华历史悠久的象征。张赓曾撰《武荣出地十字架碑序》，阳玛诺（Emmanuel Diaz）《景教流行中国碑颂正诠》（1641年撰，1644年刊）书后附3块碑的图像，并有

[1] 林金水：《艾儒略与泉州十字架石的发现》，载中国航海学会、泉州市人民政府编《泉州港与海上丝编之路（二）》，中国社会科学出版社2003年，第502—513页；李静蓉：《元代泉州基督教石刻图像研究》，福建师范大学博士学位论文2013年，第39—41页。

后两块碑的说明，列于碑下方。[1]卜弥格图像一如阳玛诺，不过阳玛诺书中碑下文字为说明发现石碑过程，卜弥格图上将其绘作碑文，字句有所删减。泉州向为多种宗教汇聚之地。景教在唐朝入华，天主教在元朝入华，均在泉州多有遗存。此3块十字架碑，中、右两块均有十字莲花图案，当为景教遗物。但3块石碑的置立过程，已无从确考。

二、明末清初中国天主教史人物、事迹

《中国地图册》中记述了耶稣会中前辈沙勿略（St. Francois Xavier，1506—1552）和鄂本笃（Bento de Goes，1562—1607）。沙勿略为耶稣会创建人之一，也是天主教东方传教开拓者。他自1540年奉派前往东方印度等地传教，后至东南亚、日本，一直计划传教中国，1552年至广东上川岛[2]，12月逝世并葬于此地。后移葬于印度果阿，而上川岛上曾埋葬沙勿略尸体2月半的墓穴成为教徒巡礼之所。1622年沙勿略被封圣。[3]卜弥格在《广东省图》《海南图》上均绘有此岛，只是名作三洲（Sān cheū）岛，旁有注文。《广东省图》上注文为：“三洲岛（Insula Sancheu），俗称上川（San cham）岛，（有）著名的圣方济各·沙勿略尸体和墓地。”（图3）《海南图》上注文无“俗称上川”（vulgo San cham），且岛屿形状略有不同。卜弥格在《陕西省图》和中国总图上还各有一段注文，记鄂本笃从印度寻找契丹国而至肃州之事。《海南图》另有一段较长注文，记两广海域产石蟹（锈斑蟳），较为罕见，背有两

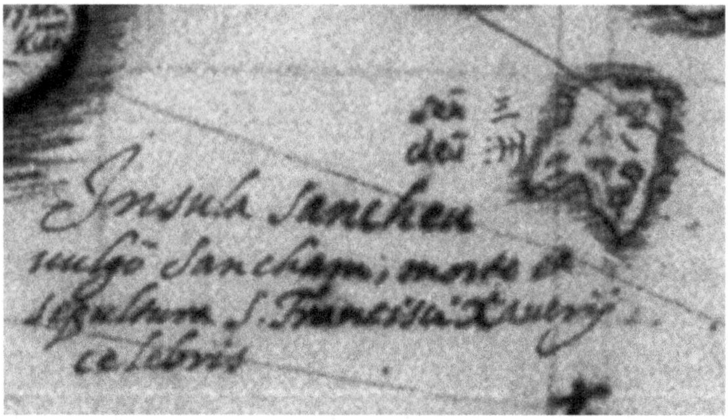

图3　卜弥格《广东省图》，三洲（上川）岛

---

[1]　（明）阳玛诺撰：《景教流行中国碑颂正诠》，载吴相湘编《天主教东传文献续编》第二册，学生书局1966年，第751—754页。

[2]　位于今广东省台山市西南部。

[3]　沙勿略生平参见[法]费赖之，冯承钧译：《在华耶稣会士列传及书目》上册，“一 方济各沙勿略”，中华书局1995年，第1—10页。

旗，中有十字架，煮熟后唯白色十字架颜色不变；1647年永历即位、太后皇子受洗之际，该蟹出现，象征圣十字架印在中国旗帜上。有关沙勿略客死上川岛事迹，及南海十字架石蟹一事，学界研究颇丰，兹不赘言。而《海南图》中这段注文已有三种中译本，[1]但其译文均与卜弥格原文有所出入，今据拉丁文原本翻译如下：

> 公元1644年，在靠近广东和广西的这片中国海有海蟹，有一只暗白色的十字架镶嵌在两白旗间，如A所示。煮熟后，圣十字架的颜色变为白色，而旗帜颜色不变，如B。公元1647年，该蟹重现于同一海域。而就这同一年，永历恰好作为十二皇帝的合法继承人，加冕为中国皇帝。这年皇太后烈纳，皇帝母亲玛利亚，皇后亚纳，皇子暨太子当定（当时永历帝尚为慕道者）在耶稣会诸神父面前接受圣洗。毫无疑问，天主用它制造了符号的奇像，因为皇室的洗礼，天主十字架的旗帜实现凯旋。[2]

三、中国城市及耶稣会士住院纬度表

1653年1月或2月初，卜弥格从威尼斯赴罗马，在博洛尼亚（Bononia，今名Bologna）见到意大利博物学家、科学家里乔利（Baptista Riccioli，1598—1671），将一些关于中国的资料送给他，其中包括一份中国城市经纬度表。卜弥格1653年2月21日自洛莱托（Loretto）的书信记载此事，里乔利1661年出版的著作《新修陆海地理志十二卷》中亦记有此事，并称卜弥格此表为《中国大表格》（*Magna Tabula Sinensis*），即《中国（经纬度）总表》。[3]里乔利据卜弥格此表整理出一个中国城市及耶稣会士住院的纬度表，题为“中国（经纬度）表，摘自卜弥格《中国大表格》，其中‘M.’意为省会，‘R.’意为耶稣会士住院（*TABULA Chinensis, ex Michaelis Boymi Magna Tabula excerpta, in qua M. Metropolis indicat; R. Residentias PP. Soc. Iesu.*）”。后有一段文字记载为黄河的经纬度。该表也属于卜弥格《中国地图册》内容。同著还载有据卫匡国（Martino Martini，1614—1661）《中国新地图集》（*Novus*

---

[1] [法]沙不烈撰，冯承钧译：《卜弥格传》，《西域南海史地考证译丛》第三卷，第163—164页；黄一农：《两头蛇——明末清初的第一代天主教徒》，上海古籍出版社2006年，第355-357页；[波]卜弥格著，[波]爱德华·卡伊丹斯基（波兰文翻译），张振辉、张西平（中文翻译）：《卜弥格文集——中西文化交流与中医西传》，华东师范大学出版社2013年，第241页。

[2] 按：本文2016年原刊时不含本段译文，此为本次收入论文集而增补。

[3] Boleslaw Szcześniak, “The Atlas and Geographic Description of China: A Manuscript of Michael Boym”, *Journal of American Orient Society*, Vol.73, No.2,Apr.-Jun.,1953, pp.71-72; Boleslaw Szcześniak, “The Seventeenth Century Maps of China: An Inquiry into the Compilations of European Cartographers”, *Imago Mundi*, Vol.13,1956, pp.128-130.

Atlas Sinensis）所附的“经纬度表（*Catalogus Longitudinum ac Latitudinum*）”编制的城市纬度表。[1]今将卜弥格此表考订如下，见表1：

表1　城市纬度表

省份名（Provinciarum Nomina）	省会(Metro-poles)	主要城市名（Urbium præcipurarum Nomina）	耶稣会士住院	北极高度（Altitud. Poli.，即北纬纬度）[2]	卫匡国所记纬度[3]	现代实测纬度[4]	卜弥格纬度差值
北京（Pé-Kīm）	M	顺天府（Xu'n-Tién fû）	R	40°0′	39°59′ (36°0′)	39°54′	+6′
山东（Xa'n-Tùm）	M	济南府（Cȳ-Nân fû）	R	36°0′	37°0′	36°39′	−39′
河南（Hô-Nân）	M	开封府（Kāi-Fūm fû）	R	34°30′	35°50′	34°43′	−13′
山西（Xān-Sȳ）	M	太原府（Ta'y-Yuên fû）	R	39°0′	38°33′	37°51′	+1°09′
陕西（Xèn-Sȳ）	M	西安府（Sȳ-Ngān fû） 蒲州（Pū-Chēu）[5]	R R	36°0′ 37°0′	35°50′ 36°27′[6]	34°15′ 34°50′	+1°45′ +2°10′
四川（Su'-Chuēn）	M	成都府（Chi'm-tū fû）	R	33°0′	30°47′[7]	30°36′	+2°24′
湖广（Hû-Quàm）	M	武昌府（Vû-Chām fû）	R	31°0′	31°0′	30°52′	+08′
南京（Nân-Xīm）	M	应天府（Y'm-Tiēn fû） 常熟（Châm-Xō） 上海（Xa'm-hây）	R R R	32°0′ 31°0′ 31°0′	32°40′ 32°13′ 31°32′	32°03′ 31°36′ 31°10′	−03′ −36′ −10′

[1] 该著于1672年出版第二版。Io. Baptista Ricciolio, *Geographiae et hydrographiae reformatae libri duodecim*, Bononiae: 1661, ff.315-317; Io. Baptista Ricciolio, *Geographiae et hydrographiae reformatae libri duodecim*, Venetiis: 1672, ff.306-307.

[2] 原表此栏左列标“G.”，即Gradus，表示度数；右列标M.，即Minus，表示分数。现合为一项。

[3] 里乔利所摘编的卫匡国纬度表部分数据是缺失的，今据卫匡国地图集补充，以下划线标示；数分数据与卫匡国地图集有异，均作考订选择，取自地图集者亦标下划线。Martino Martini, *Opera Omnia*, edizione diretta da Franco Demarchi, Volume Ⅲ, *Novus Altas Sinensis*, a cura di Giuliano Bertuccioli, Trento: Università degli Studi di Trento, 2002, Tomo primo, pp.178-212.

[4] 参考谭其骧主编：《中国历史地图集》第七册《元·明时期》，中国地图出版社1996年；部分城市数据参考高泳源：《卫匡国（马尔蒂尼）的〈中国新图志〉》，载《自然科学史研究》1982年第4期，第372页。

[5] 当为山西布政司平阳府属州，城址在黄河东岸，今山西永济市西约13公里处。

[6] 《中国新地图集》经纬度表中平阳府下并列有两个“P'u”，纬度不同：“P'u，37°25′”，“P'u ⊙，26°27′”，其中第二个“P'u”后的图例“⊙”表示州，故指蒲州，第一个当指直属平阳府的蒲县。另据卫匡国《中国新地图集》之《山西省图》，标有耶稣会住院标识即“IHS”和十字架符号“+”及较大城市（Civitas）即州的图例的“Pu”，纬度约为26°25′，故当取后者。

[7] 高泳源文误作30°04′。高泳源：《卫匡国（马尔蒂尼）的〈中国新图志〉》，载《自然科学史研究》1982年第4期第372页。

续表

省份名（Provinciarum Nomina）	省会(Metro–poles)	主要城市名（Urbium præcipurarum Nomina）	耶稣会士住院	北极高度（Altitud. Poli.，即北纬纬度）	卫匡国所记纬度	现代实测纬度	卜弥格纬度差值
浙江 （Cie-Kiām）	M	杭州府（Kiām-Chēn fù[1]）	R	30°0′	30°27′	30°14′	−14′
江西 （Kiām-Sȳ）	M	南昌府（Nân-Chām fù） 建昌府（Kie'n-Chām fù） 引者按：治在今南城县	R R	29°0′ 28°0′	29°13′ 28°12′	28°41′ 27°55′	+19′ +05′
广西 （Kuàm-Sȳ）	M	桂林府（Que'y-Lîm fù）	R	24°10′ (36°0′)[2]	25°54′	25°17′	−1°07′
贵州 （Kue'y-Cheū）	M	贵州（Kue'y-Cheū） 引者按：即贵阳军民府		25°30′	26°0′	26°34′	−56′
福建 （Fō-Kie'n）	M	福州府（Fô-Cheū fù） 邵武（Cha'o-fū[3]） 建宁府（Kie'n-nym fù）引者按：治建宁、瓯宁，在今建瓯市 延平府（Y'm-pīm[4] fù）引者按：治南平，在今南平市 泉州府（Cyuên-Cheū fù） 兴化（Huo'n-Hu'a[5]）引者按：今莆田市 漳州府（Chām-Cheū fù）	R R R R R R R	25°0′ 27°0′ 26°0′ 26°0′ 24°0′ 25°20′ (23°30′)[6] 25°20′	25°58′ 27°10′ 27°0′ 26°34′ 25°0′ 25°27′ 24°42′	26°04′ 27°20′ 27°03′ 26°32′ 24°54′ 25°43′ 24°52′	−56′ −20′ −57′ −32′ −54′ −23′ +28′
云南 （Yûn-Nân）	M	云南（Yûn-Nân）引者按：云南府，治在今昆明市东北		24°0′	25°0′[7]	25°03′	−1°03′
广东 （Quâm-Tùm）	M	广州府（Quàm-Cheū fù） 南雄（Nân-hiûm） 韶州（Xa'o-Cheū） 肇庆（Xa'o-Ki'm）	R R R R	23°30′ 26°0′ 25°30′ 23°0′	23°15′ 25°32′ 24°42′ 23°30′	23°04′ 25°12′ 24°48′ 23°03′	+26′ +48′ +42′ −03′
海南 （Hay-Nan）[8]	M	琼州（Ki'un-Cheū） 定安（Ty'm-ngān）	R	19°30′ 18°30′	19°40′ 19°26′	20°00′ 19°42′	−30′ −1°12′

[1] 原文如此，据卜弥格《浙江省图》，杭州拼音应为hám-cheū。
[2] 原表中数字为36°0′，显然为误写；卜弥格《广西省图》中桂林纬度约为24°10′，今取此值。
[3] 按卜弥格《中国图》梵蒂冈本，福建有耶稣会住院的有7个城市，此处应为邵武（Chao-Vu）。
[4] 按卜弥格《福建省图》，应为Yén-Pím。
[5] 原文如此，卜弥格《福建省图》上为Huo'n-Hoá，按《浙江省图》“绍兴”拼音，当为Hím-Hoá。
[6] 原表中数字23°30′，卜弥格《广西省图》中兴化纬度约为25°20′，前者当为误写，今取后者。
[7] 里乔利所编卫匡国表中云南府（Iunnan）列属广西省（Prov. Quangsi），有误。
[8] 海南岛为琼州府所辖，属广东布政司。

续表

省份名（Provinciarum Nomina）	省会 (Metro–poles)	主要城市名（Urbium præcipurarum Nomina）	耶稣会士住院	北极高度（Altitud. Poli.，即北纬纬度）[2]	卫匡国所记纬度[3]	现代实测纬度[4]	卜弥格纬度差值
防备鞑靼人的长城（Murorum Sinensium Contra Tartaros）		西端起点 被群山隔断的第一段终点 第二段起点 东端终点		40°0′ 43°0′ 43°0′ 43°40′			
星宿海（Lacus Sy'm Sō Hay）		大河洋子江（Ya'n sùm）源头河口		26°0′ 39°0′			

表1中的洋子江当为黄河，卜弥格混淆了长江与黄河。高泳源指出，卫匡国的纬度数值呈现南部较准确、北部向北偏差较大的特点。[1]卜弥格的数据中偏差最大的是西部山西、陕西、四川的4座城市，偏北一度到两度余；而南部的云南、贵州、广西、海南岛、福建的城市整体上偏南。另外，广东、福建、江西、浙江、南京、山东、北京的一系列城市之数据较更为准确，盖因耶稣会士对这些地方较为熟悉，且其位于传教士进京路线上，利玛窦等人即已对其经纬度进行测量。

里乔利分别以来自卜弥格、卫匡国的材料编制中国地名纬度表。卫匡国《中国新地图集》中附有完整的详至县级的经纬度表，很可能卜弥格送给里乔利的《中国总表》也是与此接近的详细的经纬度表。里乔利还称卜弥格是“连同其它（inter alia）”材料一起送与，所以可能里乔利还曾掌握卜弥格的其他手稿及搜集的资料，首要者便是地理、地图方面。不过什钦希尼亚克于1952、1954年在意大利搜寻未见。什钦希尼亚克认为里乔利1689年出版的《新经纬度表》（*Tabula latidudinum nova*）很可能取自卜弥格手稿，而1658年于东京（越南北部）获得许多卜弥格中医论著手稿的柏应理（Philippe Couplet），亦获有经纬度方面手稿，并将其参考吸收入1686年著作及1687年出版的著名的《中国哲学家孔子》（*Confucius Philosophus Sinarum*）。[2]

该表所列城市最主要的是耶稣会住院所在地，并以“R.”代指“耶稣会士住院（*R. Residentias PP. Soc. Iesu*）”，显示卜弥格独重天主教传华内容。另外，卜弥格还

[1] 高泳源：《卫匡国（马尔蒂尼）的〈中国新图志〉》，载《自然科学史研究》1982年第4期，第372页。

[2] Boleslaw Szcześniak, “The Atlas and Geographic Description of China: A Manuscript of Michael Boym”, *Journal of American Orient Society*, Vol.73, No.2,Apr.-Jun.,1953, pp.71-72; Boleslaw Szcześniak, “The Seventeenth Century Maps of China: An Inquiry into the Compilations of European Cartographers”, *Imago Mundi*, Vol.13,1956, pp.128-133; Boleslaw Szcześniak, “The *Mappa Imperii Sinarum* of Michael Boym”, *Imago Mundi*, Vol.19,1965, p.115.

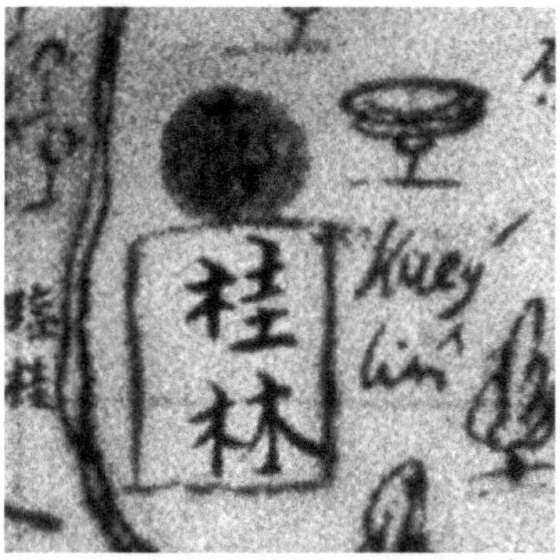

图4　卜弥格《广西省图》，桂林

图5　卫匡国《广西省图》，桂林

在地图上标明了耶稣会在中国各地的教堂和住院，所用图例为“IHS”[1]上有十字架符号“+”，上以红色涂作圆形。如《广西省图》中的桂林。（图4）卫匡国图上无涂色，符号相似。（图5）[2]《中国地图册》各图中有耶稣会士住院的城市大多与里乔利改编的地名表相合，不同之处有：蒲州（Pú-Chēu，图上误作浦州），表中列在陕西，梵蒂冈本《中国地图册》中，《中国图》上在陕西省境，分区图中则在山西省图，只是错绘在黄河西岸；南京省增松江（Sūm Kiām）府与嘉定（Kiā Tým，图上误为加定）；浙江省增宁波（nym pǒ）。

四、结语

耶稣会士一直致力于搜寻、记录基督宗教在华传布的痕迹和历史。卜弥格在《中国地图册》中所描述的5种十字架遗物，源自耶稣会士艾儒略、阳玛诺等和中国信徒王征、张赓等人的搜寻、发现、出版；所记沙勿略、海南十字架蟹等内容，亦为来华耶稣会士所熟知的明末清初中国天主教史人物、事迹；其中国城市及耶稣会士住院纬度表和图上所绘各地耶稣会标志，当为耶稣会士积累的成果。作为耶稣会士，卜弥格与其会友难免对其传教功业有所夸大，如江西庐陵铁十字来历显系中国信徒李九功等人逐渐累加、杜撰。但《中国地图册》仍不失为中国基督宗教史的一份重要史料。它保存了有关天主教在华传播的一些真实记录，即便是虚夸的内容，也可反映出卜弥格和明清之际来华耶稣会士、中国信徒积极扬教的心态。而尤为重要的是，

---

[1] 拼合字母“IHS”指耶稣基督，后被引申出“Iesus Hominum Salvator（耶稣，世人救主）”等义，尤其耶稣会以此为宗旨和标识。

[2] Martino Martini, *Novus Atlas Sinensis*, QUAMSI, Sinarum Imperii Provincia Decimatertia, in Bleau, Joan, *Atlas Maior*, Amsterdam, 1659, Vol. X, folio 520. 本文所用卫匡国图来自西班牙塞维利亚大学（Universidad de Sevilia）数字图书馆网站：http://fondosdigitales.us.es/fondos/libros/3617/520/geographia-blauiana/（检索日期：2014年5月8日）。

《中国地图册》的许多描述是以图像的形式，为中国基督教史提供了一份直观而形象的史料。

（作者单位：王永杰，东北师范大学历史文化学院）

六、卜弥格与大秦景教碑西传

17世纪末到18世纪初“大秦景教”碑情况介绍：卜弥格和刘应发挥的作用*

[美] 魏若望** 著　崔祥芬　王银泉 译

译者按：作者魏若望（John W. Witek，1933—2010），是美国著名已故汉学家，乔治城大学东亚系主任。研究和教学的主要领域为：汉学、日本学、藏学、印度学、早期亚欧交通史，以及来华耶稣会士研究。他关于利玛窦（Matteo Ricci，1552—1610）、南怀仁（Ferdinand Verbiest，1623—1688）的研究在汉学界享有权威。魏若望的主要著作有《耶稣会士傅圣泽神甫传索隐派思想在中国及欧洲》[*Controversial Ideas in China and in Europe: A Biography of Jean-François Foucquet S. J.*（1665—1741），1982]、《传教士、科学家、工程师、外交家南怀仁（1623—1688）》[*Ferdinand Verbiest*（1623—1688）: *Jesuit Missionary, Scientist, Engineer and Diplomat,* 1994]等，还曾主持了罗明坚、利玛窦编纂的《葡汉字典》的整理影印工作（Portuguese-Chinese Dictionary, 2001）。本文原题为“Presenting the ‘Nestorian’ Monument from the Late Seventeenth to the Early Eighteenth Century: The Role of Michał Piotr Boym（1612—1659）and Claude Visdelou（1656—1737）”，最初是魏若望神父在国际会议上宣读的，后发表于《华裔学志》（Monumenta Sinica）2011年第59期第301—313页。本文概述了17世纪末至18世纪初来华传教士卜弥格（Michel Boym，1612—1659）和刘应（Claude Visdelou，1656—1737）的生平、来华背景，研究了他们对大秦景教碑的翻译和理解等方面的贡献。

---

* 本文原载于《国际汉学》2017年第3期。

** 魏若望神父于2010年1月31日去世，而仅4个月前，他还在克拉科夫的“17世纪波兰耶稣会士在中国”国际会议上宣读了此论文。魏若望神父是华盛顿特区乔治城大学全球知名的东亚历史研究学者，人们一定会铭记他在中国耶稣会方面所做的重要贡献，尤其会记住他撰写或编写的有关耶稣会士傅圣泽（Jean-François Foucquet）、耶稣会士南怀仁、澳门的圣保禄学院《葡汉字典》和《华裔学志》第一卷（1546—1562）作品。——原书作者按对17世纪末到18世纪初“大秦景教”碑的研究引出了一些关于卜弥格（Michel Boym, 1612—1659）神父的论述，这些论述不乏趣味性，但有些缺乏准确性。卜弥格神父是来华耶稣会士，他的著作在17世纪及其后的时间里成了中国和欧洲的文化交流纽带。在1876年版的《德意志人物全传》（*Allgemeine Deutsche Biographie*）中，德国神学家卡尔·古斯塔夫·阿道夫·西格弗里德（Carl Gustav Adolph Siegfried, 1830—1903）用一句话概述了卜弥格的生平，提到了卜弥格1656年出版的《中国植物志》（Flora Sinensis）和安德烈·克莱耶尔（André Cleyer，1634—1697/1698）编选的卜弥格医学著作。西格弗里德之后总结道：“有了关于中国文献的最新发现，其他一切都已经无足轻重了。”[1]“无足轻重”这一评价引发了对于19 世纪中国史学问题的讨论。本次大会将重点讨论卜弥格，以深化其相关讨论并修正相应史料。

“大秦景教碑”相关文献的重点集中在如何发现此碑或者此碑的特点，其特点见于阿塔纳修斯·基歇尔（Athanasius Kircher，1602—1680）的作品，特别是他1667年于阿姆斯特丹出版的《中国图说》（*China Monumentis qua sacris...Illustrata*）。涉及基歇尔著作的相关文献也只不过稍稍提了卜弥格的贡献。利玛窦日记曾激发了西方读者对中国的兴趣，金尼阁（Nicolas Trigault，1577—1629）将其译成拉丁文，唤起了人们对中国更大的好奇心，而在17世纪初期，西方对中国还知之甚少。[2]基歇尔看到了帮助西方了解中国的机会，就推介了自己的专著，之后也被译成多国语言。实际上，基歇尔将景教碑作为其著作的主要特色。17世纪50年代，卜弥格出访罗马时，给基歇尔寄了一封书信，说明了景教碑的背景和重要性。基歇尔的《中国图说》还是以卜弥格的书信为核心内容，尽管他参考了卫匡国（Martino Martini，1614—1661）和曾德昭（Alvaro Semedo，1585—1658）著作中关于景教碑的内容。

本文旨在研究卜弥格的信札，从而研究他对碑文的翻译和理解。之后将重点介绍刘应对景教碑的翻译。他的翻译在18世纪初叶完成，但多年后才出版。按照时间顺序，先对卜弥格进行介绍。

一、卜弥格生平

卜弥格生平有几个方面值得我们关注。卜弥格1612年生于利沃夫（Lwów），1631年在克拉科夫加入耶稣会。其父帕维乌·博伊姆（Pawel Boym）是国王齐格蒙特三世（King Sigismund III）的主治御医。卜弥格自愿到中国传教，于1659年抵澳门，次年进

[1] “Alles ist durch die neuere Literatur über China ziemlich bedeutungslos geworden,” *Allgemeine Deutsche Biographie*. Leipzig: Duncker & Humblot, 3, 1876,p. 222.

[2] Matteo Ricci, *De Christiana expeditione apud Sinas*（《利玛窦中国札记》). Ed., Nicolas Trigault. Augsburg, 1615

入永历朝廷，[1]永历是明代的最后一个皇帝。受皇太后派遣，卜弥格出访罗马，于1651年5月到达果阿（Goa），经波斯（译者注：今伊朗）和士麦那（译者注：今伊兹密尔），最后到达了意大利威尼斯，他于1652年12月拜会了当地的总督。意大利的官员甚至耶稣会总会长也质疑他中国使者身份的真实性，因此他在罗马花了三年时间也未能见到教皇。在罗马停留期间，卜弥格结识了他的教友基歇尔，当时基歇尔正打算要出版一本关于中国的书。卜弥格离开罗马先抵达里斯本，于1656年3月在里斯本乘船前往亚洲。两年后经暹罗（Siam，今泰国）、越南东京地区（Tonkin）到达广西。1659年8月卜弥格在东京和广西边境逝世，故2009年是卜弥格逝世450[2]周年纪念。

二、卜弥格信札

卜弥格在写给基歇尔的关于大秦景教碑的信中开门见山地指出，在这些中国出土刻有天主教教义的石碑当中，最出名的石碑（praecipuum locum）是“刻有中文和古叙利亚文以及迦勒底神父签名，有一千年历史”的大理石石碑。[3]而这些天主教教义在中国早已得到传布。基歇尔在他的早期作品《有关古代宗教碑文的诠释》[4]（*Prodromus Coptus sive Aegyptiacus*，1636）中，就已将碑文译成拉丁文，而时任中国耶稣会副省长的曾德昭，也将碑文译成意大利文；[5]卜弥格则指出现行版本既有中文，也有拉丁文，拉丁文是按中文的行文方式逐字翻译（de verbo ad verbum）的。读者因此能读到写于公元782年的文本，它反映了公元636年天主教在中国传教的情形，卜弥格强调，耶稣会士（正如中国人所称的“泰西儒士”）宣扬的教义与在石碑发现之前所刊印的书中的教义是一样的。后来卜弥格补充说有必要对石碑的发现过程做简要说明，并讨论四周刻有叙利亚文的石碑的尺寸大小。他向读者解释了中国一人多名的习俗，因此中国基督信徒们在接受洗礼时，除了自己的原名外，他们还会拥有一个新名字。

卜弥格紧接着写到发现石碑后当地长官被这罕见的事震动（perculsus，石碑发现的那一天，他儿子死了，他认为这是一个征兆）。他命人写了一篇赞颂石碑的美文，并下令将其刻在另一块相似的石头上，故而两块石碑都供奉在了道士的道观

---

[1] 因史料来源不同或因史料转译较多，关于卜弥格加入耶稣会和到达澳门的时间存在不一致。陈文源在《西方传教士与南明政权》一文中提到，1629年加入耶稣会，1650年抵达澳门。《卜弥格文集——中西文化交流与中医西传》（[波]卜弥格著，[波]爱德华·卡伊丹斯基、张振辉、张西平译,华东师范大学出版社2003年）认为是1644年来到澳门。此处作者写1659年抵澳，次年进入明廷，但此段末尾也提到1659年去世，前后说不通，原文有误。——译者注

[2] 疑原文有误，从1659年卜弥格去世到2009年是350周年，而非450周年。——译者注

[3] Kircher, *China Illustrata*. Amstelodami: Apud Joannem Janssonium à Waesberge & Elizeum Weyerstraet, Anno 1667, p. 7.

[4] 此书的音译名为《普罗兹罗莫斯·科普图斯》，参见[波]卜弥格著，[波]爱德华·卡伊丹斯基、张振辉、张西平译：《卜弥格文集——中西文化交流与中医西传》，华东师范大学出版社2003年第110页。——译者注

[5] Kircher, *Prodromus Coptus sive Aegyptiacus*. Roma: Typis S. Cong. de Propag. Fide, 1636. Alvaro Semedo, *Relatione della grande monarchia della Cina*（《中国伟大王国志》）. Romae: Sumptibus Hermanni Scheus, 1643.

（fano）[1]——距西安府一英里。[2]由于明朝官员不大可能公开支持基督教，这位中国长官的举动就显得尤为意义重大。而基瓦克（Michael Keevak）在其最近研究的《中国景教碑及其在西方的接受：1625—1916》（*The Story of a Stele*，2008）[3]中却曲解了那位中国长官对石碑采取的措施。[4]

为了从更广阔的视角来看石碑的发现，卜弥格指出在中国还发现了天主教传教的其他遗物（vestigia）。其中圣十字的形象于1630年在福建省被发现，于1635年在江西省被发现。同样地，1643年在福建的山上和泉州城里[5]也发现了一些十字架。他还指出利玛窦曾听过“十字架学说”（Shizi jiao 十字教），由此得出了一个观点，即鞑靼人近些年入侵中国时，基督教徒居住在中国境内，而在威尼斯人马可·波罗（Marco Polo, 1254—1324）来华的时代，除基督教徒外，还有伊斯兰教徒（Saracens）、犹太教徒、景教徒和其他异教徒（pagans）也居住在中国境内。卜弥格对这一点确信无疑。

相比之下，卜弥格不能确定向中国人传教的是圣多默还是其他使徒。尽管卜弥格用了很长的篇幅来讲述已为人知的证据——这些证据来源于金尼阁和圣多默曾来过中国这一普遍接受的观点——他仍避免落入窠臼。读完卜弥格信札后，人们会注意到在接下来的主要部分 *Interpretatio II*（《注释2》）中，对景教碑标题全文的翻译：“De magna Cyn (Judaea videlicet) clarissimae Legis promulgatae in Cum kue (id est, Sinarum Imperio) Monumentum.”紧接其后的是：“Clarissimae Legis promulgatae in Sina Lapis aeternae laudis & prologus Ta cyn (id est, Judaeae) Ecclesiae Sacerdos, Kym cin retulit.”[6]对“大秦”（Great Qin）这一地名的鉴别确定是朱迪亚（译者注：古巴勒斯坦南部地区），而第二次提及“大秦”时则简单地说是朱迪亚。但这些鉴别显然是

---

[1] 原文是 in the sacred precinct (fano) of the Daoist monks，是供奉在道士道观中，而张振辉译的《卜弥格文集——中西文化交流与中医西传》第111页中则提到“将石碑和仿制品供奉在僧人居住的崇仁寺院中，这个寺院离西安府1英里”。具体是道观还是寺院，有待进一步考证。——译者注

[2] “Admonitus Gubernator loci de Monumento reperto, perculsus & novitiate rei, & etiam omine (namque illi seipso die filius mortuus fuerat) elegantem compositionem in laudem Monumenti reperti fieri, ac in alio simili lapide marmoreo insculpi praecepit, utrumque vero in fano bonziorum *Tao su* dictorum milliari uno distate a muris Metropoleos *Sy ngan fu*, ad perpetuam rei memoriam reponi procuravit.”卜弥格的拉丁文信札，见基歇尔的《中国图说》（原书），第8页。

[3] 此书全名为 *The Story of a Stele: China's Nestorian Monument and Its Reception in the West*. ——译者注

[4] Michael Keevak, *The Story of a Stele*（《中国景教碑及其在西方的接受：1625—1916》）. Hong Kong: Hong Kong University Press, 2008. 基瓦克在书中指出基歇尔关于景教碑的资料“来源于耶稣会士，也有他自己独特的发挥”。基瓦克用自己的观点来做例证，即“发现石碑后，西安的长官就写了一篇文章纪念之，并把文章刻在另一块石头上”（原文是斜体）。他还说基歇尔的拉丁版本是将当地长官的文章作为第一摹本的：“当地的长官对这样的古代遗迹感到惊奇，当即命人写了一篇文章赞颂所发现的石碑，并下令将此碑上所有的字和符号尽量原封不动地照刻在另一块大小相同的石头上。”参见基瓦克著作，第33—34页。但按前面注脚所引用的拉丁原文所示，卜弥格并非是这样写的。

[5] 对于发现十字架的具体位置，张振辉、张西平在《卜弥格文集——中西文化交流与中医西传》第111页中讲的是“在福建省和泉州的山上也发现了一些十字架”。地点表述稍有差别。——译者注

[6] Kircher, *op.cit.*, p. 22.

基歇尔添加的，与卜弥格在其信中所说的区别并不相符。在阐明了截至那个时期的遗物（vestigia）后，卜弥格称在这个材料中根本没有提到圣多默或其他使徒曾在中国传教的事情。卜弥格指出几百年后祭司王约翰（Christians of Prester John）有了很多信徒，并认为这些人是“狂热的十字教信徒”，他们与鞑靼人一起或者比鞑靼人稍早进入中国。他们来自朱迪亚，更确切地说是迦勒底或叙利亚地区，故而年代比信仰基督教的鞑靼人久远，这样的话，他们的追随者希望别人称他们为“景教徒”（Kin Kiao 景教）。要注意的是卜弥格在此用的是“clarae doctrinae”，而在景教碑的题目里用的却是“clarissimae Legis”。这指向了圣多默基督教的教士；圣多默基督教是葡萄牙人给印度聂斯托利派信徒（the Nestorians of India）起的名字，这一点沙布烈（Robert Chabrié）[1]已强调过。[2]实际上，卜弥格接着在信中阐述了自己的观点，认为这些传教士并非来自朱迪亚，而是叙利亚人，因为他们的名字也符合叙利亚语言的特征。他们宣讲的教义可能来源于朱迪亚，但正如叙利亚名单所示，他们是叙利亚的传教士。不过在景教碑的题目里，这种细微的差别没有得以充分讨论。

三、刘应和景教碑

基歇尔在书中记录了卜弥格写的关于景教碑的信札；在卜弥格撰写此信札过去了32年之后，有五个耶稣会士被选定为法国国王路易十四的“皇家数学家”，[3]刘应（Claude de Visdelou, 1656—1737）便是其中之一。1687年6月17日，五位耶稣会士乘坐一个广东商人的舢板驶离暹罗（泰国），7月23日于浙江省宁波登陆。他们都期待着为清廷康熙皇帝效力。

当时巴黎和北京一系列复杂的情况促使法国国王路易十四决定，派遣法国数学家入华。关于这一点，本文只能略举若干细节。此次入华事业中主要的领导人有法国巴黎天文台的天文学官员以及耶稣会天文学家兼数学家洪若翰（Jean de Fontaney，1643—1710），从中国回法国与路易十四面谈派遣事宜的耶稣会士柏应理（Philippe Couplet, 1623—1693）和时任清廷钦天监监正的耶稣会士南怀仁。此次计划包含两方面：（1）派法国的天文学家去北京工作并向巴黎天文台汇报；（2）根据计划，几位耶稣会士在华期间将学习汉语，然后返回法国，帮助皇家图书馆[4]筹建中文书库。

柏应理转交了南怀仁写给洪若翰的信。对于洪若翰的天文学能力，比利时耶稣会

[1] 此处采用的是张振辉《卜弥格与明清之际中学的西传》中Robert Chabrié的中译名。还有的版本译为沙不列，见台湾大学历史学系教授古伟瀛的《守望：三十年来的中国主教史（1980—2010）》。——译者注

[2] Robert Chabrié, *Michel Boym: Jésuite Polonais et la fin des Ming en Chine (1646—1662)*. Paris: Pierre Bossuet, 1933, p. 226.

[3] 关于法国国王路易十四的数学家，更通常的说法是“国王数学家”。后文皆采用此称呼。——译者注

[4] 此处的皇家图书馆即为现在的法国国家图书馆。——译者注

士安多（Antoine Thomas，1644—1709）1677年在巴黎拜访洪若翰的时候就有所了解，并在北京与南怀仁（Ferdinand Verbiest，1623—1688）会面时指出了这一点。南怀仁发出的邀请是日后国王数学家入华的动因。

暹罗使团于1684年12月初抵达凡尔赛，当时，法国宫廷明确了派遣耶稣会数学家取道暹罗去北京的计划。经过了仓促的准备后，六位之前选中的法国耶稣会士在暹罗使团的陪同下离开布雷斯特（Brest），于1685年3月出发去暹罗。半年内（从1684年9月到1685年3月），凡尔赛宫廷不仅和暹罗政府有联系，更主要的是向中国派遣了六位法国耶稣会士（刘应是其中之一）。此6人从未去过中国，他们对中国的了解大多是基于有限的出版文献以及柏应理在法国短暂停留期间与他们的口头交流。

这些耶稣会士要收集中国的科学信息并将其送回法国。起初，法国政府安排了四个人的航程，但后来增加至6人，因为有人建议应该再加上2个年轻一些的耶稣会士。白晋（Joachim Bouvet，1656—1730）对去中国一事很感兴趣，在法国巴黎外的某个地方开始了神学研究，而后他获准在巴黎继续研究，说不定会遇到去中国耶稣会的时机。白晋在日记中写到他的朋友刘应与他同岁，在此次任务中被选中是因为刘应显露了他在数学方面的技能和在希伯来语和叙利亚语等7种语言上的天赋。

在进入清廷的5个国王数学家中，[1]唯独刘应没有成为学术专著研究的研究对象。尽管本文并不打算构架这样一个研究，但要了解刘应在中法文化关系发展中的角色，特别是了解景教碑方面的，他的一些生平资料还是必需的。

四、刘应传略

我们现在知道，很多耶稣会士来过中国，而我们同样也知道，对于这些耶稣会士，除了他们的出生日期和地点以及早期受教育情况外，我们对他们的早年生活知之甚少。对刘应的了解也不例外。刘应1656年8月12日在北部滨海省圣布里厄区（Saint-Brieuc，Côtes-du-Nord）[2]的特雷布里（Trébry）出生。其父约翰·德·维斯德鲁（Jean de Visdelou）和母亲伊丽莎白·普兰（Elisabeth Poulain）有13个孩子，刘应排行老三。显然，关于他早年所受教育和他如何结识耶稣会士方面都没有记录。[3]刘应年9月6日在巴黎入耶稣会，时年17岁。1684年在讨论选哪四位法国耶稣会士去中国耶稣会（去中国传教）时，他毛遂自荐，并很快得到上级认可，部分原因是他展现了自己的语言天赋。

---

[1] 六位耶稣会士到达了暹罗，但后减至五人，因当时国王纳莱（Phra Narai）请塔夏尔（Guy Tachard，1648—1712）回法国去招揽一些耶稣会士来暹罗工作。

[2] Côtes-du-Nord，即法国的北部滨海省，于1790年成立，后于1990年改名为Côtes-d'Armor，意为阿摩尔滨海省，是法国布列塔尼的一个省。——译者注

[3] See my biography of“Boym, Michal Piotr”, *Diccionario histórico de la Compania de Jesús*. Ed. C. O'Neill and J.Dominguez, 4 Vols. Roma: Institutum Historicum, S.I.. Madrid: Universidad Pontificia Comillas, 1 (2001):517.

法国大使肖蒙侯爵（Alexandre Maruis de Chaumont，1640—1701）[1]乘坐的去暹罗的船，计划在3月初出发。这样一来，6位耶稣会数学家在时间上就有些紧张了。1月初，除了要完成神学考试、接受神职授任外，2个年轻一些的耶稣会士白晋和刘应还参与了在巴黎科学院[2]的讨论。

巴黎科学院于1666年首次在巴黎成立。洪若瀚是他们的首席数学家，于1684年12月20日正式被任命为科学院的通讯员，他与3名耶稣会士同行（其中就有白晋和刘应）。科学院的官员罗列了几类天文学和其他方面的信息，希望这些新成员能够在中国收集到这些信息。1685年1月24日，白晋和刘应与他们的上级洪若瀚一道离开巴黎去布雷斯特。在布雷斯特，肖蒙侯爵向6位数学家宣布了自己从凡尔赛宫廷收到的关于他们任务的命令。他还给了每个人一封信，信是由国王路易十四签署的，称他们是“国王数学家”。

1685年3月，“飞鸟号”（Oiseau）和“魔鬼号”（Maligne）驶离布列斯特。[3]航海日志中记录了一些乘客描述的情况。除了那3位数学家（塔查尔、张诚和白晋）之外，还有来自巴黎外方传教会的成员贝尼涅·瓦切特（Bénigne Vachet，1641—1720）和主教管区的修道院院长舒瓦齐（Abbé François de Choisy，644—1724）。瓦切特这次算是回暹罗，之前他在暹罗学了当地的语言，曾代表法国国王路易十四接待了暹罗的两个使团，并担当翻译。舒瓦齐希望能成为法国驻暹罗大使，却只被任命为大使的助手，任命舒瓦齐为助手以防大使肖蒙去世（而无人接续工作）。刘应在“飞鸟号”上布了一次道，舒瓦齐形容他个子矮小却有着“摄人心魄的声音”。[4]

五、刘应入华初期

5位数学家乘坐舢板在宁波登陆，但这并不能保证他们能合法进入中国。[5]在北京和中国其他地方等待他们的是尚未平息的由“历狱案”而引发的余波。[6]浙江巡抚金鋐拒绝接受法国国王路易十四的信，他想把那些自称是南怀仁同仁的外国人驱逐出境。

---

[1] 肖蒙侯爵多称为肖蒙骑士（Alexandre Chevalier de Chaumont）。——译者注

[2] 巴黎科学院即现在的法国科学院，1666年成立，1699年法国国王路易十四赐名为“巴黎皇家科学院”。——译者注

[3] 两艘船都到了好望角，然后一起出发，但“魔鬼号”后与“飞鸟号”分开，消失不见。令人吃惊的是两艘船竟同时到达了巴达维亚（Batavia，即现在的雅加达）。

[4] François-Timoléon de Choisy, *Journal du voyage de Siam fait en 1685 & 1686*. Geneva, 2006, pp. 37—38.

[5] Lo-shu Fu, *A Documentary Chronicle of Sino-Western Relations (1644—1820)*. Tucson: University of Arizona Press, 1966, pp. 93, 98—99.

[6] 由清初历法之争而导致的康熙初年的历狱案的余波，当时尚未彻底平息，传教士在中国的活动跌入低谷。5位“国王数学家”于1688年2月7日抵达北京时，在历法之争中力挽狂澜的南怀仁刚去世10天。虽然早在1687年7月，也就是5位“国王数学家”在宁波上岸的时候，康熙就已经下诏，天主教神父只要持有南怀仁的印鉴，就可以在全国各地自由行走，不得阻拦，但是仍未明确解除“康熙八年禁教令”。直到1692年，康熙下诏批准天主教在中国自由传播的谕令，即在欧洲被誉为“1692年宽容敕令”，中国天主教才进入了黄金时期。这些在文章后面都略有提及。——译者注

南怀仁时任京城钦天监监正。金鋐上书礼部（Board of Rites），指出这5个人并非商人，他们带了关于数学和基督教的书，还带了数学工具。他建议礼部让皇上签署一份敕令，禁止任何人带外国人入华。礼部上书皇帝要求下令让巡抚将那5个人驱逐出境，并明令禁止任何人带外国人入华。但康熙帝当时与南怀仁在热河，他回复礼部说这5个人中有人可能会懂历法制定。懂的人按计划去京城，留在宫中候命；其余的人可以在任何自己想待的地方落脚。康熙帝推翻了礼部的决定，甚至还将其余的外国人留在中国。这是康熙在位期间为数不多的一次。此外，康熙帝的裁定也直接挑战了金鋐对外国人的看法。金鋐对皇帝的决定大动肝火，他想先拖延15天再向法国耶稣会士转达皇帝的决定，但后来皇帝知道了事情的经过，金鋐就不能得偿所愿了。在宁波的时候，耶稣会士给住在杭州的耶稣会副省长殷铎泽（Prospero Intorcetta，1625—1696）[1]写信，后来他们从1687年11月30日到12月21日一直与殷铎泽待在一起。

五位耶稣会士获准由京杭大运河北上航行，他们于1688年2月7日抵京。[2]而就在几天前，他们获悉了南怀仁和太后的死讯。3月底，规定的守丧日结束后，5位耶稣会士才觐见了康熙帝。康熙帝决定将张诚和白晋留在宫中，其他人可随意去想去的地方。刘应去了陕西，他在那儿开展了两年的传教工作，但也因资金不足而被迫回南京小住。

1692年，关于罗马字母为汉字注音方法的讨论风行一时，刘应也参与其中。当时，葡萄牙和西班牙的传教士们已经来华百余年，他们已创立了一套与各自语言相近的（为汉字注音）系统，还用罗马字母来拼写拉丁语。由于法国耶稣使团和其他法国传教士都已到位，所以需要用法语字母为汉语注音。刘应在此过程中是引领者。他指出像西班牙和葡萄牙传教士那样，用法语字母来书写汉字是荒唐的。最好的方法是按汉字的发音用法语书写，即使汉字发音与法语没有任何关系。如在lune这个词中末尾的n后会跟一个不发音的e，再如元音i和辅音j的区别。某些法国传教士认为葡萄牙传教士应该改变他们对汉字的拼法，但刘应反对此种观点。他强调说那些写葡萄牙作品的人很精通汉语，而且他们还得到优秀的中国儒生的帮助。[3]刘应的方法是改变一些字母，这些字母在法语中的发音与在葡萄牙语中的发音不同。

---

[1] 1686年到1689年，殷铎泽担任耶稣会副省长，副省长是在华耶稣会士的第二等级上司。他后来在一系列活动中发挥了很重要的作用，这些活动以1692年3月康熙帝颁布的宽容基督教的敕令为高潮。有关殷铎泽生平详述见 Dehergne, pp, 129—130; 也可见笔者的“Understanding the Chinese: A Comparison of Matteo Ricci and the French Jesuit Missionaries Sent by Louis XIV,” *East Meets West. The Jesuits in China, 1582—1773*. Ed. Charles E. Ronan and Bonnie B. C. Oh. Chicago: Loyola University Press, 1988, pp. 89—91.

[2] For a description of the route that the five mathematicians followed from Ningbbo to Beijing, see Jean-Baptiste Du Halde, *Description géographique, historique, chronologique, politique et physique de l'empire de la Chine*, 4 Vols. Paris: Le Mercier, 1, 1735,pp.61—80.

[3] Bibliothèque Nationale, Paris, *Ms. Fr. 25057*, f. 733.

1693年2月，康熙帝召洪若翰（Joane de Fortaney，1643—1710）和李明（Le Comte，1655—1728）[1]进京商讨关于决定给耶稣会士们赐地建宅、建教堂的有关事宜。所建教堂就是著名的北堂。[2]因李明早已返回欧洲汇报耶稣使团的情况，故没能成行。于是刘应代替李明，同洪若翰一同于1693年6月抵京，结果却得知康熙病得很严重。洪若翰随身带了一些奎宁让康熙服下，最终帮助康熙缓解了病情。[3]通过这种关系，刘应拜见了已确定将继承王位的胤礽。在一次关于中国儒学典籍的讨论中，胤礽评价刘应是所有来华欧洲人中最精通中国儒学典籍的欧洲人。[4]刘应在北京一直住到1699年，完成了皇帝委派的很多任务，比如以钦差大臣的身份接见新来的耶稣会士，使他们入华更加便捷。

刘应从1699年末到1700年初居住在福州，而后从1701年末到1702年初移居南昌。这期间，在中国和欧洲出现了关于中国“礼仪之争”的复杂问题。在这种环境下，1700年11月皇宫里的耶稣会士恳请皇帝就耶稣会士对中国礼仪阐释的对错予以澄清。刘应极力反对同仁们的所作所为，开始更加深入地研究这件事情。当时有传言说刘应不赞同耶稣会对中国礼仪的阐释，但刘应的诸多同仁都不相信这些流言蜚语。1705年刘应迎来了一个关键时刻，他在广州会见了罗马教皇的使节红衣主教多罗（Charles Maillard Cardinal de Tournon，1668—1710），当时刘应公开宣称自己反对耶稣会的观点。同年晚些时候，多罗与康熙会面；接下来在热河、北京发生的事情促使皇帝决定颁布敕令，规定只要耶稣会士们沿用利玛窦（Matteo Ricci，1552—1610）对中国礼仪的阐释，他们就能够申请让其留在中国的永居票。刘应将1708年6月24日的敕令译成拉丁语，并添加了一些注解。[5]

六、流放印度

在中国腹地的一些耶稣会士因拒绝申领永居票遭到驱逐，先被驱逐到广州又被驱逐至澳门。明朝后期，葡萄牙人就已经控制了澳门。但严格意义上来说，是由两广总督监管澳门这个城镇的。多罗任命刘应为贵州的宗座代牧（Vicar-Apostolic），授予他

[1] 李明是一位法国耶稣会士，1687年被路易十四以“国王数学家”身份与其余四位同伴派遣到中国，并卷入了与葡萄牙的保教权之争，在法国出版了《中国近事报道》和《论中国礼仪书》。——译者注

[2] 北堂，即西什库教堂，建于清初，时称“救世主堂”。——译者注

[3] 康熙三十二年（1693），康熙皇帝患了疟疾，服用各种药物均无效，病情日益严重，此时法人洪若翰等向康熙帝进献了金鸡纳霜（即奎宁），很快被治愈。为此，康熙帝召见了洪若翰等人，并给予了优厚的赏赐。法国传教士樊国梁在其《燕京开教略》中曾记载：“皇上偶染疟疾，洪若翰、刘应进金鸡纳……皇上以未达药性，派四大臣试验，先令患疟者服之，皆愈。四大臣自服少许，亦觉无害，遂奏请皇上进用，不日疟瘳。皇上疟瘳后，欲酬西士忠爱，于七月初四日召吾等觐见，特于皇城西安门内赐广厦一所。”——译者注

[4] Further discussion is in my“Claude Visdelou and the Chinese Paradox,” *Images de la Chine: Le Contexte occidental de la sinology naissante*. Ed. Edward J. Malatesta and Yves Raguin. San Francisco-Taibei, 1995, pp. 375—376.

[5] The Latin text is in Biblioteca Casanatense Ms. 1648, pp. 92—96 and Archivio Segreto Vaticano 243, pp.133—138. A printed version appeared in *Sinica Franciscana*. Madrid, 9, 1995,pp.—876, n. 8.

克劳狄波利斯主教（bishop of claudiopolis）头衔，这样一来，皇帝下的命令对刘应来说就成为一个难题了。在给教皇克雷芒十一世（Pope Clement XI，1649—1721）的信中，刘应解释了自己所面临的境况。[1]他坦言自己在被任命为宗座代牧后，本应该立即给教皇写信，但最终没能如愿。他那时即将被逐出中国，不过他搭乘了一艘英国人的船转途去了澳门。多罗回复说刘应在澳门时应该来拜访他。刘应到达了多罗居住的宅邸（更为确切地说是监狱，这是刘应用的词），没有人阻拦他的去路，也没有人问及他的身份。故而他表示1709年2月2日自己被任命为主教，还说明任命仪式结束后，他又返回到了船上。在信中，刘应还向教皇表明自己不会返回欧洲。多罗没有命令他回去，但是他建议刘应尽快离开中国。由于这个建议，刘应称自己会去印度的本地治里[2]（Pondichery）暂避风头（ad tempus）。

事实上，本地治里成了刘应的长期住所。从这个层面上来看，究其一生，刘应得到了教会赋予的荣誉，但在北京的清廷看来，刘应大势已去。当凡尔赛宫廷告知刘应，禁止他重返其故国法国时，其国王数学家的身份再次遭到了贬低。尽管处于这些不利的形势，刘应对中国、中国历史和中国人民的兴趣，持久不变，从未动摇。

在18世纪的最初几十年里，一些欧洲学者，包括传教士和信徒，对世界不同地区历史的比较研究产生了兴趣，这些工作为世界史研究奠定了基础，虽然那时世界史这一词还不是很常用。在中国、拉丁美洲和北美的传教士们写的信札促进了西方学者对比较历史的探讨，如对中国和埃及早期历史的比较，以及对古希腊和古罗马历史的比较。西方将圣经纪年当成理解人类历史的规范，但中国历史纪年却对此提出了质疑；中国和亚洲其他一些地方，在其历史初期，古老的神话传说非常丰富。关于中国历史纪年的问题、中国和亚洲其他一些地方史料的可靠性，以及讨论如何将这些资料准确译成西方语言，是那个时代学术环境的重要组成部分。

在本地治里时，据说刘应身边有500本中文书籍。利用这些书籍，他毕其一生，投身于中国问题研究，并且把他的观察结果发回欧洲。他的著作涉及内容广泛，很多手稿仍然流传至今。他在18世纪传教士对中国的讨论中，做出了很大贡献，而其关于西安景教碑的文章只是其贡献的一隅。

---

[1] Visdelou’s autograph Latin letter of Feburary 12, 1710, Archivio Segreto Vaticano, Fondo Albani 252, pp. 225—226. It was published in Levy Maria Jordão, *Bullarium Patronatus Portugalliae regum in ecclesiis Africae, Asiae atque Oceaniae*, 5 Vols. Lisboa: Typographia Nationali, 1868—1879, 3:274.

[2] 本地治里，当时是法国在印度的殖民地。——译者注

七、刘应和西安景教碑

基督教在中国的发端始于东方亚述教会（Syro-Oriental Church），[1]随佛教东传路线沿丝绸之路进入中国。[2]东方亚述教会发源于叙利亚，后传入波斯，由阿罗本（Aluoben）传入中国。阿罗本到达唐朝都城长安三年后，太宗皇帝（627—649）颁布敕令，允许基督教在中国传教，还可以在长安建修道院。[3]阿罗本撰文阐释了景教，强调景教倡导的对国家的忠诚和对父母的孝顺并没有违反中国传统，反而是为中国传统锦上添花。

景教碑文描述了当时基督教的发展历史。可能是唐朝灭佛时，景教碑被埋于西安附近。机缘巧合，1625年一个农民在他自己靠近西安的田地里挖出了景教碑。景教碑的发现在中国的一些地方引起了轰动，而后在欧洲的学术界也引起了极大关注，这主要是因为没有人记得在历史上曾有这样一块石碑。

第一个见到景教碑的欧洲人是耶稣会士曾德昭。1636年曾德昭被任命为副省长出使罗马，故而没有机会将整篇碑文翻译出来，不过他写了碑文简介。[4]耶稣会士阳玛诺（Emmanuel Dias，1574—1659）写的《景教碑诠》（*Jingjiao beiquan*）于1644年在杭州出版，这是关于碑文的第一个正式中文出版物。《景教碑诠》于1790年在北京再版，1878年在上海再版，介绍了石碑上全部的中文内容，并且给文中每个短语和每个重要术语做了注解。[5]

几年后，刘应在本地治里对照景教碑文的抄本将其译介给欧洲读者，还做了一些评论。他指出距上次他将景教碑文译成拉丁文并将其发回欧洲已经有很长时间了，他没有保留拉丁译本。[6]所以他谨慎地指出自己后来的译文可能在某些地方与最初的版本有出入。不过刘应认为对景教碑中的基督教内容存疑没有什么意义。因为人们能够清楚读

---

[1] 东方亚述教会即东方亚述圣徒大公教会，是继承东方教会主教聂斯托利的基督教（天主教会）分支宗派之一，该教在唐朝时期传入中国译作景教，被视为最早进入中国的基督教派，成为汉学研究的一个活跃领域。——译者注

[2] For a brief discussion, see Peter F. Hofrichter,"preface," *Jingjiao. The Church of the East in China and Central Asia*. Ed. Roman Malek. Sankt Augustin – Nettetal, 2006, pp. 11—14.

[3] Antonino Forte,"The Edict of 638 Allowing the Diffusion of Christianity in China," in Paul Pelliot, *L'inscription nestorienne de Si-ngan-fou*. Ed. A. Forte. Italian School of East Asian Studies: Epigraphical Series 2. Kyoto-Paris, 1996, pp. 349—373.

[4] For a summary, see Louis Pfister, *Notices Biographiques et Bibliographiques sur Les Jesuites de L'ancienne Mission de Chine, 1552—1773*, 1932, 1:144—145.

[5] 《景教碑诠》全称是《景教流行中国碑颂正诠》。1790年在北京再版，1878年和1972年在上海再版。最新版本见于《天主教东传文献续编》，收录于吴相湘编：《中国史学丛书》总第40期，1966第2期，台湾学生书局1966年，第653—750页。

[6] See his essay"Monument de la Religion Chrétiennne trouvé par hasard dans la ville de Si-ngnan-fu, Metropole de la Province de Xensi en Chine," *Bibliothèque orientale ou Dictionnaire Universel*. Nouvelle edition, réduite et augmentée, 6 Vols. Ed. M. D'Herbelot. Paris: Moutard, 1781—1783, 5:305—354.1719年，刘应将景教碑文翻译成拉丁文，并发回了欧洲。

出碑文中三位一体和道成肉身这些秘密的宗教仪式很明显指向救世主和真神。同时碑文中还提到了东方亚述教会的习俗和传统，如一周献祭一次，教导活着的信徒为死去的人祷告。刘应提醒欧洲读者，如果某些汉语的措辞表达无意中冒犯了他们，他们也应该谅解碑文的作者。毫无疑问，碑文的作者是中国人，但缺乏文人著文的行云流水。作者满腹经纶，对唐朝的历史也十分了解。但是他偶尔会用佛教徒使用的华丽辞藻，也无法自如地运用隐喻来替换不恰当的表达。刘应还提到自己是逐字来翻译碑文的，除了有几处可能需要花大量笔墨解释。他在这几处的创造性用词，使得意义最恰当地表达了出来。[1]

为了凸显刘应翻译和注释工作的意义，法国出版社就刘应的文章进行出版商讨，左页排刘应的译文（称为颂词Éloge），[2]对应的右页是注释（对颂词的解释Paraphrase de l’Éloge）。限于篇幅，对刘应文章细节的讨论不宜展开。在此仅举一例。碑文中记录了阿罗本在华为传播基督教所做的努力：“La Loi se répandit dans les dix voies”（教义按十条路线传播）对应的右页上注释为“La religion se répandit dans les dix provinces, c’est-à-dire toutes les provinces de l’empire”（基督教在十省内传播，就是说在中国的所有省内传播）。[3]从上述例子中可以看出，即使逐字翻译景教碑文，译文也是简洁凝练的，并且能够反映出汉语原文本的面貌。另外，对译文的注解解释了句子的意思，这对欧洲的公众读者来说是很有必要的。此外，为了更深入地阐释景教碑文中所述历史时期的正确性，刘应还翻译了魏、唐时期一些较长的文段。刘应还指出，中国的作品里会不时穿插寓言故事和其他寓言类故事，这些与欧洲作品里的一些手法类似。[4]

八、结论

因篇幅所限，本文对景教碑文翻译的讨论没有面面俱到。尽管如此，还是能就景教碑的翻译得出几点结论。虽然对卜弥格的贡献褒贬不一，但他的信札和他对碑文的翻译对于基歇尔写成《中国图说》是必不可少的。夏鸣雷（Henri Havret，1848—1901）认为卜弥格严格按照字对字来翻译碑文，甚至到了（读他的译文就能）再现中文原文的地步。陈安德（Andrew Zheng，生卒年不详）在其作品中证实了这一点。陈安德是基督教的中国信徒，曾陪卜弥格前往罗马。[5]在某种程度上，卜弥格对基歇尔著书的贡献就像利玛窦对程大约著书的贡献一样。程大约向利玛窦索要和西方文献相关的插图用于自己的《程氏墨苑》（*Ink Garden of Mr. Cheng*）。利玛窦对《程氏墨苑》

---

[1] 基歇尔的《中国图说》中附有卜弥格的信札，当时在中国是有基歇尔《中国图说》的抄本的。但是关于刘应有没有看过抄本、何时看过抄本或者说在本地治里他身边到底有没有抄本，我们还不能确定。

[2] 括号里解释说明的是颂词，而景教碑文分序文、正文和颂词。此处的翻译应该指的是碑文中的颂词部分。

[3] Claude de Visdelou“, Monument de la Religion Chrétienne,” pp. 318—319.

[4] *Ibid.*, p. 354.

[5] Henri Havret, S.J., *La Stèle chrétienne de Si-ngan-fou. IIème partie. Histoire du Monument*（《西安府景教碑考》). Shanghai: Mission Catholique, 1897, p. 332.

的贡献颇大，此书让利玛窦在中国声名鹊起，甚至超过了他自己作品带来的名声。[1]基歇尔同样也需要配有插图的中文景教碑文以及对应的译文。如前所述，基歇尔实际上在1636年出版的《有关古代宗教碑文的诠释》（*Prodromus Coptus Sive Aegyptiacus*）一书中附有碑文的拉丁译文。1667年，他考虑加入更多元素。而卜弥格出使罗马、努力翻译景教碑文都很合时宜地满足了基歇尔的需要。

作为一名活跃却又居无定所的在华传教士，刘应也与在北京和其他省的同仁们保持联系。他因参与了礼仪之争而被驱逐至澳门，后来一直居住在印度的本地治里，最后也终于此地。刘应对早期汉学发展的贡献尚待深入研究。[2]他提倡在法语出版物中应该用正确的方法为中文注音，他第二次翻译景教碑文时，达成了自己的这一目的。他第一次的翻译是将中文译成拉丁文，两次翻译都是参照中文进行的。他的法译本于1760年首次问世，后于1780年、1781年再次发行。那时候，法国人对中国的兴趣已经成为启蒙运动中不可或缺的一部分，相比之下，欧洲学术精英对拉丁文的研究则黯然失色。[3]刘应对中国早期历史的了解促使我们从新的维度去理解景教碑，而卜弥格，作为南明朝廷的使者承担了很多其他责任，这使得他无法对景教碑进行深入的研究。但是这并不能抹杀卜弥格在景教碑研究中所做的贡献，因为他开创了直接将中文碑文翻译给欧洲读者并给译文加注的先河。

（译者单位：崔祥芬、王银泉，南京农业大学典籍翻译与海外汉学研究中心）

---

[1] See Joanthan D. Spence (史景迁), *The Memory Palace of Matteo Ricci* (《利玛窦的记忆之宫》). New York: Penguin Books, 1984, pp. 11—12.

[2] 在本地治里时，刘应编写了元代史（或者像他自己所称的，蒙汉朝代史）和匈奴史（Huns）。在匈奴史中他假定Huns就是历史上所记载的匈奴人。他将中国历史译成六卷拉丁文，共2200多页。在解释鞑靼人起源和鞑靼地区（指中世纪时受蒙古人统治的自东欧至亚洲的广大地区——译者注）方面，他是专家。在华耶稣会士卫匡国（1614—1661）著《鞑靼战纪》（*De bello Tartarico*, 1654）一书，广为流传。刘应的作品在此基础上增加了欧洲人对满族、蒙古族的了解。刘应不仅关注中国的历史，还在有生之年详细记录了中国发生的大事。他翻译了康熙后期颁布的一些敕令，也翻译了雍正初期颁布的一些敕令。这些译文被送往罗马的信仰宣传圣教会（Propaganda Fide）。教皇克雷芒十一世（Pope Clement XI）在信中鼓励刘应继续往罗马发回中文材料的译文。见教皇写于1719年9月30日的信件，收录在Jordão, *Bullarium*, pp. 183—184。2006年10月13—16日，“‘当中国与西方相遇’—海外汉学与中西文化交流国际研讨会”（“‘When China Meets the West’—An International Symposium on Sinology and Sino-West Cultural Relations and Exchanges”）在中国杭州浙江大学英国文学研究所召开。我曾在这次大会上做过主题发言“Rays of Light on Eighteenth-Century China: Claude de Visdelou (刘应1656—1737), A Royal Mathematician Sent to Peking”；关于刘应对中国的研究，还有几个方面尚待进一步研究，这几个方面可以详见我的主题发言。贝勒（Emile Bretschneider, 1833—1901）认为刘应的翻译“表明他精通中文，对中文有批判头脑”，认为刘应应当被称作“‘带我们了解中国历史的第一人’，特别是了解中亚和东亚国家的历史”。E. Bretschneider, *Medieval Researches from Eastern Asiatic Sources*（《元明人西域史地论考》），2 Vols. New York, 1, 1967, p201.

[3] See Claude de Visdelou, “Traduction du monument chinois concenant la Religion Chrétienne,” *Journal des Sçavans* 7, 1760, pp. 340—352.

17世纪波兰汉学的汉语声母特征分析
——以“大秦景教流行中国碑”的拉丁注音为中心*

方环海　Joanna Węglarz　秦芳芳

在西方早期的汉学体系中，汉语注音系统非常复杂，可以说汉语拼音方案所来源的汉语注音系统也并非是单源性的，而是具有多源性质。如果对汉字拉丁字母的过程完全不了解，阅读早期的汉学文献就会存在一定困难。同时，在汉语走向国际化的过程中，我们也需要关注各国汉语教学的国别化问题，而了解汉语国际教育国别化的主要途径就是要对汉语与异域各地语言的“归化”特征做出研究，只有这样，我们才能够在语言本体内揭示语言之间的特征差异，揭示语言习得偏误的内在因素。鉴于此，我们就需要关注在汉语拉丁拼音化历史上的各种汉语注音方案，其中卜弥格（Michel Boym，1612—1659）的拉丁文注音方案非常值得关注。

卜弥格是一位波兰传教士，1644年来中国开始传教士工作，同时研究中国的语言、文化、地理等，17世纪50年代后回到欧洲。卜弥格的研究领域涉及中国历史、宗教、绘画、哲学、语言等诸多方面，在华期间，他在汉语语音方面的最大贡献就是对“大秦景教流行中国碑”（下文简称“大秦景教碑”）的碑文所做的拉丁文逐字注音，其注音内容1667年发表在他的老师基歇尔（Athanasius Kircher，1602—1680）的《中国图说》一书中。后来拉丁文注音风行欧洲，普遍用于拼写中国的人名、地名等。

目前，学术界较多关注卜弥格有关植物学、地理学、中医的著作，西方学界对大秦景教碑的研究也有一些零星介绍，比如理雅各（James Legge，1888）[1]、（Henri Havret，1895）[2]、查尔斯·艾肯（Charles Aiken，1902）[3]、翟林奈（Lionel

---

* 本文原载于《语言研究》2018年第2期。基金项目：教育部人文社会科学规划项目“17—19世纪欧洲汉学视野中的汉语类型特征研究”（13YJAZH021）的阶段性成果。

[1] James Legge，*The Nestorian Monument of Hsî-an Fû in Shen-Hsî China*，London: Trübner & Co., 1888.

[2] Henri Havret，La stèle chrétienne de Si-Ngan-Fou，*Imprimerie de la Mission Catholique*, 7,1895.

[3] Charles Aiken，The Ancient Christian Monument of Hsi-an Fu，*The Catholic University Bulletin*, 8,1902,pp.175-192.

Giles，1917[1]、1918[2]、1920[3]、1920[4]）、鲁弗斯·苏特（Rufus Suter，1938）[5]、伯希和（Paul Pelliot，1996）[6]、安东尼奥·阿马萨里（Antonio Ammassari，2003[7]、2003[8]）、蒂莫西·比林斯（Timothy Billings，2004）[9]、宁梵夫（Max Deeg，2007）[10]、谢和耐（Jacques Gernet，2007）[11]、奇迈可（Michael Keevak，2008）[12]等。国内学界则有冯承钧（1936）[13]、岑仲勉（1957）[14]、罗香林（1966）[15]、朱谦之（1993）[16]、耿昇（1999）[17]、林悟殊（2003[18]、2011[19]）等，这些研究成果主要关注大秦景教碑的历史及其记载的内容。

从语言学角度看，对卜弥格"大秦景教流行中国碑"碑文的注音进行专门研究的，仅有谭慧颖（2008）[20]和董海樱（2011）[21]等，其中，董海樱（2011：98）归纳出了"卜弥格汉语官话声韵母拼合表"，不过由于其研究的主旨并非是卜弥格的碑文拉丁注音，所以与他提出的拼音方案存在一定差别。谭慧颖（2008）的研究则比较具体，从卜弥格所提出的汉语语音方案里归纳出其韵母系统，并与金尼阁（Nicolas Trigault，1577—1628）以及明末官话的拟音进行比较。在我们看来，目前对卜弥格的碑文拉丁注音研究未能充分显示其汉语注音所具有的意义与价值。本文拟通过研究其碑文拉丁注音的声母系统的特征，定位卜弥格汉字注音文本的学术价值，分析卜弥格

[1] Lionel Giles, Notes on the Nestorian Monument at Sianfu, *School of Oriental Studies*, 1,1917,pp. 93-96.

[2] Lionel Giles, Notes on the Nestorian Monument at Sianfu, *School of Oriental Studies*, 2,1918,pp.16-29.

[3] Lionel Giles, Notes on the Nestorian Monument at Sianfu, *School of Oriental Studies*, 3,1920,pp.39-49.

[4] Lionel Giles, Notes on the Nestorian Monument at Sianfu, *School of Oriental Studies*, 4,1920,pp. 15-26.

[5] Rufus Suter, The Words san-i-fên-shên in the Inscription on the Nestorian Monument at Hsi-An Fu , *Journal of the American Oriental Society*, 58.2,1938,pp. 384-393.

[6] Paul Pelliot, *L'inscription nestorienne de Si-ngan-fou*, Paris: Collège de France, Institut des hautes études chinoises, 1996.

[7] Antonio Ammassari, La struttura carismatica della comunità siro-cinese a Xian-fu (635-845) e il suo tempio di Daqin: tradizioni proto-evangeliche del "Sutra di Gesù Messia",*Orientalia Christiana Periodica*, 69.1,2003,p29-71.

[8] Antonio Ammassari, La soteriologia della stele di Xian-Fu e il sutra pneumatologico "Riposo e gioia",*Orientalia Christiana Periodica*, 69.2,2003, pp.381-428.

[9] Timothy Billings, Jesuit Fish in Chinese Nets: Athanasius Kircher and the Translation of the Nestorian Tablet, *Representations*, 87.1,2004,pp.1-42.

[10] Max Deeg, The Rhetoric of Antiquity: Politico-Religious Propaganda in the Nestorian Stele of Chang'an, *Journal of Late Antique Religion and Culture*, 1,2007,pp.17-30.

[11] Jacques Gernet, L'inscription de la stèle nestorienne de Xi'an de 781 vue de Chine, *Comptes-rendus des séances de l'Académie des Inscriptions et Belles-Lettres*, 151.1,2007,pp.237-246.

[12] Michael Keevak, *The Story of a Stele: China's Nestorian Monument and its Reception in the West, 1625–1916*, Hong Kong: Hong Kong University Press, 2008.

[13] 冯承钧译：《西域南海史地考证译丛》，商务印书馆1936年。

[14] 岑仲勉著：《隋唐史》，高等教育出版社1957年。

[15] 罗香林著：《唐元二代之景教》，中国学社1966年。

[16] 朱谦之著：《中国景教》，人民出版社1993年。

[17] 耿昇著：《中外学者对大秦景教碑的研究综述》，大象出版社1999年。

[18] 林悟殊著：《唐代景教再研究》，中国社会科学出版社2003年。

[19] 林悟殊著：《林悟殊敦煌文书与夷教研究》，上海古籍出版社2011年。

[20] 谭慧颖著：《〈西儒耳目资〉源流辨析》，外语教学与研究出版社2008年。

[21] 董海樱著：《16世纪至19世纪初西人汉语研究》，商务印书馆2011年。

如何站在类型学的对比立场看待17世纪汉语的语音特征，同时也试图分析他和欧洲本土学者在汉语语音特征研究方面的关系。

一、汉字注音的拉丁化尝试

站在今天来看，卜弥格为研究早期汉语注音提供了一套比较完整的汉字拉丁注音方案。他对“大秦景教流行中国碑”的研究共分三个部分：第一部分是用拉丁文字母进行逐字注音；第二部分是大秦景教流行中国碑的逐字解译，把碑文逐字翻译成拉丁文，这两部分字的顺序相同；第三部分是对碑文的拉丁文全文翻译。在翻译整个碑文的过程中，卜弥格基本按照拉丁文的句型、句法去翻译、造句，因为只有这样，欧洲的读者才能够全面理解大秦景教碑的内容。

整个“大秦景教碑”的中文格式非常明晰，碑文共分成30栏。在对大秦景教碑进行研究工作前，卜弥格首先将碑文的中文全文从左到右分为29行，每行从上到下根据汉字的顺序标出序号。每一行由45到61个汉字组成，全文一共列有1783个汉字。在完成分行和编号以后，卜弥格对碑文逐字做了比较系统的拉丁文注音。

这里需要说明的是，卜弥格在对大秦景教碑做拉丁文注音的时候，也出现了一些类似手民之误的问题。我们发现，如果把碑文与卜弥格提出的拉丁文注音进行对照，存在一些遗漏现象：

一是漏注现象。对照碑文原文，可见第5栏第29“kim̀”（境）后缺一个“chî”（之）字的注音，碑文原文为“制八境之度”；第10栏2“cyě”（七）后缺一个“yuě”（月）字的注音，碑文原文为“贞观十有二年秋七月”；第19栏第11“chiḿ”（政）后少一个字“ý”（以）的拉丁文，碑文原文为“披八政以黜陟幽明”；第22栏第7“chî”（之）后少一个“çûn”（从）字的注音，碑文原文为“肃宗俾之从迈”；第29栏第34“cyě”（七）后少“gě”（日）的注音。

二是多注现象。对照碑文原文，可见第 11栏第14多了一个字的注音“kuì”（国）；第25 栏第33“kem”（更）后多了一个字的注音“cyên”（前）。

卜弥格所记的汉语声母有25个，韵母49个，另外注音中记录的汉语声调有五类。波兰汉学家爱德华·卡伊丹斯基（Edward Kajdański）在研究卜弥格的注音特点后认为：“卜弥格用拉丁字母拼写汉字有时并没有遵照葡萄牙人制定的那些原则，例如他在一些地方总是用波兰文常用的‘sz’和‘cz’来拼写汉字，而不是按葡萄牙语的发音，用‘x’和‘ch’这些字母。”[1]

---

[1] [波]爱德华·卡伊丹斯基著，张振辉译：《中国的使臣——卜弥格》，大象出版社2001年，第235页。通过对“大秦景教流行中国碑”的卜弥格逐字拼音的研究，我们没发现“sz”“cz”波兰语字母的出现，所以在此我们并不认同爱德华·卡伊丹斯基先生的观点。

二、卜弥格的汉语注音系统

根据卜弥格所做的用拉丁文逐字为碑文注音，我们对卜弥格音系系统进行了较为全面的分析研究，归纳出一份卜弥格注音表格，见表1。

表1　卜弥格注音系统声韵拼合表

	C	c ʻ	ç	ç ʻ	ch	ch ʻ	f	g	h	k	k ʻ	l	m	n	ng
a							fa								
ai			çay	çʻay	chay				hay		kʻay	lay	may	nay	
am			çam		cham		fam		ham	kam		lam	mam	nam	
an			çan	çʻan			fan		han				man	nan	ngan
ao			çao		chao				hao	kao					
e	ce		çe		che	chʻe		ge		ke					nge
eam												leam			
eao												leao			
em	cem							gem		kem				nem	
en	cen				chen			gen	hen						ngen
eu	ceu				cheu		feu		heu		kʻeu	leu			
i	cy				chi		fi		hi	ki	kʻi	li/ly	mi		
ia									hia	kia					
iai										kiay					

续表

	C	c ‘	ç	ç ‘	ch	ch ‘	f	g	h	k	k ‘	l	m	n	ng
iam	cyam								hiam	kiam					
iao	cyao								hiao	kiao			miao		
ie	cye									kie		lie	mie	nie	
ien	cyen		çyen						hien	kien		lien	mien	nien	
ieu	cyeu								hieu	kieu		lieu		nieu	
im(ym)	cim/ cym				chim	ch‘im			him	kim		lim	mim	nym	
in	cyn				chin	ch‘in		gin	hin	kin			min		
io								gio	hio	kio		lio		nio	
iu	cyu							giu	hiu	kiu	k‘iu	liu		nyu	
iue			çyue							kiue					
iuen	cyuen								hiuen	kiuen					
ium															
iun								giun		kiun					
o			ço		cho		fo		ho	ko		lo	mo		ngo
oa									hoa						
oam					choam				hoam						
oe							foe		hoe						
oei									hoey						

续表

	C	c ‘	ç	ç ‘	ch	ch ‘	f	g	h	k	k ‘	l	m	n	ng
oen									hoen						
oi															
on															
ou									hou						
u			çu		chu		fu		hu	ku		lu			
uai															
uam										kuam					
uan										kuan					
ue										kue					
uen					chuen		fuen						muen		
uei								guey		kuey					
ui			çuy										muy	nuy	
um	cum	c‘um	çum		chum		fum		hum	kum		lum	mum	num	
un			çun		chun							lun			
uo										kuo					
uom															
uon													muon		
lh															

续表

	p	p ʻ	q	s	t	t ʻ	v	x	ʃ	Ø
a	pa				ta			xa		
ai				say	tay	tʻay				
am	pam				tam	tʻam	vam/uam	xam		
an	pan	pʻan		san	tan		van	xan	ʃan	
ao	pao			sao	tao			xao		
e	pe			se	te			xe		
eam										
eao										
em				sem	tem					
en				sen			ven/uen	xen		
eu				seu				xeu		
i	pi			sy				xi		y
ia										ya
iai										
iam				syam						yam
iao				siao						yao
ie	pie			sye	tie					ye
ien	pien			syen	tien	tʻien				yen

续表

	p	p‘	q	s	t	t‘	v	x	ʃ	Ø
ieu				syeu/sieu						yeu
im(ym)	pim	p‘im		sym	tym			xim		ym
in	pin			syn				xin		yn
io										yo
iu				siu/syu						yu
iue										yue
iuen				syuen siuen					ʃyuen	yuen
ium										yum
iun				siun						yun
o	po			so		t‘o		xo		o
oa										
oam										
oe										
oei	poey									
oen										
oi	poy									
on	pon									

续表

	p	p‘	q	s	t	t‘	v	x	ʃ	Ø
ou										
u	pu			su	tu			xu		u/uu
uai										uay
uam			quam							uam
uan										
ue								xue		ue
uen	puen		quen							uen
uei			quey							
ui				suy				xuy	ʃuy/ʃui	ui
um				sum	tum	t‘um				
un				sun	tun	t‘un		xun		
uo			quo							
uom			quom							
uon			quon							uon
lh										

从表1中所列的注音声韵拼合表可知，在卜弥格的注音系统中，声母有24个（实际上如果加上一个零声母，共有25个声母），用拉丁字母标示，包括：c、c‘、ç、ç‘、ch、ch‘、f、g、h、k、k‘、l、m、n、ng、p、p‘、q、s、t、t‘、v、x、ʃ。

三、卜弥格注音系统的声母特征分析

这一声母系统的差异并未涉及所有声母，像p、m、f、n、 l、s 的用法都比较相似，而用法差异比较大的主要是 c、ç、ch、g、x、z等。对比表1中的注音情况，如果与早期传教士的三个典型注音方案罗明坚 （1585—1588）、利玛窦（1605）、金尼阁（1626）三套注音方案进行对比，卜弥格碑文拉丁注音的声母系统在字母符号的选择上并不完全一致。下面拟分别对卜弥格与早期汉学其他三套汉字的注音方案进行比较分析。

1.[ts]/[ts‘]/[s]音差异标注分析

表2　[ts]/[ts‘]/[s]音差异标注分析表

拟音	罗明坚 （1585—1588）	利玛窦（1605）	金尼阁（1626）	卜弥格(1667)
[ts]	c, ç, çc z	c(e,i) ç(a,o,u)	ç	c, ç s
[ts‘]	c, ç, çc z	c‘ (e,i) ç‘(a,o,u)	ç‘	c,ç,ç‘ s
[s]	s,ss	s	s	s

如表2，罗明坚的注音系统中，发[ts]音有：则çe、姊çci等，发[ts‘]音有：前çien、草zau等, 发[s]音有：小siau等。利氏注音系统中，发[ts]音有：则cĕ、姊çù、座çoò等，发[ts‘]音有：前ç‘ieǹ、草ç‘aò、藏ç‘âm等，发[s]音有：小siào、像siám等。金氏注音系统中，发[ts]音有：则cĕ、姊çù、总çùm等，发[ts‘]音有：前ç‘ieǹ、草ç‘aò、错ç‘ŏ等，发[s]音有：小siào、雪siuĕ等。卜氏注音系统中，发[ts]音有：则cĕ、字çú、尊çuń/suń、总çum̄ /cum̂/sum̄等，发[ts‘]音有：前cyĕn/cyên、财ç‘aŷ、存çun̂/sûn等，发[s]音有：谢syĕ、像syaḿ等。

他们四位传教士都采用了拉丁字母注音，对此，应该特别关注辅音的腭化现象。在古典拉丁语中最容易受到影响的就是舌根音c，其通常的演变过程是c(e,i)[k]→[tš]→[ts]→[s]([z])/[θ]。在意大利语中，c(e,i)的腭化一直停留在[tš]（即[ʧ]）阶段；葡萄牙语和法语则经过[tš][ts]，现在读作[s]/[z]；西班牙语则经过[ts][t θ]变为[θ][1]；波

[1] Boyd-Bowma Peter. From Latin to Romance in Sound Charts . Washington D.C.: Georgetown University Press, 1954,pp.10-11.

兰语则发音为[ts]。早在16、17世纪，欧洲诸语言尚处于音变过程中，或者刚刚演变到现代音系不久，不过我们可以看出，16、17世纪的意大利语、法语、葡萄牙语、西班牙语、波兰语等五种语言中，c音很可能曾经一直被读作[ts]，所以，当时卜弥格选用了c音来表示[ts]音，这应该是一个比较准确的语音标注。

字母ç则是c的一个变音，在罗曼语中表示[ts]音。现代法语和葡萄牙语中都有ç母，却都改发成[s]音，波兰语从来没有ç这一语音符号。在此，我们可以假设，卜弥格之所以也会用ç母注音，应是他回罗马要把碑文的拉丁注音说明带给老师基歇尔，为了更好地表示这个读音，于是他就采用了耶稣会士习惯使用的ç母，因为其他几位神父都用ç母表示[ts]或[ts‘]，比如罗明坚就用çc和z来表示汉语中的[ts]音，前者似乎可以理解成ç或c的长音形式，后者则可算是一个典型的意大利式的注音。[1]

在汉语、古拉丁文和波兰语中，s母只有清音的读法，而在现代意大利语、法语、葡萄牙语、西班牙语等四种语言中，s 音几乎都有两种读法，即齿龈清擦音的s和齿龈浊擦音的z。由于16、17世纪拉丁文得到广泛运用，故我们认为这四个方案采用的s应该表示的是[s]音。至于卜弥格究竟为何要选用s音表示[ts]/[ts‘]/[s]，估计是他在注音过程中受到了母语波兰语的影响。

2.[ʧ]/[ʧ‘]/ [ʃ]音差异标注分析

表3　[ʧ]/[ʧ‘]/ [ʃ]音差异标注分析表

拟音	罗明坚（1585—1588）	利玛窦（1605）	金尼阁（1626）	卜弥格(1667)
[ʧ]	c,cc(e,i)	ch	ch	ch
[ʧ‘]	c,cc(e,i)	ch‘	ch‘	ch,ch‘
[ʃ]	sc(i)	x	x	x

如表3，罗明坚的注音系统中，发[ʧ]音有：战 cen、知ci/ccy等，发[ʧ‘]音有：城cin等, 发[ʃ]音有：手scieu等。利氏注音系统中，发[ʧ]音有：战chén、知chī、者chè等，发[ʧ‘]音有：城ch‘îm、臭ch‘éu等，发[ʃ]音有：手xèu、少xào、山xân等。金氏注音系统中，发[ʧ]音有：战chén、知chī等，发[ʧ‘]音有：城c‘him̂、常ch‘âm、成ch‘îm等，发[ʃ]音有：手xeù、圣xiḿ、身xin̄等。卜氏注音系统中，发[ʧ]音有：知chī、者chè/chě等，发[ʧ‘]音有：城chim̂、常cham̂、成chim̂、尺ch‘é等，发[ʃ]音有：山xan̄、圣xiḿ/xim̀、身xim̄、授xeú等。

ch母在波兰语中代表[x]，那卜弥格为什么会选择用ch、ch‘来表示[ʧ]或[ʧ‘]呢？我

[1] 谭慧颖著：《〈西儒耳目资〉源流辨析》，外语教学与研究出版社2008年，第79页。

们或许可以从其他耶稣会士对他的影响中寻找解释。罗明坚、利玛窦和金尼阁都受到各自母语的影响，在意大利语中，c和cc表示[ʧ]/[ʧʻ]；葡萄牙语和西班牙语中，ch同样表示[ʧ]，所以卜氏应该是受其他传教士语言的影响才决定采用ch来注音的。

罗明坚根据意大利语中的sc音标注了[ʃ]音，利氏、金氏、卜氏三人也都选择x，其实这算是葡萄牙语的读法。波兰语中明明有sz字母组合表示[ʃ]音，那卜氏却没有按照他的母语波兰语的读法去拼写这个音，个中原因大概是耶稣会本身规模不大，而波兰语的成员又不多，为了有更大的适用范围，卜弥格才最终选择利用x音来代表[ʃ]音。

3. [k]/[k‘]/[x]音差异标注分析

表4　[k]/[k‘]/[x]音差异标注分析表

拟音	罗明坚（1585—1588）	利玛窦（1605）	金尼阁（1626）	卜弥格(1667)
[k]	c(a,o,u) ch(e,i) q(u)	c(a,o,u) k(i) q(u)	k	c(a,o,u) k(i) q(u)
[k‘]	c(a,o,u) ch(e,i) q(u)	c‘ (a,o,u) k‘ (i) q‘ (u)	k‘	c‘ (u) k‘ (i) q‘ (u)
[x]	h(a,e,o) c(u) g(u) sch(i)	h	h	h

如表4，罗明坚的注音系统中，发[k]音有：改cai、家chia、怪quai等，发[k‘]音有：可co、巧chiau、旷quam等, 发[x]音有：好hau、花cua、湖gu、学schio等。利氏注音系统中，发[k]音有：改cài、家kiā、怪quái、古kù等，发[k‘]音有：可c‘ò、巧k‘iào、旷q‘uám等，发[x]音有：好haò、花hōa、湖hû、学hi ŏ 等。金氏注音系统中，发[k]音有：改kài、家kiā、怪kuái、孤kū等，发[k‘]音有：可k‘ò、巧k‘iào、旷k‘uaḿ、开k‘āi、口k‘èu等，发[x]音有：好hào、花hoā、湖hû、学hiŏ等。上面三家的注音选字基本一致，在卜氏注音系统中，发[k]音有：共cum̄、功cum̀/cum̄、贡cum̄、家kiā、归queý等，发[k‘]音有：空c‘um̄/cum̂、可kò/kó、开k‘aȳ、口k‘eù、气k‘í等，发[x]音有：好haó、花hoā、后heú、虚hiū等。

在罗曼系诸语言中，像意大利语、法语、葡萄牙语、西班牙语，c在元音a、o、u前都发[k]，意大利语中在元音e和i之前须加上不发音的字母h，写成ch，才发[k]。古典拉丁语（也就是教会拉丁语）中q的发音方法和c相同，表示[k]音，它的后面总有辅音u，其组合发[kw]音。对当时的耶稣会士而言，k字母发[k]音只用来拼写外来语。罗明坚受到了其母语的影响，所以用c、ch、q来表示[k]和[k']。利玛窦和卜弥格则选择用c、k、q，而金尼阁只用一个对当时的人较为陌生的[k]。在此，卜氏选择用c、k、q，其原因应是为了能够符合欧洲各国多数传教士的语言习惯。

现代罗曼系诸语言中都没有h字母，但古典拉丁语中却用h代表[x]，它与现代汉语拼音里的h很像。从表中所列来看，四位传教士几乎都选用了h母，只有罗明坚标记[x]音的方法显得有点特殊，也比较复杂，他除了选择用位于a、e、o之前的字母h之外，还选用了位于u元音之前的c、g 和在i前要使用sch。卜弥格选择用h母来标注[x]，可能是因为它是古典拉丁语中的一个符号，也可能因为当时他的母语中也有h发[x]字母的语音现象。

4.[ʒ]音差异标注分析

表5　[ʒ]音差异标注分析表

拟音	罗明坚（1585—1588）	利玛窦（1605）	金尼阁（1626）	卜弥格(1667)
[ʒ]	g(e,i)	g(e,i) j(o,u)	j	g(e,i)

如表5，罗明坚的注音系统中，发[ʒ]音有：人ge、如giu等。利氏注音系统中，发[ʒ]音有：人jǒ、如jû等。金氏注音系统中，发[ʒ]音有：人jŭ、如jû等。卜氏注音系统中，发[ʒ]音有：人giñ/ gîn、如giû等。四家的注音选字一致。

对此，利玛窦用g标注前元音前的[ʒ]，用j标注后元音的[ʒ]，金尼阁选用j标注所有情况的[ʒ]音。波兰语中的g本身就可标注[g]音，而为了表示汉语中的卷舌浊擦音[ʒ]，卜弥格所用的也是g。在葡萄牙语、西班牙语和法语中前元音之前的g母都发为[ʒ]音，这就像法语中的j也发齿龈后浊擦音[ʒ]一样。

5.[ŋ]音差异标注分析

表6　[ŋ]音差异标注分析表

拟音	罗明坚（1585—1588）	利玛窦（1605）	金尼阁（1626）	卜弥格(1667)
[ŋ]	ng(a,o,u) ngh(e)	ng	g	ng

如表6，罗明坚的注音系统中，发[ŋ]音有：爱ngai、恩nghen等。利氏注音系统中，发[ŋ]音有：爱ngái、恩gēn等。金氏注音系统中，发[ŋ]音有：爱gái、恩gēn等。卜氏注音系统中，发[ŋ]音有：暗ngan̄/ngań、恩ngēn等。

欧洲大陆诸语言中几乎都没有[ŋ]音，但仍然还可以听到一些与之相似的音。比如，波兰语中tango（探戈舞）的发音是ˈtãŋgɔ，angielka 发音是ãŋʲˈɟɛlka，听感上很是相似。可见，罗曼系语言中像波兰语一样，也会出现类似[ŋ]的音（经常由n母跟g、k组成的），但在注音系统中并不是汉语中的[ŋ]音。对此，谭慧颖指出，“正因为本族语中缺少后鼻音这样的音位，最初来到中国的西方人总有这样一个印象，觉得中国人几乎是在用鼻子说话。不过凭着优越的语言感知能力，早期来华传教士在为这个有点异域风味[ŋ]音寻找标记字母时，并未遇到什么麻烦”[1]，耶稣会士就选择使用英语中出现的软颚鼻音ng来代表[ŋ]音。这样，为了弥补母语中没有的这个发音，罗明坚、利玛窦和卜弥格都采用了ng字母组合。金尼阁用g来表示[ŋ]音，在他的方案中g也用来表示喉塞音[ʔ]。关于如何区分g和ng，利玛窦、罗明坚和卜弥格都用ng表示开口疑母字和部分开口影母字，用g母表示合口疑母字和个别的影母字，金尼阁则用g母同时表示利玛窦等区分的ng和g的影疑母等字。[2]

6.[ø]音差异标注分析

表7　[ø]音差异标注分析表

拟音	罗明坚（1585—1588）	利玛窦（1605）	金尼阁（1626）	卜弥格(1667)
[ø]	i,j,y	i,j,y	i	y

如表7，i在教会拉丁语和其他欧洲大陆诸语言中发音的差别并不大，几乎都发[i]。其中，意大利语里，j一般是表记外来语的读半元音[j]或齿龈后塞擦音[dʒ]，在法语和葡萄牙语中总是发成硬腭摩擦音[ʒ]，在西班牙语中，读成舌根清擦音[x]，在波兰语中j则发成硬颚无擦通音[j]。

在意大利语、葡萄牙语和法语中，y一般标记为外来语词，发成元音[i]、前两者还会发半元音[j]，而在西班牙语中，y母则经常会发成元音[i]或半元音[j]，在波兰语中y母发闭央不圆唇元音[ɨ]，在古典拉丁语中y读[i]，即与i相同。

罗明坚和利玛窦基本都混用了i、j、y，较为系统的则是金尼阁和卜弥格的注音方案。前者决定选择用一个元音i，后者则选择用y。我们认为，卜弥格的选择应该也是受到了古典拉丁语的影响。

四、声母系统的“一音多号”与“一号多音”

从卜弥格注音方案看，其标注也多有“一音多号”和“一号多音”的情况，这一点与利玛窦的方案比较接近，见表8。

[1]　谭慧颖著：《〈西儒耳目资〉源流辨析》，外语教学与研究出版社2008年，第82页。
[2]　谭慧颖著：《〈西儒耳目资〉源流辨析》，外语教学与研究出版社2008年，第84页。

表8　卜弥格方案的“一音多号”与“一号多音”表

一音多号		一号多音	
明末官话拟音	卜弥格	西文字母	卜弥格
[ts]	c, ç s	c	[ts]/[ts‘] [k] [s]
[ts‘]	c,ç, ç‘ s	ç	[ts]/[ts‘]
[ʧ‘]	ch,ch‘	ch	[ʧ]/ [ʧ‘]
[k]	c(a,o,u) k(i) q(u)	g	[ʐ-] [ɣ-]
[k‘]	c‘(u) k‘(i) q‘(u)	k	[k-]/[k‘-]
		q	[k-]/[k‘-]
		s	[s-] [ts-]/[ts‘-]

另外，根据卜弥格注音方案的声母系统来看，卜弥格用m表示韵尾ng [ŋ]，可惜出现 m，n混用的情况有：尘chim̂，饭fam̀，林lim̂，龙lun̂，命miń，亡vaǹ。卜弥格注音系统中，齿龈鼻音n[n]与舌根鼻音m[ŋ]不分，这可能与他的助手中国人陈安德诵读碑文的时候所带的方言语音特征有关；另外c除了有[ts-]/[ts‘-]，[k-]的读法，偶尔也有发[s]的情况：僧ceḿ/cem̄，祥cyam̂/cyâm；s除了标记[s]，也用来标记[ts-]/[ts‘-]：尊suń，作só，总sum̄；[k-][k‘-]出现在u前有两种标记方法，或用k，或用q，如：郭kuǒ，洪kum̂，光kuām/kuam̄/kuan̄，贵kueý，国kuě，归queý，廓quǒ，阔quǒ；g遇a，o，u要加上前元音i，如润giun̂。在卜氏的注音系统中，[ʐ]的标音也用g来表示，同时他的注音声母系统中还混用v和u，出现了亡vaǹ/ uam̂、文uen̂/uěn/uên/věn、望uaḿ/vám等注音现象；另外，q只出现在介音u前，例如：坤queń，归queý，光quam̄，愧quéy。卜弥格注音系统中lh摄标注读音[əɹ]：二lĥ, 而lĥ, 耳lh’。为了弥补拉丁文字母的不足，卜氏加了“‘”符号表示送气。可惜有时出现省略，如成chim、常cham、出chǒ、长chaḿ/cham、臣chin、普pú、同tûm等。

五、结语

从影响上看，卜弥格这套汉字拉丁化注音系统在17世纪发明创制的，后经汉学家转录，广泛流传于欧洲。在为汉语注音的多种拼音方案中，卜弥格的注音系统占据了非常主流的位置，值得学界关注和重视。

根据我们的研究与分析，卜弥格汉语拉丁文注音系统主要以明末的汉语官话为描写和研究的对象，这一注音方案中共有声母25个，韵母49个。卜弥格从实际的汉语语音出发，按照官话的实际发音将汉语的声母特征做了系统的描写。正如谭慧颖（2008）所论，利玛窦的汉语注音方案受到葡萄牙语的影响，罗明坚的方案则受到意大利语的影响，金尼阁的方案与其他目的有异，主要是向中国人介绍西方的音素记音理论，试图适应中国人的语音感知，而卜弥格则既受到其母语波兰语的影响，也试图面向欧洲具有更大的普适性。如果回顾汉语的拉丁化历程，其实卜弥格并非为汉语注音的第一人，在他之前，罗明坚、利玛窦和金尼格的注音系统为最初汉语制定了注音表，这是汉字拉丁注音的初创阶段，不过罗氏和利氏的注音方案并未公开发表，直到1667年卜弥格设计了自己的拼音方案，可以说，卜弥格注音系统已形成比较成熟和完整的体系，提供了当时汉语语音系统的一个可资参考的框架。

从学术发展史看，考察17世纪的来华耶稣会传教士，无论他们最初究竟是为了传播宗教、窥伺中国，还是基于学术研究、个人兴趣，都在客观上促进了对中国各个方面研究的全面展开，在实质上推动了欧洲汉学的发展。可以说，卜弥格不仅是波兰第一个汉学家，在中国与波兰文化交流史上占有重要的地位，而且也是西方汉学研究对后世影响最大的先驱之一。他的汉语注音系统影响了当时的欧洲，并影响了西方公众对汉语的了解和认识，对欧洲本土汉学的研究也起到了非常重要的作用，包括法国雷慕沙在内的许多汉学家在内都是依据卜弥格的汉语注音方案来学习中文的，迄今仍然具有重要的学术参考价值。

（作者单位：方环海、秦芳芳，厦门大学海外教育学院；
Joanna Węglarz，华沙大学语言学系）

《中国图说》之卜弥格拉丁注音方案研究

曾宝乐

一、关于《中国图说》景教碑的源流

大秦景教流行中国碑于1623年在陕西省西安市郊区首次出土问世，碑文的内容主要记载了景教的教义以及它在唐朝发展的情况，它是早期中西文化交流的产物，也引起了当时在华传教士的极大关注，他们热切地希冀这块碑文上的记录能够助力他们当下的传教事业，纷纷投入到这块碑文的译介与研究中。

关于大秦景教流行中国碑在欧洲的传播研究，根据耿昇先生（1944—2018）的整理[1]，在《中国图说》问世之前，也出现了若干的碑文节译本或全译本，有拉丁文、意大利文、葡萄牙文、法文版，包括金尼阁（Nicolas Trigault，1577—1628）、邓玉函（Johann Schreck，1576—1630）、曾德昭（Alvaro Semedo，1585—1658）、基歇尔、卜弥格、何大化（António de Gouvea，1592—1677）等都曾为景教碑文的西译做出过贡献。与以上诸种译作相比，在1667年的《中国图说》中，不仅包含碑文的拉丁文全译本，而且还有碑文的逐字注音与逐字注义，更重要的是，它第一次将碑文的中文全文发表，这才使得欧洲人在出版物中第一次见到景教碑文的中文全貌，这是一次具有里程碑式的学术行为。

在《中国图说》景教碑文的面世过程中，基歇尔曾得到多位传教士的帮助。首先向基歇尔介绍碑文的是葡萄牙人曾德昭，“作为欧洲人，他是第一个着手对新发现的景教碑进行了研究。1636年，他被派回欧洲争取更多的帮助以及招募新传教士。”[2]后来这一研究成果收录在他的作品《大中国志》（*The History of That Great and Renowned Monarchy of China*, 1643）中，根据基歇尔的介绍，“当他到罗马的时候，他给我讲述

---

[1] 参见耿昇：《外国学者对于西安府大秦景教碑的研究》，《世界宗教研究》1999年第1期。

[2] [美]孟德卫著，陈怡译：《奇异的国度：耶稣会适应政策及汉学的起源》，大象出版社2004年，第64页。

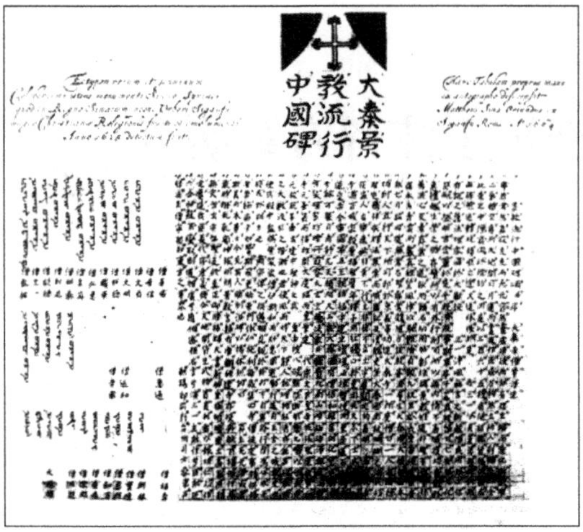

图1　1667年《中国图说》拉丁文版中景教碑碑文

了他所见到的一切”[1]。其中就包括了景教碑文的部分，他写道“当拓片送到罗马并到达我的手中，我认为首次在《古代宗教碑文诠释》（*Prodromus Coptus*, 1636）中出版译文，为了在之后能够得到更充分的讨论。因为有些页数我还未收到，所以我不能将他们全部翻译出来。”[2]此书于1636年在罗马正式出版。根据张西平教授的研究，“这本书中基歇尔根据曾德昭的译文，已经在这本书中做了介绍，公布了译文”[3]。此结论应无误，因为基歇尔以自己有限的汉语知识恐无法独立完成碑文的译文，必须借助懂中文的传教士之手，熟练掌握汉语并对中国文化有着深入了解的曾德昭恰是此人的最佳人选。

“在曾德昭之后，来到的是卫匡国，他不仅亲自向我做了关于碑文的解释说明，而且在他1655年的作品《中国新图志》中的第44页予以描述……神父们从原碑中复制了一份拓片，如今拓片连同译文正在罗马学院博物馆中展出。”[4]由此可知，基歇尔这时已经获得了景教碑的完整拓片，因未予以公布，尚不知这份译文是何模样，主要译于何人之手。但可以肯定一点，基歇尔曾想出版中文与迦勒底文的译文，那么他手里至少也获得了一份该碑文的欧语译本。

“最后到来的卜弥格，他将碑文最准确的解释带给了我，而且他改正了我中文手稿中所有的错误。在我面前，他还对整块碑文做了崭新又详细的逐字翻译。这一工作也获得了他的同伴，一个精通本国语言的中国人郑安德（André Chin）的帮助。”[5]其中，景教碑文中汉字书写的功劳应归功于这位中国教徒郑安德，据卜弥格于1653年在罗马时的记载“郑安德从杰出的中国学者刊刻的、在整个帝国传播的书中亲手誊写了汉字。我逐字翻译成拉丁文，并标有数码，嵌入正文中”[6]。可知，碑文汉字的拉丁字

[1] Athanasius Kircher, *China Illustrata*, english version, Translated by Dr. Charles D. Van Tuyl, Indiana University Press 1986, p.5.

[2] *Ibid*, p.5-p.6.

[3] 张西平：《来华耶稣会士与欧洲早期汉学的兴起——简论卜弥格与基歇尔〈中国图说〉的关系》，收录于北京论坛（2006）《文明的和谐与共同繁荣——对人类文明方式的思考：“文明的演进：近现代东方与西方的历史经验”历史分论坛论文或摘要集》（增编）2006年，第97页。

[4] Athanasius Kircher, *China Illustrata*, english version, Translated by Dr. Charles D. Van Tuyl, 1986, p.6.

[5] *Ibid*, p.6.

[6] 韩琦：《南明使臣卜弥格的中国随从——教徒郑安德肋史事考释》，载《清史研究》2018年第1期，第215页。转自Athanasius Kircher, *China Illustrata*, english version, Translated by Dr. Charles D. Van Tuyl, 1986, p.8.

母注音与释义出自卜弥格之手。

在碑文的意译部分，基歇尔写道“这块中国的碑文首先被逐字译成葡萄牙文，然后从葡文译成意大利文，最终译成拉丁文。”[1]按照基歇尔的说明，此碑文的译文，推测可能依次由葡萄牙人曾德昭译成葡文、意大利人卫匡国（Martino Martini，1614—1661）译成意大利文、波兰人卜弥格译成拉丁文，经基歇尔在此三人的基础上加以修改与完善，并由他最终编写定稿而成。

最后，基歇尔在《中国图说》中将景教碑文予以全文发表，“这是欧洲第一次发表如此长的中文文献”[2]。包括碑文的中文部分、拉丁字母注音、释义与意译。考虑到《中国图说》在欧洲公开发行的年份之早，单从影响的角度来说，集众人之力于一身的基歇尔，他的贡献甚至要大于原作者们，同时这种对于汉字的介绍与研究方式在欧洲汉学的发展上有着举足轻重的影响。

二、郑安德及其在《中国图说》景教碑文中的贡献

在景教碑文的拉丁文释义工作中，卜弥格与其教徒郑安德贡献尤大。关于卜弥格的个人事迹和著作，学术界已多有研究。[3]而这位一直陪伴在卜弥格左右的中国教徒——郑安德，我们知之不多。实际上，“郑安德肋是郑玛诺之后，第二位有名可考的到过欧洲的中国籍耶稣会士”[4]。现对郑安德本人与其在景教碑文上的贡献作一定说明。

据法国汉学家伯希和（Paul Pelliot，1878—1945）的考证，他是由庞天寿派遣他与另一位中国教徒[5]跟随卜弥格于1650年遣使欧洲，当时他才19岁，“名为André，其姓或作Hien，或作Sin，或作Chin，或作Chen”[6]。这是他拉丁文教名，据韩琦教授在罗马耶稣会士档案馆发现的中文信件中，上面写着郑安德肋[7]。对照卜弥格在景教碑文中的拉丁字母注音，注音为Hien的汉字有“闲、险、岩”，注音为Syn的汉字有“信、新、心”， 注音为Chen的汉字有“钿、占、贞、瞻”，注音为Chin的汉字有“真、

---

[1] [德]阿塔纳修斯·基歇尔著，张西平、杨慧玲、孟宪谟译：《中国图说》，大象出版社2010年，第62页。

[2] 张西平著：《基歇尔：汉字西传第一人》，载《北京日报》2013年6月17日第19版。

[3] 相关著作有：[波]爱德华·卡伊丹斯基著，张振辉译：《中国的使臣——卜弥格》，大象出版社2001年。[波]卜弥格著，[波]爱德华·卡伊丹斯基（波兰文翻译），张振辉、张西平（中文翻译）：《卜弥格文集——中西文化交流与中医西传》，华东师范大学出版社2013年。[法]沙不烈、伯希和著，冯承钧译：《明末奉使罗马教廷耶稣会士卜弥格传：附卜弥格传补正》，上海古籍出版社2014年。

[4] 韩琦：《南明使臣卜弥格的中国随从——教徒郑安德肋史事考释》，载《清史研究》2018年第1期，第121页。如要了解郑安德的个人事迹，也可参考此论文。

[5] “其名为Joseph Lo，在道得疾，中途折还，未随使往。”见[法]伯希和著，冯承钧译：《附：卜弥格传补正》，上海古籍出版社2014年，第146页。

[6] [法]伯希和著，冯承钧译：《附：卜弥格传补正》，上海古籍出版社2014年，第145—146页。

[7] 韩琦：《南明使臣卜弥格的中国随从——教徒郑安德肋史事考释》，载《清史研究》2018年第1期，第121—122页。

镇、尘、震、臣、振、深”，可推知他的姓应为Chin，其中文姓氏应为“郑”，“郑安德肋”为其洗名。在更多史料面世之前，其中文名可暂定为“郑安德”。

关于郑安德的中文水平，沙不烈（Robert Chabrie，生卒年不详）写道“同伴华人学识亦甚疏漏”[1]，他认为郑安德在写作时不够严谨。另外，伯希和发现一封在巴黎国民图书馆收藏有卜弥格的汉文书信抄本中，“字体极劣，应出于一中国人手，或者就是André Sin写给法国大使的”[2]。而在另一封郑安德于1656年写给耶稣会总会长的信件中，韩琦教授写道“此信有个别地方文字不通顺，反映郑安德肋中文欠佳”[3]。再对照景教碑文的中文书写情况，字迹确实欠佳，字体离美观相去较远，基歇尔认为精通本国语言的郑安德，若以实际中文书写与掌握程度而言，可推知其中文水平在普通民众以上，文人墨客以下。

《中国图说》中景教碑文的内容，郑安德的贡献主要有二。其一，碑文的汉字由郑安德所誊写，这才给基歇尔的进一步出版提供了所需的文本材料，这个贡献是巨大的，他不仅促进了汉字在欧洲的大量刊刻，对于景教碑文的西方传播也意义重大；其二，碑文的拉丁字母注音，应该由郑安德口述，卜弥格记音，不管卜弥格的汉语是否足够优秀，在郑安德的面前，他不会认为自己的发音比郑安德还要准确，何况从1650年到他去世的1659年，郑安德一直跟随着他去欧洲，回中国，一路上都需要郑安德汉语方面的帮助。

三、《中国图说》大秦景教流行中国碑

（一）拉丁字母注音

整个碑文的主体部分被分成了29列，每一列的汉字大约在60字左右，卜弥格采取了同样的排列方式，对每个汉字进行逐字注音，并将每一列每一行按照自右向左、自上而下给每一个注音编号，从而使得注音与汉字一一对应，有时一个编号，可能包含了两个或两个以上的汉字注音，这一点比较合理，说明卜弥格也注意到两种不同语系在翻译上的差异性。同时，这种编排方式能够给那些想要了解汉字发音与字意的读者提供了很大的方便。[4]

---

[1] [法]沙不烈著，冯承钧译：《明末奉使罗马教廷耶稣会士卜弥格传》，上海古籍出版社2014年，第116页。

[2] [法]沙不烈著，冯承钧译：《明末奉使罗马教廷耶稣会士卜弥格传》，上海古籍出版社2014年，第153—154页。

[3] 韩琦：《南明使臣卜弥格的中国随从——教徒郑安德肋史事考释》，载《清史研究》2018年第1期，第122页。

[4] [德]阿塔纳修斯·基歇尔著，张西平、杨慧玲、孟宪谟译：《中国图说》，大象出版社2010年，第28页。

（二）拉丁文释义

释义部分共分成29组，与汉字、拉丁字母注音编号一一对应，但第10组、第28组与第29组缺少编号。释义部分通常是一个或者两个及以上的拉丁文来注解一个汉字；像“之”作为助词往往略去释义；像连词“所以”、专有名词“长安”等，则不单独分开释义，即时而出现多对一的情况，另外，并不是所有的专有名词都有相应的拉丁文释义，其中一些像“弥施诃”“罗本”等专有人名，对应的释义部分也注以拉丁字母保持一致，部分辅以相关诠释，如“贞观”，释义部分除注上“Chen quon”拉丁字母外，辅以“anni ſic dicti”，表示这是“一种年代的说法”。

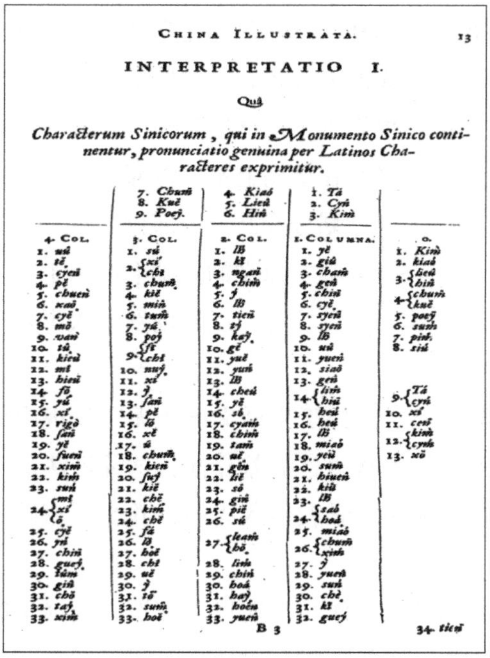
CHINA ILLUSTRATA. 13

INTERPRETATIO I.

Quâ

Characterum Sinicorum, qui in Monumento Sinico continentur, pronunciatio genuina per Latinos Characteres exprimitur.

图2　拉丁字母逐字注音首页

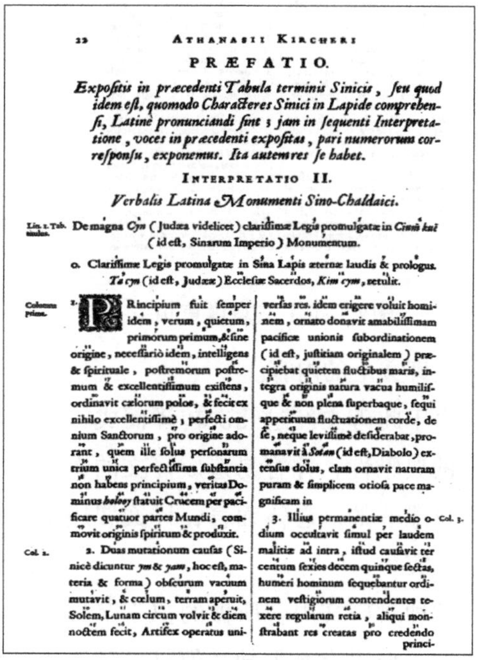
22 ATHANASII KIRCHERI

PRÆFATIO.

Expoſitis in præcedenti Tabula terminis Sinicis, ſeu quod idem eſt, quomodo Characteres Sinici in Lapide comprehenſi, Latinè pronunciandi ſint; jam in ſequenti Interpretatione, voces in præcedenti expoſitas, pari numerorum correſponſu, exponemus. Ita autem res ſe habet.

INTERPRETATIO II.

Verbalis Latina Monumenti Sino-Chaldaici.

图3　拉丁文逐字释义首页

然而，不同于拉丁字母逐字注音，拉丁文逐字释义很难保证读者是否能够真正理解文章所要传递的意思，就单单以逐字释义而言，事实上卜弥格的解释大体而言是较为准确或者可以解释得通的。由于碑文是一篇完整且艰涩难懂的古文，这种情况下碑文中的每一个汉字都不是独立存在的，每一个汉字都依附于整体，单独地从中抽取一个汉字，然后用拉丁文予以释义，很难完全理解全文的意思，甚至可能在某种程度上曲解原文的表述，卜弥格的这种做法至多可以通过拉丁文来直译汉字。

如碑文第一列中“其惟我三一妙身，无元真主阿罗诃欤”一句，卜弥格将“三一妙身”“无元真主”等词独立拆分重新释义，此种做法实为不妥。不过，两种异质文化系统的语言在一开始接触时，必然容易造成文化之间的“误读”，人们只能依靠自

CHINA ILLUSTRATA. 19

INTERPRETATIO III.

Seu

DECLARATIO PARAPHRASTICA

Inſcriptionis Sinicæ, primùm è Sinico in Luſitanicam, ex hac in Italicam, & demùm ex Italica in Latinam linguam de verbo ad verbum tranſlata, ut ſequitur.

o. Declaratio *del Xrù Più*, vel ut Commentator ait, facta à Sacerdote Regni Judææ, qui vocabatur *Kim Lim.*

I. DIco itaque hoc modo, ille qui ſemper verus fuit & quietus, omnis expers principii, intellectus profundiſſimi, & ſemper duraturi, excellente potentiâ ſuâ ex nihilo creavit res omnes, infinita majeſtate ſua & ſanctitate fecit Sanctos. Hæc eſt eſſentia Divina, trina in perſonis, & in ſubſtantia una, Dominus noſter, verus ſine principio, *Olò, ò yu* (quod in Chaldæo idem ac *Eloha* ſignificat) in figura Crucis fecit quatuor Mundi partes, commovit Chaos, fecit duo *Kis* (hoc eſt, duas virtutes, ſeu duas qualitates dictas *Inyam*; Commentator habet, duo principia) fecit mutationem in abyſſo, id eſt, mutavit tenebras, comparuit cœlum & terra, fecit ut Sol & Luna motibus ſuis noctem & diem cauſarentur, res omnes fabricatus eſt. Verùm creando primum hominem ei prætereà juſtitiam largitus eſt originalem, dominum eum conſtituendo totius Univerſi, qui de ſua natura primò vacuus erat & vilis, ſeipſo plenus, intellectu plano & æquali, & ſine miſtura nullum habens appetitum inordinatum.

Creatio rerum.

Kis, quid in Sinenſi lingua.

II. Poſtquam verò Satanas fraudibus ſuis uſus, effecit, ut Adamus id quod ex ſe & ſua natura purum erat & perfectum inficeret; hoc eſt, fecit ut malitia in ipſum intrare inciperet perturbatura pacem, & hujus ſuæ ſimplicitatis æqualitatem & diſcordiam illa fraude introduxit. Idcircò trecentis ſexaginta quinque ſectis unâ poſt alteram obortis, unaquæque earum maximum quem poterat numerum ad ſe trahebat. Aliqui creaturam Creatoris loco habebant. Alii principium rerum omnium vacuum ponebant, & ens reale (alludit ad hoc ſecta Pagodûm & Literatorum Sinenſium) quoniam illi aſſerunt, quod principium, è quo omnia prodière, ſit vacuum; quod idem illis eſt, ac ſubtile, ſenſibus imperceptibile, etiamſi in ſe reale ſit & poſitivum principium. Literati verò dicunt, quod principium rerum non ſolùm reale ſit & poſitivum, ſed prætereà quod talis ſit figuræ & corpulentiæ, ut ſenſibus comprehendi queat. Quidam ſacrificiis quærebant beatitudinem. Quidam bonitate quadam gloriabantur ad decipiendos homines, qua in re omnem ſuam ſcientiam & induſtriam collocabant, omni diligentia & intentione ſuis affectibus ſervientes. Verùm fruſtra laborabant & ſine profectu, ſemper in pejus progredientes, quemadmodum contingit iis, qui è vaſe cretaceo ignem elicere volunt, obſcuritatem addentes obſcuritati, & hoc ipſo veram ſemitam perdentes ad viam vitæ reverti neſcientes.

Lapſus Adami.

365. ſectæ.

III. Tunc una de Divinis perſonis ſanctiſſimæ Trinitatis dicta Meſſias reſtringendo tegendoque Majeſtatem ſuam, & ſe humanæ naturæ ac-

Incarnatio Filii Dei.

D 3 com-

图4 拉丁文意译首页

身现有的语言知识与文化背景来解读对方的文字，从而将对方的文化纳入自身的话语系统。从这种文字的“误读”可以想象出欧洲人在第一次面对中国的语言文字时，他们所表现出来的应对方式，也为后来者的进一步完善提供了参照系。

（三）拉丁文意译

基歇尔公布的这篇拉丁文译文，在一定程度上弥补了第二部分逐字释义的缺憾，从而将碑文的内容较为完整地呈现在欧洲人的面前，他们可以依此通晓碑文内容的大意。拉丁文译文在结构上不再按照29列的方式来编排，而是划分成25个小部分，每个部分长短不一；内容在原文的基础上增添了一些关于中国知识的注释，以帮助欧洲人更好的理解这块碑文上的内容。

由于此碑文经过几次转译而成，因此事实上这篇拉丁文译文已经无法呈现出原文语言的典雅性，并容易造成译文的误译。考虑到中欧语言的差异性，这种做法似乎也是无可厚非的。总体而言，译文叙述出了约1000年前景教传入唐朝，并受到唐政府重视的史实。

这种对碑文内容所做的拉丁字母注音、释义及意译，现在从语言学、阐释学的角度来看，似乎有所欠缺，但是这种认识与研究汉字的方式，对后来欧洲汉学家关于汉字的再认识却产生了根本影响。

四、《中国图说》之于16、17世纪汉欧－欧汉双语词典史的贡献

自大航海路线的开辟，尝试编写汉欧—欧汉双语词典的主体为来华传教士，为了解决为进入中国传教与服务现实生活的需要，从而在海外的菲律宾、巴达维亚（今印尼雅加达），国内的澳门、北京、杭州等城市，留下过汉欧—欧汉双语词典编纂的足迹。《中国图说》与这一时期其他诸多汉欧—欧汉双语词典的最大区别在于，本书在1667年得到了及时的出版，并在几年的时间内又陆续再版，足以说明此书的受欢迎程度，也刺激到了欧洲本土学者敏锐的嗅觉。

《中国图说》在16、17世纪汉欧—欧汉双语词典史上的突出贡献在于，1667年

《中国图说》的拉丁文版实际上是欧洲公开出版的第一部对汉字注音系统进行研究的著作。在碑文的三种释文中，尽管它的汉字、注音及释义、意译部分各自独立，完全依靠编号来一一对应，然而，实际上只要将汉字与注音、释义部分对应合并在一起，它就是一部完整的汉欧—欧汉双语词典。[1]现以景教碑文正文首句“粤若常然真寂”作为示例：

表1　景教碑文正文首句“粤若常然真寂”汉字、拉丁字母注音、拉丁文释义对照表

汉字	拉丁字母注音	拉丁文释义
粤	ye(5)	principium
若	giu(2)	fuit
常	cham(2)	ſemper
然	gen(2)	idem
真	chin(1)	verum
寂	cye(5)	quietum

注：声调符号“ˉ”用(1)表示，“^”用(2)表示，“ˋ”用(3)表示，“ˊ”用(4)表示，“V”用(5)表示。下同。

五、卜弥格的汉字-拉丁字母注音方案

回顾卜弥格在中国的传教路径，他主要在当时南明王朝的广西一带活动，最终也在这块土地上去世。他本人对汉语有一定程度的掌握，加上他的教徒郑安德的帮助，从而给我们留下了这一套汉字—拉丁字母注音方案。

现根据卜弥格的注音情况，以拉丁字母顺序，整理出一份拉丁字母注音—汉字的音节字表。

图5　卜弥格画像

[1]　[波]爱德华·卡伊丹斯基著，张振辉译：《中国的使臣——卜弥格》，大象出版社2001年，第234页写道：“波列斯瓦夫·什钦希尼亚克曾经论证出卜弥格的中文词典乃是欧洲发表的第一部中文词典，但它是以一种非常的形式于1667年发表在阿塔纳修斯·基歇尔的《中国图说》的拉丁文版本中。”

表2　拉丁字母注音-汉字的音节字表（卜弥格注音）

	拉丁字母	汉字音节	拉丁字母	汉字音节	拉丁字母	汉字音节
c	ce	策、则	cyao	激	cyo	削
	cem	僧	cye	寂、积、戢、七、即、迹、接、且、节、集、绩	cyu	取
	cen	僧	cyen	煎、贱、秋、仙、缵、前、纂	cyuen	全
	ceu	簇	cyeu	袄	cum	空、贡、宫、功、弘、公、恭、共、弓、供
	cy	济、齐	cym	净、精、情、青、静、清、晶	çuy	摧、璀、翠、率
	cyam	匠、祥、将、详、装	cyn	秦、亲、聿	çum	惣、宗
ç	çay	财、宰、载、灾、在	çe	泽	çun	存、宗、崇、尊、从
	çam	臧、葬	çyue	绝		
	çan	赞、暂、渐、殁、璨、参	ço	初、作、祚		
	çao	造	çu	字、慈、祖、子、资、自、紫、辞		
ch	cha	扎	cheu	昼、周、州、畴	chu	主、珠、诸、黜
	chay	斋	chi	之、指、智、制、驰、至、知、旨、置、咫、始、止	chuen	转、传、馔、专、博、舟
	cham	常、长、仗、昌、张、帐	chim	空、成、正、称、城、政、诚、证、尘	chum	中、众、种、宠、重
	chao	棹、炤、昭、诏、爪、朝	chin	真、镇、尘、震、臣、振、深	chun	诏、重
	che	者、辙、织、识、尺、陟、赫	cho	出、祝、筑、烛		
	chen	钿、占、贞、瞻	choam	壮		
f	fa	法、伐、发、拔	fi	非、飞	fu	府、符、夫
	fam	方、房、坊、风、饭	fo	福、复、伏、富、副	fuen	分、颁、汾
	fan	反、翻、繁、泛	foe	沸	fum	风、奉、封、丰
	feu	浮				

续表

	拉丁字母	汉字音节	拉丁字母	汉字音节	拉丁字母	汉字音节
g	ge	日、人	gin	人、仁	giun	润、戎
	gemb	仍	gio	若	guey	惟、威、为、闱、魏、维、馁、碑
	gen	然、髯	giu	若、如	gmy	睿
h	hay	海	hiao	效、孝	hoa	化、华、花
	ham	航	hien	闲、险、岩	hoam	皇
	han	含、汉、寒	hieu	休	hoe	或、获、戒
	hao	告、好	him	行	hoey	耀、惠、辉、翚、蔚
	hen	阐	hin	行、夏	hoen	浑、魂
	heu	后	hio	畜	hu	瑚
	hi	希、熙	hiu	虚	hum	宏
	hia	下、霞、行、夏	hiuen	玄、悬		
	hiam	香、向、凌、响	ho	和、合、货、火		
k	kay	开	kiao	教、娇、郊、效	kiun	均、群、军、郡、君
	kam	康	kie	隟、结、洁、击、契、及、极、佶、汲、吉	ko	各、可
	kao	告、高、镐	kien	肩、艰、献、建、剑、乾、监、见、间、虔、咸、观	ku	鼓、固、故、苦
	ke	克、刻、启	kieu	久、旧、九、救	kuam	光
	kem	更	kim	景、竞，庆、境、经、罄、京、更、倾、兴、镜	kuan	光
	keu	寇、口	kin	禁、驾、金、今、敬	kue	国
	ki	其、气、洎、启、既、记、憩、起、氛	kio	角	kuey	贵、恢
	kia	家、袈、驾	kiu	枢、拘、巨、俱、区	kum	洪
	kiay	界、阶、偕	kiue	窟	kuo	郭
	kiam	强、降	kiuen	绢、权		

续表

	拉丁字母	汉字音节	拉丁字母	汉字音节	拉丁字母	汉字音节
l	lay	来、赉、赖	ly	戴	liu	虑、吕
	lam	朗、廓、郎	lie	立、历、烈、力	lo	罗、六、乐、禄
	leam	良	lien	炼	lu	路
	leao	疗	lieu	流	lum	乱
	leu	留、流	lim	灵、令、临、龄、林	lun	沦、龙、论
	li	理、礼、利、黎	lio	律、立、备		
m	may	迈	mie	灭、密	muen	门
	mam	茫	mien	年	muy	每、美
	man	蛮	mim	役、名	mum	满
	mi	迷、弥	min	冥、明、命	muon	满
	miao	妙	mo	昧、魔、木、摹、末、目		
n	nay	乃	nie	弱	nio	疆
	nam	张	nien	年	nyu	女
	nan	难、南	nieu	纽	nuy	内
	nem	能	nym	宁	num	名
ng	ngan	暗、安、按	ngen	恩		
	nge	额	ngo	我、卧		
p	pa	八	pie	别、壁、璧、匹、毕		
	pam	谤	pien	关、边、遍	poy	彼
	pan	攀、榜、邦	pim	并、平、病	pon	判
	pao	宝、报	pin	宾	pu	不、毕、部、布、普
	pe	百、迫、白、北、比	po	波、破、颇	puen	本
	pi	庇、披、被、俾、敞	poey	碑、沛		
q	quam	广、光	quey	愧、归	quom	冠
	quen	坤	quo	阔、廓	quon	观

续表

	拉丁字母	汉字音节	拉丁字母	汉字音节	拉丁字母	汉字音节
s/ʃ	say	载、彩	sye	悉、写、寂、谢	siun	峻、旬
	ʃan	三	syen	先、荐	so	作、初、素、娑、宿、所、俗、肃、朔、谷、萃
	san	三、散	sieu	修、秀	su	四、赐、此、祝、斯、死、事、祀、使、词、司、姿、史、士、试、旸、苏
	sao	造、扫	syeu	修	ʃyuen	筌
	se	色、释	sym	性、心、星	ʃui	绪
	sem	生	syn	信、新、心	ʃuy	随
	sen	森	sio	睿	suy	随、虽、岁
	seu	趣	siu	序、须	sum	惣、宗、策、送、颂
	sy	洗、西、界	syu	聚	sun	尊、存、宗
	syam	像	syuen	宣		
	siao	宵、笑	siuen	宜、旋		
t	ta	大、图、度、达	tem	登、腾、等	tu	途、睹、度、图、土、题、徒
	tay	代、太、贷、台	ty	地、帝、体	tum	同、东、统、栋、龙、通、勤
	tam	万、荡、唐、坛、场、堂	tie	涤	tun	殚、天
	tan	诞、返、丹、阘	tien	天、殿、念		
	tao	祷、陶、道、盗	tym	定、亭、顶、庭		
	te	得、德、特	to	托、复、毒		
u/v	uay	外	van	亡	ui	未、引
	uam	妄、望、亡、忘、纲、王、万	ue	物	uon	綄
	vam	丧	uen	文、问、闻	uu	无、武
	uan	亡	ven	文	u	五、午

续表

	拉丁字母	汉字音节	拉丁字母	汉字音节	拉丁字母	汉字音节
x	xa	裟	xen	善、扇	xo	述、灼、烁、恕、术、庶
	xam	上	xeu	授、首	xu	书、舒、恕
	xan	珊、山、讪	xi	寺、嗜、施、是、持、时、饰、式	xue	说、设
	xao	烧	xim	圣、身、神、升、慎、乘	xuy	水
	xe	十、饰、室、设、石、舍	xin	深、辰、湛	xun	纯
y	ya	牙	yeu	有、猷、幽、言	yum	用、融、荣、永
	yam	祥、锡、阳、扬	yo	浴、艺	yun	运
	yao	邀、要、桡	yu	软、乎、于、域、宇、与、御、雨、舆、舒	y	以、易、遗、义、伊、仪、异、衣、兮、议
	ye	粤、一、夜、示、业、也	yue	月、曰、云	ym	盈、营、情、彰、迎、英、殷、应、映
	yen	言、颜、献	yuen	元、圆、玄、远、无、愿	yn	隐、印、音、引、依、映、溟、演
o		阿、诃				
lh		而、二、耳				
lh xe		廿				

注：仅以音节为示，未加入声调予以细分。

在景教碑文的注音系统中，卜弥格用c、c̦、ch、f、g、h、k、l、m、n、ng、p、q、s、ʃ、t、u、v、x、y这20个拉丁字母作为声母。韵母共有49个，如下表所示：

表3　景教碑文的注音系统韵母表

a	e	i/y	o	u/v
ay	em	ia	oa	uam/vam
ao	en	iay	oam	uan/van
am	eu	iam/yam	oe	ue
an	eam	iao/yao	oen	uen/ven
	eao	ie/ye	oey	uey

续表

a	e	i/y	o	u/v
		ien/yen	on	ui/uy
		io/yo	oy	uo
		im/ym		uom
		in/yn		uon
		iu/yu		um
		iuen/yuen		un
		iue/yue		uu
		iun		
		ieu/yeu		lh
		yu		

此外，声调符号有5个，为：ˉ、ˆ、ˋ、ˊ、ˇ。在卜弥格的注音中，基本上所有的拉丁注音都带有声调。除置于元音a、e、i/y、o、u上，声调通常还标在鼻音m与n上。ˉ，平声，如：非fī；ˆ，平声，如：罗lô；ˋ，上声，如：吕liù；ˊ，去声，如：道taó；ˇ，入声，如：隙kiě。对照中古声调表，参考《汉字古音手册》[1]，卜弥格所注声调中的去声字与入声字标注较为清楚，平声字与上声字常常混杂在一起。

在这套注音方案中，卜弥格已经采用声母、韵母、声调符号，这三组元素来解构汉字的发音，这也是当时来华传教士普遍采取的注音方式。但是，卜弥格在汉字的不送气与送气音时，并没有做出有效的区分。尤其以字母c、c̦、ch、k、p、t的声母最为明显，示例如表4：

表4　卜弥格注音方式表（以字母c、c̦、ch、k、p、t的声母为例）

汉字	拉丁字母注音	汉字	拉丁字母注音
精	cym(5)	清	cym(5)
赞	çan(5)	参	çan(2)
正	chim(5)	称	chim(5)
既	ki(5)	起	ki(5)
布	pu(5)	普	pu(5)
栋	tum(5)	通	tum(5)

注：以上不送气与送气音的区分以汉语音韵学中古音的《广韵》为依据。

[1] 郭锡良编著：《汉字古音手册》，商务印书馆2010年。

在景教碑文的音节字表中，共有汉字803个，其中有61个汉字重复出现，它们拥有2至4个读音，这种“一字多音”的情况，详见表5。

表5　景教碑文“一字多音”表

<table>
<tr><td>策</td><td>ce</td><td>sum</td><td>尘</td><td>chim</td><td>chin</td><td>界</td><td>kiay</td><td>sy</td><td>图</td><td>ta</td><td>tu</td></tr>
<tr><td>僧</td><td>cem</td><td>cen</td><td>深</td><td>chin</td><td>xin</td><td>更</td><td>kem</td><td>kim</td><td>度</td><td>ta</td><td>tu</td></tr>
<tr><td>净</td><td>cim</td><td>cym</td><td>祝</td><td>cho</td><td>su</td><td>献</td><td>kien</td><td>yen</td><td>万</td><td>tam</td><td>uam</td></tr>
<tr><td>情</td><td>cym</td><td>ym</td><td>重</td><td>chum</td><td>chun</td><td>观</td><td>kien</td><td>quon</td><td>天</td><td>tien</td><td>tun</td></tr>
<tr><td>空</td><td>cum</td><td>chim</td><td>风</td><td>fam</td><td>fum</td><td rowspan="2">光</td><td>kuam</td><td>kuan</td><td rowspan="2">亡</td><td>uam</td><td>uan</td></tr>
<tr><td>祥</td><td>cyam</td><td>yam</td><td>复</td><td>fo</td><td>to</td><td colspan="2">quam</td><td colspan="2">van</td></tr>
<tr><td>载</td><td>çay</td><td>say</td><td>若</td><td>giu</td><td>gio</td><td>廓</td><td>quo</td><td>lam</td><td>文</td><td>uen</td><td>ven</td></tr>
<tr><td>造</td><td>çao</td><td>sao</td><td>碑</td><td>guey</td><td>poey</td><td>流</td><td>leu</td><td>lieu</td><td>无</td><td>uu</td><td>yuen</td></tr>
<tr><td>初</td><td>ço</td><td>so</td><td>睿</td><td>gmy</td><td>sio</td><td>立</td><td>lie</td><td>lio</td><td>饰</td><td>xe</td><td>xi</td></tr>
<tr><td>作</td><td>ço</td><td>so</td><td>告</td><td>hao</td><td>kao</td><td>龙</td><td>lun</td><td>tum</td><td>设</td><td>xe</td><td>xue</td></tr>
<tr><td>惣</td><td>çum</td><td>sum</td><td rowspan="2">行</td><td>hia</td><td>him</td><td>年</td><td>mien</td><td>nien</td><td>恕</td><td>xo</td><td>xu</td></tr>
<tr><td>存</td><td>çun</td><td>sun</td><td colspan="2">hin</td><td>名</td><td>min</td><td>num</td><td>舒</td><td>xu</td><td>yu</td></tr>
<tr><td rowspan="2">宗</td><td>çum</td><td>sum</td><td>夏</td><td>hia</td><td>hin</td><td>满</td><td>mum</td><td>muon</td><td>言</td><td>yen</td><td>yeu</td></tr>
<tr><td>çun</td><td>sun</td><td>效</td><td>hiao</td><td>kiao</td><td>三</td><td>san</td><td>ʃan</td><td>映</td><td>ym</td><td>yn</td></tr>
<tr><td>尊</td><td>çun</td><td>sun</td><td>玄</td><td>kiuen</td><td>yuen</td><td>修</td><td>sieu</td><td>syeu</td><td></td><td></td><td></td></tr>
<tr><td>张</td><td>cham</td><td>nam</td><td>启</td><td>ke</td><td>ki</td><td>心</td><td>sym</td><td>syn</td><td></td><td></td><td></td></tr>
<tr><td>诏</td><td>chao</td><td>chun</td><td>驾</td><td>kia</td><td>kin</td><td>随</td><td>suy</td><td>ʃuy</td><td></td><td></td><td></td></tr>
</table>

根据表5可知，卜弥格在注鼻音韵时，在[m][n]与[ng]之间常常摇摆不定，此外，也存在一些较为明显的拼写错误。其中一方面源于不够仔细，导致一个汉字出现多个不同读音；另一方面，也表明作者在一些汉字的读音上无法确定，注音规则不够严谨，因此在给汉字注音时出现了前后矛盾之处。此外，卜弥格还出现了汉字读半边的错误，如：赫赫（che）文皇；乘时拨（fa）乱；颁（fuen）御馔以光景众；圣日舒（yu）晶。同时，卜弥格还混淆了一些汉字，如：崇饰廓（lam）宇；洎乎（yu）娑殚施妄；国富无（yuen）休，他将“廓”认成了“廊”“乎”当作是“于”“无”等同于“元”。不过，这究竟是卜弥格的发音，还是郑安德的读音，不能确定。

六、结语

《中国图说》中卜弥格的这套汉字—拉丁字母注音方案，尽管看起来还不够完善，缺乏严谨性，在汉字的读音上存在一定的摇摆状态，但是这些注音符号渐成体系，不可否认它是一套完整的注音方案，它是汉语拼音化演进史中的一部分，也是研究明清之际汉语语音的一部重要文献。若做历时的比较，卜弥格的注音方案比之《葡汉词典》进步明显，更接近利金方案。若从注音方案的完备性方面来说，卜弥格的注音方案，是继利玛窦（Matteo Ricci，1552—1610）方案、金尼阁方案，西方汉学史上的第三份汉字—拉丁字母注音方案。此外，它对欧洲汉学家的汉语学习与研究也有指导意义，如门采尔(Christial Mentzel，1622—1701)、雷慕沙（Jean-Pierre Abel-Rémusat，1788—1832）等，也曾将这份注音方案作为参考与借鉴。

（作者单位：曾宝乐，北京外国语大学国际中国文化研究院）

七、卜弥格与中国博物学西传

明清时期来华耶稣会士对中国大黄的记述及其原因*

林日杖

明清时期，大黄在中西方都有着十分广泛而重要的用途。[1]耶稣会士是明清时期来华西人的重要群体。[2]耶稣会士对大黄的探索，是西方大黄认识史上的重要一环。耶稣会士有关大黄的记述，体现了明清时期中西科学、医药文化的交流，体现了宗教对科学的关注，从特定侧面展示了西方人的中国观，构成了明清时期中外关系史的重要内容。本文着重展示来华耶稣会士对中国大黄的记述，并探讨他们记述大黄的原因，以利于进一步分析有关记载的科学价值及其历史影响，为理解耶稣会士在明清中西文化交流中的独特作用提供一个新的视角。[3]

一、记载大黄的耶稣会士

耶稣会，是天主教的重要修会，1535年为因应宗教改革而成立。耶稣会最主要的任务是教育与传教，在欧洲兴办许多大学，培养出的学生活跃于政界与知识界。耶稣会士对中国大黄留下了诸多记述。这些耶稣会士主要有利玛窦、庞迪我、曾德昭、卜

* 本文原载于《福建师范大学学报（哲学社会科学版）》2011年第2期。基金项目：国家社科基金项目“明清时期的大黄贸易与中外关系”（项目编号：07CZS020）。

[1] 大黄是中医的基本药材之一，是“药中四维”的一维（明代名医张介宾语）。大黄在阿拉伯医学、传统西医中都有着重要影响，甚至比在中国的用途更为广泛。

[2] 本文所言明清时期的（耶稣会士），不含1841年重新进入中国的耶稣会（士）。礼仪之争爆发后，耶稣会士处境艰难，引发了清廷的教禁。1742年礼仪之争结束后，在华传教陷入极度萎缩。因教会内部矛盾，1773年7月甚至被罗马教宗宣布取缔。1814年教皇庇护七世宣布重建耶稣会，而后又于1841年重新进入中国（参见[德]彼得·克劳斯·哈特曼著，谷裕译：《耶稣会简史》，宗教文化出版社2003年，第53、86、88、89页）。但重建后的耶稣会对中国的影响相对较小，在中外关系史及西方大黄认识史上的地位远不及清乾隆教禁前的耶稣会。

[3] 有关大黄史的研究，较重要的成果有：Clifford M .Foust，*Rhubarb: the Wondrous Drug*，Princeton University Press，1992；林日杖：《试述清代大黄制夷观念的发展演变》，载《福建师范大学学报》2005年第5期；林日杖：《论大黄制夷观念发展强化的原因》，载《福建师范大学学报》2006年第1期；林日杖：《明清时期来华西人对中国大黄的记述》，载《中华医史杂志》2010年第2期；张哲嘉：《“大黄迷思”——清代制裁西洋禁运大黄的策略思维与文化意涵》，载《“中央研究院”近代史研究所集刊》第47辑，2005年3月；张哲嘉：《日本观点下的大黄史》，载黄自进主编：《近现代日本社会的蜕变》，“中央研究院”人文社会科学研究中心亚太区域研究专题中心2006年；日本学者松浦章，法国学者阿里·马扎海里，国内学者潘志平、王开玺、马廉颇亦有研究。

弥格、南怀仁、利国安、巴多明、德西迪里、汤执中。分别简述如下：

利玛窦（Matteo Ricci，1551—1661）：意大利人，罗马耶稣会士，1582年来华，1599、1600年两次赴北京，而且长期居于北京。他对大黄贸易及其利润进行了记载："中国的药草丰富，而在别处则只有进口才行。大黄和麝香最初是撒拉逊人从西方带进来的，在传遍整个亚洲以后，又以几乎难以置信的利润出口到欧洲。在这里买一磅大黄只要一角钱，而在欧洲却要花六七倍之多的金块。"[1]

庞迪我（Diego de Pantoja，1571—1618）：利玛窦的同事，西班牙耶稣会士，1599年抵澳门，次年随利玛窦来北京。1602年致信西班牙友人时，对大黄也做了记述。称有"土耳其人和摩尔人"以朝贡的名义来北京，回程时带走了大量的优质大黄；北京市场上优质大黄的价格为每磅10 Maravedis（西班牙穆斯林使用的一种金币）。据研究，利玛窦与庞迪我，是自马可·波罗以来，首次敏锐猜测到即使在中国，大黄也不是广泛种植的，其产地主要局限在西部或西北地区，中国沿海地区的大黄以及经中亚及中东由陆路运到西方的大黄，都是那里出产的。[2]

曾德昭（Alvare de Semedo，1586—1658）：葡萄牙耶稣会士，1613年来华，在南京传教，曾到陕西西安，1658年死于广州。曾德昭对陕西产大黄的记述："（陕西）还有大黄和干大黄（Profumo），这些在其他地方未发现；对于当地来说，来自波斯的大黄，看来不是天然的，因为很多人旅行过波斯，却未报道说在那里看见这种药用植物。它比较高，叶子比白菜大，不是野生，而是人工在园圃里精细栽培的。"[3]

卜弥格（Michel Boym，1612—1659）：波兰耶稣会士。1645年到越南北圻，从那里到中国海南岛。1650年到广西，在明永历帝的宫廷传教，1659年死于广西边境。他用拉丁文撰写有《中华植物志》，1656年在维也纳出版。此外，他还译有一本中国医药书。他对中国植物及中国医学都有一定了解，对中国大黄亦有有价值的记载。在来华西人对大黄的探索中，在整个17世纪中，卜弥格的贡献是最大的。他既有生物学知识又有医学知识，使得他对大黄的记述很有深度。他介绍了中国产的22种植物，其中便有大黄。他发现，中国中原一带到处都有大黄，而市场上的大黄主要来自陕西、四川及马可波罗曾言及的苏州。卜弥格是最早正确描述大黄植物学性状的欧洲人："大黄植株高大，生长于潮湿的砖红壤，叶子较大，约两手之长（约八英寸），实际长度因土壤而异。叶缘密生柔毛；随着大黄的生长，叶片从底端开始脱落。茎常高过一英

---

[1] [意]利玛窦、[比]金尼阁著，何高济、王遵仲、李申译：《利玛窦中国札记》，广西师范大学出版社2001年，第9页。

[2] Diego de Pantoia, "A Letter of Father Diego de Pantoia, one of the Company of Jesus De Guzman, to Father Luys De Guzman, Provinciall in the Province of Toledo; written in Paquin, which is the Court of the King of China, the ninth of March, the yeere 1602." *Purchas His Pilgrimes* 12:362；转见于Clifford M .Foust, *Rhubarb: the Wondrous Drug*, Princeton University Press, 1992，p.23。此处将"庞迪我"作Pantoia，通常作Pantoja。

[3] [葡]曾德昭著，何高济、李申校：《大中国志》，上海古籍出版社1998年，第20页。

尺，花似紫罗兰。汁为白色，气味浓烈。根有时长达三英尺，粗似胳膊，须根众多。根黄，伴有小的红色细纹，根汁粘稠。卜弥格还介绍了收获大黄的一般方法：大黄根茎新鲜时采挖，一般都在冬天，以采集到品质最好的大黄。将根茎置于长桌上阴干，每日要细翻三四遍，连续三到四天；要避免太阳暴晒，否则会降低大黄的药效。7斤大黄阴干后仅有2斤。”卜弥格有关大黄生长情况的叙述直到19世纪相当一段时间内仍是西方对大黄的标准介绍，时常为植物学及药物学著作所引用。[1]其实，卜弥格对大黄的记述，并不是源于《中国植物志》。“最早能够说明卜弥格对中国医学和药物学，特别是中医脉诊治疗方法感兴趣的，是他保存在巴黎的《中国事务概述》的手稿。卜弥格在其中写道，中国有许多欧洲医学中不知道的药性动植物，还有一些诊病治病的特殊的方法。这部手稿还提到和介绍了一些中国的药用植物，其中就有一种名叫大黄的根（rabarbar，Rheum tanguticum Maxim. Ex Reg，更经常的是用Rumex daiwoo Mak）。在这个植物名称中又有两个日文字。卜弥格的大黄可以翻译成‘很黄’。大黄不论对马可·波罗还是17世纪的葡萄牙人都不陌生，马可·波罗在他的游记中介绍过它，葡萄牙人给欧洲运来了大黄的根，欧洲人认为它是治消化不良和其他胃病非常有效而又价格低廉的好药。但运到欧洲的大黄是从中国北方来的，中国北方在卜弥格的时代已经被清朝占领了。中国南方则用另外一种效用和大黄差不多的叫土大黄的根来治病。卜弥格在《中国植物志》中用图像介绍的正是这种植物。葡萄牙人和其他的欧洲商人在销售这种特殊的东西时曾经遇到一些困难，因为有些医生特别是那些给宫廷里的高官显贵治贪食病的医生怕它是大黄的赝品。日本的荷兰人也知道Rumex daiwo的根，他们在一个名叫大黄（daiwoo）的地方能够买到它（daiwoo在日语中也是‘很黄’的意思）。”[2]

南怀仁（Ferdinand Verbiest，1623—1688）：比利时耶稣会士。1656年他和耶稣会士柏应理等一起来华。1658年抵达澳门，次年被派往西安传教。旋应顺治帝之邀，于1660年到北京。他为开辟一条耶稣会士从陆路来华的交通路线，对俄曲意逢迎，多有帮助。他对中国产大黄亦留下了不少记载，并在一定程度上影响了俄国对大黄的认识。1683年的蒙古之行，使南怀仁成为第一个广泛游历了蒙古地区的欧洲人。他也简单地留下了对大黄的记载。他发现在乌兹别克以及蒙古也出产大黄。[3]

---

[1] Michael Boim, “Flora sinensis our traite des fleurs,des fruits,des plantes,et des animauxparticuliers a la Chine.” In Melchisedeck Therenot, *Relations de divers voyages curieux, New ed.*, Paris, 1696, p.24-25; Clifford M. Foust, *Rhubarb: the Wondrous Drug*,p.23-24.

[2] [波] 爱德华·卡伊丹斯基著，张振辉译：《中国的使臣——卜弥格》，大象出版社2001年，第317—318页。

[3] Ferdinand Verbiest, “A Journey undertaken by the Emperor of China into Western Tartary, Anno 1683.” In *Travels of the Jesuits, in to Various Part s of the World,* London: T .Piet y, 1762, p .157; Clifford M. Foust, *Rhubarb:the Wondrous Drug*, p.24.

利国安（Giovanni Laureati，1666—1727）：意大利人，耶稣会士。约1704年到厦门，1718年在北京，1718—1721年任中国和日本的巡按使，1725年被放逐到广州。1714年6月在福建的利国安神父致德泽亚男爵（de Zea）先生信中提道："还有一些药用草本植物和根茎，若不是我们与中国人的贸易使它们被了解，它们在欧洲就可能不为人知。其中最主要和最驰名的是大黄。它在这里售价很低，而且中国人好像只把它用作黄色染料。他们向我们出售大黄前几乎已从中提取了全部染料成分，对此我无法原谅。确实，如果我们得到上好的大黄，它可以派许多用场。"[1]这里反映了大黄在中西方都是重要的染料。

巴多明（Dominique Parrenin，1665—1741）：1665年生于法国杜城，1698年来华，1741年卒于中国北京。巴多明凭借其语言天赋、外交才能与广泛的科学知识，博得了康熙的青睐。巴多明曾担任教廷、葡萄牙和俄国使臣的翻译，又在宫中教授拉丁文，培养外交人才。巴多明的科学活动，主要表现于对中国医学的研究。1723年，巴多明在写给法国科学院的信中报告了大黄、冬虫夏草、三七、阿胶等中药的药性。后来在J.B.杜赫德（duHalde）的《中华大帝国志》（1735）中也收录了上述中药，显然是根据巴多明的通信编写的。巴多明可以视作鸦片战争前耶稣会士对大黄认识的集大成者，其对大黄多方面进行介绍，涉及大黄的产地、植物学性状、干制及加工过程、大黄的用途、对欧洲错误认识的修正。[2]

德西迪里（Ippolito Desideri，1684—1733）：意大利耶稣会士德西迪里从印度进入西藏，并于1716年抵达拉萨，1721年被迫离开。在藏期间，他留下了对西藏物产的记载，其中谈道："西藏生长有两种极其重要的药草，大黄根（reoponti-co[rheum]）和姜黄（zodoaria）。第一种可以在塔波的一些山上发现，和大黄（rhubarb）几乎有同样的特性。"这段记载说明其对西藏所产大黄亦有关注。[3]

汤执中（Pierre Nicholas d'Incarville，S.J.，1706—1757）：法国耶稣会传教士，植物学家。曾在清朝皇帝乾隆的御花园中工作。在此期间，他曾收集了许多中国特有的

---

[1] [法] 杜赫德编，郑德弟译：《耶稣会士中国书简集：中国回忆录》Ⅱ，大象出版社2001年，第115页。

[2] [法] 杜赫德编，郑德弟译：《耶稣会士中国书简集：中国回忆录》Ⅱ，大象出版社2001年，第307—309页。

[3] [意] 依波利多·德西迪利撰，菲利普·费立比编，杨民译：《德西迪利西藏纪行》，西藏人民出版社2004年，第90页。伍昆明引另一版本《德里迪利西藏纪行》，在书中谈道："至于药材方面，他说西藏有大黄和其他大黄属的植物，还有附子，姜属植物达18种之多，出口到尼泊尔、印度。"（伍昆明：《早期传教士进藏活动史》，中国藏学出版社1992年，第570页）联系此处所引杨民译本的原注，两者相差还是不小。伍昆明认为其所引版本较好。另，费立比编、杨民译：《德西迪里西藏纪行》一书第92—93页有关大黄的编者注释有："Reopontico是源于Rheum raponticum和葵叶大黄（Rheum palmatum）的大黄，在欧洲也有种植。较好的大黄是来自东方的一种，以'中国大黄'（C hinese rhubarb）而有名，是大黄（Rheum officinale Baill）的生产品。" 所谓大黄根，一般指大黄属波叶组大黄，在传统中医及传统西医中，其地位不及掌叶组大黄。掌叶组大黄中的掌叶大黄、药用大黄、唐古特大黄为正品大黄，但长期以来西方一直将运到西方的正品大黄视为一种大黄，即"中国大黄"（Chinese rhubarb）。

花木种苗，并将它们输送到欧洲，其中有荷花、苏铁、角蒿、翠菊、侧柏、槐树、臭椿等。同时他也把欧洲的植物移植到了中国。汤执中是法国植物学家朱西厄（Jessieu）的学生，1740年抵达北京，并在北京呆了17年之久。他不仅向朱西厄（Jessieu）输送植物种子，也向菲利普·米勒（Philip Miller）和约翰·埃利斯（John Ellis）输送植物种子。这几名都是享誉欧洲的学者，都对大黄很有研究。汤执中提到最好的大黄产自四川，但他同时也认为，也能在北京附近的群山中找到，因为他本人就收集到了这种大黄种子。[1]

由上可知，明清来华时期著名传教士对大黄进行了多方面的关注。这些耶稣会士来自意大利、波兰、西班牙、葡萄牙及法国，他们的记载使得欧洲获得有关大黄的更为准确的信息。

二、耶稣会士记述大黄的原因

耶稣会士关注到大黄，是多种因素共同作用的结果，既受时势的影响，也有教会方面的因素，还有耶稣会士个人的作用。

（一）时代背景

西方不得不仰赖东方之商品，而东方并不依赖于西方而独立发展，是明清相当长时期内东西方贸易的一个显著特点。伏尔泰在《风俗论》中说："通过所有这些地理发现，我们西方民族表现了远远胜过东方民族的智慧和勇气。……但是大自然赋予他们一种胜于我们的长处，把我们的长处全都抵消：这就是东方民族丝毫不需要我们，而我们却需要他们。"[2]东西方之间的这种格局决定了新航路开辟前后东方长期掌握了贸易的主导权，而这一格局的影响在新航路开辟后进一步显现。新航路开辟前，东西方贸易主要掌握在威尼斯、热那亚等意大利城市国家的手中，它们控制了大黄等特色商品的供应。而美洲大陆的发现和环绕非洲大陆海岸线的航行，则对推进世界范围内物种交流与移植提供了巨大动力。"航海家和探险家们完成了对整个世界的发现：新大陆、成千上万的岛屿、新的风土人情、新植物、新动物和新的人种。样样都是新的，就像新的造物一般。除非是在一个小得多的范围内，这样的事情永远不会再发

---

[1] D'Incarville, "Catalogue", p .76.The original of the this catalog was preserved in the archives of the Ministry of Foreign Affairs in Moscow.转引自Clifford M .Foust, *Rhubarb*：*A Wondrous Drug*, p.104。大黄有不同的种。从现代生物学角度看，大黄主要产于中国；中国约有40种大黄，主要集中于西部地区。参见中国科学院中国植物志编辑委员会：《中国植物志》第25卷第1分册，科学出版社1998年，第166—209页；谢宗强:《国产大黄属植物的生态地理分布》，载《面向21世纪的中国生物多样性保护——第三届生物多样性保护与持续利用研讨会论文集》，1998年。北京附近所产大黄，应为华北大黄，河北小五台山便产有该种大黄。中国富商所介绍的大黄，应为四川锦纹大黄（正品大黄中有锦纹者）。华北大黄与正品大黄，同为大黄属，但药用价值有较大差异。中医认为，前者为伪品大黄，后者为正品大黄。

[2] [法]伏尔泰著，谢戊申等译：《风俗论》（下册），商务印书馆1997年，第23页。

生。”“这些发现的动机更多的是贪欲而非好奇心。然而好奇心能够使人兴奋，而贪欲也有许多的根源。其中的一种根源就是植物学。的确，殖民扩张的主要动机之一就是对新物种的需求，而这些新物种大部分都生长在热带地区，比如：肉桂、姜、安息香、肉豆蔻、丁香、檀香、芦荟、樟脑、金刚藤、大黄以及最重要的胡椒。”[1]因此就必须派植物学家前往亚洲和美洲，一些植物学家非常渴望这样的考察之旅。哥伦布到达美洲后，以为来到了东方，就急忙报告说：“除了有很多大金矿和其他矿物质之外，还有很多香料。我认为我在这儿发现了大黄和肉桂。”[2]然则，实际上大黄与肉桂并不产于美洲。此例反证了欧洲对大黄、肉桂等东方商品的追求确实是地理大发现的重要动因。

在近代早期欧洲向东方的殖民扩张过程中，西班牙、葡萄牙起着十分重要的作用。在地理大发现之前，西葡两国均为阿拉伯帝国的领土，伊斯兰化程度比较深。明清时期欧洲有关大黄的认识，很大程度上还笼罩在阿拉伯医学的影响下；阿拉伯医学对大黄评价很高，在医疗中运用很广。西班牙、葡萄牙在向东方扩张中都十分关注大黄，葡萄牙还获得在澳门的居住权，对耶稣会士东来传教起着重要作用。在西葡之后，荷兰逐步发展壮大起来；法国也不甘示弱，一直努力冲破葡萄牙保教权的束缚，派法国耶稣会士东来科学传教。这些国家都很关注大黄。“葡萄牙和西班牙划分东、西半球的势力范围后，西班牙人也对中国海岸的地理位置产生了兴趣，他们力图改造托勒密地图中的‘中国地区’，将之定于西班牙的控制范围内。1529年，在里贝罗（Diogo Ribeiro）的平面球体图中，有一段文字说到了广东：‘在中国的这一省，盛产丝绸、麝香、大黄和瓷器。’里贝罗地图最可贵之处，在于它首次代表欧洲制图界标出了广东及其环境”。[3]基于这样的历史背景，这些国家的传教士更易关注到大黄，并留下有关大黄的记述。因此明清时期意大利、西班牙、葡萄牙、法国等国来华耶稣会士记述大黄，也就不足为奇了。

（二）宗教背景

耶稣会的产生，是16世纪西欧有关国家反对宗教改革的产物，似乎还带上了反科学的色彩。然而，耶稣会士在华的传教则表明他们对科学知识颇为关注，充分利用科学知识辅助传教。“虽然驱使耶稣会士们向海外布道的动机和目标是保守的，但是，该组织的一些特点却在客观上对文化的传播起到了一定的积极作用。耶稣会与其他修

[1] [美] 乔治·萨顿著，郑诚、郑方磊、袁媛译：《文艺复兴时期的科学观》（下），上海交通大学出版社2007年，第277—278页。

[2] [英] Andrew Dalby 著，李蔚虹、赵凤军、姜竹青译：《危险的味道——香料的历史》，百花文艺出版社2004年，第225页。

[3] 吴孟雪、曾丽雅：《明代欧洲汉学史》，东方出版社2000年，第168页。

会不同之处在于它的成员不搞离世修行，修士们不必在修道院过隐修生活，而是深入到社会的各个阶层，同各方面的人员交往，努力扩大罗马天主教的影响。同时，耶稣会非常重视文化教育，耶稣会士的文化水平一般都比较高，有的甚至还是科学院院士。耶稣会在欧洲各国建立各种印刷出版机构，同时还创办了许多大学和神学院。正因为如此，他们在传教的过程中也把西方相对比较先进的科学和文化带到了中国，并且‘与中国最有文化修养的阶层建立了联系’，使得‘欧亚大陆两极基本上是独立发展起来的两种社会在历史上首次开始了真正的交流’。”[1]

而且，不容忽视的是，西方宗教改革从整体上密切了宗教与科学的关系。“有别于古代自然知识和生产技能的系统的现代科学，奠基于文艺复兴和宗教改革之后的西方，即16和17世纪的西欧；而西方文明作为‘两希文明’的后代，继承了希腊文明的理性遗产和希伯来文明的宗教遗产，这两种遗产不可能不对这个文明的各个组成部分发生影响。”[2]海外著名华人学者余英时认为：“西方自宗教革命与科学革命以来，上帝和理性这两个最高的价值观念都通过新的理解而发展出新的方向，开辟了新的天地。把人世的勤奋创业理解为上帝的召唤，曾有助于资本主义精神的兴起；把学术工作理解为基督教的天职，也促进了西方近代人文教育与人文学术的发展。上帝创造的宇宙是有法则、有秩序的，而人的职责则是运用理性去发现宇宙的秩序和法则，这是近代许多大科学家所接受的一条基本信念，从牛顿到爱因斯坦都是如此。”[3]

因此，尽管耶稣会是在宗教改革中与新教对立而产生的，但它也不可不受到西方宗教改革与科学革命的影响。“耶稣会创始人在《宗教法》中明确要求其弟子们在外方传教过程中必须提供有关他们传教地区的地理、风俗、物产等各种情况的报告，因此，来华耶稣会士几乎无例外地与其在欧洲的上司、朋友、家人、资助传教区的王公贵族以及学者们保持着通信关系。为确保信息传到欧洲，有些耶稣会士甚至把相同内容的信件经几个不同渠道寄出。于是，在近两个世纪时间里，耶稣会士发自中国的大量信件源源不断地传到了欧洲。”[4]因此，大黄作为欧洲极想深入了解的中国植物，势必受到耶稣会士的关注；来华耶稣会士记述了大黄，并通过信件等方式，将大黄知识向欧洲广泛传播。也基于此，在西方大黄探索史上，才有明清时期不同宗教团体的传教士之间、传教士与科学界之间的有效合作。

---

[1] 王雪著：《基督教与陕西》，中国社会科学出版社2007年，第33—34 页。

[2] 何光沪：《中译本序》，[荷] R.霍伊卡著，丘仲辉等译：《宗教与现代科学的兴起》，四川人民出版社1999年，第2页。

[3] 何光沪：《中译本序》，[荷] R.霍伊卡著，丘仲辉等译：《宗教与现代科学的兴起》，四川人民出版社1999年，第2页。

[4] [法]杜赫德编，郑德弟、吕一民、沈坚译：《耶稣会士中国书简集》“中文版序”，大象出版社2001年，第12页。

（三）科学背景

自古以来大黄就是中原王朝及边疆民族常用药材。我国古代第一部医书《神农本草经》就对大黄的功用作了记载："大黄，味苦寒，主下瘀血、血闭、寒热，破症瘕积聚，留饮宿食，荡涤肠胃，推陈致新，通利水谷，调中化食，安和五臧。"[1]唐代医圣孙思邈的《千金方》、明代李时珍的《本草纲目》，都对大黄药用价值做了详细记载。医家"以人参、附子、熟地、大黄为药中四维，更推人参地黄为良相，大黄附子为良将"。[2]而且，明代正是中医温病学说盛行的时代，大黄作为治瘟疫的重要药材，颇受医家推崇，并用于治疗肆虐的瘟疫。作为非常重要的中药材，大黄自然易受到关注。大黄作为名中药，中医对大黄基本形成了统一认识，同时在大黄产地、质量问题上，仍有一些不同看法。来华耶稣会士在局部地区对大黄的考察与转述，深化了西方对大黄的认识。但不充分的实地考察以及中医对大黄原有的不同看法，使得耶稣会士传达给西方的大黄图景并不完全统一。[3]总体上是在众声喧哗中推动了西方对大黄认识的深入。

明清时期，大黄也是西医的重要药材。在以体液说为指导的传统西医时代，大黄在西医中有着较中医更为重要、更为广泛的用途。大黄既是西方人非常关注的药材，也是他们努力探索的多功能植物。大黄深为欧洲医药学家、植物学家所青睐。

清代前期，与北京耶稣会士进行联系的俄国医学家、植物学家等专业人士为数不少。如，医学家和动物学家德维诺（Johann Georg Duvernoy，1691—1759）、植物学家阿芒（Amman Johann，1707—1741）、医学家兼物理学家克拉钦施泰因（Christian Gottlieb Kratzenstein，1723—1795）、植物学家赫本斯特雷特（Johann-Ernst Hebenstreit，1703—1757）、历史学家格·米勒、动植物学家格梅林（Johann Georg Gmelin，1709—1755）等。其中阿芒等人对大黄情有独钟。可以明确的是，1734年郎

---

[1] [清]黄奭：《神农本草经》，中医古籍出版社1982年，第267页。

[2] [明]张介宾：《景岳全书》，文渊阁四库全书影印本，总纂官纪昀等所作之提要。

[3] "《吴普本草》（约成书于3世纪）云：'生蜀郡北部或陇西（今四川北部、甘肃西部）。'《名医别录》亦谓：'生河西山谷及陇西（今甘肃）。'可见自古大黄就以甘肃、四川北部为主要产地。《本草图经》曰：'大黄，正月内生青叶似蓖麻，大者如扇。根如芋，大者如碗，长一二尺，傍生细根如牛蒡，小者亦如芋。四月开黄花，亦有青红似荞麦花者。茎青紫色，形如竹。'所述青叶似蓖麻、根如芋、开黄花的特征，与药用大黄Rheum officinale Baill. 相符，而开青红似荞麦花的特点与掌叶大黄R. palmatum L .和唐古特大黄R. palmatum L. Var. tanguticum Maxim. ex Balf. 一致。《本草图经》所附大黄附图，基生叶具长柄，叶宽卵圆形，具浅或深裂，根茎粗大，具残存托叶鞘，与大黄属掌叶组植物特征吻合。综合上述大黄的产地、形态、附图，可以认为古今所用大黄是一致的。"（据网络）虽然可以认为古今所用的大黄是一致的，对大黄产地的记载也是基本相同的，但仍有一些值得关注的地方。如李时珍《本草纲目》将江南地区所产土大黄记作大黄，此与传统认识颇有差异。古代对大黄产地的认识，大致认为产于川陇，但也有只强调陇的，因此古代中国人对大黄产地的认识本是两途的，甚至是多元化。马可·波罗对大黄产地的认识，强调好大黄来自于甘肃，基本上遵照了中国对大黄产地的认识，但指出苏州亦产大黄。关于何者大黄为好，中国也有不同认识。《名医别录》认为蜀大黄不如陇大黄，而《唐本草》则对此进行反驳，以为蜀大黄更佳。关注中医药的耶稣会士，自然关注中国对大黄的认识，留下了具有较强"中国色彩"的记述。

喀来华前夕，植物学家阿芒曾草拟了一个问题清单，希望北京耶稣会士给予解答。“阿芒的问题包括大黄的采集、加工和使用方法，人参的生长环境与医疗用途，莫合烟在烧灼治疗中的使用，茶的采集与制作，中国南部樟树的外观与习性，天然与人工培植植物种子与标本，矿产，金属，颜料，毒药等。”[1]与圣彼得堡科学院有书信和学术联系的北京耶稣会士则有巴多明、汤执中等人。早在1723年，巴多明就从中国药商中获得对大黄较为准确、全面的认识，并将通过书信传向欧洲。1740年来华的耶稣会士汤执中在北京居留17年期间，也曾就相关问题与俄方联系。汤执中收集有大黄等药材的中国植物目录至今还存在俄国外交部档案中。[2]

（四）耶稣会士个人因素

耶稣会士在大黄产区及主要贸易中心进行传教，有条件了解、接触到中医药，接触到大黄。有的受过药物学、植物学方面的教育，具有较强的科研能力。

明末同时在北京活动的耶稣会士利玛窦、庞迪我，均对大黄贸易情况进行了记述。他们记述了“摩尔人”来京从事大黄贸易的情况。曾德昭到过陕西西安，对陕西市场的大黄留下了自己的判断。明末耶稣会士主要从贸易、产地角度对大黄进行关注。

到了清初，耶稣会士“科考”色彩更加明显。卜弥格关注大黄，关注中医中药，与其早年经历不无关系。“父亲巴维尔・耶日・博伊姆是一个商人和著名的医生，曾担任波兰国王齐格蒙特三世的御医。”“卜弥格是耶日的六个孩子中的一个，他十四岁时生了一场大病，当时就曾发誓，如果恢复健康，就要献身于远东的传教事业。”受此影响，他年轻时候便十分关注自然科学并表现出非凡的才能。“实际上，卜弥格去东方，并没有把他的工作重点放在传播基督教上，而是以他的全部身心和力量，投入到了对东方进行调查研究和科学考察的伟大事业上。”[3]他对中医药非常关注，所以又留下了对大黄的记述，并留下了有关大黄的图像。[4]南怀仁，随从欧洲返回的卫匡国到达中国，深受清帝恩宠，从而成为第一个广泛游历了蒙古地区的欧洲人，留下乌兹别克及蒙古均产大黄的记述。巴多明在清廷很有地位，这也有利于他进行中医药等方面的研究。他通过去四川采购大黄的中国富商获得对大黄较为全面准确的认识。汤执中

---

[1] 阎国栋：《俄国汉学史（迄于1917年）》，人民出版社2006年，第72—73页。

[2] D'Incarville, "Catalogue", p .76 .The original of the this catalog was preserved in the archives of the Ministry of Foreign Affairs in Moscow.转引自Clifford M .Foust, *Rhubarb: A Wondrus Drug*, p.104.

[3] 张振辉《译者序》，第6页，[波] 爱德华・卡伊丹斯基著，张振辉译：《中国的使臣——卜弥格》，大象出版社2001年。

[4] [波] 爱德华・卡伊丹斯基著，张振辉译：《中国的使臣——卜弥格》，大象出版社2001年，第206页。卜弥格所画大黄实为波叶大黄，俗称土大黄。大黄属植物有掌叶组大黄、波叶组大黄等多组大黄。中医中，正品大黄来自掌叶组，而波叶组大黄则为伪品大黄。当然，藏医、蒙医对大黄的正伪有着与中医不同的认识。

则同意“最好的大黄”产于四川的说法（与巴多明同），还在京郊进行实地考察，收集到大黄的种子，从而认为京郊所产大黄与四川所产大黄为一个品种。汤执中本是法国植物学家朱西厄的学生，1740年抵达北京，并在北京待了17年之久。他不仅向朱西厄输送植物种子，也向菲利普·米勒和约翰·埃利斯输送植物种子。这几位学者都是享誉欧洲的学者，都对大黄很有研究。因此，汤执中关注到中国大黄，注意到中国人对“最好的大黄产自四川”的认识。同时力所能及进行一些实地考察，认为最好的大黄虽产自四川，但也能在北京附近的群山中找到；而且，还在京郊收集到了这种大黄种子。德西迪里则潜入西藏，才获得有关藏区大黄的知识。因此，传教士能留下了相关记述，都有其个人的因素。

总之，受多方面因素的影响，明清时期来华耶稣会士留下了有关大黄的重要记述。这些记述涉及大黄产地、品种、质量、性状、用途等方面，使欧洲获得了关于大黄的多方面新鲜知识，推动了欧美对大黄的探索，促使大黄在西方社会产生广泛而深远的影响。

（作者单位：林日杖，福建师范大学学报编辑部）

17世纪中期西方人眼中的中国食物原料研究
——以卜弥格、卫匡国和基歇尔为中心*

周鸿承

卜弥格（Michel Boym，1612—1659年）、卫匡国（Martino Martini，1614—1661年）和基歇尔（Athanasius Kircher，1602—1680年）都是17世纪西方耶稣会士。他们在17世纪中期成书的相关著作中，都向西方传播了中国食物知识。卫匡国和卜弥格曾先后前往中国进行实地考察，他们都在其地图著作中展示了中国的物产情况，这一点在既往研究中还未深入讨论。基歇尔尽管从未前往中国或其他东方国家，但他在《中国图说》中，却大量地采编来自卫匡国《中国新地图集》、卜弥格《中国植物志》和《中国地图集》中有关中国食物原料的图文知识。伴随着17世纪欧洲印刷业的快速发展，耶稣会士所塑造的中国饮食形象深刻地影响了当时的西方社会。

一、西方人对中国饮食知识认知的深化

卫匡国，字济泰，天主教耶稣会意大利籍传教士。1643年来到中国，1650年又启程返欧。返欧期间，卫匡国用拉丁文出版的《中国新地图集》是自1615年利玛窦《基督教远征中国史》问世之后，及17世纪晚期有关中国的较多作品出版以前，欧洲读者所可能见到的关于中国最新最全面的报道和评论。[1]在《中国新地图集》（阿姆斯特丹，1655年）中，卫匡国以亲历者身份向西方世界传播了中国各种可食性动植物原料、渔业生产情况以及饮食生活习惯等知识（见表1）。[2]

---

* 本原载于《中国农史》2018年01期。基金项目：2017国家社科基金项目“早期中国饮食文化在西方的传播研究（1500—1700）”资助（编号：17CSS015）。

[1] 沈定平：《论卫匡国在中西文化交流史上的地位与作用》，《中国社会科学》1995年第3期，第174—175页。

[2] Martino Martini, *Novus atlas sinensis. A cura di Giuliano Bertuccioli,* in Opera Omnia,Volume III, edizione diretta da Franco Demarchi(Trento: Università degli Studi di Trento), 2002.（卫匡国：《中国新地图集》，白佐良注，引自德马尔奇主编：《卫匡国全集》第3卷，特伦托大学，2002年）

表1 卫匡国《中国新地图集》所见中国代表性食物原料表

地 区		饮食内容
北京		茶、苹果、梨、杏、核桃、栗子、柿子、葡萄
	真定	河虾、菱角
	顺德	菱角
	永平	人参、菱角、河虾
	延庆	葡萄
山西	太原	人参
	汾州	羊酒
陕西		小麦、小米、大黄、麝肉
	西安	鹿、野兔、蝙蝠肉、鬼草
	汉中	蜂蜜、熊掌
	临洮	绵羊、梨、苹果
	庆阳	青粱米、大豆
河南	汝宁	茶
四川	叙州	荔枝
	重庆	荔枝
	雅州	茶
湖广		茶
	黄州	黄梅
	常德	橘子
江南		鲥鱼
	庐州	茶
	徽州	松萝茶
浙江	杭州	天目山蘑菇
	嘉兴	荸荠、黄雀、米酒、螃蟹
	湖州	芥茶
	金华	酒、熏蹄、核桃
	衢州	开化白虾
	处州	竹笋
	宁波	牡蛎、大虾、海蟹、鲻鱼、黄鱼
	温州	牡蛎
福建	福州	荔枝

续表

地　区		饮食内容
广东		荔枝、龙眼、柚子、鸭子、鸭蛋
	惠州	黄雀鱼
广西	庆远	荔枝
贵州	平越	茶
云南	大理	无花果、茶
	曲靖	盐
	元江	槟榔、蒌叶
（辽东）[1]		人参

经马西尼等意大利现代学者的考证，卫匡国《中国新地图集》中实际上还描述了诸如佛手柑、[2]黄花梨、麻姑酒、青粱米、皮蛋、三白酒、金华东阳酒、金华火腿[3]等知名土特产，但卫匡国未能准确说出这些知名食物原料的中文名字。此外，卫匡国把辽东作为中国北方六省之一的看法是错误的。辽东仅为当时明代都指挥使司，属于山东等处承宣布政使司管辖。但卫匡国说辽东地区盛产人参的看法是正确的。早于卫匡国《中国新地图集》出版的入华耶稣会士曾德昭（Alvaro de Semedo，1585—1658年）所著《大中国志》中，就已经提及此事。[4]

卫匡国之后入华的波兰籍同会耶稣会士卜弥格，于1644年来到澳门学习汉语，后前往中国海南岛传教，时值中国明末清初之际。在中国期间，他对中国许多的可食性动植物进行了记录和研究。他还用拉丁文撰写了很多涉及这方面的著作，并向欧洲知识群体介绍中国历史和文化知识。[5]其《中华帝国简录》《中国事物概述》《中国植物志》《单味药》《中国地图集》以及卜弥格传教报告和信件中，[6]对中国食物知识进

[1]　卫匡国的《中国新地图集》中并无单独的辽东地区地图，此“辽东”为本文作者总结填加。——编者注

[2]　Martino Martini, *Novus atlas sinensis. A cura di Giuliano Bertuccioli*, in Opera Omnia,Volume III, edizione diretta da Franco Demarchi (Trento: Università degli Studi di Trento, 2002), 535.

[3]　卫匡国实际上未能记录下金华火腿、东阳酒之名，但是已经准确描述了金华的这两样特产。 Martino Martini, *Novus atlas sinensis. A cura di Giuliano Bertuccioli*, in Opera Omnia,Volume III, edizione diretta da Franco Demarchi(Trento: Università degli Studi di Trento, 2002), 655.

[4]　曾德昭：《大中国志》，商务印书馆2012年，第37页。

[5]　卜弥格生平可参见[法]费赖之著，冯承钧译：《在华耶稣会士列传及书目》（上），中华书局1995年，第274—281页；[波]爱德华·卡伊丹斯基著，张振辉译：《中国的使臣——卜弥格》，大象出版社2001年；Boleslaw Szczesniak, “The Writing of Michael Boym,” *Monumenta Serica*, 14,1949—1955,pp. 481-538；张振辉：《卜弥格与明清之际中学的西传》，载《中国史研究》2011年第3期，第186页。

[6]　为便于叙述，卜弥格论著名称均采用《卜弥格文集——中西文化交流与中医西传》（华东师范大学出版社2013年）一书的译法。

行了介绍和研究。卜弥格在返欧途中所著《中国植物志》于1656年在维也纳出版。[1]他在书中不仅比较了中国南北水果的不同，他还比较了他所熟悉的欧洲和印度等国家和地区的物产情况。他说道："中国的南方天气很热，那里生长着所有印度的水果：椰子、香蕉、杧果和菠萝等。北方有葡萄、无花果、栗子、各种各样的核桃、蜜桃和棉花，还有各种各样的梨子。"[2]卜弥格还是认为中国的美丽与丰产更胜一筹。在《中国植物志》中，他对30余种主要生长在中国和南亚地区的动植物特性和产地进行了详细介绍和研究，不乏对中国物产丰富的赞美。其中，卜弥格明确标识出中文名字并绘有图像的可食性动植物原料有23个（见表2）：[3]

表2　卜弥格《中国植物志》所绘可食性动植物名称表

卜弥格所写中文名字	卜弥格所注拼音	现代中文名	中译者所注 拉丁文学名
反椰菓子	Fan-yay-ko-çu	番木瓜	Carica papaya
芭蕉菓子	Pa-cyao-ko-çu	芭蕉	Musa basjoo
檟如菓子	Kia-giu-ko-çu	腰果	Anacardium occidentale
荔枝	Li-ci	荔枝	
龙眼	Lum-yen	龙眼	
攘波菓子	Giam-po-ko-çu	蒲桃	Syzyjium jamlos
反菠萝蜜菓子	Fan-po-lo-mie-ko-çu	凤梨	Ananassa sativa L.
杧菓子	Man-ko-çu	杧果	Mangifera indica L.
枇杷菓子	Pi-pa-ko-çu	枇杷	
臭菓子	Ciev-ko-çu	番石榴/臭果	Psidium guajava. Linn
菠萝蜜菓子	Po-lo-mie-ko-çu	菠萝蜜/木菠萝	Artocarpus heterophyllus

[1]　拉丁文名为Flora Sinensis，大概完成于1653—1655年间，详情参考《卜弥格文集——中西文化交流与中医西传》，张振辉、张西平译，华东师范大学出版社2013年，第299页。本文所用卜弥格《中国植物志》拉丁文本系德国奥格斯堡州立暨国立图书馆（Augsburg State and City Library）彩色藏本，该书在2002年由德国哈拉尔德·菲舍尔出版社(Harald Fischer Verlag)以只读光盘格式出版（ISBN:3-89131-424-8）。参见http://www.haraldfischerverlag.de/hfv/Digital/florasinensis_engl.php，检索日期（2014年6月3日）。

[2]　[波]卜弥格著，[波]爱德华·卡伊丹斯基（波兰文翻译），张振辉、张西平（中文翻译）：《卜弥格文集——中西文化交流与中医西传》，华东师范大学出版社2013年，第299页。另，有关卜弥格《中国植物志》以及《中国地图集》中的动植物研究，可参王永杰：《明清之际来华传教士卜弥格中国动植物研究》，引自赵荣光主编：《健康与文明：2013·第三届亚洲食学国际论坛学术论文集》，浙江古籍出版社2014年；王永杰：卜弥格《中国地图册》研究，浙江大学博士论文2014年，第75—83页；Chiara Bocci, "The Animal Section in Boym's(1612-1659) *Flora Sinensis," Monumenta Sercia*, 59,2011,pp. 353-381.

[3]　卜弥格所绘可食性动植物的图像和文字介绍可参见卜弥格：《中国植物志》，引自《卜弥格文集——中西文化交流与中医西传》，第299—357页。以及德国奥格斯堡州立暨国立图书馆藏本，见Michael Boym, *Flora Sinensis* (Erlangen: Harald Fischer Verlag), 2002.

续表

卜弥格所写中文名字	卜弥格所注拼音	现代中文名	中译者所注 拉丁文学名
柿饼	Su-pim	柿子	Diospyros Kaki L.
亚大菓子	Ya-ta	番荔枝	Anona squamosa L.
土利按（[illegible]aìn）树菓子	Du-ri-ain-xu-ko-çu	榴莲	Durio zibethinus
无名水果	Nam-nam	喃喃果	
胡椒	Hu-cyao	胡椒	Piper
桂皮树菓子	Quey-pi-xu-ko-çu	桂皮	Cinnamomum
太黄	Tay-huam	大黄	Rheum palmatum L.
茯柃树根	Fo-lim-xu-ken	白茯苓	Smilax china L.
生姜	Sem-kiam	生姜	Zingiber officinale Roscoe
野鶏	Ye-ki	野鸡	
麝	Hian	麝鹿	Muscus
蚺毒	Gen-to	蚺毒蛇	

需要说明的是，卜弥格《中国植物志》中对椰子（Xay-çu）和槟榔（Pin-lam）进行了详细的文字介绍，却未画出图像。[1]故表2未收录这两种非常重要而又已经为欧洲人熟知的水果。卜弥格在书中还绘画了一幅无名水果（Fructus innominatus）的图像，他自己声称自己已经记不起它的中文名字了，[2]但后来学者根据卜弥格所绘植物图像，考证出该水果的拉丁学名为Cynometra cauliflora L.，即我们现在通称的喃喃果（Nam-nam）。[3]

基歇尔是17世纪德国著名的耶稣会士和学者。他兴趣广泛，知识广博，仅用拉丁文出的著作就有40多部。与入华耶稣会士卜弥格和卫匡国不同的是，他本人并未亲自前往中国考察过，但基歇尔有关中国的著作一经出版，即引起巨大影响。基歇尔所著《中国图说》拉丁文版于1667年在阿姆斯特丹出版。[4]该著作1986年英文版译者查尔斯·范图尔（Charles D.Van Tuyl）说：“（基歇尔）引用耶稣会资料和返回欧洲的传教

[1] [波]卜弥格著，[波]爱德华·卡伊丹斯基（波兰文翻译），张振辉、张西平（中文翻译）：《卜弥格文集——中西文化交流与中医西传》，华东师范大学出版社2013年，第300—303页。

[2] [波]卜弥格著，[波]爱德华·卡伊丹斯基（波兰文翻译），张振辉、张西平（中文翻译）：《卜弥格文集——中西文化交流与中医西传》，华东师范大学出版社2013年，第330页。

[3] Michael Boym, *Flora Sinensis* (Erlangen: Harald Fischer Verlag, 2002, p25.

[4] 《中国图说》（China Illustrata）为该书原名简称。1668出版了荷兰文版，1670年出版了法文版，张西平等译《中国图说》（大象出版社2010年）主要根据1986年英译本转译成中文。

士的谈话记录，以及像马可·波罗撰写的游记那样的各种西方材料。该书出版后的二百多年内，在形成西方人对中国及其邻国的认识上，基歇尔的《中国图说》可能是独一无二的最重要的著作”。[1]基歇尔《中国图说》主要在第四部分“有关中国的自然与人文的奇观”中（见表3）。

表3 《中国图说》所见中国各地区代表性食物原料表

类 型	内 容	所在地
可食性植物和水果	桄榔树果实	广西
	不死草	湖广
	人参	辽东
	茶	中国各地都有，但是个别省才有特别优质和有名的茶，比如江南杭州。
	桂皮	陕西
	大黄	中国各地都有，靠近长城的诸省尤为常见。
	菠萝蜜	热带地区
	木瓜	热带地区
	天堂果	海南岛、广西、福建、广东等地
	番菠萝蜜	广东、广西和福建
肉类	鸭肉	广东
	吃蝙蝠肉	陕西
	吃蛇肉	广西、广东、浙江和海南岛等

注：资料来源为[德]阿塔纳修斯·基歇尔著，张西平、杨慧玲、孟宪谟译：《中国图说》，大象出版社2010年。

表3直观地展示了基歇尔在他的书中详细记载并研究的代表性中国食物原料。但是，表3并未统计一些众所周知的其他食物原料。基歇尔认为芒果、荔枝和桂圆这3种经常被西方人提及的中国特色水果已经不再需要仔细介绍，因为大家已经知道的够多。可见，基歇尔在传递中国食物原料知识的时候也有所侧重，在他看来西方人会“好奇而感兴趣”的食物原料才值得在书中好好介绍。他在书中重点介绍了四种热带水果：菠萝蜜、木瓜、天堂果和番菠萝蜜（菠萝）。此外，基歇尔还介绍了一些具有较高医疗价值的可食性植物，主要有以下七种：桄榔子、不死草、桂皮、茶、人参、大黄和胡椒。对“奇异的中国动物”“特有的中国飞禽”等动物来说，基歇尔在书中既介绍了真实存在的麝香鹿、河马、巨龟，也介绍了传说中的神鸟凤凰、有四只眼睛

[1] [德]阿塔纳修斯·基歇尔著，张西平、杨慧玲、孟宪谟译：《中国图说》，大象出版社2010年，第18页。

和六条腿的海怪。基歇尔还绘声绘色地描述了一些中国人独特的饮食习惯。一类是西方人会食用的常见禽畜肉。比如，基歇尔说四川野鸡的肉非常好吃，[1]广东人不仅养鸭子，还有保存鸭蛋的极好方法——他们把蛋放在陶罐里，撒上盐或浇上盐水，制作成咸鸭蛋。[2]同时，基歇尔也介绍了另一类中国人独特的动物肉源，这些食物会让西方人觉得不可思议。如中国人会吃会飞的鱼、在陕西的中国人会吃蝙蝠肉、在浙江的中国人会吃巨蛇等。作为一个从未到过中国的西方人，基歇尔视野中的中国食物知识，是从其他西方作者那里了解到的信息的综合加工。基歇尔传递的中国食物知识是杂糅拼凑的，也经常与神话和传说混合在一起。当然，基歇尔介绍这些“奇异而有趣”的动植物知识，也是为了满足当时西方社会对中国的好奇心。

二、从文字到图像：17世纪中国食物原料知识的传承与接续

卜弥格、卫匡国和基歇尔都在自己的著作中，使用图像来说明中国的农作物知识。但是他们对图像的使用目的、使用数量以及使用方式有所不同。因基歇尔未曾到过中国，他的书中有关中国的食物知识，多与卜弥格和卫匡国书中的记载存在延续性。

第一，卫匡国以及作为其出版商的地图印刷者在《中国新地图集》中绘制了有中国风土人情的农业耕作图像，既可以装饰地图，亦可以吸引读者，增强可读性。有趣的是，基歇尔《中国图说》中的插图与之类似。第二，卫匡国所著《中国新地图集》在其“湖广省图”图名四周，画上了几株稻穗，两个农民分立左右，一个农民挥着一个小树枝，一手扶着犁。另一个农民则在撒谷播种（见图1）。[3]这幅图形象地表达了“湖广熟，天下足”这句谚语，卫匡国在介绍湖广稻作生产时详细说明这句谚语的来由。在卫匡国入华以前，曾德昭在《大中国志》中也记录了“湖广熟、天下足”的现象，他认为

图1　卫匡国《中国新地图集》中“湖广省图”上的“播种图”

[1] [德]阿塔纳修斯·基歇尔著，张西平、杨慧玲、孟宪谟译：《中国图说》，大象出版社2010年，第348页。

[2] [德]阿塔纳修斯·基歇尔著，张西平、杨慧玲、孟宪谟译：《中国图说》，大象出版社2010年，第350页。

[3] Martino Martini, *Novus atlas sinensis. A cura di Giuliano Bertuccioli*, in Opera Omnia,Volume III, edizione diretta da Franco Demarchi(Trento: Università degli Studi di Trento, 2002), 515.

图2　基歇尔《中国图说》中的“播种图”

湖广“产米之丰居全国之首”。[1]但是，曾德昭却没有如卫匡国般在著作中通过图画来展示中国湖广的农业风情。早在《中国新地图集》出版之前，西方地图常在图名周围绘以各种彩带或者与之相关的图像作为装饰。《中国新地图集》在图名附近绘以反映当地风土人情的图饰，既富有艺术性，又能烘托出当地地理环境的特点，颇引人注目。[2]类似的图像也出现在基歇尔《中国图说》中（图2）。[3]

通过图1和图2，我们既可以看到卫匡国和基歇尔书中所用农作物耕作图之间存在延续性，又可以看到他们都在通过图像的形象化来进一步真实地展示中国的生活场景。在17世纪有关新世界的著作中，多有通过绘图来表现当地的风土人情，进而增强书籍的可读性和趣味性的现象。

图3　卜弥格《中国地图集》中附录的一幅中国宴会图

与卫匡国、基歇尔在著作中使用图像作为辅助材料说明中国食物知识不同，卜弥格的相关著作已经把图像的展示作为主体内容。前文已经叙述过：卜弥格在其《中国植物志》中图绘了几十幅有代表性的中国可食性动植物图片。每一种植物均有对应的文字解释，卜弥格使得欧洲人眼中的中国植物知识具象化。此外，还有一些有关中国宴会形象的附图伴随着卜弥格所绘的中国地图传到欧洲。一小部分欧洲人得以阅读卜弥格的这些未刊地图手稿。卜弥格在其未刊手稿《中国地图集》“贵州”省图右侧附录中，展示了一幅完整的中国宴会（Convivia Sinarum）图像（图3）。[4]在图像下方的拉丁注文中，卜弥格特别提

[1]　[葡]曾德昭著，何高济译：《大中国志》，商务印书馆2012年，第25页。

[2]　高泳源：《卫匡国（马尔蒂尼）的〈中国新图志〉》，载《自然科学史研究》1982年第4期，第370页。

[3]　[德]阿塔纳修斯·基歇尔著，张西平、杨慧玲、孟宪谟译：《中国图说》，大象出版社2010年，第220页。

[4]　该未刊地图册手稿原拉丁文书名是《大契丹就是丝国和中华帝国，十五个王国，十八张地图》（Magni Catay quod olim Serica et modo Sinarum est Monarchina, Quindecim Regnorum, Octodecim gegraphica），简称为《中国地图集》，该手稿包含一张中国全图和十七张中国各个行省和地区的地图，目前保存在罗马梵蒂冈教廷图书馆(Biblioteca Apostolica Vaticana)，文献编码为Borgia Cinese 531号。该著作中第15幅图为贵州（Kuey Cieu）省图，右侧附有题为“中国宴会”的图像和拉丁文注释。亦可参考[波]卜弥格著，[波]爱德华·卡伊丹斯基（波兰文翻译），张振辉、张西平（中文翻译）：《卜弥格文集——中西文化交流与中医西传》，华东师范大学出版社2013年，第231页。

到中国人用筷子吃饭，而且吃饭的时候有喝茶的习惯。[1]卜弥格所绘“中国宴饮图”及其拉丁文注释文字是西方知识系统中留有关于中国食物知识的重要证据。

三、卫匡国、卜弥格著作对基歇尔《中国图说》的影响

基歇尔并未到过中国，他在《中国图说》中介绍中国饮食文化的文字内容，很多是来自卫匡国。基歇尔在引用来自卫匡国提供的资料时，多次指出材料来源。基歇尔在书中明确提到他对以下植物或果实的认识来源于卫匡国：不死草、人参、大黄、茶、中国桄榔子和桂皮。但是，基歇尔在引用来自卜弥格《中国地图集》或《中国植物志》等著作中有关中国食物知识的时候，就相对比较少地提及卜弥格。但是，基歇尔书中的插图，却主要是来自卜弥格的著作。基歇尔介绍“一袋蜜果”——中国菠萝蜜的时候，明确提到他是从卜弥格《中国植物志》中得来的知识。[2]我们查卜弥格《中国植物志》，可以发现基歇尔的记录与卜弥格原文近乎一致：“这种果实（菠萝蜜）就长在它的树干上……它的核也很甜像栗子一样地好吃……它就像一个袋子，里面装满了温热的甜果汁和像栗子和核桃样的果仁。”[3]基歇尔传播来自卜弥格和卫匡国等人有关中国食物知识的时候，比较愿意提及那些来自卫匡国的中国食物知识，而不太主动提及来自卜弥格的相关知识。书中有关中国木瓜、槚如果和番菠萝蜜（菠萝）的知识，基歇尔虽未明说，但他依然是参考了卜弥格的《中国植物志》。

由于基歇尔没有去中国或者其他东方国家如印度考察过，他对很多热带水果、植物缺乏正确的认识。基歇尔在转述卜弥格有关中国食物原料知识的时候，时常发生误读，导致传入欧洲的中国食物知识发生了变异。基歇尔说：“中国有一种被称作‘Kagiu’的树，一年结两次果。它的果实不是长在枝条的中部，而是在它的顶端。它非同寻常，在美洲也能见到它，印度人把它叫作‘菠萝’（Ananas）。中国人称它为‘番（反）菠萝蜜’（Fam-po-lo-nie），广东、广西和福建大量出产。”[4]在这里，基歇尔发生了一些歧误。基歇尔提及的“Kagiu”是槚如，即腰果。卜弥格在《中国植物志》中就较为详细地介绍了这种“一年结两次果”的食物。[5]但是，基歇尔把卜弥格对槚如的描写和对菠萝的描写混在一起了。会让读者误以为“Kagiu”就是印度人称为

---

[1] 王永杰：《卜弥格〈中国地图册〉研究》，浙江大学博士论文2014年，第76页。

[2] [德]阿塔纳修斯·基歇尔著，张西平、杨慧玲、孟宪谟译：《中国图说》，大象出版社2010年，第334—335页。

[3] [波]卜弥格著，[波]爱德华·卡伊丹斯基（波兰文翻译），张振辉、张西平（中文翻译）：《卜弥格文集——中西文化交流与中医西传》，华东师范大学出版社2013年，第323页。

[4] [德]阿塔纳修斯·基歇尔著，张西平、杨慧玲、孟宪谟译：《中国图说》，大象出版社2010年，第337页。

[5] [波]卜弥格著，[波]爱德华·卡伊丹斯基（波兰文翻译），张振辉、张西平（中文翻译）：《卜弥格文集——中西文化交流与中医西传》，华东师范大学出版社2013年，第309页。

“菠萝”，中国人称为“番菠萝蜜”的水果。实际上，卜弥格对槚如和反菠萝蜜（菠萝）有非常准确的区分。卜弥格不仅有详细的文字说明，还绘有准确的菠萝和腰果图像。基歇尔《中国图说》中所绘菠萝图像以及其描述性文字，都是改编自卜弥格《中国植物志》。卜弥格在书中有明确的描述：“在中国叫番菠萝蜜的水果在印度叫菠萝（Ananas），它盛产于中国南方的广东、广西、云南、福建和海南岛。……如果把这种（菠萝）叶子摘下来，埋在土里，进行培育，又会长出新的果实。”[1]

基歇尔《中国图说》中还展示了一幅包含有胡椒树和“无名植物”的图像，基歇尔认为这两种植物都是胡椒树。他说：“我们在这里要补充的是关于胡椒树，它的果实生在树根周围。某些方面类似欧洲的无花果树。”[2]《中国图说》中的这两种植物图，都来自卜弥格神父的《中国植物志》一书。卜弥格在书中准确地以图像和文字区别了这两种植物。一种为胡椒（piper），另一种为无名植物（Fructus innominatus）。[3]卜弥格说：“我记不得它的中文名称了。我早先在中国的海南岛见到过它，后来又在广东省见到过它……这种树的根须之间，贴着地面好像有一个赘生物……树上长出的果实像欧洲的无花果。”[4]卜弥格忘记的“无名植物”，就是前文已经论证过的喃喃果树，但卜弥格可没有把这种植物和胡椒认为是同一种植物。显然，基歇尔误读了卜弥格对这两种植物的描述。

图4　卜弥格《中国植物志》所见“多毛鸡（左下）和驼鸡（右下）”图

在知识再次传播的过程中，往往是真理与谬误并存。我们再以基歇尔所记“野鸡”为例说明。基歇尔所论中国人食野鸡的知识主要来自卜弥格。但卜弥格在《中国植物志》中所论野鸡实际上是三种（见图4），分别是野鸡（*Ye-ki*，*Gallina sylvestris*，又称之为多毛鸡），长尾鸡

[1]　[波]卜弥格著，[波]爱德华·卡伊丹斯基（波兰文翻译），张振辉、张西平（中文翻译）：《卜弥格文集——中西文化交流与中医西传》，华东师范大学出版社2013年，第314—315页。

[2]　[德]阿塔纳修斯·基歇尔著，张西平、杨慧玲、孟宪谟译：《中国图说》，大象出版社2010年，第339页。

[3]　Michael Boym, *Flora Sinensis*(Erlangen: Harald Fischer Verlag), 2002. 另可参考：

[4]　[波]卜弥格著，[波]爱德华·卡伊丹斯基（波兰文翻译），张振辉、张西平（中文翻译）：《卜弥格文集——中西文化交流与中医西传》，华东师范大学出版社2013年，第330—331页。

（Ciam-vi-ki）和驼鸡（To-ki）。[1]在卜弥格《中国地图集》中，亦准确绘有多毛鸡见图5、图6和长尾鸡（见图7、图8）。但在《中国图说》中，基歇尔却没能很好地区分不同种类的野鸡。他把这三种不同类型的鸡变成了一种奇特的野鸡品种。基歇尔是如何杂糅了卜弥格的准确报道呢？我们对比双方的文本记载即可得知（见表4）。

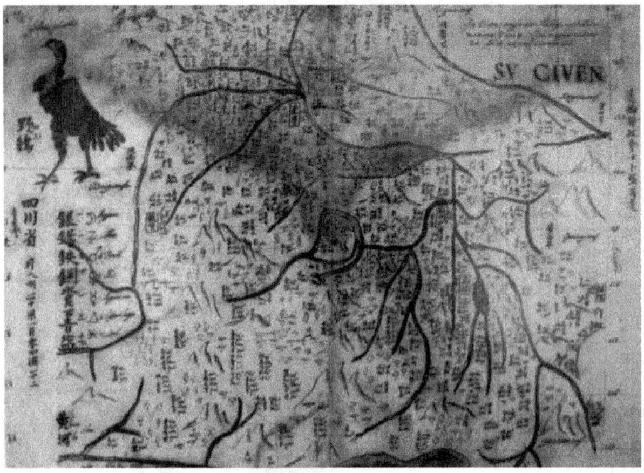

图5　卜弥格《中国地图集》“四川”图

图6　卜弥格《中国地图集》“四川”图上所绘“野鸡（多毛鸡）图

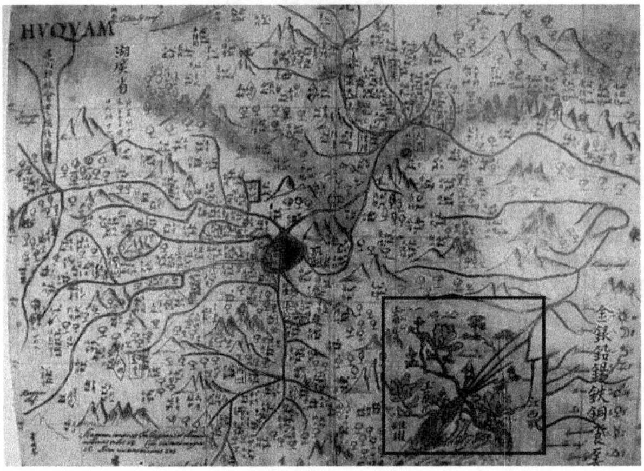

图7　卜弥格《中国地图集》“湖广”图

图8　卜弥格《中国地图集》“湖广”图上所绘“雉鸡”（长尾鸡）图

[1]　Chiara Bocci, “The Animal Section in Boym’s(1612-1659) *Flora Sinensis,” Monumenta Sercia*, 59, 2011, pp. 358-359.

表4　卜弥格《中国植物志》和基歇尔《中国图说》有关“野鸡”知识的文本比较

卜弥格《中国植物志》	基歇尔《中国图说》
中国人把它叫作野鸡，他的羽毛很不一般，它的肉非常好吃，它的体型非常大。	四川省有另一种为人称道的鸡。它有像羊一样的毛……那些绒毛看上去仿佛是兽毛，因而它们被称为毛鸡。
中国人还有一种长尾鸡，它的尾部毛茸茸的，很漂亮，有六个手掌长。这种鸟栖息在高丽，即朝鲜以及中国的陕西省和广西省。	同样，野鸡被称作毛鸡，它们在中国好几个省的高山上都有，这些省是朝鲜、陕西和甘肃。野鸡很好看，羽毛色彩斑斓。它们作为食品时，肉也很好吃。
还有一种鸡叫鸵鸡，意思是鸵鸟鸡，它身上有一种驼峰样的东西和一个白色的脑袋，它有十四个手掌那么长。	它们（野鸡）的背部和胸部有点隆起，由此可以猜测野鸡是普通鸡退化后的品种。

在卜弥格《中国地图集》“四川”图中，他还在地图上绘有野鸡图。[1]而在“湖广”图上，卜弥格绘画了雉鸡。从其图像上判断，这应该就是他所说的长尾鸡，也称之为长尾雉。[2]这也解释了为何基歇尔会明确说道：“四川省有另一种为人称道的鸡。它有像羊一样的毛。”[3]

卜弥格和卫匡国著作中有关中国食物的知识很大一部分来源于自己的亲身体验。而没有到过中国的基歇尔，他所传播的中国饮食知识很大一部分来自同会教友提供的材料。17世纪中期以前，欧洲人主要通过文字报道了解到有关中国的食物知识。17世纪中期成书的相关著作，则应用大量图像，深化了欧洲人眼中的中国食物形象。入华后又返欧的卜弥格和卫匡国都曾见过基歇尔，并为其提供有关中国信息的图文报道。欧洲本土学者基歇尔在《中国图说》中大量引用来自卜弥格和卫匡国的图文材料，说明了本土知识分子对传回西方的中国饮食知识的接收。这些在欧洲公开出版的或以未刊手稿的形式存在的有关中国的著作，是西方汉学形成的重要组成部分。

（作者单位：周鸿承，浙江工商大学历史系）

[1]　卜弥格：《中国地图集》，引自[波]卜弥格著，[波]爱德华·卡伊丹斯基（波兰文翻译），张振辉、张西平（中文翻译）：《卜弥格文集——中西文化交流与中医西传》，华东师范大学出版社2013年，第226—227页。

[2]　卜弥格：《中国地图集》，引自[波]卜弥格著，[波]爱德华·卡伊丹斯基（波兰文翻译），张振辉、张西平（中文翻译）：《卜弥格文集——中西文化交流与中医西传》，华东师范大学出版社2013年，第222—223页。

[3]　[德]阿塔纳修斯·基歇尔著，张西平、杨慧玲、孟宪谟译：《中国图说》，大象出版社2010年，第438页。

传教士汉学研究中的博物学情结

——以17、18世纪来华耶稣会士为中心*

李 真

明清时期来华传教士在中学西传和西学东渐的过程中做出了巨大贡献，在人文学科和自然科学领域都推动了中国与欧洲的接触与交流。在西方科学史中，博物学可以宽泛地被定义为对动、植、矿物及其他自然现象的研究，而汉学与博物学的联系早在利玛窦时代就已经开启，从晚明入华的欧洲传教士到18世纪法国耶稣会士，再到19世纪在华的欧洲博物学者，他们在中国开展了多层次的科学考察活动，包括天文测算、气象观测、地理考察以及对动植物、药物、中医和矿业的研究，他们通过书信向欧洲介绍了一个引人入胜的奇特世界，客观详细地描述了中国科学技术的一些方面。[1]

当代美国汉学家范发迪（Fan Fa-ti）的代表作《清代在华的英国博物学家：科学、帝国与文化遭遇》，从文化遭遇的角度切入，分析了18、19世纪旅华英国博物学者的科学实践，以及在从事研究时与各阶层中国人的交往，将晚清中国科学史纳入了全球政治、经济、社会的脉络中，梳理了博物学与汉学、科学与帝国主义、西方博物学家与当地民众之间的诸多关系，填补了汉学研究的一个空白。

本文在该书基础上，尝试将西方人在华的博物研究从晚清上溯至明清之际和清中期。在中西文化与科学初识的早期，来华耶稣会士充当了两种文明的媒介与桥梁。中国古代已创作了大量研究植物、动物和矿产的著述，如本草、园艺农书、花谱、博物志、游记、笔记等，而耶稣会士对此善加利用，开展了一系列对华科学调查工作。在他们的推动下，中国传统的博物学知识逐步被引介到西方，引起了欧洲人的好奇。西方学者对中国博物界的兴趣和对中文著作与中国国情的兴趣往往相辅相成，融汇在一

---

* 本文原载于《福建师范大学学报（哲学社会科学版）》2018年第2期。北京外国语大学中国海外汉学研究中心2015届硕士刘婷同学为笔者提供了有关西文资料，对本文亦有所贡献，在此向她表示感谢。

[1] 韩琦著：《中国科学技术的西传及其影响》，河北人民出版社1999年，第31页。

起，这在一定程度上推动了欧洲汉学与博物学之间跨学科的对话。

一、来华传教士博物研究的代表人物

在博物学研究中，有关植物的调查与研究是一个重要的领域。在17至19世纪，博物学尤其是植物学堪称当时的“大科学”（big Science），吸引了从科学界、政府机构、海贸公司到殖民地官员的广大兴趣并得到支持。[1] 西方人对中国植物学的研究历史悠远，俄国植物学家贝勒（Emil Vasilievitch Brestchneider，1833—1901）把1898年以前在华欧洲人的植物发现史分成了五个阶段：（一）前林奈[2]（Carl von Linné，1707—1778）时期,从中世纪到18世纪，采集和研究主体从大航海时代的探险家、商人逐步转向来华传教士；（二）林奈时期，欧洲人开始按照分类法对中国植物进行分类和培植，采集和研究主体以耶稣会传教团和植物学家为主；（三）1793—1840年，除上述两个群体，各国皇家植物园或植物研究所的研究人员也逐渐参与到中国植物的采集与培育中；（四）1840—1860年期间采集和研究的主体，以英、法和俄国人为主，采集地区集中在沿海开放口岸和西北内陆及边境地区；（五）1860—1898年阶段，更多欧洲各国的专业植物学家、园艺研究者加入采集和研究队伍中，研究进展迅速。[3] 不难看出，贝勒所梳理的欧人在华植物认识和科考历史，恰与西方各国从16到19世纪对华的政治、军事、经济贸易活动轨迹与外交关系发展趋势暗相吻合。

在早期向欧洲传播中国植物学知识的进程中，来华耶稣会士扮演了关键角色，代表人物首推晚明入华的波兰耶稣会士卜弥格（Michal Boym，1612—1659），之后有清中前期法国耶稣会士巴多明（Dominique Parrennin，1665—1741）、汤执中（Pierre d'Incarville，1706—1757）、韩国英（Pierre-Martial Cibot，1727—1780）等将此传统发扬光大，为传教士汉学研究开辟了新的研究方向，也为19世纪专业汉学从传统的人文学科领域拓展到自然科学领域打下了一定的基础。

（一） 中国植物西传的开拓者：卜弥格

卜弥格是欧洲早期汉学发展史上重要的传教士汉学家。他家世显赫，祖父做过波兰国王的秘书，父亲担任国王首席御医。卜弥格从耶稣会大学毕业后，立志前往远东传教。1644年抵达澳门开始学习汉语，1647到去海南岛传教。后经葡萄牙耶稣会士曾

[1] [美]范发迪著，袁剑译：《在华的英国博物学家：科学帝国与文化遭遇》，大象出版社2011年，第4页。

[2] 卡尔·冯·林奈，瑞典生物学家，动植物双命名法的创始人，近代生物学，特别是植物分类学的奠基人。《自然系统》是林奈分类体系的代表作。

[3] Emil Vasilievitch Brestchneider, *History of European Botanical Discoveries in China*, Leipzig: Zentral-Antiquariat, 1962.

德昭（Alvare de Semedo，1585—1602）推荐进入南明永历朝廷，得到永历帝和司礼太监庞天寿的信任，被授予官职。1651年，他作为南明特使返欧，携带烈纳皇太后及庞天寿写给教皇和耶稣会总会长的信函和礼物。卜弥格在欧逗留几年进行外交斡旋，却一直未能获得对南明军事援助的实质答复，只能动身返华，1659年病逝于中越边境。

作为欧洲研究中国和中学西传的先驱者之一，卜弥格在译介和传播中国自然科学知识方面取得了很大成就。他最早翻译了《黄帝内经》和《脉经》，系统向欧洲介绍中医药知识；他绘制了《中国地图集》（*Magni Catay quod olim Serica et modo Sinarum est Monarchina, Quindecim Regnorum, Octodecim gegraphica Tabula*），着重介绍了中国全境及分省的地理概况、物产矿藏、自然物种等，推动了中国地理学知识的西传；返欧期间出版了《中国植物志》（*Flora Sinensis*），首次向西方形象地展现了一批中国动植物的情况，其中部分内容还被德国耶稣会学者基歇尔（Athanasius Kircher，1602—1680）收入《中国图说》（*China Illustrata*），并引发了欧洲学者关于麝香和蛇石的争议。[1]卜弥格所做的这些具有探索精神的研究工作，开创了西方人认识和了解东方博物学的先河。

（二）醉心中国植物研究的韩国英

乾隆年间，法国耶稣会士韩国英继承和发扬了耶稣会中国博物研究的传统。他1759年来华，1760年开始在清廷供职，1780年在京去世，曾担任过清廷的宫廷机械师、园艺师等职。他与时任法国国务大臣的贝尔坦（Henri Bertin，1719—1792）[2]私交甚笃，曾寄赠不少有关中国国情的论文，在一定程度上影响了贝尔坦的中国观。韩国英博学多才，为人谦逊，论著颇丰，可谓传教士汉学家“杂家”的代表，他节译过《洗冤录》，对中国语文和历史感兴趣，研究过中国天文学、地质学、化学与动物学，尤其关注植物学。

韩国英和巴多明、汤执中神父是坚持向欧洲寄送有关中国植物书简及信息的三位法国耶稣会士。[3] 他在传教地进行田野调查和标本采样，撰写植物图谱类书籍，襄助法国了解中国物种情况。此外，他和另一位法国耶稣会士钱德明（Joseph-Marie Amiot，1718—1793）共同编纂了18世纪欧洲汉学巨著《中国杂纂》（*Mémoires*

---

[1] [美]范发迪著，袁剑译：《在华的英国博物学家：科学帝国与文化遭遇》，大象出版社2011年，第150页。

[2] 贝尔坦，18世纪法国重要政治人物，1754年任里昂总督，1757年担任巴黎警长，1759年起担任财政总管。1763年，他受命组建国务秘书处，负责管理东印度公司、农矿业、航运、公共交通等相关机构。贝尔坦1763年被评为法兰西科学院院士，1772年入选法兰西碑文与美文学科学院院士。参阅Jacques Silvestre de Sacy, *Henri Bertin dans le sillage de la Chine (1720-1792)*, Paris, Les Belles Lettres, 1970.

[3] 关于法国耶稣会士向欧洲寄送中国植物书简的情况，参见杜牧兰：《中国植物向法国的传播路线》，载[法]谢和耐、戴密微等著，耿昇译：《明清耶稣会士入华与中西汇通》，东方出版社2011年，569—580页。

concernant l'Histoire, les Sciences, les Arts, les Mœurs, les Usages etc. des Chinois）[1]，由他本人撰写或翻译的文章多达63篇[2]，题材涉及博物、社会、历史、政治、语言、文学、医学等，其中博物类文章占了三分之二多。由于在博物研究方面取得的卓越成就，韩国英于1766年被选为圣彼得堡科学院通讯院士[3]。

二、卜弥格与韩国英对中国植物学的研究

（一）卜弥格的《中国植物志》

卜弥格曾经传教的海南岛地处亚热带地区，气候温暖潮湿，物种丰富，盛产热带水果，这为他的写作提供了一手的素材。他在海南岛进行了植物学田野工作，收集了不少南方地理环境和动植物的素材。《中国植物志》大致完成于他返欧的1653—1655年间，1656年在维也纳出版，是卜弥格生前唯一的正式出版物。这是来华传教士中第一本关于中国植物及动物的专著，开启了传教士汉学研究有关博物研究的新方向。

书名虽为《中国植物志》，但内容又不仅限于植物，也涉及一些远东地区的动物。全书共75页，主要介绍了30种[4]生长在中国和东南亚的动植物特性及产地，包括椰子、槟榔、反椰子（番木瓜）、芭蕉、槚如（腰果）、荔枝、龙眼、蒲桃、反波萝蜜（凤梨）、杧果（芒果）、枇杷、臭果（番石榴）、菠萝蜜、柿饼（柿子）、亚大（番荔枝）、榴莲、无名水果、胡椒、桂树皮、太黄（大黄）、茯苓、生姜、凤凰、野鸡、麝、松鼠、玄豹、绿毛龟、海马和蚺蛇等。[5] 书中所列举的22种植物中有17种是水果，5种是香料植物，另有8种是动物。该书秉承了中欧早期博物学共同的视觉表现传统，采用图例的方式来辅助文字描述。这一传统被认为是一种科学交流的媒介，可以比语言描述向读者传达一种更为直观、精确的印象。卜弥格亲自手绘了27幅彩色图例[6]，每幅图用西文字母从A到Z进行排序，图上均标注所画植物或动物的中文名称及西文注音。

---

[1]　《中国杂纂》（又名《耶稣会士北京论集》）是一部四开本十六册的大论丛，内容包罗万象，涉及中国的政治、历史、文学、天文、医药、百科等领域。该丛书注重呈现来华传教士论文的原始面貌，未经过多编辑，反映了十八世纪中后期传教士汉学向专业汉学过渡时期中对中国的研究更加注重一手资料的趋势。

[2]　该数据来源于刘婷：《来华耶稣会士韩国英与中国文化的西传》，北京外国语大学硕士毕业论文2015年，第24—27页。

[3]　P. Huard, M. Wong, "Les emquêtes françaises sur la science et la technologie chinoises au XVIIIe siècle", *Bulletin de l'École française d'Extrême-Orient*, t.53, 1967, p.150.

[4]　在《卜弥格文集——中西文化交流与中医西传》中，波兰汉学家卡伊丹斯基提到《中国植物志》介绍了29种动植物，与笔者的统计略有出入。笔者怀疑其中漏掉了"龙眼"。据查卜弥格拉丁文原书，虽然只画了荔枝的插图，并将荔枝和龙眼放在同一条目中进行介绍，但标题上明确写明是两个水果名"荔枝"和"龙眼"，内容也是分别加以介绍。因此如加上"龙眼"，正好是30种。特此说明。

[5]　参阅[波]卜弥格著，[波]爱德华·卡伊丹斯基（波兰文翻译），张振辉、张西平（中文翻译）：《卜弥格文集——中西文化交流与中医西传》，华东师范大学出版社2013年，第300—357页。

[6]　波兰汉学家卡丹斯认为因为欧洲对椰子、槟榔很熟悉，所以卜弥格没有为这两种植物配插图。另外，龙眼没有配图。所以30种动植物的插图只有27幅。

卜弥格的写作体例为先附图鉴，勾勒整个植物或动物的形象，图上横排标注拉丁文术语，图旁按中国方式竖排标注中文术语和西文注音，然后再对其特性进行书面说明。比如，在介绍生姜时，左页是一幅彩图（图1），注明了“生姜”的拉丁文和中文名字及西文注音，右页对这种植物习性详加解说（图2）：首先介绍了生姜枝叶和根茎的外形特点、主要产地和保存方法，然后论述其食用价值和药用价值，特别说明了中医对生姜的应用及疗效。这些实用的记载大大促进了西方人对中国植物的认识，特别对其在医学方面的应用知识。

图1　卜弥格手绘生姜插图

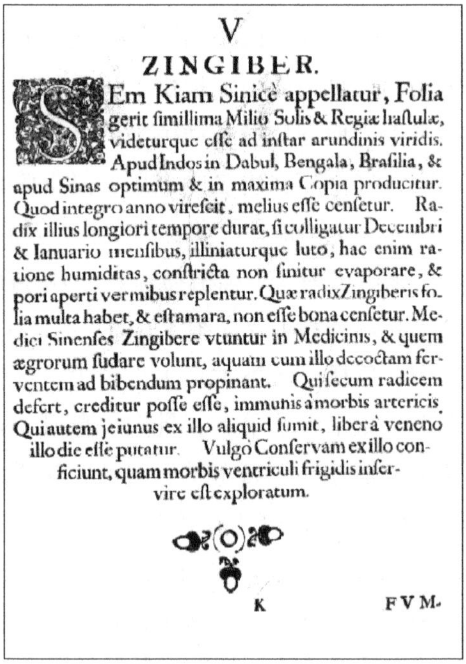

V

ZINGIBER.

SEm Kiam Sinicè appellatur, Folia gerit ſimillima Milio Solis & Regiæ haſtulæ, videturque eſſe ad inſtar arundinis viridis. Apud Indos in Dabul, Bengala, Braſilia, & apud Sinas optimum & in maxima Copia producitur. Quod integro anno vireſcit, melius eſſe cenſetur. Radix illius longiori tempore durat, ſi colligatur Decembri & Ianuario menſibus, illiniaturque luto, hac enim ratione humiditas, conſtricta non ſinitur evaporare, & pori aperti vermibus replentur. Quæ radix Zingiberis folia multa habet, & eſt amara, non eſſe bona cenſetur. Medici Sinenſes Zingibere vtuntur in Medicinis, & quem ægrorum ſudare volunt, aquam cum illo decoctam ferventem ad bibendum propinant. Qui ſecum radicem defert, creditur poſſe eſſe, immunis à morbis artericis. Qui autem jeiunus ex illo aliquid ſumit, liberà veneno illo die eſſe putatur. Vulgò Conſervam ex illo conficiunt, quam morbis ventriculi frigidis inſervire eſt exploratum.

K　FVM.

图2　《中国植物志》中对生姜的说明

中国人称它生姜，看起来像绿色的芦苇，它的叶子像“国王的杆子”，产于印度、斋浦尔、孟加拉、巴西和中国。中国的生姜产量最高、质地最好。如果将它保存得好，一年都可以保持绿色不变。它的根过了很长时间都可以食用，在12月和次年1月采集的生姜表面上呈黄色，把它放在潮湿的地方，是为了不失去水分。它在大白天会长出幼芽，它的根上如果有许多叶子，就是苦的，被认为质地不好。中国医生把生姜当药用，要病人多出汗，得让他喝生姜熬煮过的水。他们认为，吃了生姜的根，可以防治血液循环器官的病。如果空腹把它吃下去，当天就可以给病人解毒。一般把它做成罐头，还可以用来治肚子里的寒热病。[1]

[1]　[波]卜弥格著，[波]爱德华·卡伊丹斯基（波兰文翻译），张振辉、张西平（中文翻译）：《卜弥格文集——中西文化交流与中医西传》，华东师范大学出版社2013年，第340—341页。

据张西平教授介绍，虽然之前利玛窦和曾德昭等传教士的著作中已零星提及一些中国独有的植物，但内容较为简略，多是一笔带过；只有卜弥格的《中国植物志》可称得上是西方世界的第一部介绍中国植物专著，它内容写实，解说科学，插图兼具美学效果和科学性，在欧洲出版后引起了很大反响。书中对中国南方水果、香料及动物的介绍和插图，是西方对中国动植物认知的第一步，是17世纪的欧洲了解东方博物知识的一手资料，后来欧洲很多关于植物学的研究著作都引用了他的材料。1656年出版的卜弥格《中国植物志》记录了22种远东植物；到了1753年，虽然时间过去了近百年，但关于中国植物的准确信息却并未比卜弥格时代进步更多。当时瑞典植物学家林奈出版《植物种志》（*Species Plantarum*）记录了世界各地的5938种植物，来自中国的植物有37种，仅仅只比卜弥格多收了十几种。

卜弥格对博物学的关注和研究为其他来华传教士的研究起到了铺垫作用，他指引了一个新的汉学研究方向。在他影响下，后期来华耶稣会士也撰写了许多涉及中国博物知识的论著，绘制了远东自然物种图谱，并积极采集植物标本和种子。贝勒在《欧人在华植物发现史》中指出："卜弥格开启了来华传教士中国植物研究之先河，对后来入华的法国耶稣会士产生了重要影响，这样才会有李明（Louis Le Comte，1655—1728）、杜德美（Pierre Jartoux，1668—1720）、冯秉正（Jospeh-François-Marie-Anne de Moyriac de Mailla，1669—1748）、巴多明、宋君荣（Antoine Gaubil，1689—1759）、汤执中和韩国英等人对中国植物的关注和收集，并开始将中国的植物标本、花卉种苗送往欧洲。"[1]

（二）韩国英的植物学研究

在路易十四和康熙皇帝执政的时代，中国和法国之间产生了最早的科学接触。从1685年"国王数学家"赴华开始，前后几批来华法籍耶稣会士均肩负多重使命，不仅包括传播福音，还作为法王路易十四的科学使节和皇家科学院的通讯院士前往中国。他们被要求在华期间搜集考察由科学院所列出的中国知识、技术及艺术的问题调查表，展开全方位的科学调查。[2] 韩国英也接受了科学研究的任务，尤其偏重对中国植物的调查。有学者评价说因韩国英具有植物学家的学术背景，在这一领域经验丰富，故与其他传教士的相关著述相比——"他的论著资料丰富、考证完备、论述精确，是

[1] 转引自[波]卜弥格著，[波]爱德华·卡伊丹斯基（波兰文翻译），张振辉、张西平（中文翻译）：《卜弥格文集——中西文化交流与中医西传》，华东师范大学出版社2013年，第42页。

[2] 1684年，法国科学院院士们给耶稣会士柏应理寄出一份问题调查表，其中涉及中国纪年、历史、地理、经纬度、科学、动物、植物（大黄、香料、烟草）、食物摄取量等问题。洪若翰神父于1687年11月8日致科学院的书简中，曾经总结过在华法国耶稣会士的调查计划包括以下几个方面：1. 天文学和地理学；2. 中国纪年；3. 文学研究；4. 自然科学和医学；5. 中国的政治、经济和社会现状。

西方研究中国古代植物著作的珍品”[1]。

韩国英的植物科考具有以下几个特点：

首先，他意识到尽管有前期卜弥格等传教士的成果，但中国的很多植物依然未被探究，标本和信息的收集是研究工作的关键。因此积极开展植物学田野调查，采集大量植物样本并制作标本，方便欧洲人士直观了解中国的药材、植株、种子等自然资源。1760年他到北京后，在周边地区做过植物标本的采样工作，把采摘的地黄种子寄到圣彼得堡，这批种子的发芽生长情况为后来德国植物学家约瑟夫·格尔特纳（Joseph Gaertner）的植物学观察记录提供了直接帮助，留下了珍贵的一手资料。1780年，韩国英将几册专门制作的植物标本寄回法国，均标注中文名称，共计293种植物，其中144种采集于澳门，149种采集于内地。[2] 由于在中国从事植物学田野工作的出色贡献，一种生活在中国南方的蕨类植物“蚌壳蕨科植物金毛狗属”的西文名字Cibotium Koult就以他的法文名字（Cibot）命名。[3]

其次，韩国英在田野考察基础上，利用一手素材积极编撰中国植物志。他著有一本植物图谱《中国的植物、花卉和树木》（*Recueil de peintures précédé d'un mémoire sur les plantes, fleurs et arbres de la Chine*）[4]。该书成书于1772年，主要以北京紫禁城御花园中生长的植物为蓝本，介绍了多种中国本地独有的植物，也包括部分药用植物。该书原本被中国皇帝收藏，副本寄回了法国。[5] 书中绘制了大量植物图谱，正文前是韩国英写的一份关于详细研究中国植物的导言。

再次，韩国英除撰写专书，还致力于中国植物的普及介绍。他发表在《中国杂纂》上的63篇文章有41篇涉及博物学方面，其中有15篇论述各类中国植物，涵盖了草部、谷部、菜部、果部和木部几大类[6]。行文一般先详述其外形、种类、产地、生长情况、栽培或采集方法，然后介绍其经济或药用价值，有时还兼及民风民俗和文化意义。除几篇综合类论述外，文章大多短小精炼，说明平实简洁，逻辑清晰分明，具有通俗性和普及性，为当时的法国政府与一般大众了解中国自然科学和物种现状提供了丰富的信息。

---

[1] 曹增友著：《传教士与中国科学》，宗教文化出版社1999年，第297页。

[2] Pfister, Louis: *Notices biographiques et bibliographiques sur les Jésuites de l'ancienne mission de Chine (1552-1773)*, Nendeln, 1971, p.900.

[3] 王印政：《中国植物采集简史——新中国成立以前的采集史》，选自《中国植物志》（第一卷），中国科学院《中国植物志》编辑委员会，科学出版社2007年，第658—704页。

[4] 费赖之曾将这部书归于金济时（Jean-Paul Collas，1735-1781）神父名下，后荣振华指出是韩国英的作品。参见荣振华著，耿昇译：《在华耶稣会士列传及书目补编》，中华书局1995年，第134页。

[5] 现藏于法国金石与美文学院图书馆手稿部第4DM 93号，另有记载藏于法兰西研究院图书馆第986号手稿。参见荣振华著，耿昇译：《在华耶稣会士列传及书目补编》，第134页。参见罗姹：《入华耶稣会士与中草药的西传》，载[法]谢和耐、戴密微等著，耿昇译：《明清耶稣会士入华与中西汇通》，东方出版社2011年，第558—559页。

[6] 此为李时珍在《本草纲目》中的分类体系。

下文是《中国杂纂》发表的韩国英有关植物学的文章：[1]

1.Notice du frène de Chine, nommé "hiang-tchun"（《论中国香椿》），II/598-601

2.Sur les cotonniers: le cotonnier arbre et le cotonnier herbacé（《论木棉与草棉》），II/602-622

3.Sur le bamboo, Culture et utilité du Bambou（《论竹子的种植与用途》），II/623-642

4.Notices de quelques plantes et arbrisseaux de la Chine（《中国植物与灌木》），III/437-498

5.Quelques compositions de recettes pratiquées chez les Chinois, ou consignées dans leurs livres, et que l'auteur a crues utiles ou inconnues en Europe（《欧人未知的中国人使用或记录之秘方》[2]），IV/484-492

6.Notice du Mo-kou-sin et du lin-tche（《论蘑菰蕈与灵芝》），IV/500-502

7.Notice du Pe-tsai（《论白菜》），IV/503-510

8.Raisins secs de Hami（《论哈密葡萄干》），V/481-485

9.Abricotier（《论杏树》），V/505-513

10.Armoise （《论医草（艾草）》），V/514-518

11.Observations sur les plantes, les fleurs et les arbres de la Chine, qu'il est possible et utile de se procurer en France（《对于中国植物、花卉与树木的观察》），XI/183-259

12.Le Pêcher（《论桃树》），XI/280-293

13.Notice sur le Mou-chou-kuo-tsée, le Chou-keou, et le Tsée-tsao（《论木树菓子，桑葚》）， XI/294-297

14.Notice sur la pivoine（《论芍药》），XI/470-492

15.Notice sur le Tsao-kia, ou fébier chinois（《论皂角》），XI/493-500

韩国英在介绍中国植物时，多以观赏类花卉、经济类或药用类植物为主，从植物外形、用途到种植条件均详加说明。如《论芍药》[3]一文首先根据花瓣层次的多少，介绍了芍药的不同品种：单瓣类、重瓣类、千层类三种。他说单瓣芍药主要是药用，后两种用于观赏。然后介绍了芍药最主要的五种色彩：白色、黄色、肉色、粉色和紫

[1] 该资料来源于刘婷《来华耶稣会士韩国英与中国文化的西传》，北京外国语大学硕士学位论文2015年，第30-31页。但刘婷论文中统计为14篇有关植物学论文，漏掉了第五篇《欧人未知的中国人使用或记录之秘方》，实际该文中也介绍了一些中国植物。本文将该文计入韩国英的植物学文章中，合计为15篇。文章按发表的时间先后顺序排序。

[2] 该文提及了几十种中国的植物、食物和器物，重点介绍了它们的使用方法，以及一些偏方和秘方。

[3] 目前这篇文章标题的中文参考译名有两种，一种翻译为《论牡丹》，一种翻译为《论芍药》。牡丹和芍药是同一科同一属（芍药科芍药属）的植物，笔者根据文章内容中特别提及盛产这种花卉的地方是扬州，而查中文资料可知扬州自古以种植芍药闻名而非牡丹，认为译为“芍药”更为合适。

色，中国人根据花朵颜色的细微区别，又可进一步分为80多个类别。韩国英在文章中具体介绍了栽种中的注意事项，称在北京圆明园各处都种着芍药，像假山、小径的旁边，但最佳位置应选种在小山丘下，避免风吹。在中国，自古以来洛阳牡丹、广陵[1]芍药就并称于世。宋人王观《扬州芍药谱》曾云："扬之芍药甲天下"，清人陈淏子《花镜》中称"芍药唯广陵天下最"。韩国英文中也提到扬州盛产芍药，他曾专门考察过，认为该地水土非常适合种植这种花卉。他还介绍说扬州城每年都会为皇帝进献芍药，传教士们对从如此遥远之地进贡鲜花给皇帝陛下表示非常震惊。[2] 有学者考证韩国英是第一位向欧洲介绍这种花卉的西方人[3]。

三、两者研究的传承与影响

虽然古代中国并没有与近代西方博物学完全对应的现成的学科，但中国自古就有研究天文、地理、农学、医学等自然事物的知识传统，这属于一个广义的"博物"概念。狭义的"博物"出自《论语·阳货》"多识鸟兽草木之名"，指拥有一定的动植物知识，与动植物博物学非常接近。[4] 如《尔雅》作为中国最早一部解释词义的专著，也被视为经学博物学的第一部经典著作，其中"释草""释木""释虫""释鱼""释鸟""释兽"占了不少篇幅，以助读者辨识名物，增广见闻。中国历代关于草木的书籍更是不胜枚举，像《毛诗草木鸟兽虫鱼疏》《离骚草木疏》《全芳备祖》《群芳谱》《广群芳谱》《植物名实图考》等均为本土植物学著述的杰出代表。然而这些中国传统的植物学研究成果在很长时间里并没有机会与世界接轨，将中国的植物学知识西传至欧洲的过程是由明清来华传教士完成的。

从晚明入华的利玛窦、金尼阁、曾德昭、卫匡国等人开始，早期传教士的中国作品中已经对中国的植物有了一些零星介绍，比如曾德昭的《大中国志》中曾经介绍过龙眼、荔枝等中国南方特有的水果。然而，真正对中国自然物种展开一定规模的田野调查，探索出汉学研究中的博物学方向，同时将中国植物作为一个专题进行系统研究的，当以耶稣会士卜弥格及后期的韩国英、汤执中等为代表人物。来华传教士大都长时间在华生活，精通汉语，有机会接触到一批中国古代植物学文献，比如李时珍的《本草纲目》、王象晋的《广群芳谱》，以及被收入《古今图书集成》中的《草木

[1] 扬州的古称。

[2] Pierre-Martial Cibot, "Notice sur la pivoine", *Mémoires concernant l'Histoire, les Sciences, les Arts, les Mœurs, les Usages etc. des Chinois*, Paris : Chez Nyon, Tome 11, pp.470-492.

[3] [英]霍布豪斯著，童明译：《造园的故事》，清华大学出版社2013年，第324页。

[4] 关于中国古代科学史与博物学的研究，请参阅吴国盛：《博物学：传统中国的科学》，载《学术月刊》2016年第4期。

典》等，已被考证出是他们的中国本草知识来源[1]，因此传教士在这一领域的研究既借鉴了中国古代已有的博物研究成果，又结合了欧洲近代自然科学发展的研究特点，以这种中西会通的方式对中国植物知识的西传做出了巨大的贡献。

在17世纪，欧洲博物学仍从属于百科全书式的文人写作传统，对动植物的博物学研究带有明显的非专业的业余特征。18世纪开始，博物学逐渐成为独立的科学门类，主要由植物学、动物学、矿物学三大学科组成；博物学家接受专门化训练，拥有自己的专业共同体。美国历史学家沃斯特（Donald Worster）在《自然的经济学——生态观念史》（*Nature's Economy: A History of Ecological Ideas*，1994）中提出生态学有两个传统，即阿卡迪亚传统和帝国传统。受生态学研究的启发，近代以来的西方博物学也可粗略地划分为两大类型：阿卡迪亚型和帝国型。[2] 阿卡迪亚型博物学向往田园牧歌式的自然环境，追求人和自然的和谐，侧重观察、感受和欣赏自然。帝国型博物学强调通过理性的实践和艰苦的劳动建立起人类对自然的统治，研究成果会分解、转化成各门具体科学的知识点，形成博物学的分科化，产生地质学、地理学、植物学、动物学等。[3]具体到本文探讨的两位17、18世纪来华耶稣会士卜弥格和韩国英，他们对中国的博物研究也多少体现了近代博物学发展的时代特征和两大传统。

耶稣会自成立之初就有海外传教团定期向总会用信件汇报联络的制度，内容不仅包括传教区的教务活动，也包括当地国家的国情和动植物等自然情况。卜弥格出生医生世家，家学渊源，年轻时就对自然科学表现出了极大兴趣和天分。初次自欧赴华途中，曾在莫桑比克逗留数日，于1644年1月寄回一份报告，里面就附上了几种植物和一只河马的插图。[4] 可见，留心观察和收集欧洲之外地区的动植物信息是卜弥格个人科学兴趣使然。来华后，正值明清鼎革，卜弥格追随南明王朝到了中国南方，在传教之余继续调研中国自然状况。卜弥格是最早对中国植物进行科学观察、标本采集和图谱绘制的西方人。出于医生的家学传统，他格外关注植物在医学上的应用，重点说明其药用价值。比如提到槟榔、腰果有健胃的作用；某种椰子果是治疗心脏的良药；芭蕉干可以治咳嗽；蒲桃可以用于辅助退烧；荔枝和龙眼的果核碾成粉末泡水可养生保健；芒果的核吃下去能杀死肚子里的蛔虫，还可止腹泻；番石榴果实也可止腹泻，叶

[1] 关于来华传教士对中国本草文献的掌握，可参见罗姹：《入华耶稣会士与中草药的西传》，[法]谢和耐、戴密微等著，耿昇译：《明清耶稣会士入华与中西汇通》，东方出版社2011年，第550页。

[2] 阿卡迪亚型在18世纪以法国博物学家布丰（Georges Louis Leclerc de Buffon，1707—1788）、英国博物学家吉尔伯特·怀特（Gilbert White, 1720—1793）为代表，帝国型以瑞典植物学家林奈为代表。布丰的工作是博物学百科全书传统的延续，而林奈的工作是使博物学走向专业化、学科化。

[3] 关于西方博物学的发展历程和两大类型的特点，可参见吴国盛：《西方近代博物学的兴衰》，载《广西民族大学学报》2016年第1期，第18—29页。刘华杰：《论博物学的复兴与未来生态文明》，载《人民论坛·学术前沿》2017年第5期，第76—84页。

[4] [波]罗伯特·丹尼尔卢克著，王银泉、崔祥芬译：《卜弥格、卢安德和穆尼阁：三位17世纪来华耶稣会士罗马耶稣会档案馆文献精选》，载《国际汉学》2017年冬之卷（总第13期），第153页。

子可治热病；茯苓能治梅毒、消血栓、防止中风；胡椒利尿、明目，还能和其他一些物品合用治疗咳嗽、呕吐、消肿、祛痰等。

从欧洲对中国植物的认识史来说，17世纪从欧洲到中国去直接采集植物标本并非易事，只能依靠来华传教士到不同传教区的旅行来获得相关的实证，但这样的考察工作更多出于个别传教士的个人学术兴趣和专长，带有一定的随机性和业余性，并非真正有系统、专业而持续的科学工作。从这一角度来看，《中国植物志》尚有不少缺憾，客观严肃的观察记录还不够，记录的物种数量也有限，但毕竟这是第一本关于中国植物的专门记载，内容已经开始涉及植物图谱、术语、特性、产地、生长规律及功用，首创之功不可磨灭。19世纪俄国植物学家贝勒在《欧人在华植物发现史》一书中高度评价过卜弥格的研究，称其开创了来华传教士中国植物研究之先河，也为后期法国来华耶稣会士展开大规模对中国自然状况的调查和研究奠定了基础。

从17世纪后半叶开始，中国对欧洲特别是法国而言成为一种强烈好奇的对象，耶稣会士的描述构成了中国形象的起点，学者们开始对中国的种种表现出了浓厚的兴趣。1684年，科学院院士们就曾向耶稣会士柏应理（Philippe Couplet，1624—1692）寄出一份涉及中国天文、地理、数学、医学、植物、军事、饮食等方面的问题调查表，希望在华耶稣会士通过调查提供答案。不光是法国皇家科学院，后来俄国圣彼得堡科学院也于1734年起草过一份致北京传教士们的调查提纲，调查范围包括中国的植物（特别提及中国可以入药的植物）、动物、食物、中国人的疾病、种痘、天花等。[1]

因此，当1687年路易十四向中国派出“国王数学家”创立法国传教区时，不仅标志着天主教在华传教繁荣期的开始，也意味着这一阶段的传教士汉学研究已将外交关系、科学调查和宗教传播三者集合在了一起。耶稣会士为迎合国内各界人士的需求，将目光从中国传统文化逐步转向自然科学，更多关注并撰写关于清朝时政、科技工艺、生产作物等方面的文章，提交的各类报告中对中国科学技术介绍的频繁程度远远高于之前，读者对象则包括了政府、科学院和耶稣会长三类。他们提供的这些东方自然资源和物产信息对欧洲的社会和文化生活均产生了不同程度的影响。

有学者指出在这一时期中法的科学接触中，法国耶稣会士“在植物学问题上，就如同在天文学和地图学中一样，他们所做的贡献属于一项在世界范围内搜集资料的系统工程的组成部分”[2]。除这种带有国家任务性质的科考研究目的之外，我们也必须注意到，当时欧洲希望获取更多有关中国经济作物栽培方法与标本种子的行为，贸易和经济利益肯定是其中的主要原因。在此背景下，耶稣会士不再只满足于回答科学院

[1] 该文献现藏圣彼得堡科学院档案特藏III，目录I，条目6，第49、53、54项。

[2] 詹嘉玲：《18世纪中国与法国的科学碰触》，载[法]谢和耐、戴密微等著，耿昇译：《明清耶稣会士入华与中西汇通》，东方出版社2011年，第464页。

的问题，传递有关中国植物的描述；开始进一步对那些欧洲人还不认识或熟悉的植物进行研究，主动采集植物标本，并将植物种子或植物寄往欧洲，试图进行风土驯化和繁殖，从而丰富当地的植物品种。当时韩国英的植物学研究也迎合了这一趋向，他非常关注那些宜于在欧洲引种的中国物种，尤为重视各类植物的食用价值和经济价值。韩国英比较过中法的棉花作物，并详述了草棉种植的土壤、播种、施肥等方法，声称研究和实践的目的是为了论证可以在法国北部种植这种作物，以增加法国棉花产量。[1]他也专门介绍过中国价廉物美的蔬菜——白菜的种类、种植和储存方法，极力推荐将这一农作物引入欧洲；并将一瓶保存完好的白菜种子随报告寄回法国，希望尽快开始引种和培植。[2]他还记录过一种和桑树非常相似的树种，称其播种成活率高，受气候影响较小，果实可食用，树皮不仅可以制衣，最重要的还是造纸业的优质原材料，因此推荐此树引入法国。[3]

到了19世纪，欧洲博物学阿卡迪亚型和帝国型两大传统继续绵延，而汉学和西方对中国博物学的研究也发展出了新的形式。很多西方人热衷于同时研究汉学和博物学，并未将其分割成截然不同的两个学术领域，反而认为二者具有一定的关联。随着1814年法兰西学院设立汉—鞑靼—满语言讲座，汉学开始制度化，涌现出了一批学院派汉学家；鸦片战争后不断扩展的中西接触，更多的西方人来到中国定居或考察，像皇家亚洲学会北华支会这样汉学机构的诞生，一批汉学刊物的创办都为西方研究中国动植物学和地质学增加了学术讨论的渠道，带来了更大契机。因此到了19世纪后半期，以英国人为主的在华博物学研究从日益专业化的汉学中汲取力量，从而发展出了更为广泛和专业的研究领域。

著名中国科技史专家李约瑟曾对明清时期这段东西方文明交流的繁荣景象做出过高度评价："在文化交流史上,看来没有一件足以和17世纪耶稣会传教士那样一批欧洲人的入华相比，因为他们充满了宗教的热情，同时又精通那些随欧洲文艺复兴和资本主义兴起而发展起来的科学。……即使说他们把欧洲的科学和数学带到中国只是为了达到传教的目的，但由于当时东西两大文明仍互相隔绝，这种交流作为两大文明之间文化联系的最高范例，仍然是永垂不朽的。"[4]在此意义上来看，以卜弥格与韩国英为代表的17、18世纪的耶稣会士为中国植物知识的西传做出了很大的贡献。他们兼

[1] Pierre-Martial Cibot, "Sur les cotonniers: le cotonnier arbre et le cotonnier herbacé", *Mémoires concernant l'Histoire, les Sciences, les Arts, les Mœurs, les Usages etc. des Chinois*, Paris : Chez Nyon, Tome II, pp.602-622.

[2] Pierre-Martial Cibot, "Notice du Pe-tsai", Mémoires concernant l'Histoire, les Sciences, les Arts, les Mœurs, les Usages etc. des Chinois, Paris : Chez Nyon, Tome IV, p.503. 后来中国白菜于1778年由巴黎外方传教士白多禄（Pierre Poivre）正式引进欧洲。

[3] Pierre-Martial Cibot, "Notice sur le Mou-chou-kuo-tsée, le Chou-keou, et le Tsée-tsao", Mémoires concernant l'Histoire, les Sciences, les Arts, les Mœurs, les Usages etc. des Chinois, Paris : Chez Nyon, Tome XI, pp.294-297

[4] [英]李约瑟著：《中国科学技术史》第4卷第2分册，科学出版社1975年，第693页。

具汉学家与博物学家的双重身份，拥有介于中西治学之间的独特视野，将注意力从传统的中国历史文化转向博物研究，对中国的自然科学进行观察、记录与分析。他们对中国动植物的调查常常会借助中西语文学、地理学和历史学方面的研究，同时运用汉学家的学识加以分析、比较和诠释，因此开创出了传教士汉学研究的一个独特论述领域：汉学博物学。他们通过这种跨学科和跨文化的知识传译，进一步打开了欧洲人的眼界，成为当时和后来欧洲本土科学家探索远东自然科学知识的丰富源泉。

（作者单位：李真，北京外国语大学国际中国文化研究院）

"槚如果子"飘洋过海——从巴西到中国*

金国平

一、小引

澳门学范畴内的中西文化交流史，又挖掘出一个鲜为人知的史实。腰果从遥远的巴西来到了中国澳门，又进入了中国内地。腰果为一种营养丰富、味道清脆的干果，与杏仁、核桃仁、榛子仁并列为世界"四大干果"。既可当零食，又可与虾仁、鸡肉或猪肉同炒，香酥可口，可称为一道美味，但它是如何传进中国的，读者一定很想知道。这要从五百年前的欧洲地理大发现时代说起。葡萄牙人在前往东方的航行中，于1500年发现了巴西，但关于"槚如树（Acaï[1]ou）"最早的报道与图像却于1557年出自一个法国僧人和博物学家安德烈·特维（André Thévet，1502—590）之手。

图1　安德烈·特维画像

二、首涉

在游历巴西东北和北部海岸之后，1555年11月中旬至1556年1月下旬，安德烈·特维在里约热内卢瓜纳巴拉湾内一小岛——赛日吉佩（Serijipe）[2]上逗留。这里是法国人建立的科利尼堡（Fort Coligny）。[3]

---

* 本文原载于李庆新主编：《学海扬帆一甲子——广东省社会科学院历史与孙中山研究所成立六十周年纪念文集》，科学出版社2019年。

[1] 在新拉丁语言中，"ï"或"i"的音值等于"j"。现代法文写作"cajou"。

[2] 今称维莱加格农（Villegagnon）岛。此名来自人名Nicolas Durand de Villegaignon（1510-1571?）。

[3] André Thevet, *La cosmographie universelle d'AndréThevet, cosmographe du roy: illustrée de diverses figures des choses plus remarquables veuës par l'auteur, &incogneuës de noz anciens&modernes*, A Paris: Chez Guillaume Chandiere..., 1575.

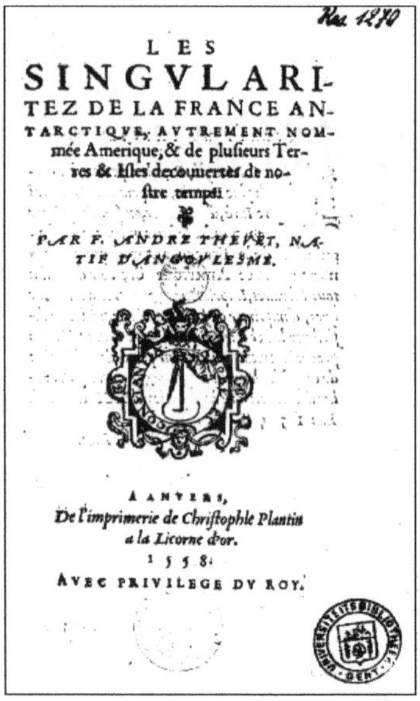
LES
SINGVLARI-
TEZ DE LA FRANCE AN-
TARCTIQVE, AVTREMENT NOM-
mée Amerique, & de plusieurs Ter-
res & Isles decouuertes de no-
stre temps.

PAR F. ANDRE THEVET, NA-
TIF D'ANGOVLESME.

A ANVERS,
De l'imprimerie de Christophle Plantin
a la Licorne d'or.
1558.
AVEC PRIVILEGE DV ROY.

图2 《南极地区法国殖民地之奇事》图书封面

LES SINGVLARITEZ
ne d'huile, fort aspre au goust, de quoy les Sauuages pour-
royent faire quantité plus grãde que nous ne faisons de
noz noix par deça. La fueille de cest arbre est sembla-
ble à celle d'vn poirier, vn peu plus pointue, & rou-
geatre par le bout. Au reste cest arbre à l'escorce vn
peu rougeatre, assez amere: et les Sauuages du païs ne
se seruent aucunement de ce bois, à cause qu'il est vn
peu mollet. Aux isles des Canibales, dãs lesquelles s'en
trouue grande abondance, se seruent du bois pour fai-
re brusler, à cause qu'ils n'en ont gueres d'autre, et du
g[illegible]ac. Voila que i'ay voulu dire de nostre Acaiou, a-
uec le pourtrait qui vous est cy deuant representé. Il
se trouue là d'autres arbres, ayans le fruit dangereux
a man-

图3 对木薯、菠萝、花生、“槚如”和烟草等新大陆植物物种的描述

图4 此画出版于1557年，被认为是已知最早的关于“槚如树”的插图

图5 “槚如树”的拉丁学名为“Anacardium occidentale，Linn.”

1557年末，他回到了法国，出版了一本题为*Les Singularitez de la France antarctique*（《南极地区法国殖民地[1]之奇事》）[2]的新书（图2），介绍了他在新世界的见闻。此书使他一举成名，并被翻译成意大利文和英文。

在这本书里，他以法语首次描述了木薯、凤梨、花生、“槚如”和烟草等新大陆的植物物种。[3] [4]（图3、图4、图5）

[1] 指1555—1560年期间, 在巴西里约热内卢瓜纳巴拉湾内建立的短暂法国殖民地。参见Jean de Léry, *Histoire d'vn voyage fait en la terre du Bresil, autrement dite Amerique: contenant la nauigation, &choses remarquables, veuës sur mer par l'aucteur, le comportement de Villegagnon, en ce païs là, les meurs[sic]&façons de viure estranges des sauuages ameriquains: auec vn colloque de leur langage: ensemble la description de plusieurs animaux, arbres, herbes, &autres choses singulieres, &du tout inconues par deça, dont on verra les sommaires des chapitres au commencement du liure: non encores mis en lumiere, pour les causes contenues en la preface, Antoine Chuppin; Henry Huth; Grenville Kane,* [La Rochelle]: Pour Antoine Chuppin, 1578.

[2] André Thevet, *Les singvlaritez de la France antarctiqve, avtrement nommeéAmérique: &de plusieurs terres&isles decouuertes de nostre temps...,* A Paris: Heritiers de Maurice de la Porte, 1557.

[3] André Thevet, *Les singularitez de la France antarctique: autrement nommee Amerique, &de plusieurs terres&isles decouuertes de nostre temps..., A* Anvers: De i'mprimerie de Christophle Plantin..., 1558, f.117v.

[4] *ibid*, f.120v。

三、流传

据估计，在1560—1565年之间，“槚如”传到了葡萄牙在印度的殖民地果阿。

1578年，一本关于葡属印度医学的书记载说：“这种树木结一种俗称‘槚如（Caiu）’的果子：它很美味可口，人见人爱。……此种果子颇受青睐，不是所有地方都产。在圣十字城柯枝（Ciudad Sancta Cruz de Cochin）的花园和菜园里栽有多株。”[1][2]（图6）

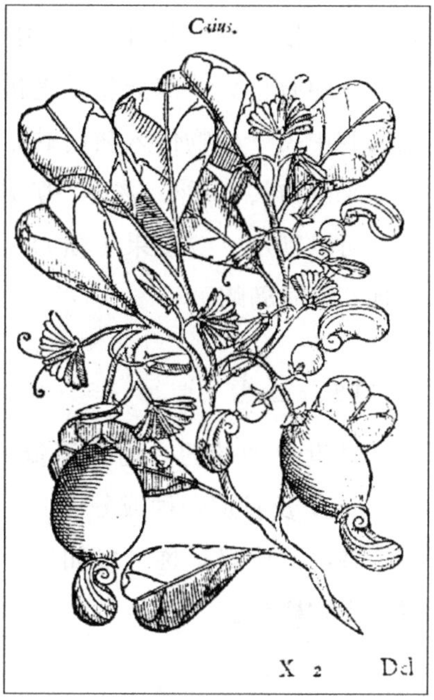

图6　葡属印度医学书中的“槚如”果子插图

1596年出版的荷兰文《东印度或称葡属印度之旅程、旅行或航行记》[3]以很大篇幅介绍了“槚如”，包括树、果的形态、繁殖方法、食法、药用性能等：“似乎在东印度并不十分普遍。它自巴西移植而来。那里大量食用槚如核果。……整个印度各地盛产这些水果。”[4]之后被引入东南亚和中国，16世纪下半叶又被引入葡属非洲。

澳门葡萄牙史学家潘日明神父在其论文集《殊途同归：澳门的文化交融》中提到“腰果（槚如）”时指出：“葡萄牙人向中国引进了新的食品品种，其中有玉米、花生、白薯、芋、番茄、生菜、卷心菜、水田芥（西洋菜，又称葡国菜）、木薯、木瓜、荔枝、石榴、凤梨等。在上述物品中还应加上苹果、桂花、腰果、香蕉、辣椒、无花果、葡萄、薄荷、洋葱、南瓜、郁金草、烟草、西瓜等，有些物品是我们从美洲和非洲带来的。 在我们的传教士给世上天国带来众多品种的同时，在澳门和湾仔的花园和菜园里种植了各种观赏树木和家用草药。 由于澳门需要临近的中山县供应大量的农产品，广东农民便种植葡萄牙人所喜欢的农产品。这种做法逐步扩展到中国的其他地区。”[5]

---

[1]　Cristóbal Acosta, *Tractado de las drogas, y medicinas de las Indias Orientales: con sus plantas debuxadas al biuo por Christoual Acosta medico y cirujano que las vio ocularmente: en el qual se verifica mucho de lo que escriuio el Doctor Garcia de Orta...,* En Burgos: por Martin de Victoria..., 1578, pp.323-324.

[2]　*ibid*, p.323.

[3]　详细情况，可见林霄霄：《荷兰旅行家林斯霍顿及其作品〈旅程〉初探》（A Primary Study on a Dutch Traveller J.H.van Linschoten and his Itinerário），硕士论文，指导教师：吴志良，北京外国语大学中国海外汉学中心，2014。

[4]　Jan Huygen Van Linschoten, *Itinerário, viagem ou navegação para as* Índias Orientais *ou Portuguesas,* edição preparada por Arie Pos e Rui Manuel Loureiro, Lisboa: Comissão Nacional para as Comemorações dos Descobrimentos Portugueses, 1997, pp.208-209.

[5]　潘日明著，苏勤译：《殊途同归：澳门的文化交融》，澳门文化司署1992年，第81页。

汤开建评论说："潘日明所言葡萄牙人给中国引进的上述物品中，不一定十分准确，但可以反映，从 16 世纪中叶后葡萄牙人确实将大量的世界各国的植物引入了中国，其中有很大一部分就是先传进澳门，再向中国内地推广。下面，我们依据中西档案文献中关于植物传入澳门的记录进行考证，获得明确为外来引进而且确已传入澳门的外来植物共 13 种，兹逐一胪列考述。"[1]

可以判定，"腰果（槚如）"由葡萄牙人从巴西携来亚洲，再通过澳门传入中国内地和沿海岛屿。

四、名考

18世纪中叶的一份葡语资料涉及中国种植的情况："（华人）也同榅桲、槚如（Cajús）及甘蔗合种或分种……玉米、一些大麦，用来制作味道独特的饮料。"[2]

在汉语中最早称"槚如果子"，树名作"槚如树"。此种命名法由波兰耶稣会传教士卜弥格首创。[3]

卜弥格介绍说："槚如树在中国并不多见，但它长起来后，它的枝叶都很茂密。它也生长在和中国交界的一些国家里。有人认为，它主要生长在云南、[4]广西省和一些属于中国的岛屿上。这种树很大，它的叶子很漂亮，当它长得枝繁叶茂的时候，便呈现出一片绿色。它的果实呈黄色或红色，成熟后有香味，但其中的果汁不好吃，果瓤也容易卡在喉咙里。在印度，这种树一年结两次果。但从它的花里首先长出来的是种子，只有种子才结果。将这种果实加酒或盐吃了能健胃。这种果实里没有种子，但是它的表面却突现出一个像核桃样的东西，这个东西表皮光亮，它的内核呈白色，很硬，像栗子或扁桃[5]一样，把它加热后，吃起来味道和扁桃一样。印度人和葡萄牙人都叫它扁桃，用它制造甜食，它成熟于2月和3月，或者8月和9月。"[6]（图7、图8）

[1] 汤开建：《明清时期外来植物引入澳门考》，载《中国农史（Agricultural History of China）》2016年第35卷第5期，第4页。

[2] *Ta-ssi-yang-kuó: Archivos e annaes do Extremo-oriente portuguez, colligidos, coordenados e annotados por J.F.Marques Pereira,* Lisboa: Antiga livraia Bertrand, succesor J.Bastos, 1902, Serie II, n.o 3, p.148.

[3] [波]卜弥格著，[波]爱德华·卡伊丹斯基（波兰文翻译），张振辉、张西平（中文翻译）：《卜弥格文集——中西文化交流与中医西传》，华东师范大学出版社2013年，第308页。

[4] 一般认为："云南腰果是1959年引种栽培的。"（云南省食品工业协会《云南传统食品大全》，云南科学技术出版社1994年版，第332页）"云南省农垦局于1959年将腰果引种在省热带作物研究所，……"（云南省林业厅《云南主要林木种质资源》，云南科学技术出版社1996年版，第175页）。看来，云南引种腰果的年代要提前到明朝末期。

[5] 作者注：杏仁。

[6] [波]卜弥格著，[波]爱德华·卡伊丹斯基（波兰文翻译），张振辉、张西平（中文翻译）：《卜弥格文集——中西文化交流与中医西传》，华东师范大学出版社2013年，第309页。

图7 “假果”通常是红、黄两色

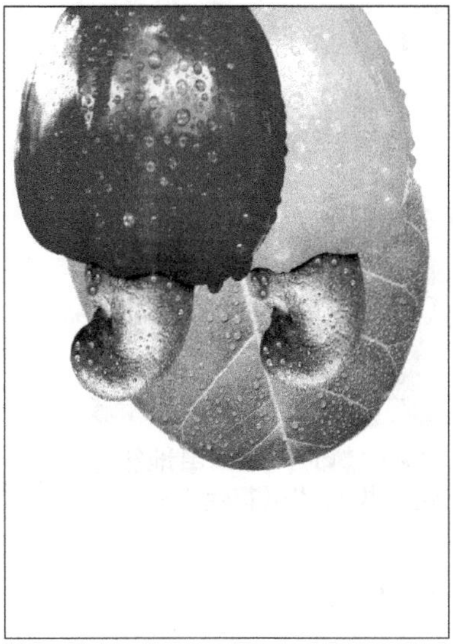

图8 “假果（红、黄）”与“真果（绿）”顶端结出的真果才是腰果仁

“果子”好理解。那么“槚如”又是什么呢？汉语中有“槚”字，却无“槚如”。可以判断“槚如”是个外来词。[1]它从何种语言借来？

五、借词

“槚如”这个词来自遥远巴西的印第安人的图皮（tupi）语“acaju”，[2]其意思为“生产的坚果（noz que se produz）”或“黄色果实（fruto amarelo）”。在葡萄牙语中，它有多个名称：Caju（槚如），castanha de Caju（槚如果仁），maçã de Caju（槚如树苹果）。[3]其英语名称为：Cashew[4]（槚如），Cashew nut（槚如果仁），cashew apple（槚如树苹果）等。从数个亚洲国家语言的名称中，可以看出葡萄牙人传入的痕迹，例如：Boa-frangi（佛郎机[5]果——摩鹿加群岛）、Caju-gaha（槚如果仁），Cadjú

[1] 刘正埮等著：《汉语外来词词典》，上海辞书出版社1984年，第157页。

[2] Sebastião Rodolfo Dalgado; Academia das Ciências de Lisboa, *Glossário luso-asiático,* Coimbra：Imprensa da Universidade, vol.I, 1919, p.177.

[3] 比利希（Bielig，H.J.）、（美）维尔纳（Werner，J.）编写、中国对外翻译出版公司译：《果汁加工》，中国对外翻译出版公司1986年，第103页。

[4] Sir.Henry Yule, *Hobson-Jobson: A glossary of colloquial Anglo-Indian words and phrases, and of kindred terms, etymological, historical, geographical and discursive*.New ed.edited by William Crooke, B.A. London: J.Murray, 1903, p.168.

[5] 指葡萄牙人。参见金国平：《“The Selden Map of China”中“化人”略析——兼考“佛郎机”与“佛郎机国”》，载澳门大学澳门研究中心编《全球视野下的澳门学：第三届澳门学国际学术研讨会论文集》，社会科学文献出版社2014年，第333—360页。

图9　腰果在未成熟时，一串串地簇生，很像花生，故有“树花生”一名

（槚如），Paranj-handi（佛郎机坚果）（印度南部各州和锡兰），而印度北部各州则称“Kaju（槚如）”。

这样，我们知道，“槚如”是葡萄牙人通过澳门传入汉语的图皮语借词。

“槚如果子”现在较通用的名称是腰果，亦称“肾果”“鸡腰果”[1]“介寿果”[2]和“树花生”等（图9）。

六、结语

腰果既是有名的干果，也是名贵的菜肴配料。今天，每当我们品尝这种美味的坚果时，应该知道它是由葡萄牙人通过澳门，从巴西传入中国。澳门不愧为美洲及西方植物入华的桥头堡。我们应该缅怀四百年前首先介绍它和为它定名——“槚如果子”的波兰耶稣会传教士卜弥格。

（作者单位：金国平，暨南大学澳门研究院）

[1] 因其坚果呈肾形而得名。还因不雅，所以简称“腰果”。
[2] 来自于英文名称“cashew”，起源于葡萄牙语“caju”。

八、卜弥格与西方专业汉学的兴起

波兰人17—20世纪在向欧洲介绍中国和中国文化中的贡献*

［波兰］爱德华·卡伊丹斯基 著　张振辉 译

从17到20世纪，有许多欧洲人访问过中国或者在中国生活过比较长的时间，他们对这个国家有一定的了解，留下了许多旅行报告和有关中国的科学著作。在这些人中，也有不少波兰人，这些波兰人基本上可以分为四类：第一类是最先来到中国的那一部分传教士，主要是耶稣会士。他们在罗马受耶稣会的委托来中国传教，但是他们在中国，或出于自愿，或应中国政府的请求，也做过一些科学研究工作。第二类包括为数不少的波兰爱国者，他们在波兰被瓜分时期或之前，因为反对俄国而被囚禁，或者因为参加抗俄活动而被拘捕和流放到俄罗斯帝国的边远地区，经常是被流放到和中华帝国邻近的地区或者黑龙江畔那些根据1858至1860年间签订的不平等条约而划归了俄国的地区。他们中有一些人流放期间还逃到了中国。第三类包括一些波兰的政府官员和外交官，他们——在瓜分期间，对俄国忠心耿耿——参加过许多俄国的外交和其他使团以及去中国的科学考察团。第四类也是人数最多的一类，包括那些从19世纪末，特别是19世纪最后十年开始，根据俄中两国签订的在中国东北修建中东铁路的协定来到中国的波兰人。他们是作为专家到中国来的，其中有许多波兰的工程师，他们大都是过去西伯利亚大铁道的建设者。在瓜分期间，他们也是俄国的臣民（许多曾应征入伍，被迫参加过在中国领土上进行的日俄战争）。

在我回头来讲17世纪的传教士时，首先要指出，早在13世纪马可·波罗之前，就有一个波兰人来到了东亚（来到了今中国的黑龙江瑷珲和蒙古），他是一个弗罗茨瓦夫的方济各会传教士，名叫贝内迪克特·波拉克（Benedykt Polak）。他曾经和比他名声大得多的约翰·德·普拉诺·卡尔皮尼（Jande Plano Carpini）一起来到蒙古贵由大汗的朝廷里，并且是卡尔皮尼这段路程唯一的旅伴。卡尔皮尼是波兰方济各会会长，他和

* 本文原载于《国际汉学》2006年第1期。

贝内迪克特·波拉克是在1245年4月，从当时教皇英诺森四世的所在地里昂出发到蒙古去的。直到1247年11月，他结束了这趟有外交使命的旅行后才回去了。因此，他们旅行了两年半以上的时间，有一年零四个月是在鞑靼人居住区度过的。所有的历史学家在谈到他们这次出使时都认为，卡尔皮尼和波拉克参加过贵由汗隆重的登基仪式，这个仪式是在鄂尔浑河边他的一个官邸里举行的，邀请了许多外国的使节参加。卡尔皮尼和波拉克在贵由汗的朝廷里一定见到过许多中国人，虽然他们无法区分这些人中，哪些是中国人哪些是鞑靼人（当时欧洲人将蒙古族人称为鞑靼人）。他们从大汗那里回去之后，写了一份旅行报告。这份报告最初被认为是卡尔皮尼一个人写的，后来这个观点得到了更正，大家认为波拉克在1247年4月回里昂的途中，在科隆[1]口授了一份简短的报告，这份报告后来和卡尔皮尼的报告合在一起了，没有另外加上题目。直到20世纪60年代，美国耶普大学的学者们才发现；贝内迪克特还有一份篇幅较大的报告，这是过去不为人知的。这个新发现的并且已被耶鲁大学图书馆购买的报告的题目是《鞑靼史》，它很明显分为两个部分。第一部分根据教皇的旨意，详细介绍了鞑靼国的地理位置、气候、幅员以及它的历史、组织形式、法律、风俗习惯、宗教和打仗的方法等。第二部分描述了贝内迪克特旅途中的见闻，向欧洲介绍了锡达尔河[2]那边的一些国家，那条河当时是一个著名的世界的疆界。当我们注意到这个新发现的贝内迪克特的报告后，感觉必须对这个由教皇派到贵由汗那里去的使者写就的比著名的《马可·波罗游记》早几十年的报告，进一步进行研究和重新评价。

在5个于17和18世纪在中国工作过的波兰人中，卜弥格（1612—1659）无疑是最著名的。他来到中国时，正值满人侵犯[3]的动乱年代。卜弥格并不是以他进行的传教活动而出名，他之所以在17世纪的欧洲成了一个著名的人物，是因为他在1652年带着摇摇欲坠的南明王朝的外交使命来到了威尼斯和罗马，要为南明最后一个皇帝永历争取基督教廷的道义支持和军事上的援助。卜弥格的任务最后失败了，主要是因为满人1644年在北京建立清王朝后，就向耶稣会保证，只要不支持明朝，他们可以继续在中国传播基督教。卜弥格在欧洲待了4年后，带着教皇亚历山大七世和耶稣会总会长的信，被遣送回了中国，但他已经不可能到当时一直在抵御清军进犯的永历所属的最后一个省份云南了。1659年，由于疾病和劳累，卜弥格死在与云南省邻近的广西省。卜弥格作为一个对中国进行了全面研究的专家，他在中国地理、自然、人种学、历史、医学和语言方面的贡献，一直不被人们了解。他的许多著作都只留下了手稿，其中很大一部

---

[1] 地名，在德国。——译者注

[2] 在今哈萨克斯坦，流入咸海。——译者注

[3] 这是卜弥格的政治观点。卜弥格当年在南明永历皇帝的朝廷里做过官，所以拥护明朝，反对清朝。——译者注

分或者已经失散，或者被人剽窃和改编。在他已经发表的著作中，最著名的是他去欧洲旅行的《报告》。《报告》在欧洲被译成了多种文字，它讲述了中国受到满人“侵犯”前后的历史。他生前出版的第二部著作是《中国植物志》，它是1656年在维也纳出版的。很遗憾，论述中国医药学的著作《中医》，一直到他死后才得以出版，而且不是一个完整的版本。后来它被印度尼西亚巴塔维亚的荷兰人占有，1682年出版了其中一部分，而且是以另外一个人的名义出版的。4年后，这部著作的另一部分才以他的名义出版。他有关地理的著作，如他的《中国全图》（这幅地图的一份手稿原保存在法国，在第二次世界大战爆发期间遗失了）和《中国地图册》以及一部为耶稣会士在中国传教的方法进行辩护的著作手稿都没有发表。这部手稿共58页，有三章是论述孔夫子及其哲学的。卜弥格的《中国地图册》是欧洲最早的一部中国地图册，其中有18幅地图，还有一个分为十章的说明部分。这部地图册曾经遗失，后被私人收藏，交给了梵蒂冈图书馆。20世纪20年代，法国汉学家伯希和教授找到它时，发现没有说明部分（只保存了这个说明部分的目录，从这个目录可以看到，卜弥格关于中国的知识是很丰富的）。所有的情况都说明，这个说明部分被许多耶稣会的学者利用过，如基歇尔、杨·巴普迪斯塔·里丘利（Jan Baptysta Riccioli）和卫匡国。其中有几章介绍了明朝的情况、满人“侵略”中原的历史、朝廷里官吏的等级和行政区域的划分等，这几章一直保存在耶稣会罗马档案馆，从来没有发表过。卜弥格还有一部关于中国动物的著作《中国动物史》，原先保存在利沃夫的奥索林斯基图书馆，后来也遗失了。他的《中国植物志》的手稿也从来没有被找到过，在维也纳它可能是以一种改编和压缩的形式出版的。第二个和卜弥格差不多同一时期来到中国的波兰耶稣会士是穆尼阁。和卜弥格一样，也在克拉科夫耶稣会的学校里学习过。他在中国住了十年（1646—1656），但主要是在被清人占领的地方。他是一位有才能的数学家和天文学家，在弗里堡[1]的耶稣会学校里学习时，他就出版过一部著作《太阳》（1626），他认为，太阳上的斑点乃是一群实际存在的产物，都在太阳的表面，后来科学家的发现，证明这个观点是正确的。他在南京工作的时候，结交了一位中国的学者Li Fengxiu。根据波兰史料的记载，他们两人一起用汉文写了一篇介绍欧洲计算日食发生时间的方法的文章《天普全圆》。

在第二类，也就是波兰的流放者中，最著名的是马乌雷采·贝尼约夫斯基（Maurycy Beniowski，1741—1786），他因为从堪察加半岛大胆地逃到了中国，受到过人们的赞扬。他参加过巴尔同盟[2]，反对俄国干涉波兰的内政。他受过伤，被俄当局囚禁，后来

[1] 地名，在瑞士。——译者注

[2] 巴尔同盟，波兰18世纪的一个贵族同盟，成立于1768年2月29日，反对资本主义改革，但曾为波兰的民族独立而斗争。——译者注

沙皇卡塔琳娜二世亲自下令，将他流放到堪察加半岛。那里原是关押最危险的政治犯的地方。他在那里和85个难友举行暴动、曾占领博尔谢列克城，后来乘坐一艘他们劫获的俄国船，来到了白令海峡。他们知道，这道海峡乃是俄国和美洲的分界线。他是欧洲第一个横渡白令海并且发现了阿拉斯加西海岸的航海家［比英国著名航海家詹姆斯·库克（James Cook）的第三次考察早七年］，后来他经阿留申群岛、千岛群岛、日本东海岸和琉球群岛，来到了中国的台湾和大陆沿海，为后世留下了著名的《回忆录》，这部著作第一次出版，是在英国，是根据他的法文手稿出版的。这本回忆录后来保存在伦敦不列颠博物馆中，可是它在很长一段时间里，被认为是伪造的。这主要是因为，承不承认贝尼约夫斯基这次有发现价值的航海和俄、英两国都没有利害关系。那时候，谁被认为最早发现了什么陆地或者海岛‘决定’于他后来有没有依靠。众所周知，“俄国的美洲”不久后（1821）就成了俄国、英国和美国争夺的对象［俄国禁止在阿拉斯加沿海航行，在1823年提出了著名的蒙诺埃（Monroe）理论］。根据新发现的许多有关贝尼约夫斯基的材料，他曾有过这么一次旅行是无可否认的了。在谈到这一点时，我要指出的是，贝尼约夫斯基还就他去琉球群岛中的第二大岛奄美大岛的经过写了一个报告，这是经过实地考察的有关这个地区的第一个报告。琉球群岛当时深受中国文化的影响，这里的居民说中国的官话，贝尼约夫斯基发现这里保存了许多中国的信仰和习俗。贝尼约夫斯基也到过台湾的东部沿海，那里当时居住着布衣、阿美和泰雅等土著族群的部落；还到过福建著名的港口城市泉州，也到过澳门和广州。他在《回忆录》中说，两广总督请他到广州去，还要他去北京。他在日记中写道：“我那天心里很乱，去不去北京？我很激动，这对我难道不是一个特殊的恩赐，能够见到京城和中华帝国的内部。现在机会来了，可是如果我利用这个机会就不得不推迟我返回欧洲的时间。”

此外还有许多波兰的流放者，特别是那些到过俄国南部边界附近的流放者，对中国也很向往，因为在那里可以找到机会避难。波兰神父法鸟斯丁·切切尔斯基（Faustyn Ciecierski）和尤泽夫·科别奇将军（Jozef Kopec，1762—1827）在塔杜施·科希秋什科起义爆发期间，曾被流放到西伯利亚。多明我神父切切尔斯基是立陶宛维尔诺大学的哲学和神学博士，他的回忆录是完全偶然地在一个死于利沃夫的波兰军官收集的旧书中被找到的，它出版于1865年。切切尔斯基神父是一个很有学问的人，他有一股搞科学研究的热情，他的报告介绍了人们很少知道的有关俄国和中国的边界以及俄中边界一带的情况：达斡尔边疆区位于北纬51°和东经130°与132°之间，它受到额尔古纳河和石勒喀河的冲洗，这两条河连在一起就是黑龙江。这是世界上最美丽的地方之一，它是那么绚丽多姿，使得一个不习惯于这种景色的欧洲人无法隐瞒他的惊奇和入迷……从额尔齐斯河[1]到鄂霍次克海的那条线就是俄国和中国的边界线。上面提到达斡尔边疆区的边境线沿着额尔古纳河和石勒喀河汇合的地方伸展，这两条河汇成大黑龙江后，流入大平洋，它是中国的一部分。那条通到鄂霍次克的界线也要经过一条鄂霍次克山脉……在中国的一方，竖立石柱是边界的标志，每隔一段距离竖一根，中国的边哨每年都在这些柱子旁边不停地巡逻，他们的任务是保证他们的领土不受邻国的侵犯，防止在他们的领土上进行其他的破坏活动……中国的国境沿线都竖有这样的石头柱子，石柱中间有一个孔，中国的官员往这个孔里投一张卡片，证明他在边界上巡视过，然后他将前一年在这里留下的卡片拿出来，寄到北京去。边界上的检查一直要到俄国著名的鄂尔古拉的奥斯特罗格要塞，检查完了之后，边哨部队便乘坐一些平底船，往下和第二支部队接头，后者的任务是检查鄂霍次克海上的国界。

应当指出的是，俄中国界是根据1689年的《尼布楚条约》确定的，这个条约在他（切切尔斯基）来到尼布楚的时候依然是有效的。这条国界和今天的俄中边界是完全不一样的：我们知道的蒙古、滨海边疆区、哈巴罗夫斯克（伯力）边疆区的一部分和黑龙江地区当时都属于中国。在19世纪初，中国人还对这条疆界定期进行过仔细的检查。19世纪后来的几十年，中国的国力衰退了，大不列颠于1840年强加给中国的鸦片战争使得欧洲的强国也入侵中国，在这里争夺势力范围。俄国则占领了黑龙江以北的大片土地。

被流放到堪察加半岛的尤泽夫·科别奇留下了一部反映他在堪察加的流放生活的《日记》，其中提到他曾打算效仿贝尼约夫斯基逃到中国去，但因为他乘坐的船在千岛群岛被撞坏了，没有去成。他这部《日记》出版过好几次，1863年在柏林出版的那个版本还附有一张用波兰文标写的亚洲地图，上面标明了俄国和中国的边界。这是一张在堪察加曾经被一些俄国海员用过的地图的复制品。那张原图后来从柏林送到了华沙，战后保存在国民图书馆，可在20世纪70年代不知道为什么丢失了。

尤泽夫·科瓦列夫斯基（Jozef Kowalewski，1801—1878）曾在维尔诺大学学习东方语言，因参加该校学生的骚乱被流放到喀山。后在布里亚特（Buriacja）待过很长一段时间，在那里编了第一部俄语蒙古语词典，成了当地一所大学的教授。1830年，在他人建议下，他参加一个教会的使团去了北京，当时还有一个科学考察团和这个使团一同前往。他留下了14卷手稿，只发表了其中一小部分，大部分在他回到华沙后被俄国士兵烧掉了，当时人们在他住的那所房子里要暗杀一个沙皇的大官。在这些被烧掉的东西中，还有一部科瓦列夫斯基在北京时一位天主教主教皮尤斯·皮列斯（Pius Pires）给他的关于天主教使命史的著作手稿，科瓦列夫斯基根据这部手稿，要写一部

[1] 在今哈萨克斯坦。——译者注

《中国天主教使命史》。

还有两个1863年起义（一月起义）时期的波兰流放者，因为他们对中国感兴趣，应当多说几句。他们都曾积极参加起义的准备工作，并且参加了波兰国民政府。阿加通·基列尔（Agaton Giller，1831—1887）在雅盖沃大学学习的时候，就因参加抗俄活动而被判过刑，1854年被流放到西伯利亚的惩戒营。他在西伯利亚待了六年，到过伊尔库茨克和俄中边界上的纳乌什基、恰克图和涅尔瑟斯克（尼布楚）。1860年，由于特赦而解除流放，回到了波兰。其后，他马上参加了一月起义的准备工作，后因去国外侨居，幸而逃避了第二次流放。他到过德累斯登和莱比锡，在莱比锡出版了他最重要的著作。他还到过法国和瑞士，在莱比锡还出版了第二部著作。这部著作主要写他在西伯利亚的生活经历，其中也反映了那时候的俄中关系。基列尔曾去西伯利亚的一些图书馆查阅资料，他主要依靠一些俄国历史学家的著作，但也根据自己的考察和经验做一些结论。他在自己的著作中，用了很大的篇幅来论述俄国对当地的土著人布里亚特人（Buriat）、通古斯人（Tunguz）和索约特人（Sojot）所采取的政策。

他的著作还详细介绍了在俄中《尼布楚条约》签订以前，准备为黑龙江畔阿尔巴津（雅克萨）进行决战的情况。[1]像贝尼约夫斯基一样，基列尔也注意到了在中国边境上的恰克图和纳乌什基有许多波兰的流放者，在另外一个地方他也这么写道：在托木斯克省边界上的居民中，有许多波兰的流放者，“我没法知道所有死者的姓名，也不可能以我的回忆向所有撒满了蒙古尘土的波兰心表示致敬”。此外他在另外一个地方还写道：在托木斯克省，当地居民——鞑靼人要流放者都逃到布哈拉[2]去，“如果鞑靼人有武器，和他们一起迁移是可以的”。在基列尔的著作中，还有许多地方提到了俄中关系的问题，从俄国占领黑龙江的出海口到签订《瑷珲条约》。

一月起义时期的第二个流放者是马利扬·杜别茨基（Marian Dubiecki，1838—1926），他也留下了许多有关来到黑龙江畔的第一批波兰人的非常有趣的材料。他因参加了国民政府，曾经被判死刑，后来改判为终身流放西伯利亚。在这里，他被准许以一个历史学家的身份在伊尔库茨克档案馆工作，他在那里找到了唯一保存下来的有关尼采福尔·雅克萨·切尔尼霍夫斯基（Nicefor Jaksy-Czernichowski，1611—约1674）的材料。他和贝尼约夫斯基一样，逃出了俄国的监禁，和86个难友经过许多河流，来到了黑龙江，途中活下来的69人在俄国人已经放弃了的阿尔巴津找到了藏身之地。杜别茨基回到波兰后，发表了一部雅克萨·切尔尼霍夫斯基的传记，他回忆道，有许多哥萨克人后来也来到了阿尔巴津，因而造成了移民和当地中国政府之间的矛盾。1685年，康熙皇帝决定取消移民区，有关内容的通牒是用中文、俄文和波兰文三种文字

[1] 1685年，康熙皇帝决定毁掉阿尔巴津，阿尔巴津被毁掉后，中俄签订了《尼布楚条约》。——译者注

[2] 地名，在今乌兹别克斯坦。——译者注

写的。一部分移民被囚禁，另一部分表示要住在中国的领土上。弗兰克·弗列廷格尔（Frank Flettinger）是一个德国兵，他在1687年曾随文采特·帕特（Vincent Paats）的荷兰使团来到北京。根据他的记载，北京共有564个来自阿尔巴津的移民（其中只有300人还活着）。他们中有一部分人去耶稣会的教堂里做祷告，这都是波兰的天主教徒。若将这些波兰和荷兰的报告跟中国的史料加以比较，那是特别有趣的。杜别茨基也很好地说明了上面提到的马乌雷采·贝尼约夫斯基从堪察加逃出来的事。他怕再一次被流放，因此在回波兰的时候，带回了500份在伊尔库茨克档案馆里看到的、有关贝尼约夫斯基在堪察加的生活和他逃往中国的情况的文献资料。

第三类来到中国的波兰人都是一些沙俄政府里的波兰籍高级官员。由于各种原因，他们和俄国政府合作，能够去中国旅游。

杨·波托茨基（Jan Potocki，1761—1815）是一位历史学家、考古学家和东方学家，他和亚当·耶日·恰尔托雷斯基（Adam Jerzy Czartoryski）公爵有亲戚关系，恰尔托雷斯基当过几年俄国的外交部长，他是通过一种特殊的办法争得这个地位的。他的父亲被指控策划了科希秋什科起义，他的财产被没收，两个儿子被送到了圣彼得堡当人质。亚当·耶日在圣彼得堡和皇位的继承者、未来的沙皇亚历山大一世一起受教育，亚历山大年轻时就有改革的心愿，他向恰尔托雷斯基表示过要恢复波兰的独立。亚当因此和他十分友好，这种友谊也使得亚历山大在1801年当上沙皇后，便任命亚当为俄国外交部的副部长，后来由于部长有病，他又接替了部长的职务。俄国正是在恰尔托雷斯基任外交部长的时候，采取了向世界开放的政策，它派遣了两个使团去中国，一个走陆路去北京，另一个从海上去广州，还去了日本。恰尔托雷斯基委派他信任的杨·波托茨基担任其中一个使团即科学考察团领导的职务，因为在这之前，他已经将他安插在外交部亚洲司工作了。波托茨基挑选了各种知识领域的专家在这次旅行中和他合作，其中有后来著名的德国汉学家和满学家尤利乌斯·克拉普罗特（Julius Klaproth）。从波托茨基的信中我们知道，他给恰尔托雷斯基写过专门的报告，但是这个报告没有保存下来。不过在战前，波兰蒙古学家弗瓦迪斯瓦夫·科特维奇（Wladyslawa Kotwicz）在宛楚特[1]找到了另外一份文献，名叫《远征中国记事》。这是一份特别珍贵的文献，因为它写得很客观，不代表官方的观点，而政府使团的报告经常是代表官方观点的。波托茨基也许想把这份材料发表出来，但由于某些原因，他未能如愿。“我让读者们去揭示”，他一开始就写道，“隐藏在激情的五颜六色的遮布下的真理。只要谈到这次远征，就会见到这样的情况，那些参加了远征的人，不可能保持绝对公正的态度，其他的人也不知道真理在哪里”。波托茨基的报告中，确

[1] 地名，在波兰。——作者原注

实有不少论断和戈沃夫金（Golowkin）伯爵代表的官方观点不同。在做出发前的准备时就出现了不同的意见，戈沃夫金不听波托茨基和其他一些有声望的参加者的意见，这些参加者援引了一些传教士和英国马嘎尔尼（Macartney）使团的经验，戈沃夫金“对这个回答得很生硬，说传教士都是一些骗子，马嘎尔尼这个人真没意思，可是一个好厨师和好酒却能保证你到处走运——在广阔的世界上”。波托茨基在自己的报告中，引用了许多事例，这些事例当然是在政府部门的报告中找不到的。中国的信使在喀山就和使团取得了联系，并向他们转达了皇帝的意旨，让他们队伍的一部分——一千辆车子——留在边境上。信使带来了一个姓王的中国礼宾使的第三封信，信中写道：“如果你要见到使者，就要看看中国皇帝神圣的脸色，可以让你们中的70个人入境。”众所周知，使团没有能够来到北京，主要是因为中国礼宾使的拒绝。波托茨基在证实使团遭受挫折、从库伦（Urga）被遣返回到俄罗斯时说，除了他外，任何人都没有读马嘎尔尼的报告。[1]他认为，如果沙皇的高级官员能够在沙皇的像前行跪拜札的话，那么戈沃夫金伯爵也可以这样。此外，波托茨基参加的这个使团还和一幅中国地图不平常的经历有关，这幅地图应当归波托茨基所有，这在尤利乌斯·克拉普罗特于1828年发表的一次讲话中提到过，克拉普罗特当时是圣彼得堡东方语言学院的讲师，他在圣彼得堡俄罗斯科学院召开的一次会上曾经指出，波托茨基在去中国的途中，在这张中国地图上，发现了黄海上有18个岛屿，这是欧洲地理学家不知道的。他曾提出将这些岛屿命名为杨·波托茨基岛。

1983年，我为我论卜弥格的书找材料时，发现了这张地图。我想知道，在波兰的图书馆中是不是也保存了中国的古地图，我写信询问过各种各样的图书馆，最后在克拉科夫的恰尔托雷斯基图书馆里得到了一个信息，说那里有两幅未经确认的中国地图（实际上其中一幅是从日本来的）。我马上去了克拉科夫，一看便知道其中一幅带有一个旅行皮套的地图，就是克拉普罗特提到的那幅中国地图。这是明朝万历三十三年（1605）绘制的一幅真正的中国地图。我注意到，上面确有克拉普罗特提到的那18个岛，即今天的长山群岛。此外还有一篇和这幅图有关的有趣说明，它说这幅地图和如今已经遗失的在欧洲发表的第一幅真正的中国地图一模一样，它就是人们知道的萨里斯上尉的地图。1613年，英国上尉约翰·萨里斯（John Saris）从日本来到爪哇（今印度尼西亚），英国东印度公司在爪哇的孔雀港（Bantam）建立了一个基地。萨里斯因为一个中国商人欠了他的债，要拿走他的货物，那个商人把货物给了他，但是拿了一

[1] 戈沃夫金没有听波托茨基的意见：马嘎尔尼早在1793年就来到了中国，先是坐船到了天津，然后中国人把他带到北京，又带到承德，因为乾隆当时在承德，马嘎尔尼向中国皇帝行了跪拜礼，戈沃夫金不愿这么做，因此他没有能够来到北京。1797年，出版了一部关于马嘎尔尼出使中国的书，是他使团的一个成员斯当东写的，波托茨基读过，戈沃夫金不愿读。——译者注

个装货的箱子就跑了。当抓到那个商人时，发现他那个箱子里面没有金银财宝，只有一幅中国地图（中国明朝统治时期和葡萄牙一样，地图被认为是一种秘密，如果丢失了，是要受到严厉惩罚的）。萨里斯于1614年回到伦敦后，将这幅地图转卖给了著名的英国地理学家和政论家里查德·哈克卢特（Richart Hakluyt）。哈克卢特是英国航海家托马斯·卡文迪什（Thomas Cavendish）的亲戚，他死于1616年，但死前将他的地图交给一个朋友塞缪尔·帕切斯（SamuelPurchas），帕切斯是一位论述旅行和发现著作的编辑，他于1625年将这幅地图发表了。

耶日·狄姆科夫斯基（Jerzy Tymkowski）也是俄国外交部亚洲司的波兰工作人员，俄国外交部曾于1820年要他随同北京俄国教会使团的领导卡明斯基（P.I.Kamienski）去中国。卡明斯基在1794至1808年间，曾担任在北京使团的成员，他熟悉汉语。俄国外交部要求狄姆科夫斯基介绍从俄国的恰克图通往北京的道路，了解这一带的蒙古人和满人的信仰、习俗和经济发展的状况。他说他最后一个任务是，“介绍我在北京生活的最重要的情况和在北京的阿尔巴津—雅克萨移民后代的情况”，这些移民是17世纪被满人领到北京的。此外还要了解罗马天主教徒的情况。

狄姆科夫斯基在一部颇有分量的书中描写了他对北京的印象，这部书经巴黎地理协会成员科汉斯基（T.W.Kochanski）译成波兰文，1828年在巴黎出版。

“命运通过一个很少发生但是令人终生难忘的事件美化了我的生活：我看见了中国！”他给读者写道。狄姆科夫斯基是一位敏锐的观察家，他在去中国前读过许多有关中国的书，我们经常将他读到的东西和他亲眼见到的现实加以比较。说实在的，他对什么都感兴趣：令人仰慕的长城、经济、文物和“称之为绍兴酒的中国米酒”。“我们刚刚离开戈壁沙漠，就来到了中国第一座城市张家口。从海拔位置较高的蒙古走过来，就看见了一个到处都是精耕细作的土地、宁静和一切都安排得很好的国家……”

第四类主要是中东铁路的波兰建设者，首先要提到的是斯坦尼斯瓦夫·凯尔贝茨（Stanislaw Kierbedz），华沙凯尔贝茨桥的著名建设者的侄儿。他没有留下在中国生活的回忆，因为他是中东铁路协会的副主席，实际上担任主席的职务［这个协会名义上的主席是中国驻俄大使许景澄（Xu Jingcheng），但是凯尔贝茨却能决定由谁担任修建铁路工程的领导］。他介绍过许多早先工作在修建西伯利亚大铁道的不同岗位上的波兰人去中国。亚当·希德沃夫斯基（Adam Szydlowski）是一个去中国的考察团的领导，这个考察团的任务是要找到能够建立一个中东铁路行政管理中心的地方，这个地方当时称之为“牡丹汀城”。希德沃夫斯店选择的那个曾经建立了第一个临时铁路局的地方就是未来的哈尔滨。塞维仑·瓦霍夫斯基（Seweryn Wachowski）、斯泰凡·奥芬贝格（Stefan Offenberg）和泰奥菲尔·希尔什曼（Teofil Hirszman）工程师不仅为铁路的建造设计，而且也对那最难建造的路段的施工进行了监督，如兴安岭隧道的施工。康斯坦丁·约基什（Konstanty Jokisz）还为哈尔滨城的建立提出了第一个设计方案。波兰的工程师们在设计和修建中东铁路时搜集了解了许多有关中国东北的地质结构的信息，这也使得另外一位波兰专家——矿冶工程师爱德华·阿内尔特（Edward Anert）能对那些在铁路修建时发现的自然宝藏进行整理，绘制出黑龙江、吉林和辽宁省的地质地图。

卡齐米日·格罗霍夫斯基（Kazimierz Grochowski，1873—1938）也是一位矿冶工程师，他早先为了解东西伯利亚，具体地说，就是在1858和1860年签订的不平等条约之后划归了俄国的那一部分土地的地质结构做出过很大的努力。格罗霍夫斯基1915年来到中国后，把自己的时间和智慧献给了中国东北和内蒙古东部这片土地上的地质、历史和考古研究，他是中东文物研究会和哈尔滨博物馆（今黑龙江省博物馆）的创始人之一。在满洲研究协会工作的人除了他外，还有中国人、俄罗斯人和西方的科学家们。协会主席是中国人余利春（Yu Lichun），秘书长是著名的哈尔滨植物学家斯克沃佐夫（B.W.Skwortzow），曾经参加过仰韶文化考古发掘而闻名的瑞典考古学家安特生（Johann Gunnar Andersson）也曾担任协会的名誉会员。格罗霍夫斯基参加过协会的几次考古调查，从唐朝（618—907）到清朝（1644—1911），主要是在渤海、辽金和元这些朝代统治时期，在中国东北和内蒙古部分地区古代城市和房屋的废墟上进行过发掘。他在1915、1924和1927年对“成吉思汗土城”（当地人这么称呼）废墟的研究最有成果，根据他的发掘，他还绘制了一张成吉思汗土城的草图，包括它的新老部分和双重的城墙。他认为，老城部分是在唐朝建立的，而那座带护卫墙的宫殿的基座则是晚得多的金统治时期（1115—1234）建的。格罗霍夫斯基在这些废墟上找到了许多房屋建筑的遗迹和青铜钱币，他把这些东西交给了哈尔滨博物馆。在他考古时写的笔记中，还说他从这些钱币上刻的汉字了解到了它们铸造的年代。在格罗霍夫斯基发掘的东西中，还有一个景教的十字架，那座宫殿的基座就是一个十字架的形状。他认为，那座城市可能归《马可·波罗游记》中称之为约翰或王翰神父的那个景教统治者的家属或他们的后代所有。格罗霍夫斯基将他在“成吉思汗土城”考古的一部分初步成果写成了书，于1928年在哈尔滨出版，另一部分则分别发表在波兰的几个杂志上。

除了对“成吉思汗土城”的考古研究外，格罗霍夫斯基在中国东北还进行了几次别的考察。如在1927和1933年，他受满洲研究协会委托，曾两次去过戈壁沙漠的东部。1930年，他对黑龙江省北部海拉尔河畔辽朝（916—1125）时期一座古城的废墟进行了研究。1931年，他在大兴安岭山麓“成吉思汗大浪”沿线一些古代的城防工事上进行了发掘。他在“大浪”近旁还发现了一个古代的军事哨所，遗憾的是，我在他写的东西中，没有找到对这个哨所的介绍。这一年，他还对嫩江畔的四座古城的废墟进行了研究，并且记下了当地人称呼其中两座城市的名字：后木古城和前木古城。1932年，他参加了山加里宁格勒一所大学的地理研究所组织的去呼伦贝尔南部的考察。1933年，他和一个在中国的战地记者亚历山大·杨塔—波尔钦斯基（Aleksander Janta-Polczynski）一起，游遍了整个内蒙古，杨塔—波尔钦斯基因出版了许多有关旅游的书籍而闻名于世。

格罗霍夫斯基在1906至1937年的30年中，对自己在亚洲这片土地上许多次的出游，都很系统地做了笔记，并把这些笔记寄给了克拉科夫科学院。在他死后的1949年，还留了一些笔记在家里，也由他的妻子送到了波兰。1958年，我在华沙国民图书馆的手稿部中找到了80份这样的笔记（当时还没有编目），根据这些笔记，我写了两本介绍他生平和活动的书。

波兰人不仅在中国的东北进行了创造性的活动，波兰铁路工程师尤泽夫·斯卡尔贝克（1879—1961）还在河南和陕西省工作过。他是一个波兰军官的孙子，他祖父在1831年抗俄起义（十一月起义）失败后，被迫侨居法国。斯卡尔贝克后来在法国完成了铁路建筑工程的学习，曾在铁路和电车结构协会工作。1906年，这个协会派他去了中国。他参加过开封到洛阳铁路（汴洛铁路，1907—1908）三段和四段的修建。他后来回忆说，郑州工人们找到和发掘出了一种唐三彩器物，其中有花瓶，还有马、骆驼和神话中动物的造型。法兰西大学教授沙畹（Chavannes）和圣彼得堡大学的俄国汉学家W·阿列克谢耶夫也闻讯来到了那个建筑工地。后来这些发掘出来的文物到哪里去了，斯卡尔贝克肯定不知道，但是他曾猜测，它们一定交给了吉美（Guimet）博物馆[1]（他的儿子认为，这些文物还有一部分运到圣彼得堡的一些博物馆去了）。

西方的图书馆和档案馆有数不清的有关西方和中国交往的材料，它们的汉学家们从19世纪中叶开始就对这些材料进行了深入的研究。不同的是，波兰的机构虽然保存了一些有关中国和整个亚洲常常是非常珍贵的手稿和文献，但它们并不知道它们拥有的这些东西是什么，因此也没有一个令人满意的确认和编目的办法。波兰从来不是殖民主义国家，也从来没有对中国采取过扩张行动，这是值得我们骄傲的，但这也造成了一个不良的后果，即跟西方和俄国相比，我们对远东和中国的兴趣，具体地说，对他们的历史和文化的兴趣，实在是太少了。近三百年来，在波兰连续发生的战争，使得它丧失了许多文化遗产，其中有珍贵的手稿和东方的艺术作品（如康熙皇帝赠送给杨·索别斯基三世国王的那两个花瓶）。许多和远东及中国有关的材料数百年来不为人知，又如上面引用的切切尔斯基的《日记》、杨·波托茨基去中国旅行的《回忆》，或者我在1982年确认过的一幅万历统治时期的中国地图和江户——那时的东京——计

[1] 在法国。——译者注

划。有的文物被找到一段时期后，又神不知鬼不觉地失踪了，这其中最有名的例子是卜弥格的《中国动物史》（*Historia Animalium Sinensium*）和杜宁–什波特的《中国史概论》（*Collectarum Historia Sinensium*）；还有1973年在国民图书馆发现的两幅科普恰（Kopcia）彩色地图，现在只剩下了它们的黑白复制品。我深深感到，要使人们广泛了解过去波中文化的联系，还有许多工作要做。根据我的经验，这些工作还必须尽快地做起来。

（译者单位：张振辉，中国社会科学院外国文学研究所）

卜弥格与明清之际中学的西传*

张振辉

一、卜弥格的生平

卜弥格（Michel Boym，1612—1659）是波兰17世纪来华著名的耶稣会传教士，西方早期为中学西传做出杰出贡献的先驱。卜弥格的波兰文原名叫米哈乌·博伊姆（Michał Boym），1612年出生在利沃夫（Lwów，今属乌克兰）。

卜弥格于1643年来到中国，他先在澳门学了几个月的汉语，不久就登上了海南岛，被安排在海南岛琼州附近定安城里新成立的一个耶稣会传教士使团里工作，他在这里住了差不多一年的时间。这时正值明末清初，清军已入关内，明崇祯皇帝朱由检1644年在煤山自缢后，万历皇帝的孙子桂王朱由榔于1646年在广东的肇庆称帝，年号永历，史称南明。这个朝廷里有一位位高权重的司礼监掌印太监，他叫庞天寿，早在天启年间或崇祯初年，在北京就接受了天主教信仰。此外还有一个奥地利的耶稣会传教士瞿安德（Andre-Xavier Koffler）[1]曾给宫里的皇太后、皇后、太子和几个宫女受过洗，所以这是一个信仰天主教的小朝廷。这时清军占领了福建和两广的一些地方，1647年，清军又占领了海南岛，岛上和明朝政府有公事往来的耶稣会使团因此受到了攻击。卜弥格曾被清军逮捕入狱，后来他越狱逃跑，来到了越南的东京（今越南河内），后又辗转来到了澳门。照波兰当代汉学家和卜弥格的研究家爱德华·卡伊丹斯基（Edward Kajdański，1925—2020）的看法，1649年初，永历朝廷里的皇太后曾请求当时葡萄牙驻澳门的总督派一个西方的传教士来协助瞿安德的工作，卜弥格因此被澳门葡萄牙殖民当局选派，来到了永历的朝廷里。卜弥格在这里不仅受到了皇帝和庞天寿

* 原文原载于《中国史研究》2011年第3期，本文略有修改。

[1] 瞿安德（1612—1652），奥地利传教士，1627年入护稣会，1646年赴中国，曾与南明诸王共患难，给永历皇帝的嫡母、生母、外祖母和永历的皇后受过洗。在永历的抗清斗争中，帮助永历向澳门的葡萄牙人求援，后在1651年12月12日死于清兵之手。庞天寿曾命人找到了他的尸体，将其葬于被害之地。

的友好接待和留居，而且被皇帝封了官职，和他们的关系十分亲密。不久，卜弥格得到机会，经湖南、河南来到了陕西的西安，他在这里见到了著名的“大秦景教流行中国碑”。但永历朝廷由于清廷的紧逼，想为抗清斗争远去欧洲争取救援。因此决定从朝廷里派一位使臣去欧洲，以求得罗马教廷和欧洲各国对这个天主教小朝廷的军事援助，于是他们把这个特殊而又艰难的使命交给了他们所信任的卜弥格，并且派了一个中国人陈安德（Andreas Cheng）[1]和他一同前往。卜弥格带着皇太后和庞天寿致罗马教皇、耶稣会总会长和威尼斯共和国元首的几封求援的信，以及永历赠送给他们的礼物来到了罗马。但是当时中国政局的变化，使得罗马教廷认定南明必将灭亡，因此拒绝了对南明的支援，只是要他回到中国去。卜弥格从里斯本搭船返回东方，1659年8月22日死在广西边境，终年47岁。

卜弥格一生为向欧洲传播中国古代科学和文明成就做出了很大的贡献。他几次往返欧亚大陆期间，从他第一次从里斯本去中国的途中开始，一直到他最后到东京，几乎利用了一切可以利用的时间，对中国当时政治局势的变化，中国的地理位置、行政划分、社会制度、文化习俗、著名物产和中国的动植物特别是中国的医学，都进行了广泛的考察和深入的研究。他用拉丁文撰写了许多有关这些方面的很有价值的著作，其中重要的有：《关于中国边界上防御野蛮人侵犯的城墙，鞑靼人是在什么情况下侵入中华帝国的？》、《关于大哲学家孔子》、《城隍神庙或者城神庙即护城的庙》、《中华帝国简录》、《中国事务概述》、《中国地图册》、《卜弥格关于西安大秦景教流行中国碑的一封信》、《卜弥格根据大秦景教碑所编著的一部汉语拉丁语词典》、《在中国的波兰耶稣会的卜弥格神父1653年在罗马发表的一个关于天主教在那个国家的状况的报告》（简称《报告》）、《中国占星术》、《中国植物志》、《（处方大全）的另一篇前言》、《对上述（处方大全）前言的补充》、《中医处方大全》（这部著作分两部分：第一部分叫《对作者王叔和和脉诊医病的说明》；第二部分叫《单味药，中国人用于医疗的单味药》，它简称《单味药》）、《一篇论脉的文章》（简称《论脉》）、《通过舌头的颜色和外部状况诊断疾病》（简称《舌诊》）、《耶稣会卜弥格1658年在暹罗王国给医生们写的前言》、《耶稣会卜弥格认识中国脉诊理论的一把医学的钥匙》（简称《医学的钥匙》）、《卜弥格在东京寄给托斯卡拉的大公爵的信，1658年11月20日》等。

卜弥格的这些著作特别是他有关中国的动植物和中医的著作，一写出来就引起了人们高度的重视。他第一次来到中国，在海南岛居住的一年中，对中国南方的动植物进行了大量的考察和深入的研究，并开始了《中国植物志》这部著作撰写的准备工

[1] 这是随同卜弥格去欧洲后又访回亚洲的中国旅伴。我们不知道他原来的中文名字，后来欧洲各国研究卜弥格的学者留下了各种不同的拼音文字的音译，这里的中文名称和拉丁语的拼音是卡伊丹斯基先生提供的。

作。这部著作大概完成于1653至1655年间，是西方研究中国动植物的第一部科学著作，曾于1656年在维也纳出版，这一版保存了原著中介绍的每一种动植物的中文名称和卜弥格为它们绘制的二十七幅图像。后来因为这部著作受到欧洲读者极大的欢迎，在1664年，又出版了它的法文译本，名为《耶稣会士卜弥格神父写的一篇论特别是来自中国的花、水果、植物和个别动物的论文》。卜弥格说他研究中医花了整整十年的功夫，主要是在他来到永历朝廷里的那段时间，完成了一系列论述中医的著作。但他的这些中医著作的问世却有过一段十分坎坷的经历：他第二次来到中国，途经果阿和暹罗的大城府时，得知他作为南明的特使，已经不能够去澳门了，便把他这时已经完成的一部分论述中医的著作手稿交给他当时也去中国的旅伴、比利时来华传教士柏应理（Philip Couplet），希望他以后拿到欧洲去出版，但柏应理并没有把卜弥格的这些著作的手稿带到澳门，然后从那里寄到欧洲去，而是把它们交给了一个荷兰的商人约翰·范里克（Jan van Ryck）。这个商人又把它们寄到了印度尼西亚的巴塔维亚[1]，于是这些手稿就被那里的荷兰东印度公司的总督梅耶特瑟伊克（Johan Maetsuyker）扣了下来，后被那里的荷兰医生们利用。在1665至1671年间，柏应理又给荷兰东印度公司一位首席大夫阿德列亚斯·克莱耶尔（Andreas Clayer）单独寄去了一些卜弥格的医学著作手稿。1682年克莱耶尔在德国出版的一部《中医指南》中，便将他所得到的卜弥格的《中医处方大全》《舌诊》《论脉》和《医学的钥匙》的部分章节，以他自己的名义发表了，因此后来遭到了德国历史学家和东方学家拜尔（Gottlieb Siegfried Bayer）、法国医生和汉学家雷慕沙（Abel Remusat）等人的指责，说克莱耶尔在《中医指南》中剽窃了卜弥格有关中医的论著。不过法国另一位汉学家伯希和（Paul Pelliot 1878—1945）又为克莱耶尔辩护，说他为收集和保存卜弥格的医学著作，使它们能够发表出来，是有功的。1686年，柏应理还是将卜弥格的《放在（处方大全）前的另一篇前言，这同一个神父》、《对上面（处方大全）前言的补充》和他的《医学的钥匙》以及作为这部著作“前言”的《耶稣会卜弥格1658年在暹罗王国给医生们写的前言》一起，以卜弥格本人的名义，在德国的纽伦堡出版了。[2]

卜弥格的《报告》因为反映了天主教在南明永历朝廷里传播的情况，受到欧洲一

[1] 即雅加达。

[2] 以上介绍的是爱德华·卡伊丹斯基先生提供的史料，经他同意能够公开发表。法国汉学家沙不烈（Robert Chabrie）在他撰写的《明末奉使罗马教廷耶稣会士卜弥格》中曾引用雷慕沙的话说：“后来柏应理神甫不知用何种方法将此本从Cleyer手中夺回，而在1686年刊布《医钥》新版，而将原撰人名补入。”沙不烈又说：“其引起诸考据家之注意者，即在此《医钥》一书中。曾译为欧洲数种语言，在数地刊行。有一法文译本，题目《中国医术秘诀即在脉搏之完全认识者》，据称此本由一大有功能的法国人自广州寄来。然则即从卜弥格之拉丁文本转译，抑迳由汉文直译欤？总之，此本于1671年在Grenoble城出版，已在柏应理于1686年刊布的《医钥》之先矣。此外意大利文译有《脉书》一部，1676年在米兰出版，又有英文译本一部，1707年在伦敦出版。”见[法]沙不烈撰，冯承钧译《明末奉使罗马教廷耶稣会士卜弥格传》，商务印书馆1941年，第117、118页。

些国家的重视，早在1653年他在罗马的时候就刊印了它的意大利文本[1]，第二年又出了两个法文译本。后在慕尼黑又出了两个德文的节译本。他的《卜弥格关于西安大秦景教流行中国碑的一封信》和《卜弥格根据大秦景教碑所编著的一部汉语拉丁语词典》也曾发表在阿塔纳修斯·基歇尔（Athanasius Kicher）1667年出版的《中国图说》这部著作中。基歇尔是著名的古埃及学家，对东方的语言和文化很感兴趣，后来他从卜弥格那里对中国有过多方面的了解，并在他的一系列著作中，介绍过卜弥格的成就，和卜弥格结成了终生的友谊。除上以外，卜弥格其他的著作都从来没有发表过，有的甚至已经遗失。那些没有发表过的著作的手稿或抄本，现保存在欧洲一些国家的图书馆和梵蒂冈或耶稣会的档案馆中。但不论是他发表过还是没有发表过的科学著作，它们早在17世纪，就使整个欧洲对于有着五千年文明的中国有了全面的认识，对西方早期汉学的发展以及中西文化交流，都产生了深远的影响。因此，后来许多西方的汉学家不仅在他们的著作中经常引用他的论著，而且纷纷为他树碑立传。在19世纪上半叶，欧洲一些最重要的百科全书都介绍过卜弥格的生平，雷慕沙在法国出版的《传记大全》中写过他的传记，介绍了他的科研成就。法国汉学家沙不烈和伯希和也写过卜弥格的传记。我国早在20世纪30年代就有人介绍过卜弥格的业绩，如冯承钧在1931年出版的《景教碑考》和张星烺在1934年出版的《欧化东渐史》等著作中，都对卜弥格作过简短的介绍。冯承钧还将沙不烈和伯希和撰写的卜弥格的传记译成了汉文，前者叫《明末奉使罗马教廷耶稣会士卜弥格》，1841年由商务印书馆出版；后者叫《卜弥格传补正》，1962年发表在《西域南海史地考证译丛三编》上。这些传记对永历朝廷内部的情况和它如何接受了天主教信仰以及卜弥格出使罗马教廷的经过，他途中遇到的各种曲折和卜弥格的部分著作都做了详细的介绍，但对其中一些史实的细节和后来克莱耶尔是否剽窃了卜弥格的著作一事有争议。1988年，我国学者方豪在他由中华书局出版的《中国天主教史人物传》中，也收进了卜弥格的传记，这部传记不仅介绍了卜弥格的生平，还提到了他几部最重要的著作如《报告》《卜弥格关于西安大秦景教流行中国碑的一封信》《中国地图册》[2]《中国植物志》和《医学的钥匙》等。2006年，上海古籍出版社出版的我国台湾学者黄一农的著作《两头蛇——明末清初的第一代天主教徒》的第十章“南明永历朝廷遣使欧洲考”，也详细地论述了南明永历朝廷的抗清斗争，基督教在这个朝廷里的传播以及卜弥格出使罗马教廷的背景和经过，但未更多地涉及卜弥格关于中国的论著。20世纪70年代，卡伊丹斯基就开始了对这位伟大先驱的研究，20世纪80和90年代，他先

[1] 雷慕沙认为有这个意大利文本，但它是1652年刊印的。伯希和说根本没有这个意大利文本，卡伊丹斯基先生说《报告》的全名是《在中国的波兰耶稣会的卜弥格神父1653年在罗马发表的一个关于天主教在那个国家的状况的报告》，简称《报告》。

[2] 爱德华·卡伊丹斯基将卜弥格的这部著作译为《中国地图集》，因此在张振辉、张西平翻译，2013年由华东师范大学出版的《卜弥格文集——中西文化交流与中医西传》中，用了《中国地图集》这个名称，但现在国内普遍用《中国地图册》，意思是一样的。

后出版了两部关于卜弥格的传记著作：《明王朝的最后特使卜弥格》和《中国的使臣卜弥格》，对卜弥格的一生和他的伟大业绩全面和深刻的论述以及公正的评价，这两部著作都曾由笔者翻成中文出版。在这之后，卡伊丹斯基和笔者又应时任北京外国语大学海外汉学研究中心主任张西平教授的约请，要在我国首次翻译出版卜弥格的著作，先由卡伊丹斯基将他已收集到的卜弥格的全部著作[1]从他的拉丁文原著翻成波兰文，给笔者提供他翻译的波兰文打字稿，再由笔者转译过来，名为《卜弥格文集——中西文化交流与中医西传》。另外，由张西平教授从基歇尔的《中国图说》的英译本中转译过来的卜弥格的《卜弥格关于西安大秦景教流行中国碑的一封信》和《卜弥格根据大秦景教碑所编著的一部汉语拉丁语词典》也收进了这部文集。这是目前在全世界能够收集到的卜弥格的著作的汇总。2012年是卜弥格诞生400周年，这部卜弥格的文集在2013年，已由华东师范大学出版社出版，它是在中国也是在全世界的首次出版。

二、卜弥格对中国的研究

卜弥格1647年在海南岛上留居的时候，就开始了对中国的地理位置和行政划分的研究，后来他在这个基础上绘制了18张中国地图，其中包括一张中国全国和当时的北京、山东、辽东、山西、陕西、河南、南京、浙江、福建、江西、湖广、四川、云南、贵州、广东、广西和海南省或地区的地图，合称《中国地图册》。在这些地图和对它们的说明中，他不仅标明了这些地方的山川河流和矿产资源，说明了这些地方拥有的府、州和县的数目，而且还绘制了许多明代的皇帝和政府官员行使政令、参加社会活动和他们的日常生活的图景。在今天看来，卜弥格的这些地图，无论所示的地区的形状还是它们所在的地理位置都是正确无误的。它们所标明的各地的山川河流、矿产资源和府、州和县的数目和我国史书上的记载，也相差无几。这就足以证明，卜弥格的地图是根据他在中国长期的实地调查绘制而成的，具有很高的科学价值。[2]卜弥格

[1] 其中除了上述卜弥格论述中国各个方面的著作外，还有三篇分别介绍他第一次来中国途经东非，他代表永历朝廷出使罗马途中和他第二次来中国途经暹罗的见闻的报道：《卜弥格神父来自莫桑比克关于卡弗尔国的报道，1644年1月11日》《卜弥格从中国去欧洲旅行的报告》和《卜弥格神父在泰国给总会长的报告，1658年》以及他最后来到越南的河内写的《卜弥格在东京写给托斯卡拉大公爵的一封信，1658年11月20日》。

[2] 卜弥格在《中国事务概述》中说："这个有这么多人口的帝国有十五个王国或省，它们的名称是：北京、南京、山东、河南、山西、陕西、四川、贵州、浙江、江西、福建、广东、广西、湖广和云南……最大的城市中国话叫府，全中国有一百六十个府，其中有十五个是省会。北京省的顺天府有二十万户，也就是里甲……还有二百三十四座大一点的城市叫州，每个州一般有一万里甲，也就是十万人。那些有城墙围着的称为县的城市有一千一百一十六座，每个县有约六千户。"（见《卜弥格文集——中西文化交流与中医西传》，张振琿、张西平译，华东师范大学出版社2013年，第182页。）我们可以将卜弥格这里说的中国当时行省的划分和府、州、县的数目与《明史》记载加以对照。如《明史·地理志一》中说："终明之世，为直隶者二：曰京师，曰南京。为布政使司者十三：曰山东，曰山西、曰河南，曰陕西，曰四川，曰湖广，曰浙江，曰江西，曰福建，曰广东，曰广西，曰云南，日贵州。其分统之府百有四十，州百九十有三，县千一百三十有八。"见《明史》卷四〇，北京：中华书局，1995年，第882页。

之前，在欧洲也有人绘制过中国地图，但这些地图的绘制者因为没有到过中国，他们所描绘的中国所处的地理位置和实际情况相差很远，卜弥格第一个改正了他们制图中的错误，由于他的这些地图的精确性和科学价值，对后世西方了解中国的地理位置、行政划分和绘制中国地图都提供了可靠的依据，因而也对西方早期远东地理学的发展产生了很大的影响。

关于中国封建社会的政治制度，卜弥格在他的著作中涉及面很广，如他在《中国事物概述》中，就谈到了他所了解的明代的税收制度，他说：

> 税收分两种，一是由农村缴纳，农民缴纳的东西有小麦和大米、棉花、丝绸、盐和其他的东西，合五千一百万。这些东西虽然使皇帝受益，但其中也有九分之一落入到了地主老爷的手中。在城市里则收人头税，人头税有两种：一种是从里甲[1]里收，一个里有一定的人数；另一种是从十个人以下的家庭里收。四年收一次，由省市的官员或财务人员来收，因此收税的人很多，任何一个家庭都不能免税。罗明坚[2]神父指出，有一亿四千万贯钱的税是从里甲这个系统收上来的，每个家庭一次要缴四贯钱的税。据统计，帝国这时期有三亿五千万人口，如果一年每个家庭缴四贯钱的税，那么他们就会缴二亿四千万贯钱的税。这里还要加上五千一百万的田税，一共有一亿九千一百万。老人、儿童、妇女、士兵、贵族、病弱和没有工作能力的先天性残废可以免税。
>
> 曾德昭（Alvare de Semedo）[3]神父在不很多的年前写道，后来中国遇到了战争和饥荒，许多地方的人口登记（那些规定各户要缴多少税的里甲中）都出现了混乱的局面，于是就有五千八百万人漏掉了没有登记，中国当时只有二亿九千五百万人，如果一甲人包括甲首在内按照每个由十个人组成的家庭缴四贯钱标准缴税的话，那么这二亿九千五百万人就得缴一亿六千六百万的税款。这是金尼阁[4]神父在中国的时候，中国的政府所能收到的最高限额的税款，比罗明坚神父的那个时候要少多了。税收的多少取决于人口的多少，正像史书中所说，一些家庭的财产有时候少有时候多，每年都有变化。这样我们可以得出一个结论，朝廷每年的税收，如果加上开矿的收入，是不难超过两亿的。[5]

---

[1] “明太祖改设里甲。元代的都合并为里。以一百一十户为一里，其中十户为里长，推选丁粮多者十人充任。里以下每十户为一甲，设甲首一人。”见蔡美彪等：《中国通史》（八），人民出版社1994年，第43页。

[2] 罗明坚（1543—1607），意大利传教士，1579年来澳门，后至广州传教，1607年5月11日殁于罗马。

[3] 曾德昭（1585—1658），葡萄牙耶稣会神父，1617年来华。

[4] 金尼阁（1577—1628），法国耶稣会神父，1610年来华。

[5] [波]卜弥格著，[波]爱德华·卡伊丹斯基（波兰文翻译），张振辉、张西平（中文翻译）：《卜弥格文集——中西文化交流与中医西传》，华东师范大学出版社2013年，第181页。

这里提到的农村缴纳的税包括农民给朝廷和地方政府缴纳的田税和给地主缴纳的地租，人头税就是城市的丁税，卜弥格这里提供的当时朝廷每年能够收到的税款和当时全国人口的数目虽不一定准确（他说他是根据和他同时代的一些西方来华的别的传教士的材料而写的，而不是他自己调查的结果[1]），但他说的上述税收制度贯彻的过程和与此有关的一些情况的发生，还是很正确的。此外，他的著作对中国朝廷里君臣应当遵守的礼仪和他们不同的服饰也介绍得非常详细，因为这些都是他在永历朝廷里的亲眼所见。他在《中华帝国简录》中说：

> 大臣在上朝的时候，总是排成一个半圆的队形，和皇帝保持一定的距离，他们相互之间也要保持约五步远的距离，一直是跪着。我得到的信息不很确切，因此我不知道，他们这个时候能不能随心所欲地观看皇帝的行为举止，因为那些在我们之前早就制定了的皇宫里皇帝在或者不在的时候的大臣们的行为举止必须遵循的规章，现在依然是有效的。他们两手捧着权标，皇帝则手握一块叫Tay[2]的小板子，它有两个拳头长和四个手指宽，是用最珍贵的玉做的。高级武将和别的王爷也有这样的板子，但它们是用象牙做的[3]。他们在面奏皇帝的时候，为了表示对皇帝的尊敬，都要用这样的板子遮住自己的眼睛和脸，仿佛要表示自己的卑微，臣服于皇帝……皇亲国戚戴的官帽在后脑勺上有一对向上伸着的翅膀。大臣们的官帽形状相同，向下垂着，例如国老的官帽在头的两侧伸开，像两只耳朵一样。他们乘坐的官轿上有一个躺椅，装饰得很漂亮，太监们也坐这样的轿子。皇后和大臣们的朝服上都用丝线绣了许多带花边的图画，闪着金光，还有一些金色的花朵，也是丝织的。他们的头发都很精致地梳成了一个发髻，发髻上插着金玫瑰花和金簪，金簪上还镶嵌着最贵重的宝石。皇后头上的凤冠也装点着无数的珍宝。
>
> 品级最高的大官穿的是紫红色的丝织官服，在胸前和后背上都有一个个的补子，上面画着或者绣着许多鸟兽的图像。文官分为九品，一品和二品的高官官服的胸前和后背上绣的是漂亮的仙鹤和锦鸡。三品和四品官的官服上绣的是孔雀和云雁，它也叫飞在云中的鹅。五品官的官服上绣的是白鹇和长尾野鸡，它的翅膀有十个拳头那么长，翅膀的边上是黑颜色的。六品和七品官的官服上

[1] 根据葛剑雄、曹树基的统计：明“洪武二十六年全国人口总数大约为7270万。”“加上台湾、西藏两地的人口，崇祯三年的中国人口达到了约19250万，较之洪武二十六年（1393）的中国人口增加了1.65倍，人口的年平均增长率约为百分之4.1。”葛剑雄主编，曹树基著：《中国人口史》第4卷，复旦大学出版社2000年，第247、281页。

[2] 卜弥格这个拼音不知是从哪里来的。

[3] 这里是指古代君臣在朝廷上相见时手中所拿的笏。

绣的是鹭鸶和另外一种叫瀏鶒的鸟，它也就是紫鸳鸯，它的翅膀是卷起来的，像绸缎一样地闪光。八品和九品官的官服上绣的是朱雀鸟，它是鹅的一种。有美丽的黄鹂鸟的图像。有时候，在一些野蛮人居住的地区，一些文官的官服上也绣野兽的图像。

有军衔的大臣叫武官。他们的权力的大小和地位的高低也是以九个品位来划分的，最大的官为公和侯，皇帝的亲属驸马、伯爵以及和他们相近的官的官服的胸前和背上绣的是麒麟，麒麟是一种独角的野兽，身上有白色的兽毛。一品和二品武官官服的胸前绣的是狮子，三品和四品武官的官服绣的是小老虎，五品和六品武官绣的是熊罴，七品武官的官服绣的是豹，八品和九品武官的官服的胸前和背后绣的是海马和犀牛。所有这些官员官服的两边都有一个丝绺子，背后也有一个绺子。他们还用一根有四个拳头长，用犀牛角、玉、迦南和沉香做的各种颜色的牌子来表示他们不同的品位。这些牌子都呈锥形。[1]

卜弥格的著作中也有许多关于中国的城市建筑以及交通特别是水上运输的描写，就像《马可·波罗游记》那样，充分地展现了他对中国的赞美。卜弥格年轻时热衷于对远东特别是对中国的考察，也曾受到《马可·波罗游记》的影响，他就是：在它的引导下，到中国来的，而且他对《马可·波罗游记》，尤其是这部书中提到的许多中国的城市有过很深的研究。例如他曾明确地指出：《马可·波罗游记》中提到的Kataj是指契丹，即中国的北方，Kambalu是汗八里，即北京。他是《马可·波罗游记》在欧洲的第一个诠释者。

在《中华帝国简录》中，卜弥格写道：

根据庞迪我[2]和利玛窦神父的记载，中国的宫殿都很大，很宏伟，它们的建筑形式也不一样，其宽大的面积和雄伟的气势都胜过了欧洲的宫殿，但它们没有欧洲的宫殿那么精美的装饰。这种宫殿四周有三层围墙，都呈正方形，第一道可以比作一座最大的城市的城墙。在第一道围墙和第二道围墙之间的很大很大一部分空地上，还盖着许多较为矮小的宫室，它们的大门上是金色的，这些宫室的建筑表现了高超的石雕艺术。在第二道和第三道围墙之间也有许多小的宫室，其中大都是国王的宫室。这些属于国王的宫室并没有连成一片，形成一个整体，而是分散在各个地方，但其分布的数量有一定的比例，用处也不一

[1] [波]卜弥格著，[波]爱德华·卡伊丹斯基（波兰文翻译），张振辉、张西平（中文翻译）：《卜弥格文集——中西文化交流与中医西传》，华东师范大学出版社2013年，第271—272页。

[2] 庞迪我（Didaco de Pantoja，1571—1618），明末来华的西班牙天主教神父。

样。宫室的内部没有住房，但是在它的周边有一些很大和很坚固的建筑物，这些建筑物的大理石大门装修得很精致，它们都以某种艺术的形式高高地耸立着。那里还有供休闲的花园,凉亭和林荫道，还有礼堂和休息室。但一般人只能在外面看一看（进到里面是不行的），这些建筑物都装饰得很漂亮，并且连成了一片。我见到过很多窗子，带有装饰的栅栏和用令人赞叹的上等木材打造的家具，它们的颜色赏心悦目。这三道围墙里面还有一条条的小河，为了通行之便，河上到处都架起了小桥，河边上也有林荫道。这些桥上也有许多漂亮的大理石门楼和石头砌的凉亭。[1]

卜弥格这里写的大概是明代洪武年间在首都南京建的皇宫，既有中国皇宫建筑传统的风格，又具有江南园林建筑的特点。在《中国事物概述》中，他对中国航运的描写，也充满了热情，有时甚至带有一种惊奇感：

我要谈谈这个帝国那多得数不清的船舰和伟大的航运事业，这是因为大自然给了他们那么多的河流，还不算人工开凿的运河。人都说，在中国的大陆上，没有一个地方没有水，没有一个地方没有活动。人们最常见的是航运和许许多多的船只，在中华帝国，也有许多马和牛（水牛）。就像人们所见到的那样，到处都是繁忙的景象，在中国的土地上，没有内河航运的地方是很少的。金尼阁神父有一个完全可信的说法，在那广阔的水上的交通线上，可以看到中国船上有许多人在那里干活。实际上他们船上的人并不多，跟我们船上的人数不能相比。在广州Caton城，有两万户居民住在船上。尊敬的利玛窦神父曾于1592年在中国的大江上走过，他写道：不管是农村还是城市，在所有的江河上，都有很多很多的船只。如果不是亲眼所见，是难以相信的，同时也很难理解他们是怎么居住在那些木头房子里。我也看见过在那些河上用芦苇竿和覆盖着一层编织物的木格子搭起的房子，这些房子都安放在（底部沉下去了）的小船上，它们的表面在水面上摇晃和游动，当船主把他的船在一个地方停下来后，还可以把这种房子搬到岸上去，再搭起来。像这样用编织物编起来的窝棚确实很多，看起来像河里突现出来的一些岛屿。用这种编织物还可以做木排，游到两意大利里那么远的地方去。朝廷有一万艘用于运东西的船，它们要将五个省的稻米和粮食运送到朝廷里去，运送到北京省去，每年要运送一百

[1] [波]卜弥格著，[波]爱德华·卡伊丹斯基（波兰文翻译），张振辉、张西平（中文翻译）：《卜弥格文集——中西文化交流与中医西传》，华东师范大学出版社2013年，第173页。

多万。[1]

卜弥格对中国闻名于世的建筑如长城、运河，物产如丝绸、瓷器、玉和玉器、漆和漆器、各种宝石、人参、燕窝、茶、沉香、花梨木和樟脑树等都进行过专门的研究。他认为秦始皇修长城是为了抵御北方胡人对中国的侵犯，但是秦长城后来为鞑靼人毁坏了，所以马可·波罗来到中国时，他没有见到长城，后来的长城是明洪武年间修的。他在《中国事物概述》中谈到中国的丝绸和瓷器时，对于这种当时在世界上十分先进的工艺真是赞叹不已：

如果说丝绸和养蚕，那在世界的东方，除了中国没有第二个国家能够掌握这种工艺。他们有许多质地最好的丝绸，在我看来，在全世界，没有一个有钱人不穿这种柔软的布料，它也大量地出口到了许多国家，可是人们却只知道比希拉[2]和大马士革用金线和银线缝制的美丽的丝织品[3]。据统计，中国的织造作坊每年要给朝廷的国库输送两百万担这种细软的丝绸（我没有查对，这里说的是两百万个作坊，还是两百万斤或担的丝绸？）。虽然在整个帝国都养蚕，但是没有一个地方生产的丝绸比得上浙江省和它的省会杭州的丝绸，因为那里早在基督诞生前约1636年，就有生产丝绸的记载。[4]

江西省有一种花瓶，（葡萄牙人）叫porsolana，中国人叫瓷器，只有一个地方生产，它就是饶州府（Yaocieufu），那里有生产它需要的一种白色的泥土，还有一些别的原料。如果要利用这些原料，首先得筛去其中的杂质，再把这些原料混在一起。可以肯定地说，那些没有这种白泥和一种它所需要的水的地方，是做不出这么精美的花瓶的。这种水有一种神秘的特性，如果没有它和那些必不可少的贵重的原料，绝不可能造出这么漂亮的瓷花瓶。[5]

在《卜弥格在东京寄给托斯卡拉大公的信，1658年11月20日》中，卜弥格对在中国颇为名贵的燕窝也介绍得非常详细：

---

[1] [波]卜弥格著，[波]爱德华·卡伊丹斯基（波兰文翻译），张振辉、张西平（中文翻译）：《卜弥格文集——中西文化交流与中医西传》，华东师范大学出版社2013年，第182、183页。

[2] 比希拉，据说是欧洲古代的一个国家。

[3] 叙利亚的大马士革古代盛产绸缎，曾运往欧洲。

[4] [波]卜弥格著，[波]爱德华·卡伊丹斯基（波兰文翻译），张振辉、张西平（中文翻译）：《卜弥格文集——中西文化交流与中医西传》，华东师范大学出版社2013年，第187页。

[5] [波]卜弥格著，[波]爱德华·卡伊丹斯基（波兰文翻译），张振辉、张西平（中文翻译）：《卜弥格文集——中西文化交流与中医西传》，华东师范大学出版社2013年，第192页。

还有一种在中国和它的一些附属国可以见到的东西，这就是燕窝，这是一种非常有名和非常珍贵的食品。一磅这样的燕窝经常是同等重量银价的三倍或者更多的倍，它能医治体弱和病者。这是一种燕子的窝，但人们说，它和我们的燕子种类不同。它以银鱼为食，这种鱼的鱼皮呈银灰色（它全身都是肉），它在海边上的岩穴里产子，然后生出许多小鱼。燕子在11月和3月用这些小鱼筑巢，在巢里孵出雏燕。还有一些人说，这种燕子嘴里会吐出很多唾液，这种唾液在空气中会干涸，可以用它来筑巢，渔人在这些鸟巢中，挑出最好的，不管用什么办法，都要把它放在一些瓷碗里，然后切成块，是一种非常好的食品，可以放在鸡汤中炖煮或者以别的方法烹制。燕窝干了可以保存很长时间，也可以运到很远的地方。[1]

卜弥格在他的著作中，还提到了新疆的和田玉，他所见到的玉和玉器大都是永历帝后和他的朝廷里的文官武将的生活用品或头饰和服饰。关于宝石、漆器、人参和茶，他也说明了它们的生长、制作的过程以及它们的质地、性能和用法。卜弥格也很关注中国的文化传统和民间习俗，实际上，他在上面提到的这些中国的特产不仅有很高的经济价值和实用价值，而且在中国的传统文化中，也都具有广泛的代表性，所以西方人很早就称我们为“丝国”和“china”（瓷器）。但卜弥格更重视中国传统文化的代表孔子的研究，他在《关于大哲学家孔子》一文中说：

我们要记下来的第一个事实是，在全中国都很有名的教师孔子生活在公元前550年[2]……这位哲学家通晓各种各样的学科，首先是伦理学、政治和经济学。他那些已经遗失的书[3]没有说明方法，但却有蕴含着思想和道德的格言，还有很多谚语。他教过书，表示了自己对于下层和上层的人们、统治者和被统治者、父母和孩子、兄弟和朋友以及老师和学生之间的关系的看法。他不仅力图实施一种真正的学说，而且他要培养最好的习俗和品德，要使它们在中国所有的阶层中得到普及，其中有他的追随者和忠于他的学生。他的理论和学说是伟大的，文人学士都埋头读他的书，因为这样他们就可以获得学衔和官职。统治者真的是原封不动地接受了他的学说、指示和道德，以它们为准则，相互之间进行品评。由于这个原因，孔子的后代今天仍然享有许多名衔，拥有很多财

[1] [波]卜弥格著，[波]爱德华·卡伊丹斯基（波兰文翻译），张振辉、张西平（中文翻译）：《卜弥格文集——中西文化交流与中医西传》，华东师范大学出版社2013年，第296页。

[2] 卡伊丹斯基说：卜弥格正确地指出了孔子生于公元前551年，死于公元前479年。他的上司曾德昭在他的《中华帝国》（Imperio de la Chine）一书中，错误地认为孔子生活在公元前150年。

[3] 这里是指秦始皇焚书坑儒，把孔子的书烧掉了。

富……孔子的学生从来没有把活着和已经死去的他看成是天主，也没有把他当成神祇。像利玛窦和金尼阁神父在他们的著作中说的那样，人们敬仰他是把他看成是一个伟大的英雄和杰出的慈善家，他是中国的统治者的老师。

过去所有世纪的执政者都要举行仪式，以表示对他的敬仰，他们还亲口赞美他的名字，亲热地呼唤他，把对他的崇拜和他们的财物都献给他。但是中国人从来不对他祈祷，对他没有任何乞求，也没有任何期盼，关于这一点，在很早以前，中国一些杰出人物的著作中都提到了，许多研究著作更是对这进行了广泛的论述。历史学家们也不否认，他是值得信奉的，是权威……纪念孔子的仪式也在一些学院的礼堂里举行[1]，把他的名字用金字镶刻在一些牌匾上，也用金字写在当代的文献中。[2]

他在这里对孔子作为统治中国封建社会达数千年的儒家学说的创始人的崇高地位和他的学说的基本特点，以及中国各阶层人们对这位先师的崇拜，做了很好的概括。对于中国民间的习俗，卜弥格在他的著作中提得不多，但他只要提到了某种习俗，就会对它进行详细的描述，如在《城隍神庙或者城神庙即护城的庙》一文中，他对“城隍神庙”这种中国民间的信仰做了这样的论述：

关于城隍神这个名称，中国的老百姓和中国著名的学者都说，它的意思是城墙和护城河，也就是防卫……在江西南昌府，为一个士兵的长官竖了一尊神像，表示对他的敬仰，因为他忠于这个城市的百姓，给了他们救助。因此国王总是给那种尊为神的人竖立神像，叫城隍神，意思是城墙和护城河的神，也就是护城的神。他们的庙宇在乡下，在城里，在各种不同的地方都可见到。警察长和总督还有省里户部即管户口和钱赋的官员都要来朝拜这些庙宇。在一些地方的居民中，还有一种土地城隍神的称呼，他就是护佑那个地方、那个省或那个国家的土地的神。这肯定不只一尊神，每一个乡、每一个城市都有自己的保护神，人们相信神会保佑和救助他们……中国人深信，城隍神也就是护佑城市的神具有救助、保卫和惩恶的能力，因此它被认为是一个人身上的灵魂……这些城隍神也没有确定的身份，古时候说它没有形体，它的庙中塑的不是它的神像，而是它的一尊牌位，上面写了城隍神三个大字，也就是护佑城市的神。这个牌位的前面有许多对它的介绍，如出生在公元前的什么时候……因此城隍神

[1] 应当是在孔庙里举行。

[2] [波]卜弥格著，[波]爱德华·卡伊丹斯基（波兰文翻译），张振辉、张西平（中文翻译）：《卜弥格文集——中西文化交流与中医西传》，华东师范大学出版社2013年，第167页。

庙里只留下了代表城市和乡村护佑神的牌位。[1]

在中国古代的神话中，就有守护城池的神，后来为道教所信奉，据任继愈主编的《宗教词典》有关条目上的说明，有关它的记载“最早的是三国吴赤乌二年（239）所建芜湖城隍。《北齐书·慕容严传》亦有郢城城隍记载。唐以后郡县皆祭城隍，张说、韩愈、杜牧等皆有祭域隍文。宋以后祀遍全国，如苏州祀春申君，杭州祀文天祥，上海祀秦裕伯，大率以有功于当地者为该地城隍。后唐清泰元年（934）封城隍为王，明太祖曾封京师城隍为帝，开封、临濠、东和、平滁以王，府曰公、县曰侯。洪武三年（1370）去号，但称某府、某县城隍之神。见《陔馀丛考》”[2]。在这里，卜弥格不仅正确地指出了在中国的老百姓的心目中，城隍有护卫城邦的职责，它就像这座城池的城墙和护城河一样，还进一步地了解到中国人常常把保卫某个城市不受外敌侵犯或者为它的发展做出了巨大贡献的杰出人物尊为这个城市的城隍神，为他建庙，世代祭祀，以表敬仰。卜弥格对中国封建社会的政治制度、地区划分、经济发展和文化传统的了解在各方面虽不一定都很深入，但他涉猎范围很广，且都取得了一定的成就，这是和他同时期的或早于他的西方汉学家所不能比的。

三、卜弥格对中国动植物和中医的研究

卜弥格在中国研究的主要对象是这里生长的动植物和中医。他在这方面的主要成果是他撰写的《中国植物志》和一系列有关中医的论著。这些论著的出版，在几个世纪里，对西方都产生了很大的影响。他的《中国植物志》对椰子、槟榔、番木瓜、芭蕉、腰果、荔枝、龙眼、香果、菠萝蜜、芒果、枇杷、番石榴、面包树、柿子、番荔枝、榴莲、胡椒、桂皮树、大黄、茯苓、生姜、野鸡、麝、松鼠、豹、绿毛龟、海马和蚺蛇等二十多种他所了解的主要生长在中国南方和南亚一带的动植物的特性和产地进行了详细的介绍，他所绘制的二十七幅它们的图像都是非常精确的，例如他在谈到芭蕉时说：

印度的无花果中国话叫芭蕉。这种树树干粗大，呈绿色，肉质不硬，有很多水分。看起来，它除了一根圆形的树杆外，还有许多跟它连在一起的大片的树叶。这种树叶呈鲜明的绿色，有九个手掌那么长和两个半手掌那么宽。从这根树干和这些叶子中长出一根枝丫像花一样的东西，它会逐渐变成无花果。一

[1] [波]卜弥格著，[波]爱德华·卡伊丹斯基（波兰文翻译），张振辉、张西平（中文翻译）：《卜弥格文集——中西文化交流与中医西传》，华东师范大学出版社2013年，第168页。

[2] 任继愈主编：《宗教词典》，上海辞书出版社1981年，第748页。

株这样的芭蕉树有时能长出一千多个无花果，一个人很难把它们都摘下来。这些无花果有的很小，有的很大，小的只有一个指头大，大的比手掌还大，它们长在或大或小的树干（树枝）上。这种树一年开一次花，开得很多，这些花再结果。果实里有种子，种子在土里生根发芽，很快就会长出新的芭蕉来；然后再把这种新长出来的芭蕉移植到别的地方，最常见的是六个月后，它的树枝上又会长出新的果实来。这种无花果在它生长的树上，在树的枝丫上就成熟了。它有一层黄色的表皮，果瓤柔软，呈白色，味道又甜又香，很好吃。它的表皮很软，含有很多糖分。[1]

我们在科学出版社出版的《中国植物志》中，也可找到类似这样的论述：芭蕉的拉丁文名称为Musa basjoo，"它植株高2.5—4米。叶片长圆形，长2—3米，宽25—30厘米，先端钝，基部圆形或不对称，叶面鲜绿色，有光泽；叶柄粗壮，长达30厘米。花序顶生，下垂；苞片红褐色或紫色；雄花生于花序上部，雌花生于花序下部；雌花在每一苞片内约10—16朵，排成2列；合生花被片长4—4.5厘米，具5（3+2）齿裂，离生花被片几与合生花被片等长，顶端具小尖头。浆果三棱状，长圆形，长5—7厘米，具3—5棱，近无柄，肉质，内具多数种子。种子黑色，具疣突及不规则棱角，宽6—8厘米"[2]。卜弥格对这些热带植物描写却显得形象和生动，很明显带有他个人的兴趣和感情的色彩。

对麝这种动物和麝香，卜弥格不仅在《中国植物志》，而且在《中国事物概述》中，都做过很深入的研究。他在《中国植物志》中说：

这个中国字是麝，葡萄牙语叫almiscar，拉丁语叫muscum。从这种动物身上能够获得一种称为麝香的东西，这个词由两个字组成，前面是麝，后面是香，它的意思是：身上有香气的鹿。麝这种动物确实像鹿，也像老虎。它身上长了很多毛，它的毛是灰色或者黑色的。中国人叫麝香，葡萄牙人叫almiscar，拉丁语叫muscar的这种东西就是麝这种动物的肾，它很自然地保存在麝的体内。[3]

在《中国事物概述》中，他谈到了麝香摄取的办法：

[1] [波]卜弥格著，[波]爱德华·卡伊丹斯基（波兰文翻译），张振辉、张西平（中文翻译）：《卜弥格文集——中西文化交流与中医西传》，华东师范大学出版社2013年，第307页。

[2] 《中国植物志》第16卷第2分册，科学出版社1981年，第12页。

[3] [波]卜弥格著，[波]爱德华·卡伊丹斯基（波兰文翻译），张振辉、张西平（中文翻译）：《卜弥格文集——中西文化交流与中医西传》，华东师范大学出版社2013年，第347页。

当月亮盈满的时候（有人说），猎人便去捕捉这种动物，他们在它的肚皮和肉之间可以找到一个血囊，要把这个血囊连它的包皮一起割取出来。在月满的时候捕到的这种动物的血囊是最丰满的，把这种有麝香的血囊连皮一起从这种动物的身上取出来后，再放在阳光下晒干，这样它的柔性最好。麝的肉和鹿肉一样，很好吃。目前关于这种动物有各种不同的说法，有的说它像山羊，有的说它像猫，但中国人说它像鹿和老虎。人们还将它的混杂着血和肉的排泄物搜集起来，放在一个球形的小袋子里，但这不是睾丸。在月满的时候，这种动物身上的麝香确实是一种带有很多血的东西。[1]

卜弥格的《中国植物志》是西方人编写的第一部中国植物志，它对中国的动植物和中国大自然的研究，在整个西方都具有开创的性质和划时代的意义。卡伊丹斯基曾对卜弥格的这部著作做过很高的评价，他说它“是欧洲发表的第一部关于远东和东南亚大自然的著作”，[2]“它对中国植物（和动物）的介绍和其中的插图，是欧洲近一百年来人们所知道的关于中国动植物的唯一资料”。[3]“欧洲，不论17世纪还是18世纪，都没有一个植物学家能够像卜弥格那样，根据自己在中国实地考察和经验，撰写和发表过什么东西。”[4]

卜弥格来到中国后，他最关注的是中国医学，这一方面是因为他在他作为著名医生的父亲的影响下，从小就酷爱医学，而且还救治过病人；另一方面也是出于他对中国的热爱和对中医这门虽是医学但他过去在欧洲却从来没有接触过的学科极大的兴趣。所以他在这方面的研究涉及面也是最广博和最深入的，他这方面的研究成果也是最多的。卜弥格首先把他这项研究的重点放在《黄帝内经》和魏晋医学家王叔和的《脉经》上，这是因为大概产生于秦汉时期的前者乃是中国古代中医理论和早期临床治病经验的总结，对后世中医的发展具有指导意义，后者则是中国古代关于脉搏的唯一的一部经典。他认为，读了这两部经典，就会对中医有个较为全面的了解。此外他在南明永历的朝廷里，从一些中医医生那里，也能学到许多中医临床的知识。随同他长期往返于欧亚的中国旅伴陈安德据说也懂中医，卜弥格在阅读中医典籍的时候，当然也能得到他的帮助。他在《耶稣会卜弥格在暹罗王国给医生们写的前言，1658年》中，曾经很有趣味地写道：

---

[1] [波]卜弥格著，[波]爱德华·卡伊丹斯基（波兰文翻译），张振辉、张西平（中文翻译）：《卜弥格文集——中西文化交流与中医西传》，华东师范大学出版社2013年，第188—189页。

[2] [波]爱德华·卡伊丹斯基著，张振辉译：《中国的使臣——卜弥格》，大象出版社2001年，第203页。

[3] [波]爱德华·卡伊丹斯基著，张振辉译：《中国的使臣——卜弥格》，大象出版社2001年，第205页。

[4] [波]爱德华·卡伊丹斯基著，张振辉译：《中国的使臣——卜弥格》，大象出版社2001年，第203页。

> 现在，我们向你们，最有名的先生们和整个欧洲提供一部著作的纲要，这部著作是世界上最遥远的角落（最遥远的一个地区）的一个最年长和在令人尊敬的医生的。你们应该知道，他是生活在比阿维森纳[1]、希波克拉底[2]、加伦[3]和赛尔苏斯[4]要早许多世纪的一个地方的一位很有能力和高贵的皇帝。根据文献记载，他生活在洪水泛滥[5]前大约四百年，在基督诞生前2697年他就开始统治那个地方了。我们能不能了解到他的那个地方在哪里？这位大人物统治的那个地方叫Synpi，在中华帝国的河南省的开封市[6]。他的名字叫黄帝，意思是"黄色的皇帝"，他第一个在中国制订了中医技艺（用药的方法）的原则，这个技艺被人们接受了，而且世世代代地传下来了。他为他的帝国做出了很大的贡献，有许多事实都证明了，在运用这种技艺中的许多有名的事例不仅都有记载，而且也流传下来了。[7]

卜弥格在他论述中医的著作中，根据这部他所景仰的《黄帝内经》和其他一些他可能读过的中医典籍，在他的《论脉》中，对中医中的阴阳五行、气血循环、人体结构和一年四季对人体健康的影响这些属于中国古代哲学和医学的天人合一的基本理论，做了十分形象而又高度概括的论述，他说：

> 它（指中医）介绍了一种以中国的医生自己的原则和观点为依据的中国哲学的理论，这些原则和观点都反映在一部称为《内经》的有一百六十二章的最古老的法典（古书）中。我想一开始就具体地介绍一下中国哲学的一些基本的观点，所以我觉得有必要先来说明一下大自然中某些基本的规律和对应的现象。古代中国人的医学哲学的各种不同的原则一直没有得到充分的阐释，其中就包括五行的自然属性和它们活动的情况。对这些东西，我们在这里，要在一定的范围内加以说明。实际上，这些原则并不符合我们已经检验过的那些原则，但是它们在中国却得到了承认，被认为是准绳。它们在它们的祖国的土地上，得到

[1] 阿维森纳（Avicenna），即伊本·西拿（ibu-Sina，980—1037），阿拉伯著名医学家和哲学家，被誉为"医中之王"。阿维森纳是他的拉丁文名，系欧洲人对他的称呼。

[2] 希波克拉底（Hippokrates或Hippocrates，约前460—约前377），古希腊医学家，西方医学的奠基人。

[3] 加伦（Claudius Galenus或Galen 公元129—公元199，也译伽仑、盖仑），古罗马医师、自然科学家和哲学家，继希波克拉底之后的古代医学理论家。

[4] 塞尔苏斯（Aulus Cornelius Celsus，公元一世纪），在世时编撰过一部大形百科全书，现仅留下了其有关医学的部分。

[5] 大概是指大禹治水的时代。

[6] 不知道Synpi是什么地方，但黄主要活动在河北和陕西一带。

[7] [波]卜弥格著，[波]爱德华·卡伊丹斯基（波兰文翻译），张振辉、张西平（中文翻译）：《卜弥格文集——中西文化交流与中医西传》，华东师范大学出版社2013年，第483页。

了那里古时候的学者们的权威性的支持。这种技艺在那里得到了普遍的运用，这里可以看到，它是经过了很长时期的检验的，它的运用具有很大的科学性。

现在我们就来深入到问题的核心：这里有两个概念，我们的医生通常把它们称为天生的温和湿，即温和湿的因素，中国人称之为阳和阴。照他们的看法，这是所有的物质形成的基础，它们存在并以某种方式活动在物质的内部。中国人还说，气是阳的载体，血是阴的载体。从阳和阴这两个概念（被认为是明和暗）出发，又产生了一些其他的概念，如出生（产生）、缩小（消失）、太过和不足、连在一起和分开（分散）。此外还有一些互相对立和矛盾的现象，它们使五行在天地之间的世界上所有的东西中出现征兆、发生变化，这些变化在一年中的不同季节有所不同，它们也发生在人体内。人体内的每个器官都具有阳和阴的自然属性，这些器官是从属于它们的，在或大或小的程度上要听从它们的命令。也就是说，这两种属性要影响到人的机体状况的好坏，决定人的生死。[1]

…………

这就是中国的医学哲学的基本思想，它在脉诊时得到了运用，同时它也制定了治病的原则和规矩。中国人了解五行、一年四季和人的器官能够保持和谐和亲密的相互关系，五行造成的变化和破坏以及器官和脉行使功能的哲学基础。[2]

卜弥格认为，中国的医生治病，一是看病人的舌苔，二是诊脉，对这两种诊断的方法，他不仅有许多论述，还绘制了一系列有关的图像和图表。例如他在《舌诊》中说：

为了说明这个问题，应当指出的是，照中国医生们的看法，人体五个器官和五行有五种颜色。舌头反映心的状况，心主管整个人体。心的颜色是红的，肺的颜色是白的，肝的颜色是青的，胃的颜色是黄的，肾的颜色是黑的。[3]

卜弥格在这篇论文中还明确指出，他的这些论述都是引自永历朝廷里的一些信基督教的医生们用过的一部医书，虽然他没有说出这部医书的名字。但我们看到，他在这里把舌头的颜色所反映的人的内脏的健康状况和阴阳五行、一年四季以及东南西北

[1] [波]卜弥格著，[波]爱德华·卡伊丹斯基（波兰文翻译），张振辉、张西平（中文翻译）：《卜弥格文集——中西文化交流与中医西传》，华东师范大学出版社2013年，第358页。

[2] [波]卜弥格著，[波]爱德华·卡伊丹斯基（波兰文翻译），张振辉、张西平（中文翻译）：《卜弥格文集——中西文化交流与中医西传》，华东师范大学出版社2013年，第361页。

[3] [波]卜弥格著，[波]爱德华·卡伊丹斯基（波兰文翻译），张振辉、张西平（中文翻译）：《卜弥格文集——中西文化交流与中医西传》，华东师范大学出版社2013年，第365页。

四个方向对它们的影响联系起来，这显然是《黄帝内经》和中医另一部经典《难经》对他的启示。关于人的脉搏，卜弥格的著作中也述说得很多。他认为人的经脉是贯穿全身的，它们向全身不断地输送着气和血，气和血在十二根经中二十四小时不断地循环，使连着它们的人体内的每一个器官都能够正常地运转和发挥功能，没有气血的循环或者停止这种循环，人就会死亡。由于气血的循环，便产生了脉搏，一个健康人在某个时刻脉搏的次数和他呼吸的次数有一定的比例，如果不成这个比例，他就处于病态，他在《医学的钥匙》中说：

中国人把天分为五十天亭，即五十度，一度相当于漏壶显示的四刻零十分[1]。宇宙天体二十四小时五十亭的一个周转也会影响脉搏，它在二十四小时中的循环运动的距离为八百零十丈，输送内部的气和外部的血的阳循环十二小时相当于二十五亭。阴的循环在另一个十二小时，也就是天体周转的另一个二十五亭。因此，经过二十四小时，也就是天体周转的五十亭即五十度，脉的一次循环才全部完成。从这里可以得出什么？

第一个提示：在一昼夜，也就是五十个天亭，相当于中国的十二个时辰或欧洲的二十四小时，一个健康人要呼吸一万三千五百次，健康人在一次呼吸的时间内，他的动脉会跳动四次或五次。因此，一昼夜也就是二十四小时的脉搏不应少于五万四千次，也不应多于六万七千五百次。天的运动在时间上和脉的循环上是互相对应和相等的，这就是说脉的循环运动既不慢于天的运动，也不比它快，它搏动的次数既不能少也不能多于上述的次数，这才是人体正常的状况。因此，如果脉的循环[2]不足或者太过，也就是说脉搏太慢，或者由于太慢而变小，或由于太快而变大，人就会感到难受。[3]

实际上，这个阴阳对应、天人合一的观点和计算脉搏的方法也是《难经》对他的启示，《难经》上说："人一呼脉行三寸，一吸脉行三寸，呼吸定息，脉行六寸。人一日一夜，凡一万三千五百息，脉行五十度周于身。漏水下百刻，营（诸本均作荣）卫行阳二十五度，行阴亦二十五度，为一周也，故五十度复会于手太阴。寸口者，五脏六腑之所终始，故法取于寸口也。"[4]另外，卜弥格根据王叔和的《脉经》对他的

[1] 在卜弥格看来，既然天体在二十四小时内周转五十亭即五十度，那么它一小时便要周转两亭零五分，根据中国计算时间的方法，一个时辰等于两小时，所以天体在一个时辰中便会周转四亭即四度零十分。

[2] 描血液循环。

[3] [波]卜弥格著，[波]爱德华·卡伊丹斯基（波兰文翻译），张振辉、张西平（中文翻译）：《卜弥格文集——中西文化交流与中医西传》，华东师范大学出版社2013年，第525页。

[4] 牛兵占主编：《难经译注》，中医古籍出版社2004年，第1页。

提示，把一般可以诊断的脉分为下面几种：脉七飘，在外部，属于阳脉，有浮脉、芤脉、濇脉、寔脉、弦脉、紧脉和洪脉。脉中八，在内部，有微脉、深脉、缓脉、稀脉、迟脉、软脉、浮脉和弱脉。九道脉，就是九根经的脉，有长脉、短脉、虚脉、速脉、濇脉、代脉、抻脉、动脉和细脉。此外还有急进八脉，和十六根超常脉，这些都是死脉。它们的性质、表现和所在的位置各不相同，但都能反映出人体内部和它们有联系的器官是处于健康的状态还是患了什么病，反映出人体是处于健康状态的脉是正常的脉，否则就是太过或者不及的脉。

卜弥格在他的著作中，不仅较为全面地论述了中医关于人体构造以及外部环境对它的影响的理论和治病的方法，还针对不同的脉象和人体其他方面的表现在他的《中医处方大全》（分两部分）中，开出了几百种药方。他在这部著作的前言，即《〈处方大全〉前的另一篇前言》中，首先就很详细地介绍了这些中药是怎么产生的，它们在中国治病的效应，几千年以来，已被医生临床的经验所证实，它们同样适用于欧洲：

> 下面要介绍的这本书是一本关于治病的原则或方法的非常有用的指南，这些原则或方法是中国第一批功勋卓著的医生所发现和制定的。根据流传下来的记载，它们都经过了王叔和的整理和编纂。现在，所有中国的医生都极力想要继承他的这个传统，对他关于脉搏的论述没有任何怀疑，也完全相信他的这些治病的方法。根据这里所说的通过脉诊来治病，有他们长时期被认可的经验。这里介绍的药物也完全可以使病人恢复健康。但若遇到了下面的情况，如治病的方法不对，或者对脉搏的性质没有弄清楚，一种病的发生带有另一种并发症，或者这种病根本就治不好，那药物对它们也就没有用了。这本书中所提到的药物，都是用脉诊的方法治病时所需要的，我要将它们介绍得详细一点，以便欧洲的医生们也能够用它们治病。[1]

他认为中药分为汤药、丸药和散药三种，它们中又有复合药和单味药。复合药是医生为了治病开出的包括两种以上的药的药方，单味药是用来治病的一种单一的药。在《中医处方大全》名为《对作者王叔和脉诊医病的说明》的第一部分中，他列举的复合药有72种，这里也可以将几种他开的药方和中医典籍中有关的药方加以对照，如他说的一种叫泻黄散的药可治人体中间部分的芤脉所显示的病：

[1] [波]卜弥格著，[波]爱德华·卡伊丹斯基（波兰文翻译），张振辉、张西平（中文翻译）：《卜弥格文集——中西文化交流与中医西传》，华东师范大学出版社2013年，第374页。

取藿香叶、栀子仁、甘草各五钱，防风二两，石膏一两，混在一起后取出五钱，加两杯水熬煮，去掉剩下的渣滓后，过一些时候，可乘热服下。[1]

宋钱乙所著《小儿药证直觉》卷下方上说：

泻黄散又名泻脾散。治脾热弄舌。藿香叶七钱，山栀子仁一钱，石膏五钱，甘草三两，防风四两，去芦，切培。上銼，同蜜酒微炒香为细末。每服一至二钱，水一盏，煎至五分，温服。清汁，无时。[2]

还有一种大柴胡汤，可治左手第一个位置寸上的紧脉的病：

取柴胡二两、黄芩七钱、芍药三钱、半夏六又二分之一钱、枳实四支、大黄五钱，混在一起后分成三份。给每一份加姜和枣，放在水中熬煮后，乘热服下。[3]

张仲景《伤寒论》上说："大柴胡汤方。柴胡（半斤），黄芩（三两），芍药（三两），半夏（半升，洗），生姜（五两，切），枳实（四枚，炙），大枣（十二枚，擘）。上七味，以水一斗二升，煮取六升，去渣再煎，温服一升，日三服。一方加大黄二两，若不加，恐不为大柴胡汤。"[4]

还有用六味地黄丸，可治迟脉的病：

处方：取生地黄，木通，甘草，混在一起后，加上一些芦苇的叶子，放在水中熬煮，用这种药汤将六味地黄丸送下。

六味地黄丸处方：取山药八钱，泽泻、牡丹皮、茯苓各三钱，熟地黄八钱，混起来后碾成粉末，加上蜜后烤熟，做成梧桐子大小的丸子，每一剂十粒。用上述药汤空腹送下。[5]

---

[1] [波]卜弥格著，[波]爱德华·卡伊丹斯基（波兰文翻译），张振辉、张西平（中文翻译）：《卜弥格文集——中西文化交流与中医西传》，华东师范大学出版社2013年，第379页。

[2] [宋]钱乙著，李志庸校注：《小儿药证直诀》，中国中医药出版社2008年，第47—48页。

[3] [波]卜弥格著，[波]爱德华·卡伊丹斯基（波兰文翻译），张振辉、张西平（中文翻译）：《卜弥格文集——中西文化交流与中医西传》，华东师范大学出版社2013年，第383页。

[4] 陆渊雷：《伤寒论今释》，学苑出版社2009年，第149页。

[5] [波]卜弥格著，[波]爱德华·卡伊丹斯基（波兰文翻译），张振辉、张西平（中文翻译）：《卜弥格文集——中西文化交流与中医西传》，华东师范大学出版社2013年，第387页。

《小儿药证直诀》卷下方上说：地黄丸，“熟地黄八钱，山萸肉、干山药各四钱，泽泻，牡丹皮，白茯苓去皮，各三钱。上为末，炼蜜丸如梧桐子大，温水化下三丸”。[1]

卜弥格的这些处方和中医典籍上的有关处方几乎是完全一致的，虽然我们不知道他是不是给病人亲自诊过脉，用他列举的这些处方给病人治过病，他的这些处方也可能是他当时在中国能够见到的一些中医的典籍，或者他在永历朝廷里认识的那些医生提供给他的，但他将它们翻成了拉丁文后，到350多年后的今天，依然使我们感到他非常准确地表达了那些处方的原意。在《中国处方大全》名为《单味药》的第二部分中，他列举的简单药达289种之多，对每一种也都说明了它的药性和服法。我们也可举几种和我们今天对它们的认识加以对照。如我们熟知的当归，卜弥格说：

> 这种根很有用，味涩中带甜，性温，入心、肝和脾，当血中有一部分成了坏血时，能补上新血。这种植物的茎杆也有活血的作用，它的根上的毛祛坏血，它和Elleborus是一样东西。[2]

由上海人民出版社出版的《中药大辞典》在谈到这种药时说它“为伞形科植物当归的根，多年生草本。”功用主治：“补血和血，调经止痛，润燥滑肠。治月经不调，经闭腹痛，症瘕结聚，崩漏；血虚头痛，眩晕，痿痹；肠燥便难，赤痢后重；痈疽疮疡，跌扑损伤。”[3]

又如小茴香，卜弥格说：

> 这种种子涩中带甜，性温，入胃和肾，止肌肉疼痛，使机体兴奋。[4]

《中药大辞典》上说它“为伞形科植物茴香的果实。多年生草本。”功用主治：“温肾散寒，和胃理气。治寒疝，少腹冷痛，肾虚腰痛，胃痛，呕吐，干、湿脚气。”[5]

卜弥格对这些“单味药”的介绍，可能有他自己的写法，他一个人在350多年前，对这其中的每一种药也不可能像我们今天集体编撰的中医著作写得这么翔实，但是他介绍的这些药物的性能，和我们中医学界对它们的认识，基本上是一致的。可见他对这项工作付出了多么大的努力，他在治学上很严谨，但他却很谦逊地说：“如果这里

---

[1] （宋）钱乙著，李志庸校注：《小儿药证直诀》，中国中医药出版，2008年，第46页。

[2] [波]卜弥格著，[波]爱德华·卡伊丹斯基（波兰文翻译），张振辉、张西平（中文翻译）：《卜弥格文集——中西文化交流与中医西传》，华东师范大学出版社2013年，第410页。

[3] 《中药大辞典》，上海人民出版社1977年，第876、877页。

[4] [波]卜弥格著，[波]爱德华·卡伊丹斯基（波兰文翻译），张振辉、张西平（中文翻译）：《卜弥格文集——中西文化交流与中医西传》，华东师范大学出版社2013年，第422页。

[5] 见《中药大辞典》，上海人民出版社1977年，第1591、1592页。

有的说得不对，那是因为我缺乏经验，而不是我的本意。大概还有一些完全不为人知的病，因此难以确认，在欧洲的药书中也找不到。为了改变这种局面，我做过一些努力，比如我曾提议编制一个中药的标本集，介绍这些药物的用处，并配以图像。为此我虽长期以来利用我空余的时间，一直在搜集材料，上帝要我完成这项工作，但是我所得到的材料并不很多。”[1]可是他的《舌诊》这篇文章和他的《医学的钥匙》这部巨著先后在1682和1686年发表后，在欧洲各国产生了巨大的影响。他的《中医处方大全》那时还出版过好几次，从而引起了欧洲人对这种“神奇的中药”极大的兴趣，都热衷于向当时荷兰的东印度公司从中国运来的商品中，不断购买它，用来治病。实际上，也正如爱德华·卡伊丹斯基先生所说：“卜弥格无疑是欧洲第一位了解中医的秘密，掌握了有关中国药用植物知识的学者。”“当航海民族：葡萄牙、荷兰人和西班牙人只是部分地发现了中国和中国文化的时候，17世纪的欧洲人从卜弥格那里，对于中医学、中国动植物和矿物，实际上已经得到了全面的了解，卜弥格乃是向我们提供这种了解的第一个欧洲人。”“西方的传教士都是出色的天文学家和数学家，可是对于中国医学和大自然，除了卜弥格外，谁都说不出什么。”[2]卜弥格对中国动植物和中医的认识在欧洲好几个世纪都具有指导的意义，产生了深远的影响。例如雷慕沙的题为《论舌头上的征候》的博士论文，就是根据卜弥格的《舌诊》中的观点写成的。卜弥格是西方早期最杰出的汉学家之一，像他那样能在经过实地调查和研究，向西方如此广泛深入地传播中国古代文明成就的学者，不仅在他生活的那个年代，而且在他死后的几个世纪，都没有第二个。但他并不以此满足，他还希望他的事业后继有人，他的《卜弥格根据大秦景教碑所编著的一部汉语拉丁语词典》就是因为他在西安见到那块著名的“大秦景教流行中国碑”后，不仅将上面的碑文翻成了拉丁文（这是欧洲对这篇碑文的第一次翻译），而且将碑文中的1560个汉字逐一地翻成了拉丁文，他用这种方法编成了一部小型的《汉语拉丁语字典》，以供以后来华的欧洲人学习和使用。我们知道，他的一生只活了47岁，在当时交通极不方便的情况下，他曾三次往返欧亚大陆，付出了大量的精力，此外他在中国的居留也只有两年多的时间，但他却能在如此困难的条件下和较短的时间内，写出了这么多涉及面极为广泛且具有高度的科学价值的关于中国的著作，这表现了他的崇高品德和锲而不舍的求真精神。

（作者单位：张振辉，中国社会科学院外国文学研究所）

[1] [波]卜弥格著，[波]爱德华·卡伊丹斯基（波兰文翻译），张振辉、张西平（中文翻译）：《卜弥格文集——中西文化交流与中医西传》，华东师范大学出版社2013年，第374页。

[2] [波]卜弥格著，[波]爱德华·卡伊丹斯基（波兰文翻译），张振辉、张西平（中文翻译）：《卜弥格文集——中西文化交流与中医西传》，华东师范大学出版社2013年，第100页。

卜弥格与基歇尔

张西平

一、基歇尔和他的《中国图说》

阿塔纳修斯·基歇尔（Athanasius Kircher，1602—1680）是欧洲17世纪著名的学者、耶稣会士。他1602年5月2日出生于德国的富尔达（Fulda），1618年，16岁的他加入了耶稣会，之后在德国维尔茨堡（Wurzburg）任数学教授和哲学教授。在德国30年的战争中，他迁居到罗马，在罗马公学教授数学和荷兰语。他兴趣广泛，知识广博，仅用拉丁文出版的著作就有40多部。有人说他是“自然科学家、物理学家、天文学家、机械学家、哲学家、建筑学家、数学家、历史学家、地理学家、东方学家、音乐学家、作曲家、诗人”[1]，他“有时被称为最后的一个文艺复兴人物”。[2]

图1　基歇尔画像

基歇尔虽然著述繁多，但他1667年在阿姆斯特丹所出版的《中国图说》，恐怕是他一生中最有影响的著作。《中国图说》拉丁文版的原书名为*Chia Monumentis qua Sacris quà profanis, Nec non variis Naturae 8c Artis Spectaculis, Aliarumqe rerum memorabilium Argumetis Illustrata*，中文名为《中国宗教、世俗和各种自然、技术奇观及其有价值的实物材料汇编》，简称《中国图说》，即*China Illustrata*。[3]

[1]　G.j.Rasen Dranz, *Ars dem leben des Jesuite Athanasius leich er 1602-1680*, 1850, vol.1, p8.

[2]　*Ibid.*

[3]　朱谦之先生在《中国哲学对欧洲的影响》一书中对此书做过介绍，但他将该书第一版出版时间说成1664年是有误的。

这部书共分六个部分。

第一部分介绍在西安出土的大秦景教碑，共有六章，分别从字音、字义、解读三个方面全面介绍了大秦景教碑，并公布了一幅在西安出土的大秦景教碑的手抄临摹本。这是在17世纪欧洲出版物中第一次公布这么多的汉字，这个碑文的汉字和拼音在欧洲早期汉学上产生了重要的影响。

第二部分介绍的是历史上西方人前往中国旅行的路线。这一部分共十章，从马克·波罗以及元代来华的方济各会传教士柏朗嘉宾（Jean de Plan Carpin）、鲁布鲁克（William Rubruk）、鄂多立克（Odoric）来华的路线和见闻，到明清间来华的耶稣会士白乃心（Jean Grueber，1623—1680）、吴尔铎（Albert d'Orrille，1622—1662）返回欧洲时的西藏之行，基歇尔将所有这些游记加以汇总，勾勒出从历史上到他生活的17世纪中叶从西方通向中国的所有旅行路线。同时，他也对东亚（以中国为代表）、中亚、南亚的许多风俗人情、宗教信仰做了详细介绍。

第三部分介绍了中国及亚洲其他地方的宗教信仰。这一部分共七章，除了介绍欧洲已经熟悉的印度的婆罗门教及其在南亚大陆的传播外，重点介绍了日本和中国的宗教信仰。他在这一部分中，向欧洲的读者介绍了中国的儒、释、道三种教派。

如果说前三部分是在一种东方学的框架中谈到中国，那么，第四部分以后的剩余三部分则是对中国的专题介绍。第四部分共有十一章。从中国的地理位置、自然环境到中国人生活的风俗，基歇尔都做了详细的介绍。基歇尔身上有着强烈的文艺复兴时期的人们所具有的好奇心，他在这一部分中对中国的飞鸟、中国的河鱼、矿产这些细节也做了极为生动的描述。

在第五部分，他向欧洲展示了中国的庙宇、桥梁、城墙等建筑物。虽然只有一章，却妙趣横生。

第六部分他介绍了中国的文字，共有五章。基歇尔是个语言学家，他1643年所写的《复原的埃及语》（*Lingua Aegyptiaca restitute*）和1652年所写的《埃及的奥狄浦斯》（*Oedipus Aegyptiacus*）奠基了西方的埃及学。在这里他首次向西方人展示了中国文字的各种类型。

基歇尔的《中国图说》第一版，于1667年在阿姆斯特丹出版后，在欧洲引起了很大的反响，其神奇的内容、美丽的插图、百科全书式的介绍，给欧洲人打开了一扇了解东方的大门，展示出一条通向中国精神世界的道路。这本书不仅为当时的欧洲学者所看重，如莱布尼茨案头就有这本书，并对他的东方观产生了影响，同时它还为一般读者所喜爱，因为书中的插图很美，以至许多藏有《中国图说》的欧洲图书馆中的这本书的插图被不少读者撕去。这一点法国学者艾田浦（Etiemble）的话很有代表性，他说："《耶稣会士阿塔纳斯·基歇尔之中国——附多种神圣与世俗古迹的插图》，此书的法文版出版于1670年，尽管编纂者是一个从未去过亚洲的神父，但此书的影响比金尼阁的《游记》影响还要大。”[1]《中国图说》1986年英文版译者查尔斯·范图尔（Charles D.Van Tuyl）说，在“该书出版后的二百多年内，在形成西方人对中国及其邻国的认识上，基歇尔的《中国图说》可能是有着独一无二的最重要的著作”[2]。考察西方早期汉学史，基歇尔的这本书是必须研究的[3]，它是西方早期汉学发展史的链条上一个重要的环节。

由于卜弥格在罗马学习时是基歇尔的学生，先后返回欧洲的卫匡国（Martin Martini，1614—1661）、白乃心也都是基歇尔的学生，所以，《中国图说》中关于中国的文献和材料，基本上是卜弥格、卫匡国、白乃心三人提供的。[4]

二、卜弥格在《中国图说》中发表的关于大秦景教碑的一封信

在《中国图说》一书中，基歇尔对卜弥格的材料引用得最多，以致有些学者认为“基歇尔这部伟大的著作——它在和他同时代的学者中，比他任何一部别的著作都赢得了更大的荣誉——所吸取和利用的卜弥格的材料是那么的多，以致它的基础部分都属于卜弥格了。”[5]

基歇尔对卜弥格文献的引用首先表现在他在《中国图说》中发表了卜弥格的一封关于大秦景教碑的长信。

卜弥格返回欧洲之前，曾德昭在他的《大中国志》一书中最早对西安所发现的这块景教碑做了报道。

基歇尔说，曾德昭是第一个亲眼目睹碑文的神父。这个判断是正确的。[6]他在罗马见到了曾德昭也是真实的。他说：“当这位巡游者在罗马时，他把他所看到的一切都讲给了我听。”[7]

接着，基歇尔在罗马又见到了卫匡国，卫匡国亲自给他讲解碑文，并在他自己的《中国新图》一书中介绍西安的这一重大发现，基歇尔在书中也引用了卫匡国的介绍。

---

[1] [法]艾田蒲著，许钧、钱林森译：《中国之欧洲（上）》，河南人民出版社1992年，第269页。

[2] [德]基歇尔（Athanasius Kircher）：《中国图说》(*China Monumentis*), Amstelodami, 1667; Charles Van Tuyl英译本*China Illustrata with Sacred and Secular Monuments, Various Spectacles of Nature and Art and Other Memorabilia*, Oklahoma, 1986, Translator's Foreword.

[3] 朱谦之先生的《中国哲学对欧洲的影响》是国内最早对该书研究的著作，朱先生将基歇尔译为“刻射”。

[4] 参阅冯承钧译：《西域南海史地考证译丛》第三卷，商务印书馆1999年，第132页。

[5] [波]爱德华·卡伊丹斯基著，张振辉译：《中国的使臣——卜弥格》，大象出版社2001年，第230页。

[6] 参阅计翔翔《17世纪中期汉学著作研究：以曾德昭〈大中国志〉和安文思〈中国新志〉为中心》，上海古籍出版社2002年，第176—224页。

[7] [德]基歇尔：《中国图说》（英译本），第5页。

基歇尔最后见到了卜弥格，对我们今天的中国研究者来说，《中国图说》中公布的卜弥格的一封信是我们研究卜弥格的珍贵的史料。

卜弥格关于景教碑的信是这样写的：

纪念天主教信仰的石碑是在中国一个特殊地方发现的，它用大理石制成，上面刻有中文和被称作“埃斯特伦吉洛”（Estrongelo）的叙利亚文，以及迦勒底神父的签名，这个石碑刻于约一千年前。

不久前，阿塔纳修斯·基歇尔神父在他的《普罗兹罗莫斯·科普图斯》中将碑文译成拉丁文，随后中国教区的曾德昭把它译成意大利文。他亲眼看见过这个纪念碑，这些译文每行都紧跟着中文，但是来自中国神父的叙利亚文刻文，迄今尚未被接受。我很高兴把基歇尔的拉丁文译文（伴以中文）发表出来，并有叙利亚文的铭刻，以及基歇尔的注释与中文资料，作为对天主教信仰的丰富证明。总之，我向全世界的人们展示公元782年刻有中文的这个石碑。任何人由此可以看到：现代天主教的教义一千年前的公元636年在世界的另一边就已经被宣讲了。碑文的原拓本一份保存在耶稣会罗马学院的博物馆中，另一拓本则存放在专门的档案库中。我还带回一本和石碑同一时期的中国学者和官员所写的书，印在书中的字体，其优美程度可同石碑上的字媲美。

书的引言劝说所有的中国人到泰西去拜访圣师（The Masters，the Great West）（正像他们所称的耶稣会士），去聆听这些人对教义的讲解，是否就是一千年前被中国古人和中国皇帝已经接受的准则。在石碑被发现前耶稣会士在中国印刷的书也有着同样的看法。这本书只不过讲述了大理石碑是如何被发现的。

在圣方济各·沙勿略（St. Francis Xavier，1506—1552）[1]死在上川岛后，可敬的利玛窦神父（Matteo Ricci，1552—1610）[2]和其他耶稣会士把基督福音带到中国内地，并在少数几个省修建住房与教堂，上帝的信仰在陕西省的传播也取得了进展。在1625年，一位耶稣会士被王徵进士请到他在三原的家，给二十个人施洗，耶稣会士还和这位进士一块去看石碑。这块石碑是几个月前在西安府附近的盩厔（Cheu·che）发现的，当时他们在那里为一个墙挖地基。这个人报告了石碑的发现，后被其他神父证实，这些神父在西安修建住所和教堂，和他们一块劳动的还有基督教徒以及他们的亲戚。他们说这个石碑有5掌宽，它的顶部呈角锥形，较宽的两个边有两掌长，较窄的一边是一掌长。顶端

[1] 圣方济各·沙勿略，1552年来华，1552年12月殁于广东上川岛。

[2] 利玛窦神甫，字西泰，1583年来华，1610年殁于北京。

雕刻成一个神圣的十字架，上面刻有浮云。十字架的支架像水仙。在雕刻的中文的左边和下边有叙利亚神父的叙利亚文的名字。即使今天的中国教徒也常常拥有几个名字，一个是他们原来的中国名字，另一个是受洗名，通常以某个圣徒的名字为自己起名。地方长官听说石碑的事情，被这件罕见的事情所震动，并把它看成是一个征兆，因为他的儿子在同一天死了。他还令人写了一篇赞美的文章以庆贺石碑的出土，并用大理石制作了一个石碑的仿制品。他下令将石碑和仿制品供奉在僧人居住的崇仁（Tau Su）寺院里，这个寺院距离西安府一英里。

随后的若干年中，天主教在中国的许多其他遗物也被发现了，而这正是上帝所想明示众人的时间。因为此时，通过耶稣会所进行的对信仰的宣讲已遍及全中国。过去的和现在的对同一宗教信仰的证据同时出现，福音的真理对每一个人都应是不说自明的。类似的十字架的形象于1630年在福建省被发现。1635年异教徒在甘肃省看见奇异的神光。同样地，1643年在福建省和泉州（Cyuen Chen）的山上也发现了一些十字架。不仅如此，当可敬的利玛窦神父第一次进入中国时，他听到了“十字教”(Xe Tsu Kiao)这—名称，也就是“十字架学说”（The Doctrine of the Cross）的意思。中国早期的基督教徒被称作“十字架学说的信徒”（Disciples ofthe Doctrine of the Cross）。在三百年前鞑靼人第一次侵入中国时，基督教徒人数大增，而在马可·波罗时代他来到契丹（或中国）时，那里曾有回教徒、犹太教徒、景教徒以及其他异教徒。

不能肯定的是圣多默还是其他一些使徒向中国人宣讲的福音。金尼阁神父（Nicolas Trigaut ，1577—1628）[1]从马拉巴尔［Malabar，圣多默的基督教徒称之为塞拉（Serra）］教堂收集证据。据说这位圣徒曾在那里讲道，也在梅里亚玻以前被称作卡拉米纳（Catamina）的地方宣讲过，此地现在被葡萄牙人称作圣多默。[2]在有关圣多默的资料中，可以看到：“由于圣多默的布道，中国和埃塞俄比亚归依真理；圣多默使天国插上了翅膀，降落在中国。”[3]赞美诗说：“埃塞俄比亚、印度、中国和波斯为了纪念圣多默，向你的圣名提供爱慕之意。”一部老的宗教经典说：“让大的教省，也就是说中国、印度和帕塞

---

[1]　金尼阁神甫，字四表，1610年来华，1628年殁于杭州。

[2]　关于圣多默是否到过中国传教是一个尚未定论的问题。穆尔说：“关于圣多默到过中国的传说几乎没有超过‘西嫩休姆’（Sinensium）（艾伯哲苏斯语），‘那边的秦纳斯’（Ulteriores Sinas）（阿姆鲁斯语）和《圣务日课》中的模糊词句。”参阅阿·克·穆尔：《1550年前的中国基督教使》，北京：中华书局，1984年，第32—33页。

[3]　使徒们早就在印度和中国宣讲基督教义。奥伊泽比乌斯（Eusebius）说，巴塞洛缪（Barthol mew）是在印度宣讲基督教义(Ecci Hist. V. X.1-4)。

斯（Pases）的大城市，都一致赞同。”[1]同样，当葡萄牙人到达时，管理塞拉教会的这个人声称他是掌管印度和中国的大主教。可是在仔细考虑证据（这在金尼阁到来后，清楚了）后，人们还不能就此下结论说圣多默本人曾把福音带到中国。可是当可汗（Heu Han）家族统治这三个王国时，基督教的信仰遍及全国的证据非常清楚了。第三个证据就是现在被称作南京的地方。在江苏省一条河的岸边，人们发现了一个重约3000磅的铁十字架，十字架上铭刻的文字说，它是在开始于公元239年的中国时代被建立起来的，因而基督教徒与宣教士应在1415年以前就生活在华南的中国人中间。岁月流逝，忘却的基督教义又被来自大秦（Taeyn）[2]的犹太人 (Judea)或叙利亚人（Syria）在陕西传播开来了，这是在公元636年，唐朝统治时期，正如石碑上所言。当宣教士的名字被中国教徒采用时，圣多默或任何其他圣徒的名字却不被使用。因而事情已很清楚：那些树碑以永恒纪念基督教流传中国的人应该提到圣多默或其他圣徒，那些来自大秦的传教士不知道圣多默或任何其他使徒是否向中国人传过教。因此，人们不能做这样的猜想。说得更准确些，从证据看尚不能下这样的判断。最可能的是：来自圣多默教堂［也称巴比伦（Baby lon）的教堂，当时受马拉巴尔统治］的神父，正如以后葡萄牙人所发现的，被派出宣教，去建立一个主教辖区，把信仰带给中国人。这是中国基督教徒使用古代叙利亚语言的缘由，这种被称为“埃斯特伦吉洛”的古代叙利亚语言曾为叙利亚和巴比伦人长期使用。宣教士为何称赞圣多默易于解释，因为由于这位圣徒的功绩，圣多默教堂派出的第一批传教士来到中国并转化了中国信徒，中国信徒的转变的功绩也因此归功于他。尽管如此，因为在有关传教的记录中没有提到圣多默或任何其他圣徒，我们不能断定他和任何其他圣徒曾在中国传教。

许多世纪后，人们发现长老约翰的基督教徒，我认为他们就是十字架学说的崇拜者，他们是同鞑靼人一块或在他们以前不久来到中国的。这些来自犹太人（更可能是叙利亚——迦勒底或马拉巴尔）的基督教徒比鞑靼的基督教徒在中国停留的时间更长，因而他们要求他们的追随者被称作“光明学说或金朝（Kin Kiao）的信徒”。我也相信这些传教士不是犹太人，而是叙利亚人，正如他们的叙利亚语言和叙利亚姓名所显示的。他们说自己来自犹太人是因为他们宣讲的理论是从那里诞生的。我们现在把叙利亚神父来自何处以及叙利亚文石刻的问题留给基歇尔神父和他涉猎广泛的评论文章。他在这方面做的事更值

[1] Thomas Joseph Lamy, A. Gueluy, “Le monument Chrétien de Si Ngan-fou: son texte et sa signification”, *Memoires de L’academie royale des sciences, des lettres, et des beaux-arts de Belgigue* 53(1859—1898). NO. p.106.

[2] 这里的“大秦”即景教碑中的所称的大秦”。

得信赖，我把我们的同事——年轻的中国贵族陈安德的一篇书法作品留给他。陈安德从一本在全帝国流行的、著名的中国学者印刷的书中亲手临摹了中文汉字，我逐字将其译成拉丁文，并标注上符号。这本书是碑文的准确的印本，被放置在我们的博物馆中珍藏。一起陈列的同时还有我亲自手写的一个证明，以及来自中国的其他文献。1635年11月4日于罗马。

卜弥格神父

陈安德，中国人

罗若瑟，中国人。

景教碑的目睹者，对该碑曾予以描述。[1]

卜弥格的这封信对研究大秦景教碑的出土地点、时间是重要文献，过去被部分地引用过。在《卜弥格文集——中西文化交流与中医西传》中第一次全文译出，可以进一步促进关于大秦景教碑的研究。对于大秦景教碑的出土地点和时间是一个很有争议的问题，卜弥格的这封信也是争论的焦点之一，[2]我们从评价基歇尔的角度来看，他全文发表这封信在文献学上很重要。[3]

三、《中国图说》公布了卜弥格所做的碑文汉字和注音

就大秦景教碑的出土时间和地点，卜弥格的说法尚有争议，但他在对大秦景教碑的介绍方面贡献很大。他第一次在西方公布了大秦景教碑的全部中文内容，第一次将碑文全部内容用拉丁字母注音。

虽然卫匡国在卜弥格之前，已经将碑文的拓本带到了罗马，但在出版物中从未公布过碑文的中文全文。正是在卜弥格到罗马后，他将手写的大秦景教碑的碑文给了基歇尔，基歇尔在《中国图说》中将它全文发表。

发表这样长的中文文献，在当时的欧洲尚属首次。所以，法国汉学家雷慕沙（Rémusat）说，基歇尔所公布的卜弥格版的碑文全文“迄今为兹，是为欧洲刊行的最长汉文文字，非深通汉文者不足以辩之”[4]。这些中文文字对当时欧洲对中文的了解和

[1] [德]基歇尔：《中国图说》（英译本），第37—38页。

[2] 沙不烈（Robert Chabrié）在他的《明末奉使罗马教廷耶稣会士卜弥格传》一书中认为，卜弥格汉学学术研究“近于肤浅”的结论是不公正的，在中国地图的绘制，对中国植物和医学的研究方面，卜弥格在整个来华耶稣会士中都是很突出的。参阅冯承钧译：《西域南海史地考证译丛》第三卷，商务印书馆1999年，第151页；参阅[波]爱德华·卡伊丹斯基著，张振辉译：《中国的使臣——卜弥格》，大象出版社2001年。

[3] 卜弥格的这封信曾在1656年在维也纳出版的他所写的《中国植物志》一书中公布。信中的罗若瑟，伯希和认为应是白乃心带到欧洲的随从。见冯承钧译《西域南海史地考证译丛》第三卷，第158页。关于大秦景教碑的有关讨论请看：《洪业论学集》第56—63页，中华书局1981年；计翔翔《17世纪中期汉学著作研究：以曾德昭〈大中国志〉和安文思〈中国新史〉为中心》第176—224页，上海古籍出版社2002年。

[4] 冯承钧译：《西域南海史地考证译丛》第三卷，商务印书馆1999年，第159页。

认识产生了长期的影响。

大秦景教碑碑文的注音和释义是《中国图说》中另一个让当时欧洲人关注的方面，这个工作完全是卜弥格和他的助手陈安德做的，基歇尔在书中也说得很清楚，他说："最后到来的是卜弥格神父，他把这个纪念碑最准确的说明带给我，他纠正了我中文手稿中的所有的错误。在我面前，他对碑文又做了新的、详细而且精确的直译，这得益于他的同伴中国人陈安德（Andre Don Sin）[1]的帮助，陈安德精通他本国的语言。他也在下面的'读者前言'中对整个事情留下一个报道，这个报道恰当地叙述了事件经过和发生的值得注意的每个细节。获得了卜弥格的允许，我认为在这里应把它包括进去，作为永久性的、内容丰富的证明。"[2]在完成对于碑文的分行和编号以后，卜弥格用三种方法对景教碑文做了研究。

其一是对碑文的逐字的注音；其二是对碑文的逐字释义；其三是对碑文在逐字释义的基础上的内容解释。

根据目前我的知识，这很可能是在欧洲公开发表的第一部关于中文的字典，尽管该字典的排列将中文和拉丁文分开了。这既是卜弥格对欧洲汉学的贡献，也是基歇尔的《中国图说》对欧洲汉学的贡献。

卜弥格对大秦景教碑的释义部分从汉学的角度看也有其学术的价值。

其一，卜弥格为使西方人理解大秦景教碑碑文的内容，在对碑文释义时加入了一些解释，向西方的一般民众介绍关于中国的基本知识。例如，以下是他在拉丁文版中的一段对碑文的释义："太宗文皇帝光华启运，明圣临人。大秦国（卜弥格解释：这是东罗马帝国）有上德曰阿罗本，占青云而载真经，望风律以驰艰险。贞观九祀（卜弥格解释：636年）[3]，至长安。帝使宰臣房玄龄（卜弥格解释：这是宰臣的名字），惣仗（卜弥格解释：这个仗是红的，表示接受了皇帝的派遣）西郊，宾迎入内。翻经书殿，问道禁闱。深知正真，特令传授。贞观（这是皇帝的年号）十二年（卜弥格解释：639年[4]）秋七月。"[5]

---

[1] 费赖之说，卜弥格前往罗马时"天寿遣其左右二人随行，一人名罗若瑟，一名陈安德"。冯承钧先生认为："罗若瑟原作Joseph k'o，陈安德原作André Sin，kin，兹从伯希和考证之名改正，而假定其汉名为罗为沈。"参阅[法]费赖之：《在华耶稣会士列传及书目》上卷，中华书局1995年，第275页。此处有误，伯希和认为"此信札题卜弥格名，并题华人陈安德与别一华人玛窦（Mathieu）之名。安德吾人识其为卜弥格之伴侣，玛窦有人误识其为卜弥格之另一同伴罗若瑟。惟若瑟因病未果成行，此玛窦应另属一人。"伯希和认为，在这封信署名时只有卜弥格一个人名，陈安德和玛窦是基歇尔在出版时加上去的人名，他认为1653年时陈安德不在罗马，因此，这个碑文不是陈安德所写，而是玛窦，即Mathieu所写，此人不是别人，正是白乃心返回欧洲时所带的中国人。（参阅伯希和《卜弥格补正》，载冯承钧译《西域南海史地考证译丛》第三卷，商务印书馆1999年，第203页。）我认为，伯希和这个结论值得商榷，因为在卜弥格这封信中已经明确指出，碑文的中文是他的助手陈安德所写。

[2] [德]基歇尔：《中国图说》（英译本），第6页。

[3] 应是635年。

[4] 应是638年。

[5] 参阅[波]爱德华·卡伊丹斯基著，张振辉译：《中国的使臣——卜弥格》，大象出版社2001年，第99页。

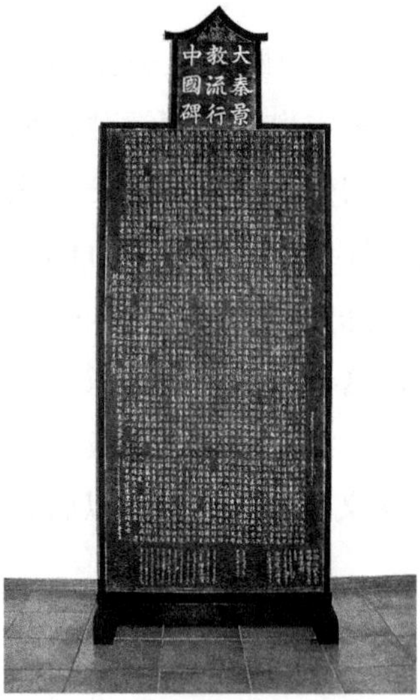

图4　大秦景教流行中国碑

其二，他在碑文的解释中所注的纪年具有重要的学术意义。因为，当时欧洲没有一个人知道中国的历史纪年，卜弥格第一次介绍了中国的纪年。这个问题在后来的入华耶稣会士的汉学著作中成为一个重要的问题，并对欧洲文化和思想史产生了重要的影响。

《中国图说》的法文版在1670年出版，其中增加了拉丁文版所没有的两个内容，一个是法汉对照词典，一个是汉文教理书《天主约要》。沙不烈在谈到这个问题时说："法文本《插图书的中国》[1]录有《教理问答》与《汉文字典》各一部，有人疑出卜弥格手。此虽未经诸考据家之证实，然吾人亦无法驳之。《耶稣会作家书录》著录有《汉文字书》一部，未题撰人名。至若卜弥格所撰之《教理问答》，此《书录》[2]列在遗而不传诸书之内。但波兰著名目录家Estricher在波兰都城出版的插图本《宇宙大百科全书》之中，硬断定此书于字典均处卜弥格手。"[3]沙不烈转述法国汉学家傅尔蒙（Fourmont）的观点认为，这部法汉字典的内容是根据中国的《说文解字》撰写的。伯希和在《通报》的1934年刊上撰文《卜弥格补正》一文，对沙不烈的这些观点做了修正和补充。他认为《教理问答》（*Sinicus catechi smus*）"确非卜弥格之著作，其标题曰《天主圣教约言》，此乃苏若望（Joao Soerio，1566—1607）[4]神甫所撰，好像初印于1601年，此后常有重印本。……至若将罗马字注明汉音，并译为拉丁文的，也许就是卜弥格。……所载之《汉法字典》亦非卜弥格之著作。"同时，伯希和对沙不烈所转述的傅尔蒙的说法给予纠正，他认为，这部字典"或者采有《说文》在内，然而《说文》同这部《汉法字典》毫无关系。因为这部字典所辑的是近代语言的词句，按照当时传教会所用的葡萄牙字母编次而成，首一字曰ça，就是汉语'杂'字之对音。"[5]

在1670年法文版的《中国图说》中的《汉法字典》的作者是谁？对于这个问题有

---

[1]　即《中国图说》。

[2]　即《耶稣会作家书录》。

[3]　冯承钧译：《西域南海史地考证译丛》第三卷，商务印书馆1999年，第160页。其中《教理问答》在法文版的164—171页，一面为拉丁字写汉语，一面为法文译文。《汉文字典》载入《中国图说》法文版的324—367页，亦用拉丁字写汉语，旁列法文相对之字。

[4]　费赖之本的中译本名为"苏如望"，参阅[法]费赖之：《在华耶稣会士列传及书目》上卷，中华书局1995年，第62页。

[5]　冯承钧译《西域南海史地考证译丛》第三卷，商务印书馆1999年，第233页。爱德华·卡伊丹斯基接受了波列斯瓦夫·什钦希尼亚克的观点，认为法文版中的《汉法字典》只是将《中国图说》中的大秦景教碑碑文的注音和释义按字典形式整理了，显然，这是不对的。参阅[波]爱德华·卡伊丹斯基著，张振辉译：《中国的使臣——卜弥格》，大象出版社2001年，第234页。

以下几种意见：

第一，卜弥格所写。“……波兰著名目录家Estricher在波兰都城出版的插图本《宇宙大百科全书》之中，硬断定此书于字典均处卜弥格手。”[1]这个上面已经讲了，支持这个观点的还有波兰的波列斯瓦夫·什钦希尼亚克（Boleslaw Szczesniak）和当代波兰汉学家爱德华·卡伊丹斯基（Edward Kajdański）。[2]

第二，利玛窦、郭居静（Lazare Cattaneo，1560—1640）所写。这是伯希和的观点，根据是在《中国图说》第二部分的第十章“我们的神甫使中国人改变宗教信仰的方式”中，基歇尔列举了在中国的耶稣会神甫们所写的中文书的书目，其中书目中编号第12的内容是“《中文字典》供耶稣会会员使用。此书我有一本，如果有钱，我乐意为更多的人出版它。”[3]伯希和认为“如此看来，《中国图说》法文译本中所载无汉字的字典，说是利玛窦的这部字典，亦有其可能。”[4]

第三，利玛窦、郭居静所做，由白乃心带回欧洲。这是当代汉学家马西尼的观点，他认为“当白乃心从中国返回欧洲后，首先把利玛窦的字典给了基歇尔，然后又给了法文版的翻译者。”[5]

这是中西语言交流史上一件非常重要的事，如果找回这个文献，我们对传教士们在中国语言学上的研究会有更深入的了解，也会对研究中国语言学史产生重要的影响。至今，我们仍不能确定在《中国图说》的法文版中所发表的《汉法字典》的作者和利玛窦所编的字典的最后下落。但无论如何，我们还是要感谢《中国图说》法文版翻译者——Françoise S.Dalquié，[6]正是他发表了这样重要的字典，同时，也应充分肯定基歇尔在《中国图说》的拉丁文版中发表了卜弥格对大秦景教碑的中文所做的注音词典。

四、卜弥格在《中国图说》中的插图

基歇尔的《中国图说》以图而著名，这本书之所以在当时和整个18世纪受到读者

[1] 冯承钧译《西域南海史地考证译丛》第三卷，第160页。其中《教理问答》在法文版的164-171页，一面为拉丁字写汉语，一面为法文译文。《汉文字典》载入《中国图说》法文版的324—367页，亦用拉丁字写汉语，旁列法文相对之字。

[2] 波列斯瓦夫·什钦希尼亚克说：“这是卜弥格的一部真正词典。”爱德华·卡伊丹斯基认为“在这个版本中，基歇尔发表的中法词典，就是以普通形式出现的。但也可能由于技术问题，这部词典中去掉了汉字。”见[波]爱德华·卡伊丹斯基著，张振辉译：《中国的使臣——卜弥格》，大象出版社2001年，第234—235页。

[3] [德]基歇尔：《中国图说》（英译本），第112页。基歇尔在这里所说的《中文字典》在柏应理所编的关于入华的耶稣会士在中国所写的中文书书目中也有记载，标题为“Vocabularium Ordine alphabetico Europaeo more concinnatum, et per accentus suos digestum”，参阅柏应理的*Catalogus Paturm Societatis Jesu*, pp.102-103.

[4] 冯承钧译：《西域南海史地考证译丛》第三卷，商务印书馆1999年，第233页。

[5] Federico Masini, “Notes on the first Chinese Dictionary Published in Europe(1670),” *Monumenta Serica 51*(2003), pp.283-308.

[6] 对于这个法文的翻译者我们所知甚少，参阅Federico Masini, “Notes on the first Chinese Dictionary Published in Europe(1670)”, *Monumenta Serica 51*(2003), pp.283-308.

图5 《中国图说》中的康熙皇帝插图

的普遍欢迎，重要的原因就是有图，它给西方世界展现了一幅幅中国社会生活的画面。卜弥格是为《中国图说》提供图最多的人之一。

在《中国图说》的第二部分第九章“中国的历法修整和由此带来的好处”的最后，基歇尔附了5幅大图，一组11幅小图。

康熙和汤若望这两幅图（图5、图6）肯定是白乃心所画。因他是汤若望从北京派出返回欧洲的，他离开北京时汤若望已经为钦天监的监正。

利玛窦和徐光启这幅有名的画（图7），我分析应是卜弥格画的。因当时明清之间正在战争之中，白乃心从清廷占据的北京返回欧洲，不可能画明朝的人物。而当时在罗马的还有卫匡国，他主张教廷放弃对南明的支持，这样，卜弥格画这幅画也是对明朝的一种肯定。

图6 《中国图说》中的汤若望的插图

图7 《中国图说》中的利玛窦和徐光启

这两幅中国妇女图（图8、图9），可以肯定是卜弥格所画。这是穿着汉族服饰的两名女子，在图旁边的文字中，介绍了中国皇宫的皇后和妃子的情况，基歇尔说：“皇帝和皇子们选妃子时，只注重女人的外表美丽与否，而不论她是否贵族出身。高官不向往与皇族联姻，因为做了皇帝的妃子非常可怜无助，她们被限制在宫中，而再也见不到她们的家人。有些妃子是由政府官员挑选的，少数是由皇帝自己选。只有皇帝最初的妻子被认为是合法的。皇帝和皇子可以有九个妃子，和三十六个更低级的妃子，所有这些人都是皇帝的嫔妃。最终他们拥有数不清的姬妾，既不是皇后也不是妻子，只是供皇帝和皇子随意取乐的。”[1]波兰汉学家卡伊丹斯基认为，这两幅图中的人物很可能是南明朝的妃子。

图8 《中国图说》中的中国女人插图（一）

图9 《中国图说》中的中国女人插图（二）

图10和图11是一组图。

图10左上图是作者的自画像；右上图是中国的文人；中间两幅是浙江和福建的妇女；下面两图是广西和贵州的士兵。图11上方两幅是中国的皇帝和皇后，这很可能是永历皇帝和皇后，因卜弥格在永历朝生活过，见过他们；中间两幅是陕西和河南的妇女，因卜弥格去过西安，看大秦景教碑，这样肯定路过河南；下方两幅是湖广和四川的农民。

图10和图11上的人物全部穿着明代的服饰，因此，不可能是白乃心所画，而应是卜弥格所画。

另外，卜弥格对中国的植物很有研究，他出版了《中国植物志》，因此，《中国图说》中有关植物的几幅图也是卜弥格所画，这些图向西方展示了中国的自然和物产（见图12、图13）。

[1] [德]基歇尔：《中国图说》（英译本），第101页。

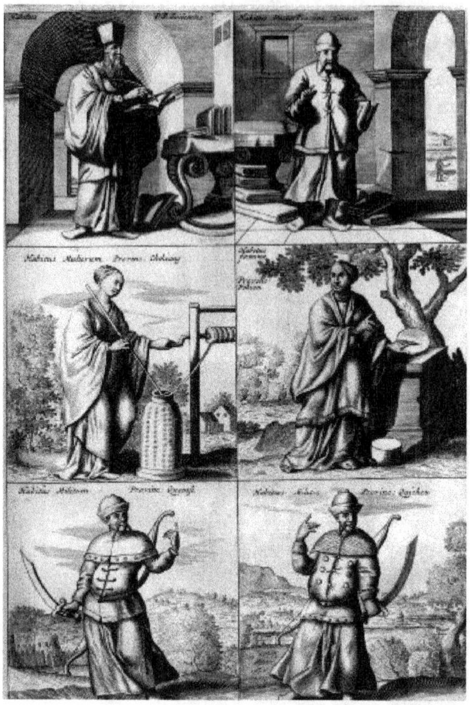

图10 《中国图说》中的明朝人物之一

图11 《中国图说》中的明朝人物之二

图12 《中国图说》中的植物之一

图13 《中国图说》中的植物之二

基歇尔在书中专门介绍了茶叶。他说："被称作'茶'（我们把它的发音读作Cia）的植物不仅在中国有，也逐渐被引进到了欧洲。它在中国的许多地区，以及鞑靼地区都能见到。茶叶广为生产并且有着巨额的利润。可是，最优质和有名的茶都来自中国的某些省，特别是江南的杭州。茶的叶子加以热水浸泡，并且饮用它，这在中国到处可见。不仅中国如此，印度、鞑靼、西藏、蒙古，以及东洋所有的居民都这样。

图14　《中国图说》中的白藤或攀岩植物

他们不是每天喝一次茶，而是想喝就喝。它的确很提神，要不是耶稣会传教士经常邀请我品尝，我本人也很难相信。它能利尿，能使膀胱胀大，热腾腾的蒸气还能使大脑感到轻松。自然已经给了文人最高贵、最便捷的良药，可以帮助他们长时间地从事大量的劳动。虽然开始饮用它时，它的味道很清淡，有苦味，可是为时不久，它就使你感到愉快，养成难以离开它的嗜好。虽然土耳其的咖啡和墨西哥的巧克力有同样的效果，但茶更好些，因为它更温和。当天气暖和时，巧克力使人感到它给的热力过多；咖啡则使人怒气上升。茶永远无害，它的奇异效果不止一种，甚至每天可饮上百次。《中国地图》一书对这一植物有准确的描述‘这小小的叶子类似科里亚利亚漆树（也叫‘盐肤木’）的叶子。虽同是茶，但其品种繁多。它不是野生，而是人工培植的。茶不是大树，是矮小的灌木丛植物，它有许多铺展开来的分枝。它的花看上去没有什么不同，只是它的白色会逐渐变成黄色。夏季到来时，它首先送出花的芬芳并略有香气。接着变成绿色的浆果，然后变黑。它柔软的绿叶被采摘下来，制成茶叶。人们分几次采摘，每次都很仔细很认真地采摘，然后放在铁锅里以微火对叶片进行蒸煮，此后盖上一个轻巧的网，放到微火上，直到烘干，接着把干茶叶堆起。经营者把茶叶放到桶、罐等容器中，使它们远离潮湿的地方。当茶叶放到刚开的水中时，不一会，它们就恢复本色，将叶片伸展开，使水有颜色和茶味，它们的味道并不都是不愉快的。它呈绿色。中国人认为喝热茶能产生力量与效果。他们常常不分昼夜地饮茶，并用来接待客人。茶叶的品种很多，而且价格差别很大。中国人之所以得痛风和结石症的较少，主要得益于饮茶。饭后饮茶，可消除任何消化不良症。茶也被用来清除体内残存物，舒畅心情，并使那些想保持头脑清醒的人驱赶睡魔。中国人根据它的产地给茶命名。最好的茶叶是六安松龙茶（Sunglocha音译），也是以它的产地命名的。’”[1]这里基歇尔说的《中国地图》一书就是卜弥格的著作。

这里，我们要做个说明。这些图基歇尔全部是从卜弥格的《中国植物志》中拿来的，但他并不是照搬，他自己做了改动。菠萝蜜树这幅（图16）就很明显，里面的人

[1]　基歇尔：《中国图说》（英译本），第176页。

图15　《中国图说》中的大黄

图16　《中国图说》中的菠萝蜜

都带清代的帽子，而在卜弥格的原图中是没有的。[1]

五、从《中国图说》看早期西方汉学的特点

基歇尔和卜弥格都是耶稣会士，在我看来此时西方对中国的认识处在“传教士汉学阶段”。从《中国图说》这个具体的个案我们看到传教士汉学有以下几个特点：

第一，传教士开始比较真实地将中国介绍到西方。如果和《马可波罗游记》所代表的西方“游记汉学”相比，传教士长期生活在中国，特别是在耶稣会士利玛窦所确立的“合儒易佛”的路线后，他们开始读中国文化的典籍，从而在精神侧面上对中国有了更深的了解。这个时期传教士们所向西方介绍的中国绝大部分是真实的。以卜弥格为例，他所介绍的大秦景教碑内容，所介绍的南明王朝的情况，所介绍的中国的地理和植物等情况基本上是真实的，正是这些真实的知识推进了西方对中国的认识，认识在日益地精确化。

第二，传教士们自己本身的信仰和文化的背景，使他们在介绍中国时总是自觉或不自觉地受到自己文化身份的影响。以卜弥格为例，在卜弥格带到罗马的南明王朝给教廷的信中，他们把慈炫（当定）称为皇太子，但“我们可发现这些系于永历四年的现实不应承认慈炫（教名当定）为皇太子，因他直到五年十月始被册立为东宫。此次遣使赴欧应是由内廷中奉教之人所主导的半官方行为，王太后和庞天寿或期盼能凭借

[1]　爱德华·卡伊丹斯基说：“基歇尔采用的《中国植物志》中动植物的介绍和图像是最多的。但应指出的是，基歇尔并不是把这些图像原封不动地拿来印在自己的书上，而是经常对它们的内容加以补充，进行了创造性的发挥。但他这么做并没有取得很好的效果，有些后来还引起了对卜弥格和基歇尔这些图像的真实性的怀疑。”（[波]爱德华·卡伊丹斯基著，张振辉译：《中国的使臣——卜弥格》，大象出版社2001年，第240—241页）在《卜弥格文集——中西文化交流与中医西传》中也发表了卜弥格所画的植物图，但不是发表在《中国图说》中的，这样我们可以对比这些图在欧洲传播中的变异。

其个人崇高之身份地位，以争取欧洲教会领导人的同情与支持，故有意地在函中夸大慈炫的名分，虽然慈炫成为皇太子本就是众所预期的。此外，即使身为司礼太监的庞天寿，亦被卜弥格抬举成内阁中唯一的阁老，希望能使人相信遣使一事乃得到永历帝的同意”[1]。法国汉学家伯希和也有这样的看法，按理说在卜弥格回欧洲时已经知道广州被清兵占领，但他回罗马后一直未说此事，这是因为他想“保全他的面目，故作此言”[2]。

第三，西方在接受耶稣会从东方传来的消息时也是根据自己的需要对这些消息做了自己的加工。任何一种文化在接受另一种文化时都受其自身文化的影响，解释学已经告诉了我们这个道理。这在16—18世纪的西方中国观中表现得比较明显。以基歇尔的《中国图说》为例，我们就可以清楚看到这一点。

例如，基歇尔在接受卜弥格所介绍给他的中国文字时，就从他的基督教文化观作了过滤，他说：“在洪水泛滥的三百年后，当时诺亚后代统治着陆地，他们把他们的帝国扩展到整个东方的版图，中国文字的第一个发明者是皇帝伏羲，我毫不怀疑伏羲是从诺亚的后代那里学会的。”[3]他把中国人看成是诺亚的后代。其实，当时也并不是基歇尔一个人这样想，在基歇尔的这本书出版两年后的1669年，英国人约翰·韦伯（John Webb）写了一本叫《有关中华帝国的语言有可能是最早语言的历史论著》（*An Historical Essay Endeavoring a Probability That the language of the Empire of China is the Primitive Language*）的书，这本书根据《圣经》“创世纪”第11章第11节中的一段话“耶和华降临要看看世人所建造的城市和塔，耶和华说：‘看哪，他们成为一样的人民，都是一样的言语。如今既作起这件事来，以后他们要做的事，就没有不成就的了。我们下去，在那里变乱他们的口音，使他们语言彼此不通。’于是耶和华使他们从那里分散在全地上，他们就停工不造那城了。因为耶和华在那里变乱天下的言语，使众人分散在全地上，所以那城名叫巴别（变乱之意）”而写成。

据此，约翰·韦伯认为在创造巴别论塔时，人们的原始语言是汉语，即汉语是在耶和华乱了人们的语言前的世界通用的原始语言。这说明当欧洲人第一次面向汉字时，他们只能根据自身的文化，自身的历史来解读汉字，解读中国。他们的文化是基督教的文化，《圣经》是基督教文化之母体，他们的历史观当时仍处在基督教的历史观中。由此出发，他们已把中国文字，中国文化纳入自身的话语系统。

但当我们这样说时，我们并不完全同意后现代史学的观点，因为在他们看来，任何文化对其它文化的理解和接受都是一种“集体想象”，如像后现代主义者巴特

---

[1] 黄一农：《两头蛇：明末清初的第一代天主教徒》，上海古籍出版社2006年，第379—380页。
[2] 冯承钧译：《西域南海史地考证译丛》第三卷，商务印书馆1999年，第206页。
[3] [德]基歇尔，《中国图说》（英译本），第214页。

（Roland Barthes）所说的“历史推论在本质上是意识形态经营下的一种形式，或者更正确一点，是想象的惨淡经营”[1]。

应该看到，欧洲早期汉学中的想象、幻觉部分一直是有的，如上面对基歇尔的分析，但这种想象的成分和幻觉的成分是与他们对中国认识的精确知识的增长交织在一起的。我们既不能说欧洲早期汉学完全是意识形态的产物，是虚幻的，是毫无真实性可言的，也不能说此阶段的汉学研究完全以真实材料为准，毫无虚幻。

这点在基歇尔的《中国图说》中展现得很清楚，我们研究者的任务是分析出哪些成分、哪些内容是意识形态的产物，是想象的，哪些内容是精确知识的推进。即便是想象部分，我们不仅不应否认其价值，还可以从想象入手探究欧洲早期汉学的另一面：即在欧洲文化变迁史中的作用。

“所以，对西方早期汉学必须做具体的分析，而不能一概而论。在西方对中国认识的历程中真实知识的增长和想象部分之间，在不同的时期其比例也是不一样的。应做历史性的具体分析，勾画出二者之间的互动与消长，不能一概认为西方的东方知识统统是幻觉。

推而广之，在任何历史研究中，不可能没有推论的部分，因为史学的基本方法是在史料基础上的叙事与解释，而史学家无论采取其中哪一种方法，也受其时代意识形态的影响。也就是说，后现代主义的史学观揭示出了历史研究中的意识形态因素是对的，但不能由此而把历史研究看成史学者主观的推论，史学者完全是意识形态的结果，历史从此失去真实性。”[2]

基歇尔的书是欧洲早期全球化时代最有趣味的书，它反映了欧洲人在走出地中海以后在广阔的世界里所得到的知识和观念，《中国图说》是当时扩展欧洲人东方观念最重要的一本著作，成为欧洲人最初认识中国的一个图像。[3]而基歇尔的《中国图说》所获得的这个殊荣在很大程度上应归功于卜弥格。

（作者单位：张西平，北京外国语大学比较文明与人文交流高等研究院）

[1] Roland Barthes, “The Discourse of History”, in *The Postmodern History Reader*, p.121.

[2] 张西平：《基歇尔笔下的中国：兼论形象学对欧洲早期汉学研究的方法论意义》，《中国文化研究》2003年3期。

[3] 参阅Paula Findle (edited), *Athanasius Kircher The last Man who knew Everything*, New York, 2004.

编后记

20世纪30年代，张元济先生从梵蒂冈图书馆复制回来由卜弥格所带回的罗马教廷与南明王朝的官方往来文献后，卜弥格就开始进入了中国学术界的视野；而冯承钧先生所翻译的法国汉学家沙不烈、伯希和的《明末奉使罗马教廷耶稣会士卜弥格传》的出版，则展现出晚明王朝与欧洲之间的复杂关系及卜弥格在中西文化交流史的重要作用。

从我进入明清之际中西文化交流史研究时起，我就对卜弥格这个人物十分注意。1996与2006年我曾两度到德国沃尔芬比特尔（Wolfenbüttel）的奥古斯特公爵图书馆（Herzog August Bibliothek）做访问学者，那里藏有欧洲最丰富的17—18世纪的书籍，特别是欧洲早期关于中国研究的书籍。当时的馆长施寒微先生（Helwig Schmidt-Glintzer）给了我很高的待遇，让我住在以莱辛（Gotthold Ephraim Lessing）命名的客房。到这个图书馆做访问的学者并不多，基本上都是做17—18世纪欧洲史的学者，我或许是较早来到这个图书馆访问的中国学者。在图书馆的读者的签名本上，我看到了美国学者孟德卫（D. E. Mungello）教授的留言，顿时感到十分亲切。1994年，我在中国国家图书馆工作时因复制明清之际中西文化交流史的中文文献的时候，我们建立了学术联系。在这之后，我会按时收到他那本不到100页的学术刊物《中西文化交流史杂志：中国天主教史研究》（*Sino-Western Cultural Relations Journal*）。这份刊物对我产生了很大的学术影响。这也是后来，我让我的学生陈怡翻译他的《奇异的国度：耶稣会适应政策及汉学的起源》一书的原因。在奥古斯特公爵图书馆，我沿着孟德卫先生的借阅目录和德国汉学家魏汉茂（Hartmut Walravens）所编辑的欧洲早期汉学文献导读 *China illustrata : das europa ische Chinaversta ndnisim Spiegel des 16. bis 18. Jahrhunderts* 开始借书。

根据导读，我借的第一本书就是基歇尔的《中国图说》。我在奥古斯特公爵图书馆善本阅览室里，花了整整2周时间，才读完它。我当时的拉丁文水平，尚不能做到通畅的阅读，于是借来当时图书馆所藏的英文版对照来读。任何一个读过这本书的人都会为这本17世纪欧洲最畅销的汉学著作所吸引，尤其是书中的插图十分精美。读完这本书，我才知道书中的绝大多数精美插图都是由波兰来华耶稣会士卜弥格所画。由此，我开始关注这个历史人物。

1996年从德国访学返回中国后，我调入北京外国语大学，在任继愈先生的指导下，开始出版《国际汉学》书系，而后我在北京外国语大学的《东欧》刊物上，读到了中国社会科学院外文所张振辉先生写的关于卜弥格的系列研究论文。很快我就和张振辉取得了联系，并与他合作，于2001年出版了波兰汉学家爱德华·卡伊丹斯基（Edward Kajdański，1925—2020）所著，张振辉先生所翻译的《中国的使臣——卜弥格》。而我组织翻译的基歇尔的《中国图说》，也于2008年出版。我们当然是从英文翻译的，不过中国人民大学的雷立柏（Leopold Leeb）教授根据拉丁文版对全书做了校对，并由德国华裔学志研究所（Monumenta Serica Institute）资助出版。

爱德华·卡伊丹斯基先生当时是波兰驻华使馆的广东领事，因为这两本书的关系，我们也开始建立起很密切的学术联系。记得有次他邀请我和张振辉先生一起到位于长安大街的贵友大厦内的咖啡馆喝咖啡。他告诉我，为了研究卜弥格，他已经跑遍了广东省、云南省还有澳门特别行政区等地，并说他已经收集到了卜弥格绝大多数文献和著作。我就建议能否编辑《卜弥格文集》在中国和波兰同时出版，张振辉先生拍案叫好。咖啡馆外大厅游客熙熙攘攘，我们三人的谈话也进入了高潮，出版《卜弥格文集》的计划就这样确定了下来。

张振辉先生为翻译此书费力最大，为翻译好此书，我专门邀请爱德华·卡伊丹斯基和他的女儿来到北京外国语大学，并邀请北京中医学的教授参与翻译。《卜弥格文集——中西文化交流与中医西传》于2013年出版，这本书是中西文化交流史和欧洲汉学史研究的重大成果，目前在世界范围内仅有波兰文版和中文版，仅此就说明中国学术界的进步。

2008年我再次访问欧洲时，爱德华·卡伊丹斯基先生邀请我到波兰，并到了他的家乡。爱德华·卡伊丹斯基多才多艺，他不仅学问做得好，也画一手好画。后来他将《卜弥格文集——中西文化交流与中医西传》中的插图全部画了出来，先后在台湾、澳门等地举办了画展。

2019年爱德华·卡伊丹斯基通过他女儿转来了他最新发表的论文，也就是本书中王琰教授所翻译的两篇文章，这或许是他一生学术研究的告别之作，2020年9月10日，这位终生献身于卜弥格研究的汉学家告别人世。

所以，本书是献给爱德华·卡伊丹斯基先生的，以纪念他在卜弥格研究上的卓越贡献。

本书汇集了从20世纪30年代起，冯承钧先生所翻译的沙不烈、伯希和的研究成果，也包括近年来中国学术界研究卜弥格的代表性论文。它代表了中外学术界研究卜弥格的最高水平，我们以此纪念这位沟通中西文化、推动中医西传的先驱诞生410周年。

陈茜同学在编辑本书沟通中做了大量的工作，对此表示感谢。

张西平
2022年4月20日写于游心书屋